Business ist wie Rock 'n' Roll

RICHARD BRANSON
BUSINESS IST WIE ROCK 'N' ROLL
DIE AUTOBIOGRAPHIE DES *Virgin* GRÜNDERS

Aus dem Englischen von Patricia Künzel

Campus Verlag
Frankfurt/New York

Die Originalausgabe erschien 1998 unter dem Titel »Losing my Virginity« bei
Virgin Publishing, London. All rights reserved.
Copyright © 1998 by Richard Branson. First published in Great Britain by
Virgin Publishing Ltd.

Die Deutsche Bibliothek – CIP-Einheitsaufnahme

Branson, Richard:
Business ist wie Rock 'n' Roll : die Autobiographie des Virgin-
Gründers / Richard Branson. Aus dem Engl. von Patricia Künzel. –
Frankfurt/Main ; New York : Campus Verlag, 1999
Einheitssacht.: Losing my virginity <dt.>
ISBN 3-593-36169-8

Das Werk einschließlich aller seiner Teile ist urheberrechtlich geschützt. Jede Verwertung ist
ohne Zustimmung des Verlags unzulässig. Das gilt insbesondere für Vervielfältigungen,
Übersetzungen, Mikroverfilmungen und die Einspeicherung und Verarbeitung in
elektronischen Systemen.
Copyright © 1999 Campus Verlag GmbH, Frankfurt/Main
Umschlaggestaltung: Guido Klütsch, Köln
Umschlagmotiv: Ron Whitfield
Redaktion: Heike Neumann
Satz: Fotosatz L. Huhn, Maintal-Bischofsheim
Druck und Bindung: Druckhaus Beltz, Hemsbach
Gedruckt auf säurefreiem und chlorfrei gebleichtem Papier.
Printed in Germany

INHALT

Prolog
»Augen zu und durch!« 11

1 In unserer Familie hätten wir alles füreinander getan 25
1950 bis 1963

2 »Entweder Du landest im Gefängnis oder Du wirst
Millionär« 43
1963 bis 1967

3 Wie die Jungfrau zum Kinde 56
1967 bis 1970

4 Ich bin bereit, alles genau einmal auszuprobieren 81
1970 bis 1971

5 Eine heilsame Lektion 93
1971

6 Durch Simon wurde Virgin richtig ›cool‹ 103
1971 bis 1972

7 »*Tubular Bells* – Nie zuvor habe ich so etwas gehört« . . . 114
1972 bis 1973

8 Der ewige Zweite 131
1974 bis 1976

9 Die Tücken der Linguistik, oder: »Never mind the
bollocks« 148
1976 bis 1977

| 10 | »Ich dachte, ich zieh' hier ein«, sagte Joan | 159 |

1976 bis 1978

| 11 | Auf Messers Schneide | 169 |

1978 bis 1980

| 12 | Plötzlicher Erfolg | 186 |

1980 bis 1982

| 13 | Nur über meine Leiche | 195 |

1983 bis 1984

| 14 | Lakers Kinder | 211 |

1984

| 15 | Das blaue Band für Großbritannien | 219 |

1984 bis 1986

| 16 | Der größte Ballon der Welt | 233 |

1986 bis 1987

| 17 | Ich dachte, mein letztes Stündlein hätte geschlagen | 248 |

1987 bis 1988

| 18 | Alles stand zur Disposition | 262 |

1988 bis 1989

| 19 | Sprungbereit | 272 |

1989 bis 1990

| 20 | »Für wen hält sich dieser Richard Branson eigentlich?« | 282 |

August bis Oktober 1990

| 21 | Zwei Sekunden für ein letztes Gebet | 299 |

November 1990 bis Januar 1991

| 22 | Turbulenzen | 319 |

Januar bis Februar 1991

| 23 | Schmutzige Tricks | 330 |

Februar bis April 1991

| 24 | »Für Madonna hätte ich das nicht getan« | 343 |

April bis Juli 1991

25	»Verklagen Sie diese Halunken« . . . . September bis Oktober 1991	354
26	Barbaren am Flugsteig . . . . Oktober bis November 1991	376
27	»Sie nennen mich einen Lügner« . . . . November 1991 bis März 1992	397
28	Der Sieg . . . . März 1992 bis Januar 1993	419

Epilog
Virgin Territory 446

Bildnachweise 468

Register 470

Gewidmet Alex Ritchie und seiner Familie

Mein besonderer Dank gilt Edward Whitley für seine Unterstützung bei diesem Projekt. Edward verbrachte zwei Jahre in meinem Unternehmen, lebte praktisch in meinem Haus, wühlte sich durch 25 Jahre Notizbuchgekritzel und half mir, diese Geschichte zum Leben zu erwecken.

Prolog
»AUGEN ZU UND DURCH!«

Dienstag, 7. Januar 1997, Marokko

5.30 Uhr

Joan schlief noch, als ich mich im Bett aufsetzte. Vom anderen Ende von Marrakesch hörte ich den klagenden Ruf der Muezzins, die über Lautsprecher zum Gebet riefen. Ich hatte immer noch nicht an Holly und Sam geschrieben. Daher riß ich eine Seite aus meinem Notizbuch und schrieb ihnen einen Brief, für den Fall, daß ich nicht zurückkehrte.

Liebe Holly, lieber Sam,

das Leben kommt einem manchmal ziemlich unwirklich vor. An einem Tag ist man gesund, lebendig und voller Liebe. Am nächsten ist man nicht mehr da. Wie Ihr beide wißt, verspürte ich immer den Drang, das Leben in vollen Zügen auszukosten. So hatte ich das Glück, in meinen 46 Jahren das Leben vieler Menschen zu leben. Ich habe jede einzelne Minute davon genossen, vor allem die Zeit mit Euch und Eurer Mum. Ich weiß, daß uns viele Leute für verrückt erklärten, weil wir uns auf dieses letzte Abenteuer eingelassen haben. Ich war überzeugt, daß sie sich irrten. Meiner Ansicht nach sprach alles, was wir bei unseren Abenteuern über dem Atlantik und Pazifik gelernt hatten, für eine sichere Fahrt. Ich hielt die Risiken für vertretbar. Offensichtlich habe ich mich getäuscht. Mir tut nichts leid, was ich in meinem Leben gemacht habe – außer daß ich Joan nicht helfen kann, Euch auf dem Weg ins Erwachsensein zu begleiten. Aber im Alter von zwölf und fünfzehn hat sich euer Charakter bereits herausgebildet. Wir sind beide sehr stolz auf Euch. Joan und ich hätten uns keine besseren Kindern vorstellen können. Ihr seid beide liebenswürdig, rücksichtsvoll, voller Leben (sogar witzig!). Was hätten wir uns sonst noch wünschen können? Seid stark! Ich weiß, daß das nicht einfach sein wird. Aber wir hatten ein wunderbares Leben zusammen, und Ihr werdet nie vergessen, wieviel Spaß wir hatten. Holt auch Ihr aus Eurem Leben alles heraus, was Ihr könnt. Genießt jede einzelne Minute. Liebt und kümmert Euch um Mum, als stünde sie für uns beide.

Ich liebe euch.
Dad

Ich faltete den Brief zusammen und steckte ihn in meine Tasche. Komplett angezogen legte ich mich neben Joan und umarmte sie. Während ich hellwach und nervös war, kuschelte sie sich warm und schläfrig in meine Arme. Holly und Sam kamen in unser Zimmer und legten sich zwischen uns. Dann lief Sam mit seinen Cousins zum Startplatz, um den Ballon zu sehen, in dem ich in Kürze um die Welt zu fahren hoffte. Joan und Holly blieben bei mir, als ich mit Martin, unserem Meteorologen, sprach. Es sei, so meinte er, die ideale Zeit für diesen Flug. Wir hätten die besten Wetterbedingungen seit fünf Jahren. Dann rief ich unseren Arzt Tim Evans an. Er war gerade bei unserem dritten Piloten Rory McCarthy gewesen und hatte schlechte Neuigkeiten: Rory könne nicht mitkommen. Er hatte eine leichte Lungenentzündung, und wenn er drei Wochen in der Kapsel zubrächte, könnte sie sich erheblich verschlimmern. Auf der Stelle rief ich Rory an, um ihm zu sagen, wie leid mir das tat.

»Wir sehen uns gleich im Speisesaal«, sagte ich. »Laß uns zusammen frühstücken.«

Prolog

6.20 Uhr

Als Rory und ich uns im Speisesaal des Hotels trafen, war keine Menschenseele zu sehen. Die Journalisten, die in den letzten 24 Stunden unsere Startvorbereitungen verfolgt hatten, waren schon zum Startplatz aufgebrochen. Rory und ich stürzten aufeinander zu und umarmten uns. Uns liefen Tränen übers Gesicht. Als dritter Pilot bei unserer Ballonfahrt war Rory nicht nur ein enger Freund geworden, sondern hatte in letzter Zeit auch einige geschäftliche Projekte mit mir angefangen. Kurz vor der Abreise nach Marokko hatte er eine Beteiligung an unserem neuen Plattenlabel V2 erworben und in die Modefirma Virgin Clothes sowie unsere neue Kosmetikfirma Virgin Vie investiert.

»Ich kann nicht fassen, daß ich dich im Stich lasse«, sagte Rory. »Ich war noch nie krank – kein einziges Mal.«

»Mach dir keine Gedanken«, beruhigte ich ihn. »So etwas kann passieren. Wir haben Alex, und der wiegt halb so viel wie du. Mit ihm an Bord werden wir viel weiter fliegen.«

»Jetzt mal ernst«, meinte Rory, »wenn du nicht wiederkommst, werde ich da weitermachen, wo du aufgehört hast.«

»Besten Dank!« sagte ich und lachte nervös.

Alex Ritchie überwachte zusammen mit Per Lindstrand, dem erfahrenen Heißluftballonfahrer, der mich in diesen Sport eingeführt hatte, bereits die hektischen Startvorbereitungen am Startplatz. Alex war der geniale Ingenieur, der die Kapsel für den Ballon konstruiert hatte. Bis dahin war es noch niemandem gelungen, ein Ballonsystem zu bauen, das Fahrten auf der Höhe des Jet-Stream zuließ. Obwohl er schon die Kapsel für die Atlantik- und Pazifiküberquerung gebaut hatte, kannte ich ihn nicht besonders gut. Jetzt war natürlich keine Zeit mehr, viel über ihn in Erfahrung zu bringen. Obwohl er kein Flugtraining absolviert hatte, fällte er die mutige Entscheidung, uns zu begleiten. Wenn mit dem Flug alles glattging, hatten wir ungefähr drei Wochen Zeit, uns kennenzulernen. So gründlich, wie wir nur wollten.

Im Gegensatz zu meiner Atlantik- und Pazifiküberquerung im Heißluftballon mit Per würden wir auf dieser Reise nur dann Luft erwärmen, wenn es unbedingt erforderlich war: Der Ballon hatte einen Heliumkern, der uns in die Höhe tragen würde. Per wollte die Luft um den Heliumkern herum in der Nacht erwärmen, um zu verhindern, daß sich das Helium zusammenzog, schwerer wurde und absank. Joan, Holly und ich umarmten uns. Wir mußten aufbrechen.

8.30 Uhr

Wir sahen ihn alle gleichzeitig. Als wir den unbefestigten Weg zu dem marokkanischen Luftstützpunkt entlangfuhren, erinnerte er an eine neue, über Nacht aus dem Boden gewachsene Moschee. Über windschiefen, staubigen Palmen erhob sich wie eine Perlmuttkuppel ein beeindruckender weißer Bogen. Es war der Ballon. Reiter galoppierten mit geschultertem Gewehr am Straßenrand entlang in Richtung Luftstützpunkt. Alle wurden magisch von dem riesigen, weißschimmernden Ballon angezogen, der groß und schlank in der Luft hing.

9.15 Uhr

Hinter den Absperrungen zum Ballon hatte sich eine erstaunliche Menschenmenge versammelt. Auf der einen Seite stand die gesamte Besatzung des Stützpunkts in ihren schicken marineblauen Uniformen stramm. Vor ihnen stimmten traditionelle marokkanische Tänzerinnen mit weißen Kopfbedeckungen klagende Gesänge an. Plötzlich galoppierte eine als Berber kostümierte Reitergruppe mit gezückten, antiken Musketen heran und stellte sich in einer Reihe vor dem Ballon auf. Einen schrecklichen Augenblick lang glaubte ich, sie würden zur Feier des Ereignisses mit einer Salutsalve ein Loch in die Ballonhülle schießen. Per, Alex und ich überprüften noch einmal alle Systeme in der Kapsel. Die Sonne stieg rasch höher, und das Helium begann sich auszudehnen.

Prolog

10.15 Uhr

Wir hatten alle Tests abgeschlossen und waren startklar. Ein letztes Mal umarmte ich Joan, Holly und Sam. Ich bewunderte Joans Stärke. Holly war in den letzten vier Tagen nicht von meiner Seite gewichen, und auch sie schien die Situation völlig im Griff zu haben. Ich dachte, daß auch Sam relativ gefaßt sei, bis er plötzlich in Tränen ausbrach und sich so fest an mich klammerte, als wolle er mich nie wieder loslassen. Die verzweifelte Kraft seiner Umarmung werde ich nie vergessen. Dann küßte er mich, ließ mich los und hielt sich an Joan fest. Ich küßte meinen Vater und meine Mutter zum Abschied. Mum drückte mir einen Brief in die Hand. »Öffne ihn nach sechs Tagen«, sagte sie. Ich hoffte im stillen, daß wir so lange durchhalten würden.

10.50 Uhr

Jetzt mußten wir nur noch die Stahlstufen zur Kapsel hinaufsteigen. Eine Sekunde lang zögerte ich und fragte mich, wann und wo ich wieder festen Boden unter den Füßen haben würde – oder Wasser. Für Zukunftsprognosen hatten wir keine Zeit. Ich kletterte durch die Luke. Per saß am Hauptsteuerpult, ich neben der Kamera, und Alex machte es sich auf dem Sitz neben der Ausstiegsluke bequem.

11.19 Uhr

Zehn, neun, acht, sieben, sechs, fünf... Während Per den Countdown herunterzählte, konzentrierte ich mich auf die Kamera. Mit einer Hand prüfte ich immer wieder nervös meine Fallschirmschnalle. Vier, drei, zwei, eins... Per legte einen Hebel um und aktivierte so die Bolzen, mit denen die Halteleinen durchtrennt wurden. Wir stiegen geräuschlos und schnell in den Himmel. Von den Brennern war nichts zu hören: Wie der Luftballon eines Kindes stiegen wir einfach immer weiter. Als uns der sanfte Morgenwind erfaßte, begannen wir in Richtung Marrakesch zu treiben. Durch den noch offenen Notausstieg winkten wir den immer kleiner werdenden Schaulustigen zu. Unter uns lag Marrakesch in seiner ganzen Pracht: die eckigen rosa Mauern, der große Marktplatz, die grünen Gärten und die Brunnen hinter den hohen Mauern. Auf 3 000 Meter Höhe wurde die Luft kalt und dünn. Wir schlossen die Luke. Von nun an waren wir auf uns gestellt. Das Belüftungssystem ließ den Druck in unserer Kapsel steigen.

Unser erstes Fax kam kurz nach Mittag an.
»Oh, mein Gott!« Per reichte es mir. »Sieh dir das an.«
»Achtung: Die Halterungen der Brennstofftanks sind arretiert«, las ich. Das war unser erster Fehler. Die Halterungen durften nicht arretiert sein, so daß wir im Notfall sowie beim Absinken des Ballons einen Eintonnen-Brennstofftank als Ballast abwerfen konnten.
»Wenn das unser einziger Fehler ist, sind wir gar nicht so schlecht«, versuchte ich Per aufzuheitern.
»Wir müssen runter auf 1 600 Meter. Dann klettere ich hinaus und löse die Arretierung«, meinte Alex. »Das ist kein Problem.«
Während des Tages konnten wir unmöglich tiefer gehen, da die Sonne das Helium erwärmte. Die einzige Sofortlösung wäre gewesen, Helium abzulassen. Das wäre dann aber für immer verloren gewesen, und so etwas konnten wir uns nicht leisten. Also beschlossen wir, den Ballon erst nach Einbruch der Dunkelheit absinken zu lassen. Eine nagende Furcht blieb, denn wir wußten nicht, wie sich dieser Ballon in der Nacht verhalten würde – und mit den arretierten Brennstofftanks konnten wir uns unter Umständen nicht aus einer schwierigen Lage retten. Alex und ich versuchten, das Problem abzuschütteln, doch Per wurde ganz depressiv. Zusammengesunken und wütend saß er am Steuerpult und sprach nur noch, wenn er direkt gefragt wurde. Den ganzen Tag über flogen wir ruhig dahin. Der Blick über das Atlasgebirge war atemberaubend schön; die zerklüfteten, schneebedeckten Gipfel glänzten unter uns in der strahlenden Sonne. In der Kapsel war es eng: Die dort aufgestapelten

Vorräte sollten ja für 18 Tage reichen. Wie sich herausstellte, hatten wir nicht nur vergessen, die Arretierung an der Brennstoffzufuhr zu lockern. Wir hatten auch kein Toilettenpapier mitgenommen, so daß wir auf eingehende Faxe warten mußten, bevor wir die Toilette am unteren Ende der winzigen Wendeltreppe benutzen konnten. Dabei benötigte mein marokkanischer Magen viele Faxe. Per hüllte sich weiter in düsteres Schweigen, aber Alex und ich waren einfach froh, daß wir von dem Problem mit den arretierten Halterungen schon vor Eintreten des Ernstfalls erfahren hatten. Als wir uns der algerischen Grenze näherten, wartete bereits der nächste Schock auf uns. Die Algerier teilten uns mit, daß wir uns direkt auf ihre wichtigste Militärbasis in Béchar zubewegten. Sie ließen uns wissen, daß wir diese auf keinen Fall überfliegen durften: »Sie sind NICHT befugt, in diesen Luftraum einzudringen«, stand in dem Fax. Aber wir hatten keine andere Wahl.

Ich sprach etwa zwei Stunden lang per Satellitentelefon mit unserem Fluglotsen Mike Kendrick und versuchte, mehrere britische Minister zu kontaktieren. Schließlich kam uns André Azoulay, der marokkanische Minister, der alle Hindernisse für einen Start in seinem Land aus dem Weg geräumt hatte, noch einmal zu Hilfe. Er erklärte den Algeriern, daß wir unsere Richtung nicht ändern könnten, aber auch keine starken Kameras an Bord hätten. Sie akzeptierten das und gaben nach. Als uns diese positive Nachricht erreichte, machte ich mir Notizen in meinem Bordbuch. Ich blätterte um und fand einen handgeschriebenen Zettel von Sam in dicker schwarzer Tinte, der mit Klebestreifen auf der Seite befestigt war: »An Dad: Ich hoffe, es macht dir viel Spaß. Komm gesund zurück. Ich liebe dich sehr. Dein Sohn Sam.« Jetzt wußte ich, warum Sam am Vorabend ohne mich in die Kapsel geschlüpft war! Um 17.00 Uhr befanden wir uns immer noch auf 10 000 Meter Höhe. Per schaltete die Brenner ein, um die Luft in der Hülle zu erwärmen. Obwohl sie eine Stunde lang brannten, begann der Ballon kurz nach 18.00 Uhr langsam, aber sicher an Höhe zu verlieren.

»Irgendwas stimmt an der Theorie nicht«, sagte Per.
»Was ist los?« fragte ich.
»Ich weiß es nicht.«

Per ließ die Brenner ohne Unterlaß laufen, doch der Ballon bewegte sich weiter in Richtung Erde. Wir sanken erst um 300 und dann noch um weitere 150 Meter. Als die Sonne hinter dem Horizont verschwand, wurde es immer kälter. Es war klar, daß sich das Helium rasch zusammenzog und über uns zum Totgewicht wurde.

»Wir müssen Ballast abwerfen«, sagte Per. Er hatte Angst. Alex und mir ging es nicht besser. Wir drehten die Hebel, um die Bleigewichte an der Unterseite der Kapsel abzuwerfen. Sie sollten etwa zwei Wochen in Reserve gehalten werden. Auf meinem Bildschirm beobachtete ich, wie sie wie Bomben zur Erde fielen. Ich hatte das schreckliche Gefühl, daß dies erst der Anfang einer Katastrophe war. Die Kapsel war größer als diejenigen für die Atlantik- und Pazifiküberquerung, aber es war trotzdem nur eine Metallkiste, die an einem riesigen Ballon hing und der Gewalt von Wind und Wetter ausgeliefert war.

Allmählich wurde es dunkel. Ohne die Bleigewichte blieben wir eine Zeitlang stabil, doch plötzlich begann der Ballon wieder an Höhe zu verlieren, diesmal jedoch schneller. Wir sackten in einer Minute 600 Meter ab und weitere 600 Meter in der nächsten. Meine Ohren wurden taub und knackten; ich spürte, wie mein Magen sich hob und gegen meine Rippen preßte. Wir waren nur noch auf 5 000 Meter Höhe. Ich bemühte mich sehr, ruhig zu bleiben, und konzentrierte mich voll auf Kamera und Höhenmesser, während ich im Geiste in Windeseile alle Optionen durchging. Wir mußten die Brennstofftanks abwerfen. Damit war aber die Reise vorbei. Ich biß mir auf die Lippen. Wir befanden uns mitten in der Nacht irgendwo über dem Atlasgebirge auf dem besten Weg zu einer furchtbaren Bruchlandung. Keiner von uns sprach ein Wort. Ich machte blitzschnell einige Rechnungen.

»Bei diesem Tempo bleiben uns noch sieben Minuten«, sagte ich.

»Okay«, sagte Per. »Öffnet die Luke. Wir müssen den Druck ausgleichen.«

Wir öffneten die Ausstiegsluke bei 4 000 Meter Höhe, sanken auf 3 500 Meter. Eiskalte Luft strömte in die Kapsel, nahm uns den Atem und glich den Druck aus. Alex und ich begannen, alles, was nicht niet- und nagelfest war, über Bord zu werfen: Wasser, Lebensmittel,

Ölkanister. Alles. Sogar ein Bündel Dollars. Fünf Minuten lang konnten wir dadurch unsere Höhe halten. Es ging nicht mehr darum, den Flug fortzusetzen. Wir kämpften jetzt ums nackte Überleben.

»Es reicht nicht«, sagte ich, als der Höhenmesser auf 3 000 Meter gefallen war. »Wir verlieren immer noch an Höhe.«

»Okay, ich klettere jetzt aufs Dach«, sagte Alex. »Die Tanks müssen weg.«

Da Alex die Kapsel praktisch selbst gebaut hatte, wußte er genau, wie man die Arretierung lösen mußte. Trotz meiner Panik wurde mir klar, daß wir nichts hätten tun können, wenn statt dessen Rory an Bord gewesen wäre. Wir hätten mit dem Fallschirm abspringen müssen. In diesem Augenblick wären wir über dem Atlasgebirge in die Dunkelheit gesprungen. Die Brenner zischten und warfen einen leuchtenden orangen Lichtschein über uns.

»Bist du schon mal mit dem Fallschirm abgesprungen?« rief ich Alex zu.

»Nein, noch nie«, erwiderte er.

»Das ist deine Reißleine«, sagte ich und führte seine Hand an die betreffende Stelle.

»Wir sind jetzt bei 2 500 Meter und sinken weiter«, rief Per. »2 200 Meter.«

Alex kletterte durch die Luke auf das Dach der Kapsel. Es war schwierig festzustellen, wie rasch wir an Höhe verloren. Meine Ohren waren jetzt zu. Wenn die Arretierung festgefroren war und Alex die Tanks nicht lösen konnte, mußten wir springen. Uns blieben nur noch wenige Minuten. Ich warf einen Blick aus der Luke und spielte im Geiste durch, was wir tun mußten: eine Hand an den Rand, hinaustreten und dann hinein in die Dunkelheit. Meine Hand tastete instinktiv nach meinem Fallschirm. Ich vergewisserte mich, daß Per seinen angeschnallt hatte. Per ließ den Höhenmesser nicht aus den Augen. Die Zahlen fielen rasch.

Uns blieben nur noch 2 000 Meter, und es war dunkel. Jetzt waren es nur noch 1 800 Meter. Wenn Alex eine weitere Minute dort oben blieb, wären wir auf 1 200 Meter. Ich steckte den Kopf durch die Luke und beobachtete, wie Alex sich am Dach der Kapsel entlangtastete. Es war stockfinster und bitterkalt. Wir konnten die Erde unter uns nicht sehen. Telefon und Fax klingelten pausenlos. Die Bodenkontrolle fragte sich wohl, was zum Teufel wir da oben trieben.

»Einer ist locker«, schrie Alex durch die Luke.

»1 200 Meter«, sagte Per.

»Nummer zwei«, rief Alex.

»1 100 Meter.«

»Noch einer.«

»1 000 Meter, 800.«

Für einen Absprung war es zu spät. Bis wir sprangen, würden wir von den Bergen direkt unter uns zerschmettert.

»Komm wieder rein«, schrie Per. »Sofort!«

Alex ließ sich durch die Luke fallen. Wir machten uns bereit. Per drehte den Hebel, um einen Tank abzuwerfen. Wenn der Bolzen sich nicht löste, blieben uns noch ungefähr 60 Sekunden bis zu unserem sicheren Tod. Der Tank fiel herab, und der Ballon kam abrupt zum Stillstand. Es war, als würde man in einem Aufzug auf dem Boden aufprallen. Wir wurden in unsere Sitze gepreßt; mein Kopf wurde zwischen meine Schultern gedrückt. Dann begann der Ballon zu steigen. Wir starrten auf den Höhenmesser: 850, 900, 950 Meter. Wir waren in Sicherheit. Nach zehn Minuten befanden wir uns wieder auf über 1 000 Meter, und der Ballon stieg weiter in den nächtlichen Himmel. Ich kniete auf dem Boden neben Alex und umarmte ihn.

»Gott sei Dank, daß du bei uns bist«, sagte ich. »Ohne dich wären wir jetzt alle tot.«

Es wird behauptet, sterbende Menschen würden in den letzten Sekunden vor dem Tod ihr Leben Revue passieren lassen. In meinem Fall stimmte das nicht. Während wir auf die Erde zurasten und auf dem besten Weg waren, uns über dem Atlasgebirge in einen Feuerball zu verwandeln, hatte ich nur einen einzigen Gedanken: Wenn ich da lebend rauskäme, würde ich so etwas nie wieder tun.

Die ganze Nacht über kämpften wir damit, den Ballon unter Kontrolle zu halten. Einmal begann er ohne ersichtlichen Grund stetig zu steigen, bis wir schließlich bemerkten, daß einer der verbleibenden Brennstofftanks leck war: Wir hatten Brennstoff abgelassen, ohne es zu merken. Im Morgengrauen bereiteten wir uns auf die Landung vor. Unter uns erstreckte sich die algerische Wüste: selbst unter günstigsten Bedingungen ein unwirtlicher Ort, aber angesichts des Bürgerkriegs, der das Land erschütterte, weniger einladend denn je. Die Wüste bestand nicht aus den weichen gelben Sanddünen, die einem Filme wie *Laurence von Arabien* vorgaukeln. Der kahle Boden war rot und felsig, unfruchtbar wie die Marsoberfläche. Felsen ragten wie riesige Termitenhügel steil empor. Alex und ich saßen auf dem Dach der Kapsel und bewunderten den Sonnenaufgang über der Wüste. Uns war bewußt, daß hier ein Tag anbrach, den wir beinahe nicht mehr erlebt hätten. Die steigende Sonne und die zunehmende Wärme des Tages erschienen uns wie ein kostbares Geschenk. Als wir den Schatten des Ballons über den Wüstenboden wandern sahen, konnten wir kaum glauben, daß es sich hier um das gleiche Gefährt handelte, das sich mitten in der Nacht wie ein Geschoß auf das Atlasgebirge zubewegt hatte. Die noch nicht abgeworfenen Tanks versperrten Per die Sicht, so daß Alex ihm den Weg wies. Als wir uns der Erde näherten, rief Alex: »Stromleitung voraus!«

Per gab zurück, daß wir uns mitten in der Sahara befänden und es sich unmöglich um eine Stromleitung handeln könne. »Du siehst wohl eine Fata Morgana«, brüllte er. Alex schlug ihm vor, aufs Dach zu klettern und sich mit eigenen Augen davon zu überzeugen, daß es uns gelungen war, die einzige Stromleitung in der Sahara zu finden. Trotz der ungeheuren Weite der kahlen Wüste um uns herum sahen wir binnen weniger Minuten nach unserer Landung die ersten Anzeichen von Leben. Eine Gruppe von Berbern tauchte plötzlich hinter den Felsen auf. Zunächst hielten sie Abstand. Wir wollten ihnen gerade etwas Wasser und einige der verbliebenen Vorräte anbieten, als wir über uns die klappernden Rotorflügel von Militärhubschraubern hörten. Sie mußten uns auf ihrem Radar verfolgt haben. Die Berber verschwanden so schnell, wie sie gekommen waren. Zwei Hubschrauber landeten direkt neben uns und wirbelten große Staubwolken auf. Bald waren wir von Soldaten mit steinernem Blick umringt, die offenbar nicht wußten, wohin sie ihre Maschinengewehre richten sollten. »Allah«, sagte ich ermutigend.

Einen Moment lang standen sie stumm da. Dann übermannte sie die Neugier, und sie kamen näher. Wir zeigten ihrem Offizier die

Kapsel. Er bewunderte die verbleibenden Brennstofftanks. Als wir vor der Kapsel standen, fragte ich mich, was diese algerischen Soldaten wohl von unserem Ballon hielten. Ich drehte mich um und versuchte, ihn einen Augenblick lang mit ihren Augen zu sehen. Die noch nicht abgeworfenen Tanks waren leuchtend rot und gelb bemalt und sahen aus wie überdimensionale Dosen Virgin Cola und Virgin Energy. Die Seitenwand der Kapsel schmückten Slogans für Virgin Atlantic, Virgin Direct, Virgin Territory und Virgin Cola. Es war wohl unser Glück, daß diese gläubigen Moslems den Spruch auf dem oberen Rand der Virgin-Energy-Dose nicht verstanden: ENTGEGEN ALLER GERÜCHTE GIBT ES ABSOLUT KEINEN BEWEIS DAFÜR, DASS VIRGIN ENERGY EIN APHRODISIAKUM IST.

Als ich im roten Sand der algerischen Wüste vor meinem geistigen Auge nochmals den grauenhaften Sinkflug über dem Atlasgebirge durchlebte, schwor ich mir erneut, daß ich so etwas nie wieder versuchen würde. Gleichzeitig wußte ich aber auch tief in meinem Herzen, daß ich mich nochmals zu einem letzten Versuch aufraffen würde, wenn ich nach meiner Rückkehr mit anderen Ballonfahrern gesprochen hatte, die ebenfalls eine Weltumrundung anstrebten. Es ist eine unwiderstehliche Herausforderung, die inzwischen viel zu tief in mir verwurzelt ist, als daß ich sie aufgeben könnte. Die beiden Fragen, die mir am häufigsten gestellt werden, lauten: »Wieso riskieren Sie Kopf und Kragen mit Ihren Ballonfahrten?« und »Wohin bewegt sich die Virgin-Gruppe?« In gewisser Hinsicht beantwortete die über und über mit Virgin-Marken geschmückte Ballonkapsel in der Mitte der algerischen Wüste genau diese zentralen Fragen. Ich wußte, daß ich wieder versuchen würde, mit dem Ballon rund um die Welt zu fahren, weil dies eine der wenigen noch verbleibenden Herausforderungen ist. Sobald ich den Schrecken des eigentlichen Fluges verdaut hatte, würde ich überzeugt sein, daß wir aus unseren Fehlern lernen können und bei der nächsten Fahrt nicht in Gefahr geraten würden. Die globalere Frage nach meinem letztendlichen Ziel für die Virgin-Gruppe kann ich unmöglich beantworten. Anstelle einer hochtheoretischen Erklärung, die nicht zu meiner Denkweise passen würde, habe ich dieses Buch geschrieben, um zu zeigen, wie wir Virgin zu dem gemacht haben, was es heute ist. Wenn Sie sorgfältig zwischen den Zeilen lesen, werden Sie hoffentlich verstehen, welche Vision wir mit der Virgin-Gruppe verfolgen und in welche Richtung wir uns bewegen. Manche Menschen behaupten, meine Vision für Virgin würde alle Regeln brechen und ein übermäßig buntes Kaleidoskop schaffen. Andere sagen, Virgin sei auf dem besten Weg dazu, einer der führenden Markennamen des nächsten Jahrhunderts zu werden. Wieder andere analysieren den Konzern bis ins kleinste Detail und schreiben dann akademische Traktate darüber. Was mich anbelangt, so greife ich einfach nach dem Telefonhörer und mache weiter. Meine Ballonfahrten und die zahlreichen Virgin-Unternehmen, die ich gegründet habe, bilden eine nahtlose Kette der Herausforderungen, die ich bis in meine Kindheit zurückverfolgen kann.

Dieses Buch ist der erste Band meiner Autobiographie. Es deckt die ersten 43 Jahre meines Lebens ab. Nachdem ich über dem Atlasgebirge dem Tod so nahe war, dachte ich, es sei besser, dieses Buch jetzt zu schreiben für den Fall, daß mich mein Schutzengel bei meinem nächsten Versuch im Stich läßt. Ähnlich wie bei meinen Ballonfahrten ging es während meiner ersten 43 Lebens- und Berufsjahre immer ums Überleben. Dieses Buch endet mit Virgin Atlantics außergewöhnlichem Sieg über British Airways im Januar 1993. Knapp ein Jahr zuvor war ich gezwungen, Virgin Music zu verkaufen und erreichte damit den Tiefpunkt meiner beruflichen Karriere. Der Sieg über British Airways war der Wendepunkt für Virgin. Allen Widerständen zum Trotz hatte ich 43 Jahre lang überlebt und zum ersten Mal in meinem Leben Geld zur Verfügung. Wir wollten viele Träume verwirklichen, und ich begann zu erkennen, was wir mit Virgin erreichen könnten. *Wie* wir diese Träume erfüllen, wird Gegenstand des nächsten Buches sein. Hier geht es zunächst einmal darum, wie es uns mit Hängen und Würgen gelang, so lange zu überleben, bis wir diesen Punkt erreichten.

Als ich nach einem Titel für dieses Buch suchte, meinte David Tait, der die Aktivitäten von Virgin Atlantic in den USA leitet, ich solle es *Virgin: Die Kunst der Geschäftsstrategie und der Wettbe-*

werbsanalyse nennen. »Nicht schlecht«, meinte ich nachdenklich, »aber ich bin mir nicht sicher, ob das den richtigen Pepp hat.«

»Natürlich«, fuhr er fort, »würde der Untertitel lauten: *Augen zu und durch!*«

1
IN UNSERER FAMILIE HÄTTEN WIR ALLES FÜREINANDER GETAN

1950 bis 1963

Die Erinnerung an meine Kindheit ist inzwischen etwas verblaßt, doch einige herausragende Ereignisse sind mir im Gedächtnis geblieben. Ich weiß noch, daß meine Eltern uns pausenlos vor neue Herausforderungen stellten. Meine Mutter war entschlossen, uns zu unabhängigen Menschen zu erziehen. Als ich vier Jahre alt war, hielt sie das Auto einige Kilometer von zu Hause entfernt an und zwang mich, selbst meinen Heimweg über die Felder zu suchen. Ich verirrte mich hoffnungslos. Das erste, an das sich meine jüngste Schwester Vanessa erinnert, war, wie sie eines Morgens im Januar in der Dunkelheit geweckt wurde, weil meine Mutter beschlossen hatte, daß ich an jenem Tag nach Bournemouth radeln sollte. Mum packte mir ein paar Sandwiches und einen Apfel ein und erklärte, Wasser müsse ich mir unterwegs selbst beschaffen. Bournemouth war 80 Kilometer entfernt von unserem Haus in Shamley Green in Surrey. Ich war noch keine zwölf Jahre alt, aber Mum dachte, dieses Abenteuer würde mir zeigen, wie wichtig Durchhaltevermögen und ein guter Orientierungssinn sind. Ich kann mich vage erinnern, wie ich in der Dunkelheit aufbrach und die nächste Nacht bei Verwandten verbrachte. Ich habe nicht die leiseste Ahnung, wie ich ihr Haus fand und am nächsten Tag wieder nach Shamley Green zurückfuhr, aber ich weiß noch gut, wie ich schließlich wie ein siegreicher Held in unsere Küche spazierte, ungemein stolz auf meinen Radmarathon war und einen begeisterten Empfang erwartete.

»Gut gemacht, Ricky«, sagte meine Mutter. Sie war gerade beim Zwiebelschneiden. »Hat's Spaß gemacht? Könntest du bitte gleich zum Pfarrer hinüberlaufen? Er bräuchte jemanden, der ihm etwas Holz hackt, und ich habe gesagt, daß du jeden Augenblick zurückkommen würdest.«

Unsere Herausforderungen waren eher körperlicher als intellektueller Natur. Schon bald begannen wir, sie uns selbst zu suchen. So erinnere ich mich etwa, wie ich schwimmen lernte. Ich war vier oder fünf, und wir verbrachten mit den Schwestern meines Vaters, Tante Joyce und Tante Wendy, und Wendys Mann, Onkel Joe, unsere Ferien in Devon. Tante Joyce mochte ich besonders gerne. Zu Beginn der Ferien hatte sie mit mir um 10 Schilling gewettet, daß ich nicht bis zum Ende der zwei Ferienwochen schwimmen lernen könne. Stundenlang kämpfte ich im Meer gegen eiskalte Wellen an, doch am letzten Ferientag konnte ich immer noch nicht richtig schwimmen. Ich paddelte nur und hüpfte dabei mit einem Fuß auf dem Boden. Ich tauchte in die Wellen, bevor ich spuckend wieder an die Oberfläche kam und versuchte, möglichst wenig Meerwasser zu schlukken.

»Macht nichts, Ricky«, tröstete mich Tante Joyce. »Nächstes Jahr klappt's bestimmt.«

Aber ich war fest entschlossen, nicht so lange zu warten. Tante Joyce hatte mit mir eine Wette abgeschlossen, und ich bezweifelte, daß sie sich im nächsten Jahr noch daran erinnern würde. An unserem letzten Tag standen wir früh auf, packten die Autos und brachen zur zwölfstündigen Heimfahrt auf. Die Straßen waren schmal, unsere Wagen langsam und der Tag heiß. Alle wollten möglichst schnell nach Hause. Während der Fahrt entdeckte ich einen Fluß.

»Daddy, könntest du bitte anhalten?« bat ich.

Der Fluß war meine letzte Chance: Ich war sicher, daß ich schwimmen und die Wette mit Tante Joyce gewinnen konnte.

»Bitte halt' an!« rief ich.

Mein Vater blickte in den Rückspiegel und fuhr langsam an den Straßenrand.

»Was ist los?« fragte Tante Wendy, als wir alle aus dem Wagen kletterten.

»Ricky hat den Fluß dort unten gesehen«, erklärte Mum. »Er möchte ein letztes Mal versuchen zu schwimmen.«

»Wollen wir nicht alle möglichst schnell heim?« jammerte Tante Wendy. »Die Reise ist so furchtbar lang.«

»Komm schon, Wendy. Gib dem Jungen noch eine Chance«, meinte Tante Joyce. »Schließlich sind es meine zehn Schilling.«

Ich riß mir die Kleider vom Leib und rannte in Unterhosen zum Flußufer hinunter. Ich wagte nicht stehenzubleiben für den Fall, daß sie ihre Meinung änderten. Als ich ans Ufer kam, hatte ich ziemliche Angst. In der Mitte des Flusses sprang das Wasser in einem Strom von Blasen über die Felsen. Ich fand eine von Kühen niedergetrampelte Stelle und watete in die Strömung. Schlamm hing zwischen meinen Zehen. Ich drehte mich um. Onkel Joe, Tante Wendy und Tante Joyce, meine Eltern und meine Schwester Lindi sahen mir zu: die Damen in geblümten Kleidern, die Herren in Sportjacketts und Krawatten. Dad zündete seine Pfeife an und setzte eine völlig unbeteiligte Miene auf; Mum lächelte wie üblich ermutigend. Ich holte tief Luft und sprang in die Strömung, spürte aber sofort, wie ich sank und meine Beine hilflos im Wasser zappelten. Die Strömung warf mich hin und her, zerrte an meiner Unterhose und riß mich flußabwärts. Ich bekam keine Luft und schluckte Wasser. Ich versuchte, an die Oberfläche zu gelangen, fand aber keinen Halt. All mein Strampeln und Zappeln half nichts. Dann fand mein Fuß einen Stein, und ich stieß mich mit aller Kraft ab. Ich kam wieder an die Oberfläche und holte tief Luft. Das brachte mich wieder ins Gleichgewicht. Ich wurde ruhiger. Ich mußte unbedingt diese zehn Schilling gewinnen. Ich trat langsam Wasser, breitete meine Arme aus und stellte fest, daß ich auf der Wasseroberfläche schwamm. Zwischendurch tauchte ich zwar immer noch unter, doch plötzlich war eine Last von mir abgefallen: Ich konnte schwimmen. Mir war gleichgültig, daß mich der Fluß mitriß. Ich schwamm triumphierend hinaus in die Mitte der Strömung. Über dem Rauschen und Gluckern des Wassers hörte ich, wie meine Familie applaudierte und jubelte. Nachdem ich eine schiefe Kreisbahn geschwommen war und vielleicht 50 Meter flußabwärts wieder ans Ufer kletterte, sah ich Tante Joyce in ihrer großen schwarzen Handtasche nach ihrem Geldbeutel kramen. Ich stieg aus dem Wasser, lief durch ein Brennnesselfeld und kletterte die Böschung hinauf. Mir war kalt, ich war voller Schlamm und hatte mich an Brennesseln verbrannt – aber ich konnte schwimmen.

»Das ist für dich, Ricky«, sagte Tante Joyce. »Gut gemacht.«

Ich blickte auf den Zehnschillingschein in meiner Hand. Er war groß, braun und nagelneu. Ich hatte noch nie zuvor so viel Geld in der Hand gehabt; es kam mir vor wie ein Vermögen.

»Steigt ein«, sagte mein Vater. »Wir fahren weiter.«

Erst in diesem Augenblick fiel mir auf, daß auch er völlig durchnäßt war. Er hatte die Nerven verloren und war hinter mir ins Wasser gesprungen. Er nahm mich ganz fest in seine Arme.

Ich kann mich an keinen Augenblick in meinem Leben erinnern, in dem ich nicht die Liebe meiner Familie spürte. Wir hätten alles füreinander getan – und daran hat sich bis heute nichts geändert. Meine Eltern liebten sich sehr, und in meiner Kindheit gab es kaum ein scharfes Wort zwischen ihnen. Meine Mutter Eve war stets voller Lebensenergie und spornte uns zu allen möglichen Aktivitäten an. Mein Vater Ted war der Ruhigere, der gerne seine Pfeife rauchte und Zeitung las. Beide liebten sie jedoch Abenteuer. Ted wollte eigentlich Archäologe werden, aber sein Vater, ein hochrangiger Richter, wünschte sich, daß er der Branson-Tradition folgen und Jura studieren sollte. Drei Generationen von Bransons waren bereits Juristen gewesen. Mein Großvater engagierte also einen Karriereberater, der mit Ted mögliche Berufswege besprechen sollte. Als sich herausstellte, daß Ted Archäologe werden wollte, weigerte sich mein Großvater, die Rechnung des Berufsberaters zu bezahlen mit der Begründung, daß er seine Arbeit nicht ordentlich erledigt habe. Widerwillig ging Ted also nach Cambridge, um Jura zu studieren, und machte seine Sammlung antiker Artefakte und Fossilien, die er sein »Museum« nannte, zu einem Hobby.

Bei Ausbruch des Zweiten Weltkriegs im Jahr 1939 meldete sich Ted freiwillig bei den Staffordshire Yeomanry, einem im Umfeld der englischen Juristenverbände, der »Inns of Court«, organisierten Kavallerieregiment. Seine Einheit kämpfte in Palästina, und Ted nahm im September 1942 an der Schlacht von El Alamein sowie an späteren Gefechten in der libyschen Wüste teil. Dann war er beim Einmarsch in Italien dabei und kämpfte in Salerno und Anzio. Bevor Ted in den Krieg zog, dachte er sich einen Geheimcode aus, um meinen Großeltern seinen Aufenthaltsort mitzuteilen: Sie vereinbarten, daß in seinen Briefen von der Front der Keller die Welt und die einzelnen Fächer in den Kellerschränken bestimmte Länder symbolisieren sollten. Ted bat in seinen Briefen seine Mutter, seine alten Reithandschuhe aus dem linken oberen Fach des rechten Schranks zu nehmen, und sie wußten, daß er damit Palästina meinte. Es überrascht nicht, daß diese Geheimbotschaften ohne weiteres durch die Zensur schlüpften und meine Großeltern immer wußten, wo er sich befand. Als Ted Soldat wurde, war sein Onkel Jim Branson in der Armee schon recht berüchtigt, weil er dafür eintrat, Gras zu essen. Großonkel Jim hatte ein Gut in Hampshire besessen. Dieses teilte er schließlich unter den Pächtern auf und zog nach Balham, das 1939 ein abgelegener Vorort von London war. Er war besessen von der Idee des Grasessens. Die Zeitschrift *Picture Post* veröffentlichte einen Artikel über ihn mit einem Bild, das ihn in seinem Bad in Balham zeigte, wo er in Bottichen Gras zog, das er zu Heu verarbeitete. Wenn Jim zum Essen eingeladen war (mit seiner zunehmenden Berühmtheit geschah dies immer öfter), brachte er seinen Futtersack mit und aß sein Gras. In der Armee machten sich alle über meinen Vater lustig: »Du mußt Jim Bransons Sohn sein! Hier, knabber' ein bißchen Gras! Du bist ein munteres Füllen. Wann werden sie dich kastrieren?«

Ted leugnete standhaft jede Beziehung zu Onkel Jim. Als sich der Krieg aber hinzog, richtete David Stirling den Special Air Service ein: eine Eliteeinheit, die hinter den feindlichen Linien operieren sollte. Der SAS mußte mit leichtem Gepäck reisen, und bald wurde bekannt, daß Jim Branson David Sterling und seiner Elitetruppe zeigte, wie man sich von Gras und Nüssen ernähren konnte. Von da an erwiderte Ted auf die Frage »Branson? Sind Sie mit Jim Branson verwandt?« mit stolzgeschwellter Brust: »Ja, er ist mein Onkel. Was er mit dem SAS macht, ist sensationell, nicht wahr?«

Im Grunde genoß Ted diese fünf Jahre in der großen, weiten Welt. Die Rückkehr nach Cambridge zum Jurastudium fiel ihm recht schwer. Einige Jahre später, als er schon ein junger Rechtsanwalt war, kam er relativ spät zu einer Cocktailparty, wo ihn eine blonde Schönheit namens Eve begrüßte, die quer durch den Raum auf ihn zusegelte, ihm eine Platte mit Honigwürstchen vor die Nase hielt und sagte: »Der Weg zum Herzen eines Mannes führt durch seinen Magen. Darf ich Ihnen dies hier anbieten?«

Eve Huntley-Flindt hatte ihre bewundernswerte Energie teilweise von ihrer Mutter Dorothy geerbt, die zwei britische Rekorde aufstellte: Im Alter von 89 Jahren bestand sie als älteste Person in Großbritannien die Fortgeschrittenenprüfung im Turniertanz für lateinamerikanische Tänze. Mit 90 war sie der älteste Mensch, der jemals beim Golf ein Hole-in-One erzielte.

Meine Großmutter starb im Alter von 99 Jahren. Kurz zuvor hatte sie mir in einem Brief mitgeteilt, die letzten zehn Jahre seien die besten ihres Lebens gewesen. Im gleichen Jahr war sie bei einer Kreuzfahrt um die ganze Welt auf Jamaika nur mit einem Badeanzug bekleidet zurückgelassen worden. Sie hat sogar Stephen Hawkings *Eine kurze Geschichte der Zeit* gelesen (was mir noch nicht gelungen ist!). Sie hat nie aufgehört zu lernen. Ihrer Meinung nach war das Leben eine einmalige Chance, aus der man das Beste machen sollte. Meine Mutter hatte Grannys Liebe zu Sport und Tanz geerbt. Mit zwölf Jahren trat sie in einer West-End-Revue auf, deren Komponistin Marie Stopes sich später mit ihrer Arbeit in der gesundheitlichen Aufklärung von Frauen einen Namen machen sollte. Einige Zeit später wurde Mum um ein Haar gezwungen, für ein weiteres Bühnenengagement zu strippen: in einem Tanz für *The Cochran Show* in Her Majesty's Theatre im Londoner West End. Sir Charles Cochrans Shows waren berüchtigt dafür, daß dort die schönsten Mädchen der Stadt ihre Kleider ablegten. Es war Krieg, und Arbeitsplätze waren Mangelware. Eve beschloß, die Stelle anzunehmen mit der Begründung, daß es sich hier nur um einen harmlosen Spaß handle. Wie zu erwarten, teilte mein Großvater diese Meinung keineswegs und drohte ihr, ins Theater zu stürmen und sie von der Bühne zu zerren. Eve richtete das Sir Charles Cochran aus, der ihr daraufhin erlaubte, beim Tanzen ihre Kleider anzubehalten. Damals wie heute setzte sie praktisch immer ihren Willen durch. Eve sah sich nach einer anderen Arbeitsstelle für den Tag um. Der Segelfliegerclub in Heston brachte den Rekruten der Königlichen Luftwaffe das Segelfliegen bei, bevor sie Piloten wurden. Sie bewarb sich als Pilot, wurde aber mit der Begründung abgewiesen, daß diese Stellen nur für Männer seien. Das schreckte sie keineswegs ab: Sie beschwatzte einen Fluglehrer so lange, bis er ihr heimlich die Stelle gab unter der Voraussetzung, daß sie sich als Junge ausgab. Mit schwarzer Lederjacke, die Haare unter einem Lederhelm versteckt und künstlich tiefer Stimme lernte Eve also Segelfliegen und unterrichtete neue Piloten. Im letzten Kriegsjahr schloß sie sich den »Wrens«, der britischen Marineorganisation für Frauen, als Funkerin an und war auf der Black Isle in Schottland stationiert. Nach dem Krieg wurde Eve Stewardeß – damals einer der glamourösesten Berufe. Die Meßlatte war sehr hoch: Man mußte hübsch, unverheiratet und zwischen 23 und 27 Jahre alt sein, Spanisch sprechen können und gelernte Krankenschwester sein. Die Tatsache, daß sie weder Spanisch konnte noch Krankenschwester war, schreckte meine Mutter nicht ab: Sie plauderte lange mit dem Nachtportier im Einstellungsbüro und schlüpfte auf diese Weise in den Ausbildungskurs für Stewardessen der British South American Airways. Die BSAA bot Flüge zwischen London und Südamerika in zwei Flugzeugtypen an: Lancasters, die 13 Passagiere beförderten, und Yorks, in denen 21 Fluggäste Platz fanden. Diese Maschinen hatten klangvolle Namen wie *Star Stream* und *Star Dale*, und die Stewardessen wurden »Star Girls« genannt. Wenn das Flugzeug zur Startbahn rollte, mußte meine Mutter den Passagieren als erstes Kaugummi, Malzbonbons, Watte und Taschentücher anbieten und ihnen erklären, daß sie sich vor Start und Landung die Nase putzen mußten. In der Kabine fand kein Druckausgleich statt, und die Flüge waren der reinste Marathon: fünf Stunden nach Lissabon, acht Stunden nach Dakar und dann 14 Stunden hinüber nach Buenos Aires. Für die Strecke von Buenos Aires nach Santiago wurden die Yorks durch robustere Lancasters ersetzt, und über den Anden mußten alle Sauerstoffmasken tragen. Nachdem meine Mutter ein Jahr für die BSAA gearbeitet hatte, wurde die Gesellschaft von der BOAC (British Overseas Airways Corporation) übernommen. Eve wurde auf Maschinen vom Typ Tudor eingesetzt. Die erste Tudor, die nach Bermuda fliegen sollte, die *Star Tiger*, explodierte in der Luft. Eve flog mit der nächsten Maschine und kam heil an. Aber das Flugzeug danach, die *Star Ariel*, verschwand spurlos im Bermuda-Dreieck. Anschließend durften die Tudors nicht mehr starten. Später fand man heraus, daß der Rumpf dieses Flugzeugs zu schwach war, um dem vor kurzem installierten Druckausgleich standzuhalten.

Zu dieser Zeit glaubte Ted vermutlich, daß Eve irgendwo über dem Atlantik verschwinden würde, wenn er ihrer Karriere als Stewardeß nicht durch Heirat ein Ende bereitete. Er machte ihr einen Heiratsantrag, als sie beide auf seinem Motorrad dahinbrausten, und sie schrie so laut sie konnte »Ja!«, damit er es trotz des Fahrtwinds hören konnte. Meine Eltern wurden am 14. Oktober 1949 getraut. Ich wurde auf ihrer Hochzeitsreise auf Mallorca gezeugt.

Meine Eltern behandelten meine Schwestern Lindi und Vanessa und mich stets wie Gleichberechtigte, deren Meinung ebenso viel galt wie die ihre. Als wir noch klein waren (bevor Vanessa auf die Welt kam), nahmen meine Eltern Lindi und mich mit, wenn sie zum Abendessen ausgingen. Wir lagen auf Decken auf dem Autorücksitz. Dort schliefen wir, während meine Eltern aßen, wachten aber immer auf, wenn sie die Heimfahrt antraten. Lindi und ich verhielten uns ganz ruhig, blickten in den nächtlichen Himmel hinauf, hörten zu, wie sich meine Eltern unterhielten und Witze über ihren Abend machten. Wir wuchsen als Freunde unserer Eltern auf. Als Kinder besprachen wir mit Dad seine rechtlichen Fälle und diskutierten über Pornographie und die Legalisierung von Drogen, lange bevor wir überhaupt wußten, wovon wir da eigentlich redeten. Meine Eltern ermutigten uns stets, eigene Meinungen zu vertreten, und gaben uns selten Ratschläge, es sei denn, wir baten sie darum. Wir lebten in einem Dorf namens Shamley Green in Surrey. Vor Vanessas Geburt wuchsen Lindi und ich in Easteds auf, einem efeuumrankten Häuschen mit winzigen weißen Fenstern und einem weißen Holztor, das auf die Dorfwiese hinausführte. Ich war drei Jahre älter als Lindi und neun Jahre älter als Vanessa. Meine Eltern hatten während meiner Kindheit sehr wenig Geld, und ich kann mich erinnern, viel Brot und Bratenfett gegessen zu haben – vielleicht, weil meine Mutter nicht besonders gerne kochte, aber vielleicht auch, weil sie sparen mußte. Nichtsdestoweniger wurden Traditionen aufrechterhalten: Wir durften den Eßtisch nicht verlassen, bis wir unseren Teller geleert hatten. Wir bekamen auch Zwiebeln, die in unserem Garten wuchsen. Ich haßte Zwiebeln und versteckte meine immer in einer Schublade im Tisch, die nie geputzt wurde. Erst als wir zehn Jahre später umzogen, wurde sie geöffnet und meine vertrockneten Zwiebeln kamen zum Vorschein. Das Essen war bei den Mahlzeiten weniger wichtig als die Geselligkeit. Unser Haus war stets voller Menschen. Um über die Runden zu kommen, lud meine Mutter deutsche und französische Studenten ein, damit sie in einem typisch englischen Haushalt unsere Sprache lernen konnten. Wir mußten sie unterhalten. Mum verlangte, daß wir im Garten arbeiteten, ihr bei der Zubereitung der Mahlzeiten halfen und hinterher abräumten. Wenn ich mich drücken wollte, lief ich quer über die Dorfwiese zu meinem Freund Nik Powell. Anfangs war das Beste an Nik der phantastische Pudding, den seine Mutter kochte. Nachdem ich also daheim Zwiebeln in die Tischschublade gestopft hatte, schlich ich mich zu Nik und ließ die radebrechenden Deutschen hinter mir, die von meiner Familie lachend berichtigt wurden. Wenn ich zum richtigen Zeitpunkt kam (und dafür sorgte ich), stand der Pudding schon auf dem Tisch. Nik war mein bester Freund, ein stiller Junge mit glatten schwarzen Haaren und schwarzen Augen. Schon bald waren wir unzertrennlich: Wir kletterten auf Bäume, fuhren Fahrrad, jagten Kaninchen und versteckten uns unter Lindis Bett, um sie am Knöchel zu packen, wenn sie das Licht ausschaltete. Ich kann mich an keine Zeit erinnern, zu der Nik und ich nicht Freunde waren. Meine Mutter hatte zwei fixe Ideen: Sie erfand ständig neue Arbeitsbeschaffungsmaßnahmen für uns und dachte sich immer wieder neue Erwerbsquellen aus. Wir hatten nie einen Fernseher, und ich glaube auch nicht, daß meine Eltern jemals Radio hörten. In einem Gartenschuppen stellte Mum Kistchen für Papiertaschentücher und Papierkörbe aus Holz her, die sie dann an Läden verkaufte. Ihr Schuppen roch nach Farbe und Klebstoff und war voll von Stapeln versandbereiter lackierter Kistchen. Dad war sehr einfallsreich und ein geschickter Bastler; er konstruierte Spezialklemmen, die die Kisten zusammenhielten, während der Klebstoff trocknete. Irgendwann begann Mum, Harrods zu beliefern. Ihr Geschäft wurde zu einer richtiggehenden Heimindustrie. Wie bei allem, was sie tat, war Mum auch hier das reinste Energiebündel, dem kaum jemand widerstehen konnte. Teamarbeit wurde in unserer Familie großgeschrieben. Wenn wir in Mums Nähe kamen, fand sie immer Arbeit für uns. Schoben wir anderweitige Verpflichtungen vor, hieß es unmißverständlich, daß wir nicht so selbstsüchtig sein sollten. Daher lernten wir schon bald, den Belangen anderer Priorität zu geben. Einmal verbrachte ein Junge, den ich nicht besonders gut leiden konnte, das Wochenende bei uns. Während des Gottesdienstes schlich ich mich aus unserer Bank, um auf der anderen Seite des Ganges bei Nik zu sitzen. Mum war wütend. Als wir nach Hause kamen, wies sie meinen Vater an, mir eine Tracht Prügel zu verabreichen. Dad und ich trabten also brav in sein Arbeitszimmer und schlossen die Tür. Anstatt eines zornerfüllten Blicks schenkte mir Dad ein Lächeln.

»Sorg' dafür, daß du überzeugend heulst«, sagte er und klatschte dann sechsmal in die Hände, damit es sich anhörte wie richtige Ohrfeigen. Ich stürmte laut flennend aus dem Zimmer. Mum setzte einen strengen Blick auf, der mir signalisieren sollte, daß dies alles zu meinem Besten sei, und schnitt energisch ihre Zwiebeln in der Küche weiter – und meine Portion verschwand beim Mittagessen wie immer in der Tischschublade.

Großonkel Jim war nicht der einzige Exzentriker in der Familie. Respektlosigkeit vor der Autorität wurde auf beiden Seiten vererbt. Wir hatten uns einen alten Wohnwagen gekauft, den wir im Garten aufstellten. Manchmal kamen Kinder vorbei und läuteten bei uns. Mum gab ihnen immer etwas Silbergeld und ließ sie in der Scheune nach Sachen suchen, die sie brauchen konnten. Einmal gingen wir alle zur Surrey County Show in Guildford. Dort drängten sich Zirkusleute: glitzernde Kunstspringer und Männer in Tweedanzügen und Melonen. Als wir an einer der Buden vorbeikamen, sah Mum eine Gruppe weinender Artistenkinder. Wir gingen hinüber, um den Grund für ihre Tränen herauszufinden. Sie hatten sich alle um eine mit einer Schnur angebundene Elster geschart.

»Die Polizei hat uns befohlen, diesen Vogel abzugeben, damit sie ihn einschläfern können. Sie sagen, es sei nicht erlaubt, wilde Vögel als Haustiere zu halten«, erklärten sie uns.

Noch während sie uns von ihrem Unglück berichteten, sahen wir einen Polizisten auf uns zukommen.

»Macht euch keine Sorgen«, sagte Mum. »Ich werde den Vogel retten.« Sie nahm die Elster und wickelte sie in ihren Mantel. Dann schmuggelten wir sie an dem Beamten vorbei aus dem Ausstellungsgelände hinaus. Die Kinder trafen uns draußen und sagten, wir sollten die Elster behalten, weil sie ihnen doch nur wieder abgenommen würde. Mum war begeistert, und wir fuhren mit unserem Vogel nach Hause. Die Elster liebte Mum. Sie saß auf ihrer Schulter, wenn sie in der Küche oder in ihrem Schuppen arbeitete. Gelegentlich flog sie hinaus auf die Koppel und ärgerte die Ponys, indem sie sich auf ihren Rücken setzte. Sie ließ sich im Sturzflug auf Dad fallen, wenn er nach dem Mittagessen die *Times* las, und wirbelte die Seiten durcheinander.

»Verflixter Vogel!«, schimpfte Dad dann und wedelte mit den Armen, um die Elster zu verscheuchen.

»Ted, steh' auf und mach' dich nützlich«, sagte Mum. »Der Vogel will dir sagen, daß du im Garten arbeiten sollst. Und ihr, Ricky und Lindi, lauft zum Pfarrer hinüber und fragt ihn, ob er Hilfe gebrauchen kann.«

In den Sommerferien fuhren wir nicht nur mit Dads Familie nach Salcombe in Devon, sondern auch zu Mums Schwester Clare Hoare. Wenn ich groß war, wollte ich so werden wie Tante Clare. Sie war eng befreundet mit Douglas Bader, einem Starpiloten aus dem Zweiten Weltkrieg, der bei einem Flugzeugabsturz beide Beine verloren hatte. Tante Clare und Douglas besaßen einen alten Doppeldecker, den sie zusammen flogen. Manchmal sprang Tante Clare nur so zum Spaß mit dem Fallschirm aus dem Flugzeug. Sie rauchte ungefähr zwanzig Zigarillos am Tag.

Wenn wir Tante Clare besuchten, schwammen wir im Teich am Ende ihres Gartens. Douglas Bader schnallte seine Beine ab und stürzte sich in die Fluten. Ich versteckte seine Blechbeine oft im Schilf. Douglas zog sich aus dem Wasser und verfolgte mich: Seine Arme und Schultern waren sehr muskulös, und er konnte auf den Händen gehen. Als er Kriegsgefangener in Colditz war, hatten die Nazis nach zwei mißglückten Ausbruchsversuchen seine Beine konfisziert.

»Du bist genauso schlimm wie die Nazis«, brüllte er und schwang auf seinen Händen hinter mir her wie ein Orang-Utan.

Tante Clare dachte ebenso unternehmerisch wie Mum. Sie war begeistert von walisischen Bergschafen und kaufte einige dieser schwarzen Tiere, um sie vor dem Aussterben zu retten. Irgendwann züchtete sie eine große Herde, mit der es ihr tatsächlich gelang, die Schafe von der Liste der gefährdeten Tierarten zu streichen. Sie gründete dann die »Black Sheep Marketing Company« und begann, Keramik mit dem Konterfei ihrer Lieblinge zu verkaufen. Kaffeebecher mit dem Kinderreim »Baa Baa Black Sheep« waren besonders beliebt. Schon bald strickten die alten Damen im Dorf aus Tante Clares schwarzer Wolle Umhängetücher und Pullover. Tante Clare bemühte sich nach Kräften, »Black Sheep« zum Markenzeichen zu machen. Das gelang ihr auch: Noch 40 Jahre später hat es nichts an Beliebtheit eingebüßt. Einige Jahre später erhielt ich kurz nach der Gründung von Virgin Music einen Anruf von Tante Clare: »Ricky, du wirst es nicht glauben: Eines meiner Schafe singt.«

Erst dachte ich, ich hätte mich verhört. Doch so etwas war typisch für Tante Clare. »Was singt es denn?« fragte ich und versuchte, mir ein Schaf vorzustellen, das »Come on, baby, light my fire« sang.

»Natürlich ›Baa Baa Black Sheep‹«, knurrte sie. »Jetzt will ich eine Plattenaufnahme. Das Schaf wird wahrscheinlich nicht ins Studio gehen und singen. Könntest du wohl ein paar Toningenieure bei mir vorbeischicken? Und sie sollen sich beeilen, denn das Schaf kann jeden Augenblick aufhören zu singen.«

An jenem Nachmittag fuhr ein Trupp Toningenieure mit einem mobilen 24-Spur-Tonstudio nach Norfolk und nahm Tante Clares singendes Schaf auf. Sie verpflichteten noch einen ganzen Chor von Schafen, Enten und Hühnern als Background-Sänger, und wir veröffentlichten »Baa Baa Black Sheep« als Single. Sie stieg in den Charts bis auf Platz 4.

Meine Freundschaft mit Nik beruhte auf Zuneigung und zugleich auch auf starker Konkurrenz. Ich war entschlossen, alles besser zu machen als er. Einmal bekam Nik zum Geburtstag ein nagelneues Fahrrad. Wir beschlossen sogleich, damit »River Run« zu spielen, ein Spiel, bei dem man einen Hügel ohne zu bremsen hinunterrasen und dann so nahe wie möglich am Flußufer schleudernd zum Stehen kommen mußte. Es war ein sehr spannender Wettkampf, und ich bin ein schlechter Verlierer. Da es sein Fahrrad war, kam Nik als erster an die Reihe. Er bremste mit einer sehr überzeugenden 180-Grad-Drehung, die sein Hinterrad fast 30 Zentimeter ans Ufer heranbrachte. Nik forderte mich meistens zu haarsträubenden Heldentaten heraus. Diesmal versuchte er jedoch, mich aufzuhalten. »Besser kannst du das nicht«, meinte er. »Meine Drehung war perfekt!«

Ich war da anderer Meinung und wollte Nik unbedingt übertrumpfen. Also schob ich sein Rad den Hügel hinauf und raste wild in die Pedale tretend zum Fluß hinunter. An der Uferböschung merkte ich, daß ich die Kontrolle über das Fahrrad verloren hatte und nicht mehr stoppen konnte. Im Vorbeirasen sah ich kurz Niks offenen Mund und seinen entsetzten Gesichtsausdruck. Ich versuchte zu bremsen, aber es war zu spät. Mit einem Salto landete ich im Wasser. Das Fahrrad versank unter mir in den Fluten. Die Strömung riß mich flußabwärts, doch gelang es mir schließlich, wieder ans Ufer zu klettern. Dort erwartete mich ein tobender Nik.

»Du hast mein Fahrrad im Wasser verloren! Das war doch mein Geburtstagsgeschenk!«

Er heulte vor Wut und schubste mich ins Wasser zurück.

»Hol's wieder raus!« brüllte er.

»Ich werde es finden«, keuchte ich und spuckte Wasser aus. »Mach dir keine Sorgen. Ich werde es herausfischen.«

»Das wär' auch besser für dich!«

Zwei Stunden lang tauchte ich immer wieder auf den Grund des Flusses und tastete zwischen Schlamm, Steinen und Wasserpflanzen nach seinem neuen Fahrrad. Ich konnte es nirgends finden. Das Kinn auf die Knie gestützt, saß Nik am Ufer und starrte mich zornig an. Er war Epileptiker, und ich hatte bereits ein paar Anfälle miterlebt. Ich hoffte bloß, daß sein Zorn nicht einen weiteren Anfall auslösen würde. Endlich, als ich so sehr fror, daß ich kaum noch sprechen konnte und meine Hände weiß und gefühllos waren und vom

Abtasten der Steine auf dem Grund des Flusses bluteten, gab Nik nach. »Laß uns heimgehen«, sagte er. »Du wirst es nie finden.«

Auf dem Heimweg versuchte ich, ihn mit einem Versprechen aufzuheitern: »Wir kaufen dir ein neues.«

Meine Eltern müssen gestöhnt haben, denn das Fahrrad kostete über 20 Pfund – fast soviel wie der Monatsumsatz, den meine Mutter mit ihren Taschentuchkistchen erzielte. Im Alter von acht Jahren wurden Nik und ich getrennt, als ich ins Internat Scaitcliffe in Windsor Great Park geschickt wurde.

In meiner ersten Nacht in Scaitcliffe lag ich hellwach in meinem Bett, hörte die anderen Jungen im Schlafsaal schnarchen und schniefen, fühlte mich unendlich einsam und unglücklich und hatte Angst. Irgendwann in dieser ersten Nacht wußte ich, daß ich mich übergeben mußte. Mir wurde so plötzlich übel, daß ich nicht mehr ins Bad rennen konnte, sondern mich auf meinem Bettzeug erbrach. Die Hausmutter wurde gerufen. Sie war nicht etwa mitfühlend, wie meine Mutter es gewesen wäre, sondern maulte mich an und zwang mich, mein Bett selbst zu reinigen. Noch heute kann ich mich an dieses Gefühl der Erniedrigung erinnern, das ich damals empfand. Offenbar dachten meine Eltern, sie täten mir etwas Gutes, indem sie mich ins Internat schickten, aber in jenem Augenblick fühlte ich nur Verwirrung und Haß auf sie und eine ungeheure Angst vor dem, was mich erwartete. Nach wenigen Tagen hatte ein älterer Junge in meinem Schlafsaal seine Vorliebe für mich entdeckt und mich überredet, zu ihm ins Bett zu steigen, um »Doktor« zu spielen. Am ersten Wochenende zu Hause erzählte ich meinen Eltern emotionslos, was unter der Bettdecke geschehen war. Mein Vater sagte ganz ruhig: »So etwas sollte man besser lassen.« Es war der erste und einzige Vorfall dieser Art.

Mein Vater war im gleichen Alter ins Internat geschickt worden – wie schon sein Vater vor ihm. Es war die traditionelle Erziehung für einen Jungen aus meiner Gesellschaftsschicht und sollte uns zu unabhängigen, selbständigen Menschen machen, die auf eigenen Beinen stehen konnten. Aber ich haßte es, in so jungen Jahren von zu Hause fort zu müssen, und ich habe mir geschworen, meine Kinder erst dann in ein Internat zu schicken, wenn sie alt genug sind, selbst für sich zu entscheiden. In meiner dritten Woche in Scaitcliffe wurde ich in das Büro des Direktors zitiert. Mir wurde eröffnet, daß ich eine Regel gebrochen hätte. Ich glaube, ich hatte ein »heiliges« Rasenstück betreten, um einen Fußball zu holen. Ich mußte mich niederbeugen und erhielt sechs Stockschläge auf meinen Allerwertesten.

»Branson«, sagte der Direktor mit Stentorstimme. »Sag ›Danke, Sir.‹«

Ich traute meinen Ohren nicht. Für was sollte ich ihm danken?

»Branson!« Der Direktor hob seinen Stock. »Ich warne dich.«

»Danke ..., Sir.«

»Mit dir wird's noch Ärger geben, Branson.«

»Ja, Sir. Ich meine, nein, Sir.«

Mit mir gab es Ärger – und ich hatte immer Ärger. Im Alter von acht Jahren konnte ich immer noch nicht lesen. Faktisch war ich Legastheniker und kurzsichtig. Obwohl ich in der ersten Reihe saß, konnte ich die Worte an der Tafel nicht erkennen. Erst nach mehreren Trimestern fiel es jemandem ein, mich zu einem Sehtest zu schicken. Auch die schärferen Zahlen und Buchstaben ergaben keinen Sinn für mich. Legasthenie galt damals aber noch nicht als Problem oder als Krankheit. Genauer gesagt war es nur ein Problem für den Legastheniker selbst. Wenn man nicht lesen, schreiben oder buchstabieren konnte, wurde man von seinen Klassenkameraden und den Lehrern einfach für dumm oder faul gehalten. Im Internat bezog man für beides Prügel. Ich wurde bald ein- oder zweimal in der Woche geschlagen, weil ich schlechte Arbeit in der Klasse geleistet oder das Datum der Schlacht von Hastings verdreht hatte. Die Legasthenie blieb meine gesamte Schullaufbahn hindurch ein Problem. Durch Training meiner Konzentrationsfähigkeit habe ich heute die größten Schwierigkeiten überwunden, obwohl meine Rechtschreibung bisweilen noch zu wünschen übrig läßt. Meine anfänglichen Probleme mit der Legasthenie haben möglicherweise meine Intuition geschärft: Wenn mir jemand ein schriftliches Angebot schickt, reite ich nicht auf detaillierten Fakten und Zahlen herum, sondern erfasse und erweitere das Gelesene durch mein Vorstellungsvermögen. Meine Rettung fand ich jedoch nicht im Klassenzimmer: Ich war gut im Sport. In einer englischen Privatschule spielt der Sport eine ungemein wichtige Rolle. Gute Sportler sind die Helden der Schule. Die älteren Schüler tyrannisieren sie nicht, und die Lehrer drücken ein Auge zu, wenn sie keine einzige Prüfung bestehen. Ich war ganz wild auf sportliche Erfolge, vielleicht weil dies meine einzige Chance für Glanzleistungen war. Ich wurde Kapitän der Fußball-, Rugby- und Kricketmannschaft. An jedem Wettkampftag gewann ich mehrere Pokale im Sprint- und Hürdenlauf. 1961 gewann ich kurz vor meinem elften Geburtstag alle Rennen. Ich schrieb mich sogar für Weitsprung ein. Bislang hatte ich da zwar noch nie gute Wertungen erzielt, doch wollte ich es einfach ausprobieren. Ich nahm Anlauf, sprang von der Holzplanke ab und segelte durch die Luft. Nach meiner Landung im Sand kam der Lehrer zu mir und schüttelte mir die Hand: Es war ein neuer Rekord für Scaitcliffe. An jenem Sommertag gelang mir einfach alles. Meine Eltern und Lindi saßen unter der weißen Markise und klatschten begeistert, als ich die Pokale abholte. Ich war der meistdekorierte Teilnehmer an diesen Wettkämpfen. Wen kümmerte es, daß ich nicht rechtschreiben konnte? Mich nicht. Im nächsten Herbsttrimester trat ich in einem Fußballspiel gegen eine andere örtliche Schule an. Mir war bereits gelungen, den Verteidiger abzuhängen und ein Tor zu schießen. Ich hatte die Hand gehoben und rief nach dem Ball, der am anderen Ende des Feldes herumgekickt und zu uns beiden gepaßt wurde. Ich drehte mich um, holte mir den Ball und lief dann mit ihm in Richtung Tor, als mich der Verteidiger einholte und mich mit einem seitlichen Foul zu Boden riß. Mein Bein lag unter ihm, als er über mich fiel. Ich hörte einen entsetzlichen Schrei. Einen Moment lang glaubte ich, er habe sich verletzt, doch dann erkannte ich, daß es mein Schrei war. Mein Gegner rollte zur Seite, und ich sah mein Knie in einem unnatürlichen Winkel abgebogen. Meine Eltern hatten uns gesagt, wir sollten lachen, wenn wir Schmerzen hätten, und daher wurde ich halb lachend, aber hauptsächlich schreiend vom Feld zur Hausmutter getragen, die mich ins Krankenhaus fuhr. Erst eine Spritze bereitete meiner Qual ein Ende. Die Knorpel in meinem rechten Knie waren stark verletzt. Ich mußte operiert werden.

Als ich aus der Vollnarkose erwachte, fand ich mich auf der Straße wieder. Ich lag zwar noch in einem Krankenhausbett, und eine

Schwester hielt einen Tropf über meinen Kopf, doch mein Bett war zusammen mit einigen anderen im Freien geparkt. Ich hielt das erst für einen bösen Traum, bis die Schwester mir erklärte, daß während meiner Operation im Krankenhaus ein Feuer ausgebrochen sei und alle Patienten evakuiert worden wären. Ich kam ein paar Tage lang zur Erholung nach Hause. Von meinem Bett aus sah ich die silbernen Pokale am Kaminsims. Der Arzt sagte mir, daß ich sehr lange keinen Sport mehr treiben könne.

»Mach' dir keine Sorgen, Ricky«, sagte meine Mutter, als sie nach dem Besuch des Arztes ins Zimmer stürmte. »Denk an Douglas Bader. Er hat überhaupt keine Beine mehr, spielt Golf und fliegt in Flugzeugen herum. Du willst doch nicht den ganzen Tag untätig im Bett verbringen, oder?«

Das Schlimmste an meiner Verletzung war, daß nun meine schlechten schriftlichen Leistungen nicht mehr zu verheimlichen waren. Ich war in allen Fächern der Klassenletzte und würde die Aufnahmeprüfung für die Sekundarstufe keinesfalls bestehen. Meine Eltern schickten mich daraufhin auf eine Paukschule namens Cliff View House an der Küste von Sussex. Dort gab es keinen Sport, der die Schüler von der grausamen und in aller Regel vergeblichen Vorbereitung auf die Aufnahmeprüfung ablenkte. Wenn man nicht buchstabieren oder addieren oder sich nicht merken konnte, was die Fläche eines Kreises ist, gab es eine einfache Lösung: Man wurde geschlagen, bis man es konnte. Unter dem Damoklesschwert unbeugsamer Disziplin und mit grün und blau geschlagenem Hinterteil lernte ich meine Fakten. Ich war zwar Legastheniker, doch gab es hier kein Pardon. Ich schaffte es einfach nicht. Wenn ich die unvermeidliche falsche Antwort gab, hieß das entweder Strafarbeit oder Prügel. Bald zog ich letzteres fast vor, weil es schneller vorüberging. Von einem allmorgendlichen Lauf abgesehen gab es keinen Sport. Wir wurden nicht nur für unsere Fehler im Unterricht, sondern auch für nahezu alles andere geschlagen: wenn wir unsere Betten nicht richtig machten, wenn wir rannten, obwohl wir gehen sollten, wenn wir sprachen, obwohl wir schweigen sollten, wenn unsere Schuhe schmutzig waren. Es gab so viele Dinge, die man falsch machen konnte, und obwohl wir die meisten davon lernten, akzeptierten wir, daß wir nahezu jede Woche für irgendein schwer verständliches Vergehen Prügel bezogen. Mein einziger Trost war Charlotte, die achtzehnjährige Tochter des Direktors. Sie schien mich zu mögen, und ich war entzückt darüber, daß ausgerechnet ich ihre Aufmerksamkeit erregt hatte. Jeden Abend kletterte ich zum Fenster meines Schlafsaals hinaus und schlich mich zu ihrem Zimmer im Haus des Direktors. Als ich eines Abends wieder durchs Fenster in den Schlafsaal zurückkehrte, stand ich zu meinem Schrecken vor einem meiner Lehrer. Am nächsten Morgen mußte ich mich im Büro des Direktors melden.

»Wo warst du, Branson?« herrschte er mich an.

Die einzige Antwort, die mir einfiel, war die schlimmste, die ich unter diesen Umständen geben konnte: »Ich kam gerade aus dem Zimmer Ihrer Tochter, Sir.«

Natürlich wurde ich postwendend von der Schule verwiesen. Man teilte meinen Eltern mit, daß sie mich am folgenden Tag abholen sollten. An jenem Abend sah ich keinen anderen Weg, dem Zorn meiner Eltern zu entgehen, als einen Abschiedsbrief zu schreiben, in dem ich mitteilte, daß ich nicht mit der Schande meines Hinauswurfs leben könne. Ich schrieb auf den Umschlag, daß dieser Brief erst am nächsten Tag geöffnet werden solle, gab ihn dann aber einem Jungen, von dem ich wußte, daß er viel zu neugierig war, um ihn nicht sofort aufzureißen. Ganz, ganz langsam verließ ich das Gebäude und ging über das Schulgelände in Richtung Klippen. Als ich eine Gruppe Lehrer und Schüler hinter mir herrennen sah, verlangsamte ich meinen Schritt, damit sie mich einholen konnten. Es gelang ihnen, mich vom Rand der Klippe zurückzuziehen. Der Verweis wurde rückgängig gemacht. Meine Eltern reagierten erstaunlich gelassen auf die ganze Geschichte. Mein Vater schien sogar recht beeindruckt von der Tatsache zu sein, daß Charlotte »ein sehr hübsches Mädchen« war.

2
»ENTWEDER DU LANDEST IM GEFÄNGNIS ODER DU WIRST MILLIONÄR«

1963 bis 1967

Nachdem die »Paukschule« ihren Zweck erfüllt und mich in Form geprügelt hatte, wechselte ich nach Stowe über, einer großen Privatschule in Buckinghamshire mit über 800 Schülern. Dort boten sich mir düstere Aussichten. »Fagging« war noch die Norm: eine archaische Praktik, bei der von jüngeren Schülern erwartet wurde, daß sie älteren Kameraden Besorgungen und kleinere Pflichten abnahmen. Faktisch waren wir die Diener der »Großen«. Schikane unter den Schulkameraden war an der Tagesordnung. Der Ruf eines Schülers bzw. seine Fähigkeit, derlei Quälereien zu entgehen, wurde durch gute sportliche Leistungen erheblich verbessert. Aber ich konnte nicht mitspielen, da mein Knie keinem Rennen standhielt. Da ich auch bei den schriftlichen Arbeiten nicht mitkam, geriet ich bald ins Abseits. Wer keinem Sportteam angehört und Klassenletzter ist, befindet sich in einer wenig beneidenswerten Position. Alle Herausforderungen, die mir meine Eltern gestellt hatten, schienen jetzt irrelevant zu sein.

An den Nachmittagen suchte ich Zuflucht in der Bibliothek, wo ich einen Roman zu schreiben begann. Ich saß in einem äußerst prunkvollen Raum, umgeben von ledergebundenen Bänden und zwei Globen und mit Blick auf den künstlichen See, in dem der letzte Schulsprecher mit einem Kopfsprung verschwunden und nie wieder aufgetaucht war. Hier schrieb ich haarsträubende sexuelle Phantasien nieder: erstaunliche erotische Erlebnisse eines Jungen, der wegen einer Knieverletzung keinen Sport treiben darf, sich aber mit der jungen skandinavischen Hausmutter anfreundet und von dieser auf wunderbare und meisterhafte Weise verführt wird. Vor meinem geistigen Auge sah ich sie hinter ihm auftauchen, als er in der Bibliothek arbeitete... Trotz der unglaublichen erotischen Geschichten, die ich mir ausdachte, gab es im Umkreis von mehreren Meilen um Stowe herum leider keine Mädchen und schon gar keine Skandinavierinnen. Unsere Hausmutter war sechzig. Als ich in der Bibliothek saß und über meinem eigenen Text keuchte und immer schneller und schneller schrieb, fiel mir ein anderer »Stammgast« auf: Jonathan Holland-Gems. Im Vergleich zu den meisten Jungen in Stowe war Jonny äußerst welterfahren und kultiviert, belesen und vor allem in Kunst bewandert. Seine Eltern lebten in London und verkehrten dort mit Journalisten und Schriftstellern: Wenn Jonny *Private Eye* las, kannte er die Hälfte der in dieser Zeitschrift erwähnten Personen. Seine Mutter war eine erfolgreiche Theaterautorin. Jonny weckte mein Interesse für das Zeitungswesen, und ich begann mir zu überlegen, ob ich nicht Journalist werden sollte.

Als das Trimester halb vorbei war, las ich die Ankündigung eines Aufsatzwettbewerbs: Der Schriftsteller Gavin Maxwell (ein ehemaliger Stowe-Absolvent) hatte den Junior Gavin Maxwell Prize gestiftet. Ich legte meine wollüstige Pornographie vorübergehend beiseite und schrieb eine Kurzgeschichte, die auch prompt mit dem Preis ausgezeichnet wurde. Die Tatsache, daß dies der einzige Beitrag war, muß dabei hilfreich gewesen sein. Gavin Maxwell, der Autor von *Ring of Bright Water*, kam zur Preisverleihung nach Stowe. Begleitet wurde er von Gavin Young, dem Kriegskorrespondenten des *Observer* und späteren Autors von *Slow Boat to China*. Nach der Zeremonie fuhren die beiden zurück nach Surrey und nahmen mich bis Shamley Green mit. Ich blieb mit ihnen in Kontakt. Sie unterstützten mich sehr, was wohl teilweise auch darauf zurückzuführen war, daß sie ein Auge auf mich geworfen hatten. Als sie aber erkannten, daß ich diese Neigung nicht teilte, blieben sie dennoch gute und hilfreiche Freunde. Nachdem ich den Preis gewonnen hatte, verbesserte ich mich in Englisch und stieg in der Klasse auf Rang 3 von 21. In Latein lag ich immer noch an 18. Stelle; in Mathematik, Physik und Chemie blieb ich das Schlußlicht. »Er bemüht sich sehr, hat aber größte Schwierigkeiten, den einfachsten mathematischen Ansatz zu erfassen und neubehandelte Themen zu behalten«, hieß es in einem meiner Trimesterzeugnisse. In den Osterferien beschloß ich einmal, in die Fußstapfen meiner Mutter zu treten und etwas Geld zu verdienen. Ohne mich vom mangelnden Vertrauen meiner Lehrer in meine Rechenkünste erschüttern zu lassen, sah ich Chancen in einer Christbaumzucht. Wir waren gerade vom einen Ende von Shamley Green zum anderen gezogen, von Easteads Cottage nach Tanyards Farm, einem weitläufigen Gebäude mit vielen Scheunen und Schuppen und etwas Grundbesitz. Ich überredete Nik dazu mitzumachen. Seine Schule hatte auch gerade Ferien. Wir wollten 400 Christbäume auf den Feldern von Tanyards Farm pflanzen. Bis zum übernächsten Weihnachtsfest würden sie mindestens 1,20 Meter hoch sein, so daß wir sie verkaufen könnten. Nik und ich beschlossen, die Arbeit gemeinsam zu machen und den Gewinn gleichmäßig aufzuteilen. In jenen Osterferien pflügten wir den Boden und pflanzten 400 Bäume in den Feldern oberhalb von Tanyards Farm. Wir rechneten uns aus, daß wir, wenn alle Bäume eine Höhe von 2 Metern erreichten, 2 Pfund pro Baum verdienen könnten, was zusammen 800 Pfund ergab – bei einer Gesamtinvestition von nur 5 Pfund für die Pflanzen. In den Sommerferien inspizierten wir die Bäume. Wir fanden zwei oder drei magere Zweige vor; den Rest hatten sich die Kaninchen einverleibt. Wir schworen blutige Rache und häuteten viele Kaninchen, die wir für einen Schilling pro Stück an den Dorfmetzger verkauften, kamen also nicht ganz auf die erwarteten 800 Pfund. Zum nächsten Weihnachtsfest bekam Niks Bruder einen Wellensittich geschenkt. Sofort witterte ich eine großartige neue Geschäftsidee: eine Sittichzucht! Erstens, so argumentierte ich, könne man diese Vögel das ganze Jahr über verkaufen, nicht nur in den zwei Wochen vor Weihnachten. Dann errechnete ich die Preise und kalkulierte, wie schnell sich die Vögel vermehren würden und wie billig ihr Futter war. Ich überredete meinen Vater, ein riesiges Vogelhaus zu bauen. In der letzten Schulwoche schrieb ich meinem Dad und erklärte ihm die finanziellen Konsequenzen:

Nur noch wenige Tage bis zu den Ferien. Hast du schon das Material für unseren riesigen Wellensittichkäfig bestellt? Meiner

Meinung nach könnten wir die Sittiche von Julian Carlyon zu einem besonders günstigen Preis bekommen. Wenn die Läden sie für 30 Schilling verkaufen, wird er wohl 17 Schilling bekommen, und wir könnten sie ihm für 18 oder 19 Schilling abkaufen, so daß er einen Gewinn erzielt und wir um die 10 Schilling pro Vogel sparen. Was hältst du davon?

Mein Vater baute widerstrebend das Vogelhaus, und die Vögel vermehrten sich rasch. Allerdings hatte ich die Nachfrage nach Wellensittichen in unserem Ort überschätzt. Selbst nachdem jeder in Shamley Green mindestens zwei gekauft hatte, saßen wir immer noch mit einem vollen Vogelkäfig da. Eines Tages erhielt ich in der Schule einen Brief von meiner Mutter mit der Nachricht, daß Ratten in den Käfig eingedrungen seien und die Wellensittiche gefressen hätten. Erst Jahre später gestand sie mir, daß sie der Reinigung des Vogelhauses überdrüssig gewesen sei und deshalb eines Tages die Käfigtür offen gelassen hatte, so daß alle Vögel entwischten. Sie bemühte sich nicht sonderlich, sie wieder einzufangen. Wenn auch keine dieser Ideen einen Gewinn abwarf, so lernte ich doch daraus etwas über die Mathematik. Ich stellte fest, daß Zahlen nur dann Sinn für mich ergaben, wenn ich mich mit realen Problemen auseinandersetzte. Wenn ich ausrechnete, wieviel Christbäume oder Wellensittiche wir züchten wollten, wurden die Zahlen plötzlich lebendig, und es machte mir Spaß, damit zu arbeiten. In der Schule stellte ich mich in Mathe immer noch wie der letzte Vollidiot an. Einmal machte ich einen Test zur Messung meines Intelligenzquotienten, dessen Fragen mir völlig absurd erschienen. Ich konnte mich nicht auf die mathematischen Probleme konzentrieren und erzielte eine Wertung von nahe Null. Mich schaudert, wenn ich daran denke, wie viele Menschen von solchen Tests als dumm abklassifiziert worden sind. Sie wissen nicht, daß solche IQ-Tests oft der Phantasie von Akademikern entsprungen sind, die im praktischen Alltag zwei linke Hände haben. Echte Geschäftspläne stelle ich liebend gerne auf – auch wenn mir hinterher die Kaninchen einen Strich durch die Rechnung machen. Meine Eltern müssen mir wohl etwas Rebellengeist vererbt haben.

Ich war immer der Meinung, daß Regeln dazu da seien, gebrochen zu werden, und in Stowe gab es so viele Regeln und Vorschriften wie in der Armee. Viele davon erschienen Jonny Gems und mir völlig anachronistisch und unsinnig. Da war die überholte Institution des »Fagging«. Dann gab es die Combined Cadet Force (CCF), in der sich Schüler als Soldaten verkleideten und mit antiquierten Gewehren auf- und abstolzierten. Der Besuch des sonntäglichen Gottesdiensts war Pflicht. Mir gelang es, mich davor zu drücken, indem ich den ersten Gottesdienst im neuen Trimester schwänzte: So wurde mein Name nicht in die Liste aufgenommen, und ich wurde nie wieder vermißt. Im Januar und Februar 1966 diskutierten Jonny und ich darüber, wie wir die Schulregeln ändern würden. Wir waren fünfzehn, glaubten aber beide, Berge versetzen zu können. Unsere Eltern hatten uns in dem Glauben erzogen, daß wir die Welt verändern können. Wenn ich mir so ansah, wie Stowe geführt wurde, war ich überzeugt, es besser zu können. Stowe war in Wahrheit relativ liberal und ermutigte Jungen aller Altersstufen, an der Führung der Schule mitzuwirken.

Jonny und ich ärgerten uns insbesondere über eine Regel, die alle, die nicht beim Sport mitspielten, als Zuschauer zu den Spielen der Schulmannschaft gegen die Teams anderer Schulen verpflichtete. Wir durften zwar werktags den Nachmittag in der Bibliothek verbringen, mußten aber dennoch an den meisten Samstagen bei den Spielen anwesend sein. Da ich wußte, daß ich nur wegen meines schwachen Knies nicht mitspielen konnte, war ich doppelt frustriert. Ich schrieb an den Direktor:

Ich bin gegen die völlige Zeitverschwendung, die aus der Anwesenheitspflicht bei den Mannschaftsspielen resultiert. Wenn man nicht für die erste Liga spielen kann, sollte man seine Zeit mit Nützlicherem verbringen. Ich weiß, daß dies wie ein radikaler Traditionsbruch klingt, doch liegt mir diese Sache sehr am Herzen. Würden die etwa 450 Zuschauer statt dessen beispielsweise in Buckingham Fenster putzen, würden sie davon mehr profitieren, als wenn sie »anderen zusehen, wie sie einen Erfolg erzielen«.

Ich versuchte auch, die Schulmahlzeiten neu zu organisieren:

Um Stowe zu verbessern, sollte man mit der sozialen und nicht mit der religiösen Ebene anfangen. Es gibt viele Jungen, die unbedingt ihr Wissen durch anregende Gespräche erweitern möchten. Eine der besten Gelegenheiten hierfür bieten Mahlzeiten, aber in Stowe kann man davon praktisch keinen Gebrauch machen. Man geht in den Speisesaal und setzt sich an dem zugewiesenen Tisch jeden Tag neben den gleichen Nachbarn. In einem der Speisesäle sollte Selbstbedienung eingeführt werden. Dann könnten die Jungen ihr Essen und ihren Sitzplatz frei wählen und beim Verlassen des Raums Teller und Besteck in einer Kiste ablegen. Im heutigen System ist die Verschwendung von Lebensmitteln enorm. Mit einer solchen Kantine könnten Sie auch die Zahl der italienischen und spanischen Kellner um mindestens die Hälfte reduzieren.

Ihre Meinung zu diesem Vorschlag würde mich sehr interessieren, und das auf diese Weise eingesparte Geld könnte in meinen nächsten Plan investiert werden ...

Dann schlug ich vor, der Abschlußklasse eine Bar einzurichten.

Der Direktor meinte, ich solle meine Ansichten in der Schülerzeitung veröffentlichen. Jonny und ich wollten jedoch eine spritzige, neue Publikation herausbringen. Uns schwebte eine Kampagne gegen »Fagging«, körperliche Züchtigungen, Anwesenheitspflicht bei Gottesdiensten, Mannschaftssport und Latein vor. All diese Ideen waren viel zu »revolutionär« für die Schülerzeitung *The Stoic*, deren leidgeprüfte Leser sagten, daß Nomen Omen sei. Wir dachten auch über Kontakte zu anderen Schulen mit ähnlichen Regeln nach. Dadurch verfielen wir auf den Gedanken einer schulübergreifenden Publikation. Wir würden uns mit anderen Instituten zusammentun und Ideen austauschen. Ich schrieb einige Titel in mein Notizbuch: *Today, 1966, Focus!, Modern Britain* und *Interview*. Dann notierte ich, was ich veröffentlichen wollte, und stellte ein paar Rechnungen auf, die mir wegen ihres praktischen Bezugs Spaß machten.

Ich schrieb eine Liste von 250 Parlamentsabgeordneten, die ich

Who's Who entnahm, sowie eine Liste potentieller Werbekunden, die ich im Telefonbuch fand. Ich schrieb auch an die Buchkette WH Smith und fragte, ob sie die Zeitung führen würden. Nachdem ich alle Autoren, Anzeigenkunden, Händler und Kosten berücksichtigt hatte (zumindest auf dem Papier), war mein erster Geschäftsplan fertig.

Die Zahlen schienen nicht hoch genug zu sein. Jonny und ich beschlossen daher, mehr Schulen, Technische Hochschulen und Universitäten ins Visier zu nehmen. Dadurch würde das Magazin einer breiteren Öffentlichkeit vorgestellt und Anzeigenkunden angelockt. Bei einer Ausrichtung auf Universitätsstudenten, so dachten wir, würden die Absolventen der Schulabschlußklasse die Zeitschrift kaufen. Dagegen würde ein Magazin, das auf die Belange der Abschlußklasse abgestimmt war, Universitätsstudenten wohl kaum interessieren.

Wir einigten uns auf den Namen *Student*, der zu einer Zeit, in der »Student Power« bzw. studentische Mitbestimmung in aller Munde war, sehr treffend erschien. Es war die Ära der Sit-ins, Besetzungsstreiks und Demonstrationen an Universitäten und Polytechnika. Für junge Menschen war es eine aufregende Zeit. Meine Mutter gab mir 4 Pfund als Startkapital für Telefonanrufe und Briefe; Jonnys Vater besorgte uns Papier mit einem Briefkopf, auf dem der Slogan STUDENT – THE MAGAZINE FOR BRITAIN'S YOUTH (Student – das Magazin für junge Briten) sowie eine aufgehende Sonne prangten. Wir machten uns daran, Briefe an alle möglichen Autoren und potentielle Anzeigenkunden zu schreiben.

Student war ein optimales Projekt für uns: Es gab uns neuen Schwung. Wir mußten so viel organisieren. Ich richtete ein Büro in meinem Arbeitszimmer in der Schule ein und bat den Direktor um einen Telefonanschluß für mein Zimmer – eine Bitte, der er natürlich nicht entsprach. Daher mußte ich meine Gespräche aus einer Telefonzelle erledigen. Dafür dachte ich mir aber bald einen nützlichen Trick aus: Wenn ich das »Fräulein vom Amt« anrief und ihr sagte, daß der Apparat mein Geld geschluckt habe, mein Anruf aber unterbrochen worden sei, stellte sie eine kostenlose Verbindung her. Zudem konnte ich auf diese Weise auch den verräterischen Piepton vermeiden, der auf den Einwurf der Münzen hindeutete. Noch vorteilhafter war die Tatsache, daß die Angestellte der Telefongesellschaft den Eindruck erweckte, als hätte ich eine Sekretärin: »Herr Branson möchte Sie sprechen.«

Ich schrieb lange Listen von Leuten, die ich anrufen wollte, und arbeitete mich Schritt für Schritt vor. Die meisten waren nicht sehr angetan von dem Gedanken, Werbung für ein noch nicht veröffentlichtes Magazin zu finanzieren, aber im Laufe der Zeit fand ich Mittel und Wege, um ihr Interesse zu wecken. Ich rief bei der National Westminster Bank an und erzählte den zuständigen Leuten, daß die Lloyds Bank gerade eine einseitige Anzeige in Auftrag gegeben habe: Würden sie gerne ihre eigene danebensetzen? *Student* würde zum auflagenstärksten Jugendmagazin Großbritanniens werden, fügte ich hinzu. Ich rief bei Coca-Cola an und sagte, Pepsi habe gerade eine große Anzeige gebucht, doch sei die Rückseite noch frei. Ich rief beim *Daily Telegraph* an und fragte, ob sie ihre Anzeige vor oder nach der vom *Daily Express* schalten wollten. Ein weiterer Ansatzpunkt war eine unschuldige Frage, die kaum jemand ohne weiteres verneinen konnte: »Wollen Sie die qualifiziertesten Schul- und Universitätsabgänger einstellen?« Welcher Manager in der Personalabteilung würde freiwillig zugeben, daß er sich mit mittelmäßigen Kandidaten zufriedengeben würde? »Dann ist unser Magazin genau das Richtige für Sie ...«

Um zu vermeiden, daß die Dame in der Telefonzentrale sich wieder einmischte und das Gespräch beendete, lernte ich, alles in nur fünf Minuten herunterzuspulen. Ich sprach deshalb schneller und setzte meine Gesprächspartner stärker unter Druck. Da ich schon früh den Stimmbruch durchgemacht hatte, kam keiner meiner Gesprächspartner auf die Idee, daß er mit einem 15jährigen Schuljungen in einer Telefonzelle sprach. Ich gab meine Adresse in Shamley Green an. Die Briefe, die ich schrieb, schickte ich dutzendweise an meine Eltern, die dann Elizabeth, eine alte Freundin aus dem Dorf, baten, sie abzutippen. Meine schulischen Leistungen wurden immer schlechter, aber ich entwickelte ein wunderbares Selbstbewußtsein. Wäre ich fünf oder sechs Jahre älter gewesen, hätte allein der Wahnwitz des Versuchs, Anzeigen in einer noch nicht existierenden, von zwei fünfzehnjährigen Schuljungen herausgegebenen Zeitschrift an Großunternehmen zu verkaufen, mich daran gehindert, den Hörer in die Hand zu nehmen. Aber ich war zu jung, um mir einen Mißerfolg vorstellen zu können. In den Ferien erzählte ich Nik vom *Student*. Er war ebenso begeistert wie ich und erklärte sich bereit, das Magazin in seiner Schule Ampleforth zu vertreiben. Auch er wollte nach Anzeigenkunden suchen. Nik wußte, daß der *Student* faktisch meine und Jonnys Schöpfung war und er dadurch etwas abseits stand, doch war er vom Potential dieser Idee genauso begeistert wie wir beide. Wir waren fünfzehn Jahre alt und hielten uns für unbesiegbar. Als ich im April 1966 auf die Prüfungen zum Abschluß der Sekundarstufe zuging, konnte ich einige Fächer abwählen, die ich keinesfalls bestanden hätte. Dadurch blieb mir mehr Zeit für den *Student*. Nicht nur ich selbst, sondern auch meine Latein- und Naturwissenschaftslehrer atmeten auf, als sich unsere Wege trennten: »In Latein ist er sehr schwach, und jetzt hat er es aufgegeben.« und »Sein Interesse an Naturwissenschaften war offensichtlich äußerst gering. Obwohl ich keineswegs davon überzeugt bin, daß er nicht bessere Ergebnisse hätte erzielen können, war offensichtlich, daß er niemals große Fortschritte machen würde.« In Geschichte, Französisch und Englisch war ich besser, nicht aber im Pflichtfach Mathematik: »Trotz seiner offensichtlichen Bemühungen fällt es ihm schwer, sich von einer Woche zur nächsten die richtigen Lösungsansätze zu merken. Er wird bei der Prüfung im Juli sehr viel Glück brauchen.«

Das Aufregendste in meinem Leben waren jedoch die vielen hundert Briefe, die ich von Stowe aus verschickte. Wie auf glühenden Kohlen wartete ich auf Antworten. Trotz meines grenzenlosen Enthusiasmus und plötzlichen Listenreichtums dauerte es lange, bis wir überhaupt Unternehmen fanden, die zum Kauf einer Anzeige im *Student* bereit waren. Jonny und ich verschickten das ganze Sommertrimester hindurch, in den Ferien und auch noch im Herbsttrimester Briefe. Im April 1967 (die Prüfung in meinem einzigen Leistungskurs Antike Geschichte drohte mir im Sommer, nach nur einem Jahr in der sechsten Klasse) waren wir der Realisierung des Magazins noch keinen Schritt näher gekommen. Wir arbeiteten seit über einem Jahr am *Student* und konnten nichts vorweisen außer den Unterstützungbekundungen verschiedener Direktoren und Lehrer und etlichen vagen Versprechungen von Politikern, die Beiträge liefern wollten. Anzeigen oder konkrete Artikel fehlten uns nach wie vor. Ich wollte mich partout nicht ins Unvermeidliche fügen. In einem Brief an meine Familie vom 27. April 1967 entschuldigte ich mich, weil ich in den Osterferien keine Zeit hatte:

Diese letzten vier Ferienwochen waren wunderbar, und es wurde mehr erreicht als jemals zuvor. Ich hoffe nur, daß Ihr nicht zu verärgert über mich seid, weil ich nicht mehr Zeit zu Hause verbracht bzw. während meiner Anwesenheit nicht mehr im Garten gearbeitet habe. Ich mag mich täuschen, doch sehe ich für mich eine doppelte Pflicht: zum einen gegenüber meiner Familie und zum anderen gegenüber dem Student. *Es ist eine schwierige Entscheidung. Ich will alles in meinem Leben gut und nicht halbherzig machen. Für den* Student *tue ich mein Bestes (soweit es meine Zeit erlaubt), doch bleibt dann nur noch wenig Zeit für meine familiären Pflichten. Ich sah und sehe die Gefahr, zwischen zwei Stühle zu rutschen. Die Gefahr, in beidem zu versagen und nach Prioritäten suchen zu müssen, wenn ich etwas erreichen will. Dabei bin ich doch erst sechzehn. Obwohl es furchtbar egoistisch klingt und ich das nur zu meiner Verteidigung vorbringe, möchte ich Euch fragen: Was tun die meisten Sechzehnjährigen? Niemand, den ich kenne, hat in den letzten Ferien mehr getan als ich noch vor zwei oder drei Jahren: Kino am Abend, Faulenzen während des Tages. Was hast Du gemacht, als Du ein sechzehnjähriger Junge warst? Einerseits jagen, fischen, schwimmen und mit Mädchen ausgehen, andererseits vielleicht an Deinem Museum herumbasteln und im Garten helfen. Du hattest ja Zeit, im Garten zu helfen. Du hast mit sechzehn nicht in der Welt von heute gelebt. Deine Karriere war praktisch vorprogrammiert. Heute ist es ein einziger, langer Kampf.*

Du sagst, die Sache mit dem Student *sei selbstsüchtig und egozentrisch von mir. »Mag sein«, sage ich. Aber ist es etwa egoisti-*

scher als alles andere, was man im Leben tut? Meiner Ansicht nach ist es eine ebenso gute Karriere wie jede andere auch. Von dieser Sache könnten weitaus mehr Menschen profitieren als von einem Kinobesuch oder ähnlichem. Es ist ein Anfang in meinem Leben wie die Universität oder die Abschlußprüfungen ein Start in Deinem waren. Es mag sich richtig mies anhören, daß ich das gleich in meinem ersten Brief anspreche, doch in den letzten beiden Wochen ging mir kaum etwas anderes durch den Kopf, und ich dachte, es wäre sinnvoll, diese Gedanken niederzuschreiben.

Ich hatte Glück, denn ich hatte stets das Gefühl, mit meinen Eltern reden zu können, als wären sie meine besten Freunde. Anstatt das Gespräch mit mir abzubrechen, reagierten sie sehr positiv auf diesen Brief, und unsere Kommunikation setzte sich fort. Ungefähr zur gleichen Zeit bemerkte ich, daß viele meiner Freunde ihren Eltern nichts mehr anvertrauten. Bei mir kam jedoch niemals ein Gefühl der Peinlichkeit oder der Rebellion auf. Sie ermutigten mich stets, alles zu tun, was ich wollte. Selbst wenn sie nicht alle meine Projekte in den höchsten Tönen lobten, waren sie doch stets einfühlsam und unterstützten mich. Mein Vater konnte sich eigentlich nichts Schlimmeres vorstellen, als seine Wochenenden mit dem Bau eines Vogelhauses zu verbringen, doch ließ er sich das nie anmerken. Meine Mutter war ganz begierig darauf, mir beim *Student* zu helfen, schrieb Artikel, gab mir Taschengeld, das sie kaum entbehren konnte, und überlegte sich, wen ich noch anschreiben sollte. Als ich ihr einmal erzählte, daß ich gerne Kontakt zu David Frost aufnehmen wollte, verbrachte sie Wochen damit, ihre Freunde zu fragen, ob diese nicht vielleicht jemanden kannten, der jemanden kannte, der David Frost kannte. Dann kamen unsere ersten Durchbrüche: Wir erhielten unsere ersten Texte, einen Scheck über 250 Pfund für eine Werbung, und Gerald Scarfe willigte ein, für uns eine Karikatur zu zeichnen und sich interviewen zu lassen. Aus einer Ausgeburt meiner Phantasie wurde allmählich eine richtige Zeitschrift.

Die zweite Phantasie, die Wirklichkeit wurde, war der Sex. Ich hatte verschiedene Freundinnen während der Ferien und kam auf

Parties, wenn die Lichter ausgingen und alle auf Kissen herumlagen, dem Verlust meiner Unschuld verführerisch nahe. Schließlich fand ich ein Mädchen, von dem es hieß, daß sie auch richtig mit Jungs schlafen würde. Auf einer der Parties schlichen wir uns in ein abgelegenes Schlafzimmer. Ich war erstaunt, daß sie mich ihren Rock hochschieben und ihr Höschen ausziehen ließ. Als wir uns zu lieben begannen, fing sie an zu stöhnen. Sie fand das Ganze offenbar sehr erotisch. Ich war recht zufrieden mit meiner Leistung, denn sie keuchte und warf ihren Kopf hin und her, während sie versuchte, ihre Atmung unter Kontrolle zu halten. Auch ich legte eine großartige Show hin und gelangte schließlich mit ebenso eindrucksvoller Begeisterung zum Orgasmus: Ich brüllte und schrie, keuchte und schnaubte. Dann rollte ich von ihr herunter. Zu meinem Erstaunen japste sie weiter. Offenbar erlebte sie ekstatische Mehrfachorgasmen. Gerade als ich mich zu wundern und etwas überflüssig zu fühlen begann, erkannte ich, daß ihr Keuchen einen bestimmten Grund hatte.

»Asthma!« Sie rang nach Sauerstoff. »Inhalationsapparat! Notarzt!«

Glücklicherweise war meine erste feste Freundin gesund und Holländerin. Rudi war eine niederländische »Revolutionärin«, und während meines letzten Trimesters lud ich sie nach Stowe ein: Sie schlich sich aufs Schulgelände und stellte ihr Zelt heimlich mitten im Wald auf. Eine wunderbare Woche lang kroch ich Nacht für Nacht hinaus und spazierte am See vorbei in das Wäldchen, wo Rudi Haschischzigaretten rauchte und ihr Essen auf einem Spirituskocher zubereitete. Wir lagen unter den Sternen und unterhielten uns darüber, wie wir die Welt verändern würden. Rudi interessierte sich leidenschaftlich für Politik. Sie wurde der bombastisch angekündigte »Auslandskorrespondent« des *Student* und schrieb einige mitreißende Traktate über die Baader-Meinhoff-Bande. Nachdem ich alle Fächer bis auf Antike Geschichte abgelegt hatte, blieb mir noch mehr Zeit für den *Student*. Bald fuhren Jonny und ich regelmäßig mit dem Zug zu Interviews nach London. Dennoch mußte ich meinen Leistungskurs abschließen, und es fiel mir schwer, mir Fakten einzubleuen, die mir bedeutungslos und abstrakt vorkamen. Ich hatte einige Karteikarten mit Fakten zu antiker Geschichte gekauft, die alle nötigen Informationen über Griechenland und Rom enthielten. Zur Vorbereitung auf die Prüfung schnitt ich die Ecken dieser Karten ab, steckte sie in verschiedene Taschen, ja sogar unter mein Uhrenarmband. Als ich mir die Prüfungsfragen ansah, war das Schwierigste, mich daran zu erinnern, in welche Tasche ich die Karte mit den relevanten Daten gestopft hatte. Dann nahm ich die Karte aus meiner Tasche und hielt sie zerknüllt in meiner linken Hand, während ich mit der rechten schrieb. Ich war übrigens so beschäftigt mit dem *Student*, daß ich mich hinterher gar nicht für meine Note interessierte. Ich wollte Stowe bloß möglichst schnell hinter mir lassen und meine Journalistenlaufbahn in London antreten. Als ich mit fast siebzehn Jahren Stowe verließ, gab mir der Direktor folgende Abschiedsworte mit auf den Weg: »Herzlichen Glückwunsch, Branson. Meine Prognose lautet, daß Sie entweder im Gefängnis landen oder Millionär werden.«

Das nächste und letzte Lebenszeichen, das ich aus Stowe erhielt, war ein Brief des Direktors vom 16. Januar 1968:

Lieber Branson,

ich freue mich sehr, daß Sie einen so guten Start im Zeitungswesen hatten, und fand Ihre Erstausgabe äußerst interessant. Meine Glückwünsche und alles Gute für die Zukunft.
Mit freundlichen Grüßen
R. Drayson

Die erste Ausgabe des *Student* erschien im Januar 1968.

3
WIE DIE JUNGFRAU ZUM KINDE

1967 bis 1970

Nach Abschluß des Sommertrimesters 1967 zogen Jonny Gems und ich nach London in das Souterrain im Haus seiner Eltern am Connaught Square in der Nähe der Edgware Road. Es gelang uns, Vanessa Redgrave zu überreden, nicht nur ihre besten Wünsche für den Erfolg von *Student* mit auf den Weg zu geben, sondern uns ein Interview zu gewähren. Für uns war das ein Wendepunkt, denn nun konnten wir ihren Namen als Zugpferd für andere Autoren benutzen. Als sich die Liste der Verfasser um Namen wie David Hockney und Jean-Paul Sartre erweiterte, fiel es mir zugleich auch immer leichter, potentielle Anzeigenkunden zu überzeugen, daß sich Werbung im *Student* für sie lohnen würde. Jonny und ich verbrachten den ganzen Sommer im Souterrain. Der Raum war dunkel, feucht und sparsam möbliert. Wir schliefen auf Matratzen auf dem Boden. Bald war das Zimmer ein einziges Chaos; überall waren Papiere, schmutzige Kaffeetassen und Fish-and-Chips-Verpackungen verstreut. Wir hatten immerzu Hunger. Manchmal schlichen wir nach oben, um den Kühlschrank von Jonnys Eltern zu plündern. Gelegentlich stürmte auch Mum mit einem Picknickkorb ins Zimmer.

»Lieferung vom Roten Kreuz!« rief sie. »Wann habt ihr beide euch das letzte Mal gewaschen?«

Wir breiteten eine Decke auf dem Boden aus und machten uns über ihr Picknick her.

Eines Tages brachte sie uns 100 Pfund in bar. Mum hatte in der Nähe von Shamley Green eine Kette auf der Straße gefunden und bei der Polizei abgegeben. Als sich nach drei Monaten noch kein Eigentümer gemeldet hatte, sagte die Polizei, sie könne die Kette behalten. Sie wußte, daß wir kein Geld hatten. Daher kam sie nach London, verkaufte den Schmuck und gab uns den Erlös. Mit ihren 100 Pfund konnten wir unsere Telefon- und Portorechnungen bezahlen und uns monatelang über Wasser halten. Ohne dieses Geld wäre alles zusammengebrochen.

Peter Blake, der mit dem Design für das *Sergeant-Pepper*-Album der Beatles berühmt geworden war, zeichnete für unsere Debütausgabe das Bild eines Studenten. Es war ein einfaches weißes Titelblatt mit zwei roten Farbflecken: dem Schriftzug *Student* und der roten Krawatte des Studenten. Neben der Zeichnung bekamen wir noch ein Interview von Peter Blake. Sein »Aufmacher« war atemberaubend: »Ein bildhübsches, nacktes Mädchen ist ein phantastisches Thema, das mich ganz besonders interessiert. Neben Perspektive und Anatomie ist dies eines der Motive, die einem helfen, zeichnen zu lernen.«

Während ich mir schon die Vorteile des Künstlerlebens ausmalte, wies er auf die Gefahren der Studentenbewegung hin – damals ein kontroverses Thema:

Ich bin nicht der Ansicht, daß die Studenten mehr Macht über die Dozenten haben sollten, als sie bereits besitzen. Im Augenblick sind mir Studenten als Personengruppe eigentlich eher unsympathisch. Sie überschätzen sich meiner Meinung nach. Mir scheint, sie reden zuviel, protestieren eine Menge und haben zu viele Rechte. Meines Erachtens kann man auch zu viel in das Studentenleben an sich investieren. Schließlich sind Studenten nicht so wichtig: Im Grunde genommen sollen sie bloß lernen, wie man sich als Erwachsener verhält. Studenten sollten nicht das Gefühl haben, daß sie sich beklagen müssen.

Vielleicht lag es daran, daß wir so jung und weniger aggressiv als die üblichen professionellen Interviewer waren, aber einige unserer Interviewpartner machten sehr aufschlußreiche, radikale Aussagen. Gerald Scarfe beschrieb seine Arbeit: »Ich werde immer zeichnen; das ist eine Frage der Energie. Ich könnte niemals aufhören. Das ist ebensosehr Teil meiner Person wie essen. Wenn ich eine Idee habe, muß sie herauskommen – das ist so wie ein Anfall von Übelkeit, eine körperliche Funktion.« Auf meine Frage, was er von Studenten halte, erwiderte Dudley Moore: »Das einzige, was ich an eurer Generation hasse, ist euer Alter.« Er war Professor für Orgelmusik am Magdalen College in Oxford gewesen, aber als ich klassische Musik erwähnte, meinte er: »Lieber würde ich mich den ganzen Tag über mit sechs Frauen im Schlamm wälzen, als mich ans Klavier zu setzen.«

Mick Jagger und John Lennon erklärten sich ebenfalls zu Interviews bereit. Für die Studenten waren beide Halbgötter. Der *Student* fand eine bombastische Einleitung für das Interview mit Jagger:

Unlängst schrieb der Melody Maker: *»Jagger ähnelt Dostojewskis Bruder Karamasow, der auf die Erklärung seines ehrenwerten Bruders, daß Schmerzen existieren müßten, damit wir Güte lernen, erwidert, wenn ein kleines Kind leiden müsse, um sein Bewußtsein zu erweitern, dann werde er nicht etwa die Existenz Gottes leugnen, sondern lediglich respektvoll seine Eintrittskarte in den Himmel zurückgeben. Das ist Mick Jaggers Art von Religion.«*

Ich kann mir nicht vorstellen, was wir uns einbildeten, als wir dieses Zitat brachten. Verstanden hatte ich es mit Sicherheit nicht. Nervös ging ich zu Jaggers Haus am Cheyne Walk und wurde von Marianne Faithfull ins Wohnzimmer geleitet, bevor sie selbst dann verführerisch die Treppe hinauf entschwand. Mick und ich lächelten einander freundlich an, wußten aber beide nicht so recht, was wir sagen sollten:

RB: Gibst du gerne Interviews?
MJ: Nein.
RB: Warum hast du den *Student* gebeten, dich zu interviewen?
MJ: Ich weiß nicht. Keine Ahnung. Normalerweise gebe ich keine Interviews. Oder zumindest nicht oft.
RB: Interessierst du dich nicht für Politik?
MJ: Nein.

RB: Warum nicht?
MJ: Weil ich ziemlich lange darüber nachgedacht habe und zu dem Schluß kam, daß ich nicht die Zeit habe, das und andere Dinge gleichzeitig zu tun. Wenn man sich nämlich auf die Politik einläßt, kann einen das echt versauen.
RB: Glaubst du, Menschen können durch Musik beeinflußt werden?
MJ: Ja, ich glaube schon, denn sie ist eines der Dinge, die sich immer wieder wiederholen – immer wieder und wieder das Gleiche. Sie kriecht einem ins Gehirn und beeinflußt einen.

Unser Interview mit John Lennon war ebenfalls ein »Klassiker«. Jonny und ich gingen gemeinsam hin, und Jonny versuchte, eine literarische Anspielung zu machen:

JG: Ein Kritiker hat über »A Day in The Life« geschrieben, es sei eine Art *Wüstes Land* im Miniaturformat.
JL: Was im Miniaturformat?
JG: T.S. Eliots Gedicht, *Das wüste Land*.
JL: Kenn' ich nicht. Bin nicht besonders firm in Kultur, weißt du.

Ironischerweise brach das Interview mit John dem *Student* fast das Genick. Nachdem Jonny und ich ihn getroffen hatten, kam mir der Gedanke zu fragen, ob John und Yoko eine neue Aufnahme stiften würden, die wir als Flexidisk unserer Zeitschrift beilegen könnten. Ich rief den Pressesprecher der Beatles, Derek Taylor an. Zu jener Zeit hatten die Beatles gerade die »Apple Foundation for the Arts« gegründet. Sie sollte am Hungertuch nagenden Künstlern und Musikern finanziell unter die Arme greifen. Derek saß die meiste Zeit über in seinem Büro in der Savile Row und führte Gespräche mit einer langen Reihe von Bittstellern, die alle hundert verschiedene Gründe hatten, weshalb sie glaubten, daß die Beatles ihnen Geld geben sollten. Er ähnelte einem Kammerherrn an einem Königshof. Derek war ein sehr gutmütiger Mensch, der sich jede Bitte geduldig anhörte, ganz gleich, wie weithergeholt oder unsinnig sie war. Als ich ihm erklärte, was wir vorhatten, willigte Derek ohne Zögern ein. John und Yoko würden sehr gerne etwas zu unserer Zeitschrift beisteuern, sagte er. Er stellte mich Ron Kass, dem Geschäftsführer von Apple, und einem Hersteller von Flexidisks vor. Wir vereinbarten einen Liefertermin. Ich trug die frohe Botschaft rasch zum Connaught Square. Wir hatten nicht nur ein Interview mit John Lennon, sondern würden auch einen unveröffentlichten Song des Meisters höchstpersönlich vorweisen können. Für den *Student* war das ein phantastischer Werbecoup. Wir verpflichteten sogleich Alan Aldridge, den damals populärsten Illustrator, ein spezielles Titelblatt zu zeichnen – mit einer weißen Stelle für die Flexidisk. Wir schmiedeten Pläne für den Druck von 100 000 Exemplaren der Zeitschrift – unsere bisher größte Auflage.

Die Wochen gingen ins Land, und keine Platte traf ein. Aufgeregt riefen wir Derek an. »Mach dir keine Sorgen, Richard«, beruhigte er mich. »Wir hatten ein paar Probleme. Aber ich verspreche, daß du etwas bekommen wirst.« Faktisch hätte ich keinen schlechteren Zeitpunkt wählen können, um den guten Willen der Lennons auf die Probe zu stellen. Yoko hatte gerade eine Fehlgeburt gehabt; John war wegen Cannabis-Besitzes festgenommen worden. Das Paar tauchte in seiner Villa in Weybridge unter. Ich geriet selbst in Schwierigkeiten. Unsere Pläne für die Sonderausgabe hatten unser Magazin an den Rand des Konkurses gebracht. Zum ersten Mal in meinem Leben setzte ich mich mit einem Rechtsanwalt in Verbindung. Charles Levison schrieb an Derek und drohte, Apple und die Lennons wegen Nichteinhaltung ihres Versprechens zu verklagen. Einige Tage später rief mich Derek an. »Komm rüber zu Apple, Richard«, sagte er. »Wir haben etwas für dich.«

An jenem Nachmittag saß ich mit Charles, Derek, John und Yoko im Kellerstudio von Apple und hörte mir die Aufnahme an, die sie mir gegeben hatten. Auf dem Band war erst ein Rauschen zu hören und dann ein stetiges, monotones Klopfen. Es klang wie ein schlagendes Herz. »Was ist das?« fragte ich.

»Es ist der Herzschlag unseres Babys«, sagte John.

Er hatte es kaum ausgesprochen, als das Geräusch aufhörte. Yoko brach in Tränen aus und klammerte sich an John. Ich verstand nicht, was los war, aber bevor ich sprechen konnte, blickte mir John über Yokos Schulter direkt in die Augen:

»Das Baby ist gestorben«, sagte er. »Das ist das Schweigen unseres toten Babys.«

Ich ging zurück in unsere Redaktion. Was sollte ich bloß tun? Ich fühlte mich außerstande, diesen privaten Augenblick als Platte zu veröffentlichen. Vielleicht hatte ich unrecht, denn es war, wie Derek sagte, »konzeptuelle Kunst« und wäre zu einem Sammlerstück geworden. Wir mußten das Titelblatt wegwerfen und die Zeitschrift neu gestalten. Es kostete sehr viel Geld, doch irgendwie gelang es uns, die nötige Summe zusammenzukratzen. Ich überlegte, ob ich rechtliche Schritte gegen die Lennons einleiten sollte, aber sie hatten schon genug Probleme. Und schließlich hatten sie die Vereinbarung auf ihre seltsame Weise eingehalten, selbst wenn ich den Wert der Sache damals nicht begriff. Nach unserem Disput wegen der Aufnahme schrieb Derek einen Brief, in dem er sich für die mir entstandenen Unannehmlichkeiten entschuldigte. Er schloß mit der gleichen Grußformel, die er unter all seine Briefe setzte: »All you need is love ...«

Jonny las gern und viel. Ich las eher selten; mir blieb dazu immer irgendwie nie genug Zeit. Ich verbrachte meine Tage am Telefon, versuchte, Anzeigen zu verkaufen, Prominente dazu zu überreden, kostenlos Artikel für den *Student* zu schreiben oder uns ein Interview zu geben. Mein ganzes Leben hindurch brauchte ich immer jemanden, der als Gegengewicht meine Schwächen ausglich und meine Stärken ergänzte. Jonny und ich waren ein gutes Team. Er wußte, wen wir warum interviewen sollten, und ich konnte die Leute dazu überreden, ja zu sagen, und besaß genug Hartnäckigkeit, um mich niemals mit einem Nein zufriedenzugeben.

In vielen meiner Interviews für den *Student* stellte ich einfach nur den Kassettenrecorder an und ließ die interviewte Person reden, was sie wollte. Vor dem Termin mit dem schottischen Psychiater R.D. Laing hatte ich versucht, seinen Bestseller *The Politics of Experience* zu lesen. Wie vermutlich die meisten anderen Menschen auch verstand ich kaum ein Wort von dem, was er schrieb. Ich hielt ihm das Mikrofon hin, und er sprach nonstop anderthalb Stunden lang und starrte dabei auf eine Ecke an der Decke hinter meinem Kopf. Ich hatte keine Ahnung, was er da schwafelte; ich war einfach nur dankbar, daß ich gar nicht in die Verlegenheit kam, eine einzige Frage stellen zu müssen. Als er schließlich zum Ende kam, dankte ich ihm, ging zurück in die Redaktion und schrieb das Band ab. Wie sich herausstellte, hatte er einfach ganze Passagen aus *The Politics of Experience* fast wörtlich zitiert. Nachdem wir die ersten Ausgaben veröffentlicht hatten, wuchs allmählich die Zahl derer, die einen Beitrag zum *Student* leisten wollten. Jonny und ich rissen manchmal Mädchen in Nightclubs auf. Gelegentlich luden wir sie auch »auf einen Kaffee« in unsere Wohnung ein. Blieben sie über Nacht, versuchten wir sie am nächsten Morgen dazu zu überreden, uns bei der Arbeit am *Student* zu helfen. Aus irgendeinem Grund schienen wir oft ihre mitleidige Ader zu rühren. Die Mundpropaganda begann, Früchte zu tragen: Alte Freunde aus der Schule, Freunde von Freunden oder Leute, die die Zeitschrift gelesen hatten, boten uns ihre Dienste an. Das Souterrain begann immer mehr einem besetzten Haus zu ähneln. Wir arbeiteten alle ohne Lohn, lebten von dem, was wir im Kühlschrank fanden, oder aßen in billigen indischen Restaurants.

Alle möglichen Leute halfen uns beim Verkauf des Magazins. Im Grunde sollten sie die Zeitschrift stapelweise mitnehmen, für 2 Schillinge und 6 Pennies pro Stück verkaufen und uns dann 50 Prozent ihrer Einnahmen (also 1 Schilling und 3 Pennies pro Stück) abgeben. Sie sollten uns im voraus bezahlen, doch geschah dies nur in den seltensten Fällen. Allerdings machte ich mir eigentlich nie richtig Sorgen wegen des Geldes, das der *Student* abwarf: Ich wollte nur gerade genug verdienen, um die nächste Ausgabe zu produzieren und unsere laufenden Rechnungen bezahlen zu können. Je mehr wir verkauften, so rechnete ich mir aus, desto mehr würde die Mundpropaganda zunehmen, und dann könnten wir auch mehr Anzeigenkunden gewinnen. Obwohl ich es damals kaum bemerkte, verdrängten meine Bemühungen, das Magazin am Leben zu erhalten, allmählich meine journalistischen Ambitionen. Während sich Jonny um die redaktionelle Seite kümmerte, führte ich die Geschäfte, verkaufte Anzeigen und stritt mit den Druckern herum. Ich wurde »nolens volens« zum Unternehmer (obwohl ich wohl erst Jonny hätte fragen müssen, was dieser Ausdruck bedeutete, wenn ihn jemand mir gegenüber erwähnt hätte). Ich selbst sah mich aber nicht als Geschäftsmann. Geschäftsleute waren Herren mittleren Alters in der Innenstadt, die ausschließlich dem Geld hinterherliefen. Sie trugen Nadelstreifenanzüge und hatten eine Ehefrau und 2,4 Kinder in einem Vorort. Natürlich wollten auch wir mit dem *Student* Geld verdienen: Wir brauchten es zum Überleben. Aber wir sahen das Ganze eher als kreatives Projekt und weniger als Investition, die einen Gewinn abwerfen sollte. Später erkannte ich, daß Unternehmensführung selbst ein kreatives Projekt sein kann. Als Herausgeber einer Zeitschrift versucht man, etwas Originelles zu schaffen, das aus der Masse herausragt, bleibenden Wert hat und hoffentlich auch einem nützlichen Zweck dient. Vor allem möchte man aber stolz auf sein Produkt sein. Das war immer meine Geschäftsphilosophie. Ich kann guten Gewissens von mir sagen, daß ich niemals ein Unternehmen allein deswegen gegründet habe, weil ich damit einen Gewinn erwirtschaften wollte. Wenn Gewinnerzielung das einzige Motiv ist, sollte man besser die Finger davon lassen. Ein Geschäft muß einen persönlich berühren; es muß Spaß machen und die Kreativität anregen. Spaß machte die Arbeit für den *Student* zweifellos. Schon am Morgen ließen die ohrenbetäubenden Klänge von Bob Dylan, den Beatles oder den Stones auf unserer Hi-Fi-Anlage die Wände der Kellerbehausung erzittern. Wenn Jonny und ich auf Verkaufstour gingen, feierten wir den Absatz eines einzigen Exemplars für 2 Schilling und 6 Pennies, indem wir uns zwei Hamburger für je 1 Schilling und 3 Pennies leisteten. Ab und zu sah ich durch das schmutzige Kellerfenster, daß es ein wunderschöner Tag war. Dann schaltete ich die Musik aus und verkündete allen, daß wir einen Spaziergang machen müßten. Wir wanderten quer durch den Hyde Park und landeten irgendwie immer beim Serpentine, wo wir alle schwimmen gingen. Tony Mellor war einer der wichtigsten Redaktionsassistenten des *Student*. Wir alle brachten ihm großen Respekt entgegen, weil er Gewerkschaftsfunktionär gewesen war. Tony war um einiges älter als wir anderen und vertrat eine ganz klar artikulierte Meinung zum Sozialismus. Während die anderen sich jedoch über die genaue Ausformulierung einer der politischeren Aussagen im *Student* stritten, erkannte ich plötzlich das übergeordnete Bild: die Politik des Überlebens. In gewisser Hinsicht wurde ich zu einem Außenseiter in unserem Stab. Die anderen diskutierten über den »LSD-Guru« Timothy Leary, Pink Floyd und die jüngsten Ereignisse der Studentenpolitik, und ich zerbrach mir den Kopf darüber, wo wir das Geld für die Druckerei und die Telefonrechnung hernehmen sollten. Ich verbrachte meine Zeit nicht nur am Telefon, um damals führende Persönlichkeiten zu überreden, einfach »aus Spaß an der Freud'« Artikel für den *Student* zu verfassen, sondern mußte nebenher auch stundenlang Unternehmen wie British Leyland oder Lloyds Bank beschwatzen, damit sie Anzeigen bei uns in Auftrag gaben. Ohne ihr Geld hätte sich der *Student* nicht halten können. Diese Verantwortung ließ mich schnell erwachsen werden. Man könnte sogar behaupten, daß ich vor der Zeit alt wurde. Während es den anderen genügte, sich am Abend mit Marihuana zuzurauchen, ohne einen Gedanken daran zu verschwenden, daß sie am nächsten Morgen spät mit einem dicken Kater aufwachen würden, war mir stets bewußt, daß ich einen klaren Kopf behalten mußte. Meine Eltern und Lindi halfen uns beim Verkauf. Mum zog mit einem Stapel zur Speakers' Corner im Hyde Park und drehte die Zeitschrift arglosen Touristen an. Lindi und ich verkauften den *Student* entlang der Oxford Street an jeden, den wir überreden konnten stehenzubleiben. Einmal kam dabei ein Stadtstreicher auf uns zu und bettelte um Geld. Wir hatten keines (im Gegenteil – wir versuchten ja, welches zu verdienen). In einem theatralischen Anfall von Idealismus zog ich allerdings einen Großteil meiner Kleider aus und gab sie dem Mann. Den Rest des Tages lief ich in eine Decke gewickelt herum.

»Der arme alte Penner!« lachte Dad, als er die Geschichte hörte. »Das wird ihm eine Lehre sein. Er wollte bloß ein bißchen Kleingeld, und jetzt hat er statt dessen deine verseuchten Klamotten!«

Der *Student* wurde immer bekannter. Eines Tages fragte mich ein deutscher Fernsehsender, ob ich zusammen mit dem Aktivisten Tariq Ali und dem deutschen Studentenführer Danny Cohn-Bendit eine Rede am Londoner University College halten wolle. Es sollte um die Rechte des Individuums gehen. Eine große Menschenmenge begrüßte die beiden hitzköpfigen Revolutionäre. Ich hörte mir Danny

Cohn-Bendits geniale Rede voll intellektuellem Tiefgang und Leidenschaft an. Alle um ihn herum jubelten und brüllten vor Begeisterung. Dann stand Tariq Ali auf und legte ebenfalls eine flammende Rede hin. Die Menge stampfte und johlte laut, als sei sie kurz davor, die Bastille zu stürmen. Mich beschlich eine leichte Übelkeit. In Stowe gab es eine äußerst grausame Tradition: Jeder Junge mußte ein langes Gedicht auswendig lernen und vor der gesamten Schule aufsagen. Wenn man auch nur den geringsten Fehler machte oder eine Sekunde lang zögerte, schlug der Lehrer auf einen Gong und man mußte die Bühne unter Buhrufen und Pfiffen verlassen: Man war »ausgegongt« worden. Als leichter Legastheniker fand ich Auswendiglernen ungemein schwierig. Mehrere Jahre lang wurde ich regelmäßig in Schimpf und Schande von der Bühne gejagt. Als ich die inspirierenden Reden von Danny Cohn-Bendit und Tariq Ali hörte, die sich in der Gunst des Publikums sonnten und die Anwesenheit der Fernsehkameras bis zum letzten auskosteten, hatte ich das gleiche flaue Gefühl in der Magengrube wie vor dem Vortrag eines Tennyson-Gedichts in Stowe, als ich schon im voraus wußte, daß mir laute Buhrufe blühten. Schließlich beendete Tariq Ali seine Rede. Chaos brach aus. Alle jubelten; einige hoben ihn auf ihre Schultern; hübsche Mädchen winkten ihm bewundernd zu; die Kamera schwenkte in seine Richtung. Jemand gab mir ein Zeichen: Ich war an der Reihe. Ich sprang aufs Podium, griff nervös nach dem Mikrofon. Ich hatte bisher kaum jemals in der Öffentlichkeit gesprochen, geschweige denn eine Rede gehalten, und litt unter chronischer Nervosität. Ich hatte nicht die geringste Ahnung, was ich sagen sollte. Zwar hatte ich eine Rede vorbereitet, doch unter den prüfenden Blicken tausender erwartungsvoller Augen, die sich wie Sonnenblumen mir zuwandten, hatte ich einen völligen Blackout. Mit trockenem Mund murmelte ich ein paar Worte, lächelte gequält und erkannte mit wachsender Panik, daß ich die Rede nicht halten konnte. Es gab keinen Ausweg. Ich murmelte ein paar unverständliche Laute, die irgendwo zwischen Husten und Würgen lagen, ließ das Mikrofon fallen, sprang vom Podium und verschwand in der Sicherheit der Menge. Es war der peinlichste Augenblick meines Lebens. Selbst heute beschleicht mich bei Interviews oder Reden das gleiche Gefühl der Beklommenheit; ich muß nach wie vor die gleiche Schüchternheit überwinden. Wenn ich über ein Thema spreche, mit dem ich mich ein wenig auskenne oder das mir am Herzen liegt, kann ich einigermaßen flüssig reden. Wenn ich aber über etwas sprechen soll, von dem ich nur wenig weiß, beginne ich, mich sehr unwohl zu fühlen – und das merkt man auch. Ich habe gelernt, damit zu leben, daß ich nie die glatten Antworten geben kann, die einem Politiker auf der Stelle einfallen würden. Ich versuche, nicht gegen mein Gestammel oder meine Unfähigkeit, eine perfekte Antwort zu formulieren, anzukämpfen. Statt dessen bemühe ich mich um eine wahrheitsgetreue Antwort. Wenn das etwas länger dauert, so hoffe ich, daß die Zuhörer einer langsamen, zögerlichen Antwort mehr vertrauen als einer aalglatten, die wie aus der Pistole geschossen kommt.

Die Kriege in Vietnam und Biafra waren die beiden wichtigsten Themen der sechziger Jahre. Wenn der *Student* eine glaubwürdige Publikation sein wollte, mußten wir eigene Reporter an beide Schauplätze entsenden. Wir hatten allerdings kein Geld, um Korrespondenten dort zu stationieren oder gar für ihre Hotels oder die Kosten der Telexsendungen von Artikeln aufzukommen. Daher mußten wir kreativ an die Sache herangehen. Schließlich verfielen wir auf die Idee, blutjunge Journalisten auszuwählen, da dies allein schon Nachrichtenwert haben könnte. Ich rief also beim *Daily Mirror* an und fragte, ob sie an einer Exklusivstory über einen siebzehnjährigen Reporter interessiert wären, der nach Vietnam gehe. Sie kauften die Geschichte und finanzierten so die Vietnamreise von Julian Manyon, der für den *Student* arbeitete. Julian schrieb einige großartige Artikel über den Vietnamkrieg für uns und wurde später zu einem berühmten Korrespondenten beim britischen Fernsehsender ITN. Es gelang uns, die gleiche Vereinbarung für einen sechzehnjährigen Reporter in Biafra auszuhandeln. In beiden Unternehmungen nutzte ich zum ersten Mal den *Student* als unser Kapital: Wir steuerten den Namen und die Menschen bei, und die andere Seite finanzierte die Projekte.

Ich setzte mich leidenschaftlich für die Kampagne zur Beendigung des amerikanischen Engagements im Vietnamkrieg ein. Im

Oktober 1968 begleiteten alle Mitarbeiter des *Student* Vanessa Redgrave auf dem Studentenmarsch zum Grosvenor Square, um vor der amerikanischen Botschaft zu demonstrieren. Ich marschierte neben Vanessa und Tariq Ali. Es war ungemein aufregend, für eine Sache auf die Straße zu gehen, an die ich und zehntausend andere glaubten. Die Hochstimmung der Menge färbte auf einen ab, war aber zugleich ein wenig beängstigend. Man hatte das Gefühl, daß die Sache jederzeit außer Kontrolle geraten könnte. Und genau das passierte auch. Als die Polizei die Menge angriff, nahm ich die Beine in die Hand. Ein Photo der Demonstration, das später im *Paris Match* erschien, zeigt mich mit gekrümmtem Rücken, ein paar Zentimeter entfernt von der ausgestreckten Hand eines Polizisten, der mich zu packen versucht, während ich über den Platz renne. Obwohl ich gegen Vietnam war, stand ich bei anderen Themen nicht so leidenschaftlich politisch links wie die meisten meiner Mitdemonstranten. »Ich glaube, ich bin ein Linker«, sagte ich zu einem Reporter vom *Guardian*. »Allerdings vertrete ich nur diejenigen linken Ansichten, die ich für vernünftig und rational halte.«

Der *Student* war in politischer Hinsicht kein radikales Magazin. Wir waren auch keine »Underground«-Zeitschrift wie *Oz* und *IT*. Wir sprachen uns nicht dafür aus, LSD ins Trinkwasser zu mischen, wie es diese Publikationen gelegentlich getan haben, obwohl es in unserer Redaktionsstube wohl ebenso viel freie Liebe gab wie in den ihren.

Ich strebte ein Gleichgewicht zwischen linken und rechten Ansichten an. Von manchen wurde mir das aber als Ausweichmanöver ausgelegt. Der Schriftsteller und Dichter Robert Graves schrieb mir aus Deià auf Mallorca, wo er lebte:

Ihre Hände sind allem Anschein nach mehr gebunden, als es die Studentenschaft verdient. In der Story über Biafra haben Sie kein einziges Mal erwähnt, was der Krieg wirklich im internationalen Kontext bedeutet. Das liegt wohl daran, daß Sie nach wie vor gut Freund mit den »Überdreißigern« und den Wirtschaftsbossen sein müssen. Sonst könnte Ihre Zeitschrift nicht überleben. Ja, Sie tun Ihr Bestes.

Die »Wirtschaftsbosse« waren uns aber nicht so wohlgesonnen, wie ich gehofft hatte. Der Kampf um Anzeigen war stets schwieriger als die Suche nach Artikeln. Wir freuten uns, den Schauspieler Bryan Forbes interviewen zu können oder Gavin Maxwells Artikel zu drucken, aber sie brachten uns nicht das Geld, das wir für die Leitung und den Vertrieb der Zeitung benötigten. Die Preisspanne für Anzeigen lag zwischen 250 Pfund für eine ganze Seite und 40 Pfund für eine Achtelseite. Nach zahllosen Telefongesprächen war es mir beispielsweise gelungen, neun Unternehmen für ganzseitige Anzeigen in der ersten Ausgabe zu gewinnen: J. Walter Thompson, Metal Box, die *Sunday Times*, den *Daily Telegraph*, den Gas Council (den Vorläufer von British Gas), *The Economist*, Lloyds Bank, Rank Organisation und John Laing Builders. Diese neun Anzeigen hatten 2 250 Pfund in unsere Kassen gebracht und waren aus einer Liste hervorgegangen, die ursprünglich 300 potentielle Kunden umfaßte. Aber dieser Betrag hatte genügt, um die Druckkosten für die 30 000 Exemplare der ersten Ausgabe zu finanzieren. Mit diesem Geld hatte ich ein Konto bei Coutts, der Hausbank meiner Familie, eröffnet. Ich muß wohl der einzige Kunde gewesen sein, der dort barfuß hereinspazierte und um einen Überziehungskredit von 1 000 Pfund bat. Während der gesamten Lebensdauer von *Student* blieb das Anzeigengeschäft schwierig. Trotz all unserer Bemühungen warf der *Student* keinen Gewinn ab. Ich begann mir zu überlegen, wie man das Magazin und den Namen *Student* in andere Richtungen erweitern könnte: eine *Student*-Konferenz, *Student*-Reisebüros, eine *Student*-Wohnbörse. Ich betrachtete *Student* nicht als Selbstzweck, als Substantiv. Ich sah das Magazin als Ausgangspunkt für eine ganze Reihe von Dienstleistungen, als Adjektiv, als ein Wort, in dem die Leute bestimmte zentrale Werte erkannten. In der Sprache der siebziger Jahre sollte die Zeitschrift *Student* und alles, was mit dem Namen *Student* angepriesen wurde, »Spitze« sein. *Student* war für mich ein flexibles Konzept, und ich wollte diese Flexibilität erforschen, um zu sehen, wie weit ich gehen und wohin mich das führen würde. In dieser Hinsicht unterschied ich mich etwas von meinen Freunden, die sich ausschließlich auf das Magazin und die Studentenpolitik konzentrierten. Offenbar hatte Peter Blake recht, als er sagte, daß die Studentenrevolution aus der Mode geraten würde – und mit ihr die Studenten. Wenn ich aber heute, dreißig Jahre später, die frühen Ausgaben von *Student* betrachte, muß ich mich darüber wundern, wie wenig sich geändert hat. *Student* brachte damals eine von Nicholas Garland angefertigte Karikatur von Edward Heath; heute wird letzterer immer noch von Garland karikiert. David Hockney, Dudley Moore und John Le Carré stehen immer noch für gute Texte, und Bryan Forbes und Vanessa Redgrave, oder zumindest ihre Töchter, machen nach wie vor Schlagzeilen. Das Leben im Souterrain war typisch für das allumfassende, herrliche Chaos, in dem ich damals wie heute am besten gedeihe. Wir hatten niemals Geld, schufteten wie die Wilden, gingen dabei aber füreinander durch dick und dünn. Wir arbeiteten zusammen, weil es Spaß machte, weil wir das Gefühl hatten, etwas Wichtiges zu tun und weil wir ein phantastisches Leben zusammen führten. Bald kamen etliche Journalisten von der nationalen Presse, um mich zu interviewen und zu sehen, was hinter diesem Wirbel steckte. Wir entwickelten eine narrensichere Methode, um sie zu beeindrucken. Ich saß an meinem Schreibtisch mit dem Telefon an meinem Ellbogen.

»Ich freue mich, Sie kennenzulernen. Setzen Sie sich bitte«, pflegte ich zu sagen und zeigte auf den Sitzsack auf der anderen Seite des Schreibtischs. Während die Journalisten hin- und herrutschten, versuchten, es sich einigermaßen würdevoll bequem zu machen, und Humusreste und Zigarettenasche aus den Falten kratzten, läutete das Telefon.

»Könnte jemand bitte das Gespräch entgegennehmen?« fragte ich dann. »Gut.« Ich wandte meine Aufmerksamkeit dem Reporter zu. »Was wollen Sie über den *Student* wissen?«

»Ted Heath möchte dich sprechen, Richard«, rief Tony vom anderen Ende des Raums.

»Ich werde ihn zurückrufen«, gab ich über die Schulter zurück. »Also, was wollen Sie über den *Student* wissen?«

Inzwischen verrenkte sich der Journalist bereits den Hals, um Tony dabei zu beobachten, wie er Ted Heath erklärte, daß Richard leider in einer Sitzung sei und ihn zurückrufen werde. Dann klingelte das Telefon erneut, und Tony nahm wieder den Hörer ab.

»David Bailey für dich, Richard.«

»Ich werde ihn zurückrufen, aber könntest du ihn fragen, ob wir unser gemeinsames Mittagessen verschieben können? Ich muß nach Paris. Okay.« Ich schenkte dem Journalisten ein entschuldigendes Lächeln, »Wo waren wir?«

»Ich wollte Sie nur fragen -«

Wieder läutete das Telefon.

»Tut mir leid, daß ich störe«, sagte Tony, »aber es ist Mick Jagger, und er sagt, es sei dringend.«

»Entschuldigen Sie bitte«, sagte ich an dieser Stelle und nahm widerstrebend den Telefonhörer in die Hand. »Hallo, Mick. Danke gut, und dir? Wirklich? Ein Exklusivinterview? Ja, das klingt phantastisch...«

Ich redete wie ein Wasserfall, bis sich Jonny in der Telefonzelle gegenüber vor Lachen ausschütten wollte oder das Münzsignal ertönte.

»Es tut mir leid«, sagte ich zu dem Journalisten. »Aber es ist etwas dazwischengekommen, und wir müssen dringend weg. Sind wir fertig?«

Benommen ließen sich die Journalisten hinausführen. Auf dem Weg zur Tür begegnete ihnen Jonny. Das Telefon hatte zu klingeln aufgehört.

Alle Journalisten gingen unserem Manöver auf den Leim: »Photographen, Journalisten und Zeitungskorrespondenten aus der ganzen Welt scheinen darin zu wetteifern, *Student* zu helfen«, schrieb der *Sunday Telegraph*, »In den Schulen und Universitäten ist ein weitverzweigtes Vertriebsnetz aus lauter Freiwilligen entstanden, so daß wohl über eine halbe Million Studenten diese Zeitschrift lesen können.«

»Eine erstaunliche Anzahl von Beiträgen aus erstklassigen Quellen. Seine Reichweite ist grenzenlos«, hieß es im *Observer*. Der *Daily Telegraph* sah die Dinge ähnlich: »Wahrscheinlich wird der *Student*, die Hochglanzpublikation, die so viele bekannte Schriftsteller für sich gewinnt, zu einem der auflagenstärksten Magazine des Landes werden.«

Im Herbst 1968 hatten Jonnys Eltern verständlicherweise genug davon, daß an die zwanzig Teenager ihr Kellergeschoß besetzten. Sie baten uns, eine neue Bleibe zu suchen. Wir zogen in die Albion Street 44, gleich um die Ecke vom Connaught Square. Jonny ging zurück in die Schule, um seine Leistungskurse abzuschließen. Er hatte Schuldgefühle, weil er mich alleine ließ, stand aber unter dem Druck, seine Ausbildung abschließen zu müssen. Seine Eltern machten sich natürlich Gedanken darüber, ob die Arbeit für eine kleine Zeitschrift von ihrem Keller aus wirklich die beste Grundlage für eine erfolgreiche Karriere war. Ohne Jonny brach *Student* fast zusammen. Es gab viel zu viel für mich zu tun – und niemanden, auf dessen Unterstützung ich wirklich vertrauen konnte. Nach ein paar Wochen bat ich Nik um Hilfe. Er hatte seine Ausbildung in Ampleforth abgeschlossen, sollte aber ein Studium an der Sussex University in Brighton absolvieren. Er willigte ein, den Studienbeginn zu verschieben und dem *Student* zu Hilfe zu eilen. Mit Niks Ankunft kam *Student* wieder richtig in Fahrt. Er übernahm die Kasse. Die große Blechdose voller Geld, in die jeder greifen konnte, wenn er Essen, Getränke oder Hasch kaufen wollte, verschwand. Statt dessen wurde unser Konto bei Coutts vernünftig genutzt. Nik begann, Schecks auszustellen, und prüfte dann den Kontoauszug anhand der Belege. Er hatte einmal einen Schneidezahn verloren, und mit seinen langen schwarzen Haaren sah er recht furchterregend aus. Damit schreckte er vermutlich viele Schuldeneintreiber ab. Die Kommune, die in Jonnys Souterrain in äußerst beengten Verhältnissen gelebt hatte, verteilte sich jetzt im neuen Haus. Jeder richtete sich eine gemütliche Ecke ein; überall waren Matratzen und Räucherstäbchen verstreut. Inzwischen waren die meisten Mitarbeiter des *Student* neunzehn oder zwanzig Jahre alt, und es wurde viel über freie Liebe gesprochen. Aber auch ihre praktische Umsetzung kam nicht zu kurz. Im obersten Stockwerk stellte ich ein großes Messingbett auf. Über ein langes Verlängerungskabel legte ich durch das Treppengeländer ein Telefon dort hinauf. An manchen Tagen erledigte ich alle meine Geschäfte vom Bett aus. Ich hatte das Haus auf den Namen meiner Eltern gemietet, damit die Eigentümer – der Kirchenrat – nicht glaubten, wir würden von dort aus ein Unternehmen betreiben. Meine Eltern waren begeistert von den Aufregungen des Journalismus, und obwohl Dad ein Rechtsanwalt mit kurzgeschnittenem Haar war, der bei seinem sonntäglichen Kirchenbesuch Blazer und Krawatte trug, hatten weder er noch meine Mutter jemals Schwierigkeiten, mit Menschen zu sprechen, denen die Haare halb den Rücken hinunterhingen und die sich seit einem Monat nicht mehr gewaschen oder rasiert hatten. Lindi kam jeweils zur Trimestermitte in die Albion Street und verbrachte auch einen Teil ihrer Ferien dort. Sie half beim Vertrieb von *Student* und verliebte sich in eine ganze Reihe von Männern, die in der Redaktion arbeiteten. Ich hatte eine kurze Beziehung zu Debbie, einem der Mädchen, die in der Albion Street lebten und für das Magazin arbeiteten. Eines Tages verkündete sie mir, daß sie schwanger sei. Wir waren beide entsetzt und erkannten, daß ein Kind das Letzte war, was wir jetzt brauchen konnten. Debbie entschied sich für eine Abtreibung. Nach einigen Telefongesprächen war klar, daß dies sehr schwierig zu organisieren war. Der National Health Service würde Debbie nur dann eine Abtreibung zahlen, wenn sie psychiatrische oder medizinische Probleme nachweisen konnte. Wir riefen fieberhaft bei allen Krankenhäusern des NHS an, um einen Ausweg zu finden. Als wir einen Privatarzt anriefen, verlangte er für den Eingriff über 400 Pfund, die wir natürlich nicht hatten. Ich war schon fast mit meiner Weisheit am Ende, als ich endlich eine freundliche Ärztin in Birmingham fand, die die Operation für 50 Pfund organisierte. Nach der Abtreibung erkannten Debbie und ich, daß es viele junge Menschen geben mußte, die vor dem gleichen Problem standen wie wir, ohne zu wissen, an wen sie sich wenden sollten. Es wäre gewiß weitaus besser, wenn sie eine Nummer wählen könnten und gleich an einen geeigneten Arzt verwiesen würden. Nicht nur unerwünschte Schwangerschaften waren ein Problem: Was war mit jungen Menschen, die psychologische Hilfe benötigten oder unter einer Geschlechtskrankheit litten, aber Angst davor hatten, dies dem freundlichen Hausarzt zu sagen, oder von zu Hause weggelaufen waren und keine Bleibe hatten? Wir schrieben lange Listen mit solchen Problemen, mit denen Studenten konfrontiert waren, und beschlossen, unsere Telefonnummer zu verteilen, ein Verzeichnis der besten und hilfsbereitesten Ärzte zusammenzustellen und auf Anrufer zu warten. GEBT UNS EURE SORGEN lautete der Slogan für das Student Advisory Centre. Wir verteilten Flugblätter auf der Oxford Street und schalteten Anzeigen im *Student*. Bald trafen die ersten Anrufe ein. Einige Ärzte – sowohl aus dem National Health Service als auch aus dem Privatsektor –, erklärten sich bereit, ihre Dienste kostenlos oder gegen eine minimale Vergütung zur Verfügung zu stellen. Wir knüpften ein Expertennetz, an das wir die Anrufer verweisen konnten. Viele Anrufe bezogen sich auf Schwangerschaft und Verhütung, doch bald wurden wir auch zu einem Zentrum für Schwule und Lesben, die jedoch weniger an unseren Ratschlägen als an einem Ort interessiert waren, an dem sie sich treffen konnten. So erfuhren wir, wie schwierig es für Homosexuelle war, ein normales gesellschaftliches Leben zu führen. Das Student Advisory Centre begann mehr Zeit in Anspruch zu nehmen als der *Student*. Ich sprach um drei Uhr morgens mit einem Selbstmordkandidaten, erklärte schwangeren Mädchen, wer der netteste Arzt sei, und schrieb einen Brief an jemanden, der befürchtete, sich mit einer Geschlechtskrankheit angesteckt zu haben, aber nicht wagte, seinen Eltern davon zu erzählen oder zum Arzt zu gehen. In der wenigen verbleibenden Zeit versuchte ich, die Zeitschrift in Gang zu halten. Eines der größten Probleme war die Tatsache, daß viele Teenager sich ihren Eltern nicht anvertrauen konnten. Die Geschichten anderer führten mir vor Augen, was für ein Glück ich mit meinen eigenen Eltern hatte. Sie verurteilten mich nie, unterstützten mich stets, fanden immer lobende Worte für meine guten Taten, anstatt meine schlechten zu kritisieren. Ich hatte keinerlei Bedenken, meine Probleme, Sorgen oder Niederlagen zuzugeben. Mit unserer Beratungsarbeit versuchten wir, jenen zu helfen, die in Schwierigkeiten steckten, sich aber an niemand anderen wenden konnten. Mit dem Student Advisory Centre und dem *Student* blieb das Leben in der Albion Street hektisch. Die Zahl der Menschen, die zu jeder Tages- und Nachtzeit bei uns ein- und ausgingen, brachte die Nachbarn zur Weißglut. Ihre Klagen führten zu regelmäßigen Besuchen der Inspektoren und des Kirchenrats, die herausfinden sollten, ob wir nicht doch eine Firma betrieben. Diese Besuche hatten die vorhersehbare Spannung einer Farce. Der Kirchenrat mußte sich 24

Stunden vor einer Inspektion anmelden, und dann wurden sofort der gesamte Stab des *Student* und meine Mum aktiv. Die Telefone wurden in einem Schrank verstaut; alle Schreibtische, Stühle und Matratzen mit Tüchern abgedeckt. Die Redaktionsmitarbeiter holten Farbtöpfe und Pinsel hervor, zogen sich Overalls an und begannen, die Wände zu streichen. Mum kam mit Lindi, der achtjährigen Vanessa und einem Arm voller Spielzeug. Als die Kirchenräte eintrafen, fanden sie eine freundliche Gruppe von Anstreichern, die das Haus renovierten. Die Möbel waren alle abgedeckt, und Mum und ihre Familie saßen im oberen Stock. Das kleine Mädchen spielte leicht verwirrt mit einigen Spielsachen, während Lindi und ich uns über ein Monopoly-Brett beugten. Wenn Vanessa den Anschein erweckte, daß sie fragen könnte, was das alles bedeuten solle, scheuchte Mum rasch alle aus dem Zimmer mit der Begründung, die Kleine müsse jetzt ins Bett. Die Kircheninspektoren sahen sich dieses Familienidyll an und wunderten sich, warum die Nachbarn einen solchen Aufstand veranstalteten. Sie kratzten sich den Kopf und sagten, daß die kleine Vanessa ein ganz reizendes Kind sei, tranken ihren Tee und plauderten freundlich mit meiner Mum. Sobald sie verschwunden waren, fuhr Mum nach Hause. Wir packten das Monopoly weg, rissen die Tücher von den Möbeln, steckten die Telefone ein und machten uns wieder an die Arbeit. Zum Verhängnis wurde uns schließlich die Tatsache, daß wir eines Tages vergessen hatten, die Telefone auszustecken. Es war bereits der fünfte Besuch der Inspektoren, und sie müssen wohl Lunte gerochen haben. Sie tranken ihre übliche Tasse Tee und wollten gerade aufbrechen, als zwei der Telefone im Schrank zu läuten begannen. Alle schwiegen betreten.

»Hören Sie sich das an«, improvisierte ich rasch. »Können Sie diese Telefone hören? Die Wände sind in diesen Häusern so dünn, daß wir alles mitverfolgen können, was sich im Nebenhaus abspielt!«

Ein Inspektor riß die Schranktür auf. Fünf Telefone, eine Vermittlungsanlage und ein Kabelgewirr fielen ihm entgegen. Nicht einmal eine Großfamilie benötigte eine solche Telefonzentrale. Das war das Ende unserer Redaktion in der Albion Street Nr. 44. Vanessa und ihre Puppensammlung wurden ein letztes Mal heim nach Shamley Green verfrachtet, und Lindi und ich packten unser Monopoly ein.

Der *Student* mußte ein neues Büro finden. Wir kämmten die ganze Gegend auf der Suche nach einem passenden Mietobjekt ab. Das beste Angebot unterbreitete uns Reverend Cuthbert Scott. Ihm gefiel die Arbeit des Advisory Centre. Daher bot er uns an, die Krypta in St. John's Church gleich neben der Bayswater Road mietfrei zu nutzen. Eine alte, quer über zwei Grabsteine gelegte Marmorplatte diente mir als Schreibtisch, und alle suchten sich einen Sitzplatz. Wir bezirzten sogar den örtlichen Fernmeldetechniker, das Telefon ohne die übliche dreimonatige Wartezeit anzuschließen. Nach einer Weile bemerkte keiner von uns mehr, daß wir zwischen Marmorbüsten und -gräbern in einer düsteren Gruft arbeiteten.

Im November 1969 bekam ich Besuch von zwei Zivilbeamten der Polizeidienststelle Marylebone. Sie wollten mich auf das Gesetz über unzüchtige Werbung aus dem Jahr 1889 sowie auf das Gesetz über Geschlechtskrankheiten aus dem Jahr 1917 aufmerksam machen, für den Fall, daß ich mir ihrer Existenz nicht bewußt war. Natürlich hatte ich keine Ahnung, daß es so etwas gab. Sie erklärten mir, es sei gesetzeswidrig, Hilfe oder Heilmittel für Geschlechtskrankheiten anzubieten. Diese Gesetze waren ursprünglich eingeführt worden, um Quacksalber daran zu hindern, die vielen Patienten übers Ohr zu hauen, die ihnen teure, aber unwirksame Heilmittel für Geschlechtskrankheiten abkauften. Ich argumentierte, daß ich lediglich Menschen, die sich mit einer Geschlechtskrankheit angesteckt hatten, an qualifizierte Ärzte im St. Mary's Hospital verweise. Aber die Polizisten beharrten auf ihrem Standpunkt: Wenn das Student Advisory Centre weiter das Wort »Geschlechtskrankheit« in der Öffentlichkeit gebrauche, müsse ich mit zwei Jahren Gefängnis rechnen. Eine Woche zuvor hatten wir uns erfolgreich über einen Polizisten der Marylebone Police Station beschwert, der einem der Mandanten des Student Advisory Centre Drogen untergejubelt hatte. Ich vermutete, daß hier die Verbindung zu dem Besuch der beiden Polizisten bestand. Es wunderte mich, daß sich die Polizei die Mühe gemacht hatte, diese alten Gesetze zu durchstöbern, um irgendeine obskure Bestimmung zu finden, gegen die wir verstoßen hatten. Pflichtbewußt änderten wir die Formulierung in den Flugblättern, die wir in London verteilten: Wir sprachen nun von einer »Sozialkrankheit«. Daraufhin erhielten wir eine Flut von Anfragen von Aknepatienten. Die Zahl der Anrufer, die an einer Geschlechtskrankheit litten, fiel von 60 auf 10 pro Woche. Wir kamen zu dem Schluß, daß die Beamten gebluff hatten und die 50 zusätzlichen Menschen, die wir pro Woche retten könnten, das Risiko einer Auseinandersetzung mit der Londoner Polizei wert seien. Also sprachen wir wieder von »Geschlechtskrankheiten«. Wir sollten uns irren. Im Dezember 1969 kamen die Beamten erneut in die Krypta und verhafteten mich. John Mortimer, ein Rechtsanwalt, der sich nach seiner Verteidigung des Magazins *Oz* und seiner Rolle im Prozeß um *Lady Chatterleys Liebhaber* einen Namen als Verfechter liberaler Fragen gemacht hatte, bot mir seine Dienste an. Auch er hielt das Gesetz für lächerlich und das Vorgehen der Polizei für einen reinen Racheakt. John erinnerte uns daran, daß sich an der Innenseite der Türen aller öffentlichen Bedürfnisanstalten ein Hinweis einer staatlichen Stelle mit Ratschlägen für jene, die unter Geschlechtskrankheiten litten, befand. Wenn ich schuldig war, so gelte dies auch für die Regierung. Gegen mich wurde prompt in zwei Punkten Anklage erhoben: nach dem Gesetz über unzüchtige Werbung von 1889, das Anzeigen »unzüchtigen oder obszönen Charakters« verbot, worunter auch die Erwähnung von Syphilis oder Gonorrhöe fiel, und nach dem Gesetz über Geschlechtskrankheiten von 1917, das jegliche Werbung verbot, in der das Wort »Geschlechtskrankheit« vorkam oder gar Behandlungsmöglichkeiten bzw. Ratschläge angeboten wurden. Bei der ersten Anhörung vor dem Amtsgericht Marylebone am 8. Mai 1970 trug Tom Driberg, der schillernde Abgeordnete der Labour Party, ein dramatisches Plädoyer zu meinen Gunsten vor. Chad Varah, der Gründer der Samariter, beschrieb, wie viele Menschen das Student Advisory Centre an seine wohltätige Organisation verwiesen hätte. John Mortimer argumentierte, daß ich im Falle einer Verurteilung leider die Regierung und alle Kommunalbehörden verklagen müsse, da sie ähnliche Informationen in öffentlichen Toiletten aufgehängt hatten. Der Richter wies die Anklage nach dem Geschlechtskrankheitengesetz mit der Begründung ab, daß das Student Advisory Centre keine Therapie angeboten, sondern die Betroffenen lediglich an qualifizierte Ärzte verwiesen habe. Er vertagte die Verhandlung über den zweiten Punkt der Anklage auf den

22. Mai. Zur Zeit des Prozesses wurden Statistiken veröffentlicht, aus denen hervorging, daß die Zahl der Patienten, die unter Geschlechtskrankheiten litten, drastisch gestiegen und den höchsten Stand in der Nachkriegszeit erreicht habe. Lady Birk, die Vorsitzende des Rats über Gesundheitliche Aufklärung, nutzte diese Zahlen und das Beispiel meiner Anklage, um eine Änderung des Gesetzes über unzüchtige Werbung von 1889 im Oberhaus zu erwirken.

»Es ist lächerlich, daß verantwortungsbewußte Bemühungen, die Verbreitung dieser schweren Krankheiten zu verhindern, durch nicht mehr zeitgemäße Gesetze beschränkt werden«, sagte sie.

Bis zum zweiten Prozeßtermin hatten zahlreiche Zeitungen unterstrichen, wie unsinnig die gegen mich erhobene Anklage war. Viele forderten eine Gesetzesänderung. Der Richter befand mich widerstrebend gemäß den strengen gesetzlichen Bestimmungen für schuldig, machte jedoch deutlich, daß er das Gesetz für absurd hielt, indem er mir eine Geldstrafe von nur 7 Pfund aufbrummte, also etwas weniger als die von der Polizei angedrohten zwei Jahre Gefängnis. John Mortimer forderte in einer Presseerklärung vor dem Gerichtsgebäude eine Änderung des Gesetzes. Andernfalls seien wir gezwungen, die Regierung wegen der Erwähnung von Geschlechtskrankheiten in den öffentlichen Toiletten zu verklagen. Die Presse stellte sich ganz auf unsere Seite, und Lady Birks Änderungsvorschlag wurde bei der nächsten Parlamentssitzung verabschiedet. Ich erhielt ein persönliches Entschuldigungsschreiben von Innenminister Reginald Maudling wegen der gegen mich erhobenen Anklage. Die Prozesse lehrten mich, daß ich mich nicht von der Polizei oder dem Establishment schikanieren lassen mußte, auch wenn ich jung war, Jeans trug und kaum Geld in der Hinterhand hatte. Vor allem nicht, wenn sich ein guter Rechtsanwalt meiner Sache annahm.

Eines Tages im Jahr 1970 kam ich an meinen Schreibtisch zurück und stellte fest, daß Nik dort gesessen hatte. Versehentlich hatte er eine Mitteilung an den Redaktionsstab liegenlassen. Es handelte sich um einen Plan, mich als Herausgeber und Redakteur abzusägen, die redaktionelle und finanzielle Kontrolle des *Student* zu übernehmen und ihn in eine Kooperative umzuwandeln. Ich wäre einfach nur ein Mitglied des Teams, und alle würden gemeinsam die redaktionelle

Ausrichtung der Zeitung bestimmen. Ich war schockiert. Mein engster Freund Nik war offenbar zu einem Verräter geworden. Schließlich war *Student* meine und Jonnys Idee gewesen. Wir hatten die Sache in Stowe angefangen und allen Widrigkeiten zum Trotz das Magazin veröffentlicht. Ich wußte, welche Richtung ich mit dem *Student* verfolgte, und war der Meinung gewesen, daß alle Mitarbeiter mit mir konform gingen. Wir erhielten alle das gleiche Gehalt, aber letztendlich war ich der Chefredakteur und Herausgeber und traf daher auch die wichtigen Entscheidungen. Ich sah mich im Redaktionsbüro um. Alle waren in ihre Arbeit vertieft. Wer war wohl an diesem Komplott beteiligt? Ich steckte die Mitteilung in die Tasche. Als Nik zurückkam, stand ich auf.

»Nik«, sagte ich, »könnte ich dich bitte draußen kurz sprechen?«

Ich beschloß, ihn zu bluffen. Wenn Nik sich bereits der Unterstützung unserer zehn anderen Mitarbeiter versichert hatte, konnte ich ihn nur schwer stoppen. Wenn sie sich aber noch nicht entschlossen hatten, könnte ich einen Keil zwischen Nik und die anderen treiben und ihn ins Abseits drängen. Ich durfte nicht an unsere Freundschaft denken und mußte mich dieser Herausforderung stellen.

»Nik«, sagte ich, als wir die Straße entlanggingen, »ein paar Leute sind zu mir gekommen und haben gesagt, daß sie mit deinem Plan nicht einverstanden sind. Die Idee behagt ihnen nicht, aber sie haben Angst, dir das ins Gesicht zu sagen.«

Nik sah mich entsetzt an.

»Ich halte es für keine gute Idee, daß du hierbleibst«, fuhr ich fort. »Du versuchst, meine Position und den *Student* insgesamt zu untergraben. Ich möchte, daß wir Freunde bleiben, aber ich glaube nicht, daß du weiter hier arbeiten solltest.«

Bis heute weiß ich nicht, wie ich diese Worte sagen konnte, ohne daß ich rot wurde oder meine Stimme brach. Nik starrte auf seine Füße.

»Es tut mir leid, Ricky«, sagte er. »Ich dachte nur, das wäre eine bessere Organisationsform für uns ...« Er verstummte.

»Mir tut es auch leid, Nik.« Ich verschränkte die Arme und blickte ihm direkt ins Gesicht. »Wir können uns ja in Shamley Green sehen, aber der *Student* ist mein Leben.«

Nik verließ die Redaktion noch am gleichen Tag. Ich sagte allen, daß Nik und ich uns nicht über die Führung von *Student* einig gewesen seien und es ihnen freistünde, zu gehen oder zu bleiben. Sie entschieden sich alle fürs Bleiben, und das Leben in der Krypta ging weiter ohne Nik. Es war die erste wirkliche Unstimmigkeit in meinem Leben. Obwohl es mir sehr weh tat, mußte ich mich mit dieser Sache auseinandersetzen. Ich versuche, Konflikte mit Menschen, mit denen ich zusammenarbeite, möglichst zu vermeiden. Später habe ich immer versucht, solchen Szenen aus dem Weg zu gehen, indem ich andere bat, die schlechten Nachrichten zu überbringen. Das ist gewiß eine Schwäche, aber ich kann einfach nicht mit einer solchen Situation umgehen. Nik war mein bester Freund, und ich hoffte von ganzem Herzen, daß er dies auch bleiben würde. Bei meinem nächsten Besuch in Shamley Green schneite ich bei ihm herein, als er gerade einen der Puddings seiner Mutter aß. Wir verspeisten ihn gemeinsam bis auf den letzten Krümel. Abgesehen von unserer Freundschaft hatte Nik auch bei der Organisation des *Student* vertriebliches Geschick bewiesen. Ich vermißte ihn sehr. Bevor Nik zu uns kam, verlief der Vertrieb recht ungeordnet: Zeitungsstapel wurden an Freiwillige in Schulen und Universitäten verschickt. Über ein Jahr lang führten wir den *Student* ohne Nik weiter. Wir brachten vier weitere Ausgaben heraus. Als Nik mir erzählte, daß er sich als Kandidat für die Studentenvertretung der Sussex University hatte aufstellen lassen, nutzte ich den Einfluß des *Student* in der Druckerei, um einige billige Wahlkampfplakate drucken zu lassen. Nik gewann die Wahl, wurde aber später disqualifiziert, weil er bei seinem Wahlkampf auf externe Hilfe zurückgegriffen hatte.

Eines hatten alle, die zu uns kamen, um zu reden oder für uns zu arbeiten, gemeinsam: Sie verbrachten relativ viel Zeit damit, Musik zu hören, und gaben vergleichsweise viel Geld für Platten aus. Bei uns lief der Plattenspieler nonstop, und alle kauften sich unmittelbar nach der Veröffentlichung die neuesten Alben der Rolling Stones, von Bob Dylan oder Jefferson Airplane. Musik löste große Begeisterung aus: Sie war politisch, anarchisch und symbolisierte den Traum der Jugend, die Welt zu verändern. Mir fiel auch auf, daß Leute, die niemals 40 Schilling für eine Mahlzeit ausgegeben hätten, ohne zu zögern die gleiche Summe für ein neues Bob-Dylan-Album hinblätterten. Je unbekannter die Alben waren, desto mehr kosteten sie und desto beliebter waren sie. Bis dahin hatte ich nur Geld verdienen wollen, um den weiteren Erfolg des *Student* zu sichern und das Student Advisory Centre zu finanzieren. Die Musikbranche schien mir jedoch sehr gute Geschäftschancen zu bieten. Als ich hörte, daß trotz der Abschaffung der Preisbindung im Einzelhandel kein Laden einen Rabatt auf Schallplatten gewährte, begann ich über die Idee eines Plattenvertriebs nachzudenken. Die Zahl der Mitarbeiter beim *Student* war auf ungefähr 20 gewachsen. Wir lebten alle nach wie vor in der Albion Street Nr. 44 und arbeiteten zusammen in der Krypta. Angesichts der hohen Schallplattenpreise und der Leser, die den *Student* kauften, dachte ich, wir könnten vielleicht in der Zeitschrift Anzeigen schalten und einen Versandhandel für Billigplatten organisieren. Schließlich erschien die erste Anzeige für unseren Plattenversand in der letzten Ausgabe des *Student*. Ohne Nik als Vertriebsleiter kamen wir auf keinen grünen Zweig mehr, aber das Angebot billiger Schallplatten führte zu einer Fülle von Anfragen und brachte mehr Geld in unsere Kassen, als wir je zuvor gesehen hatten.

Wir beschlossen, uns für den Versandhandel einen neuen Namen auszudenken: etwas Auffälliges, das ganz für sich stand und nicht nur Studenten anzog. Wir saßen in der Gruft und suchten nach einer guten Bezeichnung.

»Slipped Disc« war einer der beliebtesten Vorschläge. Wir probierten verschiedene Varianten aus, bis sich plötzlich eines der Mädchen vorbeugte.

»Ich hab's«, rief sie. »Wie wär's mit ›Virgin‹? Wir sind doch zu diesem Geschäft gekommen wie die Jungfrau zum Kinde.«

»Und hier gibt's nicht mehr viele Jungfrauen«, lachte ein anderes weibliches Redaktionsmitglied. »Es wäre doch schön, eine zu haben, die es wenigstens dem Namen nach noch ist.«

»Phantastisch«, entschied ich auf der Stelle. »Virgin ist ein guter Name.«

4
ICH BIN BEREIT, ALLES GENAU EINMAL AUSZUPROBIEREN

1970 bis 1971

So kamen wir zu dem Namen Virgin. Wenn man bedenkt, wie wir ihn seither eingesetzt haben, war es rückblickend gewiß die richtige Entscheidung. Ich weiß nicht, ob Slipped Disk Airways, Slipped Disk Brides oder Slipped Disk Condoms die gleiche Anziehungskraft besessen hätten. Unsere kleine Probe der Marktforschung erwies sich als korrekt: Studenten gaben ziemlich viel Geld für Schallplatten aus, und sie legten nicht gerne 39 Schilling bei WH Smith hin, wenn sie die gleichen Platten bei Virgin für 35 Schilling kaufen konnten. Wir verteilten Flugblätter zu unserem Versandhandel entlang der Oxford Street und vor den Konzertkassen. Statt eines Bündels Briefe erhielten wir jetzt täglich sackweise Post. Ein besonderer Vorteil des Versandhandels war für uns, daß die Kunden im voraus bezahlten: Dadurch erhielten wir das Kapital für den Kauf der Schallplatten. Auf unserem Bankkonto bei Coutts begann sich ein hoher Barsaldo anzusammeln.

Als Virgin Mail Order größer wurde, versuchte ich, *Student* an einen Zeitschriftenverlag zu verkaufen. Der einzige Interessent war IPC Magazines. Wir führten lange Verhandlungen, die in einer Sitzung gipfelten, in der sie mich baten, als Chefredakteur an Bord zu bleiben. Ich willigte ein, beging dann aber den Fehler, ihnen all meine Zukunftspläne offenzulegen. Phantasien über die Zukunft zu spinnen ist eines meiner größten Hobbys, und bei einer dieser Sitzungen erzählte ich, daß ich alle möglichen anderen Pläne für den *Student* hegte: Meiner Meinung nach machten die Banken Studenten das Leben unnötig schwer. Daher wollte ich eine günstige Studentenbank gründen. Man könnte auch eine Kette phantastischer Nightclubs und Hotels aufbauen, die von Studenten frequentiert wurden. Vielleicht könnte man ihnen sogar gute Reiseangebote unterbreiten, wie Studentenzüge oder vielleicht sogar eine Fluggesellschaft für Studenten. Als ich mich langsam warmgeredet hatte, sah ich plötzlich die befremdeten Blicke meiner Gesprächspartner. Sie hielten mich für verrückt. Einen solchen Wahnsinnigen wollten sie nicht als Chefredakteur des *Student* haben. Letzten Endes entschieden sie sich sogar ganz gegen den Kauf der Zeitschrift. *Student* starb einen stillen Tod, und meine Pläne blieben vorerst Zukunftsmusik. Wir verlagerten unsere Aufmerksamkeit auf Virgin Mail Order. Ein Blick auf die Flut der Bestellungen und die Notwendigkeit, Bezugsquellen und Versandkanäle für die Platten zu organisieren, machte mir klar, daß ich Hilfe benötigte. Obwohl das Leben in Albion Street viel Spaß machte, wurde mir immer deutlicher, daß ich der einzige war, der sich den Kopf darüber zerbrechen mußte, wie wir allen ihre Löhne zahlen konnten. Auch wenn es sich hier nicht um große Beträge handelte, fiel es uns bereits schwer, überhaupt kostendeckend zu arbeiten. Ich konnte mich nur an eine Person wenden: Nik. Ich wollte wieder mit meinem ältesten Freund zusammenarbeiten. Ich beschloß, Niks Versuch der »Amtsenthebung« zu vergessen, und bot ihm 40 Prozent an der neugegründeten Virgin Mail Order Records Company an, wenn er mit mir zusammenarbeiten wollte. Er willigte auf der Stelle ein. Über die Aufteilung von 60 zu 40 gab es keine Diskussion. Vermutlich waren wir beide der Ansicht, daß dies unserem jeweiligen Engagement für das Unternehmen entsprach.

Obwohl Nik kein gelernter Buchhalter war, verstand er es, jeden einzelnen Pfennig zweimal umzudrehen. Er ging auch mit gutem Beispiel voran: Er selbst gab nie Geld aus. Warum sollten es dann die anderen tun? Er wusch seine Kleidung nie. Warum sollte irgend jemand anderer dies tun? Er geizte und knauserte mit jedem Pfennig. Er knipste stets das Licht aus, wenn er einen Raum verließ, führte nur extrem kurze Telefongespräche und war äußerst geschickt bei der Verwaltung unserer Rechnungen.

»Es ist in Ordnung, wenn man Rechnungen spät zahlt«, meinte er, »solange man sie nur regelmäßig zahlt.«

Also zahlten wir unsere Rechnungen immer prompt, nur eben in allerletzter Minute. Außer Nik und mir selbst gab es in der Krypta keine festen Mitarbeiter. Eine wechselnde Truppe von Aushilfen unterstützte uns für 20 Pfund die Woche, bevor sie sich anderen Aufgaben zuwandten. Das ganze Jahr 1970 hindurch florierte Virgin Mail Order Records. Im Januar 1971 führte uns dann ein Ereignis, auf das wir keinerlei Einfluß hatten, an den Rand des Ruins: ein Poststreik. Angeführt vom Generalsekretär der britischen Postgewerkschaft, Tom Jackson, traten die Postboten in den Ausstand, und die Postämter ließen die Briefkästen zukleben. Unser Versandhandel bewegte sich geradewegs auf den Konkurs zu: Die Kunden konnten uns keine Schecks mehr schicken; wir konnten keine Platten mehr versenden. Wir mußten einen Ausweg finden.

Nik und ich kamen zu dem Schluß, daß wir einen Laden eröffnen mußten, wenn wir weiter Platten verkaufen wollten. Unser Geld reichte nur noch für eine Woche. Damals wußten wir nichts vom Einzelhandel. Wir wußten nur, daß wir irgendwie Schallplatten verkaufen mußten, wenn unsere Firma nicht bankrott gehen sollte. Wir begannen mit der Suche nach einem geeigneten Standort. 1971 wurde der Musikeinzelhandel von WH Smith und John Menzies beherrscht – beides langweilige, konventionelle Ketten. Die Plattenabteilung befand sich in der Regel im Untergeschoß, wo Mitarbeiter in tristen braunen oder blauen Uniformen bedienten, die sich offenbar überhaupt nicht für Musik interessierten. Die Kunden suchten ihre Platten selbst in den Regalen, zahlten und verließen den Laden nach nicht einmal zehn Minuten wieder. Die Läden waren ungemütlich; entgegenkommender Service war praktisch ein Fremdwort; die Preise waren hoch. Obwohl die Rockmusik sehr aufregend war, spiegelten die Plattenläden weder diese Spannung noch einen Funken Interesse wider. Wenn man das neue Doors-Album kaufte, tippten die faden Mitarbeiter nur völlig emotionslos den entsprechenden Betrag in die Kasse, als sei das nichts anderes als eine LP von Mantovani oder Perry Como. Für sie war das alles Jacke wie Hose. Auch die Sonderbestellung einer Aufnahme von Van Der Graaf Generator oder der Incredible String Band, die in der gleichen Woche vom *Melody Maker* besprochen wurde, versetzte sie nicht in Begeisterung. Keiner unserer Freunde fühlte sich in diesen Plattenläden wohl: Es waren funktionelle Orte, zu denen sie gehen mußten, um ihre Lieblingsplatten zu kaufen. Daher rührte auch die Popularität eines billigen Plattenversands.

Wir wollten im Plattengeschäft von Virgin Records das vom *Student* begonnene Konzept weiterentwickeln: Es sollte ein Ort sein, an dem sich Leute treffen und gemeinsam Platten anhören konnten, wo sie nicht einfach nur hereinstürmten, eine Platte kauften und wieder gingen. Sie sollten gerne länger bleiben, mit den Verkäufern plaudern und über die Platten, die sie kaufen wollten, wirklich informiert werden. Die Leute nehmen Musik weitaus ernster als viele andere Dinge im Leben, denn sie definieren sich über sie – wie über Autos, Filme und Kleidung. Teenager verbringen einen Großteil ihrer Zeit damit, Musik zu hören, über ihre Lieblingsbands zu sprechen und Platten auszuwählen. Virgins erster Laden mußte all diese Aspekte der Musik als Bestandteil des Lebens verkörpern. Bei unseren Überlegungen, wie wir dieses Ziel erreichen könnten, fanden wir das Zukunftskonzept für Virgin. Wir wollten Virgin Records zu einem angenehmen Platz für Plattenkäufer machen, denen bisher nur die kalte Schulter gezeigt worden war. Wir wollten eine Beziehung zu unseren Kunden aufbauen, sie nicht herablassend behandeln und zugleich unsere Platten billiger als die Konkurrenz anbieten. Das waren ehrgeizige Ziele, aber wir hofften, daß die zusätzlichen Investitionen in die richtige Atmosphäre und die Gewinne, die wir uns durch niedrigere Preise entgehen ließen, durch höhere Absatzmengen ohne weiteres ausgeglichen würden. Nik und ich zählten einen Vormittag lang, wie viele Menschen die Oxford Street entlanggingen, und wiederholten das gleiche Experiment auf der Kensington High Street. Schließlich wählten wir das billigere Ende der Oxford Street als besten Standort aus. Wir wußten, daß wir uns nicht darauf verlassen konnten, daß die Plattenkäufer Virgin Records kannten und extra zu unserem Laden kommen würden. Daher mußten wir Passanten anlocken, die spontan in den Laden kommen würden. Dort, wo wir die meisten Passanten gezählt hatten, suchten wir nach einem leeren Laden. Wir entdeckten ein Schuhgeschäft mit einer Treppe, die zu einem offenbar leerstehenden ersten Stock führte. Wir gingen hinauf, um uns dort oben umzusehen.

»Was tun Sie da?« rief uns eine Stimme zu.
»Wir möchten einen Laden einrichten«, gaben wir zurück.
»Was für einen Laden?«
Nik und ich stiegen die Treppe wieder hinunter. Der Besitzer des Schuhgeschäfts versperrte uns den Weg.
»Einen Schallplattenladen«, sagten wir.
Der Ladenbesitzer war ein großer, breitschultriger Grieche namens Alachouzos.
»Ihr werdet niemals die Miete zahlen«, warf er uns vor.
»Da haben Sie recht«, erwiderte ich. »Wir können uns keine Miete leisten. Aber wir werden viele Leute anlocken, die alle an Ihrem Fenster vorbeigehen und Schuhe kaufen werden.«
»Was für Schuhe?« Alachouzos Augen verengten sich zu Schlitzen.
»Jesuslatschen sind out«, sagte Nik. »Führen Sie Stiefel von Doc Martens?«
Wir kamen überein, daß wir in seinem Obergeschoß mietfrei einen Plattenladen einrichten könnten, bis sich ein anderer Interessent für diese Räumlichkeiten fand. Schließlich standen sie ja ohnehin leer. Nach fünf Tagen hatten wir Regale gebaut, Kissen auf den Boden getürmt, alte Sofas hinaufgeschleppt und eine Kasse aufgestellt. Der erste Plattenladen von Virgin Records konnte seine Pforten öffnen. Am Tag vor der Eröffnung verteilten wir auf der Oxford Street Hunderte von Flugblättern, in denen wir Schallplatten zu Discountpreisen anboten. Am ersten Tag, einem Montag, bildete sich vor dem Laden eine fast 100 Meter lange Schlage. Ich stand an der Kasse, als die Kunden in den Laden drängten. Der erste Kunde kaufte eine Platte von Tangerine Dream, einer deutschen Band, die schon in unserem Versandhandel sehr gefragt gewesen war.
»Der Typ da unten ist ein komischer Kauz«, sagte er. »Er hat die ganze Zeit versucht, mir ein Paar Doc Martens anzudrehen, als ich in der Schlange wartete.«
Am Abend brachte ich die Einnahmen auf die Bank. Alachouzos stand vor seinem Schuhgeschäft.
»Wie gehen die Geschäfte?« fragte ich, um von dem schweren Geldsack in meiner Hand abzulenken.

Er sah mich an, drehte sich dann zu seinem Schaufenster um, in dem sich unverkaufte Doc Martens stapelten.

»Bestens«, sagte er mit fester Stimme. »Ich kann nicht klagen.«

1971 leitete Nik den Plattenladen in der Oxford Street, Debbie kümmerte sich von Piccadilly aus um das Student Advisory Centre, und ich suchte allgemein nach Expansionsmöglichkeiten. Wir gingen langsam von *Student*-Ideen zu Virgin über. Irgendwann wurde aus dem Student Advisory Centre eine neue gemeinnützige Organisation namens HELP!, die noch heute existiert. Ich wußte sehr wenig über die Musikbranche. Die Erfahrungen mit unserem Plattengeschäft deuteten jedoch darauf hin, daß es sich um einen wunderbar informellen Industriezweig ohne strenge Regeln handelte. Das Wachstumspotential war unbegrenzt: Eine neue Band kann plötzlich das Land erobern und einen Megahit landen, wie die plötzlichen Begeisterungswellen für die Bay City Rollers, Culture Club und die Spice Girls zeigen. Die Musikindustrie ist gekennzeichnet von einer seltsamen Mischung aus materiellen und immateriellen Vermögenswerten: Popbands selbst sind Markennamen, und in einer bestimmten Phase ihrer Karriere läßt praktisch schon allein der Name einer Band ihre Platten an die Spitze der Charts schnellen. Aber es ist zugleich auch eine Branche, in der die wenigen erfolgreichen Bands unvorstellbar reich sind, aber die Masse der Musiker unbekannt und arm bleiben. Die Rockindustrie ist ein Paradebeispiel für Kapitalismus in seiner grausamsten Form. Als Platteneinzelhandelsunternehmen war Virgin gegenüber dem Erfolg oder Mißerfolg einzelner Bands immun, solange es Gruppen gab, deren Platten die Leute kaufen wollten. Aber wir lebten lediglich von unserer mageren Einzelhandelsspanne, und ich erkannte, daß die wirklich großen Gewinne in der Musikindustrie von den Plattenfirmen gemacht wurden. Zunächst konzentrierten Nik und ich uns aber auf das Image unseres Ladens. Wir experimentierten herum, wie wir ein möglichst angenehmes Ambiente für unsere Kunden schaffen könnten. Wir boten ihnen Kopfhörer, Sofas und Sitzsäcke, Gratisexemplare des *New Musical Express* und des *Melody Maker* und kostenlosen Kaffee. Wir ließen sie so lange bleiben, wie sie wollten, damit sie sich bei uns wie zu Hause fühlten. Durch Mundpropaganda wurden wir immer bekannter. Bald schon kamen die Plattenliebhaber eher zu uns als zu den großen Ketten. Sie schienen zu glauben, daß das gleiche Album von Thin Lizzy oder Bob Dylan wertvoller sei, wenn sie es bei uns anstatt bei Boots erstanden hatten. Wenn ich Passanten mit Virgin-Tüten die Oxford Street entlanggehen sah, war ich sehr stolz. Unsere Mitarbeiter berichteten, daß die gleichen Kunden alle paar Wochen wiederkämen. Dank des treuen Kundenstamms wuchs unser Ruf. Am anderen Ende des Spektrums der Schallplattenindustrie – in den Aufnahmestudios – galten dem Verlauten nach sehr strenge Regeln. Die Bands mußten zu einem festgesetzten Zeitpunkt erscheinen, ihre gesamte Ausrüstung mitbringen und aufstellen und genau nach Zeitplan inklusive aller Gerätschaften verschwinden. Da die Studios gnadenlos überbucht waren, mußten die Bands ihre Aufnahmen oft direkt nach dem Frühstück machen. Der Gedanke, daß die Rolling Stones »Brown Sugar« gleich nach dem Verzehr ihrer Cornflakes aufnehmen mußten, erschien mir lachhaft. Ich dachte, das beste Umfeld für Schallplattenaufnahmen sei wohl ein bequemes geräumiges Haus auf dem Lande, wo sich die Bands mehrere Wochen lang aufhalten und Aufnahmen machen konnten, wenn die Musiker Lust dazu hatten – wahrscheinlich am Abend. 1971 begann ich also ein solches Landhaus zu suchen, das ich in ein Aufnahmestudio umbauen konnte. In einer Ausgabe der Zeitschrift *Country Life* entdeckte ich ein Märchenschloß in Wales, das für lächerliche 2000 Pfund zum Verkauf angeboten wurde. Ich besichtigte es mit Tom Newman, einem der frühen Rekruten der Virgin Mail Order Company. Als Sänger hatte er bereits einige Platten veröffentlicht, war aber mehr am Aufbau eines Aufnahmestudios interessiert. Leider war in der Anzeige aus unerfindlichen Gründen nicht erwähnt worden, daß sich unser Märchenschloß mitten in einer Wohnsiedlung befand. Müde und enttäuscht brachen Tom und ich zur vierstündigen Rückfahrt nach London auf. Als ich auf dem Heimweg *Country Life* durchblätterte, sah ich eine andere Anzeige für ein altes Landgut in Shipton-on-Cherwell, etwa fünf Meilen nördlich von Oxford. Wir verließen die Hauptstraße, folgten den Wegweisern nach Shipton-on-Cherwell, fuhren durchs Dorf und bogen in die

Sackgasse ein, die zu diesem Gut führte. Da das Tor verschlossen war, kletterten wir über die Mauer und fanden uns im Garten eines bezaubernden Herrenhauses aus dem 17. Jahrhundert wieder. Gelbe Cotswold-Steine leuchteten in der Abendsonne. Wir gingen um das Haus herum und waren uns einig: Es war perfekt. Ein Anruf beim Immobilienmakler am nächsten Morgen ergab, daß dieses Herrenhaus schon lange auf dem Markt war. Mit über 15 Schlafzimmern war es zu groß für eine Familie, aber zu klein für ein Hotel. Der Verkäufer verlangte 35 000 Pfund, war aber mit 30 000 bei einem schnellen Abschluß einverstanden. Ich ging zu Coutts, diesmal im Anzug und mit schwarzen Schuhen, und bat um einen Kredit. Ich legte die Umsätze von Virgin Mail Order und vom Virgin-Laden in der Oxford Street vor. Ich weiß nicht, wie sehr das die Banker beeindruckte, doch boten sie mir eine Hypothek von 20 000 Pfund an. Einige Jahre später erzählten mir Mitarbeiter von Coutts, daß jedesmal, wenn ich bei einem Besuch in ihrem Hause auch nur im Entferntesten konventionelle Kleidung trug, sie genau wußten, daß ich mich in Schwierigkeiten befand. Der Kredit von Coutts war ein Durchbruch für mich: Zum ersten Mal hatte mir eine Bank eine größere Summe geliehen. Ich konnte das Herrenhaus fast kaufen. Ich selbst hatte zwar kein Geld, doch hatten meine Eltern für mich, Lindi und Vanessa jeweils 2 500 Dollar gespart, die wir zu unserem 30. Geburtstag erhalten sollten. Ich bat sie um einen Vorschuß für den Kauf des Hauses. Sie willigten beide ein, obwohl die Gefahr bestand, daß die Bank das Haus im Falle eines Konkurses zu einem Schleuderpreis versteigern würde. Dann wäre das Geld verloren. Mir fehlten aber immer noch 7 500 Pfund. Mein Vater riet mir bei einem Mittagessen an einem Sonntag in Shamley Green, mich an Tante Joyce zu wenden. Sie hatte keine eigenen Kinder und liebte uns sehr. Ihr Verlobter war im Krieg gefallen, und sie hatte sich danach nie wieder verliebt. Noch am gleichen Nachmittag fuhr ich zu ihr nach Hampshire. Wie immer war sie sehr offen und großzügig. Sie hatte schon alles in die Wege geleitet.

»Ricky, ich hab' von diesem Herrenhaus gehört«, sagte sie. »Und ich nehme an, daß Coutts dir etwas Geld geliehen hat.«

»Ja.«

»Aber es reicht nicht ganz.«

»Nein.«

»Gut, dann leih' ich dir den Rest. Ich will den gleichen Zinssatz wie Coutts«, sagte sie, »aber du kannst mit der Zahlung warten, bis du genug Geld hast.«

Ich wußte, daß Tante Joyce sehr großzügig war und sich wohl schon darauf eingestellt hatte, daß sie ihr Darlehen nie mehr wiedersehen würde. Allerdings wußte ich nicht, daß sie eine neue Hypothek auf ihr Haus aufgenommen hatte, um mir die 7 500 Pfund leihen zu können, und darauf selbst Zinsen zahlen mußte. Meinen Dank wollte sie nicht hören.

»Weißt du«, sagte sie, »ich würde dir das Geld nicht leihen, wenn ich es nicht wollte. Wofür ist Geld schließlich da? Um etwas zu erreichen. Und ich bin sicher, du wirst mit diesem Aufnahmestudio etwas erreichen, so wie damals, als du schwimmen gelernt und die 10 Schilling gewonnen hast.«

Ich schwor mir feierlich, daß ich ihr das Geld nebst Zinsen zurückzahlen würde, komme, was da wolle. Ich hatte bislang nur telefonisch mit dem Immobilienmakler verhandelt. Nach der Überweisung des Geldes ging ich in sein Büro, um den Schlüssel abzuholen.

»Was kann ich für Sie tun?« fragte er und wunderte sich offensichtlich, was so ein abgerissener Typ wie ich in seinem schicken Büro verloren hatte.

»Ich möchte den Schlüssel für das Herrenhaus holen«, sagte ich. »Ich bin Richard Branson.«

Er sah mich erstaunt an.

»Sehr wohl, Herr Branson.« Er holte einen großen eisernen Schlüssel heraus. »Hier ist er. Der Schlüssel zum Herrenhaus. Wenn Sie bitte hier unterschreiben würden.«

Ich setzte einen eleganten Schnörkel auf sein Papier und fuhr mit dem Schlüssel davon, um das Herrenhaus in Besitz zu nehmen. Tom Newman und sein Freund Phil Newell begannen sofort mit dem Umbau des Seitengebäudes in ein Aufnahmestudio. Tom wollte eine hochmoderne 16-Spur-Ampex-Aufnahmeanlage einbauen. Auch alles andere sollte vom Feinsten sein: ein 20-Kanal-Mischpult, quadrophone Überwachung, Phasen- und Echogeräte und ein Flügel. Wir beide wollten sicherstellen, daß alles ebenso gut war wie in den besten Londoner Studios. Auch das Herrenhaus nahm allmählich Gestalt an. Am Wochenende kampierten Nik und ich dort auf dem Fußboden, schlugen die Trennwände über den Kaminen ab, entfernten das Linoleum, um die ursprünglichen Steinböden freizulegen, und strichen die Wände. Lindi und die meisten Mitarbeiter von Virgin Records halfen uns dabei. Eines Tages tauchte Mum mit einer Standuhr auf, die sie gerade bei Phillips erstanden hatte.

»Die werdet ihr brauchen«, sagte sie.

Wir stellten sie in den Gang und bewahrten unser Geld im Uhrenkasten auf. Heute steht die gleiche Uhr im Warteraum der Virgin Upper Class im Flughafen Heathrow – natürlich ohne Geld.

Als der Mietvertrag in der Albion Street auslief, wohnte ich eine Zeitlang bei Freunden in Notting Hill. Wir arbeiteten weiter in der Krypta. Bald wurde es uns dort aber zu eng, und wir fanden ein altes Lagerhaus in der South Wharf Road ganz in der Nähe der Paddington Station, das zum Stützpunkt von Virgin Mail Order wurde. Eines Tages fuhr ich unter dem Westway nach Maida Vale. Beim Überqueren einer Brücke sah ich eine Reihe von Hausbooten, die entlang des Kanals vertäut waren. Mit dem Wasser, den Bäumen, den leuchtend rot und blau bemalten Hausbooten mit den bunten Blumentöpfen auf dem Dach und den Enten und Schwänen, die dazwischen ihre Kreise zogen, hatte ich plötzlich das Gefühl, mitten auf dem Land zu sein. Da ich auf dem Land aufgewachsen war, gefiel mir London im Grunde nicht so recht. Oft hatte ich das Gefühl, daß ich niemals die Sonne sah oder frische Luft atmete. Seit unserer Sommerferien in Salcombe liebte ich das Wasser und den Geruch von Öl, Teer und Seilen, der alte Boote umgab. Ich fuhr zum Rathaus des Bezirks. Man verwies mich an die Wasserbehörde, die Hausboote verteilte. Die Warteliste sei lang, warnte man mich. Wenn ich mich jetzt bewerben würde, bekäme ich in etwa fünf Jahren vielleicht ein Boot. Ich machte mir gar nicht die Mühe, mich zu bewerben, sondern fuhr zurück nach Little Venice, wo ich Informationen zu finden hoffte, wie ich ein Hausboot mieten könnte. Ich war sicher, daß man das

System irgendwie umgehen könnte. Bei der Fahrt auf der Blomfield Road neben dem Kanal hatte ich eine Autopanne. Das war nichts Ungewöhnliches. Ich stieg aus und starrte verzweifelt auf die Motorhaube.

»Kann ich Ihnen helfen?« rief mir eine Stimme mit irischem Akzent zu. Ich drehte mich um und sah auf einem der Hausboote einen alten Mann, der sich gerade am Kaminrohr zu schaffen machte.

»Das wird schon wieder.« Ich wandte mich zu ihm um. »Vielleicht könnten Sie mir aber auf andere Weise helfen. Wie komme ich an ein Hausboot?«

Brendan Fowley richtete sich auf.

»Na sieh einer an«, sagte er. »Das is' ja 'n Ding.«

Er zündete sich eine Pfeife an. Offenbar war er hocherfreut, eine Entschuldigung für eine kleine Arbeitspause zu haben.

»Sie sollten zu dem Boot da drüben gehen«, sagte er. »Ich hab's gerade an jemand verkauft, und eine junge Dame ist dort eingezogen. Da sind aber zwei Schlafzimmer, und ich könnt' mir vorstellen, daß sie vielleicht an einem Untermieter interessiert ist. Sie müssen durch das kleine Holztor den Treidelpfad entlanggehen. Es ist das letzte Boot vor der Brücke. Die *Alberta*.«

Ich ging die Straße entlang durch das schiefe Holztor auf dem schmalen Treidelpfad zum letzten Boot. Durch ein rundes Bullauge sah ich ein blondes Mädchen in der Küche stehen.

»Hallo!« sagte ich. »Du mußt Alberta sein.«

»Red' keinen Blödsinn«, erwiderte sie und drehte sich zu mir um. »So heißt das Schiff. Mich nennen sie Mundy.«

»Darf ich reinkommen?« fragte ich. »Mein Wagen hatte gerade eine Panne, und ich suche eine Bleibe.«

Mundy sah phantastisch aus. Noch dazu hatte sie gerade ihr Bett an Bord aufgestellt. Wir setzten uns, aßen zu Mittag – und bevor wir uns versahen, lagen wir auf dem Bett und liebten uns. Sie hieß Mundy Ellis, und ich blieb die ganze Nacht bei ihr. Am nächsten Morgen brachte ich meinen Koffer an Bord. Sie hatte einen Labrador namens Friday. Unsere Beziehung auf der *Alberta* war sehr romantisch: In den Sommernächten aßen wir auf dem Dach des Hausboots und beobachteten die Enten und andere Boote, die den Kanal entlangfuhren. Mundy und ich lebten fast ein Jahr zusammen. Sie half im Student Advisory Centre und später im Herrenhaus aus. Zu jener Zeit nahmen praktisch alle Drogen, und bald hatte Mundy ein paar LSD-Trips mit Tom Newman im Manor Studio erlebt. Sie brachte etwas LSD heim nach London, damit ich es ausprobieren konnte. Mit zwei weiteren Freunden, Rob und Caroline Gold, wollten wir eines Abends auf der *Alberta* einen Trip einwerfen. Rob wollte nichts nehmen für den Fall, daß etwas schiefging. Ich lebte nach der gefährlichen (und manchmal ziemlich dummen) Maxime, daß man alles einmal probiert haben sollte. Also nahm ich das kleine Papierbriefchen. Nach einer Weile arbeitete mein Gehirn auf Hochtouren. Zunächst war alles in Ordnung. Wir hörten Musik und gingen nach draußen, um den Sternenhimmel zu bewundern. Als wir aber wieder unter Deck kamen, war etwas nicht in Ordnung: Mein Sehvermögen glitt ab, und Mundy schrumpfte für mich plötzlich auf die Größe eines achtjährigen Kindes. Ich sah, wie die anderen lächelten, redeten und lachten. Aber Mundy sah ich nur als verhutzelte Gestalt, ähnlich dem zwergenhaften Mörder im roten Mäntelchen aus *Wenn die Gondeln Trauer tragen*. Ich verliere äußerst ungern die Kontrolle und wußte nicht, was ich tun sollte. Fast alle beim *Student* und später bei Virgin nahmen viele Drogen. Ich hielt mich fast immer zurück. Lieber hab' ich viel Spaß, ohne mir die Sinne zu benebeln. Ich weiß, daß ich jeden Morgen früh aufstehen muß, und daher kann ich es mir nicht leisten, am Vorabend high zu sein. Das völlig ungewohnte LSD ließ mich nicht mehr klar denken. Schließlich ging ich nach draußen, legte mich auf den Boden und starrte in den Himmel hinauf. Mundy folgte mir und zerrte mich ins Bett. Wir liebten uns, und ich kniff meine Augen dabei fest zusammen. Ich hatte Angst vor dem, was ich sehen würde, wenn ich sie öffnete.

Als die Wirkung des LSD-Trips nachließ, erkannte ich, daß auch meine Beziehung zu Mundy vorbei war. Obwohl sie am nächsten Morgen nicht mehr wie ein zwergwüchsiger Mörder aussah, konnte ich sie nie wieder mit den gleichen Augen sehen wie vorher. Kurze Zeit später verließ Mundy die *Alberta* und zog zu Tom Newman ins Manor Studio.

5
EINE HEILSAME LEKTION

1971

Im Frühjahr 1971 gewann Virgin Mail Order viele Neukunden. Trotz dieser Expansion schrieben wir aber keine schwarzen Zahlen. Wir boten hohe Rabatte auf alle Schallplatten; nach der Bezahlung der Telefonrechnung, des Portos, der Gehälter und der Ladenmieten blieb nichts mehr übrig. Manchmal gaben unsere Kunden vor, daß sie ihre Platten nicht erhalten hätten, so daß wir ihnen ein zweites und oft auch ein drittes und viertes Exemplar schicken mußten. Unter dem Strich rutschen wir allmählich in die roten Zahlen. Bald hatten wir unser Konto um 15 000 Pfund überzogen. Im Frühjahr erhielt ich einen Großauftrag aus Belgien. Ich kaufte die Platten bei den entsprechenden Firmen, ohne die in Großbritannien vorgeschriebene Mehrwertsteuer zu bezahlen. Mit einem geliehenen Lieferwagen nahm ich die Fähre von Dover nach Frankreich, um von dort aus nach Belgien weiterzufahren. Einige Papiere wurden in Dover abgestempelt, um zu bestätigen, daß so und so viele Schallplatten exportiert wurden. Bei meiner Ankunft in Calais verlangte der Zöllner jedoch ein »Carnet« als Nachweis, daß ich die Platten nicht unterwegs in Frankreich verkaufen würde. Im Gegensatz zu den Belgiern erhoben sowohl die britischen als auch französischen Behörden Mehrwertsteuer auf Schallplatten, daher waren die Platten in meinem Lieferwagen faktisch Waren unter Zollverschluß. Da ich das gewünschte Dokument nicht bei mir hatte, mußte ich zu meiner Enttäuschung mit der ganzen Ladung nach Dover zurückfahren. Auf der Rückfahrt nach London fiel mir jedoch ein, daß ich jetzt eine Wagenladung angeblich exportierter Schallplatten mitführte. Das konnte ich sogar anhand von Zollmarken beweisen. Daß mich der französische Zoll nicht hatte einreisen lassen, wußte ja niemand. Ich hatte keine Mehrwertsteuer für die Platten bezahlt und konnte sie entweder im Versandhandel oder im Virgin-Laden verkaufen und damit einen um etwa 5 000 Pfund höheren Gewinn erzielen als auf legalem Wege. Noch zwei oder drei solcher Fahrten und wir könnten unsere Schulden zurückbezahlen. Neben dem Überziehungskredit von 15 000 Pfund für Virgin Records hatte ich die Hypothek über 20 000 Pfund für das Manor House in der Nähe von Oxford sowie die Kosten für dessen Umbau in ein Aufnahmestudio. Mein Plan schien die ideale Lösung zu sein. Zugegeben, er war kriminell und machte mich zum Gesetzesbrecher. Aber ich hatte mich bislang immer ungestraft über Regeln hinweggesetzt. Zu jener Zeit hatte ich das Gefühl, daß ich nichts falsch machen könnte und selbst bei kriminellen Machenschaften nicht erwischt würde. Ich war noch nicht einmal 21 Jahre alt, so daß die normalen Alltagsregeln nicht für mich zu gelten schienen. Mein jugendlicher Überschwang wurde noch durch die Tatsache verstärkt, daß ich gerade dabei war, mich Hals über Kopf in eine schöne Amerikanerin namens Kristen Tomassi zu verlieben. Im Herrenhaus, das wir jetzt Manor Studio nannten, suchte ich eines Tages unsere irische Wolfshündin Bootleg, was so viel heißt wie »Schmuggelware«. Ich konnte sie nirgends finden, öffnete die Türen zu allen Schlafzimmern und rief »Bootleg! Bootleg!«. Als ich die Tür zu einem winzigen Schlafzimmer aufriß, stand ich vor einem hübschen, hochgewachsenen Mädchen, das sich gerade umzog. Mit ihrem drolligen, spitzbübischen Gesicht war sie nicht nur um einiges attraktiver als Bootleg, sondern stand da ganz allein und trug nichts als ein Paar alte hauteng Jeans und einen schwarzen BH.

»Du sieht phantastisch aus«, sagte ich. »Ich würde mir an deiner Stelle nichts mehr weiter anziehen.«

»Was schreist du hier so nach Schmuggelware?« fragte sie.

»Bootleg ist meine irische Wolfshündin«, erwiderte ich und fügte dann etwas unnötig hinzu: »Wir haben auch noch Beatrice.«

Leider zog sich Kristen doch noch eine Bluse an, aber ich konnte fast eine Stunde lang mit ihr reden, bevor jemand nach mir rief. Sie verbrachte ihren Sommerurlaub in England und hatte jemanden kennengelernt, der einen Auftrag als Background-Musiker im Manor Studio hatte. Sie hatte sich ihm angeschlossen, um hier ein nettes Wochenende zu verbringen. Wir fuhren in getrennten Autos nach London zurück: Kristen mit ihrem Musikerfreund, ich allein. Als ich auf der Straße hinter den beiden herfuhr, fragte ich mich, ob Kristen und ich uns je wiedersehen würden. Ich folgte ihnen bis nach London und beschloß, Kristen eine Nachricht zu schreiben. Im Fahren kritzelte ich auf ein Papier die Bitte, daß sie mich um sieben Uhr anrufen solle. An einer Ampel in Acton sprang ich aus dem Wagen, lief zu dem ihren hinüber und klopfte an Kristens Fenster. Sie kurbelte es herunter.

»Ich wollte mich nur verabschieden«, sagte ich und küßte sie auf die Wange. »Gute Heimreise in die USA.«

Dabei drückte ich ihr heimlich mein Zettelchen in die linke Hand. Als ihre Finger die meinen umschlossen, ließ ich das Papier los und lächelte zu ihrem Freund hinüber.

»Ich hoffe, die Aufnahme ging gut«, sagte ich zu ihm.

Die Ampel schaltete auf Grün. Die Autos im Stau hinter uns begannen zu hupen. Ich versuchte, einen Blick von Kristen zu erhaschen, aber sie starrte geradeaus. Mein Zettel befand sich in ihrer Hand. Ich stieg in mein Auto und fuhr zurück zur *Alberta*.

Völlig gegen meine Natur saß ich bis sieben Uhr neben dem Telefon, ohne einmal den Hörer in die Hand zu nehmen. Schlag sieben läutete es. Es war Kristen.

»Ich rufe von einer Telefonzelle aus an«, sagte sie. »Ich wollte nicht, daß John unser Gespräch hört.«

»Kannst du dir vor der Telefonzelle ein Taxi besorgen?« fragte ich. »Komm bei mir vorbei. Ich lebe auf einem Hausboot namens *Alberta*. Laß dich zur Blomfield Road in Little Venice fahren. Im Zaun ist eine kleine Holztür, die zum Treidelpfad führt.«

Kristen schwieg eine ganze Weile.

»Das klingt wie *Alice im Wunderland*«, sagte sie schließlich. »Ich bin in zehn Minuten bei dir.«

So begann meine zweite stürmische Romanze auf der *Alberta*.

Am nächsten Morgen sollte meine hoffentlich letzte Reise nach

Dover für einen vorgeblichen Plattenexport stattfinden. Nach bislang drei Fahrten hatte ich einen Gewinn von 12 000 Pfund gemacht. Das Geld aus dieser letzten Reise würde zur Rückzahlung unseres Überziehungskredits genügen. Ich konnte mit diesem Betrug aufhören und mich aufs Geschäft konzentrieren. Ob wir wirklich aufgehört hätten, ist fraglich, denn so leicht verdientes Geld kann süchtig machen. Zumindest hatten wir die Absicht, der Sache ein Ende zu bereiten. An jenem Morgen belud ich den Lieferwagen mit Schallplatten und brach nach Dover auf. Diesmal war ich noch lässiger als sonst und machte mir gar nicht erst die Mühe, auf die Fähre zu fahren, sondern drehte einfach nur eine Runde um das Dock herum und fuhr dann zurück nach London. Ich wollte möglichst schnell zurück zur *Alberta*, um mich zu vergewissern, ob Kristen noch dort war. Es war die letzte Maiwoche. Am Treidelpfad in Little Venice blühten die Apfelbäume. Kristen war verschwunden. In einem Anfall von Panik rief ich bei ihrem Freund an und meldete mich mit amerikanischem Akzent, als er den Hörer abnahm.

»Ich suche Fräulein Kristen Tomassi«, sagte ich. »Hier ist American Airlines.«

»Ich hole sie.«

»Kristen«, zischte ich. »Ich bin's, Richard. Tu so, als würdest du mit einem Mitarbeiter eines Reisebüros sprechen. Ruf mich so bald du kannst zurück. Geh' in eine Telefonzelle.«

»Vielen Dank. Das werde ich machen.« Kristen legte auf.

Fünfzehn Minuten später läutete das Telefon. Es war Kristen.

»Warte einen Augenblick«, sagte ich zu ihr.

»Okay, Eddy«, flüsterte ich und hielt meine Hand über den Hörer. »Es geht los.«

Eddy war der Fahrer, der unsere Plattenlieferungen abholte. Er machte sich auf den Weg zur Wohnung von Kristens Freund.

»Kristen«, sagte ich. »Welche Nummer hat deine Zelle? Das hier wird seine Zeit dauern.«

Ich rief sie zurück, und wir unterhielten uns lange. Ich erzählte ihr alle Geschichten, die mir einfielen. Zwanzig Minuten später kam Eddy zurück. Er hatte Kristens Habseligkeiten in einem Koffer bei sich. Dem Freund hatte er mitgeteilt, daß sie bei mir einzog.

»Kristen«, sagte ich. »Du solltest hier vorbeikommen. Ich muß dir etwas zeigen. Es gehört dir.«

Ich weigerte mich, ihr zu sagen, worum es sich handelte. Ihre Neugier war geweckt. Sie kam zur *Alberta* in der Absicht, sich von mir zu verabschieden und nach Amerika zurückzufahren.

Bei ihrer Ankunft hielt ich ihr den Koffer entgegen. Sie wollte ihn mir entreißen, doch ich öffnete ihn und verstreute ihre Kleider überall im Boot. Dann hob ich sie auf und trug sie ins Schlafzimmer. Während Kristen und ich den Rest des Tages im Bett verbrachten, bereiteten die Zollbeamten eine Razzia bei Virgin vor. Mir war nie der Gedanke gekommen, daß ich nicht der einzige war, der auf diese Steuerhinterziehungsmasche verfallen war. Viele größere Schallplattenläden taten das gleiche, und sie waren weitaus raffinierter als ich. Ich stellte einfach die Platten, die hätten exportiert werden müssen, in den Virgin-Laden an der Oxford Street oder füllte das Lager für das neue Geschäft in Liverpool, das in der nächsten Woche eröffnen sollte. Die großen Ketten verteilten ihre illegal »exportierten« Platten im ganzen Land. Das Telefon klingelte gegen Mitternacht. Der Anrufer wollte seinen Namen nicht nennen, jagte mir jedoch schreckliche Angst ein. Er warnte mich, daß meine vorgeblichen Reisen auf den Kontinent den Behörden aufgefallen seien und eine Razzia kurz bevorstünde. Wenn ich in einer Drogerie eine UV-Lampe kaufte, so teilte er mir mit, und damit die von EMI gekauften Platten anstrahlte, würde ich ein fluoreszierendes »E« auf dem Vinyl aller für Belgien bestimmten Platten erkennen. Die Razzia würde gleich morgen früh stattfinden. Als ich ihm dankte, sagte er, er helfe mir, weil ich einmal eine lange Nacht hindurch mit einem seiner Freunde gesprochen hatte, der Selbstmord begehen wollte und sich hilfesuchend an das Student Advisory Centre gewandt hatte. Vermutlich war der Anrufer ein Zollbeamter. Ich klingelte Nik und Tony aus dem Bett, und wir kauften in einer bis spät in die Nacht offenen Drogerie in Westbourne Grove zwei UV-Lampen. Wir trafen uns an der South Wharf Road und begannen, die Alben aus ihren Hüllen zu zerren. Die grausige Wahrheit ließ sich nicht leugnen: Auf allen von EMI für den Export gekauften Platten leuchtete der Buchstabe »E« auf. Wir trugen die Platten stapelweise vom Lager zum

Lieferwagen. Dann begingen wir einen verhängnisvollen Fehler: Wir nahmen an, daß die Zollbeamten nur das Lager in South Wharf durchsuchen würden. Daher fuhren wir alle Platten in das Geschäft an der Oxford Street und sortierten sie in die Verkaufsregale ein. Wir hatten keine Ahnung, daß die Zollbeamten weitreichendere Durchsuchungsbefugnisse hatten als die Polizei. Ich hatte ein ähnliches Gefühl wie einst bei den Besuchen der Kirchenräte in der Albion Street: Es war ein Spiel, das ich nur schwerlich ernst nehmen konnte. In den frühen Morgenstunden hatten wir alle mit »E« markierten Platten in den Laden an der Oxford Street gebracht und die Lagerbestände mit einigen untadeligen Platten aufgestockt. Kristen und ich brachen früh am nächsten Morgen zu einer Wanderung entlang des Grand Union Canal zur South Wharf Road auf. Ich überlegte, wann die Razzia wohl stattfinden würde? Wir überquerten die Fußgängerbrücke neben dem St. Mary's Hospital und spazierten den Pfad am Kanal entlang. Als wir am Krankenhaus vorbeigingen, hörten wir über uns einen Schrei. Ein Körper fiel aus dem Himmel. Einen Augenblick lang sah ich das graue, unrasierte Gesicht eines alten Mannes, der auf dem Geländer neben uns aufprallte. Es war ein entsetzlicher Anblick. Sein Körper schien zu explodieren; seine Gedärme verteilten sich auf dem Boden und hingen in tropfenden roten und weißen Ringen vom Geländer. Er trug nur einen weißen Bademantel, der sich rasch rot zu färben begann. Kristen und ich waren so erschüttert, daß wir nur stehenbleiben und starren konnten. Sein Hals war vom Körper abgetrennt worden; sein Rücken schien in zwei Teile gebrochen zu sein. Eine Krankenschwester stürzte aus der Seitentür, doch für den Mann kam jede Hilfe zu spät. Eine zweite Gestalt eilte mit einem weißen Tuch herbei und deckte die Leiche und die Körperteile ab. Kristen und ich konnten die Alltagsgeräusche erst allmählich wieder aufnehmen: Verkehrslärm, Hupen und Vogelgesang.

»Sind Sie okay?« fragte uns die Krankenschwester. »Möchten Sie eine Tasse Tee?«

Wir schüttelten benommen den Kopf. Es war eine weitere surreale Wendung zu Beginn unserer Beziehung. Vor zwei Tagen hatten wir uns zum ersten Mal getroffen, und ich hatte ihr heimlich einen

Zettel in die Hand gedrückt. Wir hatten eine phantastische Nacht zusammen auf dem Boot verbracht. Dann war ich nach Dover und zurückgefahren und hatte den Diebstahl ihres Koffers arrangiert. Die ganze Nacht hatte ich Schallplatten hin- und hergeschleppt. Jetzt hatte sich jemand vor unseren Augen umgebracht. Wie ich selbst mußte wohl auch Kristen beschlossen haben, sich nicht in den Arm zu kneifen, um zu sehen, ob sie träumte. Wir lebten von Adrenalin und Verliebtheit.

An der South Wharf Road angekommen, sperrten wir das Lager auf und stiegen die Treppe hinauf. Bevor wir mein Büro erreichten, hörten wir ein Klopfen. Vor der Tür standen sieben oder acht Männer in braunen Regenmänteln.

»Sind Sie Richard Branson?« fragten sie. »Wir sind von der Zollbehörde und haben einen Durchsuchungsbefehl für Ihr Lager.«

Diese Männer unterschieden sich sehr von den langweiligen, kleinen Buchhaltern, die ich erwartet hatte. Sie waren massige, knallharte Kerle und wirkten sehr bedrohlich. Als ich sie im Lager herumführte, wich meine Selbstsicherheit.

»Sie sollten doch gestern nach Belgien fahren«, sagte einer von ihnen. »So schnell können Sie doch nicht wieder hier sein.«

Ich versuchte zu lachen, als ich ihnen zusah, wie sie alle Platten mit UV-Lampen überprüften. Als sie keine markierten Platten fanden, begannen sie die Stirn zu runzeln. Ich freute mich über ihre Verwirrung und versuchte zu verbergen, wie sehr ich hoffte, daß wir heil davonkommen würden. Wir reichten ihnen sogar die Platten zur Prüfung und räumten sie danach wieder in die Regale. Erst als es zu spät war, erfuhr ich, daß sie gleichzeitig unsere Läden in der Oxford Street und Liverpool durchsuchten und Hunderte markierter Platten fanden.

»Okay.« Einer der Beamten legte den Telefonhörer auf. »Sie haben sie gefunden. Sie sind verhaftet. Sie kommen mit nach Dover, um eine Aussage zu machen.«

Ich traute meinen Ohren nicht. Ich hatte immer geglaubt, daß nur Kriminelle verhaftet wurden: Mir war nicht bewußt gewesen, daß ich jetzt auch zu dieser Spezies gehörte. Ich hatte den Zollbehörden Geld gestohlen. Es war kein Spiel, in dem ich den Zöllnern eins auswischen und ungestraft davonkommen konnte: Ich war schuldig. In Dover wurde ich nach dem Zoll- und Verbrauchssteuergesetz von 1952 angeklagt: »Am 28. Mai 1971 veranlaßten Sie einen Beamten an den Eastern Docks in Dover dazu, ein Schiffsmanifest zum Zwecke der Verzollung auszustellen, das in einer wesentlichen Einzelheit unrichtig war: Es gab vor, den Export von 10 000 Grammophonplatten nachzuweisen ...«

Und so weiter, und so fort. Ich verbrachte die Nacht in einer Zelle auf einer nackten, schwarzen Plastikmatratze mit einer alten Decke. Der zweite Teil der Prophezeiung meines Schuldirektors in Stowe hatte sich bewahrheitet: Ich saß im Gefängnis.

Jene Nacht war eine der heilsamsten Lektionen meines Lebens. Als ich in der Zelle an die Decke starrte, hatte ich einen Anfall von Klaustrophobie. Ich konnte es nie leiden, wenn andere mich zur Rechenschaft ziehen wollten oder ich mein Schicksal nicht völlig in der Hand hatte. Mir hatte es immer Spaß gemacht, Regeln zu brechen – ob nun Schulregeln oder Konventionen, wie jene, die besagt, daß ein Siebzehnjähriger keine landesweit erscheinende Zeitschrift herausgeben kann. Als Zwanzigjähriger hatte ich immer nach meinen eigenen Regeln gelebt und war meinem eigenen Instinkt gefolgt. Im Gefängnis wurde mir nun aber alle Freiheit genommen.

Ich war in einer Zelle eingesperrt, lag hinter einer Tür, die nur andere öffnen konnten. Ich schwor mir, daß ich nie wieder etwas tun würde, das mich ins Gefängnis bringen würde, oder ein Geschäft abschließen würde, dessen ich mich hinterher schämen mußte. In den vielen geschäftlichen Beziehungen, die ich seit jener Nacht im Gefängnis knüpfen konnte, gab es immer Momente, zu denen ich Bestechungen hätte annehmen oder anbieten können. Ich war jedoch nie in Versuchung, meinen Schwur von Dover zu brechen. Meine Eltern hatten mir bereits eingetrichtert, daß nichts im Leben so wichtig ist wie der Ruf: Man kann noch so reich sein, aber wenn man seinen guten Namen verliert, wird man niemals glücklich sein. Im Hinterkopf lauert dann immer der Gedanke, daß einem die Leute nicht trauen. Was ein guter Name ist, verstand ich erst in jener Nacht im Gefängnis. Am nächsten Morgen traf sich Mum mit mir vor Gericht. Ich beantragte Rechtshilfe, da ich kein Geld für einen Anwalt hatte. Der Richter teilte mir mit, daß ich in diesem Fall im Gefängnis bleiben müßte, da ich offensichtlich nicht genug Geld für die Kaution hatte, die er auf 30 000 Pfund ansetzte. Virgin selbst konnte keine Sicherheiten leisten. 30 000 Pfund hatte ich für das Herrenhaus bezahlt, das aber wegen der Hypothekenfinanzierung nicht als Sicherheit in Betracht kam. Ich hatte einen Haufen Schulden und keine liquiden Mittel. Mum bot dem Richter ihr Haus, Tanyards Farm, als Sicherheit an. Ihr Vertrauen überwältigte mich. Wir sahen uns im Gerichtssaal in die Augen und brachen beide in Tränen aus. Ich mußte mich des in mich gesetzten Vertrauens würdig erweisen.

»Du brauchst dich nicht zu entschuldigen, Ricky«, sagte meine Mutter auf der Zugfahrt zurück nach London. »Ich weiß, daß du deine Lektion gelernt hast. Was geschehen ist, ist geschehen: Wir müssen einfach damit leben.«

In jenem Sommer stellte ich mich dem Problem. Hätten mir meine Eltern auch noch die Hölle heiß gemacht, hätte ich die ganze Angelegenheit als weitaus beschämender empfunden. So aber behielt ich einen klaren Kopf. Was ich getan hatte, tat mir leid, und ich würde so etwas nie wieder tun. Ich handelte mit der Zollbehörde einen außergerichtlichen Vergleich aus. Britische Finanzämter sind mehr daran interessiert, Geld einzutreiben, als ein kostspieliges Gerichtsverfahren durchzuziehen. Am 18. August 1971 willigte ich in eine sofortige Zahlung von 15 000 Pfund ein. Weitere 45 000 Pfund wurden in den nächsten drei Jahren in drei Raten fällig. Die Gesamtsumme entsprach dem Dreifachen des illegalen Gewinns, den Virgin durch Hinterziehung der Umsatzsteuer erzielt hatte. Wenn ich den vereinbarten Betrag bezahlte, würde ich nicht als vorbestraft gelten. Andernfalls müßte ich wieder ins Gefängnis und vor Gericht.

Nach jener Nacht hinter Gittern und den Verhandlungen mit den Zollbehörden mußte ich doppelt so hart am Erfolg von Virgin arbeiten. Nik, Tony Mellor, mein südafrikanischer Cousin Simon Draper und Chris Stylianou, die sich beide erst vor kurzem Virgin angeschlossen hatten, wollten ihr möglichstes tun, um mir die Gefängnisstrafe zu ersparen. Sie wußten, daß auch sie hätten zur Verantwortung gezogen werden können, und waren froh, daß ich die Sache für sie ausbadete: Wir saßen alle im gleichen Boot. Dadurch kamen wir uns noch näher. In einem verzweifelten Versuch, Geld für die Rückzahlung der im Vergleich vereinbarten Summe zu verdienen, eröffnete Nik Virgin-Records-Läden im ganzen Land. Simon begann, über ein Musiklabel zu sprechen, und Chris zog einen echten Plattenexporthandel auf. Vieles kann einem Ansporn geben, von einem Schulterklopfen bis zu Gratisaktien. Der Wunsch, der Gefängnisstrafe zu entgehen, war jedoch für mich der stärkste Anreiz meines Lebens. Angesichts der begrenzten Wachstumschancen im Versandhandel konzentrierten wir uns auf die Expansion unserer Plattenläden. In den nächsten beiden Jahren absolvierten wir einen Crashkurs im Cash Management. Wir verwandelten uns von einem locker-lässigen Unternehmen, das seine Liquidität aus einer Keksdose und über eine Reihe unbezahlter Schuldscheine finanzierte, in eine Firma mit einer an Besessenheit grenzenden Fokussierung. Jeder Penny, den wir in unseren Läden verdienten, floß in die Eröffnung neuer Plattenläden und trug damit ein Pfund zu der an die Zollbehörden zu zahlenden Summe bei. Schließlich konnte ich alles zurückzahlen und Mum von der geleisteten Kaution befreien. Drei Jahre später konnte ich auch Tante Joyce ihre 7 500 Pfund nebst 1 000 Pfund Zinsen zurückgeben. Hätte ich das den Zollbehörden geschuldete Geld nicht aufbringen können, wäre mein Leben vermutlich ruiniert gewesen: Ein Vorbestrafter hätte keine Fluggesellschaft gründen dürfen und wäre mit Sicherheit nicht als ernsthafter Bewerber für die Organisation der Nationalen Lotterie in Erwägung gezogen worden. Wir wußten, daß wir in den Läden, im Ausland und im Versand mehr Platten verkaufen, angesehene Künstler wie Cat Stevens oder Paul McCartney zu Aufnahmen im Manor Studio überreden und ein eigenes Musiklabel gründen mußten. Eines wußten wir aber noch nicht: Unser erstes Vermögen fuhr bereits in einem Lieferwagen den Kiesweg zum Manor Studio hinauf. Diesmal waren aber keine illegalen Platten an Bord, sondern ein junger Komponist und seine Schwester, die als Background-Musiker engagiert worden waren. Er war der dritte Reservegitarrist für das Rockmusical *Hair*; sie sang Folksongs in Pubs. Insgeheim hofften sie, esoterische Instrumentalmusik aufnehmen zu können, wenn die Band, die sie angeheuert hatte, das Studio gerade nicht benutzte. Die beiden hießen Mike und Sally Oldfield.

6
DURCH SIMON WURDE VIRGIN RICHTIG ›COOL‹

1971 bis 1972

Bevor uns der Poststreik im Januar 1971 beinahe ruinierte, kam ein Mann mit südafrikanischem Akzent in mein Büro an der South Wharf Road und stellte sich als mein Cousin vor. Simon Draper hatte an der Natal University studiert und war mit nur 100 Pfund in der Tasche nach London gekommen. Er wollte ein Aufbaustudium absolvieren, vielleicht in die Fußstapfen seines Bruders treten, der Rhodes Scholar in Oxford gewesen war. Bis dahin suchte er Arbeit. Simon hatte bei einem weihnachtlichen Familientreffen neben meiner Mutter gesessen, die ihm riet, sich mit mir in Verbindung zu setzen. Nachdem Simon über die Weihnachtsfeiertage und Silvester die Gastfreundschaft beider Seiten seiner Familie strapaziert hatte, zog er in eine Wohnung in London und suchte zunächst den Virgin-Laden in der Oxford Street auf. Von dort verwies man ihn an mein Büro in der South Wharf Road. Er kam gerade rechtzeitig zum Mittagessen.

In einem griechischen Restaurant in der nahegelegenen Praed Street erzählte mir Simon über lauwarmen Fleischklopsen, Pommes Frites und Erbsen von seinen Plänen. Während seines Studiums an der Natal University hatte er auch für die südafrikanische *Sunday Times* gearbeitet. Er berichtete von Samstagabenden, an denen er aufgeblieben war, bis die Morgenausgabe der Zeitung fertig war, und dann direkt von der Arbeit mit der frischen Zeitung unter dem Arm in einen Jazzclub gegangen war. Wir tauschten Geschichten über den Journalismus aus und wandten uns dann dem Thema Musik zu.

Musik war Simons große Leidenschaft. Da ich so früh die Schule verlassen und niemals zur Universität gegangen war, hatte ich die langen Abende versäumt, an denen man nur herumlag und sich Musik anhörte. In der Souterrain-Redaktion des *Student* wurde zwar den ganzen Tag Musik gespielt, doch war ich zu beschäftigt gewesen, Anzeigenkunden anzurufen und mit der Druckerei zu verhandeln, um sie wirklich wahrzunehmen. Wenn ich eine Platte hörte, wußte ich, ob sie mir gefiel oder nicht, aber ich konnte sie nicht mit einer anderen Band vergleichen oder zum Beispiel den Einfluß von Velvet Underground erkennen. Mir schien, daß Simon jede jemals veröffentlichte Platte kannte. Das neueste Doors-Album legte er nicht einfach so zum Spaß auf: Er wußte ganz genau, was sie taten, wie sie sich im Vergleich zu vorherigen Alben weiterentwickelt hatten und was ihr Werk von den Produkten einer ganzen Palette anderer Musiker unterschied. Er hatte eine eigene 30minütige Show im Radiosender seiner Universität moderiert. Mir war bald klar, daß ich niemanden kannte, der mehr von Musik verstand als er.

Wir sprachen auch über Politik. Meine eigene Teilnahme an politischen Demonstrationen einschließlich des Protests gegen den Vietnamkrieg war nichts im Vergleich zur grausamen Realität in Südafrika. Als Musik- und Politikexperte sah Simon erstere als ein potentielles Vehikel für politische Proteste. Einer seiner Kommilitonen an der Natal University war Steve Biko gewesen, der damalige Vorsitzende der rein schwarzen South African Student Organisation. Simons Tutor, einen Marxisten, hatten von der Regierung unterstützte Angehörige einer Bürgerwehr vor den Augen seiner Kinder erschossen. Die südafrikanische Regierung duldete damals keinerlei politische Opposition. Simon durfte keinen Song mit politischen oder sexuellen Konnotationen spielen. Beispielsweise waren Jimi Hendrix oder Bob Dylan verboten. Als wir beim Kaffee angelangt waren, hatte ich Simon bereits überredet, als Platteneinkäufer für die Virgin-Läden und unseren Versandhandel zu arbeiten. Schwierige Gehaltsverhandlungen gab es nicht, da alle bei Virgin 20 Pfund die Woche bekamen.

Tony Mellor hatte bis dahin die Einkaufsliste für den Virgin-Versand zusammengestellt. Wir versuchten immer noch, den *Student* an einen anderen Zeitungsverlag zu verkaufen. Obwohl wir über ein

Jahr nichts mehr veröffentlicht hatten, produzierte Tony nach wie vor Blindmuster der nächsten Ausgabe, um damit potentielle Käufer zu beeindrucken. Daher war er ganz erleichtert, daß er den Platteneinkauf Simon überlassen und sich wieder der politischeren Frage der Zukunft des *Student* zuwenden konnte. Tony gab Simon nur eine einzige goldene Regel auf den Weg, die dieser unter keinen Umständen brechen dürfe. »Virgin führt niemals Andy Williams!« erklärte er und reichte Simon den ersten Joint des Tages.

»Keine Sorge«, gab Simon zurück. »Ich bin der letzte, der diese Regel brechen würde.«

Von da ab war Simon auf sich selbst gestellt. In den ersten Monaten ließ ich ihn schalten und walten, wie er wollte. Verliebt wie ich war, versuchte ich, Kristen auszureden, zur Beendigung ihres Architekturstudiums nach Amerika zurückzugehen. Ich bot ihr an, Manor Studio weiter zu renovieren:

»Mach's doch einfach!« sagte ich. »Du brauchst nicht sechs Jahre lang studieren, um dich als Architektin zu qualifizieren. Fang' einfach an zu arbeiten!«

Lange mußte ich nicht bitten, bis sie einwilligte. Sie war ein Naturtalent mit perfektem Geschmack. Mit ihren langen blonden Haaren und ihrem feinen, fast elfenhaften Gesicht wurde Kristen bald zu einer bekannten Gestalt in den Auktionshäusern Londons, wo sie große, außergewöhnliche Möbelstücke für das Herrenhaus kaufte. Während Nik sich um die Kostenkontrolle im Versandhandel und in den Virgin-Läden kümmerte, begann Simon, den Versandkatalog und die Bestände in den Geschäften zusammenzustellen. Bald war Simons Musikgeschmack das wichtigste Element in der Geschäftspolitik von Virgin. Ein Plattenladen ist mehr als nur ein Geschäft. Er bestimmt vielmehr den Geschmack des Publikums. Ich hatte keine Ahnung, welche Musik ich besonders anpreisen sollte, aber Simon hatte viele Ideen, wie er unbekannte, ausländische Alben, die es sonst nirgends gab, an den Mann oder die Frau bringen konnte. Zwischen »cool« und »uncool« liegt nur ein schmaler Grat, und durch Simon wurde Virgin zum »coolsten« Treffpunkt schlechthin. Er importierte Platten direkt per Luftfracht aus den USA, um der Konkurrenz zuvorzukommen. Wir verkauften immer nur Alben, weil die meisten Singles entweder haarsträubend oder nur Lockvögel für den Verkauf von Alben waren. In den siebziger Jahren veröffentlichten ernstzunehmende Bands wie Pink Floyd, Yes oder Genesis nur selten Singles. Ein Album galt als Mischung aus politischer Aussage, Kunst und einer bestimmten Lebensweise. Ernstzunehmende Bands produzierten keine Musik, zu der man tanzen konnte; ihre Werke hörte man sich am besten im Liegen an. Es wurde heftig über verschiedene Aufnahmen der gleichen Songs diskutiert, was besonders interessant wurde, wenn amerikanische und britische Versionen eines Albums mit unterschiedlichem Cover oder manchmal sogar unterschiedlichen Versionen eines Songs herauskamen. Heutzutage sind die CDs für die Vermarktung auf dem weltweiten Massenmarkt völlig standardisiert. Neben Importen (vor allem aus Deutschland, Frankreich und den USA) und einem heimlichen Handel mit unauthorisierten Live-Mitschnitten verdienten wir auch viel Geld mit vergriffenen Platten: Aufnahmen, die nicht mehr auf Lager gehalten und von den Plattenfirmen abgestoßen wurden. Im Versandhandel erhielten wir täglich Hunderte von Briefen mit Anfragen nach ganz speziellen Aufnahmen. Daher wußten wir, bei welchen dieser auslaufenden Platten eine nicht zu verachtende Restnachfrage bestand. Wir konnten also problemlos die beliebtesten auswählen und weiterverkaufen. Viele Menschen glauben, der Erfolg eines Plattenladens lasse sich am Verkauf von Schallplatten messen. Weit gefehlt: Virgins Erfolg im Versand- und Einzelhandel war auf Simons Geschick im Einkauf von Platten zurückzuführen. Er konnte Bands auswählen, die nicht in Mainstream-Shops verkauft wurden, und sie in großen Mengen durch Virgin absetzen. Er wußte so viel über Musik, daß er sogar vor dem eigentlichen Durchbruch vorhersagen konnte, welche Band Erfolg haben würde: Simon hatte bereits das sichere Gespür entwickelt, das uns zwei Jahre später die Gründung eines Plattenlabels ermöglichte. Ohne ihn wäre das ein Schritt ins Ungewisse gewesen. Unser zweites Genie war John Varnom, der für alle Verkaufsförderungsmaßnahmen zuständig war und Werbeslogans für die Virgin-Läden schrieb. Virgin wurde immer bekannter. Für einen Einundzwanzigjährigen, der auf sich hielt, gab es keinen besseren Aufenthaltsort als die Virgin-Läden und das Lager, wo den ganzen Tag über die beste Musik gespielt wurde und Mitarbeiter wie Kunden mit ihren Joints herumlagen, sich darüber unterhielten, wie man die begehrte amerikanische Aufnahme von *Aerosol Grey Machine* von Van Der Graaf Generator ergattern könne, und auch dafür gesorgt war, daß Sex niemals zu kurz kam.

Unter der Oberfläche mußte aber ein Unternehmen geführt werden. Im Manor Studio zogen sich die Bauarbeiten hin. Ich fürchtete jeden Anruf von Tom Newman: Er wollte immer mehr Geld haben, um dieses oder jenes Aufnahmegerät zu kaufen. Gleichzeitig mußte ich auch das Geld an die Zollbehörden sowie meine Hypothek abzahlen, und das Damoklesschwert einer möglichen Gefängnisstrafe hing über mir. Der Versandhandel lief immer noch gut, zog aber in erster Linie ernsthafte Musikliebhaber an, die nach seltenen Aufnahmen suchten. Eine weitere Expansion erschien schwierig. Uns wurde klar, daß Gewinne nur durch die Eröffnung weiterer Virgin-Läden zu erzielen waren. Nik und ich leiteten ein großangelegtes Expansionsprogramm in die Wege. Ab Ende 1971 und das ganze Jahr 1972 hindurch wollten wir jeden Monat ein neues Geschäft eröffnen. Weihnachten 1972 hatten wir insgesamt 14 Schallplattenläden: mehrere in London und einen in jeder größeren Stadt des Landes. Neben der Organisation der Bestände, der Werbung für die Läden, der Auswahl und Schulung der richtigen Mitarbeiter und dem Aufbau von Buchführungssystemen zur Kontrolle der Einnahmen und Ausgaben war auch der Zeitpunkt der Eröffnung von entscheidender Bedeutung. Wenn wir die Miete möglichst weit heruntergehandelt hatten, drängten wir den Vermieter, uns den Laden in den ersten drei Monaten mietfrei zu überlassen. Das war das wichtigste Element schlechthin. Nur unter dieser Bedingung willigten wir ein, den Laden zu eröffnen, und daher ließen wir viele Gelegenheiten ungenutzt verstreichen. Wenn wir jedoch einen neuen Virgin-Laden eröffneten, wußten wir, daß die Schallplattenverkäufe der ersten drei Monate die Miete des zuletzt eröffneten Ladens mittragen würden. Außerdem konnten wir ohne große Gemeinkostenbürde an den Absatzzahlen ablesen, ob der gewählte Standort auf die Dauer für die Laufkundschaft attraktiv genug war. Bei unserer Expansion lernten wir alle möglichen nützlichen Lektionen für die Zukunft. Wir suchten immer nach dem billigeren Ende der Haupteinkaufsstraßen, wo wir Käufer ein wenig aus ihren gewohnten Bahnen herausholen konnten, ohne exorbitante Mieten zahlen zu müssen. Wir wählten auch Gegenden, wo Teenager sich trafen, wie den Clock Tower in Brighton oder die Bold Street in Liverpool. Immer fragten wir die ortsansässigen Teenager, wo der beste Platz für einen Plattenladen sei. Eine Stadt hat viele unsichtbare Grenzen, die niemand überschreitet: Eine Straße kann innerhalb von wenigen Metern ihren Charakter vollkommen ändern. Ein weiteres einzigartiges Merkmal des Platteneinzelhandels ist der hohe Lagerumschlag. Wenn eine wichtige Platte – etwa ein neues Album von David Bowie – herauskommt, kann man den Absatz in Stunden messen. Daher muß man stets auf dem laufenden bleiben, um zu wissen, was sich an welchem Tag in welchem Laden gut verkaufen läßt. Mit diesen Informationen kann man die Plattenauslage der anderen Geschäfte entsprechend anpassen. Geht einem der Hit des Tages aus, werden die Käufer ihr Glück natürlich in anderen Läden versuchen. Hat man einmal die Chance vertan, ein Exemplar von *Hunky Dory* zu verkaufen, ist es aus und vorbei. Die gleiche Platte wird nicht doppelt verkauft. Obwohl man immer *Hunky Dory* auf Lager haben wird, erzielt man 70 Prozent des Umsatzes in den ersten beiden Wochen nach der Veröffentlichung. Zunächst arbeitete Virgin an seinem Image als Laden, wo man in aller Gemütsruhe Platten anhören und auswählen konnte, mit klarem Schwerpunkt auf elitärem Geschmack. Wir wollten neben der üblichen Mainstream-Ware den Teenagern interessantere Platten bieten. Unsere Läden weigerten sich rundheraus, die massenweise gepreßten Teeny-Bopper-Hitparadenstürmer von Gruppen wie den Osmonds und den Sweet zu verkaufen. Trotz Simons überzeugender Argumente beunruhigte mich unsere Weigerung, Gary Glitter und all die Stars des »Glitterrocks« auf Lager zu nehmen, weil uns dadurch kurzfristig Umsätze durch die Lappen gingen. Simon versicherte mir jedoch, daß wir durch ein klares Image unsere Integrität wahren und einen größeren Kundenstamm aufbauen könnten: »Das ist die Andy-Williams-Regel«, erklärte er mir. »Diesen Markt bedienen wir nicht.«

Der Laden in Notting Hill Gate 130 wurde zu einem unserer besten. Simon richtete darüber sein Büro ein. Wir verteilten Kissen auf dem Boden, so daß die Kunden dort den ganzen Tag liegen konnten. Wir wußten, daß wir es geschafft hatten, als die Leute allein für einen Besuch in einem Virgin-Laden nach London kamen. Wenn wir Marihuana hätten verkaufen dürfen, hätten wir auch das getan. Ich vermute sogar, daß einige Mitarbeiter tatsächlich gute Bezugsquellen waren. Platten verkaufen, mit den Kunden reden, gute Musik empfehlen, unter der Theke die jüngste Schwarzpressung hervorholen, in die Pubs und Clubs gehen, um mehr Bands spielen zu hören – das alles wurde zu einer eigenen Lebensweise. Als wir im März 1972 unseren Virgin-Records-Shop in der Bold Street in Liverpool eröffneten, verbuchten wir in der ersten Woche zu meiner Freude 10 000 Pfund Umsatz. Eine Woche später waren es 7 000 Pfund, dann 3 000 Pfund. Bis zum Sommer war der Umsatz auf magere 2 000 Pfund gefallen, und ich fuhr hin, um nachzusehen, woran das lag. Der Laden war gerammelt voll. In einer Ecke drängten sich die Rocker, in einer anderen die Mods. Um die Kasse herum waren Hippies auf dem Boden drapiert. Aber niemand kaufte etwas. Alle waren zugedröhnt und amüsierten sich großartig, aber niemand konnte zur Kasse vordringen, und andere Käufer wurden abgeschreckt. Die Politik, unsere Läden wie Clubs zu führen, war außer Kontrolle geraten. Einen Monat lang stellten wir jemanden ab, der die Kunden sanft darauf aufmerksam machte, daß sie einen Laden und keinen Nachtclub betraten. Wir installierten hellere Beleuchtung und stellten die Theke und die Kasse näher ans Fenster. Es war eine schwierige Gratwanderung, die Atmosphäre des Ladens zu erhalten und zugleich einen Gewinn zu erwirtschaften. Schließlich erholten sich die Umsatzzahlen.

Während dieser Expansionsphase bestand eine unserer größten Schwierigkeiten darin, die erforderlichen Platten zu beschaffen. Manche Plattenfirmen, darunter PolyGram, weigerten sich, uns zu beliefern, weil wir Discountpreise anboten und damit führende Einzelhandelsketten vor den Kopf stießen. Andere hielten uns einfach nicht für zahlungskräftig genug. Nik und Chris Stylianou (»Chris der Grieche«, der unser Vertriebsleiter geworden war) riefen bei allen möglichen Lieferanten an und fanden schließlich eine etwas ungewöhnliche Lösung: einen winzigen Plattenladen namens Pop In in Ealing, der von Raymond Laren geleitet wurde. Raymond war bereit, über sein Konto Platten in unserem Namen einzukaufen. Für ihn war das ein gutes Geschäft: Er bestellte all unsere Platten zusätzlich zu seinen eigenen und verlangte dafür eine Provision von 5 Prozent. Anfangs gaben wir Raymond eine Liste der zusätzlich zu bestellenden Platten, und Tony oder Simon fuhren dann bei ihm vorbei, holten die Sendungen ab und verteilten sie in den drei oder vier Virgin-Läden. Pop In war ein winziger Laden mit mattschwarzen Wänden und verblichenen Postern von *Sergeant Pepper* und Neil Young. Er war so winzig, daß man sich darin mit den Schallplattenkisten kaum bewegen konnte, aber wir machten das Beste daraus. Als wir im Laufe des nächsten Jahres mehr und mehr Läden eröffneten, nahm die Zahl der Bestellungen durch Raymonds Geschäft zu. Bald waren es Tausende von Platten, und wir holten sie mit einem Lastwagen ab. Wir versuchten, direkt mit den Plattenfirmen zu verhandeln, doch sie ignorierten uns weiterhin. Bald wurde Virgin zu einer der größten Schallplattenketten des Landes, und die Szenen in Raymonds Laden wurden geradezu grotesk: Eine lange Reihe von Lieferwagen luden Schallplatten an der Vordertür aus. Dann wurden diese quer durch den Laden zur Hintertür geschleppt und zum Weitertransport in eine zweite lange Reihe von Virgin-Lieferwagen verladen. So konnte das nicht weitergehen. Wir mußten nach wie vor 5 Prozent Provision an Raymond abzweigen. Schließlich gingen Nik und ich nochmals direkt zu den Plattenlabeln und erklärten, was sich da abspielte. Sie willigten in den Direktverkauf ein, und Raymond Larens profitable Komödie war vorbei. Sein Laden verkaufte wieder ein paar Dutzend Platten pro Woche, und sein Buchhalter zerbrach sich den Kopf, warum dieser erfolgreiche Laden so plötzliche Einbrüche erlebte. 1972 verliebte sich Simon in eine Südamerikanerin und eröffnete mir, daß er Virgin verlassen und mit ihr eine Zeitlang nach Chile gehen würde. Das Manor Studio stand endlich für Plattenaufnahmen zur Verfügung; es gab 20 Virgin-Records-Läden; der Schallplattenversand lief gut. Simon hatte ein Jahr für mich gearbeitet, und obwohl keiner von uns damit gerechnet hatte, daß er mehr als einige Monate bleiben würde, erkannte ich plötzlich, welche wichtige Rolle er für Virgin spielte. Seine Musikauswahl hatte Virgin Records zur besten Quelle für Platten gemacht. Es war »cool«, dort einen ganzen Nachmittag zu verbringen. Kein Teenager, der auf sich hielt, hätte sich so lange bei Woolies aufgehalten. Die Glaubwürdigkeit, von der Simon immer gesprochen hatte, und die Tatsache, daß wir die Osmonds nicht auf Lager nahmen, hatten sich ausgezahlt. Die Musikpresse berichtete jetzt über die Künstler, die Virgin promotete. Als wir unsere Schaufenster mit den Werken einer eklektischen deutschen Band namens Tangerine Dream füllten, wurde das überall diskutiert. Die Plattenfirmen begannen uns zu fragen, ob wir nicht Sonderaktionen für ihre Bands lancieren könnten. Ich versuchte vergeblich, Simon zum Bleiben zu überreden. Seine Freundin ging als erste nach Chile; Simon sollte ihr einen Monat später folgen. Während dieser Zeit erhielt er plötzlich einen Brief von ihr, in dem sie mit ihm Schluß machte. Er war am Boden zerstört, erkannte aber zugleich, daß seine Zukunft nicht in Südamerika oder auch Südafrika, sondern in London lag. Da wir jetzt über Plattenläden und Aufnahmestudios verfügten, begannen wir über den dritten Teil des großartigen Traums zu sprechen, den wir bei unserem allerersten Mittagessen geschmiedet hatten: ein Virgin-Musiklabel. Mit einer eigenen Plattenfirma konnten wir Künstlern ein Aufnahmestudio zur Verfügung stellen (und dafür ein Entgelt verlangen), ihre Platten veröffentlichen (womit wir Gewinne erzielen konnten), und über unsere große, immer weiter wachsende Ladenkette die Platten promoten und verkaufen (und an der Einzelhandelsmarge verdienen). Die drei Geschäftszweige ergänzten sich optimal. Auch unsere Bands würden davon profitieren, da wir die Preise für die Produktionen im Manor Studio niedrig halten, die Werbekampagnen im Einzelhandel ausweiten und dabei immer noch einen Gewinn für uns selbst erzielen konnten. Simon und ich setzten einen Vertrag auf, der ihm den Auftrag erteilte, das neue Plattenlabel Virgin Music aufzubauen und zu leiten. Ihm sollten 20 Prozent dieses Unternehmens gehören, das in Zukunft getrennt von den Virgin-Records-Läden geführt werden sollte. Als ersten Künstler wollten Simon und ich den dritten Reservegitarristen von *Hair* verpflichten: Mike Oldfield.

Mike Oldfield hatte als Kind sehr unter seiner alkoholkranken Mutter leiden müssen. Oft verbarrikadierte er sich in seinem Zimmer unter dem Dach, wo er sich selbst das Spielen aller möglichen Instrumente beibrachte. Mit vierzehn Jahren machte er seine erste Aufnahme mit seiner Schwester Sally, die Folkmusik sang. Die beiden gründeten ein Folkduo namens Sallyangie und schlossen einen Plattenvertrag mit Transatlantic Records. Mit fünfzehn war Mike von zu Hause ausgezogen und hatte sich neben Dave Bedford als Gitarrist Kevin Ayers Band The Whole World angeschlossen.

Im Oktober 1971 arbeitete Mike einige Wochen lang bei Aufnahmen im Manor Studio als Gitarrist für einen Sänger namens Arthur Louis. Mike kam bald mit Tom Newman ins Gespräch. Eines Tages nahm er seinen ganzen Mut zusammen und gab Tom ein Band mit seiner eigenen Musik. Mike hatte in mühevoller Kleinarbeit viele verschiedene Instrumente auf einer Kassette synchronisiert. Das titellose reine Instrumentalstück dauerte achtzehn Minuten. Tom beschrieb es als »romantisch hoch sechs, traurig, ergreifend und genial«. Bei Simons nächstem Besuch im Manor Studio spielte ihm Tom das Band vor. Simon war beeindruckt. Er versuchte, Mike an einige Plattenfirmen zu vermitteln, doch alle lehnten ihn ab.

Ein Jahr später beschlossen Simon und ich, endlich eine eigene Plattenfirma zu gründen. Wir riefen Mike an. Zu unserer Freude hatte er immer noch keinen Plattenvertrag abgeschlossen. Er war enttäuscht, daß ihm die Musikindustrie offenbar die kalte Schulter zeigte, und freute sich daher um so mehr über unser ernstgemeintes Angebot. Er kam sofort zu einem Treffen aufs Hausboot. Ich schlug ihm vor, ins Herrenhaus zu ziehen. Immer, wenn das Manor Studio frei war, könne er mit Tom Newman an seiner Aufnahme arbeiten.

»Ich muß mir aber ein paar Instrumente mieten«, warnte mich Mike.

»Was zum Beispiel?« Ich zückte einen Stift, um eine Liste in mein Notizbuch zu schreiben.

»Eine gute Akustikgitarre, eine spanische Gitarre, eine Farfisa-Orgel, einen Fender-Präzisionsbaß, einen guten Fender-Verstärker, ein Xylophon, eine Mandoline, ein Mellotron...«

»Was ist das?« Ich umringelte das Wort.

»Das brauch' ich nicht unbedingt«, räumte Mike ein. »Eine Triangel, eine Gibson-Gitarre... Ach, und natürlich ein paar Glocken.«

»Was für Glocken?« fragte ich.

»Ein Glockenspiel.«

Ich schrieb »Glockenspiel« (tubular bells) auf und machte mich daran, all diese Instrumente in einer Musikzeitschrift zu finden. Die Gitarre kostete 35 Pfund, die spanische Gitarre 25 Pfund, der Fender-Verstärker 45 Pfund, die Mandoline 15 Pfund. Die Triangel war ein Schnäppchen für 1 Pfund. Das Glockenspiel kostete 20 Pfund.

»20 Pfund für ein paar Glocken?« sagte ich. »Hoffentlich lohnt sich das.«

7
»TUBULAR BELLS – NIE ZUVOR HABE ICH SO ETWAS GEHÖRT«

1972 bis 1973

Da Mike Oldfield der erste Künstler war, den wir verpflichteten, hatten wir keine Ahnung, was für einen Vertrag wir ihm anbieten sollten. Glücklicherweise hatte ich mich mit Sandy Denny, der früheren Sängerin von Fairport Convention, die inzwischen eine Solokarriere gestartet und vor kurzem eine Platte im Manor Studio aufgenommen hatte, angefreundet. Ich bat sie um eine Kopie ihres Vertrags mit Islands Records, der offenbar deren Standardversion war. Wir tippten ihn Wort für Wort ab und ersetzten lediglich »Island Records« durch »Virgin Music« und »Sandy Denny« durch »Mike Oldfield«. Der Vertrag sah vor, daß Mike zehn Alben für Virgin Music aufnehmen und eine Tantieme von 5 Prozent auf 90 Prozent des Großhandelspreises der Platte erhalten sollte (10 Prozent verblieben bei der Plattenfirma zur Abdeckung der Kosten für Verpackung und Ausschuß). Da Mike kein Geld hatte, bezahlten wir ihm das übliche Virgin-Gehalt von 20 Pfund die Woche. Wir würden das gegebenenfalls von seinen zukünftigen Tantiemen abziehen. Obwohl Simon und ich von Mikes Musik begeistert waren, glaubten wir nicht, daß wir damit jemals einen roten Heller verdienen würden. Mike brauchte bis weit ins Jahr 1973 hinein, um das Stück aufzunehmen, das später als *Tubular Bells* berühmt werden sollte. Es waren unglaublich komplizierte Aufnahmesequenzen nötig, und Mike und Tom Newman überarbeiteten das Stück immer wieder und wieder im Aufnahmestudio, mischten es neu ab, spielten weitere Klangeffekte ein und feilten an der Feinabstimmung herum. Mike spielte über 20 verschiedene Instrumente und war erst nach mehr als

2300 Aufnahmen zufrieden. Derweil versuchten wir weiterhin, das Manor Studio an jede Band zu vermieten, die wir auftreiben konnten. Daher mußte Mike häufig Platz für die Rolling Stones oder Adam Faith machen. Frank Zappa galt als einer der originellsten, innovativsten und respektlosesten Künstler in der Rockszene. Seine Alben wie *We're Only in It For the Money* und *Weasels Ripped My Flesh* waren beißende Satiren. Als er sich das Manor Studio für eine mögliche Plattenaufnahme ansehen wollte, war ich überzeugt, daß er einen kleinen Spaß verstehen würde. Ich fuhr Frank persönlich von London zum Manor Studio und beschrieb auf der Fahrt das wunderschöne Herrenhaus in den schillerndsten Farben. Statt nach Shipton-on-Cherwell abzubiegen, machte ich jedoch einen Umweg ins nahegelegene Woodstock. Ich bog in eine lange Kieseinfahrt ein und hielt vor einem imposanten Palast.

»Ich stell' das Auto ab«, sagte ich zu Frank. »Klopf' einfach an die Tür und sag' ihnen, wer du bist.«

Ein uniformierter Lakai öffnete das Portal. Seltsamerweise erkannte er Frank Zappa nicht und war von der Idee, daß hier ein langhaariger Musiker einziehen wollte, nicht gerade begeistert. Ob Zappa wußte, so der Lakai, daß er vor Blenheim Palace, dem Stammhaus der Herzöge von Marlborough, stand? Frank stieg wieder ins Auto und sagte, er könne die Komik dieser Episode durchaus sehen. Aber er machte nie eine Aufnahme im Manor Studio.

Im Sommer 1972 strebte einer unserer Nachbarn die Schließung des Manor Studios an. Wir hatten zwar eine behördliche Genehmigung zur Nutzung des Hauses als Aufnahmestudio während des Tages, doch durften nachts keine Aufnahmen stattfinden – genau zu der Zeit, zu der die Künstler am liebsten spielen wollten. Aufnahmestudios sind per definitionem schalldicht, aber einer unserer Nachbarn bildete sich ein, daß die Musik seinen Schlaf störe. Er legte einen Widerspruch nach dem anderen gegen unseren Antrag für nächtliche Plattenaufnahmen ein. Wenn wir nicht nachts arbeiten konnten, bot das Manor Studio wenig Vorteile gegenüber anderen Aufnahmestudios und die Bands aus London würden ausbleiben. Wir führten einen heimlichen Krieg gegen diesen Nachbarn. Wir stapelten im Aufnahmestudio Blechdosen aufeinander und befestigten an der untersten eine lange Schnur, die entlang der Einfahrt bis zur Straße führte. Dann saßen wir abwechselnd mit der Schnur in der Hand in der Hecke. Wir hielten die ganze Nacht Wache. Ich kann mich noch gut an den Geruch von Schlüsselblumen und Gras und an das laute Rascheln der Dachse erinnern. In Wahrheit warteten wir aber auf das Quietschen der Gummisohlen unseres Nachbarn, der die Einfahrt hinaufschlich. Wenn wir ihn kommen hörten, zerrten wir an der Schnur, so daß alle Dosen im Aufnahmestudio klappernd zu Boden fielen. Das war das Zeichen für die Musiker, alles stehen und liegen zu lassen, ins Gutshaus zu fliehen und Kaffee zu trinken. Der Nachbar sah immer nur Leute um den Küchentisch sitzen. Als er die Polizei zu rufen begann, half der gleiche Trick, sobald der Polizeiwagen um die Ecke bog. Nach mehreren fruchtlosen Einsätzen rückte die Polizei nicht mehr aus. Der Nachbar blockierte aber weiterhin unseren Antrag auf Nachtaufnahmen. Wir arbeiteten immer noch mit diesem Trick, als Paul und Linda McCartney zur Aufnahme von »Band On The Run« ins Manor Studio kamen. Es war Juni, und in den windstillen, heißen Nächten hing der schwere Duft von Jasmin über dem Hof. Linda McCartney öffnete immer wieder die Tür zum Aufnahmestudio, um frische Luft hineinzulassen. Ich stand in der Hecke Wache, und ab und zu wehte der Wind Musikfetzen zu mir herüber. Ich rannte zum Studio und schloß die Tür. Von meiner Position in der Hecke aus hörte ich, wie Linda McCartney die Tür wieder aufriß und rief: »Wer macht denn diese verdammte Tür immer wieder zu?« Glücklicherweise kam unser Nachbar in dieser Woche nicht herüber. Ich bezweifele nämlich, daß es den McCartneys behagt hätte, wenn ein Haufen Dosen über ihnen zusammengefallen wäre und sie dann wie die Wilden in die Küche hätten stürzen müssen. Eines Tages klingelte es. Ein älteres Ehepaar stand vor der Tür. Sie fragten mich, ob ich Schwierigkeiten mit Herrn Sawtell hätte. Als ich ihnen erklärte, daß genau dieser Nachbar der einzige sei, der Widerspruch gegen unsere Konzession einlege, erzählten sie mir, daß er bei ihrem Einzug ebenso vorgegangen sei. Sie hatten die Scheune in eine Wohnung für ihre alte Mutter umbauen wollen, doch habe sich Herr Sawtell mit Händen und Füßen dagegen gesträubt, bis er eines Tages eine Abfindung verlangte. Gegen Zahlung von 500 Pfund zog er seinen Einspruch zurück.

»Er will nur ein bißchen geschmiert werden«, sagten die beiden. »Jemand sollte ihm sein Handwerk legen.«

Am nächsten Tag kaufte ich einen kleinen Kassettenrecorder mit einem Mikrofon, das ich an der Innenseite meines Hemdes befestigte. Ich besuchte Herrn Sawtell und fragte ihn, ob er eine Möglichkeit sehe, seinen Einspruch zurückzuziehen, da unser geschäftliches Überleben auf dem Spiel stehe.

»Nun, mir sind durch diese Sache hohe Kosten entstanden«, meinte er. »Wenn Sie die übernehmen, ziehe ich vielleicht meine Beschwerde zurück.«

»Wieviel wäre das denn?« fragte ich.

»5 000 Pfund.«

»Das ist viel Geld«, meinte ich. »Sie müssen eine ganze Anwaltskanzlei beschäftigen.«

»Die Kosten waren hoch«, sagte Herr Sawtell.

»Soll ich den Scheck auf Ihre Anwälte ausstellen?«

»Nein, nein. Stellen Sie ihn auf mich aus.«

Ich versprach, mir seine Forderung durch den Kopf gehen zu lassen. Am gleichen Nachmittag schickte ich ihm eine Kopie der Aufnahme und implizierte im Begleitschreiben, daß es wohl besser sei, wenn er seine Beschwerde zurückziehe. Ich hörte nichts mehr von ihm, und die Nachtaufnahmen im Manor Studio wurden genehmigt.

Am 22. Juli 1972 wurden Kristen und ich in der winzigen Kirche von Shipton-on-Cherwell getraut. Ich hatte gerade meinen 22. Geburtstag gefeiert; Kristen war 20, und wir kannten uns erst seit Mai des vorigen Jahres. Ich habe noch eine Kopie der Einladung zur Party vor der Hochzeit. Wir schrieben: »Kristen und ich haben beschlossen zu heiraten, und wir halten das für einen guten Vorwand für eine Party. Es wird Spanferkel geben, also kommt bitte, denn das Schwein wird sich nicht halten. Es spielen die Scaffolds.« Einer der größten Vorzüge des Herrenhauses war, daß es sich ideal für Partys eignete. Wir hatten Bands, die gerne dort spielten, einen Fluß für ein kühles Bad, riesige Räume mit offenen Kaminen und einen geschützten Hof, in den sogar die Sonne fiel. Partys haben mir immer Spaß gemacht, und ich feiere sehr gerne mit den Mitarbeitern von Virgin. Das ist ein wichtiger Teil unserer Unternehmenskultur. Wenn Mitarbeiter am Empfang ihre Kollegen in der Debitorenbuchhaltung persönlich kennenlernen, werden sie sich bei Problemen gegenseitig eher helfen. Gleiches gilt, wenn die Mitarbeiter der Läden die aus den Aufnahmestudios kennen. Wir haben immer Partys für die Mitarbeiter bei Virgin gefeiert. Oft fahren wir sogar übers Wochenende weg, damit sich die Leute so richtig austoben können. Im Laufe der Jahre wurden die Partys immer größer, aber der Grundtenor blieb der gleiche: eine Nacht herrlicher Verantwortungslosigkeit. In unserer Anfangszeit erhielten wir bei den meisten Hotels in der Gegend Brighton und Bournemouth Hausverbot, nachdem mich meine Mitarbeiter einmal nackt mit Handschellen an ein Geländer vor dem Hotel gefesselt hatten. Mir gelang es, die Handschellen mit einem Ziegelstein abzuschlagen. Dann stürmte ich mit einem voll aufgedrehten Feuerwehrschlauch in den Speisesaal. Unser Hochzeitsgrillfest war gigantisch: Die Einwohner von Shipton-on-Cherwell waren ebenso eingeladen wie alle Mitarbeiter von Virgin und viele der damals bekannten Rockbands. Der Tag der eigentlichen Hochzeit war außergewöhnlich. Als wir in der Kirche auf Kristen warteten, bahnte sich ein großer Sattelschlepper auf dem schmalen Pfad zur Kirche seinen Weg. Niemand wußte warum, bis eine kleine alte Dame in einem blauen Kostüm und blauen Hut aus dem Führerhaus kletterte.

»Ich komme nicht etwa zu spät, oder?« rief Granny.

Der Lkw hatte ihr Auto auf dem Weg durch Oxford angefahren, und sie hatte darauf bestanden, daß der Fahrer sie zur Hochzeit brachte. Meine Eltern schenkten uns einen wunderschönen alten Bentley mit roten Ledersitzen und einem Armaturenbrett aus Walnußholz. Obwohl er fast ebenso viele Pannen hatte wie mein Morris Minor, saß man darin um vieles bequemer, wenn man abgeschleppt wurde.

Eine von Kristens Brautjungfern war ihre Schwester Meryll. Nik war mein Trauzeuge. Beim Hochzeitsempfang konnte man spüren, daß es zwischen den beiden irgendwie gefunkt hatte. Am späten Abend zogen sie sich in ein Zimmer im Herrenhaus zurück. Als Kristen und ich von der Hochzeitsreise zurückkehrten, verkündeten Nik und Meryll, daß auch sie den Sprung in die Ehe wagen wollten. Die beiden ließen sich nach noch kürzerer Zeit trauen als Kristen und ich: Ihre Hochzeit fand im Winter 1972 statt, nur fünf Monate, nachdem sie sich kennengelernt hatten. Kristen und ich fanden diese Ehe etwas beengend. Schließlich verbrachte ich den ganzen Tag mit Nik in der South Wharf Road, und dann sah ich ihn und Meryll am Abend schon wieder. Kristen war unter anderem nach England gekommen, um ihrer Familie zu entrinnen. Jetzt waren sie und ihre Schwester mit zwei Männern verheiratet, die praktisch unzertrennlich waren. Zudem hatten Nik und ich Virgin als ein Unternehmen für Singles geführt, und plötzlich waren wir beide verheiratet: Wir erlebten eine Art Kulturschock.

Im Winter 1972 und im Frühjahr 1973 lebte Mike Oldfield im Manor Studio und nahm *Tubular Bells* auf. Vermutlich war das die glücklichste Zeit seines Lebens. Er arbeitete mit Tom Newman, dessen große Leidenschaft die Aufnahmetechnik war. Gemeinsam konnten sie die Aufnahmen unendlich oft verbessern. Mundy lebte ebenfalls noch dort. Wenn Kristen und ich am Freitagabend zum Herrenhaus fuhren, saßen Mike, Tom und Mundy dort auf Kissen auf dem Boden, legten Holzscheite auf ein prasselndes Feuer und hörten sich die neuesten Versionen an. Die Außenwelt tangierte sie überhaupt nicht. Im Mai 1973 war *Tubular Bells* endlich fertig.

Als wir *Tubular Bells* in den Handel brachten, wußten wir, daß wir da etwas ganz Besonderes aufgetan hatten. Simon nahm das Band mit zu einer Konferenz von Island Records, die das Album vertreiben sollten. In dem großen Konferenzsaal eines Hotels in der Nähe von Birmingham hatten sich die Vertreter stundenlang Bänder anhören müssen. Sie hatten im wahrsten Sinne des Wortes schon alles gehört. Dann legte Simon *Tubular Bells* auf, und sie spielten die erste Seite ganz ab. Am Ende applaudierte der ganze Saal. Es war Simons erste Vertriebskonferenz, so daß er nicht wußte, daß so etwas vollkommen unüblich war. Nie wieder hörte er einen Saal voll abgebrühter Plattenvertreter einer neuen Schallplatte solchen Beifall spenden.

Am 25. Mai 1973 veröffentlichte Virgin Music seine ersten vier Alben: *Tubular Bells* von Mike Oldfield, *Flying Teapot* von Gong, *Manor Live*, eine von Elkie Brooks angeführte, im Manor Studio aufgenommene Jam-Session und *The Faust Tapes* der deutschen Band Faust. 1973 war ein ganz außergewöhnliches Jahr für die Rock- und Popmusik. In jenem Sommer beherrschten die Stars des Glitterrocks die Hitparaden: Suzi Quatro, Wizzard, Gary Glitter und Sweet. Daneben gab es aber auch ein großes Motown-Kontingent mit Stevie Wonder, Gladys Knight and the Pips, den Jackson Five und Barry White. Am anderen Ende des Spektrums befanden sich Lou Reed mit »Take A Walk On The Wild Side« und 10cc mit »Rubber Bullets«.

Die Albumcharts wurden angeführt von David Bowie mit *Aladdin Sane*, der damit zum ersten Mal bewies, daß er durch völlige Überarbeitung seines Images seiner Karriere neuen Auftrieb geben konnte. Dann folgten die Beatles mit ihren Doppelalben *1962-1966* und *1967-1970*, Pink Floyd mit *Dark Side Of The Moon*, Lou Reed mit *Transformer* und Roxy Music mit *For Your Pleasure*. Angesichts dieser Konkurrenz mußten wir schwer kämpfen, um die Aufmerksamkeit auf Virgins erste vier Veröffentlichungen zu lenken. Abgesehen von *Manor Live*, das im Grunde nicht mehr als eine Feld-Wald-Wiesen-Jam-Session war, behaupteten sich alle sehr gut. Die Presse lobte Faust in den höchsten Tönen: »Faust ist wahrscheinlich die seit langem aufregendste und originellste Band in Europa«, schrieb der *Melody Maker*. Der *New Musical Express* kürte Faust zur coolsten Band. Wir boten das Album zum Preis einer Single an, was dem Absatz sofort Flügel verlieh. Faust kam gleich auf Platz 28 in die Charts. Dieser Marketingtrick brachte auch das neue Plattenlabel Virgin Music ins Rampenlicht – wahrscheinlich aber eher wegen unserer Tollkühnheit als wegen des bewiesenen Urteilsvermögens. Bei einem Preis von 48 Pence pro Stück wurden in der ersten Woche 40 000 Alben von Faust verkauft. Nach einem Monat waren es 100 000 Stück. Die Musik von Faust war sehr esoterisch. Zuvor hatte die Gruppe einen Plattenvertrag mit der auf klassische Musik spezialisierten Firma Deutsche Grammophon gehabt. Entsprechend hoch war auch ihr Niveau. Auf der Suche nach einem Cover ging Simon mit dem

Manager der Band, Uwe Nettelbeck (einem führenden Politikkommentator des Nachrichtenmagazins *Der Spiegel*) in die Rowan Gallery im Londoner West End und wählte ein Gemälde von Bridget Riley namens *Rise* aus. Faust war also ein intellektuelles Schwergewicht: Eine Band für Leute, die ihre Musik ernst nahmen. Zwischen ihnen und Donny Osmond oder David Cassidy lagen Welten. Zu einem ihrer Londoner Konzerte sprachen sie einen Bauarbeiter mit seinem Preßlufthammer auf der Straße an, nahmen ihn mit auf die Bühne und ließen ihn Betonstücke aufbrechen, während sie spielten. Die anderen drei Alben veröffentlichten wir zum regulären Einzelhandelspreis von 2,19 Pfund. Gongs *Flying Teapot* machte sich gar nicht schlecht. Der *Melody Maker* schrieb: »Wenn sie sich nicht gerade über Radio-Gnome und Tee auslassen, ist ihre Arbeit eigentlich sehr gut: sanfte Rockmelodien, unterlegt mit Verfremdungseffekten. Leider geht ein Großteil der Musik in den dümmlichen Texten unter.« Mit Steve Hillage hatte Gong einen der besten Gitarristen der Welt; manche behaupteten, er würde bei dieser Band sein Talent verschwenden. Es war offensichtlich, daß Gong niemals Pink Floyd aus den Hitparaden verdrängen würde.

Die eigentliche Sensation unter Virgins ersten vier Alben war aber *Tubular Bells*: Es war etwas völlig Neues, das alle sofort faszinierte. Die Leute spielten die Platte immer wieder und wieder, um die Musik zu hören und sich zu überlegen, wie Mike das alles miteinander verwoben hatte. Ich erinnere mich an eine Kritik im *New Musical Express*, die ich mehrere Male lesen mußte, bevor mir klar wurde, daß ich zwar nie ganz verstehen würde, was der Kritiker damit sagen wollte, daß er aber allem Anschein nach ganz hingerissen von *Tubular Bells* war. Der *New Musical Express* war mit Abstand die einflußreichste Musikzeitschrift. Wenn sie *Tubular Bells* lobte, würden sich alle um dieses Album reißen.

Außerdem wußte ich, daß jeder, der *Tubular Bells* auch nur einmal hörte, davon begeistert sein würde. Ein Kritiker fand dafür sehr treffende Worte: »Wenn man es einmal hört, sollte das Beweis genug sein.« Das Problem bestand darin, die Ohren der Leute zu erreichen. Ich rief alle möglichen Radiosender an, um sie dazu zu überreden, *Tubular Bells* in ihr Programm aufzunehmen. Damals beherrschten aber Drei-Minuten-Singles den Äther. Für ein 45 Minuten langes Instrumentalstück war da kein Platz. Radio 3 lehnte es ab, weil es nicht Mozart war, und Radio 1 wollte es nicht haben, weil es nicht Gary Glitter war. In den ersten beiden Wochen ließ sich *Tubular Bells* schlecht verkaufen. Dann lud ich John Peel zum Mittagessen auf die *Alberta* ein. Wir kannten uns, seitdem ich ihn für den *Student* interviewt hatte. Auch er hatte sein eigenes Musiklabel gegründet, Dandelion. Er war der einzige, der qualitativ hochwertige Rockmusik im Radio spielte, und seine Sendung war die einzige Chance für *Tubular Bells*. Nach dem Essen machten wir es uns auf den Sofas bequem. Ich legte *Tubular Bells* auf. John Peel staunte.

»So etwas habe ich noch nie gehört«, sagte er schließlich.

Noch in der gleichen Woche hörten wir John Peels lakonische Stimme im Radio. Ich saß mit Mike Oldfield und allen Mitarbeitern von Virgin auf dem Deck des Hausboots.

»Heute abend werde ich nicht viele Platten spielen. Ich werde nur eine einzige von einem jungen Komponisten namens Mike Oldfield auflegen. Es ist sein Debüt, und es heißt *Tubular Bells*. Nie zuvor habe ich so etwas gehört. Das Album ist bei Virgin erschienen, ein ganz neues Plattenlabel, und es wurde in Virgins eigenem Studio in Oxfordshire aufgenommen. Es wird bei Ihnen einen bleibenden Eindruck hinterlassen.«

Dann begann *Tubular Bells*. Ich lag auf dem Sofa. Alle hatten es sich in tiefen Armsesseln oder auf dem Teppich bequem gemacht. Bier und Wein, Zigaretten und Joints machten die Runde. Ich versuchte, mich zu entspannen. Alle außer mir ließen sich von der Musik verzaubern. Ich aber machte mir Sorgen. Mir fällt es schwer, den Strom der Ideen und Möglichkeiten, der mir durch den Kopf geht, wie auf Kommando abzuschalten. Ich überlegte mir, wie viele Menschen sich wohl die *John Peel Show* anhörten, wie viele davon am nächsten Tag *Tubular Bells* kaufen würden oder ob sie vielleicht bis Samstag warten bzw. das Stück bis dahin schon wieder vergessen haben würden. Würden sie in die Virgin-Läden kommen oder die Platte bei Smith's bestellen? Wie schnell würden die Tantiemen eingehen? Wie viele Exemplare müßten wir zusätzlich pressen? Wie sollten wir auf den amerikanischen Markt vorstoßen? Obwohl die Mu-

sik auch mich in ihren Bann zog, fühlte ich mich zugleich wie ein
Außenseiter. Ich konnte mich nicht ganz der Musik hingeben wie Simon oder Nik oder meine neue Assistentin Penni, eine echte Schönheit mit langen, schwarzen Locken und einem großzügigen Lächeln.
Mir war zu deutlich bewußt, daß Virgin zur Finanzierung der im
nächsten Monat fälligen Steuernachzahlung sehr viele Exemplare von
diesem Album verkaufen mußte. Ich wußte, daß *Flying Teapot* und
The Faust Tapes die Rolling Stones oder Bob Dylan wohl kaum aus
den Charts verdrängen würden. *Tubular Bells* hingegen war etwas
ganz Besonderes: Nach der heutigen Sendung mußte etwas passieren.
Virgin würde niemals in der Lage sein, eine so lange Sendezeit im Radio zu kaufen, um für diese Platte zu werben. Mike Oldfield saß
stumm da. Er lehnte sich an Penni und starrte auf den Radioapparat.
Welche Gedanken gingen ihm wohl durch den Kopf? Ich hatte eine
Plattenhülle von *Tubular Bells* (die ein überdimensionales Glockenspiel über einer schäumenden Welle zeigte) über einen Bilderrahmen
geklemmt. Mike sah dieses Bild an, als würde er auf ein echtes Meer
hinausblicken. In der trüben Tiefe meines Denkens entstand ein gieriger Gedanke: Träumte er vielleicht schon von einem zweiten Album?
Den ganzen nächsten Tag über liefen die Telefone heiß: Die Plattenläden bestellten *Tubular Bells*. John Peel hatte sich nicht nur über alle
Traditionen hinweggesetzt, indem er *Tubular Bells* in voller Länge
spielte, sondern auch noch eine Kritik für den *Listener* geschrieben:

*Wenn mir jemand (wie es leider allzu häufig geschieht) erzählt,
eine Platte eines modernen Rockmusikers sei ein Werk von
»bleibendem Wert«, nehme ich in der Regel meinen Hut und
schaue, daß ich möglichst schnell wegkomme. Heute würden
diese Experten Ihnen vermutlich erzählen, daß die Sammler in
zwanzig Jahren immer noch von den Platten solcher Rockgrößen wie Yes oder Emerson, Lake and Palmer schwärmen
werden. Ich bin bereit, einiges darauf zu wetten, daß Yes und
ELM nur noch den hartnäckigsten Fans im Gedächtnis sein und
die heute als so banal betrachteten Gary Glitters und Sweets als
Repräsentanten der wahren Musik der siebziger Jahre gelten
werden. Nichtsdestoweniger möchte ich Ihnen von einer neuen*

Aufnahme berichten, die eine solche Kraft, Energie und wahre Schönheit vermittelt, daß sie für mich den ersten wahren geschichtlichen Durchbruch verkörpert, der einem in erster Linie als Rockmusiker betrachteten Künstler gelungen ist. Mike Oldfield ...

John Peel hatte eine große Fangemeinde, und seine Empfehlung wurde von vielen tausend Menschen im ganzen Land befolgt.

Wir organisierten sowohl für Gong als auch für Faust eine landesweite Tour. Meine Hoffnung war jedoch, daß das für den 25. Juni angesetzte große *Tubular-Bells*-Konzert die nationale Presse dazu veranlassen würde, einen neuen Star zu feiern. Wir sorgten dafür, daß dieses Konzert ein Ereignis wurde, das man keinesfalls versäumen durfte. Es gelang uns, Mick Taylor, den damaligen Gitarristen der Rolling Stones, Steve Hillage sowie Hatfield and the North für verschiedene Instrumente zu verpflichten. Viv Stanshall von der Bonzo Dog Doo-Dah Band erklärte sich bereit, wie auf dem Album die Instrumente auf der Bühne anzukündigen.

An dem Tag, an dem das Konzert stattfinden sollte, besuchte mich Mike auf dem Hausboot.

»Richard«, sagte er leise. »Ich kann das Konzert heute abend nicht geben.«

»Aber es ist schon alles arrangiert«, meinte ich.

»Ich kann einfach nicht«, sagte er mit Grabesstimme.

Verzweiflung packte mich. Ich wußte, daß Mike genauso dickköpfig sein konnte wie ich, wenn er wollte. Ich versuchte zu vergessen, daß das ganze Konzert bereits organisiert, die Tickets verkauft und sogar die Fernsehberichterstattung vereinbart war, denn ich konnte keines dieser Argumente vorbringen. Das hätte Mikes Starrköpfigkeit nur verstärkt. Ich mußte zu einer List greifen.

»Laß uns spazierenfahren«, schlug ich mit unschuldiger Miene vor und führte Mike über den Treidelpfad zu meinem Bentley. Ich wußte, daß Mike diesen dunkelgrauen Wagen mit den verblichenen roten Ledersitzen immer bewundert hatte. Ich hoffte, daß eine entspannende Fahrt vorbei an der Queen Elizabeth Hall Mike in andere Stimmung versetzen würde. Nach einer einsilbigen Fahrt bremste ich vor dem Konzertsaal. Überall hingen Mike-Oldfield-Plakate. Die ersten Konzertbesucher trafen bereits ein.

»Ich kann nicht auf die Bühne gehen«, wiederholte Mike.

Ich konnte ihm nicht erklären, daß dies in seinem eigenen Interesse wäre, da dieses Konzert ihn in die Liga einer Gruppe wie Pink Floyd katapultieren würde. Ich bremste.

»Willst du fahren?«

»Okay«, willigte Mike vorsichtig ein.

Wir fuhren über die Westminster Bridge an Victoria Station vorbei. An meinem Fenster an der Beifahrerseite flog der Hyde Park vorüber. Mike bog in die Bayswater Road ein und fuhr in die Nähe der Kirche, in der sich die Redaktionsstube des *Student* befunden hatte.

»Mike«, sagte ich, »würdest du dieses Auto gerne haben? Soll ich es dir schenken?«

»Schenken?«

»Ja. Ich steig' hier aus und laufe heim. Du fährst einfach weiter, und das Auto gehört dir.«

»Red' keinen Unsinn! Das war dein Hochzeitsgeschenk!«

»Du mußt dafür nur zur Queen Elizabeth Hall fahren und heute abend auftreten. Dann gehört der Wagen dir.«

Wir schwiegen beide. Mit beiden Händen am Lenkrad stellte sich Mike vor, dieses Auto immer fahren zu können. Ich wußte, daß die Versuchung für ihn groß war, und hoffte sehr, daß er sich auf den Handel einlassen würde.

»Einverstanden«, sagte er schließlich.

Ich würde zuerst Kristen und dann meinen Eltern beichten müssen, was ich mit unserem Bentley angestellt hatte, aber ich wußte, daß ihnen das nicht allzu viel ausmachen würde. Trotz seines Charmes und seines sentimentalen Werts war der Bentley nur ein Auto. Aber Mike mußte unbedingt auftreten und den Verkauf von *Tubular Bells* weiter ankurbeln. Wenn er Erfolg hätte, könnte ich mir jeden Wagen kaufen, den ich mir wünschte. Meine Mutter hätte ebenso gehandelt wie ich.

Als die letzten Takte von *Tubular Bells* in der Queen Elizabeth Hall verklangen, ließ das Publikum das soeben Gehörte noch einen

Moment lang schweigend auf sich wirken. Alle schienen geradezu hypnotisiert, und niemand wollte den Bann brechen. Dann standen alle auf und klatschten stürmisch Beifall. Ich saß zwischen Kristen und Simon, und auch wir sprangen von unseren Stühlen, jubelten und applaudierten. Mir liefen Tränen über die Wangen. Mike stand vor der Orgel, eine winzige Gestalt, verbeugte sich einfach und bedankte sich. Selbst die Band klatschte Beifall. Ein neuer Star war geboren. An jenem Abend verkauften wir Hunderte von Exemplaren von *Tubular Bells*. Mike war zu mitgenommen, um eine Pressekonferenz geben zu können. All diese jubelnden Menschen, die seine Platte kaufen wollten und sich um ihn rissen, gaben ihm, wie er sich ausdrückte, »das Gefühl, vergewaltigt worden zu sein«. Er verschwand in seinem neuen Bentley. Danach weigerte er sich jahrelang, eine Bühne zu betreten. Kristen und ich gingen zu Fuß nach Hause. Ab jenem Abend war Mike Oldfields *Tubular Bells* das gefeiertste Album des Jahres. Virgin Music hatte einen Coup gelandet. Geld begann in unsere Kassen zu strömen. Dank der Mundpropaganda kam *Tubular Bells* am 14. Juli als Neuzugang auf Platz 23 der Charts. Im August erreichte es die Nummer 1. In den nächsten 15 Jahren erreichte jedes von Mike Oldfield veröffentlichte Album die Top Ten. Von *Tubular Bells* wurden letztendlich über 13 Millionen Stück verkauft; damit stand es unter den meistverkauften Alben in Großbritannien an elfter Stelle. Es hatte sich gelohnt, dafür meinen Bentley zu opfern. Ich fand nie die Zeit, mir einen neuen zu kaufen.

Virgin etablierte sich zwar über Nacht als Plattenlabel, doch waren wir nach wie vor ein winziges Unternehmen mit nur sieben Mitarbeitern, das unmöglich landesweit Platten vertreiben konnte. Uns standen zwei Optionen offen. Erstens konnten wir anderen, größeren Plattenfirmen Lizenzen für unsere Alben gewähren. Das würde nur bei relativ erfolgreichen Bands funktionieren. Die Partnerfirma würde im voraus eine Zahlung für das Recht des Plattenverkaufs leisten, den Vertrieb organisieren und den Großteil der Gewinne für sich behalten. Wenn die Platte die Vorauszahlung wieder einspielte, würde uns der Lizenznehmer eine Lizenzgebühr von üblicherweise 16 Prozent bezahlen. So verfuhren neugegründete Plattenfirmen wie Virgin im allgemeinen. Die zweite Möglichkeit war risikoreicher.

Virgin würde auf die Vorauszahlung und die Lizenzgebühr verzichten und einfach nur eine andere Plattenfirma mit der Herstellung und Distribution seiner Platten gemäß der Bestellungen von Plattenläden im ganzen Land bezahlen. In diesem Fall trug Virgin die Verantwortung für alle Werbemaßnahmen für seine Platten sowie das ganze Risiko im Falle eines Mißerfolgs. Dafür würden wir bei guten Absatzzahlen aber auch den gesamten Gewinn einstreichen. Die meisten kleinen Plattenfirmen vergaben Lizenzen, denn das war leicht verdientes Geld für sie: Sie bekamen vom Partner 16 Prozent Lizenzgebühr und zahlten ihren Künstlern daraus den vereinbarten Anteil von vielleicht 5 bis 10 Prozent. Simon und ich entschieden uns für einen Herstellungs- und Vertriebsvertrag (»Pressing and Distribution« oder »P&D«). Das war ein kühner Plan, doch selbst damals wußte ich bereits, daß man etwas wagen mußte, um zu gewinnen. Wenn man risikofreudig ist, besteht die Kunst darin, sich gegen potentielle Verluste abzusichern. Wir hielten *Tubular Bells* für so gut, daß wir selbst Werbung dafür machen konnten. Ich war überzeugt, daß wir so viele Exemplare verkaufen konnten, daß sich unsere Investitionen amortisieren würden. Daher traten wir mit dem Angebot eines P&D-Vertrags an Island Records heran. Als Redakteur beim *Student* war ich zum ersten Mal auf Island Records gestoßen. Sein Gründer Chris Blackwell war in Jamaika aufgewachsen und weitgehend für die Einführung von Reggae in Großbritannien verantwortlich. Island brachte Bob Marley heraus, der zum ersten Reggae-Superstar avancierte. Weitere Künstler auf ihrer Liste waren Cat Stevens und Free. Wie vorauszusehen, lehnte Island Records den P&D-Vertrag zunächst ab. Sie hatten bereits Lizenzverträge mit Chrysalis und Charisma (die Genesis herausbrachten) abgeschlossen und wollten auf der gleichen Basis mit Virgin arbeiten. Also boten sie uns einen sehr attraktiven Lizenzvertrag mit 18 Prozent an. Wir zahlten Mike 5 Prozent, so daß uns in diesem Falle 13 Prozent aus dem Verkauf von *Tubular Bells* geblieben wären. Bei einem Preis von 2,19 Pfund wären dies 28,5 Pence pro Stück gewesen, was uns bei einem Verkauf von 600 000 Stück – einem außergewöhnlichen, durchschlagenden Erfolg bzw. zweifachen Platin – einen Gewinn von ungefähr 171 000 Pfund eingebracht hätte. Gold erreicht eine Platte bei

200 000 verkauften Stück und Platin bei 300 000. Bei einer Million verkaufter Platten hätte Virgin einen Gewinn von 285 000 Pfund erzielt, ohne den geringsten Beitrag zu den Werbe- und Marketingkosten leisten zu müssen. Ein erfahrener Beobachter hätte Island weitaus bessere Werbemöglichkeiten als Virgin in den Schallplattenläden des Landes bescheinigt. Island und unsere Anwälte drängten uns, dieses Angebot anzunehmen, und die meisten kleinen Plattenfirmen hätten an unserer Stelle auch eingewilligt.

Simon und ich waren jedoch anderer Meinung. Wir hatten 14 Virgin-Läden, die *Tubular Bells* in Liverpool, Manchester, Leeds, Newcastle, Sheffield, Edinburgh, Glasgow, Birmingham sowie im Süden Englands in Bristol, Bath und Southhampton vertreiben konnten. Wir fühlten uns auch in der Lage, die Werbemaßnahmen in den nationalen Zeitschriften sowie in der Musikpresse selbst zu übernehmen. Nachdem ich 100 000 Exemplare von *Student* im ganzen Land verkauft hatte, war ich überzeugt, daß wir auch diese Platte in großen Mengen vertreiben konnten. Natürlich wurde unsere Arbeit erheblich durch die Tatsache erleichtert, daß *Tubular Bells* so gut war, daß sie jeder, der die Platte hörte, sofort kaufen wollte. Einem Außenstehenden mochte dies wie ein äußerst riskantes Spiel vorkommen. Wenn der Absatz von *Tubular Bells* hinter den Erwartungen zurückblieb, würde es mit Virgin den Bach hinuntergehen. Wenn wir aber 600 000 Stück im Wert von insgesamt 1,3 Millionen Pfund verkaufen könnten, würden uns nach Abzug der Einzelhandelsmarge 920 000 Pfund bleiben. Aus dieser Summe würden wir Mike Oldfield 65 700 Pfund und Island Records für Produktion und Distribution 197 000 Pfund bezahlen, so daß uns 658 000 Pfund zur Finanzierung der Werbung für die Platte und Investitionen in neue Künstler blieben. Das war der Vorteil dieser Vereinbarung.

Das Urheberrecht an *Tubular Bells* gehörte uns von Haus aus, und wir waren entschlossen, dies zu unserem Vorteil zu nutzen. Also lehnten wir Islands Angebot ab und boten weiterhin zwischen 10 und 15 Prozent für die Produktion und Distribution der Platte. Island gab erst nach, als wir drohten, zur Konkurrenz – CBS – zu gehen. Mit Unterzeichnung des P&D-Vertrags verzichteten wir auf eine sofortige Finanzspritze, die unsere Banker sehr begrüßt hätten, da auf dem Manor Studio immer noch eine Hypothek lastete. Statt dessen verpflichteten wir uns, *Tubular Bells* mit unseren eigenen Ressourcen zu verkaufen. Ohne es zu wissen, zog Island in seinem Nest einen Kuckuck groß. Als der Verkauf von *Tubular Bells* Silber, Gold, Platin, zweifaches Platin und dann die Ein-Millionen-Marke erreichte, wurden wir reicher, als wir uns in unseren kühnsten Träumen vorgestellt hatten. Virgin Music wurde zu einem Schwergewicht in der Plattenindustrie und schließlich zum Rivalen von Island Records. Obwohl sich die Tantiemen, die wir Mike Oldfield und Island zahlten, und auch der Preis der Platte im Laufe der Zeit änderten, wurden von *Tubular Bells* Millionen von Exemplaren verkauft. Noch heute finden sich Käufer auf der ganzen Welt. Dieses riskante Spiel brachte uns unser erstes Vermögen ein. Als nächstes versuchten wir, unsere Platten im Ausland zu vertreiben. Ich traf mich in New York mit Ahmet Ertegun, dem Chef von Atlantic Records und einem der einflußreichsten Männer in der Unterhaltungsbranche.

Ahmet Ertegun war der große alte Mann der amerikanischen Musikbranche, und ich war gerade 23 Jahre alt. Man führte mich in sein Büro, von dem aus man einen atemberaubenden Blick über die Skyline von Manhattan hatte. Ahmet erhob sich hinter seinem gewaltigen Schreibtisch und schüttelte mir die Hand. Er war ein aalglatter, schlagfertiger Mann türkischen Ursprungs. Er gab mir deutlich zu verstehen, daß er sehr beschäftigt sei und viele dringliche Verpflichtungen habe, aber fünfzehn Minuten für die Vertragsverhandlungen zu Mike Oldfield erübrigen könne. Sein Interesse an Mike Oldfield, so erklärte er mir, beruhe auf dessen Originalität, aber er sehe dies als einmaliges Geschäft. Mit ermutigendem Lächeln bot er mir 180 000 Dollar. Ich wußte, daß er ein höheres Angebot meinerseits und eine Einigung auf 200 000 Dollar innerhalb von 15 Minuten erwartete. Ich schüttelte den Kopf. Ahmet lächelte wieder und räumte ein, daß auch er ein solches Angebot abgelehnt hätte, daß er nun aber 200 000 Dollar biete. Das sei sein letztes Angebot. Er erwartete, daß ich ohne nachzufragen unterschreiben würde. Ich schwieg.

»Was haben Sie sich denn vorgestellt?« fragte Ahmet.

»Das werde ich Ihnen nicht verraten«, erwiderte ich. »Es war aber um einiges mehr.«

Am Abend waren wir noch immer nicht handelseinig geworden. Sein Terminplan mußte völlig über den Haufen geworfen werden, und jetzt bot er mir einen Besuch in einem Nachtclub an, wo wir zu einem Ergebnis kommen sollten, bevor jeder von uns nach Hause ging. Als mich seine lange Limousine in meinem schäbigen Hotel abholte, besserte sich meine Laune sofort, als ich Ahmet auf dem Rücksitz mit zwei schwarzen Schönheiten erblickte. Wenn er mir so ansprechende Begleitung bot, mußte er sehr an *Tubular Bells* interessiert sein. Ich war im siebten Himmel: Mir stand nicht nur eine aufregende Nacht mit einem dieser Mädchen bevor – ich würde zudem gewiß ein Angebot von über 500 000 Dollar für *Tubular Bells* erhalten. Auf der Fahrt holte Ahmet eine Flasche Champagner aus dem Kühlschrank der Limousine. Vor dem Nachtclub warteten die Blitze der Photographen auf ihn. Ich folgte ihm und den beiden Mädchen in den Club.

Als wir auf unseren Tisch warteten, zog mich Ahmet beiseite. »Darf ich Ihnen etwas ins Ohr flüstern?«.

»Natürlich.« Ich lächelte. Der große Augenblick war da. Er würde mir 1 Million für *Tubular Bells* mit großzügigen Tantiemen bieten. Dann konnte ich sofort akzeptieren, und wir könnten den Rest des Abends genießen.

»Können Sie mich verstehen?« Ahmet erhob seine Stimme über die Musik.

»Ja«, sagte ich und lächelte einem der beiden Mädchen zu.

»Ich möchte nur eines klarstellen. Mir ist es gleich, ob wir in Sachen Mike Oldfield ins Geschäft kommen oder nicht«, meinte er und tätschelte meinen Arm. »Aber damit keine Mißverständnisse aufkommen: Beide Mädchen sind für mich.«

8
DER EWIGE ZWEITE

1974 bis 1976

Als Mike Oldfield nach dem Konzert in der Queen Elizabeth Hall in meinem alten Bentley davonfuhr, war er bereits der Realität entrückt. Während all der Monate, in denen er mit Tom Newman in völliger Abgeschiedenheit im Manor Studio sein vollkommenes Album kreiert hatte, hatte er davon geträumt, daß sich alle um *Tubular Bells* reißen würden. Im tosenden Beifall des Publikums nach seinem Konzert war ihm klargeworden, daß dies zwar die Anerkennung war, nach der er sich gesehnt hatte, er aber nicht damit umgehen konnte. Die Musikindustrie kann Künstlern innerhalb von wenigen Monaten zu ungeahntem Reichtum verhelfen. Ob es ihm behagte oder nicht, Mike war jetzt in dieser Spirale gefangen, die ihn zu einem der wohlhabendsten Menschen Großbritanniens machen würde. Dieser Erfolg verstörte ihn, und ich mußte lernen, mit dieser Verantwortung zu leben. Die Frage, ob ich ihn vielleicht lieber nicht zu diesem Konzert hätte drängen sollen, konnte ich nicht beantworten. Mike zog sich mit einer Freundin in einen entlegenen Teil von Wales zurück und kommunizierte nur noch mit mir.

Bei meinem ersten Besuch konnte ich sein Haus kaum finden. Die winzige Steinhütte stand am Rande der Bergkette Hergest Ridge mit dem Rücken zur vorherrschenden Windrichtung, war aber dennoch so abgelegen wie Wuthering Heights. Mike nahm mich mit dem zwei Meter breiten Segelflieger, den er aus Balsaholz gebaut hatte, auf den Hergest Ridge hinauf. Ich sah zu, wie er vorsichtig den Hügel hinunterlief und das große Flugzeug starten ließ. Erst schien es über Mikes Kopf in der Luft zu stehen, doch dann wurde es vom Wind erfaßt und über den Felsgrat auf die Felder unter uns getrieben. Mike beobachtete das Flugzeug; der Wind blies ihm die Haare aus dem Gesicht. Zum ersten Mal lächelte er. Ich fuhr zurück nach London; Mike blieb in Hergest Ridge. Wie in einer traurigen Parodie meiner Eroberung von Kristen ging Mike eines Abends in die Dorfkneipe und bat einen Freund, die Sachen seiner Freundin zu packen und sie zum Bahnhof zu bringen. In den nächsten zehn Jahren lebte Mike Oldfield wie ein Einsiedler und betrieb keinerlei Werbung für seine Alben. Glücklicherweise besaßen wir eine Filmaufnahme von Mike, wie er *Tubular Bells* spielte. Wir machten daraus einen Dokumentarfilm und schnitten Bilder von abstrakten Skulpturen von William Pye dazwischen. Die BBC zeigte den Film dreimal. Jedesmal schnellte der Absatz von *Tubular Bells* und Mikes anderen Platten in die Höhe. Hätte Mike in den nächsten zehn Jahren wie Pink Floyd Konzerte gegeben, wäre er mit Sicherheit zu einem der größten Rockstars der Welt geworden und John Peels Prophezeiung hätte sich bewahrheitet. So aber wurde *Tubular Bells* berühmter als Mike Oldfield selbst, und keines seiner vielen anderen wunderschönen Alben (einschließlich meines persönlichen Favoriten *Ommadawn*) erreichte den gleichen Bekanntheitsgrad wie *Tubular Bells*. Den anderen Plattenfirmen war Mikes hartnäckige Weigerung, Konzerte zu geben, ein Rätsel. Ahmet Ertegun, den ich seinen beiden schwarzen Schönheiten überlassen hatte, der aber nach zähen Verhandlungen doch eine Lizenz für *Tubular Bells* in den USA erwarb, konnte es nicht verstehen.

»Sie wollten mir erzählen, daß Sie als Werbung einen Film mit Skulpturen haben?« fauchte er mich an. »Das kapier' ich nicht. Das wird hier wohl auch sonst niemand verstehen. Wir können alle ins Museum gehen, wenn wir wollen.«

Wie üblich fand Ahmet eine Lösung: Er verkaufte *Tubular Bells* als Soundtrack für den Film *Der Exorzist*. Als der Film in den USA zum Hit wurde, fand auch das Album reißenden Absatz. Ein Jahr nach seinem Siegeszug in Großbritannien stand *Tubular Bells* auch an der Spitze der amerikanischen Charts.

Ziel einer jeden Plattenfirma ist es, ihre Bands zu Namen zu machen, die jeder kennt. Wenn eine Band einen bestimmten Status erreicht hat, ist sie mehr als ein Markenname, und das Publikum kauft ihre neuen Alben praktisch auf Treu und Glauben. Zwar können zwei schlechte Alben nahezu jeder Musikerkarriere einen Dämpfer verpassen, doch kann man relativ leicht vorhersagen, wie viele Exemplare vom nächsten Album verkauft werden, wenn ein Star eine bestimmte Fangemeinde aufgebaut hat. Bei neuen Musikern ist die Mißerfolgsquote hoch, doch ist das Wachstumspotential in der Musikindustrie ab einer bestimmten Schwelle größer als bei Büchern oder Filmen oder in irgendeinem anderen Segment. Ein Musikstück kann schwindelerregende Höhen erreichen: In der einen Woche hat noch niemand von »Karma Chameleon« gehört, in der nächsten summt es die ganze Welt. Neben diesem erstaunlichen Wachstumspotential ist der Musiksektor auch internationaler als andere Branchen. Einige Länder wie Frankreich und Japan konzentrieren sich zwar nach wie vor sehr auf den heimischen Markt, aber große Stars wie Stevie Wonder, Paul McCartney oder Fleetwood Mac finden einen internationalen Absatz, von dem die meisten Industrieunternehmen nur träumen können. Das Exportgeschäft ist für jede Firma schwierig, aber die Musikindustrie überschreitet die meisten Grenzen: Musik wird über Radiosender oder durch Mundpropaganda bekannt, und wenn eine Band einmal Erfolg hat, spielen Grenzen keine Rolle mehr. Außerdem ist der internationale Absatz für englischsprachige Titel leichter: Deutsche und Skandinavier hören gerne die Beatles, während das englischsprachige Publikum, von zweifelhaften Ausnahmen wie »Je t'aime« oder »Viva España« einmal abgesehen, kaum je in einer fremden Sprache gesungene Popsongs akzeptiert. Vor diesem Hintergrund setzten Simon und ich uns in bezug auf Verhandlungen mit Musikern drei Ziele. Wir formulierten sie niemals explizit aus, doch lehrten uns unsere Verhandlungen mit Mike Oldfield diese allgemeinen Grundsätze.

Erstens wollten wir so lange wie möglich das Eigentum an unserem eigenen Copyright behalten. Wir taten unser Bestes, keine Verträge abzuschließen, in denen das Urheberrecht wieder an den Künstler zurückfiel, da Copyrights die einzigen Aktivposten einer Plattenfirma sind. Wir versuchten auch, möglichst viele der bisherigen Werke eines Künstlers in unseren Vertrag einzubinden, obwohl hier oft vertragliche Beziehungen zu anderen Plattenfirmen bestanden. Unter dem Glanz der Rockszene verbirgt sich nur ein einziger wahrer Wert: das geistige Eigentum an den Songs der Stars. Daher boten wir hohe Anfangszahlen, versuchten aber, die Künstler für acht Alben zu verpflichten. Während des gesamten Bestehens von Virgin Music waren wir stolz darauf, niemals eine Band zu verlieren. Der Grund: Wir verhandelten die Verträge immer nach einigen Alben neu. Ironischerweise war ausgerechnet Mike Oldfield der einzige Musiker, der mich um ein Haar verließ, weil ich zu lange mit Neuverhandlungen gewartet hatte. Wenn man neue Bands aufbaut, muß man unbedingt berücksichtigen, daß oft das dritte oder vierte Album am wertvollsten ist. Ein gutes Beispiel ist Human League, die zwei Alben bei Virgin machten, von denen sich das zweite besser als das erste verkaufte. Den Durchbruch brachte aber erst das dritte, *Dare*, von dem über 2 Millionen Stück verkauft wurden. Wir wollten unsere Musiker auf keinen Fall nach einigen Alben verlieren, nur um zusehen zu müssen, wie sie bei einer anderen Plattenfirma Erfolge einheimsten. Nachdem wir einen Künstler verpflichtet hatten, versuchten wir schon bald, den Vertrag zu erweitern. Obwohl wir dadurch bei den Tantiemen auf 2 oder 3 Prozentpunkte verzichten mußten, war dies ein geringes Zugeständnis im Vergleich zu der Möglichkeit, den Vertrag um zwei weitere Alben zu verlängern. Simon und ich versuchten von Anfang an, Virgin Music als internationales Unternehmen zu positionieren. Unser zweites Ziel bei Vertragsverhandlungen bestand daher darin, das weltweite Urheberrecht an den Werken unserer Künstler in unsere Verträge aufzunehmen. Unser Argument lautete, daß wir weniger Anreiz für Promotions in Großbritannien sahen, wenn die Musiker ihren hiesigen Erfolg dazu nutzten, mit einem anderen Label im Ausland Fuß zu fassen. Unser dritter Verhandlungspunkt sollte sicherstellen, daß Virgin Eigentümer der Urheberrechte der einzelnen Mitglieder der Bands und nicht nur der Band insgesamt war. Manchmal fiel es schwer, die Band zu definieren: Die Rolling Stones bestanden zwar eindeutig aus Mick Jagger, Keith Richards, Bill Wyman und Charlie Watts, doch kamen und gingen einige andere. Die Musikindustrie definierte die Rolling Stones schließlich als »Mick Jagger plus drei andere«.

Manche Bands trennten sich, und ihre Musiker machten erfolgreiche Solokarrieren. Das Paradebeispiel ist wohl Genesis: Peter Gabriel und Phil Collins wurden im Alleingang beide größere Stars als innerhalb der Band. Wir mußten dafür sorgen, daß Virgin keine Band verpflichtete und hinterher nur mit einer leeren Hülle dastand, während der erste Gitarrist bei einem anderen Label als Solokünstler einen Erfolg nach dem anderen feierte. Die einzige andere Weisheit, die wir entdeckten, lautete, daß wir bereit sein mußten, beinahe jeden Preis zu zahlen, wenn wir eine Band unbedingt für uns gewinnen wollten. Ein Künstler, der einen Vertrag mit einer anderen Plattenfirma unterzeichnet hatte, nützte uns gar nichts. Ein Geheimnis des Erfolgs einer Plattenfirma hängt von der Dynamik ab, die man aufbaut: Man muß immer neue Bands verpflichten und zum Erfolg führen. Selbst wenn uns eine angesehene Band einen Verlust bescherte, gab es andere, immaterielle Vorteile: Beispielsweise wurden wir dadurch für andere Künstler attraktiver, und für unsere neueren Bands öffneten sich dadurch die Türen der Radiostationen. Auf dieser Basis begann Virgin im Zuge von Mike Oldfields Erfolg, Verträge mit neuen Bands zu schließen. Die meisten davon würden natürlich erfolglos bleiben. Wir zahlten uns aber nach wie vor niedrige Löhne, steckten die ganze Zeit über zusammen und reinvestierten unseren gesamten Gewinn aus *Tubular Bells* in neue Künstler und den Ausbau des Unternehmens.

Nach zwei Jahren Ehe machten Kristen und ich Urlaub in Mexiko. Wir hatten einige Schwierigkeiten miteinander. Nach unserer Hochzeit hatte Kristen darauf bestanden, daß wir mein Boot verkauften und in ein Haus zogen. Auf der *Alberta* habe sie nicht genug Platz zum Malen, argumentierte sie. Anfangs versuchten wir es mit einem Kompromiß: Ich kaufte ein größeres Hausboot namens *Duende*. Da dies auch nicht genügte, verkaufte ich es weiter an den Sänger Kevin Ayers. Kristen fand ein kleines Haus in der Denbigh Terrace gleich neben der Portobello Road und nur zwei Straßen von unseren Büros in Vernon Yard entfernt. Wir hatten wieder trockenen Boden unter den Füßen. In dem neuen Haus fühlten wir uns beide eingesperrt. Kristen hatte niemals Ruhe vor den Mitarbeitern und Bands von Virgin, die jeden Abend bei uns ein- und ausgingen. Alle im Unternehmen hatten meine Privatnummer und -adresse, denn wenn ein Problem auftrat, wollte ich davon erfahren, bevor es eskalierte. Seit meiner Arbeit für das Student Advisory Centre habe ich viel Zeit am Telefon verbracht, und da mir nichts an Virgin so wichtig war wie die Menschen, die dort arbeiteten, wollte ich, daß sie so zufrieden wie nur irgend möglich waren. Kristen wandte zu Recht ein, daß wir keinerlei Privatsphäre hatten. Es frustrierte sie zunehmend, daß ich Privat- und Berufsleben nicht zu trennen vermochte. Wenn ich nach Hause kam, klingelte das Telefon, bevor ich die Haustür hinter mir geschlossen hatte. Ich gehe immer ans Telefon – im Gegensatz zu anderen Geschäftsleuten, die sagen »Ich werde später zurückrufen«. Ich wünsche mir oft, ich könnte ebenso handeln, aber ich habe das Gefühl, daß ein Anruf zum nächsten führt und neue Chancen eröffnen kann. Da ich immer kämpfen mußte, um über die Runden zu kommen, war ich stets auf der Suche nach dem nächsten Vertrag. Mein Leben ist ein kontinuierlicher Strom von Telefongesprächen. Nach jedem sexuellen Beisammensein mit Kristen bildete sich bei mir zudem ein schmerzhafter, allergischer Ausschlag, der erst nach ungefähr drei Wochen wieder abheilte. Wir konsultierten mehrere Ärzte, fanden jedoch nie eine Lösung. Ich ließ mich deswegen sogar beschneiden. Im Alter von 24 Jahren ist das keine gute Idee, vor allem, wenn man sich am Abend nach der Operation Jane Fondas erotischen Film *Barbarella* ansieht. Bevor ich etwas dagegen unternehmen konnte, waren meine Wundnähte aufgeplatzt! Als Kristen die Ursache für meine Schmerzensschreie herausfand, lachte sie, bis sie Seitenstechen bekam. Mich stach es ganz woanders. Unser Liebesleben war frustrierend und schwierig, und das blieb nicht ohne Folgen für unsere Beziehung. Wir fuhren übers Wochenende nach Paris, um Virgin zu entkommen, und stiegen in einem winzigen Hotel am Place des Vosges ab. An jenem Abend weigerte sich Kristen, mit mir zu schlafen. Ich fühlte mich wie ein Aussätziger und konnte diese Abfuhr niemals wieder vergessen.

1974 war unsere Ehe ein Trümmerhaufen. Wir hatten beide zahlreiche Affären. Dieses Nomadenleben sagte mir zu, doch Kristen wünschte sich eine festere Beziehung. Rückblickend erscheinen mir diese Jahre seltsam, denn ich glaube, daß ich Kristen mehr liebte als sie mich. Ich verbrachte nicht mehr als eine Nacht mit anderen Frauen, während Kristens Affären alle zu Beziehungen wurden. Einmal fuhr ich sie zum Haus eines Mannes, mit dem sie eine Affäre hatte, und bat sie, nicht hineinzugehen. Am nächsten Morgen holte ich sie wieder ab und flehte sie an, nicht mehr zu ihm zurückzukehren. Im Sommer 1974 fuhren wir in Urlaub, um fern von daheim zu versuchen, unsere Ehe zu retten. Kristen wählte die Insel Cozumel vor der Küste von Mexiko aus mit der Begründung, daß dort keine Telefone funktionieren würden und mich daher niemand von Virgin erreichen könne. Wir verbrachten zwei wunderschöne Wochen dort und landeten schließlich auf der Halbinsel Yucatán. Ich hatte mich noch nie im Tiefseefischen versucht, doch eines Abends kamen wir in der Bar einer kleinen Hafenstadt mit anderen Touristen ins Gespräch, die uns erklärten, daß dies der beste Ort für Marlin und Fächerfisch sei. Wir beschlossen, uns am nächsten Tag von Fischern aufs Meer hinausfahren zu lassen. Obwohl uns der nächste Tag sonnig und klar vorkam, wollten die Fischer nicht gerne in See stechen. In gebrochenem Englisch und mit Hilfe von Kristens rudimentären Spanischkenntnissen erklärten sie uns, daß sie einen Sturm erwarteten.

»Kommen Sie«, bat ich, »wir haben nur noch ein paar Tage Urlaub. Wir zahlen Ihnen das Doppelte.«

Sie gingen auf mein Angebot ein. Zusammen mit den beiden anderen Touristen aus der Bar, die ebenfalls den doppelten Preis zahlten, machten wir uns auf den Weg. Wir wechselten uns an den Angeln ab. Bald fing Kristen einen großen Fächerfisch, der fast drei Meter aus dem Wasser sprang und erst nach etwa 40 Minuten eingezogen war. Wir ließen ihn frei und fischten weiter. Die beiden anderen Touristen hatten bereits jeder einen Marlin gefangen, bevor bei mir einer anbiß. Ein Marlin stößt Fische mit seinen Stacheln über die Wasseroberfläche und fängt sie dann in der Luft. Die Flosse tauchte hinter meinem Köder auf; der Köder wirbelte durch die Luft. Dann tauchte die riesige schwarzsilberne Seite des Marlins über der Wasseroberfläche auf und schluckte meinen Köder. Als ich versuchte, den Marlin an Bord zu ziehen, fiel uns plötzlich auf, daß es dunkel und kalt wurde. Hinter uns türmten sich die Wolken. Bald war klar, daß wir dem prophezeiten Sturm nicht entkommen konnten. Große Regentropfen klatschten auf das Deck. Ohne jede Vorwarnung durchschnitt ein Fischer meine Schnur mit seinem Messer. Der plötzliche Verlust meines Fisches und der Gedanke, daß ihm jetzt fast 200 Meter Nylonfaden aus der Kehle hingen, verursachte in mir ein Gefühl der Übelkeit. Wir hatten die anderen Fische wieder freigelassen. Dieser Marlin sah aber seinem sicheren Tod entgegen. Die Fischer warfen den Motor an. Anstatt in Richtung Land zu fahren, begann sich unser Boot jedoch im Kreis zu drehen. Das Ruder hatte sich verklemmt. Die Wellen wurden immer höher und brachen sich über dem Heck. Kristen begann, unkontrollierbar zu zittern. Wir alle waren völlig durchnäßt und froren. Die Wolken verdeckten die Sonne völlig. Es wurde dunkel – fast hätte man meinen können, es sei Nacht. Wir gingen unter Deck in die winzige Kajüte, die voller Rauch vom Motor war. Einer der Touristen übergab sich. Ich öffnete das Fenster, konnte jedoch den Geruch von Erbrochenem und Dieselbenzin nicht vertreiben. Das Boot wurde so entsetzlich hin- und hergeschleudert, daß wir uns schon auf dem Meeresgrund sahen. Nach einer Stunde hörten Wind und Regen urplötzlich auf. Der schlimmste Sturm unseres Lebens war vorüber, aber über uns ragten die Wellen immer noch drei Meter in die Höhe. Es war geradezu gespenstig still. Wir müssen uns im Auge des Sturms befunden haben. Eine Zeitlang schien die Sonne hell auf uns herab. Dann sahen wir die andere Seite des Sturms auf uns zukommen: eine massige schwarze Front am Horizont, die bedrohlich näher rückte.

»Richard, ich glaube, wir sollten ans Ufer schwimmen«, sagte Kristen. »Dieses Boot hält keinen zweiten Sturm mehr aus.«

»Sie sind verrückt«, sagten die anderen Touristen. »Bleiben Sie an Bord.«

Kristen und ich waren uns einig, daß das Boot eine zweite Runde nicht überstehen würde. Wir stritten mit den Fischern und den Touristen herum, die unsere Meinung nicht teilten. Das Ufer war gut drei Kilometer entfernt. Das häßlich mattschwarze Wasser um uns herum türmte sich zu hohen Wogen mit Schaumkronen auf. Ich hatte schreckliche Angst, teilte aber Kristens Meinung. In der Schule war sie eine gute Langstreckenschwimmerin gewesen, und sie gab mir die einzigen Taucherflossen an Bord. Wir zogen uns bis auf die Unterwäsche aus. Die Fischer reichten uns ein Holzbrett. Wir wünschten einander Glück. Dann sprangen Kristen und ich über Bord. Sofort trieb uns die Strömung am Boot vorbei in Richtung Küste. Wir verloren das Boot aus den Augen und konzentrierten uns darauf, ans Ufer zu schwimmen, das wir nur auf den Wellenkämmen sehen konnten. Kristen schwamm voran; ich versuchte, mit ihr mitzuhalten. Beim Fischen hatten wir auch nach Haien Ausschau gehalten, und jetzt mußte ich mir vorstellen, wie sich unter mir ein riesiger Fisch aufbäumte, mich seitlich in die Luft schleuderte – ähnlich wie der Marlin meinen Köder – und sich dann in meinen Bauch und meine Beine verbiß.

»Strampel' nicht zu heftig«, schrie Kristen mir ins Ohr. »Sonst bekommst du einen Krampf.«

Wir schwammen quer durch die Strömung, ohne uns den Kopf darüber zu zerbrechen, ob wir die Küste hinaufgetragen wurden. Hauptsache, wir wurden nicht weiter ins Meer hinausgetrieben. Langsam kamen wir näher ans Ufer. Wir waren schon fast zwei Stunden geschwommen, bevor ich sicher war, daß wir es schaffen würden. Die Küste war erst nur eine verwischte, grüne Linie, dann konnten wir Bäume und schließlich einen schlammigen Strand erkennen. Dennoch mußten wir noch eine ganze Stunde schwimmen, bis wir uns durch die Brandung schleppten und am Ufer zusammenbrachen. Nach fast drei Stunden im kalten Wasser froren wir fürchterlich. Unsere Hände waren weiß und faltig. Wir klammerten uns aneinander und schworen uns, nach diesem Erlebnis immer zusammenzubleiben.

»Wir müssen zum Hafen zurück«, sagte Kristen. »Sie müssen einen Suchtrupp losschicken.«

Wir liefen durch Mangrovensümpfe die Halbinsel entlang. Halbnackt, zitternd vor Schock und Erschöpfung und mit blutenden Füßen erreichten wir nach einer Stunde den kleinen Hafen. Dort fanden wir den Kapitän der örtlichen Autofähre. Kristen erklärte ihm, daß ein Boot mit verklemmtem Ruder da draußen in Seenot war. Er erklärte sich zu einer Rettungsaktion bereit und lieh uns einige Kleider. Dann machten wir uns sofort auf den Weg. Nach weniger als einer Viertelstunde brach der zweite Sturm los. Er war weitaus schlimmer als der erste und warf die große, schwere Autofähre wie Treibgut hin und her. Wir konnten kaum glauben, daß wir nach der ersten Rettung wieder in einem Sturm auf dem Wasser waren. Nach zehn Minuten verkündete der Kapitän, daß er umkehren müsse. Es sei hoffnungslos. So sehr uns das widerstrebte, konnten wir doch sehen, daß die Fähre Gefahr lief zu kentern. Das Fischerboot wurde niemals gefunden. Zwei Tage später verließen Kristen und ich Mexiko. Ich mußte lernen, mit der Frage zu leben, ob die Fischer an jenem Tag vielleicht nicht aufs Meer hinausgefahren wären, wenn wir sie nicht so bedrängt hätten. Zwei Fischer und zwei Touristen waren ertrunken; ein Fischerboot war untergegangen. Vielleicht hätten wir und die anderen beiden Touristen nicht mit einer Handvoll Dollars winken sollen.

Obwohl wir uns auf dem Strand geschworen hatten, für immer zusammenzubleiben, ging es nach unserer Rückkehr nach London mit unserer Ehe endgültig den Bach hinunter. Unsere Beziehung endete da, wo sie begonnen hatte: auf einem Hausboot. Wir waren bei Kevin Ayers und seiner Frau auf der *Duende* zum Essen eingeladen. Im Laufe des Abends wurde klar, daß Kristen es Kevin angetan hatte. Mir ging es ebenso mit seiner Frau. Bald unterhielten wir uns auf getrennten Sofas, tauschten Küsse aus, und dann gingen Kevin und Kristen ins Schlafzimmer, während seine Frau und ich auf dem Sofa blieben. Wie in der Geschichte von Roald Dahl, in der zwei Nachbarn sich in das Schlafzimmer des jeweils anderen schleichen und mit der Frau des Freundes schlafen, funkte es in jener Nacht offenbar zwischen Kristen und Kevin. Was als harmloser Spaß begonnen hatte, endete damit, daß Kristen mich verließ und zu Kevin auf die *Duende* zog. Wenn sie bereit war, wieder auf ein Boot zu ziehen, mußte sie es ernst meinen. Nach einigen Wochen brachen die beiden zu einer Reise durch Europa auf. Meine Versuche, sie zu einer Rückkehr zu mir zu bewegen, wies Kristen zurück. Verzweifelt folgte ich den beiden nach Paris und weiter nach Mallorca, wo ich jedes Mal in gräßlichen Gesprächen Kristen anflehte, ihre Meinung zu ändern. Als ich hörte, daß die beiden nach Hydra gefahren waren, folgte ich ihnen noch einmal. Ich wußte, daß ich sehr leiden würde, mußte aber einen allerletzten Versuch wagen. Ich flog nach Athen und fand von dort den Weg nach Hydra. Auf der Insel gab es keine Autos. Daher schickte ich einen Maulesel mit einem Korb Rosen und einem Briefchen, in dem ich mitteilte, daß ich mich im Hafen befand, den Hügel hinauf. Kristen kam auch, aber ein Blick auf ihr Gesicht zeigte mir, daß ihr Entschluß feststand. Wir führten ein unglückliches Gespräch in einer Bar am Kai. Wir weinten beide so viel, daß der Barkeeper sich den Ouzo, den wir tranken, nicht bezahlen ließ. Kristen fühlte sich zwischen Kevin und mir hoffnungslos hin- und hergerissen, sagte mir aber schließlich, daß sie nicht glaube, daß wir zusammenleben könnten. Als sie vor mir die Treppe hinaufstieg, zwang ich mich zu akzeptieren, daß ich sie verloren hatte. Ich ging zurück in die Bar, wo der Barkeeper mir noch einen Ouzo ausgab und mich in die Arme nahm. Ich beschloß, Kristen in Ruhe zu lassen und mich um mein eigenes Leben zu kümmern.

Nicht nur meine Ehe zerbrach 1974. Auch Virgin Music hatte mit einigen Schwierigkeiten zu kämpfen. Im August 1974 sprang Mike Oldfields zweites Album *Hergest Ridge* direkt auf Platz 1 der Charts. Da *Tubular Bells* nach wie vor auf Platz 2 rangierte, floß weiterhin Geld in unsere Kassen. Aber Virgin lief Gefahr, als reines Haus- und Hoflabel von Mike Oldfield betrachtet zu werden. Obwohl er sich weigerte, für seine Musik selbst die Werbetrommel zu rühren, waren Mikes Absatzzahlen so gigantisch, daß er alle anderen in den Schatten stellte. Simon und ich wollten unbedingt weitere Künstler gewinnen. Wir brauchten einen großen Durchbruch als Gegengewicht zu Mike Oldfields übermächtigem Erfolg. Alle neuen Bands mußten aber Simons strenge Standards erfüllen. Im Januar 1975 zeigte mir Simon einen Artikel in *Sounds*. 10cc kehrten ihrer Plattenfirma den Rücken und wollten einen neuen Vertrag aushandeln. 10cc, die ihren Namen nach der durchschnittlichen Menge von Sperma in der Ejakulation eines Mannes gewählt hatten, erfüllten Simons Kriterien. Sie waren äußerst kommerziell, beschränkten sich aber dennoch nicht auf den kleinsten gemeinsamen Nenner. Sie waren witzig, intelligent, eingängig und erfolgreich. Von Songs wie »Rubber Bullets« waren über 750 000 Stück verkauft worden. Uns war klar, daß 10cc eine hohe Anfangszahlung für die Ablösung ihres derzeitigen Plattenvertrags verlangen würden. Wir riefen ihren Manager Harvey Lisberg in Manchester an und trafen ihn und die Band dort am 18. Januar 1975. 10cc bestand aus vier Musikern – Eric Stewart, Graham Gouldman, Lol Creme und Kevin Godley –, aber Harvey Lisberg war der Wortführer. Er erklärte, daß 10cc bei einem kleinen Label unter Vertrag war und (wie Simon sich bereits gedacht hatte) eine hohe Abstandszahlung benötigte. Sie seien aber sicher, daß ihr nächstes Album, *Original Soundtrack*, so erfolgreich sein werde, daß sich dieses Risiko auszahle. Harvey Lisberg erwähnte auch, daß sie in Verhandlungen mit Phonogram stünden. Nach einem kurzen Gespräch in einer Ecke boten Simon und ich eine sofortige Zahlung von 100 000 Pfund. Wir sagten der Band, daß wir gerne einen langfristigen Vertrag über ungefähr sechs Jahre mit ihnen abschließen würden. Die Band sagte, sie würden gerne zu Virgin kommen, doch habe ihnen Phonogram bereits mehr als 100 000 Pfund geboten. Im Laufe des Januars stiegen die Angebote. Harvey Lisberg verlangte eine sofortige Zahlung von 200 000 Pfund. Simon und ich willigten ein. Simon war sich des Erfolgs von *Original Soundtrack* so sicher, daß er nicht einmal mit der Wimper zuckte, als das Abstandsangebot auf 300 000 und dann auf 350 000 Pfund stieg. Wir versicherten uns der Unterstützung von Virgin-Lizenznehmern in Frankreich, Deutschland und Holland. Sogar Ahmet Ertegun von Atlantic Records erklärte sich bereit, 200 000 Pfund beizusteuern. Es war unsere erste große Verhandlung im Wettlauf mit den international führenden Plattenfirmen. Zum ersten Mal ging es um wirklich hohe Summen.

Simon und ich verstanden uns sehr gut mit Lol und Eric, doch waren die Spannungen in der Gruppe nicht zu übersehen. Am Tag vor der Vertragsunterzeichnung flogen Eric und Lol zu einem Urlaub nach St. Lucia. Sie hätten durchaus einen besseren Zeitpunkt wählen können, erteilten jedoch wenigstens Harvey Lisberg eine Vollmacht. Am Tag ihrer Abreise schrieb ich einen Brief an die Geschäftsführer aller Virgin-Läden und bat sie, auf Kosten des Unternehmens eine Flasche Champagner zu kaufen und zu feiern. Dann rief ich Harvey Lisberg an, um den Schnitt des neuen Albums zu besprechen. Zu meiner Verwunderung begrüßte er mich plötzlich sehr frostig. »Wir schneiden das schon«, sagte er. »Noch haben wir keinen Vertrag mit euch. Geh' uns bloß nicht auf die Nerven.« Ich konnte diese Haltung nicht verstehen und wies ihn darauf hin, daß nur noch die Unterschrift fehlte. Am gleichen Abend platzte der Deal. Tom Dixon, der zweite Manager von 10cc, teilte mir telefonisch mit, daß ich nicht zum Vertragsschluß erscheinen müsse, weil er ein Treffen mit Phonogram vereinbart habe. 10cc kam schließlich mit Phonogram ins Geschäft. Aus diesen mißglückten Verhandlungen zog ich eine Lehre: Man soll sich niemals zu früh freuen. Was *Original Soundtrack* anbelangt, behielt Simon übrigens recht. Von diesem Album wurden mehrere Millionen Stück verkauft.

Während dieser schwierigen Zeit zwischen 1974 und 1976, als Mike Oldfield unser einziger Superstar war, scheiterten auch Virgins Verhandlungen mit den Who und Pink Floyd. Anscheinend waren wir dazu verdonnert, der ewige Zweite zu bleiben, und in der Musik – wie auf vielen anderen Gebieten auch – rangiert man damit unter ferner liefen. Ende 1975 unterbreitete ich den Rolling Stones ein Angebot. Es hatte sich zum Erstaunen unserer Konkurrenten wie Island Records herumgesprochen, daß wir bereit gewesen waren, 350 000 Pfund für 10cc zu bezahlen. Als ich den Manager der Stones, Prinz Rupert Loewenstein, anrief, war er aufgrund dieser Vorgeschichte bereit, sich meine Offerte tatsächlich anzuhören.

»Wieviel verlangen Sie?« fragte ich ihn.

»Das können Sie sich niemals leisten«, erwiderte Prinz Rupert mitfühlend. »Mindestens 3 Millionen Dollar. Und Virgin ist sowieso zu klein.«

Ich wußte, daß er mich nur ernst nehmen würde, wenn ich ihm ein deutlich besseres Angebot unterbreitete.

»Ich biete Ihnen 4 Millionen Dollar«, sagte ich. »Solange Sie einen Teil Ihres Archivs mitbringen.«

Der Kauf des Archivs würde Virgin ermöglichen, ein »Greatest Hits«-Album zu veröffentlichen – eine gute Versicherungspolice für den Fall, daß sich ein neues Album als Flop entpuppte.

»Ich werde Ihnen den Katalog mit den verfügbaren Songs zuschicken«, antwortete Prinz Rupert. »Wenn Sie mir bis Montag eine Bankgarantie über 4 Millionen Dollar liefern, werde ich Ihr Angebot ernsthaft in Erwägung ziehen. Viel Glück.«

Es war Freitag. Prinz Rupert glaubte, mir eine unmögliche Aufgabe gestellt zu haben. An jenem Wochenende klapperte ich alle europäischen Virgin-Distributoren in Frankreich, Deutschland, Italien, Holland, Schweden und Norwegen ab. Während dieser Reise telefonierte ich ständig mit den Vertriebsfirmen in anderen Teilen der Welt. Ich wollte alle Distributoren dazu überreden, jeweils 250 000 Dollar beizusteuern. Am Sonntagabend hatte ich sie alle gebeten, an Coutts in London eine telegrafische Bestätigung zu schicken, daß sie diese Summe bereitstellen würden. Am Montagmorgen war ich wieder in London, aber immer noch weit von den versprochenen 4 Millionen Dollar entfernt. Coutts zählte alle Zahlungsversprechen zusammen und erklärte sich dann bereit, für den fehlenden Betrag geradezustehen. Kurz vor elf Uhr fuhr ich mit einer Bankgarantie über 4 Millionen Dollar zu Prinz Ruperts Haus in Petersham.

Prinz Rupert war wie vom Donner gerührt. Er sah sich den Scheck über 4 Millionen Dollar an, gab ihn mir aber schließlich zurück.

»Sie werden die Chance haben, mit dem höchsten Angebot gleichzuziehen«, versprach er. »Aber Sie haben eine Auktion in Gang gesetzt.«

Letztendlich gewann EMI mit einem Angebot von 5 Millionen den Vertrag mit den Rolling Stones. Ich konnte nicht mehr als die 4 Millionen aufbringen. Trotz der Enttäuschung über meinen Mißerfolg wußte ich, daß ich den Stones etwas Gutes getan hatte, indem ich das Angebot von 3 Millionen, die Prinz Rupert ohne weiteres akzeptiert hätte, in die Höhe getrieben hatte.

1976 verzweifelten wir schier an unseren Versuchen, echte Größen der Musikszene für Virgin zu verpflichten. Virgin hatte zwei Alben in den Top Ten: Gong und Mike Oldfields *Ommadown*. Es war die Zeit, in der Genesis *Trick Of The Tail* und Bob Dylan *Desire* herausbrachten. Unser Problem war, daß wir einen Großteil von Mike Oldfields Tantiemen für Verträge mit neuen Bands ausgegeben hatten, von denen keine außer Tangerine Dream wirkliche Erfolge vorweisen konnten. Tangerine Dreams Album *Phaedra* gehörte in ganz Europa zu den Bestsellern und hatte viel für den Ruf von Virgin getan. Unser Katalog war voller wunderbarer, ernstzunehmender Musik, aber wir hatten keine wirklichen Zugpferde. Ein großes Problem war, daß unsere liquiden Mittel zur Neige gingen.

Hinzu kam, daß Mike Oldfield seinen Vertrag neu verhandeln wollte. Damit hatten wir eigentlich keine Probleme. Als wir uns jedoch auf eine zweite Version mit höherem Tantiemenanteil für ihn geeinigt hatten, suchte er sich einen anderen Rechtsanwalt, und der verlangte noch höhere Summen. Simon und ich waren uns einig, daß Virgin nicht mehr bieten konnte. Wir wiesen darauf hin, daß Virgin Music als Unternehmen weniger verdiente als er persönlich. Als er fragte, wie das möglich sei, beging ich den Fehler, ihm eine vollkommen ehrliche Antwort zu geben. Ich sagte ihm, daß wir erfolgreiche Künstler wie ihn benötigten, um unsere erfolglosen Bands zu finanzieren. Natürlich hatte er kein Mitleid mit uns.

»Ich werde euch mein Geld nicht in den Rachen werfen, damit ihr einen Haufen Mist einkauft«, schimpfte er. »Ich werde nochmals mit meinem Anwalt sprechen.«

Irgendwann gelang es uns schließlich doch noch, einen neuen Vertrag mit Mike auszuhandeln. Wir hätten ihn aber um ein Haar verloren.

Im Sommer 1976 hielten wir eine Krisensitzung mit Simon, Nik und Ken Berry ab. Ken hatte als Angestellter im Virgin-Laden in Notting Hill angefangen. Er sollte die Einnahmen des Geschäfts überprüfen, erfüllte jedoch bald zahlreiche andere Aufgaben. Wir alle stellten fest, daß Ken immer auf alle Fragen eine Antwort wußte: wie viele Pink-Floyd-Alben wir in dieser Woche verkauft hatten, welche Lohnzahlungen fällig waren, wie hoch die Abschreibung auf unseren alten Saab war. Ken wurde unentbehrlich. Er war ein stiller, bescheidener Mensch, der nicht nur bei Zahlen, sondern auch im Umgang mit Menschen großes Geschick bewies: Verhandlungen mit führenden Rockstars und deren Anwälten machten ihm nichts aus. Bald war er an den Vertragsverhandlungen beteiligt. Simon und ich beobachteten ihn. Als wir erkannten, daß er niemals sein Ego herauskehren und andere in die Pfanne hauen würde, gaben wir ihm immer mehr Verantwortung. Das ursprüngliche Trio – Nik, Simon und ich selbst – machte Platz für Ken. In vielerlei Hinsicht wurde er zum Bindeglied, das uns alle zusammenhielt. Bei jener Krisensitzung überprüften wir die Zahlen für die Läden, die viel absetzten, aber keine hohen Gewinne abwarfen. Ich wußte, daß Nik versuchte, alles aus ihnen herauszuholen, und wir wollten ihn nur ungern kritisieren. Dann sahen wir uns die Liste unserer Bands an. Wir diskutierten, ob wir Gruppen wie Hatfield and the North oder Dave Belford behalten konnten, für die wir Werbegelder aufwenden mußten, obwohl die Wahrscheinlichkeit eines Durchbruchs gering war.

»Meine Meinung ist eindeutig«, meinte Ken Berry, nachdem er einige Zahlen addiert hatte. »Wir müssen uns ernsthaft überlegen, all unsere Bands mit Ausnahme von Mike Oldfield aufzugeben.«

Wir starrten ihn entsetzt an.

»Unsere anderen Gruppen verursachen nur Kosten«, fuhr er fort. »Wenn wir mindestens die Hälfte unserer Mitarbeiter entlassen würden, könnten wir die Sache ausstehen, aber im Augenblick finanziert Mike Oldfield das gesamte Unternehmen.«

Ich war immer der Meinung, daß der einzige Weg aus einer Krise weitere Expansion und keine Schrumpfkur ist.

»Wie wäre es, wenn wir zehn neue Mike Oldfields fänden?« fragte ich scherzhaft. »Würde uns das helfen?«

Unter dem Strich blieben uns zwei Alternativen: Wir konnten ein wenig Geld auf die Seite legen und uns mehr schlecht als recht durchschlagen oder unsere letzten Barmittel zusammenkratzen und eine weitere Band verpflichten, die uns zu einem phänomenalen Durchbruch verhalf. Wenn wir die erste Alternative wählten, konnten wir als kleines Unternehmen ohne nennenswerte Risiken überleben. Die zweite Option könnte uns binnen weniger Monate in den Konkurs führen, aber wir hätten wenigstens eine letzte Chance für einen großen Durchbruch. Simon und ich wollten es ein letztes Mal versuchen. Nik und Ken schlossen sich unserer Meinung schließlich an, obwohl ich merkte, daß es ihnen widerstrebte, alles auf eine Karte zu setzen. Nach jenem Abend herrschte bei uns Katastrophenstimmung: Wir suchten verzweifelt nach dem nächsten Superstar. Gleichzeitig sparten wir an allen Ecken und Enden: Wir verkauften unsere Autos, schlossen das Schwimmbad im Manor Studio, reduzierten die Lagerbestände unserer Schallplattenläden, zahlten uns selbst kein Gehalt mehr aus, kündigten die Verträge mit ein paar

Musikern und entließen neun Mitarbeiter. Für uns alle waren diese Kündigungen am schmerzlichsten. Ich drückte mich vor der emotionalen Auseinandersetzung und überließ es Nik, die Hiobsbotschaften zu überbringen. Einer der Künstler, die wir widerstrebend aufgaben, war Dave Bedford, ein begnadeter Komponist klassischer Musik. Dave reagierte auf die schlechte Nachricht sehr zivilisiert: In einem langen Brief erklärte er mir, daß er die Entscheidung verstehe, da er wisse, daß sich seine Platten schlecht verkaufen ließen, daß er an meiner Stelle ebenso gehandelt hätte, daß er keine Animositäten gegenüber Virgin empfinde und uns alles Gute für die Zukunft wünsche. Gleichzeitig schrieb er einen Brief an Mike Oldfield, in dem er mich als Arschloch, Scheißkerl und gemeinen, stocktauben, geldgierigen Parasiten betitulierte, der nicht den leistesten Schimmer von musischer Begabung habe. Leider verwechselte er die Umschläge der beiden Briefe.

9
DIE TÜCKEN DER LINGUISTIK, ODER: »NEVER MIND THE BOLLOCKS«

1976 bis 1977

Die erste bedeutende Band, an die wir herantraten, hieß Dire Straits. Arthur Frolows, der Simon bei der Suche nach neuen Gruppen behilflich war, hörte eines Sonntags in der Badewanne eine neue Band namens Dire Straits mit »Sultans Of Swing« im Radio. Er war so aufgeregt, daß er aus der Wanne hüpfte und beim Sender anrief, um zu fragen, wie er diese Band erreichen könne. Man erklärte ihm, daß diese Band ihre Musik noch nicht in einem Studio aufgenommen habe und es sich bei diesem Song um einen Live-Mitschnitt handle, die der Moderator der Sendung, Charlie Gillett, persönlich in Auftrag gegeben habe. Virgin war nicht die einzige Plattenfirma, die sich für Dire Straits interessierte, aber da wir sehr schnell agierten, hatten wir eine sehr gute Chance. Simon und Ken fanden die Verhandlungen recht schwierig: Die Musiker und ihre Anwälte stritten um jede noch so unbedeutende Vertragsklausel. Am Abend vor der Vertragsunterzeichnung luden wir die Band zum Feiern in unser griechisches Lieblingsrestaurant in der Nähe von Westbourne Grove ein. Es war ein gemütlicher Abend. Da die Verhandlungen abgeschlossen waren, konnten wir entspannen und uns auf die Produktion der Platte freuen. Nach dem Essen brachte der griechische Restaurantbesitzer etwas zwischen zwei Untertassen an unseren Tisch. Wie ein Zauberer lüftete er die obere und zeigte uns zehn Marihuana-Joints. Nach meiner Erfahrung mit LSD nahm ich äußerst selten Drogen, aber dies schien ein netter Abschluß zu sein. Um den Restaurantbesitzer nicht zu beleidigen, der offenbar glaubte, uns allen einen großen Gefallen zu tun, nahm ich wie alle anderen auch einen Joint und ließ den Abend ausklingen.

Am nächsten Morgen teilten uns die Dire Straits telefonisch mit, daß sie einen Vertrag mit PolyGram unterzeichnen würden. Sie nannten keinen Grund. Simon und ich konnten es nicht fassen.

»Was ist los?« fragte Simon. »Wir hatten doch alles besprochen. Es war doch alles abgemacht.«

»Kein Grund«, sagten sie und brachen die Kommunikation zu uns ab. Weder Simon noch ich konnten die Dire Straits überreden, ihre Meinung zu ändern. Erst zehn Jahre später las ich in einem Buch einen Satz, der ihr Verhalten erklärte: »Die Band weigerte sich, den Vertrag mit Virgin zu unterzeichnen, weil sie dachte, daß die Vertreter von Virgin ihnen vor der Unterzeichnung mit Drogen die Sinne benebeln wollten.«

Die gutgemeinte, spontane Geste des Restaurantbesitzers, die die Musiker von Dire Straits damals zu genießen schienen, kostete Virgin Music über 500 Millionen Dollar: Die Dire Straits wurden zu einer der führenden Bands der Welt; von ihrem Album *Brothers in Arms* wurden 18 Millionen Stück verkauft.

Im August 1976 war Virgin ernsthaft in Schwierigkeiten. Wir versuchten, Verträge mit einigen der aggressiven Punkbands zu schließen, die in der Szene auftauchten, zogen aber irgendwie immer den Kürzeren. Beispielsweise kamen wir bei den Boomtown Rats nicht zum Zuge, weil ich darauf bestand, in den Vertrag die Rechte für die Musikveröffentlichung aufzunehmen, die sie an eine andere Firma verkaufen wollten. Wir konnten keine neue Band finden, die uns Auftrieb geben oder uns vom Image eines Hippie-Labels befreien konnte. Zu allem Überfluß mußten wir uns auch noch mit Gong über einige Aufnahmerechte herumstreiten. Einige ihrer Fans kamen in unsere Büros in Vernon Yard, um zu protestieren. Unsere Büros wurden von freundlichen, bärtigen, langhaarigen, sehr friedlichen Aktivisten heimgesucht, die Kaftane, Sandalen trugen und Joints rauchten. Sie ähnelten einer Wandertruppe von Druiden oder Zauberern. Nachdem sie einen Nachmittag lang auf unseren Sofas Musik von Gong, Henry Cow und Mike Oldfield gehört und mich zur Unterzeichnung einer Petition zu überreden versucht hatten, beschlossen sie zu gehen. Wir standen an der Eingangstür, dankten ihnen für ihr Kommen und erleichterten sie sanft um die Dinge, die sie erbeutet hatten: hauptsächlich Schallplatten, die sie in den fließenden Falten ihrer Kaftane verstecken wollten. Ein oder zwei der Demonstranten hatten sich aber Poster, Bänder, Hefter und sogar ein Telefon eingesteckt. Sie alle lächelten, wenn wir sie ertappten, und verließen uns in bester Laune. Ich folgte ihnen hinaus auf die Portobello Road und beobachtete, wie sie zwischen den Obstständen herumwanderten. Einer von ihnen blieb stehen, um Datteln zu kaufen. Als ihm der Standbesitzer das Obst reichte, ging ein Mann mit pink und grün gefärbtem Irokesenschnitt vorbei. Der Gong-Fan in seinem Kaftan sah den Punk verständnislos an, nahm seine Datteln und ging langsam kauend davon.

»Ich gehe zehn Minuten hinaus«, rief ich meiner Assistentin Penni zu.

Ich ging die Portobello Road hinauf zu einem Friseur.

»Wieviel soll ich denn abschneiden?« fragte der Friseur.

»Es ist wohl an der Zeit, daß ich für mein Geld wirklich etwas bekomme«, sagte ich. »Schneiden Sie 45 Zentimeter ab und zeigen Sie mir, wie ich unten drunter aussehe.«

Statt Hatfield and the North und Tangerine Dream las man auf den Plakaten neue Namen wie Damned, Clash, Stranglers und Sex Pistols. Letzteren eilte der schlechteste Ruf von allen voraus.

In der letzten Novemberwoche ertönten aus Simons Büro direkt unter meinem merkwürdige Klänge. So etwas hatte ich noch nie gehört. Ich eilte die Treppe hinunter.

»Was war das?« fragte ich.

»Es ist die Single der Sex Pistols. Sie heißt ›Anarchy In The UK‹.«

»Wie macht sie sich?«

»Sehr gut«, räumte Simon ein. »Ganz ausgezeichnet.«

»Bei wem sind sie unter Vertrag?«

»EMI. Ich habe sie vor einigen Monaten abgelehnt. Vielleicht habe ich einen Fehler gemacht.«

Dieser Song hatte eine solche Urgewalt, daß ich unbedingt herausfinden wollte, ob wir die Gruppe nicht zurückgewinnen konnten. Ein paar Tage später rief ich Leslie Hill, den Geschäftsführer von EMI, an. Er war viel zu beschäftigt und wichtig, um meinen Anruf entgegenzunehmen. Daher hinterließ ich bei seiner Sekretärin die Nachricht, daß er sich bei mir melden solle, falls er diese »Peinlichkeit« loswerden wolle. Eine halbe Stunde später rief sie mich zurück, um mir mitzuteilen, daß EMI sehr zufrieden mit den Sex Pistols sei. Herr Hill danke für meine Anfrage. Noch am gleichen Abend, dem 1. Dezember, um 17.30 Uhr, verursachten die Sex Pistols einen nationalen Skandal. Sie wurden in der von Bill Grundy moderierten Nachmittagsfernsehsendung *Today* interviewt. Grundy hatte beim Mittagessen im *Punch* dem Alkohol zugesprochen und erkannte, daß die vier Jungs in seinem Studio ebenfalls gut betrunken waren. Er machte sich über sie lustig, indem er andere große Komponisten wie Mozart, Bach und Beethoven zitierte. Das Ganze war etwas albern, bis Johnny Rotten seinen Drink umstieß und leise »Scheiße« sagte.

»Was haben Sie gesagt?« fragte Grundy. »Was war das? Habe ich da nicht ein Schimpfwort gehört?«

»Ich hab' nichts gesagt«, gab Rotten zurück.

»Los, sagen Sie schon, was haben Sie gesagt?«

Grundy bekam, was er herausgefordert hatte.

»Ich sagte ›Scheiße‹«, erklärte ihm Rotten.

»Wirklich«, erwiderte Grundy. »Gütiger Himmel, Sie ängstigen mich zu Tode.«

Dann wandte sich Grundy seinem anderen Gast Siouxsie Sioux zu und fragte, ob sie nach der Sendung mit ihm ausgehen würde. Steve Jones von den Sex Pistols lachte und nannte den Moderator einen schmutzigen, alten Sack. Daraufhin wandte sich Grundy ihm zu und reizte ihn zu noch mehr Schimpfworten. Jones nannte ihn einen »geilen Bock« und einen »Wichser«. Das war das Ende der Show. Am nächsten Tag empörte sich die Presse landesweit wieder einmal über das Benehmen der Sex Pistols. Niemand kritisierte Bill Grundy, weil er diese Schimpftiraden herausgefordert hatte. Als ich beim Frühstück einen Artikel über einen Zuschauer las, der vor Entrüstung seinem Fernseher einen Tritt versetzt hatte, klingelte das Telefon. Es war noch nicht einmal 7 Uhr morgens. Die Rollen hatten sich verkehrt: Jetzt rief der Geschäftsführer von EMI mich höchstpersönlich an.

»Kommen Sie bitte sofort in mein Büro«, sagte er. »Ich höre, daß Sie die Sex Pistols gerne unter Vertrag nehmen möchten.«

Ich ging auf direktem Weg zu EMI. Leslie Hill und ich kamen überein, daß EMI die Sex Pistols auf Virgin übertragen würden, unter der Bedingung, daß Malcolm McLaren, der Manager der Gruppe, einverstanden sei. Wir besiegelten unsere Vereinbarung mit einem Händedruck. Dann wurde Malcolm McLaren aus dem Nebenzimmer hereingeholt.

»Virgin hat angeboten, die Sex Pistols zu übernehmen.« Hill versuchte vergeblich, seine Erleichterung zu verbergen.

»Phantastisch«, sagte McLaren und reichte mir die Hand. »Ich komme heute nachmittag in Ihr Büro.«

Normalerweise entscheide ich innerhalb von 60 Sekunden nach dem ersten Treffen, ob ich einem Menschen trauen kann oder nicht. Bei Malcolm McLaren mit seinen engen schwarzen Hosen und spitzen Stiefeln fragte ich mich, wie die Zusammenarbeit mit ihm wohl werden würde. Er kam an jenem Nachmittag nicht nach Vernon Yard und reagierte auch nicht auf meine Telefonanrufe am nächsten Tag. Nach vier Versuchen gab ich die Sache auf. Er wußte, wo er mich erreichen konnte, rief aber nicht an. Am 9. März 1997 schlossen die Sex Pistols einen Vertrag mit der Plattenfirma A&M. Die Zeremonie fand vor dem Buckingham Palace statt, wo sich die vier Punks in einer Reihe aufstellten und die königliche Familie aufs Übelste beschimpften. Eigentlich waren die vier ganz normale Musiker, aber Malcolm McLaren war ihr Einpeitscher. An meinem Schreibtisch dachte ich über Malcolm McLaren nach. Ich wußte, daß er da einen großen Erfolg in Händen hatte: eine Band, die das Image von Virgin verändern könnte. Wenn Virgin mit den Sex Pistols handelseinig wurde, wäre der Hippie-Ruf, der uns immer noch anhing, mit einem Schlag beiseite gefegt. EMI nannte Virgin verächtlich die »Hippies von Earl's Court«. Obwohl wir überhaupt nicht in der Nähe von Earl's Court arbeiteten, setzte sich dieser Spitzname durch, und das behagte mir gar nicht. Unser Image wurde von Gong und Mike Oldfield geprägt. Das brachte uns zwar eindrucksvolle Tantiemen ein, doch befürchtete ich, daß uns keiner der neuen Punkbands ernst nehmen würde, wenn wir nichts als eine Handvoll Hippiebands vorweisen konnten. Virgin Music mußte möglichst schnell sein Image ändern, und die Sex Pistols konnten uns dabei helfen.

»Jede Band ist ein Risiko«, erklärte der Geschäftsführer von A&M, Derek Green, nonchalant gegenüber der Presse. »Aber meiner Ansicht nach sind die Sex Pistols ein geringeres Risiko als die meisten anderen.«

A&M veranstaltete anläßlich der Vertragsunterzeichnung mit den Sex Pistols eine Party. Da diese Firma von »Kapitalisten« geführt wurde, die ihr Geld verdienten, indem sie arme Musiker »ausbeuteten«, haßten die Sex Pistols sie ebenso sehr wie alle anderen Plattenfirmen auch. Zumindest taten sie so. Sid Vicious übertraf sich unmittelbar nach der Vertragsunterzeichnung selbst, indem er Derek Greens Büro kurz und klein schlug und sich auf dessen Schreibtisch übergab. Als mir das zu Ohren kam, griff ich in einem letzten Versuch zum Telefonhörer. Zu meiner großen Freude erklärte mir Derek Green, daß er die Band loswerden wollte.

»Können wir in den Vertrag eintreten?« fragte ich.

»Wenn Sie mit denen fertig werden«, meinte er. »Uns tanzen sie auf der Nase herum.«

Als Entschädigung für den stornierten Vertrag erhielten die Sex Pistols von A&M 75 000 Pfund. Zusammen mit den 50 000 Pfund von EMI hatten sie mit ein bißchen Fluchen und Spucken und einer einzigen Single 125 000 Pfund verdient. Nun war die Band wieder auf der Suche nach einer Plattenfirma.

Ich begann Malcolm McLaren zu bewundern, weil er seine Karten so gut ausgespielt hatte. Die Sex Pistols galten inzwischen als schockierendste Band im ganzen Land. Unter den blitzschnell gegründeten Punkbands war nach wie vor keine so berüchtigt wie sie. Die Jungs hatten eine Single mit dem Titel »God Save The Queen«, die sie, wie ich wußte, rechtzeitig zum Silbernen Thronjubiläum von Königin Elizabeth im Juli 1977 veröffentlichen wollten.

Ich entschied mich für die abwartende Haltung. Ich wußte, daß Malcolm McLaren mich nicht ausstehen konnte. Er sah in mir den Ex-Hippie, der zum Geschäftsmann mutiert war. Während das Jubiläum näher rückte, unterbreitete aber keine andere Plattenfirma den Sex Pistols ein Angebot. Ich wußte, daß Virgin vielleicht das einzige Label war, das diesen Schritt wagen konnte. Wir hatten keine Aktionäre, die protestieren konnten, keine Muttergesellschaft und keinen Konzernchef, die sich mir in den Weg stellen konnten. Am 12. März 1977 fand Malcolm McLaren endlich den Weg zu uns. Das Blatt hatte sich gewendet. Virgin kaufte die britischen Rechte für das erste Album der Sex Pistols für 15 000 Pfund. Für die internationalen Rechte wurden weitere 50 000 Pfund ausgehandelt.

»Wissen Sie, worauf Sie sich da einlassen?« fragte mich McLaren.

»Ganz bestimmt«, versicherte ich ihm. »Die Frage ist: Wissen Sie's?«

Vom Augenblick der Vertragsunterzeichnung an versuchte McLaren, uns möglichst viele Peinlichkeiten zu bescheren, in der Hoffnung, wir würden uns der Sex Pistols wieder entledigen. Zu seinem Entsetzen und seiner Verwirrung ließen wir uns nicht provozieren. Wir veröffentlichten »God Save The Queen«, das in den Radiosendern der BBC nicht gespielt werden durfte. Der Song kletterte auf Platz 2 der Charts. Er wäre auf die Spitzenposition gerückt, wären nicht Plattenläden wie Virgin und HMV, die wahrscheinlich große Stückzahlen der Single verkaufen würden, von der für die Feststellung der Hitliste gewählten Stichprobe ausgeschlossen worden.

Zum Silbernen Thronjubiläum mietete Malcolm McLaren einen Ausflugsdampfer und fuhr damit flußaufwärts die Themse entlang in Richtung Unterhaus. Die Polizei wußte, daß die Sex Pistols etwas im Schilde führten. Als wir vom Westminster Pier aufbrachen, beschatteten uns zwei Polizeibarkassen. Die Band wartete, bis sie sich direkt neben dem Unterhaus befand, griff dann nach Gitarren und Trommelschlegeln und brüllte ihre Version der britischen Nationalhymne:

God save the Queen,
A fascist regime,
Made you a moron,
A potential H-bomb,
God save the Queen.
She ain't no human being,
There ain't no future in England's dream,
NO FUTURE! NO FUTURE!

Die Polizei fuhr an unser Boot heran und bestand darauf, daß die Band zu spielen aufhörte. Das war ungerechtfertigt, denn der Dampfer hatte eine Konzession für Musikgruppen. Es erinnerte an den letzten Live-Auftritt der Beatles auf dem Dach des Apple-Studios, als die Polizei den Strom abstellte. Hätte sich Frank Sinatra auf dem Boot befunden, wäre es kein Problem gewesen. Die Polizei bestieg unser Boot und lenkte uns zurück zum Pier, wo sie Malcolm McLaren verhafteten – was hauptsächlich daran lag, daß er sich so vehement gegen die Beamten zur Wehr setzte und sie als »Faschistenschweine« beschimpfte.

In jener Woche verkauften wir über 100 000 Stück von »God Save the Queen«. Es war eindeutig die Nummer 1, doch *Top of the Pops* und die BBC behaupteten, daß diese Ehre in Wahrheit Rod Steward zukomme. »God Save The Queen« wurde im Fernsehen und Rundfunk verboten. Aus unserer Sicht war das gut fürs Geschäft: Je mehr Verbote ausgesprochen wurden, desto besser ließ sich die Platte verkaufen. Die Sex Pistols waren für uns ein Wendepunkt: die Band, nach der wir gesucht hatten. Virgin wurde damit wieder zu einem Label, das viel Publicity hervorrufen und mit Punkrock umgehen konnte. Die Sex Pistols waren ein nationales Ereignis: Alle Bürger, alle Landwirte, alle Fahrgäste in den Bussen, alle Großmütter hatten von ihnen gehört. Zum Dunstkreis derer zu gehören, die diese öffentliche Empörung hervorriefen, war faszinierend. Schon Oskar Wilde hatte es auf den Punkt gebracht: »Nur eines ist schlimmer, als wenn die Leute über einen reden: Wenn sie nicht über einen reden.« Über die Sex Pistols wurden 1977 mehr Zeitungsartikel geschrieben als über alle anderen Ereignisse mit Ausnahme des Thronjubiläums. Ihr Ruf als Volksschreck stellte praktisch einen greifbaren Vermögenswert dar. Die Presseartikel waren größtenteils negativ, aber das war den Rolling Stones zu Beginn ihrer Karriere fünfzehn Jahre zuvor auch nicht anders ergangen.

Im November 1977 brachte Virgin ihr Album *Never Mind The Bollocks, Here's The Sex Pistols* heraus. Die Schrift auf der Plattenhülle war ein Geniestreich von Jamie Reid: Schief aus Schlagzeilen geschnittene Worte, wie Mitteilungen von Kidnappern oder böse anonyme Briefe. Die Virgin-Läden hängten als Werbung für das Album große gelbe Poster ins Schaufenster. Natürlich fand sich jemand, der Anstoß daran nahm. (Eine Übersetzungsvariante für diesen Titel war nämlich: »Vergeßt die Wichser, hier sind die Sex Pistols.«) Eines Tages wurde der Manager unseres Ladens in Nottingham wegen Verstoß gegen das gleiche Gesetz über unzüchtige Werbung von 1889 verhaftet wie ich selbst fast zehn Jahre zuvor, als das Student Advisory Centre seine Hilfe Menschen anbot, die unter Geschlechtskrankheiten litten. Ich rief meinen damaligen Verteidiger John Mortimer an.

»Wir sind leider wieder mit diesem Gesetz über unzüchtige Werbung in Konflikt geraten«, erklärte ich ihm. »Die Polizei behauptet, daß wir das Wort ›bollocks‹ nicht verwenden dürfen.«

»Bollocks?« fragte er. »Was um Himmels willen ist daran verkehrt? Es ist eines meiner Lieblingswörter.«

»Sie wollen uns zwingen, die Poster für die Sex Pistols aus dem Schaufenster zu nehmen, auf denen steht: ›Never mind the bollocks, here's The Sex Pistols‹. Und sie drohen, gegen das Album mit einer gerichtlichen Verfügung vorzugehen.«

Er empfahl, einen linguistischen Berater zu suchen: einen Anglistikprofessor, der die Bedeutung des Wortes ›bollocks‹ für uns präzise definieren konnte. Da der Fall in Nottingham anhängig war, rief ich bei der dortigen Universität an.

»Kann ich bitte Ihren Linguistikprofessor sprechen?« fragte ich.

»Das ist Professor James Kingsley«, informierte mich die Dame in der Telefonzentrale.

Ich wurde durchgestellt und erklärte die Sachlage.

»Einer Ihrer Mitarbeiter ist also verhaftet worden, weil er im Schaufenster das Wort ›bollocks‹ ausstellte?« fragte Professor Kingsley. »Das ist ja völlig widersinnig! Das Wort ›bollocks‹ war im achtzehnten Jahrhundert ein Spitzname für Priester. Und weil Geistliche in ihren Predigten im allgemeinen soviel Unsinn zu reden schienen, nahm das Wort allmählich die Bedeutung ›Quatsch‹ oder ›Blödsinn‹ an.«

»Also bedeutet das Wort ›bollocks‹ so viel wie ›Priester‹ oder ›Blödsinn‹?« vergewisserte ich mich.

»Richtig«, bestätigte er.

»Wären Sie bereit, das als Zeuge vor Gericht auszusagen?« fragte ich.

»Es wäre mir ein großes Vergnügen«, erwiderte er.

Der Prozeß war ein Heidenspaß für mich. Der Staatsanwalt war entschlossen, einen Fall zu gewinnen, der offenbar von nationaler Bedeutung war. Unser Manager wurde einem Kreuzverhör unterzogen und gab zu, das Poster der Sex Pistols an deutlich sichtbarer Stelle im Schaufenster aufgehängt zu haben. Der Polizist meldete, wie er den Mann aus diesem Grund verhaftet habe. Der Beamte hatte den selbstzufriedenen Blick eines Menschen, der glaubt, der Öffentlichkeit einen großen Dienst erwiesen zu haben, und nun erwartet, dafür lobend auf die Schulter geklopft zu werden.

»Keine Fragen«, sagte John Mortimer, als er Gelegenheit hatte, den Polizisten ins Kreuzverhör zu nehmen.

Sichtlich enttäuscht verließ der Polizist den Zeugenstand.

»Ich möchte meinen Zeugen aufrufen.« John Mortimer stand auf. »Professor John Kingsley, Professor für Linguistik an der Universität Nottingham.«

Während Professor John Kingsley erklärte, daß »bollocks« nichts mit Hoden oder überhaupt Geschlechtsorganen zu tun hatte, sondern in Wahrheit soviel wie Priester hieß und dann – aufgrund der Unverständlichkeit der Predigten der guten Hirten – die Bedeutung »Blödsinn« annahm, kniff John Mortimer die Augen zusammen und versuchte scheinbar krampfhaft, seine Gedanken zu ordnen.

»Professor Kingsley, Sie sagen also, daß dieser Satz ›Never mind the bollocks, here's The Sex Pistols‹, der die Grundlage der Argumente des Staatsanwalts bildet, korrekt so übersetzt werden sollte: ›Kümmert euch nicht um die Priester, hier sind die Sex Pistols‹?« fragte er dann.

»Genau. Er könnte auch bedeuten: ›Kümmert euch nicht um diesen Blödsinn, hier sind die Sex Pistols‹.«

John Mortimer schwieg lange. »›Kümmert euch nicht um die Priester, hier sind die Sex Pistols‹«, sinnierte er. »Das also bedeutet dieser Satz. Ich habe nichts hinzuzufügen. Ein etwas merkwürdiger Titel für eine Schallplatte, aber ich bezweifle, daß die Kirche etwas dagegen hat.«

»Da bin ich ganz Ihrer Meinung«, pflichtete ihm Professor Kingsley bei.

Hier hakte der Staatsanwalt ein und wollte unbedingt von Professor Kingsley wissen, wieso er so sicher sei, daß kein Kirchenmann daran Anstoß nehmen würde.

Daraufhin spielte Professor Kingsley seinen Trumpf aus. Er zog seinen Rollkragen herunter. Ein Priesterkragen kam zum Vorschein. Professor Kingsley war nicht nur Universitätsdozent, sondern auch Pfarrer.

»Das genügt«, brummte der Richter. Er setzte sich zu seiner vollen Größe auf, straffte die Schultern und verkündete mit allem richterlichen Ernst, den er aufbringen konnte:

»Das Verfahren wird eingestellt.«

10
»ICH DACHTE, ICH ZIEH' HIER EIN«, SAGTE JOAN

1976 bis 1978

Anfang 1976 lernte ich bei einem Wochenende im Manor Studio meine zukünftige Frau Joan Templeman kennen. Ich bilde mir innerhalb von dreißig Sekunden eine Meinung über andere Menschen. In Joan verliebte ich mich praktisch auf den ersten Blick. Leider war sie bereits mit einem Plattenproduzenten und Keyboardspieler verheiratet, der eine Virgin-Band namens Wigwam produzierte.

Joan war Schottin und stand mit beiden Beinen fest auf der Erde. Für Dummheiten hatte sie nicht viel übrig. Ich wußte, daß ich ihre Aufmerksamkeit nicht auf die gleiche Art und Weise erregen konnte wie bei Kristen. Bei vielen meiner bisherigen Freundinnen hatte ich mich groß in Szene gesetzt. Hier war aber eine Frau, der ich nicht mit meinen üblichen Mätzchen zu kommen brauchte. Joan arbeitete in einem Antiquitätengeschäft namens Dodo in Westbourne Grove in der Nähe unserer Büros in Vernon Yard. Am Montagmorgen trieb ich mich unschlüssig vor dem Laden herum, nahm dann meinen ganzen Mut zusammen und ging hinein. Das Geschäft verkaufte alte Schilder und Werbetafeln. Als ich die Besitzerin nach Joan fragte, warf sie mir einen mißtrauischen Blick zu.

»Sind Sie ein Kunde?« fragte sie mich mit finsterer Miene.

»Ja, ich bin ein begeisterter Fan alter Schilder«, sagte ich und sah mich unsicher im Laden um.

Joan kam aus dem Hinterzimmer.

»Wie ich sehe, haben Sie bereits Liz kennengelernt«, sagte sie. »Liz, darf ich Ihnen Richard vorstellen.«

»Was wollen Sie kaufen?« drängte mich Liz.

Es gab keinen Ausweg. Meine Besuche bei Joan in den nächsten Wochen brachten mir eine eindrucksvolle Sammlung alter, handgemalter Blechschilder ein, auf denen alles von Hovis-Brot bis Woodbine-Zigaretten feilgeboten wurde. Ich kaufte auch ein beckenschlagendes Schwein, das einmal in einem Metzgerladen gestanden hatte. Eines meiner Lieblingsschilder war eine alte Werbung für Speck und Eier, auf dem ein Schwein lässig an einer Mauer lehnt und einem singenden Huhn zuhört. Das Huhn freut sich über ein frischgelegtes Ei. Als Text stand dabei: NOW, THAT'S WHAT I CALL MUSIC! Ich schenkte dieses Schild Simon Draper, da er morgens immer unleidlich war, bevor er ordentlich gefrühstückt hatte. Er hängte es über seinen Schreibtisch, wo es später als Inspiration für unsere jährlichen Greatest-Hits-Alben *Now That's What I Call Music* diente, die in schöner Regelmäßigkeit die Spitze der Charts erreichten. Nachdem ich meine ganzen Weihnachtsgeschenke bei Dodo gekauft hatte, sagte Liz zu Joan, sie sei die beste Verkäuferin, die ihr je untergekommen sei.

Joan war seit fast acht Jahren mit Ronnie Leahy verheiratet. Sie hatten keine Kinder. Ronnie reiste viel, und ich hatte den Eindruck (vielleicht weil es mir zupaß kam), daß die beiden sich auseinandergelebt hatten. Wenn Ronnie unterwegs war, rief ich immer bei Joans Freunden an und fragte, ob sie sich mit ihr trafen.

»Was dagegen, wenn ich mich anschließe?« fragte ich dann beiläufig. Sie nannten mich bald den »ständigen Anhang«, doch das war mir egal, solange ich nur die Chance hatte, irgendwo neben Joan zu sitzen und mit ihr zu sprechen. Unsere Beziehung entwickelte sich ganz anders als meine früheren Romanzen, bei denen ich alles unter Kontrolle hatte. Joan ließ wenig über ihr Privatleben verlauten, und es war sehr schwierig, den Zustand ihrer Ehe herauszufinden. Ich wußte, was ich für sie empfand, hatte aber keine Ahnung, was Joan von mir hielt. Vielleicht, so dachte ich, beeindruckte sie meine Hartnäckigkeit. Ansonsten aber tappte ich im dunkeln. Schließlich erklärte sich Joan bereit, ein Wochenende mit mir in einem kleinen Hotel in Bembridge auf der Isle of Wight zu verbringen. Dort begann unsere Affäre. Da Joan verheiratet war, führten wir beide ein Doppelleben. Während der Woche, wenn Ronnie zu Hause war,

Früher Erfolg vor dem Unfall, der meiner Sportkarriere ein Ende bereitete.

Meine Liebe zum Landleben geht zurück auf meine Kindheit in Tanyards Farm in Surrey.

Der *Student* sollte vor allem Spaß machen.

Die erste Ausgabe des Magazins *Student*,
Titelgestaltung und Zeichnung von Peter Blake.
© Peter Blake. Alle Rechte vorbehalten. DACS, 1998.

Demonstration gegen den Vietnamkrieg mit Vanessa Redgrave und Tariq Ali auf dem Weg zum Grosvenor Square. Der angehende Unternehmer ist der sechste von rechts.

Ein sehr junger Mick Jagger und ich hören Musik der Rolling Stones.

Unser wunderbares Hausboot – Domizil und Firmenzentrale zugleich.

Kristen und ich im Manor Studio mit Bootleg, die nach den Alben in den weißen Hüllen benannt war, die wir unter der Hand verkauften.

Schreibtische mochte ich noch nie.

Pullover waren bei der Tomassi-Branson-Hochzeit im Manor Studio definitiv »out«.

Aber lange Haare waren definitiv »in« wie Tom Newman, Mike Armstrong, Christopher Strangeways, Simon Draper, Nik Powell und Chris Stylianou beweisen.

Die 70er Jahre kommen und damit unser erster Plattenladen. Ich als lebende Schaufensterpuppe.

Kissen. Kopfhörer. Musik. Bei der Hörprobe in unserem ersten Laden.

Times Square, New York, 1992.
Seit den Kissen in Notting Hill
1972 hat sich viel verändert.

Die Virgin Megastores –
mehr Platten unter einem
Dach als in allen anderen
Läden der Welt.

Roger Deans ursprüngliches Logo für unser Plattenlabel Virgin Records.

♪♪ Maurice Placquet ltd.

Invoice No: 989.

358-360, Uxbridge Road, Shepherds Bush, London, W.12. Telephone: 01-743 4517 Night 01-997 5712

M ...MANOR.. ~~VIRGIN RECORDS.~~   Date 20th. September, 1972.

To Hire of:-

1- Martin D35.
1- Farfisa organ. → not paying for - broke down.
1- Fender twin reverb.& J.B.Ls. → where were the JBL's.
Chimes and tubular bells.
1- Glockenspiel.
1- Triangle.
1- Set Strings, wound round Gibson.
1- Set R/S/RW/LS.

Date of Hire: 8th. September, 1972.

DELIVERED TO MANOR STUDIOS.
  "MIKE OLDFIELD"

£	p
155.	42.

Das erste Album von Virgin Records machte Mike Oldfield zu einem Superstar.

Wir verdienten damit unser erstes Vermögen, das wir aber gleich wieder verloren.

Mit Mike Oldfield.

Endlich der Plattenvertrag mit den Stones.

Freitag, 6. März 1992. Ich machte das Beste aus einem traurigen Tag. Vertragsunterzeichnung mit Colin Southgate und Jim Fifield von Thorn EMI.

Schlagzeile im *Evening Standard* zum Verkauf von Virgin Music. Ich sah sie zum ersten Mal, als ich mit Tränen in den Augen Ladbroke Grove entlangrannte.

Aus dem Familienalbum.

Vor unserem Haus auf dem Land in Oxfordshire.

Auf unserer eigenen wunderschönen Jungfraueninsel Necker Island (oben) haben wir geheiratet. Zur Hochzeit traf ich mit einer Schachtel Pralinen zwischen den Zähnen (unten) ein. Beeindrucken konnte ich damit aber nur die Kinder und einige vorbeifliegende Möwen. Eine Woche nach unserer Hochzeit (rechts) sagte Sam über die Hochzeit eines Freundes: »Die können unmöglich heiraten. Die haben ja noch gar keine Kinder.«

Zwei treue Schwestern, Lindi und Vanessa.

Mit Holly auf Necker Island. Wir diskutieren über ihren Plan, Kinderärztin zu werden.

Ich habe das Glück, viele meiner Erlebnisse mit meinen Eltern teilen zu dürfen.

Ein Treffen mit dem Mann, den ich mehr bewundere als jeden anderen Menschen auf der Welt.

Gleich wird Prinzessin Diana mich im Tennis schlagen.

konnte sie sich nicht mit mir treffen. Eines Morgens wollte sie mich aber in meinem Haus in Denbigh Terrace überraschen. Als sie die Tür aufsperrte, sah sie meine Haushälterin Martha ein Tablett mit zwei Tassen Tee die Treppe hinauftragen. Joan wußte, daß ich mit einer anderen Frau im Bett lag (womit sie recht hatte), und hielt daher Martha auf, um eine Blume auf das Tablett zu legen.

»Sagen Sie Richard einfach einen Gruß von Joan«, sagte sie, drehte sich auf dem Absatz um und ging zurück in den Laden.

Ich wäre am liebsten im Erdboden versunken, eilte so schnell ich konnte in den Laden und überredete sie, mit mir zu Mittag zu essen.

»Was soll denn dieses ganze Gerede über unsterbliche Liebe?« fragte Joan in sarkastischem Ton.

»Nun, ich war einsam«, kam meine lahme Entschuldigung. »Ich konnte nicht bis zum Wochenende warten!«

»Was für eine jämmerliche Ausrede!« meinte Joan.

Ich versuchte, beschämt und zerknirscht auszusehen, doch wir mußten plötzlich beide lachen. Unsere Affäre dauerte fast ein Jahr. Wir wollten unbedingt zusammensein und riefen uns ständig an, wenn wir fünf Minuten erübrigen konnten. Joan schlich sich aus dem Laden, ich aus meinem Büro, und wir trafen uns in Denbigh Terrace, das genau dazwischen lag. Vernon Yard, Westbourne Grove und Denbigh Terrace kreuzen alle die Portobello Road im Abstand von 20 Metern, und in diesem engen geographischen Dreieck spielte sich auch die Affäre zwischen Joan und mir ab. Wenn wir uns zwanzig wertvolle Minuten beim Mittagessen, eine Viertelstunde vor einer Sitzung oder ein paar Augenblicke nach Ladenschluß stahlen, versuchten wir, die Außenwelt zu vergessen. Aber neben unserer Leidenschaft waren wir uns der Tatsache bewußt, daß Joan verheiratet war (und auf dem Papier war auch ich noch verheiratet) und daß wir dabei waren, Ronnie zu verletzen. In gewisser Hinsicht hatten Joan und Ronnie eine ähnliche Beziehung wie Kristen und ich: Ronnie wollte mit anderen Frauen schlafen und hatte zu Joan gesagt, auch sie müsse ihren Horizont erweitern. Joan konnte sich nicht mit einer Serie von One-Night-Stands abfinden, und daher verliebte sie sich langsam in mich. Unsere Affäre wurde noch komplizierter, als Kristen hörte, daß ich mich in Joan verliebt hatte und wieder in London aufkreuzte. Mir war es inzwischen gelungen, Kevin Ayers die *Duende* wieder abzukaufen. Ungefähr zur gleichen Zeit verließ ihn Kristen. Jetzt eröffnete sie mir, sie wolle wieder zu mir zurückkehren. Schließlich seien wir noch immer verheiratet. In meiner Familie galt stets der Grundsatz, daß man in einer Ehe in guten wie schlechten Zeiten zusammenhalten muß, und daher empfand ich Kristen gegenüber eine große Verantwortung. Aber ich war in Joan verliebt. Für uns alle war es der reinste Alptraum: Joan fühlte sich zwischen mir und Ronnie hin- und hergerissen, Kristen zuvor zwischen mir und Kevin, und ich jetzt zwischen Kristen und Joan. Was als Traumbeziehung mit Joan im winzigen Schlafzimmer meines Hauses in Denbigh Terrace begonnen hatte, zerstörte nun allmählich das Leben von fünf Menschen. Dieses Chaos entwirrte sich schließlich auf einer Party, die ich mit Joan *und* Kristen besuchte. Joans beste Freundin Linda trieb mich in die Enge:

»In wen bist du denn nun wirklich verliebt?« fragte sie. »So kann das nicht weitergehen. Ihr zerfleischt euch gegenseitig, und ihr müßt eine Lösung finden.«

Ich sah, wie sich Joan mit jemand anderem unterhielt.

»Ich liebe nur eine Frau«, sagte ich mit Blick auf Joan, »aber sie liebt mich nicht.«

»Das ist nicht wahr«, sagte Linda, die meinem Blick gefolgt war. Wir schwiegen. Am nächsten Abend war ich allein auf der *Duende*. Es war eine dunkle, regnerische Februarnacht. Ich telefonierte und überhörte daher das Klopfen. Dann ging die Tür auf und ich drehte mich auf dem Absatz um. Es war Joan.

»Ich rufe später zurück«, sagte ich in den Telefonhörer und ging auf sie zu, um sie zu umarmen.

»Ich dachte, ich zieh' hier ein«, sagte Joan.

Im Frühjahr 1977 trat ein Mann namens Richard Ellis an mich heran, der behauptete, eine verblüffende Erfindung gemacht zu haben, die er »Pterodaktylus-Flugmaschine« nannte. Er schickte mir ein Foto, das einen Mann auf einem Dreirad zeigte, der unter zwei großen Flügeln über Baumwipfeln aufstieg. Richard Ellis wollte, daß ich dieses Gerät ausprobierte und dann die Lizenz für seinen Vertrieb kaufte. Ich lud ihn ins Manor Studio ein, um die Flugmaschine zu begutachten. Sie sah aus wie eine Kreuzung zwischen einer Erfindung von Leonardo da Vinci und Heath Robinson. Das Dreirad hatte einen kleinen Außenbordmotor, und über dem Kopf des Piloten war ein Rotor befestigt. Ellis erklärte mir, daß ich heftig die Straße oder eine Startbahn entlangradeln müsse. Dann würde der Motor anspringen und mich bis zum Abheben vorantreiben. Der Motor würde dann die Rotoren antreiben und mich in der Luft halten. Ich fühlte mich recht geschmeichelt, daß Richard Ellis mich als zweiten Menschen für einen Flug auf diesem Gerät ausgewählt hatte. Er hatte von den Heißluftballons gehört, die ich in jenem Jahr für das Sommerfest von Virgin gemietet hatte, und meinte, daß ich sein Gerät erfolgreich vertreiben könne, wenn ich es für gut befand. Wieder einmal brachte mich meine Neugier in ernste Schwierigkeiten.

»Es wird einige Wochenenden dauern, bis Sie richtig damit umgehen können«, sagte Ellis. »Dieses Mal werden Sie also nicht in die Lüfte steigen.«

Er schloß den Motor an ein Kabel mit einem Plastikschalter, den ich mir in den Mund stecken sollte, an einem Ende an.

»Wenn der Motor läuft und Sie die Startbahn entlangsausen, müssen Sie hier draufbeißen, dann schaltet er sich aus.«

Joan und ein paar Freunde standen am Ende der Startbahn des örtlichen Flughafens, wo sie mich gut sehen konnten. Ich war in ein Geschirr gezwängt und nahm den Gummispund in den Mund. Die Sache würde bestimmt viel Spaß machen.

»Okay! Los!« rief Ellis.

So schnell ich konnte, radelte ich die Startbahn entlang. Der Motor sprang an und trieb das Fahrrad immer schneller voran. Ich konnte über dem Motorenlärm nichts hören, sah aber die Gesichter der Umstehenden. Ich dachte, ich sei nun schnell genug und wollte das Experiment beenden. Also biß ich fest auf den Schalter. Nichts geschah. Der Motor lief höchstens noch schneller. Ich biß nochmals zu. Jetzt raste ich mit etwa 50 Stundenkilometern – mir kam es unglaublich schnell vor – die Startbahn entlang. Plötzlich stieg das Dreirad in die Luft. Wieder biß ich auf den Schalter, aber der Motor röhrte weiter. Unter mir sah ich die Gesichter der Zuschauer. Nur

Joan schien relativ desinteressiert. Ich stieg in großen, ruckartigen Bewegungen in die Höhe. Nach wenigen Sekunden befand ich mich über den Buchen des nahegelegenen Waldes. Ich wußte mir nicht zu helfen. Ich schwebte auf 30 Metern Höhe, und niemand hatte mir erklärt, wie man mit dieser Maschine flog. Mit meiner freien Hand griff ich nach dem Motor und begann, alle Kabel abzureißen, die ich ertasten konnte. Der Motor war heiß, und ich verbrannte mir die Hand, zerrte aber trotzdem Kabel und alles, was mir sonst in die Finger kam, heraus. Ich mußte den Motor unbedingt stoppen. Die Bäume hatte ich schon lange hinter mir gelassen und flog bereits über dem nächsten Feld, als er sich endlich ausschaltete. Es wurde still. Ich versuchte, das Fahrrad im Gleichgewicht zu halten, aber die Flügel über mir waren sehr schwer. Ich trudelte in Richtung Erde. Im allerletzten Augenblick wurde die Maschine durch einen Windstoß umgedreht und stürzte seitlich zu Boden. Ich lag starr vor Schreck auf dem Boden.

»Wir dachten, du hättest das ganz gut im Griff«, hörte ich Joans Stimme.

»Ich sollte gar nicht fliegen«, sagte ich. »Es war furchtbar.«

Als ich über ihrem Kopf in die Lüfte stieg, verzweifelt mit dem Motor kämpfte und dem Tod um Haaresbreite entrann, war Joan nur leicht beeindruckt, daß ich schon so gut mit der Flugmaschine umgehen konnte. In der nächsten Woche startete Richard Ellis mit dem gleichen Gerät und stürzte ab. Er starb beim Aufprall.

»Wir haben noch einen Auftrag aus Nigeria«, sagte Chris Stylianou zu mir. »Sie sind ganz verrückt nach diesem U-Roy.«

Chris Stylianou war inzwischen der Exportmanager von Virgin und hatte in den letzten Monaten des Jahres 1977 ausgerechnet aus einem so unwahrscheinlichen Ort wie Nigeria Aufträge im Wert von Tausenden von Pfund erhalten. Die Nigerianer liebten Reggaemusik. Damals war Chris Blackwells Plattenfirma Island Records praktisch das einzige britische Label, daß Reggae verkaufte. 1976 war ich in Chris Blackwells Fußstapfen getreten und nach Jamaika gereist, um einige Reggae-Bands unter Vertrag zu nehmen. Nachdem ich tagelang auf seiner Veranda gesessen hatte, war es mir endlich gelungen, eine Vereinbarung mit Peter Tosh, der mit Bob Marley gesungen hatte, und einem Künstler namens U-Roy zu schließen. *Legalize It*, Peter Toshs erstes Album bei Virgin, hatte sich 1977 gut verkaufen lassen. Jetzt kam aber ein neuer Trend auf: Jamaikanische DJs und Radiomoderatoren mischten ihre eigenen Platten ab und skandierten im Hintergrund zum Rhythmus Slangreime und politische Slogans. Es war eine frühe Form der Rapmusik. Die Musiker wurden »Toaster« genannt, und U-Roy, ein über und über mit Schmuck behängter Hipster, war in Nigeria sehr beliebt. Ich wußte, daß es mehr Toaster in Jamaika geben mußte und beschloß, den dortigen Markt für uns zu erschließen. London im Winter lasse ich immer wieder gerne hinter mir. Sonnenschein und Fernreisen erlauben mir stets einen klareren Blick auf das Londoner Leben. Diesmal kamen noch zwei zusätzliche Gründe hinzu: Ich wollte Johnny Rotten mitnehmen, weil er einige Probleme mit den Sex Pistols und Malcolm McLaren hatte, und hoffte, mich mit Joan treffen zu können, die mit Ronnie nach Los Angeles gefahren war, um ihrer Ehe eine letzte Chance zu geben. Johnny Rotten kam sehr gerne mit, weil er Reggae liebte. Joan und ich vereinbarten, erst wieder miteinander zu sprechen, wenn die Frage ihrer Ehe auf die eine oder andere Weise gelöst war.

In allerletzter Minute kam Simon etwas dazwischen, so daß ich Ken mitnahm. Also flogen Anfang 1978 ein Punkrocker, ein Buchhalter und ein reformierter Earl-Court-Hippie nach Kingston, Jamaika, um Reggaebands anzuheuern und nach Toastern zu suchen. Wohl wissend, daß Jamaikaner nichts von schriftlichen Verträgen halten, hatten wir eine Aktentasche mit 30 000 Dollar in bar mitgebracht. Wir mieteten uns im Kingston Sheraton ein. Bald sprach sich herum, daß drei Gringos in der Stadt waren, die nach Musikern suchten. Ein Strom von Bands begann sich durch unser Hotelzimmer zu wälzen. Ken saß mit seiner Aktentasche auf dem Bett; Johnny und ich hörten uns die Bänder an und unterhielten uns mit den Musikern. Johnny wählte die unter Vertrag zu nehmenden Künstler aus. Dann öffnete Ken seine Aktentasche und nahm das Geld heraus. US-Dollars waren in Jamaika, wo Importe verboten und alles auf dem Schwarzmarkt gekauft werden mußte, harte Devisen. Einige Bands waren so versessen darauf, uns zu beeindrucken, daß sie ihre Trommeln und Gitarren mitbrachten. In unserem Zimmer drängten sich bald hochgewachsene Rastafarians mit eindrucksvollen rot-gelb-grün-gestreiften Mützen. Ein Sänger, der uns weit überragte, sang liebevoll von seiner geistigen Heimat Äthiopien. Johnny saß auf dem Sofa und nickte leicht mit dem Kopf im Takt der Musik. Es war kaum zu glauben, daß dies der gleiche ausgemergelte, zaundürre Mann war, der allem und jedem unflätige Schimpfworte entgegenschrien, auf Fotos der Königin gespuckt und den Zorn einer ganzen Generation freigesetzt hatte. Als ich über Kaiser Haile Selassie nachdachte, der den Rastafarians als Inspiration diente, überlegte ich mir, ob die königliche Familie in Großbritannien die Sache nicht irgendwie falsch anpackte.

Im Laufe einer Woche nahmen wir fast 20 Reggae-Bands unter Vertrag und fanden dazu noch zwei weitere Toaster, Prince Far I und Tappa Zukie. Ich versuchte vergebens, Johnny Lydon zu überreden, bei den Sex Pistols zu bleiben. Er berichtete mir, daß es Differenzen zwischen den Musikern selbst sowie mit Malcolm McLaren gebe und daß Sid Vicious in einen Teufelskreis geraten sei, alle möglichen Drogen nehme und seiner Freundin Nancy gegenüber handgreiflich werde. Johnny wollte eine Solokarriere starten; ihm schwebte vor, mit einigen befreundeten Musikern eine neue Band namens PiL bzw. Public Image Limited zu gründen. Mir tat das sehr leid, denn ich wollte die Sex Pistols als Classic-Rock-Nachfolger der Rolling Stones aufbauen. Schließlich waren auch die Stones zu Beginn ihrer Karriere die schockierendste Band der Welt gewesen: Mick Jagger war damals wegen Drogenbesitzes und skandalösen Ausbrüchen in der Öffentlichkeit verhaftet worden. Nach mehr als 15 Jahren waren die Stones 1978 Teil des Rock-Establishments geworden. Und ihre Karriere war keineswegs zu Ende. Natürlich ist es für eine Rockband nicht leicht, mit dem Erfolg fertigzuwerden. Der größte Stolperstein ist aber zunächst, überhaupt einen entsprechenden Bekanntheitsgrad zu erlangen. Die Sex Pistols waren in aller Munde, und sei es auch nur als Synonym für die Dinge, die die meisten Menschen abstoßend fanden. Meiner Ansicht nach waren sie verrückt, wenn sie ihren Vorteil nicht ausnutzten. Ich versuchte, Johnny zu überzeugen, daß die Sex Pistols ihren Namen auf etwas andere Weise verwenden und sich vielleicht von ihrem bisherigen extremen Punk-Image wegbewegen sollten. Ich wollte sie auch im Ausland promoten: Von *Never Mind The Bollocks* waren außerhalb Großbritanniens nur 300 000 Stück verkauft worden (ungefähr genauso viel wie auf dem heimischen Markt), und ich war überzeugt, daß sie mit weiteren Alben weitaus größere Erfolge erzielen konnten. Nach Mike Oldfields plötzlichem Erfolg und anschließendem Rückzug aus der Öffentlichkeit war ich entschlossen, einen Zusammenbruch der Sex Pistols zu verhindern. Sie waren Virgins Zugpferd und hatten als Katalysator für den Erfolg unserer Firma und einer neuen Welle in der Rockmusik gewirkt. Aber Johnny wollte das alles nicht hören. An unserem letzten Abend fanden wir eine Rasta-Bar an der Küste, die Fisch in einer scharf gewürzten Sauce verkaufte. Wir saßen im Freien und blickten aufs Meer hinaus. Eine Schar Pelikane setzte zum Sturzflug an. Die Vögel tauchten methodisch in die Fischschwärme und zogen vor dem Kontakt mit dem Wasser die Flügel ein. Wir tranken Red-Stripe-Bier und hörten Bob Marleys Musik. Obwohl ich das Gespräch immer wieder auf die Zukunft der Sex Pistols zu lenken versuchte, hörte mir Johnny eigentlich nicht zu.

Zwischen Mike Oldfield und den Sex Pistols lagen Welten. Beide konnten jedoch den Belastungen, die der Ruhm mit sich brachte, nicht standhalten. Als Chef ihrer Plattengesellschaft sah ich einen weiteren Unterschied: Mike Oldfield hatte für Virgin Music ein Vermögen verdient, mit dem wir das Unternehmen vergrößern und neue Künstler unter Vertrag nehmen konnten. Ohne ihn hätten wir nicht überleben können. Obwohl die Sex Pistols mit »God Save The Queen« und ihrem Album *Never Mind The Bollocks* an der Spitze der Charts standen, hatte Virgin noch nicht viel an ihnen verdient. Als ich mit Johnny Rotten an jenem Strand in Jamaika saß, mußte ich mir eingestehen, daß Virgin niemals großartig von den Sex Pistols profitieren würde. Malcolm McLaren hatte für einen Auftritt der Pistols in dem Film *The Great Rock and Roll Swindle* gesorgt. Vielleicht könnten wir den Soundtrack veröffentlichen. Ansonsten mußten Simon, Ken und ich uns eingestehen, daß die Sex Pistols von nun an kein Aktivposten mehr waren. Natürlich war es sehr frustrierend, mitansehen zu müssen, wie sie sich überwarfen (und zwar weitaus schlimmer als bei Mike Oldfield, der weiterhin erfolgreiche Platten produzierte). Ein Trost war, daß Virgin nach dem Vertragsschluß mit den Sex Pistols zum bevorzugten Label der Punk- und New-Wave-Bands geworden war. Die Musikszene hatte von unserem Engagement für die Sex Pistols Kenntnis genommen, und eine neue Generation aufregender Gruppen klopfte bei uns an. Simon wählte unter anderem die Motors, XTC, die Skids, Magazine, Penetration und die Members aus, die alle gute Absatzzahlen erzielten. Eine weitere Band namens Human League baute sich eine Fangemeinde auf. Virgin Music Publishing hatten einen Vertrag mit Gordon Sumner geschlossen, einem Lehrer aus Newcastle, der unter dem Künstlernamen »Sting« als Sänger der unserer Meinung nach recht vielversprechenden Band Last Exit auftrat. Bei der Rückfahrt ins Sheraton-Hotel in Kingston dachte ich über Virgins Zukunftsaussichten ohne die Sex Pistols nach. Im Hotel wartete eine Nachricht von Joan auf mich. Ich sollte sie zurückrufen.

»Sollen wir uns in New York treffen?« fragte sie.

Ich verließ Jamaika am nächsten Morgen.

11
AUF MESSERS SCHNEIDE

1978 bis 1980

Joan und ich trafen uns in New York. Ihr Versuch, ihre Ehe mit Ronnie zu retten, war fehlgeschlagen. Wir verbrachten eine Woche in Manhattan und fühlten uns wie Flüchtlinge. Meine Scheidung von Kristen war noch nicht durchgegangen, und Joan hatte sich erst wenige Tage zuvor von Ronnie getrennt. Wir dachten daran, einige Tage aus New York zu fliehen und fern der Telefone zu verbringen, als mich jemand fragte, ob ich Virgin Music nach den Jungfraueninseln benannt hatte. Die Virgin Islands hatten zwar bei der Namengebung unserer Firma nicht Pate gestanden, hörten sich aber genau wie der romantische Zufluchtsort an, den Joan und ich benötigten. Spontan beschlossen Joan und ich, diesen Inseln einen Besuch abzustatten. Wir hatten keine Unterkunft und nicht viel Geld, aber ich hatte gehört, daß Immobilienmakler einen kostenlos in einer prächtigen Villa wohnen ließen und per Hubschrauber auf allen Inseln herumflogen, wenn man ein ernsthaftes Interesse am Kauf einer Insel bekundete. So etwas könnte ganz lustig werden. Dreist telefonierte ich ein wenig herum. Als ich mich vorstellte und die Sex Pistols und Mike Oldfield erwähnte und erklärte, daß Virgin Music stark expandiere und eine Insel kaufen wolle, auf die sich die Rockstars zurückziehen könnten, und dort vielleicht auch ein Aufnahmestudio einrichten würde, sah der Makler auch prompt seine große Chance. Joan und ich flogen auf die Jungfraueninseln, wo wir wie Könige empfangen und in eine Luxusvilla geleitet wurden. Am nächsten Tag flog man uns im Hubschrauber über die ganzen Virgin Islands, und der Makler zeigte uns, welche Inseln zum Verkauf angeboten wurden. Wir taten so, als würden uns die ersten beiden recht gut gefallen, fragten ihn aber, ob es noch mehr gäbe.

»Es gibt noch eine, die ein richtiges kleines Schmuckstück ist«, antwortete er. »Ein britischer Lord, der nie hierher kommt, verkauft sie. Sie heißt Necker Island, aber ich halte sie nicht für besonders geeignet. Sie ist sehr abgelegen.«

Das entschied die Sache.

»Gut«, sagte ich. »Können wir sie bitte sehen?«

Auf dem Flug nach Necker bewunderte ich aus dem Fenster des Helikopters das kristallklare, hellblaue Meer. Wir landeten auf einem weißen Sandstrand.

»Auf der Insel gibt es kein Wasser«, sagte der Makler. »Den Unterlagen zufolge waren zuletzt zwei Journalisten hier, die ein Überlebenstraining machten. Noch vor Ablauf einer Woche funkten sie um Hilfe. Es ist die schönste Insel im ganzen Archipel, aber man müßte sehr viel Geld in sie investieren.«

Über dem Strand ragte ein Hügel auf. Joan und ich kletterten hinauf, um einen Ausblick über die gesamte Insel zu haben. Wir mußten uns einen Weg durch die Kakteen bahnen, so daß wir mit zerkratzten, blutigen Beinen oben ankamen. Aber die Mühe lohnte sich: Wir blickten hinunter auf das Riff, das die Insel umgab. Der Strand lief fast die ganze Küste entlang. Der Makler hatte erzählt, daß Meeresschildkröten auf den Stränden von Necker ihre Eier legten. Das Wasser war so klar, daß wir einen großen Rochen sehen konnten, der innerhalb des Riffs ruhig seine Kreise zog. Tausende von Möwen und Seeschwalben nisteten auf der Insel; ein Pelikanschwarm fing Fische. Weiter oben ließ sich ein gewaltiger Fregattenvogel mit ausgebreiteten Flügeln von der Thermik durch die Luft tragen. Im Inneren der Insel entdeckten wir zwei Salzwasserseen und einen kleinen tropischen Regenwald. Schwarze Papageien flogen über die Baumwipfel. Von den anderen Inseln waren nur die grünen Küstenstreifen zu sehen: Kein Haus weit und breit. Wir gingen zurück zum Makler, der am Fuße des Hügels wartete.

»Wieviel will der Lord dafür haben?« fragte ich.

»3 Millionen Dollar.«

Das Bild vor unserem geistigen Auge – wir saßen auf dem Hügel

und sahen in den Sonnenuntergang – verblaßte. »Der Gedanke zählt«, meinte Joan, als wir zum Hubschrauber zurückstapften.
»Wieviel wollten Sie denn ausgeben?« fragte der Makler, der plötzlich den Braten roch.
»Wir könnten 150 000 Dollar anbieten.« Ich bemühte mich um einen heiteren Ton. »200 000 Dollar«, fügte ich hinzu, als sei dies eine große Summe.
»Ich verstehe.«
Beim Rückflug zur Villa war deutlich zu spüren, daß wir nicht mehr willkommen waren. 200 000 Dollar genügte nicht einmal für eine Übernachtung in der Villa. Unsere Taschen warteten an der Tür, und Joan und ich trugen sie quer durchs Dorf in eine Frühstückspension. Natürlich standen uns auch keine weiteren Hubschrauberflüge über die Inseln mehr zu. Dennoch waren Joan und ich fest entschlossen, Necker zu kaufen. Wir glaubten, daß dies unser geheimes Paradies werden könnte, auf das wir uns immer zurückziehen könnten. Obwohl wir praktisch wie Viehdiebe von den Jungfraueninseln vertrieben wurden, wollten wir wiederkommen. In London fand ich später heraus, daß der Eigentümer von Necker Island es mit dem Verkauf eilig hatte. Er wollte irgendwo in Schottland ein Gebäude errichten, das ihn ungefähr 200 000 Pfund kosten sollte. Ich erhöhte mein Angebot auf 175 000 Pfund und blieb drei Monate lang dabei. Schließlich erhielt ich einen Anruf.
»Für 180 000 Pfund gehört die Insel Ihnen.«
Mit keiner Silbe wurde erwähnt, daß 180 000 Pfund nur ein Bruchteil des ursprünglich verlangten Preises von 3 Millionen war. Also willigte ich auf der Stelle ein, und Necker Island gehörte uns. Selbst zu diesem niedrigen Preis hatte die Sache einen Haken: Die Regierung der Jungfraueninseln hatte einen Erlaß verabschiedet, daß der Eigentümer Necker innerhalb von fünf Jahren erschließen müsse, sonst würde die Insel in Staatsbesitz übergehen. Es würde einiges kosten, ein Haus zu bauen und eine Wasserleitung von der Nachbarinsel legen zu lassen, aber ich wollte mit Joan dorthin zurückkehren. Ich war entschlossen, genügend Geld für dieses Vorhaben zu verdienen.
Joan und ich verbrachten den Rest unseres Urlaubs auf Beef Is-

land, und dort gründete ich Virgin Airways. Wir wollten nach Puerto Rico fliegen, doch der lokale puertorikanische Linienflug war storniert worden. Am Flughafen drängten sich gestrandete Passagiere. Nach einigen Telefonaten gelang es mir, für 2 000 Dollar eine Maschine zu chartern. Ich teilte den Preis durch die Anzahl der Sitze, lieh mir eine Tafel aus und schrieb darauf VIRGIN AIRWAYS: EINFACHFLUG NACH PUERTO RICO 39 $. Damit ging ich dann durch den Flughafen und hatte bald das Flugzeug gefüllt. Als wir in Puerto Rico landeten, drehte sich ein Passagier zu mir um und sagte:

»Virgin Airways klingt gar nicht so übel. Wenn Sie Ihren Service noch etwas verbessern, könnten Sie direkt Erfolg haben.«

»Vielleicht mach' ich das«, erwiderte ich lachend.

»Richard, ich möchte heiraten. Du sollst mein Trauzeuge sein«, sagte Mike Oldfield.

»Das ist wunderbar«, rief ich. »Wer ist die Glückliche?«

»Die Tochter meines Therapeuten.«

Mike Oldfield war sein Leben lang ein introvertierter Mensch gewesen. Im September 1976 besuchte er ein Therapieseminar in Wales, in dem man vor einer Gruppe von Teilnehmern anscheinend abwechselnd erniedrigt und gelobt wurde. Mir kam das Ganze wie ein Crashkurs im Überleben in Privatschulen oder der Armee vor. Aber Mike konnte dadurch sein Problem in den Griff bekommen. Nur wenige Tage später ließ er sich für die Musikpresse nackt in der Pose von Rodins *Le Penseur* fotografieren. Und nun wollte er heiraten.

»Wie lange kennst du sie?« fragte ich.

»Seit drei Tagen.«

»Willst du nicht noch warten?«

»Ich kann nicht warten«, sagte er. »Sie will erst mit mir schlafen, wenn wir verheiratet sind. Die Trauung findet morgen im Standesamt in Chelsea statt.«

Da wir ihn nicht umstimmen konnten, warteten Joan und ich also am nächsten Tag im Standesamt auf Mike und seine Braut. Als Hochzeitsgeschenk hatten wir zwei geschnitzte afrikanische Schemel mitgebracht. Bis zu Mikes Ankunft setzten wir uns auf dem

Gehsteig darauf. Ein stetiger Strom von Paaren ging an uns vorbei ins Standesamt und kam verheiratet wieder heraus. Je länger wir warteten, desto weniger Geschmack fand ich an der Institution Ehe. Joan und ich hatten beide eine gescheiterte Ehe hinter uns, und der Anblick dieser fließbandähnlichen Prozession verheirateter Paare, die alle sechseinhalb Minuten aus dem Standesamt kamen und aus unserer zynischen Sicht direkt auf den Scheidungsanwalt zumarschierten, nahm uns jeglichen Wunsch, unaufrichtig scheinende Treueschwüre auszutauschen. Ich wußte, daß ich Joan liebte, aber abgedroschene Worte als Bestätigung brauchten wir nicht. Mike und Sarah wurden getraut, und wir überreichten ihnen die Schemel. An jenem Abend gingen wir alle zusammen essen, doch endete der Abend früh, weil Mike offensichtlich sehr begierig darauf war, Sarah ins Bett zu bekommen. Am nächsten Morgen läutete das Telefon. Es war Mike.

»Richard, ich möchte mich scheiden lassen.«

»Was ist los?«

»Wir passen nicht zusammen«, sagte Mike in einem Ton, der keine weiteren Fragen erlaubte.

Mike und Sarah gingen praktisch direkt vom Traualtar zum Scheidungsanwalt. Letztendlich mußte er Unterhaltszahlungen von mehr als 200 000 Pfund leisten. Was in jener Nacht geschah, vermag ich mir beim besten Willen nicht vorzustellen. An einem besteht jedoch kein Zweifel: Es war der teuerste One-Night-Stand der Geschichte.

1977 erwirtschaftete Virgin einen Vorsteuergewinn von insgesamt 400 000 Pfund. 1978 kletterte er auf 500 000 Pfund. Nach der Trennung der Sex Pistols blieb uns noch eine Handvoll Künstler. Mike Oldfield war der wichtigste davon; seine Alben erzielten trotz des Aufstiegs von Punk und New Wave stabile Absatzzahlen. Wir hatten auch zwei neue, relativ esoterische Bands, die beide Synthesizermusik spielten: Orchestral Manoeuvres in the Dark und Human League. Ihr Durchbruch ließ zwar noch auf sich warten, doch konnten XTC, die Skids und Magazine ihre Absätze halten. In Frankreich und Deutschland behaupteten wir uns nach wie vor ganz gut, vor allem mit Tangerine Dream.

1979 hätte ein Außenstehender bei der Analyse von Virgin zu dem Schluß kommen können, daß es sich hier um eine kunterbunte Sammlung verschiedener Unternehmen handelte. Von unserem winzigen Reihenhaus in Vernon Yard aus leitete Nik die Plattenläden, Simon und Ken die Plattenfirma und Carol Wilson den Musikverlag. Das Manor Studio lief gut, und wir hatten unsere Aufnahmeaktivitäten durch den Kauf eines Studios in London erweitert. Der ursprüngliche Plan, alles zu bieten, was ein Rockstar benötigte, von einer Aufnahmemöglichkeit über die Veröffentlichung und den Vertrieb bis hin zum Einzelhandel, begann sich auszuzahlen. Darüber hinaus hatten wir den Printverlag Virgin Book Publishing gegründet, der Bücher über Musik sowie Biographien und Autobiographien von Rockstars herausbrachte. Statt der zukünftigen Alben der Sex Pistols, die es nun niemals geben würde, hatten wir die Rechte an dem von Malcolm McLaren produzierten Film *The Great Rock and Roll Swindle* erworben und uns dadurch als letztes Album den Soundtrack gesichert. Für diesen Film gründeten wir Virgin Films, das von Nik gemanagt wurde. Ein weiteres Projekt, das Nik ins Leben rief, war The Venue, ein Nachtclub, in dem unsere Bands spielten und das Publikum während der Show essen und sich unterhalten konnte. Als sich die Welt der Rockmusik immer stärker differenzierte, wollten die Bands nicht mehr einfach nur ihre Songs aufnehmen und veröffentlichen. Popvideos erwiesen sich zunehmend als das beste Werbeinstrument. Böse Zungen behaupteten sogar, die Videos seien ebenso wichtig wie die Musik selbst. Daher richtete Nik auch ein Filmstudio ein, in dem unsere Bands ihre eigenen Videos herstellen und schneiden konnten. Als weitere Dienstleistung mußte Virgin seinen Künstlern auch die Möglichkeit des Vertriebs ihrer Platten im Ausland anbieten. Obwohl wir nur eine kleine Firma mit Sitz in einem Reihenhäuschen in Notting Hill waren, wußte ich, daß wir ohne Niederlassungen in anderen Ländern keinerlei Chancen hatten, ausländische Bands für uns zu gewinnen. Einer der Vorteile der Rockmusik ist ihre wahrhaft internationale Ausrichtung, zumindest im oberen Marktsegment. Der beste Erfolgsmaßstab einer Gruppe ist die Zahl der im Ausland verkauften Schallplatten. Die großen multinationalen Unternehmen hatten hier einen deutlichen Vorteil gegenüber Virgin oder Island, da sie in Verhandlungen mit den Bands auf ihre Vertreterstäbe in Frankreich oder Deutschland verweisen konnten. Eine Option für Virgin bestand darin, im Ausland nicht gegen die Multis anzutreten, sondern sich vielmehr allein auf den britischen Heimatmarkt zu konzentrieren und in anderen Ländern Lizenzverträge für unsere Künstler abzuschließen, wie wir dies anfangs bei Mike Oldfield getan hatten. Aufgrund der Einsparungen bei den Gemeinkosten war diese Alternative verführerisch, doch sie gefiel mir irgendwie nicht. Island und Chrysalis hatten diesen Weg gewählt und damit meiner Ansicht nach ihrem Wachstum Grenzen gesetzt, weil sie ihren ausländischen Lizenznehmern auf Gedeih und Verderb ausgeliefert waren. Gewährt man einer anderen Plattenfirma eine Lizenz für eine Band, verliert man völlig die Kontrolle über die Werbemaßnahmen. Darüber hinaus wollten wir auch ausländische Bands für Virgin gewinnen. Französische, deutsche und amerikanische Musiker sollten das Gefühl haben, daß sie nicht nur bei den großen internationalen Firmen, sondern auch bei uns Verträge über die weltweiten Rechte abschließen konnten.

Mit unserem mageren Mitarbeiterstab in Vernon Yard waren wir den Multis wohl kaum gewachsen. Aber wir wagten diesen Schritt dennoch. 1978 fuhr Ken nach New York, um dort das amerikanische Virgin-Label zu gründen. Ich erwartete einen ähnlichen Werdegang wie in London: Zunächst ein Haus in Greenwich Village, dann allmählicher Zukauf von Niederlassungen in Chicago, Los Angeles, San Francisco und anderen regionalen Zentren. Eine monolithische Konzernzentrale schwebte uns nicht vor.

1979 traf ich mich mit Jacques Kerner, dem Geschäftsführer von PolyGram France. Ich kannte niemanden in der französischen Musikindustrie. Obwohl ich vorgab, die Möglichkeit des Vertriebs von Virgin-Platten über PolyGram zu eruieren, suchte ich in Wahrheit nach jemandem, der Virgin in Frankreich aufbauen konnte. Jacques Kerner stellte mir einen faszinierenden Mann namens Patrick Zelnick vor, der bei PolyGram für den Plattenvertrieb zuständig war. Mit seinem leicht geistesabwesenden Blick, seinen dicken, borstigen, zerzausten Haaren und seiner schwarzumrandeten Brille erinnerte Patrick an Woody Allen. Er benahm sich auch so: Nach unserem ersten gemeinsamen Mittagessen suchten wir hinterher stundenlang nach dem Parkplatz seines Wagens. Patrick sagte, er habe Virgins Entwicklung mit großem Interesse verfolgt. Er habe bereits 1974 mit uns Kontakt aufnehmen wollen, als wir einen Stand beim Cannes Music Festival hatten, hätte aber nur ein Schild mit der Aufschrift »WIR SIND BEIM SKIFAHREN« vorgefunden. Später habe er regelmäßig Platten bei Virgin Records in der Oxford Street gekauft. Er war ein Fan von Mike Oldfield und Tangerine Dream. Jacques Kerner bot mir 300 000 Pfund für die Lizenz sowie einen Prozentsatz der Tantiemen für das gesamte Virgin-Archiv in Frankreich. Da Virgin damals über sehr wenig Geld verfügte und wir gerade erst einen neuen Kredit für den Kauf von Necker Island aufgenommen hatten, wäre die Annahme dieses Angebots der einfache Weg gewesen. Statt in meinem Notizbuch brav alle Einzelheiten zu notieren, schrieb ich jedoch nur »Patrick Zelnick: Virgin Frankreich«. Ich überraschte Jacques Kerner, indem ich ihn um etwas Bedenkzeit bat. Nach der Sitzung lud ich beide Männer ein, bei nächster Gelegenheit auf meinem Hausboot vorbeizuschauen. Einen Monat später kam Patrick nach London und rief mich an. Wir aßen auf der *Duende* zu Mittag. Ich fragte ihn, ob er PolyGram verlassen und eine eigenständige Tochtergesellschaft von Virgin in Frankreich aufbauen wolle. Ich würde ihm völlig freie Hand bei den Verträgen mit den Künstlern lassen. Auf einem Blatt Papier stellten wir einige grobe Berechnungen an, und Patrick willigte ein. Er gründete Virgin France gemeinsam mit einem Freund, Philippe Constantine, einem wilden, etwas ungepflegt wirkenden Mann, der zwischendurch immer mal wieder seiner Heroinsucht frönte, aber über einen exzellenten Musikgeschmack verfügte. Während sich Patrick ums Geschäft kümmerte, verbrachte Philippe seine gesamte Zeit mit den Bands.

»Wenn man zum Abendessen eingeladen wird«, sagte Jacques Kerner vorwurfsvoll in einem Telefongespräch nach Patricks Kündigung bei PolyGram, »gehört es sich nicht, daß man sich mit dem Besteck davonstiehlt.«

Ich entschuldigte mich für meinen Raubzug, erklärte Jacques aber, daß es Patricks eigene Entscheidung gewesen sei, Virgin France zu gründen. Erst nach Patricks Kündigung bei PolyGram stellten wir bei nochmaliger Überprüfung der Zahlen fest, daß wir uns verrechnet hatten: Wir hatten die Mehrwertsteuer vergessen, die falsche Einzelhandelsspanne gewählt und die Anzahl der in Paris verkauften Schallplatten hoffnungslos überschätzt. Für einen Rückzieher war es zu diesem Zeitpunkt aber zu spät: Patrick und Philippe arbeiteten bereits für Virgin. Eine der ersten Bands, die sie an Land zogen, war Telephone, die 1979 mehr Platten in Frankreich verkauften als jede andere Gruppe. Später sollte Patrick den Kopf schütteln, wenn er daran zurückdachte, daß er die Sicherheit von PolyGram für eine nahezu bankrotte englische Plattenfirma aufgegeben hatte. Zum Zeitpunkt der Verhandlungen mit Patrick traf ich mich in Frankreich auch mit dem Geschäftsführer von Arista Records. Wir konnten uns nicht auf Distributionsbedingungen einigen, aber ich spitzte die Ohren, als er damit zu prahlen begann, daß Arista kurz vor einem Vertragsabschluß mit Frankreichs größtem Popstar Julien Clerc stand. Ich hatte keine Ahnung, wer Julien Clerc war, entschuldigte mich jedoch, um auf die Toilette zu gehen. Dort schrieb ich »Julien Claire« auf mein Handgelenk und zog sorgsam den Ärmel meines Pullovers darüber. Nach der Sitzung rief ich Patrick aus der nächsten Telefonzelle an.

»Kennst du einen Sänger namens Julien Claire«, fragte ich.

»Selbstverständlich«, erwiderte Patrick. »Er ist der größte Star in Frankreich.«

»Er sucht eine neue Plattenfirma. Laß uns versuchen, mit ihm ins Geschäft zu kommen. Könnten wir uns vielleicht morgen mit ihm zum Mittagessen treffen?«

Bei jenem Essen gelang es Patrick und mir, Julien Clerc Arista vor der Nase wegzuschnappen. In nur zwei Wochen hatte ich mich bei zwei Plattenfirmen gründlich unbeliebt gemacht. Sowohl Patrick als auch Julien Clerk verdienten jedoch ein Vermögen für Virgin France und sich selbst.

Mit Ken in New York, Patrick in Paris, Udo in Deutschland und unseren eigenen Aktivitäten in London konnten wir uns als wirklich internationale Plattenfirma vermarkten. Unser Problem waren unsere mangelnden Liquiditätsreserven. Jeder Mißerfolg konnte tödlich sein. Bei meinen Besuchen bei der Coutts Bank trug ich jetzt Schuhe, und mein Haar war nicht mehr lang genug, um sich in ihrer Drehtür zu verheddern, doch sie behandelten mich immer noch wie ein Wunderkind und nicht wie einen Geschäftsmann. Selbst bei Umsatzzahlen von 10 Millionen Pfund schüttelten sie lächelnd den Kopf.

»Alles gute Popmusik, nicht wahr?« pflegte der Manager von Coutts freundlich zu sagen. »Mein einer Sohn liebt Mike Oldfield. Ich wünschte nur, mein zweiter Sohn würde nicht diese laute Punkmusik spielen. Ich muß immer zu ihm hinaufbrüllen, daß er sie leiser drehen soll.«

Ich versuchte, Coutts klarzumachen, daß Virgin jetzt ein großes Unternehmen war. Wir hatten sehr gute Umsatzzahlen und erwirtschafteten ebenso stabile Gewinne wie andere »normale« Gesellschaften. Aber die Banker teilten meine Meinung nie. »Sie sind ja ganz erfolgreich«, erklärte mir der Geschäftsführer der Bank. »Aber Ihre Ergebnisqualität läßt sehr zu wünschen übrig. Wir können den Gewinn höchstens für einen Monat prognostizieren.«

Trotz dieser düsteren Analyse waren wir Ende 1978 ganz optimistisch: Mit einer ganzen Reihe von Top-Ten-Hits und guten Absatzzahlen in den Plattenläden hatten wir in Großbritannien gut abgeschnitten. 1979 wurde jedoch Margaret Thatcher zur Premierministerin gewählt. Die Zinsen stiegen, und unser Land rutschte in eine schwere Rezession ab. Zum ersten Mal seit zwanzig Jahren waren die Plattenverkäufe in Großbritannien rückläufig, und unsere Ladenkette fuhr hohe Verluste ein. Ken hatte kein Glück in New York: Virgins erste Single in den USA verursachte Werbekosten von 50 000 Dollar und entpuppte sich als völliger Flop. Widerstrebend beschlossen wir, das Büro zu schließen und Ken wieder nach London zu holen. Alles schien schiefzulaufen, selbst in meinem Privatleben. Im November 1979 rief mich Joan an mit der Nachricht, daß das Hausboot untergehe. Ich hatte die Wasserpumpe eingeschaltet. Anstatt zu pumpen, begann sie plötzlich aufgrund eines Fehlers Wasser anzusaugen. Wir trafen uns bei der *Duende* und wateten durchs Wasser, um Möbel und Akten an Land zu tragen. Nachdem wir alles gerettet hatten, was wir retten konnten, sprachen wir mit unseren Nachbarn darüber, wie man das Boot am besten bergen könne. Einer unserer Nachbarn zerrte an einer Schachtel, und zu unserer großen Verlegenheit fiel ein Vibrator heraus. Als er auf dem Boden aufschlug, schaltete er sich selbst ein und begann zu vibrieren. Alle sahen zu, wie er sich um die eigene Achse drehte und dann in den Kanal fiel, wo er wie ein Torpedo durchs Wasser schoß, bis er schließlich aus unserem Blickfeld verschwand.

»Gehört das dir, Richard?« fragte Joan spitz.

»Nein. Dir vielleicht?«

»Natürlich nicht.«

Jene Schachtel hatte (natürlich!) schon jahrelang auf der *Duende* gestanden. Die kreisförmigen Wellen, die der untergehende Vibrator schlug, schienen ein passender Abschluß der siebziger Jahre zu sein.

1980 flog ich nach Los Angeles, um das Interesse amerikanischer Plattenfirmen an britischen Künstlern zu wecken. Die Reise war das reinste Desaster. Ich hatte eine Sammlung von Demobändern dabei, doch war niemand an neuen Aufnahmen interessiert. Mike Oldfield war so beliebt wie eh und je (sein Name wurde sogar einmal fälschlicherweise »Oilfield« bzw. Ölfeld geschrieben, was die Rolle, die er für Virgin spielte, treffend beschrieb), aber die anderen Bands, für die ich Lizenznehmer suchte, wie die Skids, die Motors, XTC, Japan, Orchestral Manoeuvres in the Dark (»Hören Sie, Richard«, sagte der Einkäufer von CBS. »Wir haben nicht den ganzen Tag Zeit. Könnten wir nicht einfach OMD sagen?«) und die Flying Lizards hörten sich meine Verhandlungspartner zwar mit höflichem Interesse an, doch erhielt ich kaum Angebote.

Als ich merkte, daß Virgins Einkommensstrom zu versiegen begann, stellte ich andauernd Listen mit Einsparungsmöglichkeiten auf. Ich verkaufte das Haus in Denbigh Terrace und investierte den Erlös in Virgin. Wir stießen zwei unserer Wohnungen in Vernon Yard ab. Wir sparten an allen Ecken und Enden. Vor kurzem fand ich auf einem Notizblock eine Liste der dringlichsten Prioritäten jener Zeit. Sie rief in mir das Gefühl der damaligen Verzweiflung wieder wach:

1. Neue Hypothek auf das Manor Studio aufnehmen
2. Die Heizung für das Schwimmbecken abschalten

3. *Japan [die Band] unter Vertrag nehmen*
4. *Die Häuser in Vernon Yard verkaufen*
5. *Mike Oldfield fragen, ob wir ihm seine Tantiemen später auszahlen können*
6. *Das Hausboot verkaufen*
7. *Mein Auto verkaufen*
8. *Alle Aufnahmeanlagen in den Studios leasen*
9. *Nik könnte seine Beteiligung an eine Merchant Bank oder Warner Brothers verkaufen*
10. *The Venue verkaufen*

Ich schrieb an die Mitarbeiter von Virgin, um ihnen mitzuteilen, daß wir unseren Gürtel dringend enger schnallen müßten:

Die gute Nachricht lautet, daß Ian Gillans neue Platte direkt auf Platz 3 in den Charts gelandet ist. Die schlechte lautet, daß nur 70 000 Stück davon verkauft wurden, was nicht einaml 50 Prozent der Stückzahlen einer Nummer 3 im vergangenen Jahr entspricht. Unsere Gewinne haben sich mehr als halbiert, da unsere Gemeinkosten gleich geblieben sind.

Nach Niks Berechnungen ging Virgin 1980 geradewegs auf einen Verlust von 1 Million Pfund zu.

»Ich kann meine Beteiligung nicht an eine Bank verkaufen«, sagte er zu mir. »Virgin macht dieses Jahr einen Verlust von 1 Million Pfund. Die Aktien sind wertlos.«

»Was ist mit dem Markennamen?« fragte ich.

»›Virgin‹? Der ist minus 1 Million Pfund wert«, erwiderte er. »Der Wert des Markennamens wird nicht anerkannt. Wieviel ist British Leyland als reiner Markenname wert?«

Virgin steckte plötzlich in großen Schwierigkeiten. Die Rezession von 1980 ergriff uns mit der Gewalt einer plötzlichen Flutwelle. Zum zweiten Mal mußten wir Mitarbeiter entlassen. Diesmal waren es neun Beschäftigte bzw. ein Sechstel der weltweiten Belegschaft von Virgin Music. Proportional war das weniger als der Personalabbau bei anderen Plattenfirmen, doch für uns war es eine schreckliche

Erfahrung. Nik, Simon, Ken und ich debattierten stundenlang über unsere Möglichkeiten. Ohne großen Rockstar, der einen Hit landen konnte, hatte Virgin keine festen zukünftigen Einnahmen. Wir führten einen verzweifelten Kampf, um die Einschätzung von Coutts zu widerlegen. Wieder einmal durchkämmten wir den Katalog unserer Bands und kündigten mehrere Verträge. Wir mußten die meisten der in Jamaika unter Vertrag genommenen Reggae-Bands aufgeben, da in Nigeria infolge eines Militärstreichs jetzt alle Importe verboten und unsere Absatzchancen somit völlig zunichte gemacht worden waren. Zwischen Nik und Simon entstanden Spannungen, als sie sich darüber stritten, welche Bands Virgin behalten sollte. Nik wollte Human League aufgeben, eine junge Band aus Sheffield, die ihre Musik auf Synthesizern spielte.

»Nur über meine Leiche«, erklärte Simon kategorisch.

»Aber sie sind völlig unbedeutend«, argumentierte Nik. »Wir können es uns nicht leisten, sie durchzufüttern.«

»Human League ist genau der Grund, warum ich in diesem Geschäft bin«, sagte Simon wütend.

»Du gibst das ganze Geld aus, das ich in den Läden spare«, gab Nik mit erhobenem Zeigefinger zurück.

»Paß gut auf«, fauchte Simon und sprang auf. »Wedle nie wieder, hörst du, nie wieder mit deinem verdammten Finger vor meinem Gesicht herum. Und Human League bleibt.«

Ich sah der Auseinandersetzung zu und wußte, daß etwas geschehen mußte. Nik war mein wichtigster Partner, mein engster Freund aus der Kindheit. Wir hatten seit unserem sechzehnten Lebensjahr, seit dem *Student*, zusammengearbeitet. Aber er dachte nur an Einsparungen und Kürzungen. Zugegebenermaßen steckten wir damals tief in der Tinte. Aber ich hatte wieder das Gefühl, daß wir uns nur durch eine drastische Aktion aus dieser mißlichen Lage befreien konnten. Und dazu mußten wir investieren. Nik und Simon erreichten ein wütendes Patt und riefen mich als Schiedsrichter hinzu. Zu Niks Ärger unterstützte ich Simon. Das war ein Wendepunkt für unser Triumvirat, das bisher so reibungslos funktioniert hatte. Meiner Meinung nach war Simons Musikgeschmack das einzige, was Virgin aus dem gegenwärtigen Schlamassel retten konnte. Ohne Simons neue Musiker würden wir auf der Stelle treten. Nach Niks Ansicht warfen wir unser Geld zum Fenster hinaus. Er wandte sich wieder den Läden zu, wild entschlossen, noch mehr Einsparungen aus ihnen herauszupressen.

Bei einer anderen Sitzung stritten wir uns über einen neuen Vertrag mit dem Drummer der Gruppe Genesis. Im September 1980 wollte Simon 65 000 Pfund ausgeben, um Phil Collins für Virgin als Solokünstler zu verpflichten. Wieder einmal war er davon überzeugt, daß dieser Schritt richtig war. Niks Zweifel und Kritik prallte einfach an ihm ab. Daß sich diese Chance überhaupt ergeben hatte, lag an der Expansion unserer Aufnahmestudios. Als Ergänzung zum Manor Studio hatten wir ein Studio in West London erworben, das wir unser Stadthaus – Town House – nannten. Auf der Rückseite dieses Gebäudes hatten wir ein zweites Studio gebaut, das wir zu günstigeren Tarifen vermieteten. Anstatt der üblichen isolierten Wände, die alle akustischen Schwingungen schluckten, hatten wir hier ein Studio mit Steinwänden gebaut. Für seine Soloaufnahmen war Phil Collins ein Studio der Spitzenklasse zu teuer, also buchte er statt dessen unser »Steinstudio«. Dort gelangen ihm außergewöhnliche Aufnahmen seines Schlagzeugsolos für »In The Air Tonight«. Es klang phantastisch. Phil verstand sich zudem so glänzend mit den Toningenieuren, daß er schon bald mit Simon ins Gespräch kam. Ehe wir uns versahen, war er bereit, einen Vertrag mit uns zu unterschreiben. Nik verlangte von Simon alle möglichen Verkaufsanalysen, um prognostizieren zu können, wie viele Soloalben von Phil verkauft werden könnten. Er machte sich Sorgen, daß die Genesis-Fans diese Platten nicht kaufen würden. Simon zeigte jedoch auf, daß wir selbst dann einen Gewinn erzielen würden, wenn nur 10 Prozent der bekannten Fans von Genesis Phils Debütsoloalbum kauften. Als wir bestürzt unseren Überziehungskredit und die miserablen Umsätze unserer anderen Bands betrachteten, wußten wir, was wir da für ein Risiko eingingen. Zu Niks Ehrenrettung sei gesagt, daß er schließlich den Vertrag mit Phil Collins guthieß und sogar aus den Ladenkassen Geld für die Vorauszahlung beisteuerte. Phil erwies sich als außergewöhnlich talentierter Musiker und Sänger. Seine Stimme war eindringlich, seine Texte ergreifend: Er sollte noch erfolgreicher werden als Genesis selbst. Inzwischen schrieb die Zeitschrift *New Musical Express*, daß sich Virgin in finanziellen Schwierigkeiten befinde. Falls die Banker von Coutts den *NME* lasen (was ich bezweifelte), würden sie es sich zweimal überlegen, unseren Kreditrahmen zu erweitern. Ich versuchte, mit einem Leserbrief gegenzusteuern: »*Angesichts der Spekulationen über gravierende finanzielle Schwierigkeiten meinerseits werden Sie verstehen, daß ich Sie verklagen muß, um mir auf diesem Weg steuerfreie Gelder zu verschaffen, anstatt mich an die Banken zu wenden...*« Obwohl der *New Musical Express* wohl kaum mit der *Financial Times* gleichzusetzen war, erkannte ich, daß solche Gerüchte sich immer weiter fortpflanzen, wenn man ihnen nicht energisch begegnet. Noch schlimmer war aber, daß sie den Nagel auf den Kopf trafen. Einige Monate nach den Auseinandersetzungen über Human League und Phil Collins stieß ich auf zwei Angebote, die ich für unwiderstehlich hielt. Es handelte sich um Nightclubs. Erstens wurde uns der Roof Garden in Kensington für 400 000 Pfund zum Kauf angeboten. Virgin hatte natürlich kein Geld übrig, aber die Brauerei, die den Roof Garden belieferte, war bereit, uns einen zinslosen Kredit zu gewähren, wenn wir weiterhin ihre Weine, Biere und Spirituosen anboten. Zum anderen handelte es sich um das Heaven, einen großen schwulen Nightclub unterhalb Charing Cross Station. Er gehörte einem Freund meiner Schwester Vanessa, der den Club an jemanden verkaufen wollte, der ihn zu schätzen wußte und weiterhin sein schwules Klientel bedienen würde. Durch meine Arbeit im Student Advisory Centre wußte er, daß er mir in dieser Hinsicht vertrauen konnte. Er verlangte 500 000 Pfund. Wieder erklärte sich die Brauerei zu einem zinslosen Darlehen über die gesamte Summe bereit, wenn wir ihre Getränke feilboten. Ich hatte keine Ahnung, warum die Brauerei diese Clubs nicht direkt erwerben wollte, ergriff diese Chance aber nur zu gerne.

Da ich wußte, daß Nik gegen diese Käufe Einspruch erheben würde, unterzeichnete ich die Verträge, ohne es ihm zu sagen. Er war außer sich. Seiner Ansicht nach war das reine Geldverschwendung. Er sah sich die zusätzliche Verbindlichkeit in Höhe von 1 Million Pfund an und warf mir vor, Virgin zu ruinieren.

»Das ist unser Untergang«, schimpfte er.

»Aber wir müssen keine Zinsen bezahlen«, wandte ich ein. »Das ist kostenloses Geld. Wenn einem jemand einen Rolls-Royce zum Preis eines Mini anbietet, muß man einfach zugreifen.«

»Es gibt nichts umsonst«, erklärte Nik. »Schulden sind Schulden. Wir können das niemals zurückzahlen. Wir sind ohnehin fast pleite.«

»Dieses Geld bekommen wir kostenlos«, beharrte ich. »Und ich glaube durchaus, daß man auch mal etwas umsonst bekommt. Mit mehr Umsatz werden wir uns auch aus unseren Schwierigkeiten befreien.«

Nik widersprach mir so vehement, daß klar war, daß sich unsere Wege trennen mußten. Seiner Meinung nach steuerte ich Virgin geradewegs in den Konkurs. Er wollte den Restwert seines 40prozentigen Gesellschafteranteils schützen, bevor es zu spät war. Was mich anbelangte, so war ich seit zwei oder drei Jahren mit unserer beruflichen Beziehung unzufrieden. Nik und ich waren zwar immer beste Freunde gewesen, doch als Virgin größer geworden war und sich vom Plattengeschäft zum Musiklabel mauserte, hatte das seine Fähigkeiten überstiegen. Nach Niks Ansicht war uns allen die ganze Sache über den Kopf gewachsen, und damit hatte er vielleicht sogar recht. Für ihn war kein Platz in einem solchen Unternehmen. Auf jeden Fall behagte ihm der gesellschaftliche Umgang mit den Musikern, die Simon, Ken und ich pflegten, nicht. Vermutlich sträubte sich Niks puritanische Gesinnung gegen jedes Pfund, das wir verschwendeten, wenn wir eine weitere Flasche Champagner bestellten, selbst wenn wir damit eine Band becircen konnten, die Virgin Music enorme Gewinne einbringen könnte. Mir kam es so vor, als wolle Nik meine Pläne immer durchkreuzen, von denen die meisten zugegebenermaßen riskante Investitionen in neue Bands beinhalteten.

Ein entscheidender Test unserer Beziehung war wohl die Tatsache, daß Nik sich dem Skiurlaub unserer Belegschaft im Jahr 1977 nicht angeschlossen hatte. Ich wünschte mir stets, daß die Mitarbeiter von Virgin viel Spaß miteinander hatten, und war immer für jeden Unsinn zu haben, wenn ich damit Leben in eine Party bringen konnte. Nik war für diese Seite des Lebens nicht zu haben. Wir kannten uns so gut, daß wir seitenlange Epen über die Stärken und Schwächen des anderen hätten verfassen können. Letztendlich erkannten wir, daß es besser war, sich zu trennen, bevor auch noch unsere Freundschaft auf der Strecke blieb und wir zu erbitterten Feinden wurden. Ich handelte einen weiteren Kredit mit der Bank aus, um Nik auszahlen zu können. Außerdem nahm er seine liebsten Teile der Virgin-Gruppe mit: das Scala-Kino und die Film- und Videostudios. Sein wahres Interesse galt dem Film. Daher gründete er nach seinem Weggang Palace Pictures in der Absicht, Filme zu drehen. Dank seines Talents brachte er bald wundervolle Filme heraus wie *Die Zeit der Wölfe*, *Mona Lisa* und den Oscar-Gewinner *The Crying Game*. Nach unserer geschäftlichen Trennung umarmten Nik und ich einander und versöhnten uns wieder. Wir hatten beide bekommen, was wir uns wünschten. Unsere »Scheidung« feierten wir mit einer Abschiedsparty im Roof Garden. In vielerlei Hinsicht hatten wir eine schwierige Situation optimal gelöst: Wir blieben gute Freunde, sahen uns häufig und hatten beide unabhängig voneinander Erfolg. Obwohl ich Niks 40prozentigen Anteil an Virgin übernommen hatte, war mir klar, daß es keinen Unterschied machte, ob man 60 oder 100 Prozent einer bankrotten Firma besaß. Im Hinblick auf Virgins Betriebsergebnis für 1980 sollte Nik recht behalten: Wir fuhren einen Verlust von 900 000 Pfund ein.

12
PLÖTZLICHER ERFOLG

1980 bis 1982

Neben der Trennung von Nik kriselte es 1980 auch zwischen Joan und mir. Um ein Haar hätten wir uns getrennt. Ich kämpfte mit aller Kraft um das Überleben von Virgin und wußte, daß Joan immer frustrierter wurde. Ganz gleich, wie spät ich nach Hause kam, immer läutete das Telefon. Wenn wir am Samstagmorgen aufwachten, klingelte es wieder. Eines Abends kehrte ich auf ein leeres Hausboot zurück. Joan hatte mir eine Nachricht hinterlassen: »Ich bin schwanger. Ich habe Angst, es dir zu sagen. Ich bin von zu Hause weggelaufen. Wenn du mich vermißt, ruf' mich bei Rose an.«

Als ich diesen Brief sah, wußte ich, daß mein Leben nicht mehr so war wie früher. Ich setzte mich und überlegte, was ich tun sollte. Nachdem Kristen mich verlassen hatte, hatte ich einige Affären. Ich liebte Abwechslung und Freiheit. Seit Joan bei mir eingezogen war, hatte ich ihre Anwesenheit offenbar für zu selbstverständlich hingenommen. Nach meiner Ehe mit Kristen stand ich langfristigen Beziehungen skeptisch gegenüber, und zu jener Zeit war meine Bindung zu Joan noch nicht so eng. Gleichzeitig setzten mich meine Eltern unter Druck, zu Kristen zurückzukehren, und falls nicht, zumindest ein Mädchen aus Surrey zu heiraten, das einen Universitätsabschluß hatte und Tennis spielen konnte – ein Bild, dem Joan mit Sicherheit nicht entsprach. Meinen Eltern hatte ich erzählt, daß Joan bei mir eingezogen war, als Dad gerade am Ufer eines Sees fischte und Mum auf eine springende Forelle zeigte. In der Stille nach meiner Eröffnung verpatzte mein Vater seinen Wurf. Die Leine verhedderte sich.

»Das hat sie nicht ausgehalten«, meinte er.

Als ich aber mit Joans Botschaft im Hausboot saß und über unser ungeborenes Kind nachdachte, wurde mir klar, daß ich sie aufrichtig liebte. Bis dahin wollte ich das eine, ohne das andere zu lassen: eine phantastische Beziehung ohne jede Verpflichtung. Ich hatte verschiedene Freundinnen gehabt, ohne je über die Folgen nachzudenken. Wahrscheinlich würden sich viele Männer glücklich und zufrieden treiben lassen, ohne einen Gedanken an Kinder zu verschwenden, wenn ihre Partnerinnen sie nicht zwingen würden, sich diesem Thema zu stellen. Ich fuhr sofort zu Joans Schwester Rose. Im sechsten Monat der Schwangerschaft befand ich mich in Frankreich, während Joan Urlaub in Schottland machte. In Fort William bekam sie plötzlich eine Blinddarmentzündung. Ich flog nach Schottland, um bei ihr zu sein, wenn sie operiert wurde. In Wahrheit handelte es sich gar nicht um eine Blinddarmentzündung, sondern um eine geplatzte Zyste an einem ihrer Eierstöcke, aber die Ärzte beschlossen, gleichzeitig auch ihren Blinddarm zu entfernen. Auch unter idealen Bedingungen war diese Operation gefährlich für eine Frau, die im sechsten Monat schwanger war. Bei Joan löste sie Wehen aus. Sie wurde an einen Tropf mit einem Wehenhemmer gehängt, und wir brachen sofort in einem Krankenwagen zu einem moderneren Krankenhaus in Inverness auf. Die Fahrt durch das verschneite Schottland war der reinste Alptraum. Jeder Ruck des Fahrzeugs löste bei Joan neue Wehen aus. Bei der Ankunft im Krankenhaus litt sie unter starken Schmerzen infolge der Operation, der Wehen und ihres verzweifelten Bemühens, das Baby in der Gebärmutter zu halten. In Inverness wurde klar, daß Joan das Kind auf die Welt bringen mußte. Da es drei Monate zu früh kam, hatte es nur geringe Überlebenschancen. Ein Mädchen wurde geboren, das nur zwei Kilogramm wog. Wir nannten sie Clare nach meiner Tante. Clare konnte kaum Nahrung zu sich nehmen, und das Krankenhaus hatte nicht die nötige Ausrüstung, um sie am Leben zu erhalten.

Obwohl Clare ihre bildhübschen, dunkelblauen Augen öffnete, starb sie nach vier Tagen. Heute kann ich mich nur noch daran erinnern, wie winzig sie war. Keiner von uns durfte sie in den Arm nehmen oder anfassen. Ihr kurzes Erdendasein verbrachte sie in einem Inkubator. Sie war so klein, daß sie in einer meiner Handflächen

Platz gehabt hätte. Wir studierten ihr Gesicht, bewunderten ihre winzigen Händchen und ihren entschlossenen Ausdruck, wenn sie schlief. Aber die Erinnerung an sie ist jetzt verblaßt. Wenn ich an Clare zurückzudenken versuche, wird ihr Bild in meinem Gedächtnis verdrängt vom Geruch der Antiseptika, dem Kratzen der Metallstühle auf dem Linoleumboden der Klinik und dem Gesichtsausdruck der Krankenschwester, als sie uns eröffnete, daß Clare gestorben sei.

Clare lebte in ihrer eigenen Welt, verließ uns so schnell, wie sie in unser Leben getreten war und hinterließ Verzweiflung, Leere und Liebe. Sie war so klein und lebte nur wenige Tage. In dieser kurzen, schmerzlichen Zeit brachte sie Joan und mich einander viel näher. Ich hatte Clares winzigen, zerbrechlichen Körper gesehen, gegen den auch noch die kleinste Windel riesig wirkte. Ich hatte gesehen, wie schön sie war, und wußte, daß sie unser Kind war. Niemals hatte ich geglaubt, daß ich mir ein Kind wünschen würde. Nach Clares Tod wollten Joan und ich unbedingt wieder ein Kind. Zu unserer Freude war sie nicht einmal ein Jahr später wieder schwanger. Die Wehen setzten diesmal sechs Wochen vor dem Geburtstermin ein. Beide waren wir völlig überrascht. Ich war bei einer Party im Venue gewesen und erst um drei Uhr morgens sturzbetrunken nach Hause gekommen. Ich schlief auf der Stelle ein und öffnete nur widerwillig die Augen, als mir Joan Ohrfeigen versetzte und mich anschrie, daß ihre Wehen eingesetzt hätten. Ich fiel aus dem Bett. Es gelang mir, sie ins Krankenhaus zu fahren. Die Ärzte untersuchten Joan und führten sie zur Entbindungsstation. »Es sieht alles gut aus«, beruhigten sie sie.

Dann sahen sie mich an.

»Sie sehen furchtbar aus. Sie sollten ein paar Aspirin schlucken und sich ins Bett legen.«

Am späten Vormittag wurde ich von vier Ärzten geweckt, die mich durch ihre Masken aufmerksam betrachteten. Ich nahm an, daß ich einen furchtbaren Unfall gehabt hatte und mich in der Notaufnahme irgendeines Krankenhauses befand.

»Die Geburt ist ziemlich weit fortgeschritten«, erklärten sie mir. »Sie kommen besser mit uns.«

Holly wurde geboren. Sie wog nicht einmal drei Kilo. Es war die bewegendste Erfahrung meines Lebens. Am Ende war ich (davon bin ich überzeugt) erschöpfter als Joan. Ich schwor mir, nie die Geburt eines unserer Kinder zu versäumen. Wie bei Clare war unsere vordringliche Sorge aber, Holly am Leben zu erhalten. An einem eiskalten Morgen im November 1981 fuhren wir aufs Hausboot zurück. Joan legte sich mit Holly ins Bett. Den Rest des Winters blieben sie praktisch die ganze Zeit über in unserem Schlafzimmer, während ich im Nebenraum arbeitete. Penni mußte durchs Schlafzimmer gehen, um zu ihrem Schreibtisch zu gelangen, der zwischen der Wasserpumpe und der Treppe untergebracht war.

1981 erreichte Virgin Music die schwarzen Zahlen. Wir hatten neun Singles in den Top 20, darunter »Gentlemen Take Polaroids« von Japan, die auf Platz 1 kletterte. Weitere Top-20-Hits waren »Enola Gay« von OMD, »Generals And Majors« von XTC und »Trouble« von Ian Gillan. Auch die Professionals, die Skids und China Crisis konnten Erfolge einheimsen. Wir wußten immer noch nicht, was Phil Collins in petto hatte. Auf der Liste der Dinge, die ich in jenem Monat erledigen mußte, stand an 24. Stelle der Besuch eines Konzerts, das eine unserer neuen Bands, die Simple Minds, in Schottland gab. Ihr Album *New Gold Dreams* war ein Riesenhit. Die beste Neuigkeit war, daß sich Simons Prognose über die weitere Entwicklung von Human League als richtig herausgestellt hatte. Ihre ersten beiden Alben waren recht experimentell und machten sie zu einer Kultband mit treuer Fangemeinde. Als ihre Absatzzahlen zu steigen begannen, wußten wir, daß sie kurz vor einem phänomenalen Durchbruch standen. Ihr drittes Album, *Dare*, stürmte die Top Ten und erreichte die Spitze der Charts. Von *Dare* wurden 1 Million Stück in Großbritannien und weitere 3 Millionen Stück weltweit verkauft. Die Hitsingle »Don't You Want Me, Baby?« wurde so oft gespielt, daß sie zum reinsten Ohrwurm wurde. Die Liquidität von Virgin erholte sich fast genauso schnell, wie sie gesunken war. Als wir wieder flüssig waren, begann ich, wieder nach neuen Geschäftschancen zu suchen. Ich versuchte stets, unsere Aktivitäten auszuweiten, damit wir nicht von einer einzigen, begrenzten Einkommensquelle abhängig waren, aber das ist wohl eher auf meine

Neugier und Ruhelosigkeit als auf finanzielle Umsicht zurückzuführen. Diesmal glaubte ich, daß sich mir die Chance bot, auf die ich immer gewartet hatte. Londoner lesen traditionsgemäß ein Veranstaltungsmagazin namens *Time Out*, um zu wissen, was in ihrer Stadt los ist. Damals war *Time Out* linksextremistisch. Es ging der Witz um, daß man nach der Lektüre einer Kritik in dieser Publikation genau das Gegenteil von dem tun solle, was sie empfahlen, weil sie bei allem eine so starke politische Prägung einbrachten. Mick Jagger sagte einmal, der Versuch, sich durch den Veranstaltungskalender von *Time Out* zu beißen, ähnle dem Durchbrechen einer Linie von Streikposten. Ich hatte mit dem Eigentümer von *Time Out*, Tony Elliott, mehrfach über einen Kauf des Magazins gesprochen, da ich fand, daß London ein reiner Veranstaltungsführer ohne politische Ambitionen fehlte. Im Frühjahr 1981 hatte Tony Elliott einen Disput mit seinen Mitarbeitern, der zu einem Streik führte. Da Virgin eine Firma aus der Unterhaltungsbranche war, dachte ich, wir könnten die Gelegenheit beim Schopf packen und unsere eigene Publikation veröffentlichen. Joan und ich hatten ein Wochenendhaus auf dem Land in der Nähe des Manor Studios gekauft. Es hieß Mill End. Dorthin lud ich Tony Elliott zum Essen ein und schlug vor, wir sollten uns zusammentun und einen neuen Veranstaltungsführer veröffentlichen, solange seine Mitarbeiter streiken. Tony war dagegen. Daher beschloß ich, ein eigenes Konkurrenzblatt namens *Event* herauszubringen. Da die Mitarbeiter von *Time Out* streikten, gab es keinen Veranstaltungskalender auf dem Markt. Ich hoffte, daß wir bei einer raschen Veröffentlichung von *Event* unsere Leserschaft halten könnten, selbst wenn *Time Out* später wieder auf der Bildfläche erschien. Wir engagierten Pearce Marchbank, den Designer von *Time Out*, für *Event*. Er überredete mich, ihm auch die Position des Redakteurs zu übertragen. Vielleicht hätte sich das als Fehler herausgestellt. Aber bevor sich das zeigen konnte, wurden wir noch in der Konzeptionsphase plötzlich von den Ereignissen bei *Time Out* überrollt. Da er wußte, daß *Event* in den Kulissen wartete, stellte Tony Elliott seiner Belegschaft schnell ein Ultimatum und brach den Streik. Seine hochpolitischen, linksgerichteten Mitarbeiter kehrten *Time Out* den Rücken und gründeten eine eigene Zeitschrift namens *City Limits*. Ohne sie konnte *Time Out* wieder erscheinen. Wir erkannten, daß wir *Time Out* auf der Straße keinesfalls schlagen konnten. Schlimmer noch: Ohne die 40 linkradikalen Mitarbeiter war *Time Out* der reine Veranstaltungskalender, der uns bei unserem Konzept für *Event* vorschwebte, nur hatte es den Vorteil eines etablierten Markennamens. Das neue *Time Out* erschien am 18. September und bestätigte unsere schlimmsten Befürchtungen: Es war ein ausgezeichnetes, umfassendes Unterhaltungsmagazin. In der folgenden Woche erschien die erste Ausgabe der Splitterpublikation *City Limits* zusammen mit der Premiere unseres eigenen Magazins *Event*. Mit diesen drei Veranstaltungszeitungen war der Londoner Markt gesättigt. Damals hatte Virgin nicht die umfangreichen Barmittel zur Unterstützung des neuen Vorhabens zur Verfügung. Als *Event* keine große Auflagenstärke erreichte, versuchte ich zu helfen. Aber wir standen auf verlorenem Posten: *Time Out* gewann im Kampf um die Leserzahlen. Daher beschloß ich, die Publikation einzustellen, bevor unsere Verluste zu hoch wurden. Nach unserem Ausscheiden kämpften *Time Out* und *City Limits* um den Londoner Markt. Letztendlich unterlag *City Limits* und mußte Konkurs anmelden. *Time Out* herrschte unangefochten.

Einen Mißerfolg zuzugeben fällt niemals leicht. Ein positives Resultat der Geschichte mit *Event* war jedoch die Erkenntnis, daß ich die verschiedenen Virgin-Unternehmen trennen mußte, damit das Scheitern eines Geschäftszweigs nicht das Überleben der übrigen Gruppe gefährdete. *Event* war ein Desaster, das jedoch in Grenzen gehalten werden konnte. Alle erfolgreichen Geschäftsleute fallen mit manchen Projekten auf die Nase, und die meisten Unternehmer, die ihre eigene Firma leiten, mußten mindestens einmal Konkurs anmelden. Wir kamen statt dessen unseren Zahlungsverpflichtungen nach und stellten das Magazin ein.

Die Verluste, die uns durch *Event* entstanden waren, wurden schnell wettgemacht durch Human League, die Simple Minds, Phil Collins' ungemein erfolgreiches Debütalbum *Face Value* und vor allem durch den sensationellen Erfolg eines jungen Sängers, der sich Boy George nannte. Ich hörte zum ersten Mal von Boy George und Culture Club, nachdem sie Simon 1981 in einem Aufnahmestudio in

Stoke Newington besucht hatte. Virgin besaß bereits das Copyright für die Musik, und Simon war fasziniert von der aufsehenerregenden Aufmachung ihres Leadsängers, eines gutaussehenden jungen Transvestiten, und ihrer weichen, lässigen Reggaemusik. Simon lud die Musiker von Culture Club nach Vernon Yard ein, wo sie einen Plattenvertrag unterschrieben. Als Simon mir George O'Dowd vorstellte, schüttelte ich jemandem die Hand, der vollkommen anders aussah als alle anderen Menschen, denen ich bis dato begegnet war. Seine langen Haare waren in Rasta-Zöpfe geflochten, sein Gesicht weiß geschminkt, mit hohen, geschwungenen Augenbrauen, und er trug die prunkvollen Gewänder einer Geisha. Obwohl ich wußte, daß Culture Club eine außergewöhnliche Schöpfung war, fand ihre erste Single, »White Boy«, keinen Anklang. Als Virgin sie am 30. April 1982 auf den Markt brachte, geschah nicht viel. Ungefähr 8 000 Stück konnten davon verkauft werden; in den Charts erreichte sie Platz 114. Uns störte das nicht. Wir waren davon überzeugt, daß die Band den Durchbruch schaffen würde, wenn ein Foto von Boy George in der richtigen Pose veröffentlicht würde oder wir ihn in die Sendung *Top of the Pops* bringen könnten. Die Leute mußten Boy George einfach sehen. Dann würden sie auch seine Musik kaufen wollen. Teenager würden ganz verrückt nach ihm sein. George sah nicht nur umwerfend aus, sondern hatte auch eine phantastische Stimme und war witzig und charmant: Auf eine ganz andere Art als die Sex Pistols oder James Dean war auch er ein Rebell. Im Juni brachte Virgin die zweite Single von Culture Club, »I'm Afraid Of Me«, heraus. Obwohl sie sich besser verkaufen ließ als »White Boy«, erreichte sie nur Platz 100 in den Charts. Die Gruppe arbeitete weiter an ihrem Debütalbum *Kissing To Be Clever*, das sie größtenteils vor Unterzeichnung des Vertrags mit Virgin geschrieben hatte.

Als wir Culture Clubs dritte Single, »Do You Really Want to Hurt Me?« am 3. September 1982 herausbrachten, versuchten wir zum ersten Mal, die Band in der Öffentlichkeit bekannt zu machen. Komischerweise spielte Radio 2 das Lied vor Radio 1, und die allgemeinen Kritiken der Single waren schlecht: *Smash Hits* schrieb: »verwässerter Reggae der vierten Division. Furchtbar.« Dank Radio 2 begann die Single aber in den Charts zu steigen. In der ersten Woche erreichte sie Platz 85, in der zweiten Platz 38. Wir gingen geradezu mit Boy George hausieren, doch die BBC weigerte sich, »einen Frauenimitator« zu interviewen. Dann hörten wir, daß ein Gast in *Top of the Pops* seinen Auftritt storniert hatte. Wir taten, was wir konnten, um an seiner Stelle Boy George in die Sendung zu bekommen. Als die Produzenten von *Top of the Pops* endlich einwilligten, war dies der erste Hinweis darauf, daß wir auf dem besten Weg zu einer Sensation waren. Mit seinem weißen Gesicht, den wallenden Gewändern und den fremdartig anmutenden, geschwungenen Augenbrauen übertrumpfte Boy George andere ausgeklügelte Romantikbands wie Spandau Ballet. Teenager beiderlei Geschlechts waren von ihm ebenso begeistert wie acht- oder neunjährige Kinder und ihre Großmütter. Die Gründe für seine Popularität waren unmöglich auszumachen: Eltern wollten ihn bemuttern; Mädchen wollten genauso schön sein wie er; Jungs wollten, daß ihre Freundin ebenso phantastisch aussah wie er. Am nächsten Tag klingelten die Telefone ohne Unterlaß, und die Bestellungen für die Single schnellten in die Höhe. »Do You Really Want To Hurt Me?« stürmte auf Platz 3. Dann trat George in der *Noel Edmonds' Late Late Breakfast Show* auf. Noel fragte ihn, ob er ein großer Fan von Liberace sei. »Nicht mehr«, sagte George und deutete an, daß sie jetzt ihre Rollen vertauscht hätten. Die Single kletterte auf Platz 1. Als George verkündete, er ziehe eine Tasse Tee einem sexuellen Erlebnis vor, wurde er zu einer internationalen Ikone. Rechtzeitig zu Weihnachten 1982 brachten wir Culture Clubs erstes Album *Kissing To Be Clever* auf den Markt, von dem weltweit 4 Millionen Stück verkauft wurden. Im Januar folgte ein weiterer erstaunlicher Durchbruch: Culture Clubs vierte Single »Karma Chameleon« wurde mit über 1,4 Millionen verkauften Exemplaren in Großbritannien zur erfolgreichsten Single des Jahres 1983 und erreichte in jedem Land, das Charts aufstellt (unserem Wissen zufolge waren es über 30), den ersten Platz. Culture Club wurde ein weltweites Phänomen. Von ihrem zweiten Album *Colour By Numbers* wurden fast 10 Millionen Stück verkauft. Virgins Finanzen wurden auf den Kopf gestellt: Nach einem Verlust von 900 000 Pfund im Jahr 1980 machten wir bei einem Umsatz von 50 Millionen Pfund 1982 einen Gewinn von 2 Millionen

Pfund. 1983 stieg unser Umsatz auf 94 Millionen Pfund und unser Gewinn auf 11 Millionen Pfund. Nachdem wir den Boy-George-Fanclub ins Leben gerufen hatten, lief die Sache ganz von allein. 1983 stammten 40 Prozent unserer Gewinne von Boy George. In den ersten beiden Jahren war Culture Club das perfekte Vorbild. Das Seltsame an der Plattenindustrie ist, daß sich quasi über Nacht ein ganz phänomenaler Erfolg einstellen kann. In der einen Minute hatte noch niemand von Boy George gehört, in der nächsten summten Menschen auf der ganzen Welt, von Irland bis Korea, von Japan bis Ghana, »Karma Chameleon«. Boy Georges Erfolg ließ sich nur in Schallgeschwindigkeit messen. Viele Menschen empfinden einen solchen Senkrechtstart als erschreckend, und sie würden zu Recht annehmen, daß er in einem Unternehmen ein verheerendes Chaos anrichten kann. Glücklicherweise sind Chaos und Adrenalin mein Lebenselixier, und daher machte es mir überhaupt nichts aus, Öl in das Feuer des Erfolgs von Culture Club zu gießen.

13
NUR ÜBER MEINE LEICHE

1983 bis 1984

Rückblickend ist der richtige Weg immer leichter zu erkennen. Viele Leute sagen, Nik habe seinen 40prozentigen Anteil an Virgin genau zum falschen Zeitpunkt verkauft. Aber als Nik und ich uns trennten, kannte er die Umsatz- und Gewinnprognosen ebenso gut wie ich. Dem Unternehmen ging es schlecht. Nik war damals froh, eine Firma verlassen zu können, die allem Anschein nach am Rande des Abgrunds stand, und ich konnte kaum erwarten, mein Schicksal endlich selbst in die Hand nehmen zu können, auch wenn ich wußte, daß Virgin auf Messers Schneide stand. Kurz nach Niks Weggang geschahen zwei Dinge, die niemand hätte voraussehen können. Erstens setzten sich Compact Discs durch, so daß wir unser gesamtes Archiv noch einmal auf CD verkaufen konnten. Viele Musikfans kauften sich ihre gesamte Plattensammlung ein zweites Mal in der CD-Version. Ein Künstler wie Mike Oldfield ließ sich natürlich sehr gut auf CD verkaufen. Die Sex Pistols waren weniger gefragt.

Zweitens wurde Virgin selbst der unumstrittene Führer unter den unabhängigen Plattenlabels. Simons Musikgeschmack setzte sich endlich durch: Virgin Music begann die Top Ten bei den Single- und Album-Charts zu beherrschen. Von einem Ein-Band-Label, das einen schwer nachvollziehbaren Sprung von Mike Oldfield zu den Sex Pistols gemacht hatte, war Virgin Music jetzt zu einer von der ganzen Musikindustrie beneideten Firma geworden. Alle Bands, die Simon in den letzten Jahren unter Vertrag genommen hatte, erlebten gleichzeitig den Durchbruch: Wir hatten Human League und ihre Schwesterband Heaven 17, die Simple Minds,

Boy George, Phil Collins, China Crisis und Japan. Ich war nach wie vor entschlossen, einen Classic-Rock-Star vom Kaliber eines Bryan Ferry oder der Rolling Stones ins Haus zu holen. Das Wunderbare an unseren Künstlern war jedoch, daß wir sie alle selbst entdeckt hatten und mit ihnen endlich auch im Ausland Erfolge verbuchen konnten. Als ich sah, wie das Geld auf unser Konto floß, begann ich mir andere Investitionsmöglichkeiten zu überlegen. Obwohl ich stark in die Vertragsverhandlungen mit den Bands involviert war, hatte ich eigentlich genug davon. Ich brauchte eine neue Herausforderung. Mit unseren Barmitteln konnte ich neue Virgin-Gesellschaften gründen und die Gruppe diversifizieren, so daß im Falle einer erneuten Rezession nicht alles auf dem Spiel stand. Außerdem wollte ich, daß der Name Virgin für mehr als ein Plattenlabel stand und in allen möglichen Medien zu Hause war. Vor nur drei Jahren stand Virgin am Rande des Konkurses; vor zwei Jahren war Nik ausgeschieden. Im Gegensatz dazu sammelte sich nun das Geld auf unserem Konto, und ich wollte damit so schnell wie möglich neue Projekte finanzieren.

Zunächst dachte ich an eine Expansion unseres Buchverlags. Unser Musikverlag erzielte mit der Veröffentlichung der Musik und den Tantiemeneinnahmen gute Gewinne. Ich fragte mich, ob ein richtig gemanagter Buchverlag nicht ebenso erfolgreich sein könnte. Mein Hintergedanke war, daß berühmte Rockstars alle möglichen anderen Aktivitäten ausprobieren könnten, etwa Bücher und Videos, Filmauftritte und Soundtracks. Meine jüngere Schwester Vanessa war mit Robert Devereux zusammen gewesen, seit dieser an die Cambridge University gekommen war. Robert gehörte zur Familie. Nun ist Virgin zwar kein herkömmliches Familienunternehmen, das »vertikal« von einer Generation zur nächsten vererbt wurde, doch ist meine Familie im weiteren Sinne »horizontal« in das Unternehmen eingebunden, und ich höre mir die Meinungen meiner Verwandten ebenso aufmerksam an wie die aller anderen Menschen auch. Ich weiß, daß manche Unternehmer Geschäftsaktivitäten und Privatleben streng trennen: Sie laden ihre Kinder kaum jemals in ihr Büro ein und sprechen zu Hause nie über ihre Arbeit. Es ist eine britische Tradition, beim Essen nie über Geld zu reden. Wenn man aber so weit geht, nie mit seiner Familie über Geschäftliches zu reden, gibt man meiner Ansicht nach damit Chancen auf. Unternehmertum ist eine Lebensweise. Kein Wunder, daß es so wenige Unternehmer gibt, wenn die Familie von solchen Aktivitäten ausgeschlossen wird. Als ich über Virgin Books nachdachte, schlug Vanessa vor, daß ich mit Robert sprechen solle, der drei Jahre lang im Verlagshaus Macmillan gearbeitet hatte. Robert kam mit seinem Chef Rob Shreeve auf die *Duende*, und ich frage sie, ob sie für Virgin Books arbeiten wollten. Ich hatte keine klare Vorstellung davon, was dieser Verlag tun sollte, außer daß er irgendwie den zunehmenden Erfolg unserer Rockstars nutzen müßte. Robert schlug vor, Bücher und Videos in den gleichen Läden zu verkaufen. Seiner Meinung nach sollte Virgin Books ein Baustein weitreichender Investitionen im Medienbereich sein, die sich auf Fernsehen, Radio, Filme und Videos erstrecken könnten. Die Tatsache, daß er sich von einem winzigen Verlag anheuern ließ, schreckte Robert nicht ab. Rob Shreeve beschloß, vorerst bei Macmillan zu bleiben.

Als Robert zu Virgin Books kam, nahm er als erstes unsere Romane vom Markt. Er positionierte Virgin Books als einen auf Sachbücher im Bereich Musik und Sport spezialisierten Verlag. Einige Jahre später erwarb er einen zweiten Verlag, WH Allen, und fusionierte ihn mit Virgin Books. Rückblickend betrachtet war dies ein Fehler: Wir übernahmen uns, und 1989 geriet der Verlag in Schwierigkeiten und mußte radikal verkleinert werden. Es war eine unserer ersten Akquisitionen, und wir erlebten aus nächster Nähe, wie qualvoll es ist, Mitarbeiter entlassen zu müssen, um ein Unternehmen zu sanieren. Zudem zeigte uns diese Erfahrung auch die Vorteile einer Unternehmensneugründung: Man stellt genau die Leute ein und schafft exakt die Atmosphäre, die man haben möchte. Ein Jahr später stieß Rob Shreeve als Geschäftsführer zu Virgin Books. Robert wurde Chairman. Die beiden benannten das Unternehmen in Virgin Publishing um und konzentrierten sich auf unsere Kernstärken in den Bereichen Musik und Unterhaltung. Binnen weniger Jahre hatten sie einen äußerst erfolgreichen Verlag für den Unterhaltungssektor und vermutlich den weltweit führenden Verlag für Bücher über Popmusik aufgebaut. Als Virgin Music zu einer der führenden Plattenfirmen wurde, begann Robert, mehr Mittel für Investitionen in ein Vorhaben zu verlangen, das wir Virgin Vision nannten. Der erste Schritt der Diversifizierung, die Robert hier vorschwebte, war ein Vorstoß in die britische Filmindustrie. Das Filmgeschäft interessierte mich brennend, doch fand ich die Steueranreize, die uns die Abschreibung der Investitionen vom Gewinn von Virgin Music ermöglichten, besonders verführerisch. Wir produzierten zahlreiche Filme, darunter *Geheime Winkel* und *Eine lockere Beziehung*. Dann folgte *Electric Dreams*, der von unseren Aktivitäten bei Virgin Music profitierte: Der Titelsong wurde von Phil Oakey von Human League gesungen und erreichte die Top Ten. Als nächstes produzierte Virgin die Verfilmung von George Orwells *1984*. Ursprünglich betrug das Budget für diesen Film 2 Millionen Pfund: Simon Perry und Mike Radford, die bei *Eine lockere Beziehung* als Produzent und Regisseur gearbeitet hatten, wurden für die gleichen Aufgaben bei *1984* verpflichtet. John Hurt und Richard Burton übernahmen die Hauptrollen. Bei den Dreharbeiten geriet das Budget außer Kontrolle. Robert und ich wollten zwar nur ungern Abstriche bei der Qualität machen, doch als die Ausgaben auf 5,5 Millionen Pfund gestiegen waren, mußten wir auf die Bremse treten. Die Schulden, die wir für *1984* machten, führten fast die gesamte Virgin-Gruppe in den Ruin. Die Banken gaben uns die erforderlichen Kredite nur wegen der hohen Umsatzzahlen von Virgin Music. Simon und Ken standen dem Filmgeschäft äußerst skeptisch gegenüber, und ich mußte sie geradezu nötigen, *1984* weiter zu unterstützen.

Anstatt Simon Perry und Mike Radford zu ersetzen, um so sicherzustellen, daß der Film innerhalb eines vernünftigen finanziellen Rahmens abgeschlossen wurde, ließen wir sie ihr Projekt durchziehen, beschlossen aber, den Soundtrack zu ändern, den Mike Radford in Auftrag geben wollte. Mike hatte einen unbekannten Komponisten namens Dominic Muldownie ausgewählt. Wir zogen die Eurythmics vor, die nicht nur ausgezeichnete Arbeit leisten würden, sondern uns auch ein Hitalbum liefern und somit einige der katastrophalen Budgetüberschreitungen ausgleichen würden. Nach der Veröffentlichung von *1984* stritt Simon Perry ganz vehement mit uns über den Soundtrack und beschuldigte uns öffentlich, seine künstlerische Integrität anzugreifen. Der Soundtrack der Eurythmics machte allerdings die durch diesen Film entstandenen Verluste zum Teil wieder wett. *1984* erhielt die Auszeichnung »Bester britischer Film des Jahres«. Danach machten wir nur einen weiteren Film, *Absolute Beginners*, bevor die steuerlichen Vergünstigungen für Filmemacher in Großbritannien gekürzt und wir bis auf weiteres beschlossen, das riskante Geschäft der Filmproduktion anderen zu überlassen. Die meisten Außenstehenden fassen Filme und Musik unter dem Begriff »Unterhaltungsbranche« zusammen. Wir lernten jedoch bald, daß zwischen diesen beiden Geschäftszweigen große Unterschiede bestehen. Bei einem Vertragsabschluß mit einem Rockstar scheint die in den Schlagzeilen genannte Summe (die Presse spricht dann vielleicht von »einem Vertrag über 5 Millionen«) astronomisch zu sein, doch müssen wir erst allmählich Zahlungen leisten. Zunächst bringen wir nur den Vorschuß und Werbekosten für die erste Single und das Album auf, vielleicht 300 000 Pfund. Wenn das erste Album ein Erfolg wird, folgt ein zweites, ein drittes etc. Da wir die Verkaufszahlen des ersten Albums kennen, können wir vor jeder weiteren Investition immer Zukunftsprognosen aufstellen. Zudem haben wir als Unterstützung auch noch immer unser Archiv. Bei Filmen wären diese fünf Millionen praktisch eine einmalige Zahlung, die für die Herstellung des Films ausgegeben werden und uns keinerlei Garantie für den Erfolg dieses Streifens oder zukünftiger Filme geben. Es geht um alles oder nichts. Selbst für einen so intuitiv denkenden Menschen wie mich schien dies eine unsichere Art zu sein, seinen Lebensunterhalt zu verdienen.

Robert änderte seine Marschrichtung und begann, vermehrt Videos und Filme zu vertreiben. Dieses Marktsegment war weitaus weniger riskant als die eigentliche Filmproduktion. Um einen großen Marktanteil aufzubauen, verkaufte Robert zunächst Popvideos für alle Plattenfirmen. Er kaufte auch Archive alter Filme und verkaufte diese auf Video. Immer, wenn ich ihn traf, handelte Robert gerade ein neues Geschäft aus. Einmal verdiente er in Hongkong ein Vermögen mit dem Vertrieb alter Hollywoodfilme in kantonesischer Synchronfassung. Virgin Vision wurde zu einem großen Film- und

Videoverleih, dessen Umsatz in den späten achtziger Jahren die Marke von 50 Millionen Dollar überschritt.

Schließlich überstiegen die bei Virgin Vision erforderlichen Investitionen unsere finanziellen Möglichkeiten. Wir mußten Unsummen für den Kauf der Rechte an Filmen wie *Robocop 2* aufwenden und dann aus dem Verleih unsere Gewinne erzielen. Wir kamen zu dem Schluß, daß wir uns diesen Abfluß liquider Mittel nicht mehr leisten konnten, und baten Robert, die Gesellschaft zu veräußern. Robert verkaufte Virgin Vision an ein amerikanisches Unternehmen namens MCEG. Durch die Akquisition von WH Allen lernten wir viel über Unternehmenskäufe; die Trennung von Virgin Vision zeigte uns, was man beim Firmenverkauf beachten muß: Obwohl der Verkaufspreis insgesamt 83 Millionen Dollar betrug, wurden wir in MCEG-Aktien bezahlt, die an der American Stock Exchange notiert wurden. Alles schien korrekt zu sein. Binnen sechs Monaten hatte MCEG jedoch Konkurs angemeldet und unsere Vergütung in Höhe von 83 Millionen Dollar, die einem 22prozentigen Anteil am Unternehmen entsprach, war nichts mehr wert. Wir begingen diesen Fehler niemals wieder. Das Wachstum von Virgin Vision war insofern eine Ergänzung zu Virgin Music, weil es mit geistigem Eigentum handelte und auch unsere Geschäftsbasis über die reine Musikindustrie hinaus ausweitete. Uns wurden Ideen unterbreitet, wie wir Virgins Engagement in der Unterhaltungsbranche auf eine breitere Basis stellen könnten. Mich faszinierte aber ein völlig unerwarteter Vorschlag, den man nur mit einer gehörigen Portion Phantasie der »Unterhaltungsbranche« zurechnen konnte. Im Februar 1984 fragte mich ein junger amerikanischer Rechtsanwalt namens Randolph Fields, ob ich Interesse daran hätte, eine Fluggesellschaft zu leiten.

Randolph Fields suchte nach Investoren für die Finanzierung einer neuen Fluggesellschaft, die die nach dem Zusammenbruch von Sir Freddie Lakers Unternehmen im Jahr 1982 frei gewordene Strecke Gatwick – New York bedienen sollte. Er unterbreitete mir ein Angebot, das ich übers Wochenende in Mill End las. Offensichtlich hatte er vor mir bereits viele andere Investoren angesprochen (der Eigentümer einer Plattenfirma war wohl kaum seine erste

Wahl). Als ich das Angebot überflog, sagte ich mir daher: »Laß dich auf gar keinen Fall verführen.«

Ich bilde mir nicht nur bei Menschen innerhalb von dreißig Sekunden eine Meinung, sondern weiß auch ebenso schnell, ob mich ein geschäftlicher Vorschlag begeistert oder nicht. Ich verlasse mich weitaus mehr auf meine Intuition als auf umfangreiches statistisches Material. Es mag an meiner Legasthenie liegen, aber ich mißtraue Zahlen: Meiner Ansicht nach kann sie sich jeder so hinbiegen, wie er möchte. Die Idee, innerhalb der Virgin-Gruppe eine Fluggesellschaft zu führen, regte meine Phantasie an, doch mußte ich mir die potentiellen Risiken selbst überlegen. Das ganze Wochenende über dachte ich über den Vorschlag nach. Randolph wollte reine Business-Class-Flüge anbieten, aber diese Idee gefiel mir nicht. Was würde an den Tagen geschehen, an denen Geschäftsleute nicht verreisen: Weihnachten, Ostern und andere Feiertage. Meiner Ansicht nach brauchte man Urlauber, um die Maschinen an diesen Tagen zu füllen. Wenn wir uns von dem Dreiklassensystem anderer Gesellschaften absetzen wollten, sollten wir uns vielleicht auf zwei Klassen – Business und Economy – konzentrieren. Welche Auswirkungen mochte das wohl haben? Unsere Kunden wären dann Geschäftsleute und Touristen. Wen würden wir verpassen? Ich schrieb eine lange Liste von Fragen über die Praxis des Flugzeugleasings auf. Wenn ich ein Flugzeug für ein Jahr mieten und dann zurückgeben konnte, würden wir uns für den Fall eines Mißerfolgs einen Ausweg offen halten. Das wäre zwar peinlich, doch könnten wir so eventuelle Verluste in Grenzen halten. Am Sonntagabend stand mein Entschluß fest: Wenn wir alles auf ein Jahr beschränken konnten – Arbeitsverträge, Leasing der Maschine, Währungsrisiken etc. – würde ich mein Glück mit der New Yorker Route versuchen. Der einzige Anbieter billiger Transatlantikflüge war People Express. Ich versuchte, dort anzurufen. Die Nummer war besetzt. Das Reservierungsbüro war den ganzen Morgen nicht zu erreichen. Entweder wurde People Express sehr schlecht geführt, so daß es für einen neuen Wettbewerber eine leichte Beute war, oder die Nachfrage war so groß, daß auf dem Markt Platz für einen weiteren Anbieter war. Das ständige Besetztzeichen an jenem Samstagvormittag gab für mich den Ausschlag: Ich war überzeugt, daß wir eine neue Fluggesellschaft mit Erfolg betreiben könnten.

Am Sonntagabend rief ich Simon an.

»Was hältst du davon, eine Fluggesellschaft zu gründen?« fragte ich fröhlich. »Ich hab' hier einen Vorschlag...«

»Um Himmels willen!« unterbrach er mich. »Du hast sie nicht mehr alle. Mach' mal halblang!«

»Ich meine es ernst.«

»Nein«, gab er zurück. »Du spinnst.«

»Okay«, sagte ich. »Ich werde jetzt nichts weiter sagen. Wir sollten uns zum Mittagessen treffen.«

Am Montagmorgen rief ich bei der Auslandsauskunft an und verlangte die Nummer von Boeing. Wegen des Zeitunterschieds konnte ich erst am späteren Nachmittag am Geschäftssitz des Flugzeugbauers in Seattle anrufen. Bei Boeing wunderte man sich sehr, daß ein Engländer nach den derzeit verfügbaren Jumbo-Jets fragte. Ich telefonierte den ganzen Nachmittag und Abend mit Boeing, bis ich schließlich mit jemandem verbunden wurde, der mir helfen konnte. Ich erfuhr, daß Boeing tatsächlich Flugzeuge leaste und mir eine gebrauchte Maschine anbieten konnte, die sie im Falle eines geschäftlichen Scheiterns auch nach einem Jahr zurücknehmen würden. Mit diesen knappen, um nicht zu sagen rudimentären Informationen fühlte ich mich für das Gespräch mit Simon und Ken gewappnet.

»Du bist größenwahnsinnig, Richard«, sagte Simon. »Wir sind befreundet, seit wir Teenager waren, aber wenn du das machst, weiß ich nicht, ob wir weiterhin zusammenarbeiten können. Wenn du dieses Projekt durchziehen willst, dann nur über meine Leiche.«

Ken äußerte sich weniger unverblümt, aber auch ihm war der Gedanke ein Greuel, eine Plattenfirma und eine Fluggesellschaft miteinander zu kombinieren.

»Ich sehe keine Gemeinsamkeiten«, sagte er. »Und wenn du auf der Suche nach einem Abschreibungsobjekt bist, können wir immer in neue Bands investieren.«

»Einverstanden«, sagte ich. »Dann werden wir die beiden Unternehmen völlig getrennt halten. Wir könnten das Projekt so finanzieren, daß Virgin Music praktisch kein Risiko eingeht. Ich habe mit Boeing gesprochen, und sie können einen Leasingvertrag anbieten, bei dem sie die Maschine nach einem Jahr zurücknehmen, wenn die Sache nicht funktioniert. Virgin würde schlimmstenfalls zwei Millionen Pfund verlieren.«

Simon und Ken lehnten die Idee nach wie vor kategorisch ab.

»Gebt eurem Herzen einen Stoß«, insistierte ich. »Virgin kann sich das leisten. Wir würden nicht einmal ein Drittel des diesjährigen Gewinns aufs Spiel setzen. Das Geld von Culture Club strömt nur so in unsere Kassen. Und es wäre ein Heidenspaß.«

Als ich von »Spaß« sprach, zuckten Simon und Ken zusammen. Für mich hat dieses Wort nämlich eine ganz besondere Bedeutung: Es ist eines meiner wichtigsten Kriterien im Geschäftsleben. Da mein Entschluß feststand, mußte ich sie unbedingt überzeugen. Ich argumentierte, daß wir nur ein Flugzeug haben und somit nur einen Zeh ins Wasser stecken würden, und wenn sich das Wasser als zu heiß erwiese, würden sich unsere Verluste in Grenzen halten. Wenn wir unsere eigene Fluggesellschaft aufziehen würden, anstatt eine bestehende Organisation zu übernehmen, hätte das den Vorteil, daß wir das Projekt ohne weiteres aufgeben könnten, wenn es sich als Flop entpuppte. So einfach war das für mich. Simon machte sich vor allem Sorgen, daß ich den Wert seiner Beteiligung an der Virgin-Gruppe aufs Spiel setzen würde, und Ken glaubte wohl, daß ich jetzt endgültig den Verstand verloren hatte. So wie der Streit um Human League einen Wendepunkt in der Beziehung zwischen Simon und mir einerseits und Nik andererseits darstellte, änderte sich nach diesem Mittagessen das Verhältnis zwischen Simon und mir. Im Laufe der Jahre war ich ihm bisweilen auf die Nerven gegangen, doch diesmal glaubte er, daß ich bereit war, das Unternehmen und unser aller Wohlstand für ein Projekt aufs Spiel zu setzen, das er für völlig aberwitzig hielt. Simons Interessen liegen im künstlerischen Bereich: Musik, Bücher, seine Kunstsammlung und schöne Autos. Meine Interessen sind darauf gerichtet, mir große, scheinbar unerreichbare Herausforderungen zu stellen und zu meistern. Aus rein kommerzieller Sicht hatte Simon vollkommen recht. Wenn ich aber mein Leben in vollen Zügen auskosten wollte, mußte ich diesen Schritt wagen. Nach jenem Essen entstanden zwischen uns Spannungen, die niemals wieder völlig beigelegt werden konnten. Randolph schlug vor, die Gesellschaft British Atlantic zu nennen. Wenn ich investieren sollte, mußte aber irgendwo der Name »Virgin« auftauchen. Wir verschoben die Namenswahl auf einen späteren Zeitpunkt. Erst mußten wir viel lernen. Daher bat ich Sir Freddie Laker, den ich immer bewundert hatte, um Hilfe. Beim Mittagessen auf der *Duende* erklärte mir Sir Freddie, wie eine Fluggesellschaft geführt wurde. Er bestätigte meinen Verdacht, daß eine rein auf das Business-Klientel abgestimmte Gesellschaft ihre Grenzen hatte.

»Das Image einer Billiglinie, die nur Economy Class ohne Extras anbietet, ist auch nicht sonderlich erstrebenswert«, fuhr er fort. »Das war mein Fehler. Da steht man Preiskriegen völlig ungeschützt gegenüber. Das ist der Grund, weshalb wir aufgeben mußten.«

Wir diskutierten außerdem über die Servicephilosophie für die Business Class. Was wäre, wenn man zu einem Business-Class-Tarif Erster-Klasse-Service und alle möglichen zusätzlichen Aufmerksamkeiten anbieten würde? Zwei der besten Ideen, die aus diesem Mittagessen hervorgingen, waren ein Gratisabholservice (per Limousine) und ein kostenloses Economy Ticket für jeden, der Business Class flog. Freddie warnte mich auch, daß British Airways ein scharfer Konkurrent sein werde.

»Tun Sie alles, was Sie können, um BA zu stoppen«, riet er mir. »Beklagen Sie sich so laut wie möglich, wenden Sie sich an die britische Flugaufsichtsbehörde, zögern Sie nicht, BA vor den Kadi zu zerren. Die kämpfen mit ganz harten Bandagen. Mein Fehler war, daß ich mich nie laut genug beklagte. BA hat meine Kreditwürdigkeit zerstört, und jetzt ist es zu spät für mich. Ich habe sie auf mehrere Millionen Dollar verklagt und den Prozeß gewonnen, aber dabei meine Fluggesellschaft verloren. Wenn Sie jemals in Schwierigkeiten geraten, sollten Sie BA verklagen, bevor es zu spät ist. Und dann ist da noch der Streß, Richard. Das meine ich ganz ernst: Sie sollten sich regelmäßig von einem Arzt durchchecken lassen. Es ist sehr stressig.«

Freddie berichtete mir, daß er sich gerade von Prostatakrebs erhole.

»Sie müssen zu einem Arzt gehen und ihn bitten, Ihnen einen Finger in den Hintern zu stecken. Dann kann er Ihnen sagen, was los ist«, erklärte er mir. Ich fand es sehr inspirierend, daß Freddie trotz all seiner Probleme voll überschäumender Lebensfreude war. Er war von seiner Erfahrung ungebeugt und sah mich als seinen Nachfolger, der seinen Weg für ihn weiterverfolgen würde. Ich fragte Freddie, ob es ihm recht sei, wenn ich das erste Flugzeug von Virgin Atlantic *Spirit of Sir Freddie* nennen würde, aber er lachte nur. »Nicht das erste«, sagte er. »Mein Name ist jetzt eine Belastung. Sie würden die falschen Signale aussenden. Aber ich würde mich sehr geehrt fühlen, wenn Sie eine größere Flotte haben und dann an mich denken.«

Als Freddie die *Duende* verließ, drehte er sich nochmals um und rief mir zu: »Ein letzter Rat, Richard. Wenn Sie sich vornüberbeugen und der Doktor Ihnen seinen Finger in den Po schiebt, vergewissern Sie sich, daß er nicht beide Hände auf Ihre Schultern gelegt hat!«

Aus vollem Halse lachend ging er den Treidelpfad hinunter.

Als erstes vereinbarte ich mit Randolph eine gleichberechtigte Partnerschaft. Ich würde die finanziellen Mittel beisteuern, er die Fluggesellschaft leiten. Randolph hatte bereits zwei wichtige ehemalige Führungskräfte von Laker Airways angeheuert: Roy Gardner, der sich bei Laker um technische Angelegenheiten gekümmert hatte, und David Tait, der für die amerikanische Seite des Geschäfts zuständig gewesen war.

»Was halten Sie von dem Namen?« fragte ich David Tait.

»British Atlantic?« knurrte er. »Genau, was wir brauchen: noch eine BA!«

Mit Davids Reaktion gelang es mir, Randolph umzustimmen, daß wir als Namen Virgin Atlantic Airways wählen sollten. Dann gründeten wir unsere gemeinsame Gesellschaft.

»Was halten Sie von dem neuen Namen?« fragte ich David Tait.

»Virgin Atlantic?« Er schnaubte verächtlich. »Niemand wird auch nur einen Fuß in ein Flugzeug namens ›Virgin‹ setzen. Das ist lächerlich. Wer würde mit einer Gesellschaft fliegen, die nicht bereit ist, aufs Ganze zu gehen?«

Nach wenigen Wochen war klar, daß die Vereinbarung zwischen Randolph und mir nicht funktionieren würde. Bei unserem ersten

Treffen mit der Civil Aviation Authority, die in Großbritannien über die Sicherheit von Fluggesellschaften wacht, beschrieb Randolph seine Pläne für die neue Gesellschaft. Colin Howes, mein Rechtsanwalt von Harbottle and Lewis, war ebenfalls anwesend. Nachdem er Randolphs Gepolter ein paar Minuten lang mitangesehen hatte, schlüpfte Colin aus dem Sitzungssaal, um mich anzurufen. Er bat mich, auf der Stelle zu kommen.

»Es läuft nicht sehr gut«, sagte Colin. »Meiner Meinung nach gräbt sich Randolph gerade seine eigene Grube.«

Ich kam zu der Anhörung und fand Randolph in einem strengen Kreuzverhör von British Caledonian, die Einspruch gegen unseren Lizenzantrag eingelegt hatten. Unsere Fluggesellschaft existierte nur auf dem Papier, und daher konnten sie uns ohne weiteres in die Tasche stecken. Sie fragten uns nach Sicherheitstrainings, wie wir unsere Flugzeuge warten würden und wie wir die Sicherheit unserer Passagiere zu gewährleisten gedachten. Randolph war ein ungeduldiger Mensch, und ich konnte seinen wachsenden Ärger und seine Verwirrung angesichts dieser hartnäckigen Fragen sehen. Auch die Vertreter der CAA waren sichtlich skeptisch in bezug auf Randolphs Fähigkeit, eine Fluggesellschaft zu führen. Als die CAA zu den finanziellen Fragen kam, warf der Anwalt von British Caledonian mir einen Blick zu und sagte:

»Sie werden viele Hits in den *Top of the Pops* landen müssen, um diese Fluggesellschaft am Leben zu erhalten.«

»Tatsache ist«, erwiderte ich spitz, »daß Virgin letztes Jahr einen Gewinn von 11 Millionen Pfund verbuchte, mehr als doppelt so viel wie Ihr Klient British Caledonian.« Ich erwähnte lieber nicht, wieviel Geld uns die Fortsetzung der Dreharbeiten für *1984* kostete.

Die britische Flugsicherheitsbehörde verfügte, daß die neue Fluggesellschaft ein Betriebskapital von 3 Millionen Pfund nachweisen müsse, und erteilte uns so eine theoretische Flugkonzession. Wir erhielten damit den offiziellen Segen. Natürlich konnte die CAA jederzeit ihre Genehmigung widerrufen, falls wir die Sicherheitsanforderungen nicht erfüllten. Sobald wir ein Flugzeug geleast hatten, mußten wir uns einer weiteren CAA-Prüfung unterziehen, aber zunächst hatten wir grünes Licht erhalten. Wir stationierten Roy

Gardner und seine Techniker in einer angemieteten Lagerhalle in der Nähe des Flughafens Gatwick und heuerten Piloten und Kabinenpersonal an. Als nächstes mieteten wir Büros in den Geschäftsräumen von Air Florida in der Woodstock Street, wo wir uns an das Computerreservierungssystem dieser Gesellschaft anhängten und eine Testdatei für die Flüge von Virgin Atlantic zusammenstellten. David Tait zog in das Büro von Virgin Music in New York. Eine Gruppe von Rechtsanwälten, die Boeing vertraten, kam zur Aushandlung des Leasingvertrags nach London. Schon bald verbrachten sie den größten Teil des Tages mit mir auf dem Deck der *Duende*, während Joan und Holly in der Kabine darunter lebten. Mit Holly und dem mit der Fluggesellschaft verbundenen Kommen und Gehen wurde das Hausboot immer enger. Joan und ich beschlossen, auf festem Boden ein Zuhause für die Familie zu suchen. Wir fanden ein großes, bequemes Haus in der Nähe von Ladbroke Grove. Das erste Opfer, das Virgin Atlantic Airways forderte, war meine Beziehung zu Randolph Fields. Zwei Dinge kristallisierten sich heraus. Da die Virgin-Gruppe für die gesamten Finanzen von Virgin Atlantic geradestehen mußte, würde die Coutts Bank uns nur dann weitere Kredite gewähren, wenn wir bei Virgin Airways das Sagen hatten – nicht bei einer 50prozentigen Beteiligung. Da Randolph selbst nichts investierte, sah er den Sinn hinter dieser Forderung und willigte widerstrebend ein, Virgin zum Mehrheitsaktionär zu machen. Ein weitaus gravierenderes Problem waren seine Beziehungen zu den neuen Mitarbeitern von Virgin Atlantic. Hätten wir uns mehr Zeit als nur vier Monate gegeben, wäre die Sache vielleicht anders ausgegangen. Aber wir meinten, das erste Jahr nur überleben zu können, wenn wir im Juni an den Start gingen, vom starken Sommerverkehr profitierten und so Rücklagen und liquide Mittel für die mageren Wintermonate bilden könnten. Diesen Zeitplan einzuhalten war fast unmöglich; wir mußten auf Hochtouren arbeiten. Im einen Augenblick wählten wir das Design der Uniformen unserer Stewardessen oder die Speisekarte aus, im nächsten debattierten wir über eine Klausel im 96seitigen Leasingvertrag, den wir mit Boeing aushandelten.

Daß sich dunkle Wolken zusammenzogen, erfuhr ich erstmals

von David Tait, den Randolph in Amerika angeworben hatte. Er spielte eine Schlüsselrolle für unseren Erfolg.

»Ich habe gekündigt«, informierte er mich. »Es tut mir leid, aber mit Randolph kann man unmöglich zusammenarbeiten.«

»Was ist los?« fragte ich. Ohne Davids Ticketverkauf in Amerika hatte Virgin Atlantic nicht die geringste Chance.

»Das kann ich Ihnen im einzelnen nicht erklären«, sagte David. »Es ist einfach unmöglich. Es tut mir leid. Ich wünsche Ihnen viel Glück und Erfolg.«

Ich merkte, daß David auflegen wollte. Daher bat ich ihn, sich in London mit mir zu treffen. Er hatte kein Geld für ein Ticket, also schickte ich ihm eins. Zwei Tage später fand er mich auf der *Duende* mit einer fiebernden, schreienden Holly im Arm. Joan war zur Apotheke gegangen. Wir lächelten uns über dem Lärm zu, während ich Holly an mich drückte.

»Sie halten das vielleicht für laut«, sagte David. »Aber lassen Sie sich's gesagt sein – Randolph kann lauter schreien. Ich kann einfach nicht für ihn arbeiten.«

Davids Erfahrungen bestätigten unseren beginnenden Verdacht, daß wir Randolph ausschalten mußten, wenn die Fluglinie eine Chance haben sollte. Als er sich für Virgin Atlantic entschied, war David ein großes Risiko eingegangen. Er hatte seine junge Familie von Miami zurück ins heimatliche Toronto umgesiedelt und lebte selbst im obersten Stockwerk des Hauses, das Ken Berry in Greenwich Village gekauft hatte. Er hatte nur einen Schreibtisch, ein Telefon und ein winziges Schlafzimmer und sollte den Amerikanern Tickets für eine neue Fluggesellschaft verkaufen. Da er ohne US-Lizenz keine Werbung für Virgin Atlantic treiben durfte (wir erhielten die Genehmigung erst einen Tag vor unserem Jungfernflug), hatte David versucht, die New Yorker durch Werbung am Himmel über Manhattan auf unsere Gesellschaft aufmerksam zu machen. An einem wolkenlosen Frühlingsnachmittag sollte eine Formation von fünf kleinen Flugzeugen mit rotem und weißen Rauch den Satz WAIT FOR THE ENGLISH VIRGIN in den Himmel schreiben. Leider verdeckte dann eine einsame Wolke den letzten Buchstaben, so daß die New Yorker ihre Hälse verrenkten und sich fragten, was diese geheimnisvolle Botschaft wohl bedeuten mochte: WAIT FOR THE ENGLISH VIRGI. David und Randolph hatten sich wegen des Systems für die Ticketausstellung überworfen. Randolph wollte Reisebüros, die für ihre Dienste 10 Prozent des Flugpreises verlangten, ganz außen vor lassen und alle Flugscheine über die Theaterkartenagentur Ticketron verkaufen. David hatte sich diese Gesellschaft, die nur 5 Dollar pro ausgestelltem Ticket nahm, angesehen, wollte aber nicht mit ihr arbeiten. Seiner Meinung nach würden die 30 000 Reisebüros, über die 90 Prozent aller in den USA ausgestellten Flugtickets verkauft wurden, Virgin Atlantic kaltstellen, wenn wir sie durch eine Theaterkartenagentur zu umgehen versuchten. Außerdem hatte Ticketron nur sechs Büros in New York, was für den Verkauf von 200 Tickets pro Flug nicht genügte. Auch das britische Ticketsystem, das von einem von Randolph ernannten Reservierungsmanager geleitet wurde, war das reinste Chaos. Ticketsysteme sind das Lebenselixier einer Fluggesellschaft. Um ein funktionsfähiges System sicherzustellen, hatte David in Eigenregie einen Vertrag mit Electronic Data Systems (das dem amerikanischen Geschäftsmann und Politiker Ross Perot gehörte) ausgehandelt, da dieses System dem Industriestandard entsprach. Mit Ticketron hätte er keinen Zugang zu einem vernünftigen Reservierungssystem gehabt, und die Fluggesellschaft wäre zum Scheitern verurteilt gewesen. Als Randolph davon erfuhr, brüllte er David am Telefon wütend an. David kam zu dem Schluß, daß er es nicht nötig hatte, sich von einem 29jährigen Rechtsanwalt ohne Branchenerfahrung so die Leviten lesen zu lassen.

Auch die Mitarbeiter im Ticketbüro in der Woodstock Street hatten sich über Randolph beschwert. Wie sie mir berichteten, pflegte er in ein Büro zu stürmen und alle Anwesenden aus dem Zimmer zu jagen, um dort ungestört Telefongespräche führen zu können. Ich erkannte, daß Randolph nicht der richtige Manager für die neue Fluggesellschaft war. David Tait versprach ich, daß er sich bald nicht mehr über Randolph ärgern müsse, wenn er nur bei uns bliebe.

»Er wird nicht mehr lange hier arbeiten«, sagte ich. »Sie können sich direkt an mich wenden.«

Im April und Mai wuchs die Zahl derer, die sich direkt an mich wandten. Randolph wurde vom Betrieb der neuen Gesellschaft ausgeschlossen. Er wurde immer schwieriger. Meine Anwälte rieten mir schließlich, die Schlösser des Ticketbüros auswechseln zu lassen, um ihn fernzuhalten. Als das für Juni festgesetzte Datum unseres Jungfernflugs näher rückte, herrschte zwischen Randolph und mir Krieg. Bis heute weiß ich nicht, wie wir in jenen letzten Tagen alles unter Dach und Fach brachten. Unser frisch geschultes Kabinenpersonal machte Telefondienst in der Woodstock Street. Die Telefone klingelten ununterbrochen. Bei dem Leasingvertrag mit Boeing gelangten wir zu einer Einigung. Er enthielt eine Fülle komplexer rechtlicher Bedingungen, sagte aber im Grunde aus, daß wir das Flugzeug nach einem Jahr zurückgeben konnten und mindestens die ursprünglichen Kosten zurückerstattet bekamen. Bei einer Wertsteigerung würden wir den höheren Preis erhalten. Nach zweimonatigen Verhandlungen war Boeing wohl einigermaßen überrascht über unsere Hartnäckigkeit: »Es ist einfacher, eine Flotte von Jumbos an eine amerikanische Fluggesellschaft zu verkaufen als ein einziges Flugzeug an Virgin«, gestand einer der Beteiligten nach Abschluß der Verhandlungen. Die vielen Vertragsverhandlungen mit Musikern kamen mir hier zugute. Als Ergänzung zum Leasingvertrag hatten wir ein Währungsabkommen geschlossen, das uns bei einer Abwertung des Pfunds gegenüber dem Dollar schützte (wir mußten unsere Zahlungen in Dollar leisten).

Einmal brachte ich Boy George in das Büro in der Woodstock Street, damit er alle Mitarbeiter kennenlernte. Er war in seine üblichen, bizarren Gewänder gehüllt; sein Haare waren in Zöpfe geflochten und mit Bändern geschmückt; seine behandschuhten Hände schmückten Ringe mit riesigen Diamanten. Eine Minute lang betrachtete er das chaotische Treiben um ihn herum: Telefonanrufe wurden entgegengenommen, Tickets ausgestellt, Passagiere über unsere Abflugzeiten informiert, Prominente und Journalisten zu unserem Jungfernflug eingeladen, Blindmuster der Bordzeitschrift erstellt. Dann sagte er:

»Bin ich froh, daß ich mit beiden Beinen fest auf der Erde stehe.«

14
LAKERS KINDER

1984

Am 19. Juni 1984, drei Tage vor unserem ersten Start, fuhr ich zum Testflug für die endgültige CAA-Genehmigung nach Gatwick. Die *Maiden Voyager* stand am Flugsteig. Wieder einmal bewunderte ich ihre Größe – und das riesige Virgin-Logo auf der Heckflosse. In dieser Größe hatte ich den Schriftzug noch nie gesehen. In den frühen siebziger Jahren unterhielten Simon und ich uns mit einem Grafikdesigner über eine Änderung unseres Logos. Nach kurzem Nachdenken hatte Trevor Key »Virgin« auf eine Serviette gekritzelt. Auf dem Weg zur Toilette hatte ich ihm über die Schulter geschaut und gesagt: »Das tut's!«. Wir gönnten ihm die 200 Pfund, die er in Rechnung stellte. In ihren Analysen des Schriftzugs betonten Marketingexperten, daß die aufsteigende Bewegung von links nach rechts Optimismus symbolisiere. Natürlich mochte dieser Gedanke Trevor durch den Kopf gegangen sein, doch glaube ich, daß die Serviette einfach etwas schief auf dem Tisch lag. Der Schriftzug auf der Heckflosse machte mir deutlich, was wir da ins Leben gerufen hatten. Das Projekt wurde Realität: Wir hatten einen Jumbo. Das gesamte Kabinenpersonal war an Bord, ebenso wie über hundert Virgin-Mitarbeiter. Ich saß mit dem Beamten der CAA im hinteren Teil der Maschine. Das Flugzeug war erst einen Tag zuvor aus Seattle eingetroffen. Bis zur Erteilung der endgültigen CAA-Genehmigung waren die Triebwerke nicht versichert. Wir starteten, und die gesamte Crew applaudierte und jubelte. Nur mit Mühe konnte ich meine Tränen zurückhalten: Ich war so stolz auf uns alle. Draußen ertönte ein lauter Knall. Das Flugzeug schlingerte nach links. Aus einem Triebwerk schoß eine riesige Flamme, dahinter eine lange schwarze Rauchfahne. In dem entsetzten Schweigen, das auf dieses Ereignis folgte, legte der CAA-Beamte mir tröstend einen Arm um die Schultern.

»Machen Sie sich keine Sorgen, Richard«, sagte er. »So etwas passiert manchmal.«

Wir waren in einen Vogelschwarm geraten. Ein Triebwerk hatte einige dieser Tiere angesaugt und war explodiert. Über Nacht mußte ein neues Triebwerk beschafft werden, um den CAA-Testflug zu wiederholen. Am übernächsten Tag sollte unser Jungfernflug nach New York mit 250 Journalisten und Kameraleuten stattfinden.

Roy Gardner funkte das für unsere Wartung zuständige Team von British Caledonian an. Als die *Maiden Voyager* am Vortag eintraf, hatte Roy aus finanziellen Gründen zwei der Triebwerke abgelehnt und um den Einbau anderer Modelle gebeten. Jetzt rief er eines davon zurück, das für den Rücktransport nach Seattle nach Heathrow gebracht worden war.

Nach der Landung stand ich neben der Maschine und dachte darüber nach, wie wir das Problem lösen könnten, als plötzlich ein Pressefotograf mit breitem Lächeln auf mich zukam.

»Es tut mir leid«, entschuldigte ich mich. »Ich bin gerade nicht in der Stimmung dafür.«

»Mir tut es auch leid«, antwortete er. »Ich sah Flammen und Rauch aus einem Ihrer Triebwerke schlagen. Ich hab sogar ein gutes Foto davon.«

Er blickte in mein fassungsloses Gesicht und fuhr fort: »Aber Sie brauchen sich keine Sorgen zu machen. Ich komme von der *Financial Times*. So etwas tun wir nicht.« Damit öffnete er seine Kamera, nahm die Filmrolle heraus und gab sie mir. Ich wußte gar nicht, wie ich ihm danken sollte. Wäre das Foto in der Presse erschienen, hatte Virgin Atlantic aufgeben müssen, bevor wir überhaupt angefangen hätten. Da wir aufgrund der noch ausstehenden CAA-Genehmigung nicht versichert waren, mußten wir für das neues Triebwerk aus eigener Tasche 600 000 Pfund bezahlen. Nach einigen verzweifelten Telefonanrufen erkannte ich, daß mir keine andere Wahl blieb. Niedergeschlagen teilte ich Coutts mit, daß eine Zahlung von

600 000 Pfund geleistet werden müsse.«Ihr Kreditrahmen ist fast ausgeschöpft«, informierte mich Chris Rashbrook, der unsere Konten verwaltete.

Der Kontokorrentkredit für die gesamte Virgin-Gruppe war auf 3 Millionen Pfund festgesetzt worden.

»Es war ein schrecklicher, nicht vorhersehbarer Unfall«, sagte ich. »Eines unserer Triebwerke explodierte, und wir können uns erst versichern lassen, wenn wir die Lizenz haben. Ohne ein neues Triebwerk können wir keine Lizenz bekommen. Es ist ein Teufelskreis.«

»Ich wollte Sie nur warnen«, meinte Rashbrook. »Sie haben ein Vermögen für *Electric Dreams* ausgegeben, und wir warten immer noch auf den Scheck von MGM.«

Damit meinte er die 6 Millionen Pfund, die MGM uns für die Verleihrechte von *Electric Dreams* in den USA zahlte.

»Könnten Sie bitte warten, bis ich den Jungfernflug hinter mich gebracht habe?« bat ich. »Wir sprechen nach meiner Rückkehr darüber. Ich bin am Freitag wieder hier. Wir werden unser Limit nur um 300 000 Pfund überschreiten. Sobald der MGM-Scheck da ist, werden wir fast 3 Millionen Pfund im Plus sein.«

Er versprach, sich meinen Vorschlag durch den Kopf gehen zu lassen. Einen Tag vor dem Jungfernflug wurde die *Maiden Voyager* mit einem neuen Triebwerk wieder startklar gemacht. Mit dem CAA-Beamten an Bord starteten wir erneut. Diesmal gab es keine Explosion, und wir erhielten unsere Lizenz. Ich eilte zurück nach London, um eine weitere Krise mit Randolph Fields beizulegen. Wir hatten Randolph eine Million Pfund geboten, aber er wollte mehr. Bei einem Richter in den USA hatte er eine einstweilige Verfügung gegen den Start der *Maiden Voyager* beantragt. Die ganze Nacht hindurch hielten wir eine Krisensitzung zur Schadensbegrenzung mit David Tait, Roy Gardner und meinen Anwälten ab, um eine Vereinbarung auszuarbeiten, die Randolph daran hindern würde, die Fluggesellschaft zu ruinieren. Der Richter lehnte Randolphs Antrag schließlich ab, aber erst, nachdem wir uns die ganze Nacht um die Ohren geschlagen hatten, um seinen Machenschaften einen Schritt voraus zu bleiben. Gegen Morgen sah es so aus, als könnten wir gewinnen. Um 6 Uhr ließ ich mir erschöpft ein Bad einlaufen. Ich versuchte, mir das Gesicht zu waschen, aber meine Augen waren entzündet und juckten, als sei ich in einen Sandsturm geraten. David Tait setzte sich auf den Toilettendeckel, und wir sprachen die Dinge durch, die noch zu erledigen waren. Dann brach David auf: Er flog mit der Concorde nach New York, um dort vor unserer Landung die Willkommensfeier zu organisieren. Auf dem Jungfernflug war ich umgeben von den Menschen, die in den letzten zehn Jahren für mich persönlich oder für Virgin eine besonders wichtige Rolle gespielt hatten. Neben mir saß Joan mit Holly auf dem Schoß. Hinter uns hatten praktisch alle Mitarbeiter der Virgin-Gruppe Platz genommen. Es waren viele Journalisten und Fotografen an Bord, aber auch Zauberer, Entertainer und Uri Geller. Als die *Maiden Voyager* die Rollbahn entlangfuhr, schalteten sich die Monitore in der Kabine ein und zeigten den Rücken der Piloten und des Bordingenieurs. Über ihre Schultern sahen wir den Blick aus dem Cockpit. Eine Ankündigung kam über die Lautsprecher:

»Da dies unser erster Flug ist, möchten Sie vielleicht auch die Aussicht aus dem Cockpit genießen und sehen, was beim Start wirklich passiert.«

Auf den Bildschirmen sah man die Landebahn. Das Flugzeug beschleunigte sich. Der Asphalt lief unter uns immer schneller dahin; die weiße Linie begann zu verschwimmen. Beide Piloten wirkten recht entspannt: Anstatt aufmerksam auf die Startbahn zu starren und das Flugzeug zu lenken, lächelten sie sich von der Seite an. Einer von ihnen hatte unter seiner Mütze sehr lange Haare; der andere stammte von den Westindischen Inseln. Sie paßten einfach nicht auf. Mit gebanntem Blick auf den Bildschirm hielten alle den Atem an: Das hier war offenbar ein verrücktes Selbstmordkommando, das dieser wahnsinnige Branson angezettelt hatte. Die Passagiere wagten kaum zu atmen. In dem Augenblick, in dem die Maschine abhob und in die Luft stieg, holte der Schwarze hinter seinem Ohr einen Joint hervor und bot ihn dem Kopiloten an. Bevor alle davon überzeugt waren, daß es sich hier um einen Witz handelte, stieg das Flugzeug in die Höhe, und die beiden Piloten nahmen ihre Mützen ab und drehten sich zur Kamera um: Es waren Ian Botham und Viv Richards, zwei bekannte britische Kricketspieler. Der bärtige Bordingenieur war meine Wenigkeit. Alle an Bord wollten sich vor Lachen ausschütten. Wir hatten die Sequenz am Vortag in einem Flugsimulator gefilmt. Für den Jungfernflug hatten wir 70 Kisten Champagner an Bord genommen. Sie reichten gerade für den Flug, der zu einer Acht-Stunden-Party wurde. Die Passagiere tanzten auf den Gängen, während wir Madonnas neuesten Hit »Like A Virgin« und Culture Club und Phil Collins spielten. Zwischendurch zeigten wir den Film *Airplane – Die unglaubliche Reise in einem verrückten Flugzeug*, und die Kabinencrew begründete eine Virgin-Tradition, indem sie während des Films Schokoladeneis verteilte. Bei der Ankunft am New Yorker Flughafen Newark stellte ich fest, daß ich in der Aufregung meinen Paß vergessen hatte. Beinahe hätte man mich bei der Willkommensparty im Terminal abgewiesen. Die Stewardessen hatten aus Versehen das ganze Besteck weggeworfen, so daß sie jetzt bis über beide Ellbogen in den Abfallkisten wühlen mußten, um Messer, Gabeln und Löffel herauszufischen, damit sie gewaschen und beim Rückflug wiederverwendet werden konnten. Alle außer dem Bürgermeister von Newark waren peinlichst berührt, als ich ihn ansprach, weil ich aus unerfindlichem Grund glaubte, er habe das Büfett organisiert. Ich nahm den ersten Rückflug nach Gatwick und schlief zum ersten Mal seit Wochen wieder aus. Ich träumte von explodierenden Triebwerken, Stewardessen, die Mahlzeiten auf Tellern direkt aus den Abfalltüten anboten, und Piloten, die Marihuana rauchten. Als ich aufwachte, war ich überzeugt, daß nun nichts mehr schiefgehen konnte. Weit gefehlt. Ein Taxi fuhr mich zurück nach London. Auf den Stufen vor meinem Haus saß ein Mann, der sich offenbar nicht wohl in seiner Haut fühlte. Zunächst hielt ich ihn für einen Journalisten, aber dann erkannte ich Christopher Rashbrook, unseren Kundenberater bei der Coutts Bank. Ich bat ihn ins Wohnzimmer. Ich war völlig erledigt; er war zappelig. Es dauerte eine ganze Weile, bis ich verstand, was er wollte. Aber plötzlich wurde mir klar, daß er sagte, daß Coutts Virgins Kontokorrentkredit nicht wie gewünscht aufstocken könne und er daher bedauerlicherweise alle Schecks zurückweisen müsse, die unseren Kredit über das Limit von 3 Millionen Dollar brächten. Ich verliere selten die Beherrschung (meine Wutanfälle kann ich an den Fingern einer Hand abzählen), aber als ich diesem Mann in seinem blauen Nadelstreifenanzug und sauberen kleinen ledernen Aktenkoffer gegenübersaß, begann ich innerlich zu kochen. Da stand er in seinen auf Hochglanz polierten Oxfords und eröffnete mir, daß er die ganze Virgin-Gruppe zerstören würde. Ich dachte an die vielen Nächte, die wir uns bei Virgin Atlantic seit März um die Ohren geschlagen hatten, um ein Problem zu lösen. Ich dachte daran, wie stolz die neue Kabinencrew darauf war, für eine neugegründete Fluggesellschaft zu arbeiten. Ich dachte an die langwierigen Verhandlungen mit Boeing. Wenn dieser Bankmanager unsere Schecks platzen ließ, würde Virgin innerhalb weniger Tagen aufgeben müssen: Niemand würde das Flugzeug betanken oder warten, wenn bekannt wurde, daß sich die Bank weigerte, unsere Schecks einzulösen. Und die Passagiere wurden ebenfalls einen weiten Bogen um uns machen.

»Hören Sie«, sagte ich, als er sich noch entschuldigte, »Sie sind in meinem Haus nicht willkommen. Da ist die Tür.« Ich packte ihn am Arm, führte ihn nach draußen und schlug ihm zu seiner Verblüffung die Tür vor der Nase zu. Wieder im Wohnzimmer brach ich auf dem Sofa in Tränen der Erschöpfung, Enttäuschung und Frustration aus. Dann duschte ich mich und rief Ken an:

»Wir müssen heute möglichst viel Geld im Ausland beschaffen. Und dann müssen wir uns eine neue Bank suchen.«

Unsere ausländischen Tochtergesellschaften retteten uns. Bis zum Freitag hatten sie genügend überwiesen, um uns knapp unter der Kreditlinie von 3 Millionen Pfund zu halten. Wir gaben Coutts keinen Grund, unsere Schecks platzen zu lassen, so daß sie die verschiedenen Virgin-Firmen und die neue Fluggesellschaft nicht insolvent machen konnten. Es war eine surrealistische Situation: Virgin Music war auf dem besten Weg, in diesem Jahr einen Gewinn von 12 Millionen Pfund zu erwirtschaften; die Prognose für das folgende Jahr lag bei 20 Millionen Pfund. Wir waren bereits eines der größten nicht börsennotierten Unternehmen in Großbritannien, aber Coutts war bereit, uns in den Konkurs zu treiben und 3 000 Menschen ihren Arbeitsplatz zu nehmen, nur weil wir unser Limit um 300 000 Pfund überschritten, obwohl der erwartete Scheck über 6 Millionen Pfund jeden Tag aus den USA eintreffen konnte.

Die Krise mit Coutts führte mir vor Augen, daß wir einen harten Finanzfachmann als Ersatz für Nik finden mußten. Wir brauchten jemanden, der sich um die Finanzen von Virgin Atlantic und Virgin Music kümmerte und eine Brücke zwischen den beiden Gesellschaften schlug. Wenn wir auf unseren Cash-flow und Kredite angewiesen waren, lebte die gesamte Virgin-Gruppe gefährlich. Während der Börsenhausse Mitte der achtziger Jahre schien jedes Unternehmen in der Lage zu sein, Aktien zu emittieren und sich so Investitionskapital in Millionenhöhe zu beschaffen. Vielleicht lag hier die Zukunft für Virgin.

Neben unseren vier Hauptgesellschaften Virgin Music, Virgin Records, Virgin Vision und der neuen Fluggesellschaft Virgin Atlantic gab es in unserer Gruppe inzwischen viele kleine Firmen. Top Nosh lieferte Essen in Industriegebieten aus; Virgin Rags bot eine Textilkollektion an; Virgin Pubs betrieb eine Reihe von Gaststätten; die Immobiliengesellschaft Vanson Property kümmerte sich um unseren wachsenden Immobilienbestand und verdiente nebenbei viel Geld mit dem Kauf, der Erschließung und dem anschließenden Verkauf von Immobilien. Diese kunterbunte Sammlung mußte irgendwie in Ordnung gebracht werden. Don Cruickshank wurde uns vom britischen Filmemacher David Puttnam empfohlen. Er war Wirtschaftsprüfer und hatte fünf Jahre lang für die Unternehmensberatung McKinsey gearbeitet, bevor er als Geschäftsführer zur *Sunday Times* und später zur *Financial Times* überwechselte. Robert Devereux, der inzwischen mit meiner Schwester Vanessa verheiratet war, hatte ihn bei Verhandlungen mit Goldcrest Films kennengelernt, das wie die *Financial Times* zur Pearson-Gruppe gehörte. Simon dagegen wußte nichts über ihn. Don arbeitete in den engen Büros in Ladbroke Grove und war der erste Virgin-Mitarbeiter, der Anzug und Krawatte trug. Alle bestaunten ihn wie einen bunten Hund. Mit Don als Geschäftsführer wurde Virgin eine Organisation, die das Interesse externer Investoren wecken konnte. Bald holte sich Don Trevor Abbott als Finanzleiter ins Haus. Trevor hatte zuvor für die Unterhaltungsfirma Management Agency & Music (MAM) gearbeitet, die Tom Jones und Engelbert Humperdinck gemanagt und ein eigenes Plattenlabel gegründet hatte, um Gilbert O'Sullivan zum Erfolg zu verhelfen.

Später kamen dann im Rahmen der Diversifizierungsstrategie ein Musikverlag, eine Hotelkette, eine Flotte von Firmenjets und Nightclubs hinzu. Außerdem bot MAM Spielautomaten und Jukeboxes zum Leasing an. MAM hatte viel mit Virgin gemein, aber als Trevor das Unternehmen verließ, bereitete er bereits die Fusion mit Chrysalis vor. Don und Trevor trafen sich bald mit Banken, um sowohl unsere Finanzen als auch die interne Struktur der Gruppe neu zu ordnen. Der Konzernumsatz von Virgin würde 1984 die Marke von 100 Millionen Pfund übersteigen. Bei jeder Sitzung mit mir brachten Don und Trevor ihre Verwunderung darüber zum Ausdruck, wie die Gruppe geführt wurde. Sie konnten es nicht fassen, daß wir keine Computer verwendeten und kein Bestandsmanagement betrieben und daß Simon, Ken, Robert und ich unsere Investitionsentscheidungen scheinbar sehr lässig angingen. Bei einem Treffen auf der *Duende* schlugen sie vor, Virgin durch eine Umstrukturierung zu einem attraktiven Ziel für externe Investoren zu machen.

Als erstes brachten sie unseren Kreditrahmen ins Lot. Coutts und seine Muttergesellschaft National Westminster waren bereit gewesen, wegen Überschreiten eines Kontokorrentkredits von 3 Millionen Pfund unser Überleben aufs Spiel zu setzen. Don und Trevor legten einem anderen Bankenkonsortium die gleiche Bilanz vor und erhielten eine Kreditlinie von 30 Millionen Pfund. Im Rahmen der strukturellen Veränderungen wurden einige kleinere Firmen wie Top Nosh und die Pubs aufgegeben. Dan und Trevor unterteilten die Virgin-Gruppe in die Sparten Music, Retail und Vision und gliederten Virgin Atlantic zusammen mit Virgin Holidays, den Nachtclubs Heaven und Roof Garden sowie Necker Island in eine eigene Gesellschaft mit beschränktem Gesellschafterkreis aus. Mit 33 Jahren waren Simon und ich genauso alt wie Trevor und Ken. Don war etwas älter, Robert ein wenig jünger. Wir glaubten, es mit der ganzen Welt aufnehmen zu können. Daher wollten wir den Schritt an die Börse wagen.

15
DAS BLAUE BAND FÜR GROSSBRITANNIEN

1984 bis 1986

Ich werde häufig gefragt, warum ich unbedingt mit Schnellbooten oder Heißluftballons Rekorde brechen will. Ich hätte doch Erfolg, Geld und eine glückliche Familie und solle mich daher lieber nicht solchen Risiken aussetzen, sondern mein Glück genießen. Daran ist gewiß etwas Wahres, und ein Teil von mir stimmt dieser Ermahnung auch von Herzen zu. Ich liebe das Leben, ich liebe meine Familie. Der Gedanke, daß ich sterben und Joan ohne Ehemann bzw. Holly und Sam ohne Vater zurücklassen könnte, jagt mir einen Schauder über den Rücken. Aber ein anderer Teil meiner Persönlichkeit treibt mich, neue Abenteuer zu wagen und immer wieder meine Grenzen zu suchen. Bei genauerem Nachdenken würde ich sagen, daß ich in meinem Leben so viele Erfahrungen wie nur möglich machen möchte. Die körperlichen Abenteuer verleihen meinem Leben eine besondere Dimension, was dazu führt, daß meine geschäftlichen Aktivitäten mir noch mehr Spaß machen. Ohne Fallschirmspringen, Ballonfahrten und die Atlantiküberquerung per Schnellboot wäre mein Leben viel langweiliger. Ich kann mir nicht vorstellen, daß ich durch einen Unfall ums Leben komme. Wenn dies aber geschehen sollte, kann ich nur sagen, daß ich mich geirrt habe. Dann hatten die unverbesserlichen Realisten, die immer mit beiden Beinen auf der Erde gestanden haben, eben recht. Aber zumindest habe ich es versucht.

Neben dem eigentlichen Abenteuer liebe ich vor allem die Vorbereitungen. Wenn wir uns für eine solche Herausforderung rüsten, entsteht im Team ein ungeheurer Kameradschaftsgeist. Wollen wir einen Rekord aufstellen, geht es nicht nur um technologische Herausforderungen, sondern auch um ein Gefühl des Patriotismus. Das kommt im Jubel der Öffentlichkeit zum Ausdruck. Früher gab es viele britische Entdecker in der Tradition des Antarktisforschers Scott. Ich bin stolz darauf, in ihre Fußstapfen zu treten.

Meine erste Herausforderung war der Versuch, das Blaue Band für Großbritannien zurückzuerobern. In der viktorianischen Ära der Dampfschiffe wurde es dem Schiff verliehen, das den Atlantik am schnellsten überquerte. 1893 gewann die British Cunard Line diese Auszeichnung. Dann wurde Cunard von drei deutschen Schiffen geschlagen, bevor seine *Lusitania* (die 1915 von einem deutschen U-Boot versenkt werden sollte) das begehrte »Blue Riband« 1906 zurückeroberte. Nach dem Ersten Weltkrieg fiel es wieder an die Deutschen. 1933 gewann das italienische Schiff *Rex* mit einer Durchschnittsgeschwindigkeit von 29 Knoten. Zur Feier dieser Leistung und des ganzen Wettbewerbs gab der englische Reeder und Parlamentsabgeordnete Harold Hales eine monumentale Trophäe in Auftrag. Von da an wurde neben dem Blauen Band auch die »Hales Trophy« verliehen.

Im Kleingedruckten der Wettkampfbedingungen versprach Hales seine Trophäe dem Schiff, dem die schnellste Atlantiküberquerung gelang. Den Atlantik definierte er dabei als den Ozean zwischen dem Feuerschiff Ambrose in der Nähe der amerikanischen Küste und dem Leuchtturm Bishop Rock vor den Scilly-Inseln. Hales sagte nichts über die Größe des Schiffs aus. Es mußten nur Passagiere an Bord sein. Damals konnte sich de facto niemand vorstellen, daß ein kleines Boot überhaupt mit der geringsten Erfolgsaussicht gegen die großen Schiffe antreten könne. Als nächstes gewann die *Normandie* die Hales Trophy. Das französische Passagierschiff überquerte auf seiner Jungfernfahrt den Atlantik mit einer Geschwindigkeit von durchschnittlich 30 Knoten. Bevor die Ära der großen Passagierdampfer zu Ende ging, errang die *United States* die Hales Trophy mit einer Überfahrt, die drei Tage, zehn Stunden und 40 Minuten dauerte. Danach wurde der Preis im Museum der amerikanischen Handelsmarine ausgestellt. Leider erlebte Harold Hales den Triumph der *United States* nicht mehr: Es war wohl eine Ironie des Schicksals, daß er bei einem Bootsunglück auf der Themse ertrank.

Der Aufstieg eines neuen Transportmittels – des Flugzeugs – beendete die ruhmreichen Tage der Passagierdampfer. Die Hales Trophy geriet in Vergessenheit.

1980 beschloß der Schnellbootkonstrukteur Ted Toleman, den Wettkampf um das Blaue Band wiederzubeleben und die Hales Trophy für Großbritannien zurückzugewinnen. Dazu mußte er ein Boot bauen lassen, das den Atlantik in weniger als drei Tagen, zehn Stunden und 40 Minuten überqueren konnte. Die *United States* war ein sehr eindrucksvolles Schiff gewesen: Sie wog 52 000 Tonnen und wurde von 240 000 Pferdestärken bewegt. Ihr Geschwindigkeitsrekord war ebenso beachtlich: 36,6 Knoten (65 Stundenkilometer). Im Gegensatz zu diesem gigantischen Liniendampfer mit Schwimmbad und Konzertflügel wollte Ted einen Katamaran in Leichtbauweise konstruieren. Eine Meeresüberquerung in einem kleinen, schnellen Boot ist sehr gefährlich. Man ist den Wellen völlig ausgeliefert. Ein großer Dampfer hat es bei starkem Seegang viel leichter: Er durchschneidet einfach die Wellen. Die Passagiere nutzen sein leichtes Schlingern vielleicht als Vorwand, um sich auf dem Tanzparkett näher zu kommen, aber die Geschwindigkeit des Schiffs verringert sich nicht. Mit einem kleinen Boot kann eine falsche Bewegung des Ruders bei 30 Knoten den Bug in die Flanke einer Welle rammen, so daß das Schiff untergeht oder auseinanderbricht.

1984 ließ Ted Toleman seinen 21 Meter langen Katamaran vom Stapel. Statt der 240 000-PS-Motoren der *United States*, die kleinen Kathedralen geglichen hatten, nahm Ted zwei 2 000-PS-Motoren, die den Katamaran bei ruhigem Wetter auf nahezu 50 Knoten beschleunigen konnten. Natürlich ist es etwas ganz anderes, ob man auf einem ruhigen Binnensee 50 Knoten erreicht oder auf den kabbeligen Wellen des Atlantischen Ozeans, die an die 7 Meter Höhe erreichen können. Ted wußte, daß er im günstigsten Fall 35 Knoten halten konnte. Also wäre das Boot drei bis vier Tage unterwegs. Die Frage war: Würden es drei Tage und neun Stunden oder drei Tage und elf Stunden sein? Im Laufe des Jahres 1984 überschritt Ted sein Budget für das Boot. Er fragte mich, ob ich die Kosten der Reise tragen wolle. Im Gegenzug wollte er das Boot nach mir benennen. Außerdem sei ich herzlich zu der Reise eingeladen. Er hatte bereits den Weltumsegler Chay Blyth um Unterstützung gebeten. Virgin Atlantic war noch sehr jung, und obwohl ich auf der Stelle fasziniert von der Idee war, eine Trophäe für Großbritannien zurückzuerobern (unser Land hat nicht so viele Preise gewonnen), sah ich in diesem Abenteuer auch eine phantastische Werbung für unsere neue Fluggesellschaft. Eine erfolgreiche Atlantiküberquerung würde sowohl in New York als auch in London (unsere beiden einzigen Destinationen) für Publicity sorgen.

»Wie fit sind Sie?« fragte mich Chay.

»Es geht so«, meinte ich.

»Das genügt nicht«, sagte Chay. »Auf dem Schiff ist kein Platz für Passagiere. Sie müssen sich in Form bringen.«

Also begann ich das aufreibendste Fitnessprogramm meines Lebens.

»Sie werden drei volle Tage lang von den Wellen hin- und hergestoßen werden«, erklärte Ted, als wir uns im Fitneßstudio quälten. »Das müssen Sie aushalten können.«

Wir baten Esso, unsere Reise durch Bereitstellung des Kraftstoffs zu sponsern. Als sie sich freundlicherweise dazu bereit erklärten, feierten wir das bei einem Mittagessen mit ihrem gesamten Vorstand.

»Ich möchte Ihnen allen von ganzem Herzen danken«, sagte ich aufrichtig. »Es wird eine phantastische Reise werden, und wir werden so viel wie möglich für BP werben«. Mir kam es so vor, als würden alle hörbar einatmen. Ich war jedoch nicht zu bremsen. »Wir werden BP auf die Betankungsschiffe schreiben, Ihr Logo auf dem Boot anbringen, BP zu einer deutlichen Präsenz machen. Niemand wird Sie je wieder mit Ihrem alten Rivalen...«

In diesem Augenblick fiel mein Blick auf das riesige Esso-Logo auf der gegenüberliegenden Wand. Die Vorstände von Esso starrten mich an, als sei ich ein Geist. Ich ließ mich auf den Boden fallen und kroch unter den Tisch.

»Es tut mir leid«, flüsterte ich und begann, ihre Schuhe mit Spucke zu polieren. Seltsamerweise hielt Esso dennoch Wort und sponserte tatsächlich unsere Reise. Das Boot und die Mannschaft wurden zwei Monate lang auf Herz und Nieren überprüft. Dann waren wir endlich startklar.

Joan war im achten Monat schwanger. Ich hoffte, die Überfahrt rechtzeitig zu schaffen, um bei der Geburt dabeisein zu können. Wir saßen jedoch aufgrund von Stürmen drei Wochen in New York fest. Während dieser Zeit flog ich mehrfach zu Joan nach London und dann wieder zurück nach New York, wo man mir schließlich mitteilte, daß wir jetzt bald in See stechen könnten. Nach dem achten Flug hatte ich Atlantiküberquerungen auf 10 000 Meter Höhe gründlich satt. Die Stürme legten sich, und wir erhielten grünes Licht. Joan sagte, sie fühle sich gut, und ich solle ruhig fahren. Es waren noch zwei Wochen bis zum Geburtstermin. Wir brausten an Manhattan vorbei und drehten nach Norden ab. Ein weiterer wesentlicher Unterschied zwischen der *Virgin Atlantic Challenger* und den großen Passagierdampfern war der Komfort: Die Linienschiffe der dreißiger Jahre boten Jazzbands und Wurfringspiele an Deck. Wir dagegen waren in Flugzeugsitze geschnallt und wurden unbarmherzig von den Wellen auf- und abgestoßen. Bei dem ohrenbetäubenden Motorenlärm und den ständigen Vibrationen fühlte man sich, als sei man an einen Preßlufthammer gefesselt. Wir konnten kaum sprechen, geschweige denn uns bewegen, sondern mußten einfach das unaufhörliche Schaukeln, Wackeln und Klappern ertragen. Gegen Ende des ersten Tages erreichte mich ein Funkruf.

»Richard«, rief Penni, die in der Funkzentrale saß. »Joan ist im Krankenhaus und hat gerade einen Jungen zur Welt gebracht. Rose war bei ihr, und es ist alles gutgegangen.«

Ich hatte meinen Schwur gebrochen. Wichtiger war jedoch, daß unser Kind gesund war. Wir jubelten alle laut. Steve Ridgway, ein weiteres Mitglied unserer Crew, kramte eine Flasche Champagner heraus, um auf Joan und meinen neuen Sohn anzustoßen. Ich mußte die Flasche gar nicht schütteln; der Korken knallte ganz von selbst und der Champagner spritzte überall herum. Trinken war unmöglich. Der Champagner schäumte zwischen unseren Zähnen und in der Kehle. Ich hielt mich an einer Rettungsleine fest, taumelte an den Bootsrand und warf die Flasche über Bord. Sie schaukelte in unserem Kielwasser. Jetzt mußte ich mich um so mehr beeilen, um zu Joan, Holly und unserem kleinen Jungen zu kommen. Die Überfahrt hätte den Rekord ohne weiteres geschlagen. In drei höllischen

Tagen legten wir 4 800 Meilen zurück. In Abständen von 800 Meilen waren insgesamt drei Betankungspausen vorgesehen. Die Tankschiffe überragten uns wie riesige Wolkenkratzer. Selbst bei leichtem Seegang war das Anlegen dort ein furchterregender Prozeß: Wir fuhren etwa 30 Meter an sie heran, und sie feuerten dann eine Harpune mit einer Boje am Ende der Leine auf uns ab. Wir zerrten diese an Bord und zogen den großen Kraftstoffschlauch vom Schiff herüber. Sobald er festgeklemmt war, gaben wir dem Schiff ein Zeichen und der Kraftstoff wurde in unseren Tank gepumpt. Der Geruch des Benzins und das Schlingern der Wellen verursachten uns allen Übelkeit. Wenn wir würgend zum Bootsrand schwankten, schien es uns, als würden wir jeden Augenblick die riesige, schwarze, rostige Flanke des Tankschiffs rammen. Nur wenige hundert Kilometer von Irland entfernt gerieten wir in einen heftigen Sturm. Wir waren drei Tage lang grob von den Wellen herumgestoßen worden, aber so schlimm war es noch nie gewesen. Das Boot klatschte auf den Wellen auf und ab. Wir klammerten uns an unsere Sitze und konnten nichts sehen. Als wir nur noch 100 Kilometer von den Scilly-Inseln entfernt waren und die Hales Trophy zum Greifen nahe war, traf uns eine gewaltige Welle. Eine Sekunde später schrie unser Ingenieur Pete Downie:

»Wir sinken. Der Rumpf ist aufgeschlitzt. Rettet euch, so schnell ihr könnt.«

»Mayday! Mayday!« Wie der Blitz sprang Chay zum Funkgerät. »Die *Virgin Challenger* sinkt. Wir verlassen das Schiff. Ich wiederhole: Wir verlassen das Schiff. Hey, Ted!« Chay drehte sich um. »Du bist der Kapitän: Du darfst erst als letzter von Bord!«

Binnen weniger Sekunden begann das Boot zu sinken. Das erste Rettungsfloß, das wir aufbliesen, blieb irgendwo hängen und riß. Wir hatten ein Reservefloß, das wir über Bord warfen. Wir zogen die Reißleine, damit es sich mit Luft füllte.

»Keine Panik!« schrie Chay. »Es eilt nicht! Laßt euch Zeit!«

Das Rettungsfloß ähnelte einem aufblasbaren Ruderboot mit einem Zelt darauf. Wir drängten uns aneinander und schaukelten auf den Wellen wie auf einem verrückten Jahrmarktskarussell. Ich saß neben dem Funkgerät und nahm das Mikrofon. Ein Flugzeug der britischen Luftwaffe empfing unseren SOS-Ruf. Ich nannte dem Piloten unsere Position, und er funkte eilends Schiffe in dieser Gegend an.

»Okay, es sind drei Fahrzeuge in der Nähe, die jetzt in Ihre Richtung fahren«, meldete der Pilot. »Es sind die *Queen Elizabeth 2* auf dem Weg nach New York, ein Luftwaffenhubschrauber, der auf den Scilly-Inseln gestartet ist, und ein Geest-Schiff, das in Richtung Jamaika unterwegs ist. Fahren Sie mit dem ersten, das Sie erreicht.«

»Sag' ihm, daß ich nicht auf einen blöden Bananendampfer nach Jamaika steige«, sagte Chay. »Und nach New York will ich auch nicht zurück. Ich will den verdammten Hubschrauber.«

»In Ordnung«, sagte ich ins Mikrofon. Chays Kommentar gab ich lieber nicht weiter, denn meiner Ansicht nach hatten wir wenig Verhandlungsspielraum.

Ted war am Boden zerstört. Schweigend saß er da. Sein Traum war zunichte gemacht.

Durch die winzige Luke konnten wir das Heck der *Virgin Challenger* aus dem Wasser ragen sehen. Der Rest des Boots war schon untergegangen. Wir konnten nur noch den Schriftzug »Virgin« erkennen.

»Tja, Richard«, meinte Chay und zeigte auf das Logo. »Wie üblich mußt du wieder mal das letzte Wort haben.«

Während wir warteten, stimmte ich den Refrain von »We're all going on a summer holiday...« an. Alle sangen mit, sogar Ted.

Schließlich wurden wir von dem Bananendampfer auf dem Weg in die Karibik gerettet. Einer nach dem anderen wurden wir mit einer Winde an Deck gehievt. Das Rettungsfloß ließen wir auf den Wellen tanzen.

»Praktisch für den Fall, daß noch jemand kentert«, bemerkte Chay. Es war Zeit fürs Abendessen. Die Gäste hatten sich in der Kapitänskajüte versammelt. Wie zur Blütezeit der Ozeandampfer trugen alle Smokingjacken und Abendkleider. In unseren feuchten Nylonoveralls sahen wir nicht gerade wie aus dem Ei gepellt aus.

»Mein armer Junge«, sagte eine ältere Dame zu mir. »Sie haben noch nicht einmal Ihren neugeborenen Sohn gesehen?«

»Nein«, antwortete ich. »Und da wir uns auf dem Weg nach Jamaika befinden, wird das wohl auch noch eine Weile dauern.«

»Nun, ich habe hier zumindest ein Foto von ihm für Sie.«

Zu meiner Überraschung zog sie die neueste Ausgabe des *London Evening Standard* heraus. Die Titelseite schmückte ein Bild unseres winzigen Sohns. Er war in ein Tuch gewickelt. Ich muß zugeben, daß mir Tränen in die Augen traten, als ich sein Foto sah. Eine Bergungscrew bat uns per Funk um Erlaubnis, das Boot bergen zu dürfen.

»Selbstverständlich«, sagte ich und sah zum Bullauge hinaus, wo noch immer das Heck der *Virgin Challenger* wie ein Grabstein aus dem Wasser ragte.

»Du Vollidiot!« fauchte mich Chay an. »Du willst dieses Boot nie wieder sehen. Das ist nur ein Haufen nasser Elektronik, die niemals wieder funktionieren wird. Du bekommst keinen Pfennig von der Versicherung.«

»Einen Augenblick«, sagte ich, »könnte ich das vielleicht doch wieder rückgängig machen?«

»Okay«, erwiderten sie.

Ich legte den Hörer auf. Chay und ich beobachteten aus dem Bullauge, wie die *Virgin Challenger* lautlos in den Tiefen des Meeres versank.

Es dauerte einen Monat, bis das Klingeln in meinen Ohren aufhörte. Ich begann schon zu fürchten, daß mein Gehirn dauerhaften Schaden genommen hätte. Die Herausforderung, das Blaue Band und die Hales Trophy zu gewinnen, reizte mich jetzt aber mehr denn je. Wir waren entschlossen, es zu schaffen. Chay und ich waren nun der Ansicht, daß wir es lieber nicht mit einem Katamaran, sondern mit einem robusteren Boot mit nur einem Rumpf versuchen sollten. Da Ted Toleman sich auf Katamarane spezialisiert hatte, weigerte er sich, dieses Boot zu konstruieren. Wir bildeten ein neues Team mit drei wichtigen Mitgliedern aus Ted Tolemans ursprünglicher Mannschaft: Chris Witty, Steve Ridgway und Chris Moss, die mich fragten, ob sie für Virgin arbeiten könnten. Chay Blyth war als Segelexperte mit von der Partie. Gemeinsam entwarfen wir ein neues Boot. Am 15. Mai 1986 wurde die *Virgin Atlantic Challenger II* von Prinzessin Michael von Kent vom Stapel gelassen. Das Schiff war knapp 25 Meter lang und hatte nur einen Rumpf. Wir meinten, daß es dem starken Seegang weitaus besser gewachsen sei als sein Vorgänger. Bei der Jungfernfahrt entlang der Südküste Englands in Richtung Salcombe kollidierten wir jedoch mit einer riesigen Welle, die das Boot fast kentern ließ. Alle wurden das Deck entlang gefegt, und ein Mitglied unserer Crew, Pete Downie, brach sich ein Bein. Der qualvolle Ausdruck in seinem Gesicht war weniger auf seine Schmerzen, sondern vielmehr auf die Erkenntnis zurückzuführen, daß er uns jetzt bei unserem Abenteuer nicht begleiten konnte. Chay brach sich eine Zehe, und Steve wurde fast über Bord gespült. Bei unserer Ankunft in Salcombe ähnelten wir der Besatzung eines Lazarettschiffes. Wir transportierten das Boot nach New York und warteten wieder einmal auf gutes Wetter. Als wir den New Yorker Hafen an einem strahlenden Junimorgen des Jahres 1986 in Richtung Neuschottland verließen, machten wir uns erneut auf die unerbittliche Gewalt der Wellen gefaßt. Es war nicht so schlimm wie beim ersten Mal, und die Fahrt entlang der nordamerikanischen Ostküste ging viel schneller als erwartet. Nach nur achtzehn Stunden erreichten wir das erste Betankungsschiff vor der Küste Neufundlands. Wir tankten auf und fuhren in die hereinbrechende Dunkelheit. Die Sommernacht war kurz. Da wir in nordöstlicher Richtung fuhren, wurde sie noch kürzer, so daß wir nur fünf Stunden Dunkelheit ertragen mußten. Wir verließen uns auf den Radar und versuchten, durch die Nachtsichtbrillen etwas zu erkennen, wußten aber dennoch nicht, was vor uns lag. In diesem Tempo durch die Dunkelheit zu rasen, war, als würde man mit verbundenen Augen fahren. Fast wären wir mit einem auftauchenden Wal zusammengestoßen. Am zweiten Tag hatte sich der Adrenalinstoß, der uns wachgehalten hatte, gelegt. Jetzt erlebten wir einfach nur das schreckliche, erbarmungslose Schlagen der Wogen. Jede neue Welle warf uns auf und ab, bis wir es nicht mehr lächelnd ertragen konnten: Wir mußten einfach die Zähne zusammenbeißen.

Als wir das Betankungsschiff *RV2* vor der kanadischen Küste ansteuerten, hielten wir auch wachsam Ausschau nach Eisbergen. Große Eisberge erscheinen auf dem Radar, so daß man ausweichen kann. Gefährlich sind die »kleinen«, winzige Punkte auf der Oberfläche, die in Wahrheit 100 Tonnen wiegen und den Rumpf zerschmettern können. Selbst ein Eisberg von der Größe eines Sitzsacks kann den Schiffsrumpf stark beschädigen. Das Problem war, daß wir nach den vielen Stunden vom Dröhnen der Motoren betäubt waren und uns unmöglich die ganze Zeit konzentrieren konnten. Wir hatten immer noch 3 200 Kilometer vor uns. Die Wellen ließen keinen Augenblick lang von uns ab. In einer solchen Situation zeigt sich die Stärke des Teams: Wir alle hielten zusammen, um diese Prüfung gemeinsam zu bestehen. Als wir dem zweiten Tankschiff zum Abschied zuwinkten und die Motoren hochfuhren, begannen sie zu stottern und gaben den Geist auf. Unser neuer Ingenieur Eckie Rastig ging unter Deck, um die Ursache für ihr Versagen herauszufinden. Entsetzt kam er zurück an Deck: Die Benzinfilter hatten sich mit Wasser gefüllt. Das war eine Katastrophe. Seiner Probe zufolge hatten wir mit jeweils 12 Tonnen Benzin etwa 4 Tonnen Wasser an Bord genommen. Uns war schleierhaft, wie so etwas passieren konnte, aber wir hatten keine Zeit, uns darüber Gedanken zu machen. Vielleicht war es Essos Rache für meinen Fauxpas mit BP! Der Dieselkraftstoff und das Wasser hatten sich zu einer Emulsion verbunden, so daß wir sie unmöglich wieder voneinander trennen konnten: Wir mußten alle vier Kraftstofftanks entleeren und ganz von vorne beginnen. Das Esso-Schiff fuhr wieder neben uns, und wir tankten erneut auf. Dadurch verloren wir drei kostbare Stunden.

Wir ließen die Motoren wieder an, doch sie fielen erneut aus. Inzwischen war es 11.00 Uhr. Seit sieben Stunden schaukelten wir neben dem Betankungsschiff mitten auf dem eiskalten Ozean. Der Sieg rückte in immer weitere Ferne. Statt dessen wurden die Wellen höher und höher.

»Der Sturm holt uns ein«, sagte Chay. »Das ist kein Spaß.«

Der Sturm, der auf das herrliche Wetter unseres ersten Tages folgte, war nicht etwa ein plötzliches, heftiges Gewitter, sondern unser schlimmster Alptraum: ein großes Tiefdruckgebiet mit viel Regen. Bald waren die Wellen über 15 Meter hoch. Wir wagten kaum, auf Deck zu stehen, weil wir in der einen Sekunde weit unter dem riesigen Esso-Schiff waren, so daß es aussah, als würde es uns gleich zermalmen, aber im nächsten Moment so weit in die Höhe gehoben wurden, daß wir meinten, wir würden auf dem Kamm der Welle von oben in das Schiff hineinschlittern. Inzwischen war uns allen von den erstickenden Benzindämpfen übel. Die gesamte Crew würgte, übergab sich und krümmte sich vor Schmerzen. Unsere Schutzanzüge waren vom Seewasser und unserem Mageninhalt durchweicht und beschmutzt, unsere Gesichter grünlich weiß, unsere Haare gefroren.

»Es ist es nicht wert, die Reise fortzusetzen«, schrie mir Chay ins Ohr. »Wir sind alle völlig erledigt. Es ist vorbei. Es tut mir leid, Richard.«

Ich wußte, daß es kein drittes Mal geben würde, wenn dieser Versuch fehlschlug. Wir mußten es einfach versuchen. Ich mußte die anderen überreden.

»Laßt uns versuchen, die Motoren anzulassen und so weit zu fahren, wie es geht. Los. Wir müssen es einfach probieren.«

Auf dem Esso-Schiff befand sich ein Motorenspezialist namens Steve Lawes, den ich kannte. Ich bat ihn, an Bord zu kommen und uns zu helfen. An einer Winde wurde er an der Seite des Schiffs herabgelassen. Da beide Schiffe wild von gigantischen Wellen hin- und hergeworfen wurden, bewies Steve große Tapferkeit. Mit perfektem Timing ließ ihn das Betankungsschiff auf unser Deck gleiten. Er löste den Gürtel, bevor er mit der nächsten Welle wieder in die Luft gerissen wurde. Steve ging mit Eckie in den Maschinenraum. Dort war eine kleine Ecke in dem wenigen Platz neben den Motoren. Hier entleerten sie die Tanks und füllten sie noch einmal. Ich ging zu ihnen hinunter, aber für eine dritte Person war dort kein Platz mehr.

Ich mußte Steve nicht anflehen, bei uns zu bleiben.

»Ich bleibe einfach aus Spaß an der Freud'«, sagte er mit ölbeschmiertem Gesicht.

Plötzlich hatte ich das Gefühl, daß wir doch noch eine Chance haben könnten.

»Im Benzin ist immer noch Wasser«, sagte Eckie. »Aber wir können es im Fahren herausfiltern. Wir müssen das alle paar Stunden machen.«

Ich kletterte wieder an Deck und sah ausgerechnet Chay mit grünem Gesicht über der Reling hängen. Ich zupfte ihn an der Schulter.

»Steve bleibt bei uns«, schrie ich ihm ins Ohr. »Wir können unsere Fahrt fortsetzen.«

»Es ist vorbei, Richard«, brüllte Chay zurück. »Begreif' es endlich. Das Schiff ist hinüber.«

»Wir müssen weiterfahren«, beharrte ich.

Einen Moment lang starrten wir uns aneinandergeklammert wie zwei alte Saufbrüder in die Augen. In unseren Bärten hing Erbrochenes; unsere Augen waren rot und blutunterlaufen vom Salzwasser und den Benzindämpfen; wir waren leichenblaß; unsere Hände waren aufgescheuert und blutig. Mit dem nächsten Wellenstoß fielen wir völlig erschöpft gegeneinander. Wir haßten dieses Schiff, diese Reise, das Meer. Wir haßten das Wetter, und in jenem Augenblick haßten wir uns auch gegenseitig.

»Wir müssen weiterfahren und es schaffen«, wiederholte ich wie ein Wahnsinniger. »Wir müssen einfach. Es ist der einzige Weg. Was schlägst du vor? Daß wir uns abschleppen lassen?«

»Mein Gott, du bist noch schlimmer als ich«, sagte Chay. »In Ordnung. Ein letzter Versuch.«

Ich umarmte ihn, und wir fielen beide gegen die Reling.

»Okay!«, brüllte Chay der Mannschaft zu. »Leinen los!«

Wir nahmen wieder unsere ganze Kraft zusammen und legten vom Betankungsschiff ab. Dank der Feineinstellungen von Eckie und Steve fingen sich die Motoren wieder. Sie stotterten und konnten leicht wieder ausfallen, aber zumindest arbeiteten sie jetzt und wir mußten nicht unsere Paddel hervorholen. Wir winkten dem Esso-Schiff zu und fuhren in das graue Licht hinaus. Als wir die Benzindämpfe hinter uns ließen, fühlten wir uns alle besser, aber wir waren völlig entkräftet. Ich fühlte mich, als hätte mir ein Preisboxer zahlreiche Magenschwinger verpaßt. Alle zogen wir uns in unsere eigene Welt zurück. Ich sagte mir immer wieder, daß wir weiterfahren müßten. Wir mußten nicht nur mit dem Wetter und dem Kraftstoff kämpfen, sondern auch gegen unsere Ermüdung und den eigenen Zusammenbruch. Alle vier Stunden waren die Benzinfilter so verstopft, daß sie ausgewechselt werden mußten. Wir stoppten die Motoren, Steve und Eckie tauschten die Filter aus, und wir fuhren weiter. Im Laufe der Zeit wurde deutlich, daß wir nicht genügend Filter hatten, um es bis zum letzten Betankungsschiff zu schaffen. Ohne Filter würden die Motoren den Geist aufgeben. Wir würden hilflos auf dem Meer treiben. Ich hatte Kontakt zu einem vorbeifliegenden Militärflugzeug, das uns unter seine Fittiche genommen hatte. Auf der Suche nach U-Booten fliegen Maschinen vom Typ Nimrod Stunde um Stunde über den Atlantik. Wir waren für sie eine willkommene Abwechslung. Der Pilot schlug vor, daß eine zweite Nimrod eine Ladung Filter für uns abwerfen könnte. Er müsse dazu allerdings erst die Zustimmung der obersten Befehlshaber einholen. Ich funkte Tim Powell im Kontrollzentrum im Virgin Megastore in der Oxford Street an.

»Tim, wir brauchen Hilfe. Benzinfilter müssen auf unser Schiff abgeworfen werden. Die Nimrod hat uns ihre Unterstützung angeboten, braucht aber eine Genehmigung – von ganz oben.«

Binnen einer Stunde hatte Tim mit den richtigen Leuten in der Downing Street gesprochen, und eine Nimrod der britischen Luftwaffe flog mit den Filtern von Southhampton in unsere Richtung. Wir hörten das riesige Flugzeug nicht kommen. Urplötzlich stieß es direkt aus einer grauen Wolke auf uns herab. Obwohl die Sonne von den Wolken verdeckt war, schien es einen Schatten über uns zu werfen. Das Donnern der Nimrod erschütterte unser Boot. Ein kleines, an einer Boje befestigtes Faß wurde abgeworfen. Wir tanzten und jubelten vor Freude. Chay verlangsamte die Motoren und hielt auf den kleinen roten Fleck zu. Steve fing das Stahlfaß mit einem langen Haken ein; wir hievten es an Bord. Auf den Filtern lagen einige Schokoriegel und eine handschriftliche Botschaft: »Viel Glück!«

Wir dankten dem Piloten per Funk.

»Ich habe eine Fernseh-Crew an Bord«, sagte er. »Das ganze Land verfolgt Ihre Fahrt voller Spannung. Gute Reise.«

Wir erreichten das dritte Esso-Schiff und brachen dann mit vollen Tanks, etwas Irish Stew im Magen (unserer ersten warmen Mahlzeit seit zwei Tagen) und zunehmender Entschlossenheit zur letzten Etappe unserer Atlantiküberquerung auf. Unseren Berechnungen zufolge mußten wir während der letzten zwölf Stunden eine Durchschnittsgeschwindigkeit von 39 oder 40 Knoten halten, wenn wir den Rekord brechen wollten. Bei Berücksichtigung des Zustands unserer Motoren war es ein sehr knappes Rennen. Wir bahnten uns unseren Weg durch hohe Wellen und konnten drei Stunden lang nur

30 Knoten fahren. Dann kam die Sonne heraus, und die See wurde ruhig. Mit voller Kraft schossen wir wie ein Pfeil über die Wellen in Richtung Scilly-Inseln. An der Stelle, an der unser Boot beim vorherigen Versuch gesunken war, jubelten wir alle. Plötzlich wußten wir, daß wir es schaffen würden. Acht Kilometer vor den Scilly-Inseln begrüßte uns eine Schar Hubschrauber und dann Hunderte von Schiffen jeder Art. Um 19.30 Uhr sausten wir am Leuchtturm Bishop Rock vorbei. Eckie und Steve taumelten aus dem Maschinenraum an Deck. Sie waren die Helden, die drei Tage lang trotz schweren Seegangs in einem heißen, engen Maschinenraum knöcheltief in Öl ausgeharrt hatten, um unsere Motoren am Laufen zu halten. Dag Pike schaltete sein Navigationssystem aus, und wir umarmten uns alle. Wir hatten es geschafft. Unsere Überfahrt hatte insgesamt drei Tage, acht Stunden und 31 Minuten gedauert. Auf einer Strecke von über 4 800 Kilometern hatten wir den vorherigen Rekord um nur zwei Stunden und neun Minuten unterboten.

16
DER GRÖSSTE BALLON DER WELT

1986 bis 1987

»Wie wär's mit etwas Pop nach dem Big Bang?«
1986 drängten alle an die Börse. Die Aktien von British Telecom waren jetzt doppelt soviel wert wie zum Zeitpunkt der Zeichnung. Die Privatisierung von British Gas war ein durchschlagender Erfolg gewesen. Ich werde nie vergessen, wie ich in der City die Schlangen der Interessenten sah, die Virgin-Aktien kaufen wollten. Wir hatten bereits 70 000 schriftliche Zeichnungsanträge per Post erhalten, aber diese Investoren hatten bis zum letzten Tag der Zeichnungsfrist, dem 13. November 1986, gewartet. Ich ging die Schlange entlang und dankte den Leuten für ihr Vertrauen. Einige ihrer Antworten blieben mir im Gedächtnis haften:
»Wir fahren dieses Jahr nicht in Urlaub; wir stecken unsere Ersparnisse in Virgin.«
»Los, Richard, beweis' uns, daß wir recht haben.«
»Wir vertrauen auf Sie, Richard.«
Irgendwann fiel mir auf, daß die Pressephotographen meine Füße ablichteten. Ich verstand nicht, warum. Ein Blick nach unten zeigte mir aber zu meinem Entsetzen, daß ich in der Eile Schuhe ausgewählt hatte, die nicht zusammengehörten. Bei Virgins Börsengang gingen mehr Zeichnungsanträge von Kleinanlegern ein als bei jeder anderen Neuemission, von den großen Privatisierungsprogrammen der Staatsunternehmen einmal abgesehen. Über 100 000 Privatanleger wollten unsere Aktien kaufen. Die britische Post stellte 20 zusätzliche Mitarbeiter ein, um mit den Postbergen fertig zu werden. An jenem Tag hörten wir, daß Human League in den USA auf Platz 1

gestiegen waren. Trotz unserer Euphorie bereitete es uns Sorgen, daß nur wenige institutionelle Anleger Interesse an unserer Emission bekundet hatten. Es war das erste Anzeichen der Schwierigkeiten, die auf dem Börsenparkett auf uns zukommen sollten. 1986 war Virgin eine der führenden britischen Firmen in Privathand. Wir beschäftigten an die 4000 Mitarbeiter. Das zum Juli 1986 endende Geschäftsjahr hatte Virgin Umsätze von 189 Millionen Pfund beschert, ein Anstieg von ca. 60 Prozent im Vergleich zur Vorjahreszahl von 119 Millionen Pfund. Unser Vorsteuergewinn betrug 19 Millionen Pfund, nach 15 Millionen Pfund im Vorjahr. Obwohl wir ein großes Unternehmen waren, hatten wir wenig Expansionsspielraum: Wir konnten entweder unseren ganzen Cash-flow investieren oder aber unsere Bank um einen höheren Kontokorrentkredit bitten. Viele andere britische Unternehmen wurden jetzt an der Börse notiert: Body Shop, TSB, Sock Shop, Our Price, Reuters, Atlantic Computers. Fast jede Woche wagte ein neues Unternehmen den Sprung an die Börse. Es wurde eine Warteschlange eingerichtet, damit die Börsengänge zwischen den gewaltigen Privatisierungsprojekten von British Telecom, British Airways und BP in einer geordneten Reihe vonstatten gingen.

Ein Börsengang war in vielerlei Hinsicht eine attraktive Option: Virgin könnte sich dadurch Kapital für Investitionen in neue Tochtergesellschaften beschaffen; unsere Bilanzrelationen würden sich verbessern, so daß wir weniger von Banken abhängig waren und unsere erweiterte Kapitalbasis gegebenenfalls zur Aufnahme höherer Fremdmittel verwenden konnten. Außerdem könnte ich leicht verkäufliche Aktien als Anreize an Virgin-Mitarbeiter ausgeben. Virgins Profil würde durch diesen Schritt geschärft. Einen Hintergedanken hatte ich auch noch: Zu gegebener Zeit könnte Virgin über seine Aktien ein Übernahmeangebot für Thorn EMI, die größte Plattenfirma des Landes, finanzieren. Don war begeistert von der Aussicht auf eine Emission von Virgin-Aktien und der Vorstellung, an der Spitze eines börsennotierten Unternehmens zu stehen. Trevor und Ken dagegen warnten mich, daß uns dies keinen Spaß machen würde, da der Markt sehr launisch sei und wir unsere Unabhängigkeit deutlich beschneiden würden. Simon sah die Börse als freien

Markt, auf dem er seine Anteile an Virgin verkaufen konnte, wenn er wollte. Alles in allem schob ich die Einwände beiseite und beschloß, diesen Schritt zu wagen. Als vorbereitenden Schritt hatte Trevor im Vorjahr eine private Plazierung wandelbarer Virgin-Vorzugsaktien organisiert. Er wollte ursprünglich 10 Millionen Pfund beschaffen, aber als unsere Absichten bekannt wurden, schloß unsere Emissionsbank Morgan Grenfell letztendlich die Privatemission mit 25 Millionen Pfund ab.

In unserem öffentlichen Zeichnungsangebot wandelten die Finanzinstitute ihre Vorzugsaktien in ca. 15 Prozent Stammaktien um, und wir bestellten junge Aktien im Wert von 30 Millionen Pfund für externe Anleger. Nach dem Börsengang hielt ich 55 Prozent der Virgin-Gruppe. Simons Anteil betrug 9 Prozent; Ken, Don, Trevor, Robert und einige andere Mitarbeiter hielten jeweils 2 Prozent. Der Streubesitz der externen Investoren belief sich auf 34 Prozent. Bei einem Emissionskurs von 1,40 Pfund je Aktie ergab sich eine Marktkapitalisierung von 240 Millionen Pfund für die Virgin Group plc. Natürlich war das nur ein Teil des Konzerns: Virgin Atlantic, Virgin Holidays, Virgin Cargo und die Nachtclubs waren nicht eingeschlossen, weil sie der City zu riskant erschienen. Virgin Group plc gehörte zur gleichen Gruppe, die Coutts nur zwölf Monate zuvor wegen einer Überschreitung unseres Kreditlimits um nur 300 000 Pfund insolvent machen wollte. Ein Teil des Emissionserlöses floß unmittelbar in die Finanzierung von Voyager, der Holdinggesellschaft für die Fluglinie, die wir als Instrument für Investitionen in eine breite Palette anderer Aktivitäten betrachteten.

Unter der Fassade der Stabilität, die eine Börsennotierung angeblich bringen soll, war mein Leben so hektisch wie immer. Mitte der achtziger Jahre, um die Zeit des Börsengangs herum, begann ich, mich selbst ins Rampenlicht zu stellen, um Werbung für Virgin zu machen. Wir hatten nicht den Werbeetat, der British Airways und anderen zur Verfügung stand, aber ich stellte fest, daß die Presse gerne über Virgin schrieb, wenn sie den Namen mit einem Gesicht verbinden konnte. Bei Virgin Music war es darum gegangen, Bands bekannt zu machen, nicht Virgin als Markennamen. Nun aber begann ich erstmals, Unternehmen und Marke durch mein persönliches Auftreten zu promoten. Dadurch wurde mein Name mit der Marke Virgin untrennbar verbunden.

Ich schottete lediglich meine Familie immer von der Presse ab. Ansonsten war ich zu allem bereit, um Virgin ein deutlicheres Profil zu geben: Werbung war ein Schlüssel zu unserem Wachstum. Wenn uns niemand kannte, würde auch niemand mit uns fliegen. Dann würden wir uns auch nicht lange halten können. Wenn es also der Fluglinie half, daß ich mich mit einer alten Pilotenbrille in den Schaum einer gefüllten Badewanne legte, tat ich das gerne.

Eine meiner größten Niederlagen in der Presse war die Mitarbeit an einem vom britischen Arbeitsministerium konzipierten Programm zur Beschaffung von Arbeitsplätzen. Es hieß »UK 2000«. Der damalige Umweltminister Kenneth Baker fragte mich, ob ich bei diesem Projekt den Vorsitz übernehmen wolle. Ich willigte unter der Bedingung ein, daß die Regierung Finanzmittel ohne Auflagen bereitstellte, damit meine Mitarbeit möglichst als unpolitische Tätigkeit betrachtet werden konnte. Die Zahl der Arbeitslosen bewegte sich auf die 4-Millionen-Marke zu, und dies schien eine gute Möglichkeit zu sein, sie zu verringern.

Hinter UK 2000 stand der Gedanke, daß die Umwelt profitieren könne, wenn mehr Stellen für Arbeitslose geschaffen würden. Die Bandbreite reichte von der Säuberung der Innenstädte über den Bau von Spielplätzen, die Reinigung von Kanälen, die Sanierung von Fußwegen, Altlastenbeseitigung auf alten Industriestandorten bis hin zum Pflanzen von Bäumen. Ich kontaktierte viele gemeinnützige Verbände wie Friends of the Earth und Groundwork, die sich bereit erklärten, bei einigen der Projekte die Aufsicht zu übernehmen, und selbst Aktivitäten vorschlugen, für die ihnen die nötigen finanziellen und personellen Ressourcen fehlten.

Ich dachte noch darüber nach, ob ich diese Rolle übernehmen sollte oder nicht, als ich übers Wochenende zu den Scilly-Inseln fuhr, um den Einheimischen für ihre Gastfreundschaft nach der Atlantiküberquerung zu danken. In einem Hubschrauber, dessen Landung einige Aufregung verursachte, traf ein Journalist von der *Sun* ein. Aus irgendeinem Grund trug er einen Besen bei sich.

»Hier, Richard«, sagte er. »Könnten Sie den bitte halten? Wunderbar ...« Er schoß einige Fotos. »Bitte lächeln.«
Ich dachte mir nichts dabei, bis ich am nächsten Tag die Schlagzeile der *Sun* las: »MÜLLKÖNIG«. Von diesem Augenblick an war UK 2000 als eine Kampagne zur Müllbeseitigung gebrandmarkt. So sehr ich diesem Eindruck entgegenzuwirken versuchte, das Bild prägte sich ein. Alle Artikel trivialisierten unsere Arbeit als »Müll sammeln«. Ich verschickte zahllose Briefe an zahllose Redakteure und wies sie auf unsere vielschichtigen Umweltprojekte im ganzen Land hin, aber sie wurden entweder ignoriert oder unter den »Leserbriefen« veröffentlicht, wo sie bestimmt niemand las. Zufälligerweise ging es in keinem unserer Projekte um die Müllbeseitigung, da man uns darum nicht gebeten hatte. Wir sollten sinnvolle Arbeit finden, die auch Ausbildungsmaßnahmen beinhaltete und letztendlich zu Vollzeitbeschäftigung führte. Müll aufzuklauben – so lobenswert dies auch sein mag – gehörte nicht zu unseren Aufgaben. Ich arbeitete drei Jahre lang für UK 2000, doch standen wir auf verlorenem Posten. Die Arbeitsmoral aller Beteiligten begann zu leiden, da wir immer verächtlich als Lumpensammler bezeichnet wurden, ganz gleich, was wir taten. Obwohl Jonathon Porrit und andere damals führende Ökologen mitwirkten, hielt die breite Masse das Ganze für eine Schnapsidee. Das war sehr bedauerlich, denn dieses Programm hätte weitaus mehr Arbeitsplätze schaffen können, und die Lebensqualität in Großbritannien wäre dadurch gestiegen.

Abgesehen von der Enttäuschung mit UK 2000 klappte alles wie am Schnürchen. Das ganze Land schien unseren Versuch der schnellsten Atlantiküberquerung genossen zu haben. Frau Thatcher wollte unser Boot sehen. Ich schlug eine Fahrt auf der Themse vor. Es gelang uns, eine Erlaubnis zur Überschreitung der Geschwindigkeitsgrenze von acht Kilometern zu erwirken. Die Tower Bridge öffnete sich, um die *Atlantic Challenger* vorbeisausen zu lassen. Wir holten Frau Thatcher ab und drehten mit Bob Geldof und Sting eine Ehrenrunde zum Parlament und zurück, während andere Boote auf der Themse ihr Horn ertönen ließen und die Feuerwehrschiffe uns zum Gruß große Wasserfontänen in die Luft pumpten. Die »Eiserne Lady« stand neben mir an Deck und ließ sich den Wind um die Ohren wehen.

»Ich muß zugeben«, sagte sie, als wir immer schneller den Fluß hinauffuhren, »daß ich Geschwindigkeit liebe. Ich liebe schnelle Boote.«

Ich blickte zu ihr hinüber. Es machte ihr tatsächlich Spaß. Ihr Profil durchschnitt den Wind wie eine Gallionsfigur. Aus ihrer Frisur hatte sich keine einzige Strähne gelöst. Auf dem Gipfel dieser Welle (allerlei merkwürdige Umfragen kürten mich abwechselnd zum best- und schlechtgekleideten Mann Großbritanniens und Virgin zum beliebtesten Unternehmen des Landes) glaubte ich, daß wir uns alles erlauben konnten. Kein Tag verging, an dem ich nicht um ein Zeitungsinterview, die Eröffnung eines Einkaufszentrums oder Reden an einer Wirtschaftsfakultät gebeten wurde. Eines Tages (ich stolzierte vermutlich recht aufgeblasen herum und kam mir sehr wichtig vor) sprang ich in ein Taxi.

»Wohin, Chef?« fragte der Fahrer.

»Billingsgate, bitte«, sagte ich.

Als wir losfuhren, sah er mich verwundert im Spiegel an, als kenne er mich von irgendwoher. »Geben Sie mir einen Tip.«

»Gern«, erwiderte ich bescheiden. »Eine Plattenfirma, eine Fluggesellschaft, das Heaven, Plattenläden...«

»Nein«, sagte der Taxifahrer. »Geben Sie mir einen Tip.«

»Die Atlantiküberquerung«, fuhr ich fort. »Die Sex Pistols, Boy George, Phil Collins...«

»Entschuldigen Sie bitte, Sir«, unterbrach mich der Fahrer völlig verwirrt. »Ich versteh' nicht, was Sie da faseln. Geben Sie mir 'n Tip, wie ich am besten nach Billingsgate komme.«

Ein andermal, als ich praktisch die ganze Nacht hindurch an einem Problem mit der Fluggesellschaft gearbeitet hatte, mußte ich frühmorgens im Taxi zu einem Termin fahren. Nachdem ich mich gleichzeitig von meiner Familie verabschiedet, meine Papiere zusammengesucht und einen letzten Telefonanruf erledigt hatte, war ich wie üblich etwas spät dran. Ich ließ mich auf den Rücksitz des Taxis fallen und freute mich darauf, Zeitung zu lesen und mich geistig auf die Sitzung vorzubereiten.

»Wow!« sagte der Taxifahrer. »Sie kenn' ich. Sie sind doch dieser Dick Branson. Sie haben eine Plattenfirma.«

»Ja, das stimmt«, gab ich zu.

»Wenn das man nich' mein Glückstag ist!« fuhr der Taxifahrer fort. »Herr Branson höchstpersönlich sitzt in meinem Taxi. Nun, ich bin Taxifahrer – is' ja nicht zu übersehen, was? Aber wissen Sie was? Ich bin auch Musiker. Wirklich. Drummer in 'ner Band.«

»Super«, sagte ich ohne jede Begeisterung. Ich war müde und hoffte, er würde den Mund halten, damit ich mich wieder meiner Zeitung zuwenden konnte.

»Kann ich Ihnen meine Demokassette vorspielen? Wissen Sie, das könnt' mein Glückstag sein, und vielleicht auch der Ihre. Sie könnten 'n Vermögen an mir verdienen.«

»Das wäre schön«, sagte ich.

»Ne, Sie seh'n ein klein wenig müde aus.« Er blinzelte in den Spiegel. »Sie hör'n das wohl die ganze Zeit.«

»Nein, bitte legen Sie das Band ein.«

»Ne, Sie sehen zu müde aus. Aber ich sag Ihnen was: Meine Mum wohnt hier gleich ums Eck. Würde es Ihnen 'was ausmachen, wenn wir bei ihr vorbeifahren und 'ne Tasse Tee trinken?«

»Ich muß eigentlich ins Fernsehstudio«, sagte ich mit einem flauen Gefühl im Magen.

»Sie würde Sie so gerne kennenlernen. Das wär ganz 'was Besonderes für sie«, sagte er. »Nur ein kleines Täschen Tee.«

»Einverstanden.« Ich fand mich damit ab, daß ich viel zu spät kommen würde.

Das Taxi bog in eine Seitenstraße ein.

»Wissen Sie was«, sagte der Taxifahrer. »Ich leg jetzt doch mein Band ein. Nur damit Sie's gehört haben.«

Als das Taxi vor einem kleinen Haus hielt, begann das Band mit einem bekannten Trommelwirbel. Über die Lautsprecher kamen die Worte: »I can feel it, coming in the air tonight...«

Der Taxifahrer öffnete mir die Tür. Es war Phil Collins.

Ich hatte kurz zuvor in einem Interview gesagt, ich könne mir zwar die Namen der Rockstars nicht besonders gut merken, aber ein Gesicht würde ich immer erkennen: das von Phil Collins.

Obwohl die Aktienemission 30 Millionen Pfund in unsere Kassen brachte, konnte ich mich bald des Gefühls nicht erwehren, daß wir die falsche Entscheidung getroffen hatten. Einige Wochen nach unserem Börsengang im November wurde Roger Seelig, unser Investmentbanker bei Morgan Grenfell, wegen der Rolle, die er im Januar in der Übernahme von Distillers durch Guinness gespielt hatte, Gegenstand einer Untersuchung des britischen Handels- und Industrieministeriums. Roger gab seine Stelle bei Morgan Grenfell auf. Obwohl die Ermittlungen gegen ihn später eingestellt wurden, war seine Karriere ruiniert. Ohne ihn begann mein Vertrauen in die Finanzwelt und ihre gnadenlosen Forderungen zu schwinden.

Erstens bestand die City darauf, daß Virgin einige nicht geschäftsführende Direktoren ernannte. Sir Phil Harris wurde empfohlen. Er war ein Selfmademan, der mit dem Verkauf von Teppichen ein Vermögen verdient hatte. Wir wählten ferner den ehemaligen Finanzleiter von Unilever und angesehenen Bankier Cob Stenham. Mit der Förmlichkeit der Finanzwelt kam ich schlecht zurecht. Ich war es gewöhnt, mit Simon und Ken zu diskutieren, wen wir unter Vertrag nehmen wollten, und alles weitere ihnen zu überlassen. Vorstandssitzungen bei Virgin waren stets sehr informell gewesen. Wir trafen uns auf der *Duende* oder in meinem Haus in Oxford Gardens oder bei einem gemeinsamen Wochenende. Ich mußte feststellen, daß sich unser Geschäft nur schlecht mit einem starren Sitzungskalender vereinbaren ließ. Wir mußten spontan rasche Entscheidungen treffen. Wenn wir vier Wochen bis zur nächsten Vorstandssitzung warten mußten, bevor Simon die Erlaubnis erhielt, UB40 unter Vertrag zu nehmen, würden wir sie vermutlich ganz verlieren. Ich hatte auch einige Auseinandersetzungen mit Don – vor allem wegen der Dividenden. Als Anhänger der amerikanischen oder japanischen Tradition – Reinvestitionen der Gewinne zur Expansion des Unternehmens und zur Steigerung des Aktienwertes – sah ich die in Großbritannien üblichen hohen Dividenden als Verlust liquider Mittel, die innerhalb von Virgin besser angelegt wären. Meiner Meinung nach hatten unsere externen Aktionäre uns ihr Geld anvertraut, damit es wachsen könne, nicht, damit wir ihnen 5 Prozent davon wieder auf einem Silbertablett servierten und ihnen das Finanzamt auf der Stelle 40 Prozent davon abknöpfte.

Das mag kleinlich klingen, ist aber ein Beispiel für die allgemeinen

Einschränkungen der Steuermöglichkeiten, die ich erlebte. Die meisten Menschen glauben, mit einem Anteil von 50 Prozent an einem börsennotierten Unternehmen hätte man die Zügel in der Hand. Theoretisch ist das schon richtig, doch verliert man bereits einen Teil seiner Einflußmöglichkeiten, wenn man nicht geschäftsführende Direktoren ernennen oder ganz allgemein seine Zeit dafür opfern muß, die Finanzwelt zufrieden zu stellen. Vorher hatte ich stets Vertrauen in unsere Entscheidungen. Nun aber, als Virgin an der Börse gehandelt wurde, begann ich, mein Selbstvertrauen zu verlieren. Bei den raschen Entscheidungen, die ich immer getroffen hatte, machte ich mir jetzt plötzlich Gedanken, ob sie offiziell bei einer Vorstandssitzung ratifiziert und protokolliert werden mußten. In vielerlei Hinsicht war 1987 – das Jahr unserer Börsennotierung – weniger kreativ als alle anderen. Wir verbrachten die Hälfte unserer Zeit in der City, um Fondsmanagern, Finanzberatern und PR-Firmen zu erklären, was wir taten, anstatt es einfach zu tun. Ich fühlte außerdem eine große Verantwortung den Menschen gegenüber, die in Virgin-Aktien investiert hatten. Phil Collins, Mike Oldfield und Bryan Ferry hatten Aktien gekauft; Peter und Keris, meine Nachbarn und engen Freunde in Mill End, hatten einen Teil ihrer Ersparnisse in unser Unternehmen gesteckt, ebenso wie meine Familie, meine Cousins und viele Menschen, die ich in verschiedenen Phasen meines Lebens kennengelernt hatte. Trevor Abbot hatte sich für den Aktienkauf 250 000 Pfund von mir geliehen. Obwohl er die Zahlen noch besser kannte als ich, fühlte ich mich bei einem Kursrückgang auch ihm gegenüber in der Schuld.

Das alles hätte mir nichts ausgemacht, wenn die Analysten mit ihrer negativen Einschätzung der Leistung von Virgin oder der Kompetenz der Geschäftsleitung recht gehabt hätten. Mich brachte jedoch fürchterlich auf die Palme, daß die Finanzexperten die Funktionsweise von Virgin mit großer Beharrlichkeit übermäßig vereinfacht darstellten, ganz gleich, wie oft Simon, Ken oder ich ihnen erklärten, daß über 30 Prozent unserer Einnahmen aus dem Archiv stammten und daß dieser Strom auch nicht versiegen würde, wenn wir keine einzige Schallplatte mehr veröffentlichen, oder daß 40 Prozent unserer Gewinne in Frankreich von französischen Sängern stammten und nicht von Boy George oder Phil Collins, so daß wir einen stetigen, lokalen Umsatz nachweisen konnten. Die Analysten gingen trotzdem davon aus, daß Virgin hundertprozentig von mir und Boy George abhing. Simon und Ken nahmen Plattenaufnahmen zu Analystentreffen mit und spielten dort UB40, Human League und Simple Minds, aber die Wertpapierspezialisten waren davon wenig beeindruckt. Schon bald rutschte die zu einem Kurs von 140 Pence eingeführte Virgin-Aktie auf 120 Pence. Das Vertrauen, das die Leute in der Schlange und die Virgin-Künstler und -Mitarbeiter mir entgegengebracht hatten, indem sie ihr eigenes Geld für den Kauf von Virgin-Aktien aufs Spiel gesetzt hatten, begann mich zu überwältigen. Im Laufe des Jahres 1987 erholte sich der Aktienkurs wieder auf 140 Pence, schnellte aber niemals richtig in die Höhe. Wir verwendeten den Emissionserlös für zwei Investitionen: Erstens gründeten wir, eine richtige Virgin-Tochtergesellschaft in den USA; zweitens begannen wir, ein Übernahmeangebot für Thorn EMI aufzusetzen. Virgin Records America Inc. war nicht billig. Wir waren bereits aus Schaden klug geworden und investierten diesmal massiv. 1987 gelangen uns in Amerika vier Top-20-Singles und ein Goldenes Album. Obwohl Virgin America 1987 noch rote Zahlen schrieb, war es eine langfristige Investition. Wir waren sicher, daß wir dort auf lange Sicht mit unserer eigenen Plattenfirma weitaus mehr Geld verdienen konnten als durch die Vergabe von Lizenzen für unsere besten Künstler an amerikanische Unternehmen.

Bei der zweiten Herausforderung – der Übernahme von Thorn EMI – mußten wir vorsichtig agieren. Wir hielten EMI für ein recht verschlafenes Plattenlabel, dessen unglaubliches Archiv, zu dem unter anderem die Beatles gehörten, gewinnbringender genutzt werden könnte. Die Thorn-EMI-Gruppe war mit einer Bewertung von ungefähr 750 Millionen Pfund dreimal so groß wie Virgin. Ich kam zu dem Schluß, daß ich am besten den Geschäftsführer von Thorn EMI, Sir Colin Southgate, freundlich, aber direkt fragen sollte, ob er uns EMI Musik verkaufen wolle.

»Sollen wir mitkommen?« fragten mich Simon und Ken.

»Das würde ihn vielleicht einschüchtern«, sagte ich. »Ich werde mit ihm unter vier Augen sprechen und ihn dann fragen, ob er sich gerne mit uns allen treffen würde.«

Ich vereinbarte ein Treffen mit Sir Colin in seinem Büro am Manchester Square. Man führte mich in einen Konferenzraum in den obersten Stock. Schweigen schlug mir entgegen. Mindestens zwanzig ernste Gesichter blickten mich an. Sie waren Schulter an Schulter über Nadelstreifenanzügen an einer Seite des Tischs aufgereiht und bildeten einen undurchdringlichen Wall. Sir Colin schüttelte mir die Hand und warf einen prüfenden Blick über meine Schulter, um zu sehen, wen ich noch mitgebracht hatte.

»Ich bin allein«, sagte ich. »Wo soll ich sitzen?«

Eine Seite des langen, glänzenden Mahagonietisches war leer. Jemand hatte zehn oder fünfzehn Notizblöcke und frisch gespitzte Bleistifte dort verteilt. Ich setzte mich und blickte in das Meer der Gesichter auf der anderen Seite.

»Darf ich vorstellen?«, begann Sir Colin. Er ratterte die Namen von Bankern, Rechtsanwälten, Wirtschaftsprüfern und Unternehmensberatern herunter.

»Ich bin Richard Branson.« Ich lachte nervös. »Ich bin hier, weil ich mich fragte, ob Sie vielleicht ... vielleicht ...« Ich brach ab. Auf der anderen Seite des Tischs reckten sich die Hälse. »... vielleicht Ihre Tochtergesellschaft EMI verkaufen wollen. Thorn EMI ist ein so großer Konzern, und EMI Music hat da vielleicht nicht oberste Priorität. Sie haben so viel anderes zu tun. Das ist alles.«

Es war totenstill im Raum.

»Wir sind sehr zufrieden mit EMI«, sagte Sir Colin. »Wir tun alles, um es zu einem führenden Mitglied der Thorn EMI-Gruppe zu machen.«

»Na dann«, sagte ich. »Ich dachte, es wäre vielleicht einen Versuch wert.«

Damit stand ich auf und verließ den Raum. Ich fuhr auf der Stelle nach Vernon Yard zu Simon und Ken.

»Sie meinen es ernst«, erklärte ich. »Sie pfeifen aus dem letzten Loch. Sie dachten, ich wolle ihnen ein Übernahmeangebot unterbreiten und standen praktisch Gewehr bei Fuß. Wenn sich Sir Colin solche Sorgen macht, daß er so schwere Geschütze auffährt, sind sie eindeutig wehrlos. Ich denke, wir sollten es versuchen.«

Simon und Ken pflichteten mir bei. Trevor arrangierte ein Treffen mit der Investmentbank Samuel Montagu, die uns die Immobiliengruppe Mountleigh vorstellte und vorschlug, wir sollten ein Angebot machen. Da uns Sir Colin EMI nicht alleine verkaufen wollte, könnten wir zusammen mit Mountleigh ein Angebot für den gesamten Konzern unterbreiten und ihn dann aufteilen: Mountleigh würde die landesweite Kette von Fernsehmietgeschäften übernehmen; wir bekämen EMI Music. Wir wußten, daß unsere Gewinne im ersten Jahr an der Börse sich auf mehr als 30 Millionen Pfund verdoppeln würden (trotz der Anlaufkosten in den USA). Daher planten wir, unser Angebot für Thorn EMI bei der Veröffentlichung dieser Ergebnisse im Oktober bekanntzugeben. Im Laufe des Sommers handelte Trevor mit der Bank of Nova Scotia einen Kredit über 100 Millionen Pfund aus. Wir begannen, als Ausgangsbasis Schritt für Schritt zu einem Kurs von 7 Dollar Thorn-EMI-Aktien zu kaufen. Als dann die Aktienkurse in den Sommermonaten immer höher stiegen und Gerüchte über Thorn EMI als potentielles Übernahmeprojekt die Runde machten, begann ich mich zu sorgen, ob es nicht zu spät wäre, wenn wir bis Oktober warteten. Mir waren jedoch die Hände gebunden, denn ich war entschlossen, mich auf eine Herausforderung einzulassen, von der viele glaubten, daß sie tödlich für mich enden würde. Sie war so überwältigend und kühn wie das größte Risiko im Geschäftsleben. Per Lindstrand und ich wollten in einem Heißluftballon den Atlantik überqueren. Bis ich wohlbehalten zurückkehrte, würde niemand den Gedanken sonderlich ernst nehmen, daß Virgin es auf Thorn EMI abgesehen hatte.

Das Ganze ging zurück auf einen Anruf an meinem ersten Arbeitstag nach der Atlantiküberquerung mit der *Atlantic Challenger II*.

»Ein Mann namens Per Lindstrand ist am Apparat«, sagte Penni. »Er sagt, er habe einen unglaublichen Vorschlag.«

Ich griff zum Hörer.

»Wenn Sie glauben, eine Atlantiküberquerung im Boot sei eindrucksvoll«, sagte eine gestelzte Stimme mit schwedischem Akzent, »täuschen Sie sich. Ich will den größten Heißluftballon der Welt bauen und damit im Jet-Stream auf 10 000 Meter Höhe fahren. Ich glaube, daß ich damit den Atlantik überqueren kann.«

Ich hatte andeutungsweise von Per Lindstrand gehört. Er war einer der weltweit führenden Experten der Ballonfahrt und hatte einige Rekorde errungen. Unter anderem hatte er die größte Höhe in einem Ballon erreicht. Per erklärte mir, daß noch niemand in einem Heißluftballon weiter als 960 Kilometer und länger als 27 Stunden geflogen sei. Um den Atlantik zu überqueren, müßte der Ballon mehr als 4800 Meilen zurücklegen – die fünffache Länge und die dreifache Zeit aller bisherigen Ballonfahrten.

Ein Ballon, der wie die alten Zeppeline mit Helium gefüllt ist, kann mehrere Tage in der Luft bleiben. Ein Heißluftballon funktioniert so: Die heiße Luft in der Hülle steigt gegenüber der kalten Umgebungsluft und trägt den Ballon in die Höhe. Durch die Hülle geht aber rasch Wärme verloren, daher heizen Ballonfahrer die Luft mit Propangas auf. Bis zu Pers geplantem Flug stand das ungeheure Gewicht des benötigten Kraftstoffs der Überwindung längerer Distanzen im Wege. Per glaubte, wir könnten den Flugrekord durch Umsetzung von drei Theorien brechen. Erstens sollte der Ballon auf eine Höhe von ca. 10000 Meter steigen und in den schnellen Winden des Jet-Streams fliegen, die Geschwindigkeiten von bis zu 320 Kilometer in der Stunde erreichen können. Dies galt bislang als unmöglich, da man annahm, daß ihre Stärke und Turbulenzen jeden Ballon zerfetzen würden. Zweitens sollte durch Nutzung von Sonnenenergie zur Erwärmung der Luft tagsüber Kraftstoff gespart werden. Auch das hatte noch niemand ausprobiert. Drittens würden die Fahrer in der Höhe von 10000 Metern in einer Druckkapsel und nicht in dem traditionellen Weidenkorb fliegen. Als ich Pers Vorschlag studierte, bemerkte ich zu meinem Erstaunen, daß dieser riesige, unansehnliche Ballon, in den die Royal Albert Hall hineingepaßt hätte, den Atlantik tatsächlich weitaus schneller überqueren sollte als unser Boot mit seinem 4000-PS-Motor. Per rechnete mit einer Reisedauer von weniger als zwei Tagen bei einer durchschnittlichen Geschwindigkeit von 90 Knoten – verglichen mit weniger als 40 Knoten bei der *Atlantic Challenger*. Das war so, als würde man auf der Überholspur der Autobahn dahinbrausen und aus heiterem Himmel von einer doppelt so schnellen Royal Albert Hall überholt werden.

Nachdem ich mich mit wissenschaftlichen Erkenntnissen und

theoretischen Berechnungen zu Trägheit und Windgeschwindigkeiten beschäftigt hatte, traf ich mich mit Per in meinem Büro.

»Wissenschaft und Theorie werde ich nie verstehen«, sagte ich. »Aber ich werde mitkommen, wenn Sie mir eine einzige Frage beantworten.«

»Selbstverständlich«, sagte Per und rüstete sich für eine hochkomplexe Frage.

»Haben Sie Kinder?«

»Ja, zwei.«

»Gut, dann komme ich mit.« Ich stand auf und schüttelte ihm die Hand. »Aber vielleicht sollte ich vorher besser noch lernen, wie man diese Dinger fliegt.«

Erst später erfuhr ich, daß bereits sieben Menschen versucht hatten, den Atlantik im Ballon zu überqueren, und fünf davon bei diesem Abenteuer umgekommen waren. Per organisierte für mich einen einwöchigen Crashkurs in Spanien. Ich entdeckte, daß Ballonfahren eines der spannendsten Dinge schlechthin ist. Ich war hingerissen von dem Aufstieg, der Ruhe nach dem Ausschalten der Brenner, dem Gefühl des Schwebens und der atemberaubenden Aussicht. Nachdem mich mein Lehrer Robin Batchelor, der aussah wie mein eigenes Double, eine Woche lang angebrüllt hatte, erhielt ich meinen Ballonfahrschein. Ich war bereit. Da der Jet-Stream meist von West nach Ost fließt, suchten wir uns etwa 160 Kilometer landeinwärts im US-Bundesstaat Maine einen Startplatz. Per rechnete aus, daß wir bei Erreichen des Meeres im Jet-Stream und somit außerhalb der Reichweite der Küstenwinde sein würden. Unsere beiden wichtigsten Mentoren waren Tom Barrow, der Leiter des technischen Teams, und Bob Rice, ein erfahrener Meteorologe. Beide waren solche Koryphäen auf ihren jeweiligen Fachgebieten, daß ich ihnen auf Anhieb blindlings vertraute. Über dem Atlantis teilt sich der Jet-Stream: Ein Teil fließt nach Norden in die Arktis, der andere nach Süden zu den Azoren und zurück in die Mitte des Ozeans. Bob Rice erklärte uns, daß der Versuch, den richtigen Kurs zu halten, so sei, als wolle man ein »Kugellager zwischen zwei Magneten herumrollen« lassen. Falls uns der Treibstoff ausging oder der Ballon vereiste, würden wir notwassern müssen. »Rund um die Kapsel befinden sich

Schwimmkragen, die sie über Wasser halten«, sagte Tom Barrow.

»Was passiert, wenn sie nicht funktionieren?« fragte ich.

»Dann bekommen Sie Ihr Geld zurück«, antwortete er. »Besser gesagt bekommen wir das Geld in Ihrem Namen.«

Bei unserem letzten Training am Sugarloaf Mountain in Maine am Tag vor dem Start gab uns Tom allerletzte Ratschläge für den Notfall mit auf den Weg:

»Eine Landung mit diesem Gefährt ähnelt einer Freilauffahrt eines Tanklastzugs ohne Bremsen. Der Aufprall wird schrecklich sein.«

Seine letzte Warnung war besonders aufschlußreich: »Ich kann dieses Projekt immer noch abblasen, wenn ich es für zu gefährlich halte oder wenn bei Ihnen gesundheitliche Probleme auftreten.«

»Beinhaltet das auch die geistige Gesundheit?« witzelte ich.

»Nein«, erwiderte Tom. »Das ist Voraussetzung für den Flug. Wenn Sie nicht vollkommen verrückt sind und keine Todesangst ausstehen, sollten Sie den Ballon gar nicht erst besteigen.«

Todesangst stand ich mit Sicherheit aus.

17
ICH DACHTE, MEIN LETZTES STÜNDLEIN HÄTTE GESCHLAGEN

1987 bis 1988

Am Abend vor dem Start nahmen Per und ich Schlaftabletten. Als wir um 2 Uhr morgens geweckt wurden, konnte man kaum die Hand vor Augen sehen. Am Startplatz überragte jedoch der von Flutlicht angestrahlte Ballon die Bäume. Mit seinen silbernen Flanken und der schwarzen Kuppel zerrte der gigantische, voll aufgeblasene Ballon an den Halteleinen. Wir machten uns Sorgen, daß der Wind auffrischen und ihn umkippen könnte. Daher kletterten wir in die Kapsel, und das Bodenpersonal begann mit den letzten Tests.

In der Kapsel merkten wir nichts von dem Unfall, der uns in die Höhe riß. Eine Halteleine hatte sich um zwei der Propantanks gewickelt und sie in der Aufwärtsbewegung des Ballons abgerissen. Ohne ihr Gewicht schoß der Ballon in die Höhe und zog einige Leinen mit Sandsäcken hinter sich her. Als wir an Höhe gewannen und über die Wälder Maines in Richtung Küste schwebten, kletterte Per hinaus und schnitt die letzten beiden Halteleinen ab. In der Morgendämmerung kamen wir im Jet-Stream mit 85 Knoten (knapp 160 Stundenkilometern) gut voran. Nach zehn Stunden hatten wir über 1 400 Kilometer zurückgelegt und den Langstreckenrekord für Heißluftballons ohne weiteres gebrochen. Bob Rice wies uns per Funk an, daß wir auf alle Fälle in einer Höhe von 9 000 Meter bleiben sollten, da uns dort die schnellen Winde dahintrugen.

In der ersten Nacht trafen wir auf einen Sturm und sanken auf eine ruhigere Höhe, aber es schneite, und wir verloren sofort das Tempo des Jet-Stream.

»Wir müßten wieder da hinauf«, sagte Per. Er schaltete die Brenner ein, und wir stiegen wieder in den Sturm hinein. Der Ballon und die Kapsel wurden hin- und hergeworfen, aber gerade, als wir uns überlegten, ob wir wieder tiefer gehen sollten, ließ der Sturm nach, und wir erreichten eine Geschwindigkeit von 140 Knoten (über 250 Stundenkilometer). Am nächsten Morgen kam die 747 von Virgin, die *Maiden Voyager* und flog einen Achter um uns. Über die Funkverbindung hörte ich die Stimme meiner Mutter:

»Schneller, Richard, schneller! Wir fliegen mit euch um die Wette.«

»Ich tu' mein Bestes, Mum. Bitte danke der Crew und den Passagieren in meinem Namen, daß sie den Umweg gemacht haben, um uns zu begrüßen«, sagte ich. Wir rasten weiter und überquerten die Küste von Irland am Freitag, den 3. Juli, um 14.30 Uhr. Im Vergleich zu unserer Überfahrt im Boot war dies ein Kinderspiel gewesen. Wir waren gerade 29 Stunden in der Luft. Die unglaubliche Geschwindigkeit unseres Flugs führte zu einem unerwarteten Problem: Wir hatten noch drei volle Propantanks an der Kapsel, die bei der Landung durchaus explodieren konnten. Wir beschlossen, ganz dicht an den Boden heranzufliegen und die Tanks auf einem leeren Feld abzuwerfen und dann ein zweites Mal zu einer kontrollierten Landung anzusetzen. Per schaltete die Brenner ab und ließ den Ballon so weit wie möglich sinken, damit wir eine Stelle finden konnten, wo wir die übrigen Tanks sicher abwerfen konnten. Beim Sinkflug wirbelte der Wind plötzlich viel stärker um uns herum als erwartet. Wir rasten auf die Erde zu. Bei 30 Knoten bzw. 55 Stundenkilometern war die Geschwindigkeit über Grund weniger ein Problem als ein plötzlicher Satz nach unten. Wir prallten auf dem Boden auf und hüpften das Feld entlang. All unsere Propantanks und unsere Funkantennen waren beim Aufprall abgerissen worden. Ohne das Gewicht der Tanks wurden wir wieder in die Höhe getragen. Um ein Haar hätten wir ein Haus und einen Strommast in dem kleinen irischen Dorf Limavardy gestreift – auch wenn ich davon nichts bemerkte.

Ohne Kraftstofftanks ließ sich der Ballon überhaupt nicht mehr steuern. Wenn wir keine Luft erwärmen konnten, würden wir nach diesem Steigflug wie ein Fallschirmspringer mit ungeöffnetem Schirm immer schneller und schneller sinken. Wir hatten einen kleinen Reservetank in der Kapsel, und Per verband ihn schnell mit den Brennern.

»Die Kabel haben sich verheddert«, sagte er.

Der Ballon stieg jetzt wie eine Rakete. Der obere Teil der Hülle wurde vom Druck heruntergedrückt, und die Leine in der Mitte des Ballons blieb an etwas hängen. Wir begannen, uns um unsere eigene Achse zu drehen. Der ganze Ballon verzwirbelte sich wie ein Korkenzieher, so daß die untere Öffnung der Hülle geschlossen wurde und es unmöglich war, die Luft im Inneren zu erwärmen. Als wir zu sinken begannen, öffnete ich die Luke der Kapsel, kletterte nach oben und zerschnitt mit einem Messer die verwickelten Kabel.

»Schnell!« schrie Per. »Wir sinken rasch.«

Endlich gelang es mir, das Kabel durchzuschneiden. Der Ballon begann, sich in die andere Richtung zu drehen. Das Loch am unteren Ausgang der Hülle öffnete sich wieder.

»Rein mit dir!« schrie Per.

Ich ließ mich durch die Luke fallen, während er die Brenner voll aufdrehte. Wir waren 100 Meter über dem Boden, aber die Zufuhr heißer Luft ließ den Ballon wieder steigen. Ich tastete an einigen Schaltern herum, doch der Strom war ausgefallen.

»Verdammt«, stieß ich hervor. »Kein Licht, kein Funk, keine Benzinanzeige. Nur der Höhenmesser funktioniert.«

»Laß uns eine Landung am Strand versuchen«, sagte Per. »Auf festem Boden können wir das nicht riskieren.«

Ich zog meine Schwimmweste und meinen Fallschirm an und befestigte das Rettungsfloß an meinem Gürtel. Wir näherten uns der Küste. Per ließ heiße Luft aus dem oberen Teil des Ballons ab. Wieder einmal war der Wind in Bodennähe viel stärker als erwartet, so daß wir aufs Meer hinausgetrieben wurden. Wir flogen in nordwestlicher Richtung. Ohne Funk und Strom waren wir der Gewalt des Windes mehr denn je ausgeliefert.

»Festhalten«, rief Per.

Er ließ mehr Luft ab und verbrannte zwischendurch Propan, um die Geschwindigkeit unseres Sinkflugs durch die dicken grauen Wolken zu verringern. Als wir den Nebel schließlich hinter uns ließen, sah ich direkt unter uns die schäumende See. Wir hatten den Strand verpaßt. Ich erkannte, wie recht Tom Barrows gehabt hatte: Es war tatsächlich so, als versuche man, einen riesigen Tanklaster ohne Bremsen zum Stehen zu bringen. Entsetzt sah ich das Meer auf uns zukommen. Wir prallten aufs Wasser auf. Ich fiel auf Per. Wir hingen in einem merkwürdigen Winkel und konnten nicht aufrecht stehen. Der Ballon begann, uns über die Wasseroberfläche zu ziehen. Wir hüpften von Welle zu Welle.

»Die Bolzen!« brüllte Per.

Er hielt sich am Sitz fest und schwang sich nach oben. Ich versuchte, ihm auf die Beine zu helfen, aber die Kapsel sprang wild auf und ab, und jedesmal, wenn ich nach oben griff, wurde ich zurückgeschlagen. Ich sah, wie Per seine Hand ausstreckte, den roten Hebel packte und herunterzog. Theoretisch sollten die Sprengbolzen die Verbindungskabel zur Hülle kappen, so daß die Kapsel auf dem Wasser schwamm.

Aber nichts rührte sich. Per stieß den Hebel hin und her, aber die Bolzen explodierten nicht.

»Himmel!« schrie Peter. »Sie funktionieren nicht.«

Der Ballon sprang jetzt wie ein gigantischer Volleyball auf der Irischen See herum. Ich wurde wieder seitwärts geschleudert und fiel auf den nach oben zeigenden Rand des Flugdecks.

»Raus!« brüllte mir Per zu. »Richard, wir müssen hier raus.«

Per öffnete mühsam die Luke. Der Ballon wurde einen Moment lang langsamer, als die Kapsel ins Wasser eintauchte. Per stemmte sich nach oben und kletterte durch die Luke. Ich folgte ihm die Sprossen hinauf. Per trug noch seinen Fallschirm. Wir klammerten uns an die Stahltrossen und versuchten, auf der schrägliegenden Kapsel das Gleichgewicht zu halten.

»Wo ist deine Schwimmweste?« schrie ich.

Per schien mich nicht zu hören. Der Wind und das Brausen des Meeres rissen mir die Worte praktisch aus dem Mund. Eine Seite des Ballons pflügte durch das graue Wasser. Er schien nicht langsamer zu werden. Hinter uns bildete sich weißschäumendes Kielwasser. Ein Windstoß ergriff uns und trieb den Ballon in die Höhe. Per sprang von der Kapsel mindestens 30 Meter in das kalte schwarze Wasser. Ich war überzeugt, daß er tot war. Ich zögerte. Dann erkannte ich zu meinem Entsetzen, daß es zu spät war. Ohne Pers Gewicht schoß der Ballon in die Höhe. Ich fiel beinahe rücklings über den Rand der Kapsel, die unter dem Ballon wie ein Pendel hin- und herschwang. Ich duckte mich, klammerte mich krampfhaft an der Reling fest und sah zu, wie die grauen Wellen unter mir sich immer weiter entfernten. Ich stieg rasch. Von Per keine Spur. Da der Ballon jetzt im Wind segelte und nicht mehr durch das Wasser gezogen wurde, war es viel stiller. Mit wachsender Panik sah ich zu, wie ich in dicke Wolken aufstieg. Dann konnte ich nichts mehr sehen. Ich flog jetzt mutterseelenallein im größten Ballon der Welt auf Schottland zu. Der Wind und das Meer unter mir waren eiskalt; ich befand mich inmitten dichter Nebelschwaden. Ich hatte nur noch einen kleinen Nottank. Ich kletterte zurück in die Kapsel. Sie stieg immer weiter. Zu meiner Beruhigung sahen die Bildschirme und Schalter so aus wie bei unserem Flug über den Atlantik. Ich ging meine Optionen durch: Ich konnte mit dem Fallschirm ins Meer abspringen, wo mich wahrscheinlich niemand finden und ich ertrinken würde, oder ich konnte weiter in die zunehmende Dunkelheit hineinfliegen und eine Nachtlandung versuchen, wenn ich das Glück hatte, auf Land zu treffen. Ich griff nach dem Mikrofon, aber das Funkgerät ging immer noch nicht. Ich war völlig von der Außenwelt abgeschnitten.

Die Zahlen auf dem Höhenmesser wurden niedriger. Instinktiv zündete ich das Propangas. Zu meiner Freude stieg eine Flamme in der Hülle auf und stabilisierte den Ballon. Ich hatte angenommen, daß das Meerwasser die Brenner zerstört hatte. Der Ballon begann wieder zu steigen. Da mir das Atmen schwerfiel, setzte ich eine Sauerstoffmaske auf. Ich prüfte den Höhenmesser: 4 000 Meter. Dicke weiße Wolken umgaben mich. Ich hatte keine Ahnung, wo ich mich befand. Ich wußte nur, daß unter mir graue, schäumende Wellen auf mich warteten. Vor seinem Absprung hatte Per gesagt, daß unser Propanvorrat wohl nicht ausreichen würde, um Schottland vor Einbruch der Dunkelheit zu erreichen. Mit dem verbleibenden Nottank konnte ich mich nur noch eine Stunde in der Luft halten. Irgendwann war ich wieder mit der Irischen See konfrontiert.

Was war wohl mit den Sprengbolzen geschehen? Vielleicht hatten sie ein, zwei, drei oder gar vier der Kabel gekappt. Vielleicht hing die

Kapsel nur noch an einer zerfaserten Leine, die kurz davor war zu reißen. Dann würde sie geradewegs ins Meer stürzen, und ich würde beim Aufprall getötet werden. Aus diesem Grund war Per abgesprungen. Die Luke stand noch offen. Ich drehte die Brenner nochmals voll auf, bevor ich wieder auf die Kapsel kletterte, um die Kabel zu überprüfen. Um mich herum herrschte jetzt Totenstille. Ich konnte nicht alle Kabel sehen, ohne mich über die Reling zu lehnen. In den wirbelnden weißen Wolken fühlte ich mich unglaublich einsam. Die Kabel schienen soweit in Ordnung zu sein. Also kletterte ich zurück in die Kapsel. Was ich in den nächsten zehn Minuten tat, würde über Leben oder Tod entscheiden. Wir hatten den Rekord gebrochen, doch würde ich den Flug vermutlich nicht überleben. Ohne Schwimmweste war Per entweder tot oder versuchte, an Land zu schwimmen. Ich mußte ihn bergen lassen. Ich mußte überleben. Ich konzentrierte mich auf meine Optionen. Ich hatte seit über 24 Stunden nicht mehr geschlafen. Ich war wie benebelt. Ich beschloß, den Ballon so weit steigen zu lassen, daß ich mit dem Fallschirm abspringen konnte. Ich drehte die Brenner voll auf. In meinem Notizbuch schrieb ich auf die aufgeschlagene Seite: »Joan, Holly, Sam, ich liebe euch.« Als der Höhenmesser 2 600 Meter anzeigte, stieg ich auf die Kapsel. Ich war ganz allein in der Wolke. Ich kroch zur Reling und warf einen Blick hinunter. Fieberhaft ging ich im Geiste noch meine Möglichkeiten durch. Wenn ich sprang, würde ich vermutlich nur zwei Minuten überleben. Selbst wenn sich mein Fallschirm öffnete, würde ich wahrscheinlich im Meer ertrinken. Ich tastete nach der Reißleine und hoffte, daß es die richtige war. Aufgrund meiner Legasthenie fällt es mir oft schwer, rechts und links zu unterscheiden, vor allem bei Fallschirmen. Beim letzten freien Fall hatte ich die falsche Leine erwischt und meinen Fallschirm abgeworfen. Damals hatten andere Fallschirmspringer meinen Reserveschirm aktiviert. Jetzt aber war ich in 2 600 Meter Höhe auf mich allein gestellt. Ich gab mir selbst Ohrfeigen, um mich besser zu konzentrieren. Es mußte eine bessere Möglichkeit geben.

»Nicht hektisch werden«, ermahnte ich mich laut.

Auf der Kapsel kauernd blickte ich zu dem riesigen Ballon über mir auf. Plötzlich wurde mir bewußt, daß ich unter dem größten

Fallschirm der Welt stand. Wenn ich diesen Ballon nach unten bringen könnte, gelang es mir vielleicht, vor dem Aufprall in allerletzter Minute ins Meer zu springen. Ich wußte, daß der Sprit noch dreißig Minuten reichen würde. Es war besser, noch 30 Minuten zu leben, als sich nach dem Fallschirmabsprung vielleicht nur zwei Minuten halten zu können.

»Solange ich noch am Leben bin, kann ich noch etwas tun«, sagte ich. »Es muß eine Lösung geben.«

Ich kletterte wieder in die Kapsel und nahm den Fallschirm ab. Die Entscheidung war gefallen. Ich würde alles für diese paar zusätzlichen Minuten tun. Ich steckte etwas Schokolade ein und prüfte, ob meine Taschenlampe noch da war. Ich versuchte angestrengt, aus der Kapsel im Nebel unter mir zu erkennen, wann ich die Brenner ausschalten, den Abzug öffnen, die Schalthebel verlassen und vom Dach der Kapsel zu meinem letzten Sprung ansetzen sollte. Ich wußte, daß der letzte Wärmestoß genau so austariert sein mußte, daß der Ballon so langsam wie möglich auf dem Meer aufprallte. Obwohl wir alle Tanks verloren hatten, trug der Ballon immer noch ein Gewicht von fast drei Tonnen. Als sich die Wolken lichteten, sah ich unter mir das graue Meer. Und einen Hubschrauber der britischen Luftwaffe! Ich fuhr die Brenner nochmals hoch, um den Sinkflug zu verlangsamen, und ließ den Ballon dann von allein herabschweben. Ich griff nach einem roten Stoffetzen und kletterte durch die Luke. Auf der Kapsel hockend winkte ich mit dem Stück Stoff dem Hubschrauberpiloten zu. Er winkte recht lässig zurück und schien von meiner Panik gar nichts zu bemerken. Das Wasser kam immer näher. Ich versuchte, die Windrichtung herauszufinden. Das war gar nicht so leicht, denn der Wind schien von allen Seiten zu kommen. Schließlich entschied ich mich für eine Seite und blickte hinunter. Ich war nur 15 Meter von der Wasseroberfläche entfernt, und der Ballon sank immer weiter. Ich überprüfte meine Schwimmweste und hielt mich an der Reling fest. Ohne mein Gewicht würde der Ballon hoffentlich wieder steigen, anstatt mich unter sich zu begraben. Ich wartete, bis ich kurz über der Wasseroberfläche war, bevor ich die Reißleine meiner Rettungsweste zog und in die Fluten sprang. Das Wasser war eiskalt. Ich tauchte tief ein und spürte, wie meine Kopfhaut gefror. Dann zog mich die Schwimmweste wieder an die Oberfläche. Es war ein himmlisches Gefühl: Ich lebte! Ich drehte mich um und beobachtete den Ballon. Ohne mein Gewicht stieg er geräuschlos und verschwand wie ein prächtiges Raumschiff von einem anderen Stern in den Wolken. Der Hubschrauber ließ einen Tragriemen herab. Darin saß ich wie in einer Schaukel, doch jedesmal, wenn der Pilot mich zu heben versuchte, tauchte ich wieder ins Wasser. Ich verstand nicht, was das Problem war, und war zu schwach, um mich länger festzuklammern. Schließlich wurde ich mit einer Winde hochgezogen und in den Hubschrauber gezerrt.

»Sie hätten sich den Riemen unter den Arm klemmen sollen«, sagte eine Stimme mit schottischem Akzent.

»Wo ist Per?« fragte ich. »Haben Sie Per schon geborgen?«

»Ist er denn nicht im Ballon?« fragte der Pilot.

»Haben Sie ihn nicht gefunden? Er ist im Wasser. Seit ich wieder startete. Seit ungefähr 40 Minuten.«

Der Pilot verzog das Gesicht. Er sprach kurz in sein Funkgerät, doch seine Worte waren schwer zu verstehen. Der Hubschrauber drehte sich um die eigene Achse und flog davon.

»Wir bringen Sie zu unserem Boot«, sagte der Pilot.

»Ich will Per suchen«, antwortete ich. »Mir geht es gut.«

Wenn er den Sturz überlebt hatte, würde Per noch immer in der Irischen See schwimmen – oder ertrinken. Es wurde langsam dunkel. Aus der Luft würde nur sein Kopf zu sehen sein. Es war, als würde man in einem grauen, stürmischen Meer nach einem Fußball suchen. Der Pilot beachtete mich nicht. Nach nur zwei Minuten landeten wir auf einem Schiff. Ich wurde an Bord gezogen. Ohne Verschnaufpause startete der Pilot sofort wieder aufs Meer hinaus. Ich wurde übers Deck geführt und in eine heiße Badewanne gesteckt. Dann ging ich auf die Brücke, um mich über den Fortgang der Suche zu informieren. 10, 15, 20 Minuten lang passierte gar nichts. Dann knisterte das Funkgerät.

»Wir haben ihn gefunden«, sagte der Pilot. »Und er schwimmt noch. Er lebt.«

Pers Qualen waren aber noch nicht vorüber. Die Winde, die mich nach oben gezogen hatte, war jetzt verklemmt, so daß ein Schlauchboot zu seiner Rettung herbeigerufen werden mußte. Bei seiner Ankunft war Per dem Tode nah. Er war zwei Stunden lang mit aller Kraft geschwommen, um seinen Kreislauf in Gang zu halten, konnte jedoch kaum gegen die Flut ankämpfen. Er trug keine Schwimmweste. Zum Zeitpunkt seiner Rettung war er völlig erschöpft und halb erfroren. Es war ein Wunder, daß er überhaupt überlebte. Später schrieb er das seinen Kindheitserlebnissen zu. Sein Vater hatte ihn gezwungen, jeden Tag in den eisigen Seen Schwedens zu schwimmen. An Bord des Schiffes fielen wir uns in die Arme. Man hatte Per seine Kleider ausgezogen und ihn in eine Decke gewickelt. Sein Gesicht sah aus wie weißer Marmor. Er war blau vor Kälte, und seine Zähne hörten nicht auf zu klappern. Dennoch waren wir die ersten, die den Atlantik in einem Heißluftballon überquert hatten. Vor allem hatten wir den Flug überlebt. Auch wenn wir beide es kaum fassen konnten.

Im Sommer 1987 kämpfte auch British Caledonian ums Überleben. Das Unternehmen startete eine Anzeigenkampagne mit Geschäftsleuten, die zur Melodie des Beach-Boys-Hits »California Girls« »I wish they could all be Caledonian girls« sangen und viel Aufhebens um die Schottenkaros der Stewardessenuniformen machten. Aber es half nichts: British Caledonian schrieb rote Zahlen. Im August gab die Gesellschaft bekannt, daß sie mit British Airways Bedingungen für eine Übernahme ausgehandelt hatte. Meiner Ansicht nach verletzte diese Fusion eindeutig die Regeln der britischen Kartellbehörden: Die größte Fluggesellschaft des Landes bildete zusammen mit der zweitgrößten ein Unternehmen und erreichte so im Transatlantikverkehr einen Marktanteil von weit über 50 Prozent. Wir legten bei der Monopolies and Mergers Commission Widerspruch ein mit der Begründung, daß die Fusion auf bestimmten Atlantikstrecken den Anteil von British Airways von 45 auf 80 Prozent erhöhte. Die Transaktion wurde trotz alledem im September genehmigt. BA und B-Cal betonten, daß B-Cal unabhängig geführt werde und daß das Kabinenpersonal weiterhin karierte Uniformen tragen werde. Jetzt konnte British Airways seine ganze Aufmerksamkeit darauf lenken, den letzten winzigen inländischen Konkurrenten – Virgin Atlantic – zu verdrängen und so seine Vormachtstellung im

Atlantikverkehr auszubauen. Als die Fusion zwischen BA und B-Cal grünes Licht erhielt, erkannten wir trotz aller Gefahren eine versteckte Chance für uns. Wir hatten bereits die Wertsteigerung unseres ersten Jumbos auf 10 Millionen Pfund genutzt, um eine zweite Maschine zu leasen, mit der wir Miami anflogen. Nun wollten wir weiter expandieren. Im Bermuda-Abkommen, das den internationalen Luftverkehr zwischen Amerika und Großbritannien regelt, gab es eine Klausel, die diese Strecken für zwei britische Anbieter freigab. Außerdem entdeckten unsere Rechtsanwälte, daß im zwischenstaatlichen Abkommen für den Flugverkehr zwischen Großbritannien und Japan zwei britische und zwei japanische Gesellschaften vorgesehen waren. Ohne B-Cal konnte Virgin Atlantic nun ungehindert die Genehmigung für diese Strecken beantragen. Für Virgin Atlantic stellte British Airways' Übernahme von British Caledonian einen Wendepunkt dar – so wie Mike Oldfield und die Sex Pistols einst für Virgin Music. Vor dieser Fusion boten wir nur Flüge nach Miami und zum Newark Airport in der Nähe von New York an. Als zweite britische Langstreckengesellschaft konnte sich Virgin Atlantic nun um die ehemaligen B-Cal-Strecken bewerben, die von der neuen Allianz doppelt bedient wurden. Ganz oben auf unserer Liste stand der Flug zum JFK, dem Hauptflughafen von New York sowie Verbindungen von London nach Los Angeles und Tokio. Weiter unten folgten drei weitere Ziele, die B-Cal bedient hatte: San Francisco, Boston und Hongkong. 1987 hatten wir nur zwei Flugzeuge. Um nach Los Angeles und Tokio fliegen zu können, mußten wir zwei weitere leasen und das Kabinenpersonal mindestens verdoppeln. Während dessen pirschten wir uns auch weiter an Thorn EMI heran. In der letzten Septemberwoche hatte Trevor unseren Kredit über 100 Millionen Pfund bei der Bank of Nova Scotia unter Dach und Fach gebracht. Obwohl die Aktienkurse den ganzen Sommer über gestiegen waren, war Thorn EMI unseres Erachtens nach wie vor unterbewertet. Unbeeindruckt von EMIs Größe begannen wir, mit den 100 Millionen Pfund ab dem 25. September 1987 Aktien zu kaufen, zunächst in Losen von jeweils 100 000 Stück. Wir wollten vor Bekanntgabe des Übernahmeangebots fünf Prozent des Unternehmens aufkaufen. Selbst wenn unser Versuch fehlschlug, wußten wir, daß die 5prozentige Beteiligung auf lange Sicht im Wert steigen würde. Sofort gingen auf dem Markt Übernahmegerüchte um. An manchen Tagen kauften wir 250 000 Aktien für 1,75 Millionen Pfund; an anderen mußten wir für die gleiche Anzahl 5 Millionen Pfund hinblättern. Wir heizten die Spekulation an und sorgten für hohe Börsenumsätze, damit die Übernahmegerüchte nicht verstummten. In der zweiten Oktoberwoche hatten wir 30 Millionen Pfund für Thorn-EMI-Aktien ausgegeben. In der Nacht vom 15. Oktober 1987 wurde Großbritannien von einem Wirbelsturm heimgesucht. Ich erinnere mich, daß die Straßen auf meinem Weg von Oxford Gardens zur *Duende* von einem grünen Blätterteppich bedeckt waren. Da infolge des Sturms nur wenige den Weg zur Arbeit schafften, war die Londoner Börse am Freitag geschlossen. In den USA hingegen hatten die Aktienverkäufe, die am Mittwoch begonnen hatten, panikartige Ausmaße angenommen. Verwundert sah ich am Freitagabend zu, wie der Dow-Jones-Index um 95 Zähler fiel – damals der größte Einbruch, der je an einem Tag verzeichnet wurde. London und die übrigen Finanzmärkte bekamen die vollen Auswirkungen des Crashs erst am Montag zu spüren. Die Sonntagszeitungen waren voll von optimistischen Äußerungen und ermutigten ihre Leser sogar, möglichst viele BP-Aktien zu kaufen. Am Montag purzelten die Kurse am australischen Markt, der zuerst eröffnete, um 20 Prozent. Dann brach Tokio um 1 500 Zähler ein. Ich dachte, dies wäre eine gute Gelegenheit, um mehr Thorn-EMI-Aktien zu kaufen, und gab unserem Broker einen Kaufauftrag im Wert von 5 Millionen Pfund. Ich wollte als erster zum Zuge kommen und machte mir Sorgen, daß mir jemand zuvorgekommen sein könnte. Meine Besorgnis erwies sich als unbegründet. Die meisten konnten wohl ihr Glück kaum fassen, daß es in diesem Markt einen Käufer gab. Der Broker hatte meine Order nach 20 Sekunden ausgeführt und fragte, ob ich noch mehr kaufen wollte.

»Davon sind noch jede Menge zu haben«, meinte er.

Endlich kam auch bei mir Krisenstimmung auf. Ich zögerte. Noch während ich nachdachte, fiel der Londoner Aktienmarkt um 100 Punkte, dann um weitere 100 Punkte, dann nochmals um 50 Punkte. Am Ende des Tages summierte sich das auf 250 Zähler. Am gleichen

Nachmittag verlor der Dow Jones weitere 500 Punkte. In nur drei Tagen verloren die internationalen Aktienmärkte rund ein Viertel ihres Werts.

Trevor und ich zogen Bilanz. Mein unmittelbarer Schaden war die Tatsache, daß sich der Kurs der Virgin-Aktie von 160 Pence auf 90 Pence beinahe halbiert hatte. Berechnungen zufolge hatten meine Aktien fast 41 Millionen Pfund an Wert eingebüßt. In Wahrheit war die Sache aber viel schlimmer. Der Kurs von Thorn EMI war um über 20 Prozent von 7,30 auf 5,80 Pfund gefallen, so daß unsere Beteiligung nur noch 18 Millionen Pfund wert war.

Die Bank of Nova Scotia war nicht begeistert. Angesichts des Kursverfalls verlangte sie eine sofortige Barzahlung in Höhe von 5 Millionen Pfund. Seltsamerweise war ich immer noch optimistisch in bezug auf den Kauf von Thorn EMI. Der Kursverfall der Virgin plc machte mir nichts aus, da ich ohnehin nicht plante, meine Beteiligung zu verkaufen, und davon überzeugt war, daß unsere Aktie extrem unterbewertet war. Da ich mich mehr auf die Gewinne und den Cash-flow von EMI konzentrierte, sah ich den Börsencrash als glänzende Gelegenheit zur Übernahme der Firma. Mountleigh aber spielte der Kurseinbruch übel mit: Sein Aktienkurs sank um 60 Prozent, und es konnte keine weiteren Kredite für den Kauf von Thorn-EMI-Aktien – oder andere Vorhaben – mehr aufnehmen.

In jener Woche hatte ich eine heftige Auseinandersetzung mit den beiden nicht geschäftsführenden Direktoren, die wir nach unserem Börsengang als Repräsentanten der externen Anleger ins Haus geholt hatten. Sir Phil Harris und Cob Stenham wehrten sich vehement gegen die Fortsetzung der Belagerung von Thorn EMI und die Bekanntgabe des Übernahmeangebots bei der Ergebnisvorstellung Ende Oktober.

»Aber es ist eine einmalige Gelegenheit zum Kauf«, sagte ich. »Es ist doch schier unglaublich, daß Thorn jetzt nur zwei Drittel des Werts vom Freitag hat. Wir wissen, wieviel wir mit seinem Archiv verdienen können. Das ist das reinste Schnäppchen.«

»Es könnten uns schwere Zeiten bevorstehen«, warnten sie mich. »Der Crash hat das ganze Bild verändert.«

»Aber die Leute werden dennoch weiter Platten kaufen«, meinte ich. »Die meisten Menschen haben ohnehin keine Aktien. Sie werden auch in Zukunft Beatles- und Phil-Collins-Alben kaufen.«

Aber mit dieser Meinung stand ich allein da. Alle wollten wissen, in welche Richtung sich der Aktienmarkt als nächstes wenden würde. Der Kurs der Thorn-EMI-Aktie fiel weiter bis auf 5,30 Pfund. Ich war sicher, daß wir die Kredite bekommen und Thorn EMI zu einem besonders günstigen Preis erwerben konnten, wenn wir nur alle an einem Strang zogen. Ich sah keinen vernünftigen Grund für den Crash und rechnete mit einer baldigen Erholung der Aktienkurse. Niemand teilte meine Meinung. Da ich die anderen nicht überzeugen konnte, ließ ich die Sache auf sich beruhen. Ich erwartete, daß Virgins Aktienkurs bei der Vorstellung unserer Ergebnisse wieder nach oben schnellen würde. Als wir verkündeten, daß der Gewinn von Virgin für das zum Juli 1987 endende Geschäftsjahr sich mehr als verdoppelt hatte (von 14 auf 32 Millionen Pfund), erwähnten wir daher Thorn EMI mit keiner Silbe. Unser Aktienkurs stieg aber nicht. Ganz im Gegenteil. Es war schwer zu verstehen, wie Virgin im Vorjahr zu 140 Pence an die Börse gehen konnte und unser Kurs nach Ankündigung einer Ergebnisverdopplung 50 Prozent niedriger liegen konnte. Der Börsencrash war der letzte Nagel zum Sarg von Virgins Börsenkarriere. Ich wußte, daß Don einem Richtungswechsel nicht zustimmen würde, aber Trevor und ich unterhielten uns unter vier Augen über die Aufgabe der Börsennotierung. Trevor arbeitete dann die finanzielle Struktur des Aktienrückkaufs aus. Im Juli 1998 verkündeten wir, daß die Geschäftsleitung die Aktien der Virgin plc in einem Management-Buyout aufkaufen werde. Obwohl wir eine niedrigere Zahlung hätten durchsetzen können, boten wir den ursprünglichen Emissionskurs von 140 Pence. Er lag weit über dem aktuellen Kurs von 70 Pence. Folglich würde keiner der ursprünglichen Investoren – all diese Menschen, die in der Schlange vor der Bank gewartet und mir Glück gewünscht hatten – einen Verlust erleiden. Unser Ruf würde nicht zerstört. Trevor handelte die gesamte Finanzstruktur der Virgin-Gruppe neu aus und bereitete den Aktienrückkauf für Ende November 1988 vor. Es war eine gewaltige Aufgabe, die nicht leichter wurde, als unsere Berater von Samuel Montagu ihre Muttergesellschaft, die Midland Bank, zur

Beteiligung am Konsortium unserer Kreditgeber einluden und eine Absage erhielten. Trevor beschloß, so weit wie möglich auf die Dienste von Samuel Montagu zu verzichten. Statt eines Konsortiums mit einer Konsortialführerin als Hauptverhandlungsführerin und genereller Ansprechpartnerin stellte er eine lockerere Arbeitsgemeinschaft zusammen, in der er alle beteiligten Banken direkt ansprach. Das bedeutete für ihn natürlich auch mehr Lauferei, doch konnte er zugleich die einzelnen Banken gegeneinander ausspielen. Letztlich vereinbarte er Kreditlinien mit 20 verschiedenen Banken, so daß wir Kontokorrentkredite von 300 Millionen Pfund zur Verfügung hatten. Wir kauften die Aktien der externen Anleger, schuldeten die über die Aktien der Virgin Group plc gesicherten Kredite um und unternahmen ähnliche Schritte für Virgin Atlantic.

Mit 300 Millionen Pfund war unser Verschuldungsgrad derart eklatant, daß wir nur durch schnelles Handeln überleben konnten. Den Gedanken an eine Übernahme von Thorn EMI mußten wir aufgeben. Daher verkauften wir unsere Aktien an diesem Unternehmen und konzentrierten uns auf unsere eigenen Probleme. Meiner Meinung nach hatte die City Virgin Music stets unterbewertet. Nun würde sich herausstellen, wie viel das Unternehmen wirklich wert war. Don Cruickshank, Sir Phil Harris und Cob Stenham verließen Virgin. Don hatte bei der Einführung klarer Führungsstrukturen großartige Arbeit geleistet. Trevor trat seine Nachfolge als Geschäftsführer an. Trevor und ich machten uns auf die Suche nach Unternehmen, die im Rahmen von Joint-ventures in Tochtergesellschaften von Virgin investieren wollten. Wir wollten die Aktionäre der City in verschiedenen Virgin-Töchtern durch ein oder zwei strategische Partner ersetzen. Die Struktur der Virgin-Gruppe sollte bald äußerst komplex werden.

18
ALLES STAND ZUR DISPOSITION

1988 bis 1989

Als ich Nik seine 40prozentige Beteiligung auszahlte, hatte ich dank der plötzlichen Veröffentlichung etlicher Hits, angefangen mit Phil Collins' Album, meinen Kontokorrentkredit von 1 Million Pfund zurückzahlen können. Damals wußte ich, daß mein Schicksal auf Messers Schneide stand. 1988 ging es um viel höhere Summen: Unsere Schuldenlast betrug über 300 Millionen Pfund, und wir mußten sie im ersten Jahr um 200 Millionen Pfund reduzieren. Aufgrund dieses Drucks stand plötzlich alles zur Disposition. Es gab keine heiligen Kühe. Wir würden jedes gute Angebot für einen Virgin-Geschäftsbereich annehmen. Trevor, Ken und ich streckten unsere Fühler aus, um das potentielle Interesse zu erkunden. Einer der ersten Bereiche, die wir unter die Lupe nahmen, war Virgin Retail. Seit ihren Anfängen im Jahr 1971 hatten die Plattenläden niemals hohe Gewinne abgeworfen. Als unsere Einzelhandelspräsenz formten sie in starkem Maße unser Bild in der Öffentlichkeit. Ihnen hatten wir es zu verdanken, daß wir wußten, welche Musik bei den Konsumenten beliebt war. Nach Bezahlung der Gehälter und Mieten und Abzug des Konzerngemeinkostenanteils schrieben die Läden aber stets rote Zahlen. Problematisch an Virgin Retail war die Tatsache, daß nach Niks Ausscheiden 1980 eigentlich niemand in der Lage war, diese Kette effektiv zu organisieren. HMV und Our Price begannen, an uns vorbeizuziehen. Als Don Cruickshank 1987 eine Revision der einzelnen Bereiche einleitete, wurde klar, daß der Einzelhandel keinen Gewinnbeitrag leistete und sich daran wohl auch niemals etwas ändern würde.

»Laßt uns diesen Posten verkaufen«, sagte ich bei einer Vorstandssitzung, als wir wieder einmal die erwarteten Verluste von Virgin Retail durchgegangen waren. Bei genauerem Hinsehen änderte ich meine Meinung und fragte mich, ob wir vielleicht nur die kleineren Läden verkaufen und die Megastores behalten sollten. Für diesen Gesinnungswandel gab es zwei Gründe: Erstens wurde ein neuer HMV-Laden, der größte Plattenladen der Welt, unter großem Beifall eröffnet und steigerte den Plattenabsatz entlang der gesamten Oxford Street, und zweitens hatte Patrick Zelnick ein Gebäude an der Champs Elysées in Paris gefunden, das man seiner Meinung nach in einen phantastischen Virgin Megastore umbauen konnte. In Großbritannien führten wir insgesamt 102 Virgin-Records-Läden. Als WH Smith uns fragte, ob es einige davon kaufen und in Our Price Records umbenennen dürfe, waren wir dazu gerne bereit. Im Juni 1988 vereinbarten wir den Verkauf von 67 der kleineren Läden für 23 Millionen Pfund.

Danach unterteilten Trevor und ich Virgin Reteil in drei getrennte Bereiche: erstens die verbleibenden Plattenläden, die wir nicht an WH Smith verkauft hatten (typische Innenstadtläden sowie der Megastore in der Oxford Street), zweitens der geplante Megastore auf der Pariser Champs Elysées, für den Patrick Zelnick eine separate französische Tochter gründen wollte, und drittens unsere Pläne für Ian Duffell, der in der Oxford Street den Laden für HMV konzipiert und eingerichtet hatte und den wir zu einem Wechsel zu Virgin hatten bewegen können. Bis heute weiß ich nicht genau, weshalb Ian Thorn EMI den Rücken kehrte und zu Virgin kam. Auf kurze Sicht gab er gewiß ein anständiges Gehalt bei einem großen, angesehenen Unternehmen auf, um zu einem Konzern zu wechseln, dessen Einzelhandelsaktivitäten damals in großen Schwierigkeiten steckten. Aber wir boten ihm die Chance, überall auf der Welt Virgin Megastores zu eröffnen, und versprachen ihm Unterstützung bei seinen Entscheidungen sowie eine direkte Beteiligung an den Megastores. Ian war einer der besten Experten im Schallplatteneinzelhandel: Er hatte ausgezeichnete Pläne für die Läden. Zum ersten Mal seit der Eröffnung unserer Geschäfte hatte ich das Gefühl, daß wir auf dem Markt wieder eine dominante Rolle spielen könnten. Ian wollte eine

Kette von Virgin Megastores im Ausland eröffnen. Wir dachten an Amerika, aber die Ladenmieten waren dort zu jener Zeit astronomisch – und das bei starker Konkurrenz. Statt dessen eröffneten wir den ersten ausländischen Megastore in Sydney, einem ruhigen Markt ohne großen Wettbewerb. Dort konnten wir verschiedene Ansätze ausprobieren, ohne hohe Verluste zu machen. Ian ging nach Sydney, und wir sagten (nur halb im Scherz), daß ihn dort Thorn EMI nie finden und zurücklocken könne. Er rekrutierte seinen alten Partner bei HMV, Mike Inman. Gemeinsam arbeiteten sie am Virgin Megastore in Sydney.

Inzwischen wurde der erste ausländische Megastore in Paris eröffnet. Patrick hatte eine eindrucksvolle alte Bank aus dem späten neunzehnten Jahrhundert gefunden. Sie hatte Marmorböden, hohe Decken und eine atemberaubende Treppe. Das regte meine Phantasie an. Wir wußten, daß kleine Plattenläden nicht genug Gewinne erwirtschafteten: Sie zogen nur Passanten an, die dann wegen des begrenzten Sortiments enttäuscht waren. Nachdem die siebziger Jahre vorbei und die Sitzkissen vom Boden verschwunden waren, schienen traditionellere Virgin-Geschäfte ihre Identität und ihren treuen Kundenstamm verloren zu haben. Wir mußten ein größeres Format finden, in dem wir die beste Produktpalette der Welt anbieten konnten. Die übrigen Vorstandsmitglieder waren gar nicht begeistert vom Pariser Megastore. Ich sah ihn als unseren letzten Versuch im Einzelhandel an. Als Patrick diese Idee vorstellte, hielten alle anderen seine Absatzprognosen für unrealistisch.

»Wenn wir auf der Oxford Street kein Geld verdienen können«, argumentierte Simon Draper, »wie in aller Welt soll uns das am falschen Ende der Champs Elysées gelingen?« Ich wußte, daß ihn die fortgesetzt schlechten Leistungen von Virgin Retail besonders ärgerten, weil die Plattenfirma, an der er mit 20 Prozent beteiligt war, die Einzelhandelsaktivitäten quersubventionierte. Angesichts der Tatsache, daß sich der gesamte Vorstand gegen diese Pläne stellte, mußte ich mir etwas einfallen lassen, wenn Patrick grünes Licht erhalten sollte. Eine Woche später wurde ich gebeten, in einem Fernsehwerbespot über Unternehmertum in Europa mitzuwirken. Ich willigte sofort ein und fragte, ob wir vielleicht in Paris drehen könnten.

Schon bald konnten mich meine Vorstandskollegen in dem Fernsehspot auf der Champs Elysées bewundern, wo ich verkündete, daß es großen Spaß mache, Unternehmer in Europa zu sein – ja, unser nächster Virgin Megastore würde sogar genau hier errichtet werden. Simon, Ken und Trevor waren wütend auf mich, aber ich vertraute Patrick und war mir seines Erfolgs sicher. Ich höre mir immer alle Meinungen an, treffe manchmal aber plötzliche Entscheidungen und setze sie dann einfach um. In solchen Zeiten werde ich nur um so starrköpfiger, je mehr Menschen meiner Einschätzung widersprechen. Der Pariser Megastore war ein durchschlagender Erfolg. Vom Tag der Eröffnung an übertraf er Patricks Absatzprognosen bei weitem. Er wurde zum gefeiertsten Laden in Paris, ja sogar zu einem Wahrzeichen der Stadt und einer Touristenattraktion. Nach wenigen Monaten zählte der Pariser Megastore ebenso viele Besucher wie der Louvre. Noch heute ist der Umsatz pro Quadratmeter mehr als doppelt so hoch als in allen anderen Plattenläden der Welt. Anscheinend pilgern alle japanischen und deutschen Touristen im Teenageralter dorthin, um haufenweise CDs einzukaufen. Das Café im obersten Stock wurde zu einem In-Treffpunkt für französische Manager. Ich freute mich sehr für Patrick, hatte aber immer noch keine Ahnung, was ich mit den britischen Plattenläden anstellen sollte. Erst die Katastrophe am Valentinstag 1988 trieb die Sache auf die Spitze. Das Einzelhandelsteam bestellte für diesen Tag 5 000 Orchideen zum Verkauf in den Läden. Leider wußte entweder niemand davon, oder die Leute kauften lieber Rosen. Auf jeden Fall hatten wir am 15. Februar erst 50 Orchideen verkauft. Unsere Einzelhandelskette blieb auf 4 950 Blumen sitzen, die – anders als CDs – verwelkten und irgendwann entsorgt werden mußten. Ich hätte nicht einmal Joan so viele Orchideen schenken können. Wir kamen zu dem Schluß, daß ein Turnaround nur mit externer Hilfe gelingen konnte. Kündigungen zerreißen einem stets das Herz, und ich tue so etwas äußerst ungern. Ich scheue mich vor Konfrontationen und hasse es, Menschen zu enttäuschen. Immer versuche ich, den Leuten noch eine Chance zu geben. Aber es war klar, daß diese Führungscrew ziellos dahintrieb und Verluste machte, ohne jede Hoffnung auf eine Rückkehr in die Gewinnzone. Der Tropfen, der das Faß zum Überlaufen brachte, war ihr Eingeständnis eines um 2 Millionen Pfund höheren Verlustes als erwartet zum Ende des Geschäftsjahrs. Da sie erst so spät mit der Wahrheit herausrückten, saßen wir in der Zwickmühle. Wir baten eine Head-Hunting-Agentur um eine Liste geeigneter Kandidaten. Am meisten beeindruckte mich jedoch, daß sich Simon Burke als Geschäftsführer bewarb. Simon war einige Jahre zuvor als Entwicklungsleiter zu Virgin gekommen. Seine Aufgabe bestand darin, all die Geschäftsvorschläge zu prüfen, die uns zugesandt wurden, und die lohnenswerten herauszupicken. Bei Virgin habe ich stets versucht, die Mitarbeiter dazu zu ermutigen, über sich selbst hinauszuwachsen. Ich bin fest davon überzeugt, daß alles möglich ist. Obwohl Simon keine offiziellen Qualifikationen besaß, die auf seine Eignung als erfolgreicher Umstrukturierer einer landesweit tätigen, aber erfolglosen Ladenkette hindeuteten, war ich sicher, daß, wenn überhaupt, er es schaffen könnte. Tatsächlich begann sich das Blatt gleich nach seinem Amtsantritt im August 1988 zu wenden. Nach dem Verkauf von 67 Geschäften an WH Smith hatten wir noch 35 Läden. 25 davon waren in verschiedene Debenhams-Standorte integriert.

Simon begann mit einem Großreinemachen. Der vom Vorstand ausgehende Gewinndruck hatte das Team von Virgin Retail zu allen möglichen Verzweiflungstaten verführt: Die Produktpalette wurde erweitert und umfaßte nun alles von Metallansteckern über Boxershorts bis hin zu Terminkalendern und Briefpapier. In einigen Läden verkauften Untermieter Skateboards und Football-Ausrüstungen; in anderen wurden Poster und Grußkarten geführt. Am tollsten hatte es das Geschäft in Birmingham getrieben: Dort war ein Teil des Ladens an die Firma Comet untervermietet worden, so daß Waschmaschinen den Eingang zum Laden verstellten. Das brachte zwar kurzfristig etwas Geld in die leeren Kassen. Auf lange Sicht jedoch verwirrte es die Kunden nur, so daß sie die Läden nicht mehr als ansprechende Quelle für Platten sahen. In der Oxford Street gab es eine CD-Fabrik im Miniformat. Ich muß gestehen, daß dieses Desaster ursprünglich meine Idee war. Ich hatte gedacht, es würde den Leuten gefallen, wenn ihre CDs direkt vor ihren Augen hergestellt wurden. Als CDs aufkamen, investierten wir zunächst in eine in Wales ansässige CD-Fabrik namens Nimbus. Wir baten das Unternehmen, eine Fertigungsstation in der Oxford Street einzurichten, und prompt verfrachtete es glänzende Edelstahlmaschinen nach London. Ich hatte geglaubt, damit eine richtige Touristenattraktion zu begründen. Aber das war ein Fehler. Zum einen war es wohl die einzige Fabrik in den teuren Immobilien der Oxford Street in diesem Jahrhundert. Aber auch einiges andere lief keineswegs so, wie es sollte.

Erstens wurde ein großer Teil der Lagerbestände gestohlen und auf dem Schwarzmarkt verkauft. Zweitens mußten die Bediener der Anlagen mit dem Bus aus Wales anreisen. Dann arbeiteten sie vier Tage und hatten anschließend drei Tage frei. Obwohl wir gerne die CDs aller Plattenfirmen preßten, war unsere Minifabrik zu klein, um im Preiswettbewerb gegen die Branchengiganten zu bestehen. Daher blieb nur ein unwilliger Abnehmer für die in diesem Megastore hergestellten CDs: Virgin Music. Ken und Simon nahmen diese Posten nur mit zusammengebissenen Zähnen ab, weil ich sie dazu zwang. Ich wollte dieses Beispiel für vertikale Integration ebenso erfolgreich machen wie die Verschmelzung zwischen einem Aufnahmestudio, einem Plattenlabel und den Schallplattenläden.

Simon Burke sprach schließlich ein Machtwort und bestand auf dem sofortigen Abbau der CD-Fabrik. »Das ist nur eine Spielerei«, erklärte er. »Das muß weg.«

Simon Draper und Ken pflichteten ihm dankbar bei. Also kehrten wir zu unseren normalen Aktivitäten zurück: Minimierung des im Anlagevermögen gebundenen Kapitals und Fremdbezug vom effizientesten Lieferanten. Ich habe eine Schwäche für vertikale Integration, die aber, wie ich zugeben muß, nicht in allen Fällen funktioniert. Die CD-Fabrik war mein größtes Fiasko, aber ich habe auch einmal das Pub »Earl of Lonsdale« in der Portobello Road gekauft, weil so viele Virgin-Mitarbeiter so viel Zeit dort verbrachten und es mir mißfiel, daß unser ganzes Geld in dieser Bar verschwand. Dieser Schritt war ebenfalls ein Fehler. Ein andermal hätte ich fast eine Gebäudewartungsfirma gekauft, weil wir so viele reparaturbedürftige Immobilien besaßen und ich glaubte, diese Dienstleistung sollte besser intern abgewickelt werden. In manchen Fällen behielt ich recht.

Ein herausragendes Beispiel ist der Vertrag mit Phil Collins, mit dem wir während seiner Zeit im Town House gut harmonierten. In vielen anderen Fällen mußte ich aber eine Kehrtwendung machen und zugeben, daß es besser war, einen externen Experten anzuheuern. Simon Burkes Strategie begann sich auszuzahlen. Im Juni 1989 konnte Virgin Retail endlich einen Gewinn vorweisen. Bei seiner ersten Präsentation vor dem Virgin-Vorstand zeigte uns Simon einige Dias und bat um 10 Millionen Pfund für Investitionen in neue Geschäfte. Er wies darauf hin, daß die vorhandenen Läden praktisch auseinanderfielen und zeigte uns Photos mit lockeren Dachziegeln und kaputten Stromleitungen. Er argumentierte, daß die Kunden unserer Fluggesellschaft sich Sorgen um die Sicherheit unserer Maschinen machen würden, wenn sie diese baufälligen Läden sahen. Leider wollte auch Patrick Zelnick 10 Millionen Pfund für den Aufbau von Virgin Megastores in Bordeaux und Marseille haben. Angesichts der jüngsten Erfolge des Pariser Megastore war ich eher bereit, in Frankreich zu investieren. Für Simon muß dies eine herbe Enttäuschung gewesen sein. Inzwischen war der Virgin Megastore in Sydney zur Eröffnung bereit, und Ian und Mike wandten sich Japan zu. Für die Investitionen in die britischen Geschäfte und zur Abzahlung unserer allgemeinen Verschuldung richteten wir ein weiteres Joint-venture ein. Eigentlich suchten wir einen Investor für einen Anteil von 30 Prozent, doch angesichts der hohen Zinsen und der Eintrübung der Einzelhandelskonjunktur fanden wir keine Interessenten. Wir nahmen Verhandlungen mit Kingfisher, den Eigentümern von Woolworth auf, die sich aber hinzogen. WH Smith bekam Wind von der Sache und machte mir ein Angebot. Gerade, als Simon Burke der Turnaround für Virgin Retail für Virgin gelang, bekam er plötzlich neue Vorgesetzte: ein zweiköpfiges Gebilde, an dem sowohl Virgin als auch WH Smith beteiligt waren. WH Smith erwarb einen Anteil von 50 Prozent an unseren zehn britischen Megastores, die im Gegensatz zu den zuvor an WH Smith verkauften Läden weiterhin unter dem Namen Virgin firmierten. Ihr Umsatz stieg um 12 Millionen Pfund, mit denen wir sofort die für Virgin Atlantic aufgenommenen Kredite abzahlten. Wieder einmal mußten wir hektisch jonglieren, um unseren Banken einen Schritt voraus zu bleiben.

Während die britischen Einzelhandelsaktivitäten in ein Joint-venture mit WH Smith ausgelagert waren und in Kontinentaleuropa eine Expansion von Paris nach Bordeaux, Marseille und später auch Deutschland stattfand, richteten verschiedene Unternehmen der Virgin-Gruppe ihre Aufmerksamkeit auf Japan. Im Gegensatz zu vielen anderen britischen Unternehmen, die sich darüber beklagen, wie schwierig es sei, in Japan Fuß zu fassen, hatte Virgin immer ausgezeichnete Beziehungen zu den Japanern. Ich schrieb dies dem Erfolg meiner ersten Reise nach Tokio zu. Als 20jähriger (also noch vor meiner Ehe mit Kristen) hatte ich dort recht ambitioniert einige Treffen mit Vertretern des Unterhaltungs- und Mediensektors arrangiert, um Möglichkeiten eines Joint-ventures für den Plattenvertrieb auszuloten. Ich glaube, es war noch vor der Gründung von Virgin Music, so daß ich nicht einmal Mike Oldfield offerieren konnte. Ich war jung, arm und hatte wenig zu bieten. Auf einigen der Treffen servierten makellose Geishas Tee, und ich saß da in Jeans und Pullover und schwärmte freundlichen, geduldigen japanischen Geschäftsleuten vom Unternehmertum vor. Es kam zwar nicht zu Vertragsabschlüssen, aber in meinem Hotel konnte ich einen großen Erfolg verbuchen.

Nach meiner Ankunft in Tokio nahm ich den Bus vom Flughafen in die Innenstadt. Die vom Fremdenverkehrsamt angebotenen Hotels konnte ich mir nicht leisten. Also nahm ich ein Taxi und fragte nach einem billigen Hotel. Von außen war es nur ein unscheinbarer Betonbau, und mein Zimmer war winzig. Aber in jener Nacht, als ich gelangweilt und einsam in meinem Zimmer saß, entdeckte ich, daß der Zimmerservice Massagen anbot. Zwei wunderschöne junge Japanerinnen kamen in mein Zimmer, sagten mir, ich solle mich in die Badewanne legen, und gaben mir die erotischste Massage meines Lebens. Am Ende lagen wir alle in meiner Badewanne. Als ich am nächsten Abend atemlos nach einer Wiederholung dieses Erlebnisses verlangte, standen zwei Walküren mit strengen Schürzen vor mir, die erklärten, daß die anderen beiden Damen ihren freien Abend hätten. Mit karateartigen Handgriffen brachten sie mich fast um die Ecke. Heutzutage steige ich in gigantischen Luxushotels ab. Dieser ersten Geschäftsreise aber können sie nicht das Wasser reichen. 1988 hatte der Name Virgin in Japan bereits einen relativ hohen Bekanntheitsgrad erreicht. Einige unserer Künstler waren dort sehr beliebt, vor allem Boy George, Human League, die Simple Minds und Phil Collins. Nach der Übernahme von British Caledonian durch British Airways bewarben wir uns mit Erfolg um Landerechte in Tokio. Als wir Mittel und Wege zum Abbau unserer Verschuldung erforschten, erkannten wir, daß wir Anteile an Virgin Atlantic und Virgin Music verkaufen mußten. Zunächst veräußerten wir eine 10prozentige Beteiligung an der Fluggesellschaft an das große japanische Reiseunternehmen Seibu-Saison. Virgin Atlantic hatte gerade eine Verdopplung ihres Vorsteuergewinns auf 10 Millionen Pfund angekündigt, und Seibu-Saison bezahlte 36 Millionen Pfund für seine 10 Prozent. Etwa zur gleichen Zeit unterzeichnete Robert Devereux im Namen von Virgin Communications einen längerfristigen Vertriebsvertrag mit dem Computerspielehersteller Sega. Die Geschäftsphilosophie der japanischen Unternehmen deckte sich offensichtlich in weiten Teilen mit der von Virgin. Auch sie denken eher langfristig. Während der Zeit unserer Börsennotierung störten mich nicht nur die Einschränkungen, die mir die Berichte an externe Direktoren und Aktionäre auferlegten, sondern auch die Kurzsichtigkeit der Anleger. Wir sollten auf der Stelle Ergebnisse liefern; wenn wir keine hohe Dividende auszahlten, mußte unser Aktienkurs darunter leiden. Das Denken japanischer Investoren kreist nicht um Dividenden: Ihnen geht es fast ausschließlich um eine Erhöhung des Substanzwerts. Da Investitionen sich oft erst nach langer Zeit amortisieren, sind Aktienkurse in Japan im Vergleich zu den Unternehmensgewinnen oft sehr hoch. Das Kurs-Gewinn-Verhältnis japanischer Aktien beträgt somit häufig das Dreifache des Vergleichswerts britischer Firmen. Ich habe sogar gehört, daß ein japanisches Unternehmen mit einem Geschäftsplan für die nächsten 200 Jahre arbeitet! Das erinnert mich an Deng Xiaopings Bemerkung in den achtziger Jahren, als man ihn nach den Konsequenzen der Französischen Revolution von 1789 befragte. »Für eine Beurteilung ist es noch zu früh«, erwiderte er. Als nächstes fand Virgin Music einen japanischen Partner. Dieser Verkauf war von zentraler Bedeutung. Wenn der Rückkauf der Aktien von Virgin plc etwas bringen sollte, mußten wir für Virgin Music einen guten Preis erzielen. Simon, Trevor und ich sprachen mit mehreren amerikanischen Unternehmen. Eines davon bot uns zwar das meiste Geld, war aber nicht bereit, die Rolle eines passiven, langfristigen Investors zu spielen. Wir alle zogen es vor, den Zuschlag dem japanischen Medienkonzern Fujisankei zu geben. Meine eigene Entscheidung fiel wohl bei einem Treffen mit Herrn Agichi im Garten unseres Hauses in Holland Park 11.

»Herr Branson«, fragte er bescheiden. »Hätten Sie lieber eine amerikanische oder eine japanische Frau? Amerikanische Frauen sind sehr schwierig – viele Rechtsstreits, viele Alimente. Japanische Frauen sind sehr brav und still.«

19
SPRUNGBEREIT

1989 bis 1990

Durch den Verkauf einer 25prozentigen Beteiligung an Virgin Music für 150 Millionen Dollar bzw. 100 Millionen Pfund bewiesen wir, daß Virgin von der Finanzwelt tatsächlich unterbewertet worden war. Der Verkauf war ein klares Indiz dafür, daß das Unternehmen für sich genommen mindestens 400 Millionen Pfund wert war – ohne die verschiedenen anderen Firmen wie zum Beispiel Virgin Retail, die Bestandteil der Virgin plc gewesen waren. Dies lag weit über der Bewertung von 180 Millionen Pfund, die uns die City zum Zeitpunkt des Aktienrückkaufs zugestanden hatte, und auch noch deutlich über den 240 Millionen Pfund, die wir letztlich für den Management Buy-out aufwendeten. Nach der Einigung mit japanischen Partnern in unseren beiden wichtigsten Geschäftsbereichen, Virgin Atlantic und Virgin Music, beschlossen wir, auch mit unseren Einzelhandelsaktivitäten nach Japan zu expandieren. Zusammen mit unserem japanischen Berater Shu Ueyama hatten Ian Duffell und Mike Inman bereits mit der Markterkundung begonnen. Mike hatte schon in Sydney angefangen, Japanisch zu lernen, weil sein Bruder mit einer Japanerin verheiratet war. Ian entsandte ihn nach Tokio, während er selbst nach Los Angeles fuhr, um einen geeigneten Standort für einen Megastore am Sunset Boulevard zu suchen. Mike meldete, daß wir unmöglich im Alleingang in Tokio einen Megastore eröffnen könnten: Die japanische Hauptstadt sei eine gigantische Metropole ohne klar abgrenzbare Viertel, so daß ein Außenstehender kaum die wichtigsten Einkaufsstraßen erkennen könne. Einzelhandelsgeschäfte, Wohnhäuser und gewerbliche Anlagen sind bunt durcheinandergemischt – im Gegensatz zu London, wo man die Einkaufszentren wie Oxford Street, Knightsbridge und Kensington High Street ohne weiteres abgrenzen und sich relativ leicht zurechtfinden kann. In Tokio sehen alle Straßen gleich aus. Immobilien sind sündhaft teuer; um einen Laden zu mieten, muß man eine hohe Kaution, »Schlüsselgeld« genannt, hinterlegen. Trevor, Ian und Shu trafen sich mit vielen potentiellen Partnern und entschieden sich schließlich für die Textileinzelhandelskette Marui. Als ersten Schritt zur Eröffnung von Virgin Megastores in Japan gründete Trevor ein paritätisches Joint-venture. Das Problem an einem Plattenladen ist, daß man Produkte zu verkaufen versucht, die es in identischer Form in allen anderen Plattengeschäften auch gibt. Virgin konnte in seinen Läden also nichts Einzigartiges bieten. Wir wußten, daß unsere Konkurrenten in Tokio herbe Verluste machten – teilweise, weil sie so hohe Kautionen für ihre Läden hinterlegen mußten, teilweise aber auch, weil sie keine treuen Stammkunden gewinnen konnten – einer der wichtigsten Erfolgsfaktoren.

Die Kooperation mit Marui sollte uns vor diesen Fallstricken retten. Marui war das erste Einzelhandelsunternehmen, das die Bedeutung von Bahnhöfen verstand und seine Geschäfte in der Nähe zentraler Knotenpunkte ansiedelte, wo sehr viele Passanten vorbeikamen. Maruis Kollektionen waren auf die junge, immer wohlhabende Generation abgestimmt. Die Firma hatte auch bei der Einführung einer hausinternen Kreditkarte eine Vorreiterrolle gespielt. Marui fand für uns eine phantastische Innenstadtlage im Haupteinkaufsdistrikt Shinjuku. Wir mieteten knapp 1 100 Quadratmeter an. Das Gebäude gehörte Marui, und statt einer festen monatlichen Miete führten wir einen bestimmten Prozentsatz unserer Umsätze ab. Auf diese Weise umgingen wir das ruinöse »Schlüsselgeld«. Obwohl 1 100 Quadratmeter nach europäischen Maßstäben nicht viel ist, waren wir damit immer noch größer als alle anderen Plattenläden in Tokio. Das war das Aushängeschild, das ich mir wünschte. Um uns von der Konkurrenz abzuheben und Kunden anzuziehen, installierten wir Abspielstationen und heuerten einen Diskjockey an. Der DJ war mehr als ein Entertainer: Mit seiner guten Musik hatte er schon bald die Umsätze so angekurbelt, daß seine Kosten gedeckt waren.

Der Tokioter Virgin Megastore hatte schon bald den gleichen Kultstatus wie unsere frühen Läden in der Oxford Street und in Notting Hill. Aus dem ganzen Stadtgebiet strömten Teenager herbei; der Megastore wurde *der* »In-Laden«. Tokio ist eine teure Stadt, so daß die Teenager froh waren, einen billigen Nachmittag damit verbringen zu können, Musik zu hören, sich zu unterhalten und Platten zu kaufen. Im Durchschnitt verbringt ein Kunde in unseren Megastores in Tokio 40 Minuten – weitaus länger als der durchschnittliche Aufenthalt bei McDonalds. Es war praktisch eine Erweiterung unserer ursprünglichen Verkaufsphilosophie aus den siebziger Jahren. Mit 10 000 Kunden pro Tag übertraf der Laden selbst unsere eigenen Erwartungen. Da Ian in Los Angeles arbeitete, war Mike auf sich selbst gestellt. Irgendwann trat er in die Fußstapfen seines Bruders und verliebte sich in eine Japanerin. Die beiden wurden auf Necker Island getraut. In nur zwei Jahren – zwischen 1988 und 1990 – hatten alle Tochtergesellschaften von Virgin japanische Partnerunternehmen gefunden. Mit Sega, Marui, Seibu-Saison und Fujisankei waren wir bestens für eine Expansion in Japan gerüstet. Ein völlig anderes Projekt sollte mich bald ebenfalls nach Japan führen: Per und ich wollten zu unserem zweiten Heißluftballonabenteuer starten und den Pazifik in Richtung Amerika überqueren.

Per erzählte mir von seiner größten Angst, als es zu spät war. Im Flugzeug nach Japan gestand er, daß er die Kapsel nicht in einer Druckkammer testen konnte. Er sei daher nicht sicher, ob sie den Druck auf 13 000 Meter Höhe aushalten würde. Wenn dort oben ein Fenster barst, blieben uns sieben oder acht Sekunden, um unsere Sauerstoffmasken aufzusetzen.

»Wir müssen sie griffbereit halten«, sagte Per mit seinem typischen Understatement. »Und wenn einer von uns schläft, muß der andere natürlich sich selbst und ihm die Maske in jeweils drei Sekunden aufsetzen, so daß zwei Sekunden zum Herumfummeln bleiben.«

Der Gedanke, an Per herumfummeln zu müssen, und sei es auch nur für zwei Sekunden, behagte mir gar nicht. Ich schwor mir, auf dem Flug überhaupt nicht zu schlafen.

»Wird es eine Vorwarnung geben?« fragte ich.

»Bei einem Druckabfall in der Kapsel wirst du meinen, die Kapsel würde sich plötzlich mit Nebel füllen. Deine Ohren sausen, und du meinst, deine Lunge würde durch den Mund aus dem Leib gesogen.«

Als mich ein Journalist zu den Gefahren des Flugs befragte, wiederholte ich Pers Worte.

»Wie Sie sehen, muß einer von uns während des Flugs immer wach bleiben«, sagte ich zu dem Journalisten. »Wir haben daher statt der bequemen Virgin-Sitze, die wir bei der Fahrt über den Atlantik verwendeten, zwei Sitze von British Airways einbauen lassen.«

Wir versuchten unser Glück im November, da zu dieser Zeit der Jet-Stream über dem Pazifik am stärksten ist. Zugleich ist das Meer aber auch äußerst stürmisch. Fast unmittelbar nach unserem Start in Japan würden wir über dem Wasser fahren. Um Amerika zu erreichen, mußten wir eine fast doppelt so große Distanz zurücklegen wie bei unserem atlantischen Rekord von 4 800 Kilometern. Pers Team hatte den Ballon und die Kapsel zum Startplatz in Miyakonojo gebracht, einer Kleinstadt im Süden Japans, die nach ihren Berechnungen direkt unter dem Jet-Stream lag. In meiner ersten Nacht dort rief mich Tom Barrow an, der sich inzwischen mit Per überworfen hatte. Wir hatten ihn durch Mike Kendrick ersetzt, aber Tom hatte Pers Vorbereitungen verfolgt und machte sich große Sorgen:

»Ihr werdet notwassern müssen«, erklärte er mir. »Ihr müßt euch vor allem für eine sichere Landung im Wasser rüsten, die ihr überleben könnt. Wenn ihr entgegen jeder Chance das Festland erreicht, wird es mit 60prozentiger Wahrscheinlichkeit dunkel sein. Im November herrscht in Nordamerika 15 Stunden am Tag Dunkelheit, und die Nacht ist um so länger, je weiter nördlich man sich befindet. In der Dunkelheit könnt ihr nicht landen, also müßt ihr unter Umständen weitere 15 Stunden fliegen. Selbst bei 50 Kilometern in der Stunde wärt ihr dann 1 600 Kilometer weiter landeinwärts, und dann könntet ihr durchaus in Schwierigkeiten stecken. Ihr solltet von Sturmbedingungen ausgehen – es wird wohl kaum ein ruhiger, windstiller Tag werden. Da oben im Norden sind Leute oft in Hütten eingeschneit und müssen auf besseres Wetter warten. Sorgt also unbedingt dafür, daß eine Such- und Rettungsmannschaft bereit steht. Ihr könnt nicht unbedingt auf ruhiges Wetter für die Landung warten. Prüft auch alle Systeme vor dem Start. Beeilt euch nicht damit. Selbst wenn alles stabil gebaut ist und richtig funktioniert, ist dieser Flug immer noch furchtbar gefährlich.«

Ich dankte Tom für seine Ratschläge.

»Ein letztes Wort noch«, fuhr er fort. »Die Überquerung des Atlantiks war ein erfolgreicher Flug, der außer Kontrolle geriet. Wir wußten das alle. Am Schluß hatten wir die Kontrolle völlig verloren, aber ihr habt beide überlebt. Ihr habt während dieses Flugs beide gelernt, wie man diesen Ballon fliegt. Im Atlantik kann man neben einem Schiff landen. Im Pazifik seid ihr tot. Also werdet ihr entweder im Wasser landen und sterben, oder auf festem Boden in der Dunkelheit landen und dem Tod, wenn ihr Glück habt, um Haaresbreite entrinnen.«

Schweißgebadet legte ich den Hörer auf die Gabel. Ich hatte kaum Zeit, seine Tips aufzuschreiben, als das Telefon wieder läutete. Es war Joan. Holly feierte ihren achten Geburtstag. Sie kam ans Telefon:

»Ich führe ein Tagebuch, Dad«, erklärte sie. »Wir können unsere Tagebücher austauschen, wenn du heimkommst.«

»Ja, Liebes.« Ich mußte schlucken.

Als ich Per sagte, daß wir nach Toms Einschätzung eine Notlandung im Wasser höchstwahrscheinlich nicht überleben würden, bestätigte er das.

»Eine Krankenversicherung lohnt sich für uns nicht«, sagte er leichthin. »Wenn überhaupt, sollten wir höchstens eine Lebensversicherung abschließen.«

Während Pers Team die elektrischen Systeme in der Kapsel einrichtete, besprachen wir beide die Flugmanöver. Es war schwer vorstellbar, daß wir wieder in dieser winzigen Kapsel eingesperrt sein würden, umgeben von technischen Geräten, die unsere einzige Verbindung zur Außenwelt darstellten.

Zu einem Reporter, der mir aufzählte, was alles schiefgehen könnte, sagte ich: »Wissen Sie, es wird entweder ein Kinderspiel sein oder nicht.«

Der Jet-Stream über dem Pazifik ist anders geformt als sein atlantisches Pendant. Letzterer ist ein V-förmiger, polarer Jet-Stream, der an eine umgedrehte Toblerone-Stange erinnert. Wenn man in die Höhe steigt, wird der atlantische Jet-Stream breiter und der Wind schneller, so daß man seine Bodengeschwindigkeit allmählich steigert. In 3300 Metern bewegt sich der Luftstrom vielleicht mit 50 Knoten, in 8800 Metern mit 100 Knoten usw. Ein Ballon kann einfach hineinschlüpfen, ohne hin- und hergeworfen zu werden. Mit dem pazifischen Jet-Stream verhält es sich ganz anders. Er ist subtropisch und ähnelt einem hohlen Kabel. In 8200 Metern Höhe ist es unter Umständen völlig windstill. In 8800 Metern packt einen dann plötzlich der Jet-Stream mit einer Geschwindigkeit zwischen 100 und 200 Knoten. Niemand war bisher mit einem Ballon im pazifischen Jet-Stream geflogen, und wir wußten, daß der Ballon beim Eintritt in den Jet-Stream von der Kapsel abgerissen werden konnte. Selbst wenn dies nicht geschah, würden wir doch heftig vom Wind herumgestoßen werden. Wenn sich die Kapsel mit 5 Knoten und der Ballon mit 200 Knoten bewegten, würden wir das Gefühl haben, daß tausend Pferde mit uns durchgingen. Erreichten wir den Jet-Stream, gab es da immer noch den »Hohlraum« mit vielleicht 1300 Meter Durchmesser. Um in dieser Röhre zu bleiben, mußten wir ständig den Höhenmesser im Auge behalten und auf plötzliche Böen achten, die darauf hindeuteten, daß sich der Ballon und die Kapsel in unterschiedlichen Strömen befanden.

In Miyakonojo herrschte fast Karnevalsstimmung. Der Startplatz wurde sogar von einem Shinto-Priester gesegnet. Meine Eltern hatten uns begleitet, aber Joan wollte lieber zu Hause bleiben, bis der Ballon in der Luft war, und dann mit den Kindern nach Los Angeles fliegen, um dort meine Ankunft zu erwarten. Am Sonntag sagte unser »Wetterfrosch« Bob Rice ideale Bedingungen für Dienstag voraus, die sich am Montag aber bis auf den Mittwoch verzögerten. Per und ich verbrachten einen weiteren Tag in der Kapsel und sprachen alle möglichen Fehlfunktionen durch.

»Das Feuer darf auf keinen Fall ausgehen – das ist alles, was zählt«, schrieb ich nach einer dreistündigen Sitzung über mögliche Vorkommnisse auf dem Flug quer über eine Seite meines Notizbuchs. Die Verzögerung gab mir Gelegenheit, mich nochmals mit den unzähligen, in die Wände der Kapseln eingelassenen Skalen und Schaltern zu beschäftigen. Ferner konnte ich mir die Unterschiede zwischen den Bolzen zum Abwurf der leeren Kraftstofftanks und jenen, die den Ballon von der Kapsel trennten, einprägen!

»Gelber Code«, verkündete Bob Rice. »Erwartet grünes Licht am 23. November gegen 21.00 Uhr.«

»Ist der Pazifik der größte Ozean der Welt?« fragte mich Holly am Telefon. »Wie viele Kilometer sind es? Und wie lange würde es dauern, wenn du um die ganze Welt fliegst?«

In der Nacht lag ich in meinem Hotelbett, ohne ein Auge schließen zu können. Ich schrieb in mein Tagebuch:

Wollte ein paar Stunden schlafen. Unmöglich. Sah gerade aus dem Fenster einen phantastischen Sonnenuntergang. Der Rauch aus dem Vulkan ähnelt einer dünnen Wolke. Autos mit Lautsprechern fahren durch die Straßen und verkünden die Startzeit. Die Stadt plant ein Feuerwerk um 2.30 Uhr morgens für alle Bewohner, die noch nicht wach sind. Ein englischer Stadtrat würde so etwas nie tun! Bin noch nicht nervös: in Hochstimmung, aufgeregt, aber nicht richtig nervös. Alles scheint so glatt zu gehen. Laut Bob sind die Flug- und Landebedingungen fast ideal. Das Aufblasen macht mir noch etwas Sorgen. Muß in zwei Stunden wieder am Startplatz sein zu einem Live-Interview mit News at One.

Als ich wieder zum Startplatz kam, spürte ich, daß etwas nicht in Ordnung war. Die Ballonhülle lag noch immer unaufgeblasen am Boden. Im Hauptquartier fand eine Einsatzbesprechung von Pers Team statt: »Zu windig, zu riskant, zu viel Abwind.« Es wurde beschlossen, die Hülle ausgebreitet auf dem Boden liegenzulassen und zu hoffen, daß der Wind bis zum nächsten Abend nachließ. Wenn sich der 70-Tonnen-Ballon nicht bewegte, konnte ihn ein Windstoß zerreißen. Ich holte unseren Dolmetscher. Jemand drückte mir ein Mikrofon in die Hand, und ich entschuldigte mich bei der Menge, die auf dem Hügel über dem Startplatz wartete. Wir versprachen, es am nächsten

Abend zu versuchen. Der nächste Tag zog sich hin. Der Jet-Stream schien sich merkwürdig zu verhalten, und Bob Rice versuchte auszurechnen, ob wir in Kalifornien oder Yukon landen würden.

»Ach, wen kümmert das Wetter«, rief Bob, der angesehenste und kenntnisreichste Meteorologe Amerikas. »Fliegt einfach los!«

Ich fuhr ins Hotel, um noch ein paar Stunden zu schlafen. Wieder einmal endete es damit, daß ich aus dem Fenster auf den Vulkan starrte. Ich hörte die ersten Trommelwirbel in der Stadt. Dann wurde ein Fax unter meiner Tür durchgeschoben. In schrägen, krakeligen Buchstaben hatte Holly geschrieben:

Ich hoffe du landest nicht im Wasser und hast eine schlechte Landung. Ich hoffe du hast eine gute Landung und landest auf trockenem Land, und Fräulein Salavesen sagte auch du sollst eine gute Landung haben. Ich hoffe du hast eine gute Reise.
Liebe Grüße, Holly.
PS: Viel Glück und ich liebe dich auch.

Ich nahm eine Schlaftablette und fiel auf mein Bett.

Einige Stunden später weckte mich Per. Wir fuhren gemeinsam zum Startplatz. Etwa 5 000 Zuschauer trotzten der Kälte: Familien, ältere Damen, Babys. Als der Ballon über der Kapsel in die Luft stieg, hörte ich Jubelrufe. Die Brenner arbeiteten jetzt mit voller Kraft, um die Luft zu erwärmen. Es war windstill, aber wir mußten so schnell wie möglich starten, um plötzlichen Böen auszuweichen. Hunderte von Kohleöfen waren auf den Hügel gebracht worden. Ihr Rauch stieg kerzengerade in den nächtlichen Sternenhimmel hinauf – ein eindeutiger Beweis, wie windstill es war. Ich stand neben meinen Eltern und bewunderte den prächtigen Ballon, als sich plötzlich ein Stoffstreifen aus der Hülle löste und herunterhing.

»Was ist das?« fragte mich Dad.

So schnell ich konnte, lief ich zu Per.

»Was ist passiert?«

»Mach dir keine Sorgen«, sagte Per. »Nur etwas Wärmeverlust. Der Ballon ist groß genug, um das auszuhalten.«

Ich zog Per in die Kommandozentrale. Dad packte seinen Arm.
»Was flattert da an der Hülle herum?« sagte er.
»Das ist Luft, die seitlich am Ballon entweicht«, sagte Per.
Dad sah nicht überzeugt aus. Per und ich gingen nach draußen und stellten uns unter den Ballon. Faktisch hatte er ein Loch: Die Beschichtung war an einer Stelle abgeblättert. Wir gingen zurück zu Dad ins Hauptquartier.
»Dad, sag' Mum nichts davon«, bat ich, »aber der Ballon hat ein Loch. Per meint, wir könnten es trotzdem schaffen.«
»In diesem Ding kannst du nicht fliegen«, sagte Dad.
Eine Minute später fielen weitere Stücke der Beschichtung ab.
»Richard, ich glaube, wir müssen den Start abbrechen«, rief Per. »Wenn wir starten, enden wir im Pazifik.«
Ich warf einen Blick zu den Schaulustigen auf den Hügel hinüber. Ich würde all diese Menschen enttäuschen müssen. Enttäuscht nahm ich das Mikrofon in meine vor Kälte zitternden Hände.
»Es tut mir sehr leid«, brachte ich mit erstickter Stimme heraus. »Die Beschichtung des Ballons ist gerissen. Wir glauben, es liegt daran, daß er gestern Nacht im Freien lag und vom Frost erwischt wurde ...«
Als der Dolmetscher meine Worte wiederholte, ging durch die Menge ein Stöhnen. Dann hörte man ein Zischen. Ein Blick nach oben zeigte mir, daß drei oder vier große Stoffetzen von der Hülle auf die Brenner gefallen waren. Irgend jemand zerrte sie herunter, aber der ganze Ballon löste sich vor unseren Augen auf.
»Schaltet die Brenner aus!« schrie ich. »Zurücktreten!«
Ohne Brenner fiel der Ballon in sich zusammen. Aus den Löchern strömte heiße Luft.
»Wir kommen nächstes Jahr wieder«, versprach ich. »Bitte glaubt an uns.«
»Eines muß man dir lassen, Richard«, sagte Dad, als wir alle ins Hotel zurückfuhren. »Ein Urlaub mit dir ist nie langweilig.«
Auf ihrem Flug nach Los Angeles war Joan seit zwei Stunden in der Luft, als sie von unserem Mißgeschick hörte.
»Phantastisch!« rief sie. »Eine Runde Champagner für die ganze Maschine, bitte!«

Der Pilot zog den Gashebel zu sich, und der Hubschrauber stieg höher. Unter uns schimmerte und glitzerte das hellblaue Meer. Wir näherten uns Necker Island: Vor mir lag das weiße Korallenriff und der blasse Strand, die schiefen Palmen und das spitze Dach des balinesischen Hauses, das dunkle Grün des Regenwaldes in der Mitte der Insel. Wir kreisten über der Insel. Am Strand warteten unsere Familien und Freunde. Die meisten waren weiß gekleidet und trugen weiße Hüte mit breiter Krempe. Dazwischen leuchteten wie Farbtupfer einige Hawaiihemden. Ich entdeckte Vanessa und Robert, Lindi und ihren Mann Robin, alle Kinder, Peter und Keris, meine Freunde und Nachbarn aus Mill End, Ken und seine Frau Nancy, Simon und seine Frau Françoise. Ich winkte ihnen zu. Mitten in der Menge stand Joan in ihrem atemberaubenden weißen Kleid mit Holly und Sam, ihrer Schwester Rose, ihrem Bruder John und ihrer Mutter. Meine Großmutter stand neben Mum und Dad und winkte fröhlich zu mir herauf. Ich klopfte dem Piloten auf die Schulter. Er drehte eine weitere Schleife mit dem Hubschrauber.

Ich nahm die Pralinenschachtel zwischen die Zähne. Alles war bereit. Ich ging in die Hocke und zögerte an der offenen Luke. Ein heißer Windstoß fuhr mir ins Gesicht. Unter mir dehnten sich der Strand und das silbrigblaue Meer. Wir schwebten über dem Swimmingpool. Ich griff nach der Tür und warf einen Blick zurück auf den Piloten.

»Und das alles, weil eine gewisse Dame Schokolade liebt!« brüllte er. Ich nahm die Schachtel einen Augenblick lang aus dem Mund.

»Die Kinder auch!« brüllte ich zurück. Dann signalisierte ich ihm, daß alles in Ordnung war, warf einen letzten Blick auf das Schwimmbad unter mir, kletterte hinaus und hängte mich an die Kufen. Joan und ich heirateten endlich, und ich wollte nicht, daß die Pralinen schmolzen. Ich bereitete mich auf den Absprung vor.

20
»FÜR WEN HÄLT SICH DIESER RICHARD BRANSON EIGENTLICH?«

August bis Oktober 1990

Ich wurde von einem heftigen Stoß in den Rücken geweckt. Die ganze Nacht über war ich geknufft und geschlagen worden. Da es jetzt 5.30 Uhr morgens war, schlüpfte ich aus dem Bett und zog meinen Morgenmantel an. Sam kuschelte sich in die Kuhle meines warmen Kissens, das er die ganze Nacht zu erbeuten versucht hatte. Er und Holly schliefen noch immer oft bei uns im Bett. Ich schaltete CNN ein und legte mein Ohr fast auf den Bildschirm, brauchte aber nicht viel zu hören, um zu verstehen, daß die Nachrichten immer noch genauso schlecht waren. Eine Woche zuvor war der Irak in Kuwait einmarschiert, und die ganze Welt war ins Trudeln geraten. Der Rohölpreis war von 19 auf 36 Dollar pro Barrel geschnellt. Kerosin kostete statt 75 Cent plötzlich 1,50 Dollar pro Gallone – ein noch steilerer Anstieg als beim Rohöl, weil die Alliierten Streitkräfte begonnen hatten, zur Vorbereitung eines Luftangriffs auf den Irak Kerosinvorräte aufzubauen.

Zwei der Haupteinflußfaktoren für die Rentabilität einer Fluggesellschaft sind die Anzahl der Passagiere und die Kosten des Kraftstoffs. Alle unabhängigen Fluglinien standen jetzt vor einer Katastrophe. Wir mußten mit einem mehr als doppelt so hohen Treibstoffpreis (der 20 Prozent unserer Gesamtgemeinkosten ausmachte) arbeiten, und die Zahl der Passagiere hatte sich rapide verringert. In den ersten Wochen nach der Invasion erhielt Virgin Atlantic 3 000 Stornierungen. Wir hatten eine frisch ausgehandelte Kreditlinie von 25 Millionen Pfund bei der Lloyds Bank. Ich fragte mich, wie weit wir gehen konnten, bis Lloyds Maßnahmen unsererseits verlangte, verdrängte diesen Gedanken aber wieder. Wie viele Passagiere würden wohl heute wieder abspringen? Die großen staatseigenen Fluggesellschaften waren noch stärker betroffen, da aus Angst vor einem terroristischen Anschlag niemand das Risiko eingehen wollte, mit einer Maschine mit der Landesflagge zu fliegen. Da Margaret Thatcher den US-Jets beim Angriff auf Libyen erlaubt hatte, in Großbritannien aufzutanken, galten eng mit der Regierung verbundene Firmen als potentielle Ziele von Vergeltungsanschlägen. Der Bombenanschlag auf die PanAm-Maschine über Lockerbie hatte gezeigt, welch katastrophale Folgen solche Racheakte haben konnten. Obwohl British Airways eine ganz normale Aktiengesellschaft war, verkaufte sie sich weiterhin als die staatliche britische Fluglinie. Nun verkehrte sich dieser Ruf zum ersten Mal in einen Vorteil für uns. Nach einer Woche leerer Flüge sah ich einen Silberstreif am Horizont: Wir verbuchten einen vorsichtigen Zulauf von Passagieren, und sie gaben offenbar Virgin Atlantic gegenüber British Airways und den amerikanischen Carriern den Vorzug. Im Sommer 1990 war Virgin Atlantic immer noch eine winzige Fluglinie. Wir flogen nur vier Destinationen in zwei Ländern an. Jeden Tag überprüften wir die Buchungen für diese vier Strecken, um herauszufinden, ob es Anzeichen dafür gab, daß wir Passagiere zurückeroberten. Am stärksten litt unsere Verbindung nach Tokio. Wir durften die japanische Hauptstadt nur viermal in der Woche anfliegen (niemals am Sonntag, dem beliebtesten Reisetag für Geschäftsleute). Daher schrieb die Strecke schon vor der Invasion der Iraker in Kuwait rote Zahlen. Den ganzen Sommer hatten wir uns abgemüht, den Zuschlag für die beiden zusätzlichen Flüge nach Tokio zu bekommen, die freigegeben werden sollten, waren aber immer an British Airways gescheitert. Unsere Flüge nach Newark und Los Angeles hatten in der ersten Woche nach dem irakischen Einmarsch Passagiere verloren. Nun aber entdeckten wir leichte Abwanderungsbewegungen von den amerikanischen Gesellschaften zu Virgin. Die beste Nachricht war, daß unsere Urlaubsflüge nach Miami und Orlando kaum von den weltpolitischen Ereignissen beeinträchtigt wurden.

Einen Monat zuvor hatten wir meinen 40. Geburtstag gefeiert. Obwohl Joan eine wundervolle Party auf Necker Island für mich ausgerichtet hatte, fühlte ich mich ungewöhnlich deprimiert. Simon hatte offenbar sein Interesse an Virgin Music verloren, und ich konnte es ihm nachfühlen. Vertragsverhandlungen sind äußerst kräftezehrend, und manchmal hat man das Gefühl, als müsse man immer wieder und wieder die gleichen Punkte durchkauen. Obwohl Virgin Music eine der führenden unabhängigen Plattenfirmen war, steckte Simons gesamtes Vermögen in diesem einen Unternehmen. Ich wußte, daß er sich Sorgen machte, ich könne alles mit einem neuen, riskanten Projekt aufs Spiel setzen. Simon interessierte sich nicht für mein neues Vorhaben und hatte Virgin Atlantic stets als Hemmschuh für die übrige Virgin-Gruppe betrachtet: Es konnte von British Airways oder einem anderen, unvorhersehbaren Ereignis – beispielsweise dem Golfkrieg – leicht über den Rand der Klippe gestoßen werden.

Mein vierzigster Geburtstag war auch ein Anlaß für mich, über mein Leben nachzudenken. Nach dem großen Sprung, der zur Gründung von Virgin Atlantic geführt hatte, erwies es sich jetzt als schwierig, das gewünschte Entwicklungstempo aufrechtzuerhalten. Obwohl wir ein äußerst erfolgreiches Jahr hinter uns hatten und zur Airline mit der besten Business Class gewählt worden waren, blieb der Betrieb von Virgin Atlantic auf den Londoner Flughafen Gatwick beschränkt, der mit einer einzigen, kurzen Startbahn und seinem mageren Angebot an Anschlußflügen für Fracht und Passagiere weniger profitabel war als Heathrow. Nur mit Mühe konnten wir genug Geld verdienen. Zudem mußten wir uns in einem Maschinenwartungsdisput weiterhin heftig mit British Airways herumzanken.

Vor dem Hintergrund von Simons nachlassendem Interesse und dem unablässigen Kampf ums Überleben bei Virgin Atlantic begann ich mich zu fragen, ob ich vielleicht eine völlig andere Laufbahn einschlagen sollte. Ich dachte sogar an ein Geschichtsstudium: Es wäre schön, Zeit zum Lesen zu haben. Als ich dies Joan gegenüber erwähnte, hielt sie mir unverblümt entgegen, daß dies in Wahrheit nur ein Vorwand sei, viele hübsche junge Mädchen kennenzulernen. Ich überlegte mir, ob ich als Vollzeitlobbyist arbeiten sollte. Vielleicht könnte ich große Fragen wie das Gesundheitswesen und die Obdachlosigkeit aufgreifen, die besten Lösungen erarbeiten und dann mit ganzer Kraft für einen entsprechenden politischen Wandel kämpfen. All diese Ideen wurden von Saddam Husseins Einmarsch in Kuwait beiseite gefegt. Er führte zu einer ausgewachsenen Krise in der Fluggesellschaft. Der Golfkrieg sollte zu einer sehr persönlichen Angelegenheit für mich werden.

»Daddy, kannst du mir bitte meine Schuhe suchen helfen?«

Es war Holly.

»Welche?«

»Du weißt schon, meine neuen Turnschuhe.«

Während auf dem Bildschirm sich die Welt in den Wirren des Krieges aufzulösen begann und unsere halbleere 747 *Maiden Voyager* über dem Atlantik auf die hinter Gatwick aufgehende Sonne zuflog, versammelte sich meine Familie zum Frühstück im Bett. Joan brachte ein riesiges Tablett mit Spiegeleiern, gebratenem Brot, Speck und gebackenen Bohnen. Während wir aßen, klappte die Haustür mehrmals auf und zu. Mitarbeiter von Virgin betraten das Haus. Ich hörte, wie Penni den Fotokopierer im Keller anwarf. Unser neuer Pressesprecher Will Whitehorn stürmte die Treppe hinauf zu seinem Büro. Mit seinem unbändigen Optimismus und seiner unerschöpflichen Energie hatte Will bereits seinen Wert bewiesen. Um Holly und Sam für die Schule vorzubereiten, mußten stets alle möglichen geistigen Herausforderungen überwunden werden. Schuhe, Socken, Unterhemden, Hemden und Blusen, Blazer und Baskenmützen mußten gefunden werden. Über Nacht verschwanden sie immer auf unerklärliche Weise. Nur durch äußerst inspirierte Gedankensprünge konnte man sie wiederfinden.

»Hier sind sie!« Joan war auf die Idee gekommen, Hollys Schuhe in dem großen Puppenhaus zu suchen. Ich konnte mich nicht erinnern, wann damit zuletzt jemand gespielt hatte.

»Wie kommen die dorthin?« fragte ich.

»Keine Ahnung«, sagte Holly und steckte sie ohne weitere Erklärungen in ihren Schulrucksack.

»Sam, wir fahren in *zwei* Minuten«, drohte Joan.

Sam hatte begonnen, seine Autorennbahn aufzubauen.

Als die Kinder schließlich alles gefunden hatten und zur Tür gingen, läutete das Telefon. Es war Königin Noor von Jordanien.

Meine Freundschaft mit Königin Noor war eine der seltsamen

Folgen meiner Ballonfahrt über den Atlantik mit Per. Königin Noor war die Grace Kelly von Jordanien. Sie war Amerikanerin und hatte früher als Stewardeß gearbeitet. Groß, blond und sehr glamourös lebte sie heute in einem abgeschotteten, schwer bewachten Palast in Amman. Sie hatte von unserer Atlantiküberquerung gehört und rief mich an, um zu fragen, ob ich ihr und ihrer Familie das Ballonfahren beibringen könne. Ich war mit Tom Barrow nach Jordanien gereist und hatte eine Woche im Palast von König Hussein gewohnt, während ich die königliche Familie in die Geheimnisse des Heißluftballonfahrens einweihte. Wir schwebten über die Dächer von Amman und blickten hinab auf die uralte Stadt mit ihren Minaretten, weißgetünchten Wänden und verblichenen orangefarbenen Schindeln auf den Dächern. Niemand in Amman hatte zuvor einen Heißluftballon gesehen; alle reckten die Hälse nach diesem ungewohnten Gefährt. Als die Leute ihren König und ihre Königin im Korb stehen sahen, jubelten sie und rannten winkend dem Ballon nach. Während wir die Brenner aufdrehten, fingen alle Hunde in der Stadt zu bellen an. Mit dem Gebell, dem Jubel und dem Ruf des Muezzins versank die Stadt in völliges Chaos. König Hussein, Königin Noor und die Prinzen winkten der Menge zu, während der Ballon knapp einen Meter über den Dächern schwebte. Die einzigen, denen der Flug keinen Spaß machte, waren vermutlich König Husseins Leibwächter, die ihn schon erfolgreich vor neun Attentatsversuchen geschützt hatten, aber nichts für ihn tun konnten, während er in einem Weidenkorb durch die Gegend segelte.

Als Saddam Hussein in Kuwait einfiel, war König Hussein eines der wenigen Staatsoberhäupter, die ihn nicht sofort verurteilten. Er betonte, daß Kuwait dem Irak als Teil seiner Unterstützung für den langen Krieg gegen den Iran etliche Ölquellen versprochen habe. Dieses Versprechen habe Kuwait allerdings nie eingelöst. Zudem halte es sich nicht an die vereinbarten OPEC-Kontingente. In dem Chaos nach der Invasion flohen viele ausländische Arbeitskräfte aus dem Irak nach Jordanien. Fast 150000 Flüchtlinge lebten in einem provisorischen Lager ohne Wasser und Decken. Tagsüber war es extrem heiß; nirgendwo gab es Schatten. In der Nacht war es bitterkalt. Eine Decke kann als Schutz gegen Sonne und Kälte dienen. Als ich von diesem Problem hörte, hatte ich König Hussein und Königin Noor sofort meine Hilfe angeboten. Jetzt teilte mir die Königin mit, daß das Rote Kreuz zwar ein Wasserversorgungssystem aufbaue, aber nach wie vor 100 000 Decken fehlten.

»Einige Babys sind bereits gestorben«, sagte Königin Noor, »aber es ist noch keine ausgewachsene Katastrophe. Uns bleiben wohl noch zwei oder drei Tage, bevor wir Hunderte von Flüchtlingen verlieren.«

Noch am gleichen Tag diskutierte ich in Crawley mit einigen Mitarbeitern von Virgin Atlantic, wie wir wohl 100 000 Decken beschaffen und nach Amman fliegen könnten. Alle unterstützten das Vorhaben. Wir sprachen mit Vertretern des Roten Kreuzes, William Waldegrave im Außenministerium und Lynda Chalker im britischen Amt für Entwicklungshilfe und sicherten uns so 30 000 Decken. Das UNICEF-Büro in Kopenhagen sagte zu, mehr zu beschaffen. Da wir ein Flugzeug angeboten hatten, ließ das Rote Kreuz einen Appell in den Radiosendern des Landes ausstrahlen. Ab jenem Abend begann sich eine Lagerhalle in Gatwick mit Decken zu füllen. Darüber hinaus versprach mir David Sainsbury von der gleichnamigen britischen Supermarktkette, mehrere Tonnen Reis zu spenden. Zwei Tage später wurden alle Sitze aus einer unserer 747 ausgebaut und durch über 40 000 Decken, mehrere Tonnen Reis und medizinische Hilfsgüter ersetzt. Dann flog die 747 nach Amman. Die Decken wurden in eine lange Reihe von Lkws verladen, die am Flughafen warteten. Beim Rückflug nahmen wir einige in Jordanien gestrandete Briten mit nach Hause. Nach meiner Rückkehr teilte mir William Waldegrave mit, daß ihn der Chairman von British Airways, Lord King, angerufen habe, da er zu seiner Überraschung in den Abendnachrichten eine Meldung über unseren Flug nach Jordanien gesehen hatte.

»Wir sollten das machen«, hatte er Waldegrave erklärt.

William Waldegrave hatte darauf hingewiesen, daß ich nur meine Hilfe angeboten und Virgin Atlantic zufällig ein Flugzeug für die Aktion bereitgestellt habe. Eine Woche später flog British Airways Vorräte nach Jordanien und holte weitere Briten heim. Die Hilfsorganisation Christian Aid ließ uns wissen, wie sehr sie dieses Vorgehen erstaunte: Seit langem hätten ihre Mitarbeiter vergeblich an British Airways appelliert, aber seit Virgin Atlantic nach Amman geflogen sei, hätte BA sie praktisch mit Hilfsangeboten überschüttet. Selbst wohltätige Organisationen profitieren bisweilen von gesundem Wettbewerb.

Da ich hörte, daß ein Teil unserer ursprünglichen Lieferung das Flüchtlingslager nicht erreicht hatte, beschloß ich, einige Tage in Amman zu verbringen, um den nächsten Versorgungszug bis zu seinem Ziel zu begleiten. Wieder wohnte ich im Palast von König Hussein und Königin Noor. Ich stritt mich heftig mit dem jordanischen Innenminister über die Notwendigkeit strenger Rechenschaftspflichten für die Hilfslieferungen, damit die Spender auch darauf vertrauen konnten, daß die Güter die Lager erreichten. Mit König Hussein sprach ich mehrmals ausführlich über die Golfkrise. Er war sicher, daß ein Krieg abgewendet werden könne, befürchtete jedoch, daß der Westen ein Scheitern der diplomatischen Bemühungen wünschte, um Kuwait zu verteidigen und so seine Öllieferungen schützen zu können. Als ich wieder nach Hause flog, war eine größere Flüchtlingskatastrophe in Jordanien abgewendet worden. Es hatte keine Todesfälle infolge von Ruhr oder Dehydrierung mehr gegeben. Im Laufe der Zeit löste sich das Lager mit den 150 000 Flüchtlingen auf.

Einige Tage später sah ich in den Nachrichten Bilder von Saddam Hussein umringt von Briten, die in Bagdad festgehalten wurden. In einer der schrecklichsten Szenen, die ich je im Fernsehen mit ansehen mußte, winkte er einen kleinen Jungen zu sich heran. Er legte ihm eine Hand auf den Kopf und streichelte ihm die Schulter, während er weiter in die Kamera sprach. Der Junge war ungefähr so alt wie Sam. Ich wußte, daß ich diesen Menschen irgendwie helfen mußte. Wäre der Junge mein Sohn gewesen, hatte ich alles Menschenmögliche getan, um ihn nach Hause zu holen. Die Reporter rechneten damit, daß die Geißeln als »menschliches Schutzschild« dienen und in Hauptzielen der Alliierten inhaftiert würden. Ich hatte keine Ahnung, was ich zur Rettung dieser Geißeln tun konnte. Eines wußte ich: Virgin Atlantic hatte ein Flugzeug. Wenn wir irgendwie eine Landeerlaubnis für Bagdad erwirken könnten, würden wir alle Geißeln nach Hause bringen können, deren Freilassung Saddam Hussein zustimmte. Mir fiel ein, daß ich auf die gleiche Weise wie bei meiner Hilfe für die Krise in Jordanien hier das Verkehrsmittel für die Befreiung der Geißeln liefern konnte. Am nächsten Tag rief mich Frank Hessey an. Seine Schwester Maureen und sein Schwager Tony gehörten zu den Geißeln in Bagdad. Tony litt unter schwerem Lungenkrebs und benötigte dringend medizinische Hilfe. Frank hatte schon mit allen Abteilungen im Außenministerium, den irakischen Botschaftern in Europa und sogar der irakischen Regierung in Bagdad telefoniert, aber niemand schien etwas für ihn tun zu können. Er bat mich um Hilfe.

Ich hatte nicht nur anläßlich des Hilfsflugs Kontakte mit dem britischen Außenministerium geknüpft, sondern war auch mit König Hussein und Königin Noor befreundet. König Hussein war einer der wenigen Kontakte des Westens zum Irak. Ich hatte gehört, daß medizinische Vorräte im Irak knapp wurden, und fragte mich, ob man vielleicht eine Vereinbarung aushandeln könne, die uns einen Austausch eingeflogener Medikamente gegen einige der ausländischen Geißeln ermöglichen würde. Ich bat Königin Noor um Hilfe. Als ich meine Idee beschrieb, meinte sie, ich solle nochmals nach Amman kommen und die Sache mit König Hussein besprechen. Die nächsten drei Tage mit König Hussein und Königin Noor in Amman gewährten mir Einblick in die Möglichkeiten, wie ein Unternehmer in Krisensituationen helfen kann. Oberflächlich betrachtet hatte ich Saddam Hussein gegenüber nichts außer einem Ballonflug mit dem jordanischen Königspaar und einer kleinen Fluggesellschaft mit vier Boeing 747 vorzuweisen. Ich war zwar der einzige, der mit König Hussein in einem Ballonkorb gestanden hatte, doch besitzen viele Geschäftsleute große Flugzeuge. Diese beiden Qualifikationen hatten mich in eine einzigartige Lage versetzt: Ich war einer der wenigen Menschen aus dem Westen, denen König Hussein sein Vertrauen schenkte, und somit hatte ich praktisch einen direkten Kontakt zu Saddam Hussein.

Ich setzte einen Brief an den irakischen Führer auf, in dem ich mitteilte, daß ich König Hussein beim Rücktransport der Flüchtlinge in ihre Heimatländer und der Organisation von Medikamenten-

und Lebensmitteltransporten geholfen hatte. Ich fragte Saddam, ob er die Freilassung einiger der in Bagdad inhaftierten Ausländer – vor allem Frauen, Kinder und Kranke – in Erwägung ziehen würde. Als Zeichen des guten Willens bot ich ihm an, dafür medizinische Hilfsgüter einzufliegen, die im Irak knapp waren. Ich erwähnte Frank Hesseys krebskranken Bruder. Den Brief unterzeichnete ich mit »Hochachtungsvoll, Richard Branson«.

Dann ging ich hinunter in den Salon, wo König Hussein eine Stunde lang über die Nahostproblematik sprach. Während ich ihm zuhörte, entdeckte ich einträchtig nebeneinander signierte Fotos von Margaret Thatcher und Saddam Hussein. König Hussein erklärte mir, weshalb er nicht automatisch die Position Kuwaits gegen den Irak unterstütze:

»Das Volk von Kuwait ist in drei Gruppen unterteilt«, sagte er. »Es gibt 400 000 Kuwaiter, die entweder sehr reich oder sehr, sehr reich sind. Und es gibt 2 Millionen verarmter Einwanderer, die diese Reichen bedienen.«

In Kuwait, unterstrich er, gebe es keine Pressefreiheit und keine freien Wahlen; es sei wohl kaum die »Demokratie«, die der Westen zu verteidigen vorgebe.

»Die Kuwaiter tun nichts für die arabische Welt«, fuhr er fort. »Ihr ganzes Geld liegt auf Bankkonten in der Schweiz, nicht in arabischen Ländern. Ich habe etliche Staatsoberhäupter gefragt, ob der Westen einem Land ohne Ölvorräte wie Jordanien zu Hilfe geeilt wäre, wenn die Iraker hier eingefallen wären. Jedes Mal erntete ich Schweigen. Ich bezweifle es.« Er lachte. »Ich weiß aber, daß Sie uns geholfen hätten. Ja, Sie würden in Ihrem Ballon über den Horizont segeln, begleitet von Ihren Virgin-Flugzeugen!«

»Aber Scherz beiseite«, sinnierte er. »Das ist die Chance, die ganze Nahostfrage zu lösen. Kuwait hatte Saddam Hussein versprochen, daß es seinen Anteil an den Kosten des Krieges gegen den Iran tragen würde, den der Irak in seinem Namen führte. Es hat dieses Versprechen nicht eingehalten. Ursprünglich wollte Saddam nur die umstrittenen Ölfelder nehmen, die er als sein rechtmäßiges Eigentum betrachtet. Er besetzte das ganze Land nur deshalb, weil er gehört hatte, daß die Kuwaiter ihre Landepisten für die Amerikaner vorbereiteten, die sie verteidigen sollten. An einer Invasion Saudi Arabiens hat er keinerlei Interesse.«

König Husseins Friedensplan sah vor, daß sich die irakischen Truppen an die Grenze zurückziehen, aber das umstrittene Stück Land behalten sollten, das dem Irak seiner Meinung nach zustand. In drei Jahren sollte es dann Wahlen in Kuwait geben, in denen die Grenzbevölkerung entscheiden könne, ob sie zu Kuwait oder zum Irak gehören wolle. Er erklärte mir, daß der Westen nichts über die monatelangen Verhandlungen zwischen dem Irak und Kuwait oder über die kontinuierliche Nichteinhaltung der von Kuwait gegebenen Versprechen wußte. Darüber hinaus hatte Kuwait dem Irak die während des Krieges gegen den Iran entstandenen Schulden nicht erlassen und betrog weiterhin alle arabischen Staaten durch Überschreitung seiner Ölförderungsquoten und Verkauf von Öl zu Dumpingpreisen. Nach dem Abendessen nahm König Hussein meinen Brief mit in sein Arbeitszimmer und übersetzte ihn ins Arabische. Zusammen mit einem Begleitschreiben aus seiner Feder wurde er per Sonderkurier an Saddam Hussein in Bagdad versandt. Bevor wir uns zum Schlafen zurückzogen, gab mir der König noch einen Ausspruch seines Bruders mit auf den Weg: »Warum läuteten die Schafsglocken auf den Falkland-Inseln lauter als die Kirchenglocken in Jerusalem?«

In London nahm ich Kontakt zum britischen Außenministerium auf. Ich versuchte, Einzelheiten zu den Diagnosen der in Bagdad gefangenen Menschen zusammenzutragen, damit wir »beweisen« konnten, daß sie krank waren. Dann informierte ich in einem Rundruf die Botschaften anderer Nationen über den potentiellen Rettungsflug nach Bagdad und riet ihnen, ähnliche »Beweise« über kranke Bürger ihrer Länder zu sammeln. Zwei Tage nach meiner Rückkehr nach England erhielten wir eine Antwort von Saddam Hussein. Er versprach, Frauen, Kinder und kranke Geißeln freizulassen, verlangte dafür aber, daß eine hochrangige Persönlichkeit nach Bagdad kommen und ihn öffentlich darum ersuchen solle. Ich fragte den ehemaligen konservativen britischen Premierminister Edward Heath, ob er dazu bereit wäre. Er willigte ein. König Hussein kontaktierte Saddam Hussein und nannte Ted Heaths Namen. Der irakische Führer war einverstanden. Am nächsten Tag flogen wir Edward Heath nach Amman, wo König Hussein seine Reise nach Bagdad arrangierte. Einen Tag später rief mich König Hussein an:

»Ich habe gute Neuigkeiten, Sir«, teilte er mir mit. Mit ausgesuchter Höflichkeit gebrauchte er (wie auch seine Kinder) stets die Anrede »Sir« bzw. »Madam«. »Sie können nach Bagdad fliegen. Saddam hat mir gegenüber für Ihre Sicherheit garantiert.«

Wir hatten uns schon seit Tagen auf diesen Anruf vorbereitet und eine Freiwilligencrew zusammengestellt. Die Passagiere waren vorgewarnt, daß es bei Virgin Atlantic zu Verspätungen bzw. Umbuchungen auf andere Fluggesellschaften kommen könne. Als ich den anderen Direktoren der Fluggesellschaft von der Flugerlaubnis berichtete, waren sie verständlicherweise besorgt. Sie wußten, daß wir in den Konkurs schlittern könnten, wenn die Maschine länger in Bagdad festgehalten wurde.

»Die Regierung bestätigt, hinter unserer Versicherung zu stehen, wenn das Flugzeug zerstört wird«, teilte Nigel Primrose, der Finanzvorstand von Virgin Atlantic, mit. »Aber niemand wird uns gegen Geschäftsausfälle versichern, wenn unsere Maschine entführt und in Bagdad festgehalten wird. Denkt an die 747, die BA in Kuwait verloren hat.«

Tiefes Schweigen herrschte, während alle diese Informationen verarbeiteten.

»Ein Gutes hat die Sache«, meinte David Tait mit ernstem Gesicht. »Sie werden auch Richard dort festhalten und uns damit weitere verrückte Eskapaden dieser Art ersparen!«

Alle lachten. Obwohl ich wußte, daß wir mit diesem Flug alles aufs Spiel setzten, gab es jetzt kein Zurück mehr.

Am 23. Oktober 1990 um 11.00 Uhr starteten wir in Gatwick und flogen über den europäischen Kontinent in Richtung Osten. Wir hatten uns im vorderen Teil der Maschine versammelt: Eine seltsame Mischung aus Verwandten der Geißeln, Ärzten, Krankenschwestern, Virgin-Stewards und -Stewardessen und einem Journalisten als Vertreter der Presse. Die übrigen 400 Sitze hinter uns waren leer. Es war recht unheimlich. Nach ein paar Stunden gingen wir alle auf den Gängen auf und ab, um uns etwas Bewegung zu verschaffen.

Draußen wurde es rasch dunkel. Als wir den irakischen Luftraum erreichten, war es bereits Nacht. Ich starrte in die Dunkelheit hinaus und fragte mich, wo sich wohl die Stellungen der irakischen Armee befanden. Ich stellte mir vor, wie sie auf ihren Radarschirmen unseren Flug nach Bagdad beobachteten. Wir waren ein einsamer leuchtendgrüner Punkt, der langsam über ihre Schirme zog. Es hätte mich nicht überrascht, wenn plötzlich als Eskorte einige Kampfflugzeuge neben uns aufgetaucht wären, doch blieb es nervenaufreibend ruhig. Brummend und bebend bewegte sich unser Flugzeug auf Bagdad zu – das erste seit einem Jahr. Keiner sprach. Wir befanden uns im gefährlichsten Luftraum der Welt, dem Ziel des geplanten Angriffs der Alliierten Streitkräfte. Wann würde die Operation wohl beginnen? Ich ging ins Cockpit und setzte mich hinter die Piloten. Sie hatten Funkkontakt mit den Fluglotsen, doch das war das einzige Zeichen, daß dort draußen Bagdad lag. Durch die Scheibe war nichts zu erkennen. Der Irak war vollkommen verdunkelt. Ich fragte mich, wer da unten wohl lebte, ob sie uns über ihren Köpfen hören konnten und sich vielleicht fragten, ob wir die ersten Bomber der Alliierten waren. Wir schienen das einzige Flugzeug am Himmel zu sein.

»Wir nähern uns der Stadt«, sagte Kapitän Tony Ling.

Ich sah zu, wie die Zahlen auf dem Höhenmesser während unseres Sinkflugs niedriger wurden. Ein Langstreckenflug ist trügerisch. Die meiste Zeit fliegt man über den Wolken in der magischen Welt des Jet-Streams und merkt kaum, daß man sich bewegt. Beim Landeanflug erkennt man dann plötzlich, daß man mit fast 650 Kilometern in der Stunde in einem schweren Metallkasten fliegt und dieser zum Stillstand gebracht werden muß. Wir sanken tiefer und tiefer, während das Flugzeug dahinsauste. Normalerweise sind Flughäfen ein Meer aus orangefarbenen und silbernen Lichtern, zwischen denen man nur schwer die Markierungslampen an der Landebahn ausmachen kann. Start- und Landebahnen, Flugzeuge und Tower strahlen in Neon- und Halogenglanz. Nun aber flogen wir erstmals über ein Land, das genauso dunkel wie das Meer war. Der Kopilot Jon Pugh wurde vom Tower in Bagdad geleitet. Er öffnete die Klappen auf den Tragflächen und ließ das Fahrwerk herab. Ich sah zu, wie wir uns der Erde näherten. Jetzt waren es nur noch 200 Meter, 150 Meter. Die körperlose Stimme eines Fluglotsen begann, unsere Höhe zu zählen. Plötzlich leuchteten vor uns in der Dunkelheit zwei Reihen Landelichter auf. Wir zielten genau auf die Mitte, setzten auf und rasten das Rollfeld entlang. Weitere Lichter schienen uns den Weg zu weisen. Wir rollten zu einem Flugsteig. Im dämmerigen Licht erkannte ich Männer mit Maschinengewehren, die neben einer fahrbaren Gangway standen. Einer unserer Stewards öffnete die Tür, und ich steckte meinen Kopf hinaus. Es war eiskalt. Die Gangway wurde auf die Maschine zugeschoben. Ich stieg als erster hinunter auf das irakische Rollfeld. Um uns herum schwärmten die Soldaten in zwei Reihen aus. Einige führende Regierungsbeamte in braunen Kamelhaarmänteln begrüßten uns und gaben uns zu verstehen, daß die Verwandten an Bord bleiben sollten. Der Flughafen von Bagdad ist größer als Heathrow, war aber völlig verlassen: Das einzige Flugzeug war unsere Maschine. Ich warf einen Blick zurück auf das groteske Bild der Virgin-Stewardessen in ihren roten Miniröcken und roten Pfennigabsätzen, die an den irakischen Soldaten vorbei auf den riesigen, leeren Flughafen zugingen. Wir lächelten alle. Die Soldaten waren zunächst ein wenig befangen, begannen dann jedoch zu grinsen. Ohne den Kontrast anderer Flugzeuge erschien unsere Maschine unnatürlich groß. Wir wurden in eine nüchterne Abflughalle geführt, in der die gesamte Technik – Computerterminals, Telefone, ja sogar Lampen – abgebaut worden war. Die Abbauarbeiten hatten bestimmt einige Zeit in Anspruch genommen und deuteten darauf hin, daß der Irak fest mit Bombenangriffen rechnete und bereits alles Nötige aus dem Flughafen gerettet hatte. Wir überreichten Geschenke: Pralinen für die Offiziere und Unmengen von Virgin-Spielzeugsets für die Kinder der Soldaten. Dann kam Ted Heath an der Spitze einer großen Gruppe von Männern, Frauen und Kindern durch die Glastür. In der Neonbeleuchtung sahen alle blaß aus. Als sie uns sahen, begannen sie zu jubeln und rannten mit ausgebreiteten Armen auf uns zu. Ted strahlte und lachte und schüttelte viele Hände. Bald war mir klar, daß wir nicht all diese Menschen mit nach Hause nehmen dürften. Alle lachten und umarmten sich. Vielen strömten Tränen übers Gesicht. Draußen luden die Soldaten die mitgebrachten medizinischen Hilfsgüter aus. Wir öffneten Champagnerflaschen und stießen auf unser Wohl und die Rettung der zurückbleibenden Geißeln an. Ich fand Frank Hesseys Bruder, und wir fielen uns in die Arme. Eine schwangere Philippinin, die ihren Mann zurücklassen mußte, kam auf mich zu. Sie weinte. Ein anderer Mann mußte seine dreijährige Tochter dem Kindermädchen übergeben und sich von ihr verabschieden. Ich konnte ihn nur umarmen. Wir hatten beide Tränen in den Augen. Auch ich war Vater. Nach einer Stunde befahlen uns die Iraker, wieder an Bord zu gehen. Als wir das bitterkalte Rollfeld überquerten, schüttelte ich den Soldaten zum Abschied die Hand und verteilte noch mehr Spielzeugpäckchen für ihre Kinder. Wir wünschten uns gegenseitig alles Gute. Ich fand den Gedanken sehr beunruhigend, daß diese so zerbrechlich und ängstlich wirkenden Soldaten in ihren unbequemen Stiefeln und olivgrünen Hosen weiterhin ihre Gewehre umklammern und eines der vermutlich ersten Ziele eines Bombenangriffs bewachen würden. Die meisten Geißeln gingen Arm in Arm über das Rollfeld, um sich gegenseitig zu wärmen und zu stützen. Neben der 747 sahen sie wie winzige Geister aus. Nur ein einziges Licht beleuchtete die Gangway. Ich stieg die Treppen hinauf und winkte zum Abschied nochmals hinunter.

»Immer kommst du zu spät!« hörte ich eine schroffe Stimme hinter mir. Frank Hessey war an Bord geblieben, um seine Schwester und seinen Schwager zu überraschen. Als sie sich umarmten, liefen ihnen Freudentränen übers Gesicht. Das letzte, was ich von den irakischen Soldaten sah, war, wie sie sich in einer Gruppe versammelten und die roten Virgin-Sets aufrissen. Möglicherweise waren wir die ersten Vertreter der westlichen Welt, die sie jemals gesehen hatten. Sie wußten, daß die zweite Gruppe bald am Himmel auftauchen und Raketen auf sie werfen würde. Will Whitehorn hatte alle Taschen durchsucht, die die Geißeln mit an Bord gebracht hatten. In allerletzter Minute fand er eine Tasche mit einem Transistorradio, die niemandem zu gehören schien. Die Flugzeugtür schloß sich bereits, als er die Tasche aus der Maschine warf. Die Soldaten waren zu verblüfft, um etwas dagegen zu unternehmen. Die Tasche lag auf dem Betonboden, während das Flugzeug vom Flugsteig zurückrollte. In der Maschine herrschte großer Jubel. Familienangehörige drängten sich auf den Gängen und umarmten sich. Wir legten die Sitzgurte für den Start an, aber als wir unsere Reiseflughöhe erreicht hatten, begannen wir zu feiern. Wir hatten es geschafft. Wir standen mit Champagnergläsern in der Hand herum und erzählten uns von unseren Erlebnissen, als der Pilot verkündete, daß wir den irakischen Luftraum verlassen hatten. Alle applaudierten.

Ich nahm das Mikrofon, um Ted Heath ein wenig auf den Arm zu nehmen: »Wie mir gerade gemeldet wurde, ist Frau Thatcher ganz entzückt, daß Ted heil wieder nach Hause kommt!« Ihr Bête Noir kehrte nach Großbritannien zurück. Frank Hessey, seine Schwester Maureen und sein Schwager Tony hielten sich die ganze Zeit über an den Händen: Sie konnten es kaum glauben, daß sie zusammen waren und Bagdad verlassen hatten. Andere Passagiere weinten: Sie freuten sich über ihre Freiheit, sorgten sich aber um die zurückgebliebenen Geißeln. Zwei Monate später starb Tony an Lungenkrebs, und der Flughafen von Bagdad wurde in einem der heftigsten militärischen Bombardements aller Zeiten dem Erdboden gleichgemacht. Ich hoffte, daß die irakischen Soldaten mit ihren schlecht sitzenden Uniformen dem Angriff irgendwie entronnen waren.

»Für wen hält sich dieser Richard Branson eigentlich?« brüllte Lord King in seinem zweiten Anruf William Waldegrave ins Ohr. »Für einen Mitarbeiter des Außenministeriums?«

Lord Kings Unwillen wurde auch von verschiedenen Zeitungen aufgegriffen, die mir vorwarfen, ich täte das alles nur aus reiner Geltungssucht. Diese Kritik ärgerte mich kolossal. Bei einem Besuch bei König Hussein versuchte ich, meine Motive in meinem Tagebuch zu analysieren:

Bin fix und fertig. Habe mir zuviel zugemutet. In einem Interview mit ITN über die verschiedenen Leute, die ich sah, brachte ich plötzlich kein Wort mehr heraus. Ich erzählte von dem britischen Vater, der seine Tochter am Bagdader Flughafen dem Kindermädchen übergab, und von der Frau aus den Philippinen, die mit uns flog, um ihr zweites Kind auf die Welt zu bringen. Ich brachte nur die Hälfte der Geschichte heraus. Warum macht man etwas? Ist an den Sticheleien etwas Wahres dran?

Vor einem Monat war ich bei einem Interview mit Vanity Fair *so deprimiert wie noch nie. Mein Leben schien mir sinnlos zu sein. Ich war gerade 40 geworden und in vielen Bereichen erfolgreich gewesen. Nun suchte ich nach neuen Herausforderungen. Ich überlegte mir sogar, ob ich nicht alles bis auf die Fluglinie verkaufen sollte. Den Konzern verkleinern. Um mich auf den einen Geschäftsbereich konzentrieren zu können, den ich liebe. Aber auch um mehr Zeit zu haben, um mein geschäftliches Geschick zur Lösung von Problemen einzusetzen und helfen zu können, wie zum Beispiel im Kampf gegen Zigarettenhersteller, Gebärmutterkrebs etc.*

Ich hatte das Gefühl, daß ich dann zufriedener mit mir sein würde und meine Energie in den nächsten vierzig Jahren meines Lebens nicht damit verschwenden würde, einfach nur Unternehmen zu leiten, immer größer zu werden – eine Wiederholungsvorstellung der ersten vierzig Jahre. Brauche ich Anerkennung dafür? Ich glaube nicht. Der Haken dabei ist nur, daß man sich bei vielen Angelegenheiten öffentlich einbringen muß, um die Leute zu motivieren. Das Fernsehen ist ein sehr mächtiges Medium. Als ich im Fernsehen sprach, erreichten die vielen Tonnen Medikamente, Lebensmittel und die Decken und Zelte die Flüchtlinge. Die Regierung Thatcher stellte zwei Millionen Pfund bereit. Die fünf wichtigsten Hilfsorganisationen trafen sich zu einer Notstandssitzung. BBC und ITV werden bald kostenlose Werbespots ausstrahlen. Durch rasches Vorgehen ist in diesem Fall meines Erachtens eine größere Katastrophe vermieden worden. Hätte ich mich nicht öffentlich dafür eingesetzt, wäre dies nicht der Fall gewesen. Mein Dilemma ist die Frage, wie oft man die Presse in einem kleinen Land wie England auf diese Art und Weise benutzen kann, ohne sein positives Image in der Öffentlichkeit zu verlieren. Wenn impliziert wird, daß ich das aus reiner Geltungssucht tue, werde ich gar nichts mehr tun können.

Mit dem Flug nach Bagdad und der Rettung der Geißeln hatte Virgin sich erneut British Airways' traditionelle Rolle angemaßt. Damals hatte ich keine Ahnung, wie sehr dieser Flug Lord King erzürnte. Ich versuchte lediglich zu helfen: Ich hatte ein Transportmittel und konnte schnell agieren. Obwohl Virgin Atlantic aus einer Flotte von nur vier Flugzeugen bestand, wirkten wir plötzlich wie eine viel größere Gesellschaft. Wir hatten erfolgreich mit Saddam Hussein verhandelt, medizinische Güter eingeflogen, Geißeln nach Hause geholt. Erst später wurde mir klar, daß Lord Kings empörte Reaktion der Beginn einer großangelegten Kampagne war, mit der British Airways Virgin Atlantic vom Markt verdrängen wollte.

21
ZWEI SEKUNDEN FÜR EIN LETZTES GEBET

November 1990 bis Januar 1991

»Kopf einziehen!« schrie ich Janet und ihrem Mann René zu, als ich die Brenner aufdrehte. Ich wollte verhindern, daß Janets Haare Feuer fingen. Ich trug immer eine Mütze im Ballon, damit ich mir nicht den Kopf versengte. Der Ballon riß an der Halteleine, und ich ließ sie fallen. Janet lugte über den Rand des Weidenkorbs auf den sich immer weiter entfernenden Boden. Sie trug einen alten Pelzmantel. Wir hatten ihn in unserer Garderobe aufgetrieben, weil sie selbst nichts dabei hatte, was warm genug für eine Ballonfahrt war. Sie wirkte winzig. René hatte sich eine alte Fliegerjacke ausgeborgt. Wir schwebten geräuschlos durch den Herbstnachmittag. Die wenigen Blätter, die noch an den Bäumen hingen, glänzten rot und golden. Die blasse Novembersonne warf lange, gefleckte Schatten durch die Zweige. Schatten sind eines der großen Vergnügen einer Ballonfahrt: Jeder Baum, jede Hecke, ja sogar die Kühe werfen lange, deutlich erkennbare Schatten, die man vom Boden aus kaum sehen kann.

Zur Zeit meiner Verhandlungen mit Saddam Hussein hatte ich auch Verhandlungen mit Janet Jackson begonnen, die ein Interesse an einem Vertrag mit Virgin Music bekundete. Wie Königin Noor wollte mich Janet gerne auf einer Ballonfahrt begleiten, und daher hatte ich sie nach Mill End eingeladen. Ich liebe es, in einem Ballon zu fliegen. Eine Ballonfahrt ist so friedlich wie kaum sonst etwas auf der Welt, und ich fühle mich dann immer der Natur ganz nahe. Wenn man nicht gerade den Brenner aufdreht (womit man Pferde und Kühe so erschrecken kann, daß sie in wilder Flucht übers Feld galoppieren), fühlt man sich im Schwebeflug der ganzen Welt entrückt. Niemand kann einen anrufen; niemand kann den Flug unterbrechen: Man ist völlig frei. Ein Ballon ist eines der natürlichsten Transportmittel. Meiner Ansicht nach schmiegt er sich in die Landschaft ein, anstatt sie wie etwa ein Motorboot oder ein Auto zu zerstören. Vom Ballon aus hat man auch einen wunderbaren Ausblick in alle Himmelsrichtungen und direkt nach unten. Einmal flog ich über einen Heuhaufen und entdeckte darin ein splitternacktes Liebespaar, das außer mir niemand sehen konnte. Sie sprangen erschrocken auseinander, als ich gut drei Meter über ihnen den Propangasbrenner aufdrehte.

Mit Janet und René schwebte ich über den Fluß Cherwell in Richtung Oxford. Bald tauchten die spitzen Türme der Stadt auf. Ich drehte den Kraftstoffhahn zu, so daß wir uns langsam im Sinkflug auf Oxford zubewegten. Es war so windstill, daß wir nahezu unmerklich schwebten und alle Geräusche aus den Straßen unter uns hören konnten.

»Hallo, ihr da unten!« Janet lehnte sich aus dem Korb und winkte einigen Studenten auf ihren Fahrrädern zu. Sie blieben stehen und winkten zurück.

»Bei meinem letzten Flug über Oxford begleitete mich Mike Oldfield«, erzählte ich Janet. »Mir ging der Sprit aus, und wir stürzten auf das Dach einer Brotfabrik. Die Zeitung der Stadt brachte eine Karikatur, in der gefragt wurde, ob ich nicht schon genug Brot hätte!«

Die Sonne wärmte uns noch, als wir am Boden tiefe Schatten sahen. Tiefrot begann der herbstliche Sonnenuntergang. Eine Schar Gänse flog in V-Formation über den Himmel. Ihre Flügel schienen zum Greifen nahe. Schließlich landeten wir auf Christchurch Meadows, wo uns unser Wagen abholte. An jenem Abend bereitete Joan Brathuhn zu, und wir aßen alle am Küchentisch. Der Abend endete damit, daß wir Trivial Pursuit spielten und erschöpft von der vielen frischen Luft in unsere Betten sanken. Obwohl wir gar nicht über das Musikgeschäft gesprochen hatten, war ich sicher, daß Janet Jackson einen Vertrag mit Virgin schließen wollte.

Meine nächste Ballonfahrt sollte nicht so idyllisch verlaufen wie dieser Herbstflug im Weidenkorb über Oxford. Seit der Aufgabe unseres Versuchs im letzten Dezember hatten Per und ich an der neuen Hülle gearbeitet, mit der wir die Pazifiküberquerung erneut versuchen wollten. Anfang Dezember war der neue Ballon nach Miyakonojo geliefert worden, wo er zusammen mit der Kapsel auf einen günstigen Verlauf des Jet-Streams wartete. Inzwischen hatten wir einen Herausforderer: den japanischen Ballonfahrer Fumio Niwa, der den Pazifik in einem Heliumballon überqueren wollte. Per und ich kamen mit unseren Familien und dem Ballonteam in Miyakonojo an, und Fumio und ich unterhielten uns während der Vorbereitungen per Funk. Auch er konnte wegen des für die Jahreszeit ungewöhnlich langsamen Jet-Streams nicht starten, der uns laut unseren Wettervorhersagediagrammen irgendwo über dem Pazifik im Stich lassen würde. Wir warteten und vertrieben uns die Zeit mit Sicherheitstrainings. Mit wachsender Spannung verfolgten wir auf CNN die Entwicklung am Golf. Wir waren sicher, daß die Alliierten kurz nach Weihnachten angreifen würden. Per und ich beschlossen, im Falle einer Kriegserklärung gegen den Irak die Ballonfahrt ein zweites Mal abzusagen und nach Hause zurückzukehren. Als Weihnachten näher rückte, gab es zwar immer noch keine Anzeichen für einen Krieg im Golf, doch blieb auch der Jet-Stream zu schwach, um uns über den Pazifik zu tragen. Bob Rice erklärte, daß es wohl mindestens noch eine Woche dauern würde, bis sich die Lage verbesserte. Per flog über die Weihnachtstage zurück nach England. Joan und ich fuhren mit unserer Familie nach Ishigaki, eine der japanischen Südküste vorgelagerte Insel. Ishigaki ist sehr ruhig und bietet die klassische Landschaft Japans: Berge und Meer. Ich nahm mir Zeit für meine Mutter und meinen Vater. Wir sahen den Kormoranfischern in ihren Kanus zu. Sie pflegten eine jahrtausendealte Tradition: Sechs oder sieben Vögel wurden am Rande des Boots aufgereiht und tauchten einer nach dem anderen ins Wasser, um Fische zu fangen. Dann brachten die Kormorane ihre Beute zurück ins Boot und öffneten ihre Schnäbel für die Fischer. Halsringe hinderten die Vögel daran, die Fische zu schlucken.

Ich hätte liebend gerne mit diesen Fischern gesprochen. Sie hatten wahrscheinlich ebenso viele finanzielle und familiäre Sorgen wie alle anderen Menschen auch, aber ihr Leben schien so friedlich und in eine so alte Tradition eingebunden zu sein, daß ich meinte, sie müßten ein Zeitgefühl entwickelt haben, das mir fremd war. Ich fragte mich, was sie wohl von meiner ständigen Hektik und meinen Wünschen halten würden – immer neue Unternehmen zu gründen, neue Herausforderungen zu meistern und auf einer Höhe von 10 000 Metern in einem Heißluftballon den Pazifik zu überqueren.

Als der Urlaub zu Ende ging, brachte Joan die Kinder wieder nach London zum Schulbeginn. Verständlicherweise mag Joan meine Ballonfahrten nicht. Noch unerträglicher findet sie es, beim Start zuzusehen. Zum Abschied am Narita-Flughafen in Tokio umarmte ich alle. Dann bereitete ich mich geistig auf die Reise vor. Auf dem Weg durch den Flughafen mit meinen Eltern zu unserem Inlandsflug nach Miyakonojo sah ich einen Fernsehbildschirm. In stark flimmerndem Bildmaterial zeigten die Nachrichten einen Hubschrauber, der über dem Meer kreiste und mit einer Winde einen Menschen barg. Der respektvolle Ton des Reporters sagte mir sofort, daß es sich um Fumio handelte und daß er tot war.

Wir alle waren in Hochstimmung gewesen, doch dies zeigte uns, welches Risiko wir in Wahrheit eingingen: Das hätten auch wir sein können. Wir fanden ein paar Leute, die etwas Englisch sprachen. Sie erklärten uns, daß Fumio am Vorabend gestartet, aber noch in Küstennähe ins Meer gestürzt war. Von der Kapsel aus hatte er per Funk Hilfe angefordert, war jedoch beim Eintreffen des Rettungshubschraubers bereits tot. Er war an Unterkühlung gestorben.

Der Anblick von Fumios Leiche, die aus dem eiskalten Wasser gezogen wurde, ließ einen Großteil meiner Begeisterung für den Flug verpuffen. Ich hatte ein ungutes Gefühl, konnte die Sache aber auch nicht abblasen. Sobald die Wetterbedingungen günstig waren, würden wir in die Kapsel klettern und starten. Ich ergab mich in mein Schicksal und zwang mich, das Beste daraus zu machen. Später fanden wir heraus, was Fumio widerfahren war. Einen Tag vor unserer geplanten Rückkehr war er in der Hoffnung gestartet, uns zuvorzukommen. Die starken Winde hatten die Hülle seines Ballons zerfetzt und ihn gezwungen, in seiner Kapsel im Pazifik notzuwassern. Aber die Wellen waren so hoch, daß das zu seiner Rettung ausgesandte Wasserflugzeug ihn nicht bergen konnte und per Funk einen Hubschrauber herbeirief. Es dauerte eine Zeitlang, bis die Rettungsdienste sich auf einen geeigneten Helikopter einigen konnten. Bei seinem Eintreffen war Fumio bereits tot. Er hatte vielleicht 15 Kilometer seiner 12 800 Kilometer langen Reise zurückgelegt. Das war ein mahnendes Beispiel für uns.

Per und ich wollten am Sonntag, den 13. Januar, starten. Die westlichen Verbündeten hatten Saddam Hussein für einen Rückzug aus Kuwait eine Frist bis zum 15. Januar eingeräumt, und wir waren sicher, daß der Angriff kurz danach stattfinden würde. Leider war es am Sonntag zu windig, um den Ballon aufzublasen. Am Montag, dem 14. Januar, hatte der Jet-Stream an Geschwindigkeit zugelegt, so daß ein Start möglich schien. Am Abend klärte es sich auf, und wir begannen, den Ballon mit Luft zu füllen. Nachdem wir am Nachmittag ein Schlafmittel eingenommen hatten, wurden Per und ich um 2.30 Uhr nachts geweckt und zum Startplatz gebracht. Trotz der Kälte waren Tausende von Zuschauern gekommen. Wir gingen hinter einem Polizeiwagen, der langsam durch die Menge fuhr. Japanische Kinder hielten Kerzen in die Höhe und winkten mit kleinen britischen Fähnchen. Sie sangen »God Save The Queen« in akzentfreiem Britisch. Wieder einmal hatten die Leute Gasöfen mitgebracht und grillten Fisch und Mais.

»Nichts essen!« warnte ich Per, als er gerade nach ihm angebotenem Fisch greifen wollte. »Das Allerletzte, was ich da oben gebrauchen kann, ist ein Fall von Lebensmittelvergiftung.«

Alle Augen waren auf den Ballon gerichtet, der vor uns an seinen Stahltrossen zerrte. Er ragte hoch über uns empor. Diesmal war er so groß, das die Kuppel der Londoner St. Paul's Kathedrale darin Platz gefunden hätte. Er war auf eine hohe Temperatur aufgeheizt worden und würde beim Kappen der Halteseile sofort in die Luft steigen. Wir dankten den Bewohnern von Miyakonojo für ihre Gastfreundschaft und ließen in einer recht unsinnigen Friedensgeste einige weiße Tauben fliegen. Kurz bevor ich die Stufen zur Kapsel hinaufstieg, ließ ich meine Eltern holen. Alle waren jetzt sehr nervös und sahen zu dem Ballon hinauf, der aufzusteigen versuchte. Meine Eltern bahnten sich einen Weg durch Absperrungen und Polizisten, und wir umarmten uns einfach. Meine Mutter gab mir einen Brief, den ich in eine Hosentasche steckte.

»Wir müssen los!« rief Per. Als wir uns umdrehten, kam unser Konstrukteur und Techniker Alex mit dem größten verstellbaren Schraubenschlüssel, den wir jemals gesehen hatten, aus der Kapsel. »Jetzt dürfte alles in Ordnung sein«, sagte er. Wir kletterten die Stufen hinauf und in die Kapsel.

Die Bodencrew wich zurück, und wir drehten die Brenner auf. Der Auftrieb wurde immer stärker. Dann löste Per die Bolzen aus, die die Stahltrossen durchtrennten, und wir schossen in die Höhe. In den ersten atemlosen Minuten staunten wir nur über unsere geräuschlose Geschwindigkeit. Dann stieg der Ballon über die dunkle Wolkendecke, und wir sahen am Horizont den silbernen Streifen der Morgendämmerung. Ich stellte Funkkontakt zur Bodencrew her.

»Ihr seid in der Luft!« schrie Will Whitehorn. »Die Menge hier unten jubelt wie verrückt. Es sieht phantastisch aus. Ihr steigt sehr schnell.«

Nach fünf Minuten war von Miyakonojo nichts mehr zu sehen. Wir flogen auf den Jet-Stream zu. Nach einer halben Stunde waren wir schon recht weit von der Küste entfernt über dem Meer. Auf 7700 Meter Höhe trafen wir auf den unteren Rand des Jet-Streams. Es war, als würden wir an eine Glasdecke prallen. Ganz gleich, wie sehr wir die Brenner aufdrehten, der Ballon wollte nicht hinein. Die Winde waren zu stark und drückten die flache Kuppel des Ballons herunter. Wir kämpften dagegen an, wurden aber immer wieder nach unten abgedrängt. Wir zogen unsere Fallschirme an und klemmten uns an den Rettungsflößen fest für den Fall, daß die Hülle auseinandergerissen wurde. Dann rutschte der Ballon endlich in den Jet-Stream hinein. Der obere Teil raste uns davon. Ich sah ihn vor und sogar unter der Kapsel vorbeisausen. Wir wurden zur Seite geschleudert. Statt mit 20 flogen wir plötzlich mit 100 Knoten. Einen Moment lang glaubte ich, wir würden in Stücke gerissen, und mir fiel mein Bild von den tausend Pferden ein, die uns zerfetzten. Doch dann trat auch die Kapsel in den Jet-Stream ein und richtete sich wieder auf. Der Ballon stieg über uns auf, und wir fuhren sicher in dem Luftstrom dahin. Pers Erleichterung machte mir nicht gerade Mut:

»Keiner hat das bisher geschafft«, sagte er. »Wir betreten völliges Neuland.«

Nach sieben Stunden mußten wir einen leeren Kraftstofftank abwerfen. Sieben Propangastanks waren mit Bolzen an der Kapsel befestigt. Wenn einer davon leer war, sollten wir auf einen anderen umschalten, den Ballast abwerfen und entsprechend schneller fliegen. Wir beschlossen, den Jet-Stream für den Abwurf des Tanks zu verlassen, falls etwas schiefgehen sollte. Unter der Kapsel befand sich eine senkrecht nach unten zeigende Videokamera – praktisch ein zusätzliches Fenster für uns. Das Meer unter uns sah wild aus: Hohe Wellen türmten sich auf, und obwohl wir uns auf 8 300 Metern Höhe befanden, konnten wir die weißen Kämme und die tiefen Schatten der Wellentäler sehen. Ich behielt den Bildschirm im Auge, während Per den Knopf zum Abwurf des leeren Kraftstofftanks drückte. Bevor ich sehen konnte, was geschah, machte die Kapsel einen Sprung seitwärts. Ich wurde quer durch die Kapsel geworfen und landete auf Per.

»Was ist passiert?« schrie ich.

»Keine Ahnung.«

Ich kroch über den schrägen Kapselboden zurück zu meinem Sitz. Wir hingen in einem Winkel von vielleicht 25 Grad über der Horizontalen. Per überprüfte alle Anzeigen, um den Fehler zu finden. Wir wußten nicht, ob wir nur an einem Stahlseil hingen und die Kapsel kurz davor stand, sich von dem Ballon zu lösen und ins Meer zu stürzen. Ich spielte die Videoaufnahme nochmals ab, um die Ereignisse nachzuvollziehen. Zu meinem Entsetzen sah ich nicht einen, sondern drei Tanks ins Wasser fallen.

»Per, sieh dir das an.«

Schweigend ließen wir das Band nochmals abspielen.

»Verdammter Mist!« fluchte Per. »Alle Tanks auf der einen Seite der Kapsel sind weg.«

Anstatt eines leeren hatten wir einen leeren und zwei volle Tanks abgeworfen. Die Folgen dieses Vorfalls waren schrecklich. Wir hatten nur etwa 1 600 Kilometer zurückgelegt und nur noch halb soviel Kraftstoff wie zu Beginn unserer Reise. Mit nur drei statt bisher fünf Tanks Propangas mußten wir den gefährlichsten und abgelegensten Teil des Pazifiks überqueren.

»Paß auf!« schrie Per. »Wir steigen!«

Ich warf einen Blick auf den Höhenmesser. Ohne das Gewicht der beiden vollen Tanks stieg der Ballon rasch. Wieder wurden wir beim Eintritt in den Jet-Stream gebeutelt, kamen aber mit einer solchen Geschwindigkeit, daß wir weiter stiegen. Der Höhenmesser kletterte stetig von 10 000 auf 11 000 Meter.

»Ich lasse Luft ab«, sagte Per. »Wir müssen tiefer gehen.«

Ich ließ den Höhenmesser nicht aus den Augen und versuchte, seine Bewegung durch reine Willensanstrengung zu verlangsamen: 11 800, 12 000, 12 200, 12 400 Meter. Wir hatten keine Ahnung, wie stark die Kapsel war. Wir wußten, daß die Glaskuppel dem Druck bis auf eine Höhe von circa 14 000 Meter standhalten konnte, doch selbst das war nur eine Schätzung. Bei einem Aufstieg über 14 000 Meter würde die Glaskuppel explodieren. Dann blieben uns noch ungefähr zwei Sekunden für ein letztes Gebet – lange genug, um zuzusehen, wie unsere Lungen aus dem Brustkorb gesaugt würden. Dann würden unsere Augäpfel aus der Augenhöhle gerissen. Unsere Einzelteile würden irgendwo im Pazifik verstreut. Per hatte das Ventil an der Oberseite des Ballons geöffnet, aber wir stiegen weiter. Das Problem war das Gewicht der drei abgeworfenen Kraftstofftanks und die Menge an heißer Luft, die wir für sie benötigt hatten. Wir liefen ein Rennen gegen die Zeit und den Höhenmesser. Zum Glück hatten wir vor dem Abwurf der Tanks den Jet-Stream verlassen.

»Er wird langsamer«, sagte ich mit hilflosem Optimismus. »Ich bin sicher, daß er sich jetzt langsamer bewegt.«

Der Höhenmesser kletterte weiter: 12 800, 12 900, 13 000, 13 100, 13 200, 13 300, 13 400 Meter. Jetzt befanden wir uns jenseits aller bekannten Gefilde. Keines unserer Geräte war auf dieser Höhe getestet worden. Alles mögliche konnte schiefgehen. Auf 13 900 Metern blieb der Höhenmesser plötzlich stehen. Ich fragte mich deprimiert, ob er jetzt vielleicht kaputt war oder keine größere Höhe mehr anzeigen konnte. Wir waren weit über der Reisehöhe aller Passagierflugzeuge mit Ausnahme der Concorde. Dann fiel die Anzeige jedoch um 100 Meter. Dann wieder.

»Wir dürfen nicht zu schnell sinken«, sagte Per. »Dann müssen wir nur wieder Kraftstoff verbrennen, um zu steigen.«

Er schloß das Ventil. Der Ballon sank weiter, bis auf 11 500 Meter. Wir mußten die Brenner wieder einschalten, um im Jet-Stream zu bleiben. Endlich konnten wir uns dem Problem der verlorenen Tanks widmen. Unser Funkkontakt mit dem Flugzentrum in San José blieb gut. Dort war man offenbar ebenso entsetzt über den Verlust der Kraftstofftanks wie wir. Blitzschnell wurden Berechnungen angestellt. Wenn wir Land erreichen sollten, bevor unser Kraftstoff zur Neige ging, mußten wir mit einer Geschwindigkeit von durchschnittlich 290 Stundenkilometern, also doppelt so schnell wie der bisherige Heißluftballonrekord, fahren. Unsere Chancen standen sehr schlecht.

»Was ist mit Hawaii?« fragte ich. »Könnten wir versuchten, in der Nähe dieser Inseln zu landen?«

»Das ist wie eine Nadel im Heuhaufen«, meinte Per. »Wir werden es niemals finden.«

»Ich weiß nicht, ob es möglich ist, bis nach Amerika zu fahren«, flüsterte ich.

»Natürlich kann man bis Amerika fahren«, erwiderte Per. »Die Frage ist, ob wir es schaffen.«

Pers Logik kann messerscharf sein. Ich bat per Funk um Informationen über die Bedingungen. Die laute, aufgeregte Stimme unseres Projektleiters Mike Kendrick war zu hören:

»Ich habe gerade mit einem Frachtschiff in dieser Gegend gesprochen. Der Funker sagte, Wind und Seegang seien sehr stark. Er sagte so etwas wie ›grauenhaft‹.«

Per beugte sich zum Funkgerät und fragte Mike weltmännisch: »Was genau meinst du mit ›grauenhaft‹? Ende.«

»Ich meine grauenhaft, verdammt noch mal. Ihr werdet dort nicht wassern. Kein Schiff wird euch da herausfischen. Die Wellen sind über 15 Meter hoch. Die nächsten Schiffe haben uns wissen lassen, daß der Seegang so stark ist, daß sie in zwei Teile zerbrechen würden, wenn sie ein Wendemanöver versuchen. Habt ihr das verstanden? Over.«

»Bleibt auf eurer jetzigen Höhe«, schaltete sich Bob Rice ein. »Der Jet-Stream ist relativ stark.«

Dann fiel plötzlich der Funkapparat aus. Während der nächsten sechs Stunden hatten wir keinen Kontakt zur Außenwelt. Infolge der miserablen Wetterverhältnisse waren wir in eine Hochfrequenzlücke geraten. Wir befanden uns irgendwo über dem Pazifik, hingen an ein paar Stahltrossen an einem riesigen Ballon, die verbleibenden Kraftstofftanks hingen wie eine Kette an einer Seite der Kapsel herunter, und wir konnten mit niemandem Kontakt aufnehmen. Wir hatten kaum Einfluß darauf, wohin wir wie schnell flogen, und wagten praktisch nicht, uns in der Kapsel zu bewegen. Unsere drei Hauptbezugspunkte waren das Global Positioning System (GPS), unsere Uhren und der Höhenmesser. Ungefähr alle zehn Minuten errechneten wir anhand der Daten aus dem GPS unsere Bodengeschwindigkeit. Dann begann Per, Anzeichen völliger Erschöpfung zu zeigen.

»Ich muß mich einfach ausruhen«, murmelte er und legte sich auf den Boden. Jetzt war ich allein. Im Gegensatz zur Atlantiküberquerung, bei der ich mehr Passagier als Pilot war, verstand ich jetzt, was geschah. Wenn wir Land erreichen wollten, hatten wir nur eine Chance: Wir mußten den Ballon genau in der Mitte des Jet-Streams halten. Der Windstreifen ist dort nur 100 Meter breit, nur viermal so breit wie der Ballon selbst. Aber es war unsere einzige Chance. Um uns herum war es stockfinster. Ich warf kaum einen Blick aus der Kapsel und konzentrierte mich auf die Instrumente. Als ich da saß und Per wie im Koma auf dem Boden lag, schien mir sicher zu sein, daß wir beide sterben würden. Mit nur drei Kraftstofftanks würde uns der Sprit mehrere tausend Kilometer vor der amerikanischen Küste ausgehen, so daß wir notwassern mußten. Das konnte in der Nacht passieren. Zudem hatte uns Mike gesagt, daß die Wetterverhältnisse da unten grauenhaft – »grauenhaft, verdammt noch mal« – waren und uns niemand finden könne. Wir mußten noch weitere 30 Stunden in diesem Ballon fahren, wenn wir überleben wollten. Ich wußte, daß unsere einzige Chance darin bestand, daß ich diesen Ballon genau in der Mitte des Jet-Streams hielt. Ich verdrängte alle Gedanken an den bevorstehenden Tod und konzentrierte mich zehn Stunden lang nur auf die Anzeigen.

Ich glaube nicht an Gott. Als ich aber in der beschädigten Kapsel saß, jedem Wetterumschwung oder mechanischem Versagen hilflos ausgeliefert, traute ich meinen Augen kaum. Es war, als habe ein hilfreicher Geist die Kapsel betreten. Die aus den Anzeigen berechnete Bodengeschwindigkeit lag fast bei den nötigen 270 Stundenkilometern. Vor Abwurf der Tanks betrug unsere Geschwindigkeit ungefähr 130 Stundenkilometer, was bereits recht ansehnlich war. Das hier war ein Wunder. Ich versetzte mir selbst einige Ohrfeigen, um sicherzugehen, daß ich keine Halluzinationen hatte, aber jede Viertelstunde stieg die Geschwindigkeit weiter an: 240 Stundenkilometer, 280, 320, 340, ja sogar 380. Ich versuchte, nicht an die Größe des Ballons über mir zu denken, sondern starrte immer nur auf die Anzeigen und tat so, als wolle ich ein schwereloses Auto auf einer Straße halten. Immer wenn wir langsamer wurden, ging ich davon aus, daß wir aus dem Kern des Jet-Streams herausgerutscht waren. Dann verbrannte ich etwas Gas – natürlich so wenig wie möglich. Im allgemeinen steigerte sich dann unser Tempo wieder.

Selbst bei diesem fulminanten Tempo dauert es immer noch eine Stunde, bis man 320 Kilometer zurückgelegt hat – und wir hatten 9 600 Kilometer vor uns. Ich versuchte, mich nicht von der vor uns liegenden Strecke entmutigen zu lassen, sondern mich nur auf einzelne 15-Minuten-Intervalle zu konzentrieren. Verzweifelt kämpfte ich gegen meine Müdigkeit an. Plötzlich sah ich ein unheimliches Licht über der Glaskuppel. Staunend blickte ich nach oben: Es war weiß und orange und flackerte. Dann schrie ich auf: Es war Feuer. Ein genauerer Blick zeigte mir brennende weiße Propanklumpen, die um die Glaskuppel herabregneten und sie nur knapp verfehlten.

»Per!« brüllte ich. »Wir brennen!«

Er wachte auf der Stelle auf und sah nach oben. Per reagiert unglaublich schnell; trotz seiner Erschöpfung dauerte es nur den Bruchteil einer Sekunde, bis er eine Entscheidung traf:

»Laß ihn steigen«, sagte er. »Wir müssen hinauf auf 13 000 Meter Höhe, wo es keinen Sauerstoff gibt. Dann geht das Feuer aus.«

Ich heizte die Brenner an, und der Ballon begann zu steigen. Es schien zu langsam zu gehen: Klumpen von brennendem Propangas fielen weiterhin herunter. Bei einer Umgebungstemperatur von minus 70 Grad und der Hitze dieser Feuerbälle brauchte nur einer das Glas zu treffen, um eine Explosion auszulösen. Wir stiegen auf 12 000 und weiter auf 12 500 Meter Höhe und setzten unsere Sauerstoffmasken auf. Sie waren kein großer Trost. Wenn die Glaskuppel brach oder schmolz, würden wir binnen weniger Sekunden durch den Druckabfall sterben. Unsere Situation war ausweglos. Der Sauerstoffmangel auf 13 000 Meter Höhe würde die Flammen auf der Gaskuppel ersticken, könnte aber auch unsere Brenner auslöschen. Wenn die Brenner vor den Propanfeuerbällen ausgingen, würden wir zurück auf 1 000 Meter Höhe sinken, bevor wir die Brenner, wieder einschalten konnten, und das brennende Propangas würde uns weiter bedrohen. Wir stiegen auf 14 000 Meter. Endlich zischten die Brenner, und das Propanfeuer erlosch. Per öffnete das Ventil oben am Ballon, und wir sanken wieder. Mit dem Aufstieg auf 14 000 Meter hatten wir nicht nur eine Explosion der Kapsel riskiert, sondern auch wertvollen Kraftstoff verschwendet. Der Funk blieb eine weitere Stunde lang stumm. Ich hielt mich wach, indem ich in die Videokamera sprach. Dabei stellte ich mir vor, daß ich mit Joan, Holly und Sam plauderte. Ich sagte ihnen, wie sehr ich sie liebte und daß wir in Amerika landen würden. Der Ballon blieb auf 9 500 Meter und fegte weiter nach Nordosten in Richtung amerikanische Westküste. In einer winzigen Metallkapsel schwangen wir in der Stratosphäre über einem dunklen Ozean hin und her. Vor lauter Angst konnte ich nichts als Äpfel und etwas Schokolade essen. Ich schrieb in mein Bordbuch:

Flugzeit 17 Stunden und 4 Minuten. Kommt einem endlos vor. Wir nähern uns der Datumsgrenze. Wenn wir sie überqueren, schlagen wir unseren Heißluftballonweltrekord. Im Augenblick sind wir aber so weit von jeder Hilfe entfernt, wie wir es nur sein können, sitzen in einer winzigen Kapsel mit der Hälfte des Kraftstoffs und haben Angst, daß bei einer Bewegung die übrigen Tanks auch noch hinunterfallen. Keine Ahnung, ob der Krieg schon ausgebrochen ist, weil wir keinen Funkkontakt mit der Außenwelt mehr haben. Werden die Küste wohl nicht erreichen. Aber Kopf hoch. Unsere Geschwindigkeit ist erstaunlich.

Als sich die Zeit, die wir keinen Kontakt mit San José aufnehmen konnten, immer weiter in die Länge zog, schrieb ich: »Ziemlich verzweifelte Lage. Ich bin mir im Augenblick nicht sicher, ob wir es nach Hause schaffen werden.«

Genauso plötzlich, wie wir den Funkkontakt verloren hatten, war er auf einmal wieder da. Nach sechs Stunden und zehn Minuten hörte ich plötzlich Stimmen im Funkgerät. Mike hatte uns schon verloren geglaubt, als zwei Schiffe, die er in unsere Richtung geschickt hatte, auf Wrackteile gestoßen waren.

»Mike, bist du das?«

»Richard! Wo seid ihr?«

»Wir hocken in einer Blechdose über dem Pazifik.«

Beinahe hätten wir vor Erleichterung geweint.

»Wir dachten, ihr hättet notwassern müssen. Mein Gott, wir haben praktisch die Luftwaffe und die Marine mobilisiert.«

»Uns geht's gut«, log ich. »Wir hatten einen Propanbrand über der Kapsel, aber das Feuer ist jetzt aus.«

Ich nannte unsere Position.

»Weitere Probleme, abgesehen davon, daß euch der Sprit nicht mehr für den Heimweg reicht?« wollte Mike wissen.

»Nein. Wir hängen immer noch schief. Wir werden bestimmt keine Kraftstofftanks mehr abwerfen.«

»Im Golf ist der Krieg ausgebrochen«, meldete sich eine Frauenstimme zu Wort. Es war Penni, die mit den anderen im Kontrollzentrum saß. »Die Amerikaner bombardieren Bagdad.«

Ich dachte an die Soldaten, die ich auf dem Flughafen von Bagdad gesehen hatte. Der Ausbruch des Krieges bedeutete, daß wir im Falle einer Notlandung im Wasser auf der Prioritätenrangliste ganz unten stünden.

»Gott sei Dank, daß wir wieder Kontakt zu euch haben«, sagte Bob Rice. »Ich habe eure Route ausgearbeitet. Ihr müßt sofort sinken. Euer jetziger Jet-Stream wird bald eine Schleife zurück nach Japan machen. Dann wärt ihr über dem Pazifik von der Außenwelt abgeschnitten. Wenn ihr von 10 000 auf 6 000 Meter sinkt, könntet ihr den Strom in Richtung Norden erwischen. Er fegt in Richtung Arktis, aber zumindest ist das Land.«

»Verflixt!« fluchte Mike. »Eine halbe Stunde später, und ihr hättet euch wieder von uns wegbewegt.«

Wir schalteten die Brenner aus und begannen zu sinken. Nach fünf Stunden befahl uns Bob, wieder zu steigen. Auf 10 000 Metern wurden wir auch prompt in nordwestliche Richtung getrieben. Jetzt flogen wir stetig Stunde um Stunde dahin. Wir blieben im Jet-Stream und verbrannten möglichst wenig Kraftstoff. Zwar sausten wir nach wie vor in einer schiefen Kapsel über den Pazifik und waren völlig erledigt, aber nun, da der Funkkontakt wiederhergestellt war, schien alles möglich zu sein. Und das Wunder ging weiter. Unsere Geschwindigkeit war atemberaubend. 330 Stundenkilometer, dann 350, dann wieder 320. Damit lagen wir knapp über der benötigten Durchschnittsgeschwindigkeit von 290 Stundenkilometer. Irgend jemand meinte es sehr gut mit uns.

Die gute Nachricht war, daß wir uns jetzt direkt auf die kanadische Küste zubewegten. Mit der Kraftstoffmenge lagen wir ganz gut; unsere Geschwindigkeit war gleichbleibend hoch. Per und ich begannen schon Hoffnung zu schöpfen, daß wir sogar das Festland erreichen könnten. Ich konnte zwar nach wie vor nicht schlafen: In den wenigen Sekunden, in denen ich weggenickt war, hatte ich entsetzliche Alpträume von Totenschädeln und Leichen. Wir waren beide erschöpft, dehydriert und kämpften um unsere Konzentration.

»Ihr kommt weit nach Norden«, ließ uns Mike Kendrick wissen. »Das Rettungsteam jagt euch in einem Learjet hinterher, um zu eurer Landestelle zu gelangen. Will ist dabei, und deine Eltern auch.«

Nach 36 Stunden Fahrt überquerten wir endlich im Norden Kanadas die Küste. Es war zu dunkel, um etwas zu erkennen, aber wir fühlten uns sicherer. Obwohl wir uns jetzt auf die Rocky Mountains, eines der unwirtlichsten Gebirge der Welt, zubewegten, befanden wir uns doch zumindest über Land. Wir umarmten einander und teilten einen Schokoladenriegel. Es war ein unvorstellbares Gefühl. Als wir die Rockies erreichten, meldeten wir uns bei der örtlichen Flugleitstelle, dem Watson Lake Flight Service.

»Schalten Sie Ihr Rettungsfunkfeuer ein«, wiesen uns die dortigen Fluglotsen an. »Sie bewegen sich geradewegs auf einen Blizzard zu. Die Sicht ist gleich Null; die Windgeschwindigkeit beträgt 35 Knoten. Der Learjet mußte umkehren und in Yellowknife Schutz suchen.«

Unsere Hochstimmung schlug in Verzweiflung um. Wir schalteten das Rettungsfunkfeuer ein. Nun ertönte alle fünf Sekunden ein ohrenbetäubendes Tuten. Wir hatten erwartet, von Hubschraubern eskortiert in Kalifornien zu landen, hatten aber Los Angeles um 4 800 Kilometer verfehlt und bewegten uns nun geradewegs auf einen arktischen Schneesturm zu. Wir wußten, daß wir sicher landen und sterben konnten – genau wie Fumio. Heißluftballone sind anfällige Gebilde; für einen Schneesturm sind sie nicht konzipiert. Ein starker Blizzard konnte den Ballon zerfetzen, so daß wir wie ein Stein vom Himmel fielen. Es war kurz vor Sonnenaufgang. Wir wußten, daß wir kurz nach Tagesanbruch landen mußten. Wenn wir noch weitere zwei oder drei Stunden warteten, würde die Sonne die Ballonhülle aufheizen. Dann würden wir weiter bis an Grönland vorbei fahren – tief hinein in die Arktis und außer Reichweite jedes Rettungsteams. Eine meiner Aufgaben war die Vorbereitung des Ballons für die Landung. Auf 250 Meter Höhe öffnete ich die Luke. Kalte Luft und Schnee strömten herein. Ich kletterte auf das Dach der Kapsel. Wir befanden uns mitten in einem Schneesturm und trieben mit ungefähr 130 Stundenkilometern dahin. Ich konnte nur schwer das Gleichgewicht halten, da wir immer noch schräg hingen und der obere Teil der Metallkapsel gefroren war. Ich klammerte mich an den Stahltrossen fest und versuchte, die Sicherheitsstifte zu lösen, die verhindern sollten, daß die Bolzen in einem Gewitter ausgelöst wurden. Ich zog die Stifte heraus und warf sie in das Schneetreiben. Eine Minute lang hockte ich da und schaute dem Schneegestöber um mich herum zu. Das einzige Licht war die riesige orangerote Flamme über mir. Schneeflocken wirbelten um mich herum und verschwanden in der Flamme. Einer der magischsten Aspekte am Ballonfahren ist die Tatsache, daß man den Wind nicht hört, da man sich mit der gleichen Geschwindigkeit bewegt. Theoretisch kann man bei einer Reisegeschwindigkeit von 240 Stundenkilometern ein Papiertaschentuch auf die Kapsel legen, ohne daß es weggeblasen wird. Obwohl wir uns inmitten eines Schneesturms befanden, war es daher ganz still. Fasziniert beobachtete ich, wie Schneeflocken in der Flamme verschwanden. Dann warf ich einen Blick auf den Boden unter uns. Mir wurde klar, daß es unter anderem deswegen so dunkel war, weil wir über einem dichten Kiefernwald flogen. Ich rief Per unter mir zu:

»Geh' nicht zu tief. Da ist lauter Wald. Wir finden da nie mehr wieder heraus.«

Ich blieb auf der Kapsel und beschrieb, was ich sehen konnte.

»Da vorne ist eine Lichtung. Kannst du sie sehen?«

»Fertigmachen zur Landung«, schrie Per.

Ich kletterte in die Kapsel zurück, und wir sanken auf den Boden. Bei einer Bodengeschwindigkeit von ungefähr 65 Kilometern in der Stunde prallten wir mit einem lauten Krach auf der Erde auf. Wir rutschten den Boden entlang, bevor Per die Sprengbolzen lösen konnte. Glücklicherweise funktionierten sie diesmal, und die Kapsel kam zu stehen, während die Hülle ohne uns davonflog. Wir waren angeschnallt, lösten aber die Gurte so rasch wie möglich, da wir beide befürchteten, daß die Kapsel mit dem letzten Rest Propangas explodieren könnte. Wir rissen die Luke auf und kletterten hinaus. Wir umarmten einander und vollführten einen Freudentanz im Schnee. Die silberne Ballonhülle hatte sich in den Kiefern verfangen und wurde vom Wind in Stücke gerissen. Dann wurden uns zwei Dinge klar: Die Kapsel würde nicht explodieren, und es war im Freien minus 60 Grad kalt. Wenn wir uns nicht in der Kapsel verkrochen, würden wir erfrieren. Wir kletterten also wieder ins Innere der Kapsel. Ich stellte Funkkontakt mit dem Watson Lake Flight Service her.

»Wir haben es geschafft. Wir sind gelandet. Wir sind noch heil.«

»Wo sind Sie?«

»Wir sind auf einem von Bäumen umringten See gelandet.«

»Es ist ein zugefrorener See«, ließ mich die lakonische kanadische Stimme wissen. »Das einzige Problem ist, daß es davon ungefähr 800 000 in Ihrer Nähe gibt und alle ordentlich viel Bäume am Ufer haben.«

Wir mußten noch weitere acht Stunden in der Kapsel warten. Per hatte Erfrierungen an einem Fuß, ich an einem Finger. Wir versuchten, uns gegenseitig zu wärmen, aßen im Halbschlaf unsere Vorräte und sehnten uns verzweifelt nach Wärme, während der Schneesturm um unsere Kapsel heulte. Wir waren 500 Kilometer von der nächsten

Siedlung, 250 Kilometer von der nächsten Straße in einer Wildnis gelandet, die ungefähr 200mal so groß war wie Großbritannien.

»Wir haben insgesamt 10 878 Kilometer zurückgelegt«, sagte Per erschöpft, aber triumphierend. »Wir sind 46 Stunden und 6 Minuten gefahren. Das entspricht einer Geschwindigkeit von durchschnittlich 127 Knoten oder 237 Stundenkilometern. All das sind bedeutende Rekorde. Wir sind weiter geflogen als jeder andere Ballon vor uns.«

»Ich gäbe alles für ein heißes Getränk.« Mehr konnte ich nicht hervorbringen. »Und ein Kaminfeuer. Und einen sonnigen Strand. Warum sind wir nicht in Kalifornien!«

»Das nächste Mal machen wir die ultimative Ballonfahrt.« Per begann zu phantasieren. »Rund um die Welt.«

Als ich aus der Kapsel spähte, sah ich eine Bewegung. Einen Moment lang glaubte ich, es sei ein Hund, und hatte die surreale Vorstellung, daß dort jemand am Ufer des zugefrorenen Sees mit seinem Hund spazierenging. Das Tier kam an die Kapsel heran und begann zu schnuppern. Es war ein Otter. Er schnüffelte um uns herum und reckte dann seine Nase in die Luft, als wolle er sagen: »Na und – bloß eine Kapsel!« Er stapfte davon. Dieser Otter war das einzige Lebewesen, das bezeugen konnte, daß wir als erste den Pazifik überquert hatten – und er hatte nicht einmal eine Kamera. Während der gesamten acht Stunden, in denen wir auf unsere Rettung warteten, ging alle fünf Sekunden das Notsignal mit ohrenbetäubendem Pfeifen los. Zusammengekauert in der Kapsel durchlebte ich nochmals den Flug und fragte mich, warum ich Per mein Leben anvertraut hatte. Wir waren über 3 200 Kilometer von unserem Ziel entfernt gelandet, hatten zwei Tanks verloren, einen Brand erlebt und waren ohne Funkkontakt über den Pazifik geflogen. Ich dachte zurück an frühere Ballonfahrten: Der erste Versuch von Japan aus, bei dem sich der Ballon aufgelöst und Feuer gefangen hatte, und die Atlantiküberquerung, die uns beinahe das Leben gekostet hatte. Als Per von der Weltumrundung sprach, fragte ich mich, ob ich wohl verrückt sei, weil ich überhaupt in Erwägung zog, wieder mit ihm in die Lüfte zu steigen. Per hatte die technischen Grenzen des Ballonfahrens weiter überschritten als irgend jemand vor ihm, aber traurigerweise hatten wir keine stärkere Bindung zueinander entwickelt. Den meisten Menschen, mit denen ich viel Zeit verbringe, stehe ich sehr nahe. Aber Per fehlt der Teamgeist – er ist ein Einzelgänger. Man sieht ihm häufig nicht an, was er denkt. Er übt rasch Kritik. Ich bin so erzogen worden, daß ich immer das beste in meinen Mitmenschen suche. Per schien immer das Schlechteste zu sehen. Dennoch kamen wir als zwei Gegenpole, die ihre jeweiligen Stärken und Schwächen respektierten, miteinander aus. Und beim Ballonfahren habe ich viele Schwächen, mit denen er leben muß! Außerdem muß er sich damit abfinden, daß jedes Projekt als eine Herausforderung für »Branson« und »Virgin« betituliert wird, und kommt damit gut zurecht. Mit Sicherheit haben wir zusammen mehr durchgemacht als die meisten Menschen im Laufe ihres ganzen Lebens.

Als ich mir vorzustellen versuchte, in einem höhentauglichen Ballon zur Weltumrundung anzusetzen, erkannte ich, daß trotz all der schrecklichen Augenblicke unsere Ballonfahrten zu den größten Abenteuern meines Lebens zählten. In allen anderen Situationen bin ich – mehr oder weniger – Herr meines Schicksals. Dort oben im Ballon waren wir auf 10 000 Metern Höhe den Elementen, der Technik und den Ingenieurteams, die unser Gefährt gebaut haben, ausgeliefert. Die Chancen standen nicht sonderlich gut, aber ich konnte noch nie einer Herausforderung widerstehen, bei der die Aussicht auf Erfolg gering war und ich das Gegenteil beweisen konnte. Wieder einmal war das Schicksal uns günstig gesonnen gewesen. Endlich hörten wir das Schlagen der Rotorblätter eines Hubschraubers. Es wurde immer lauter, und dann kreiste der Helikopter über der Kapsel und landete neben uns. Wir hatten die Taschen mit den Videos und unsere Bordbücher griffbereit und taumelten zum Hubschrauber hinüber. Per mußte aufgrund seiner Erfrierungen hinken. Bis Yellowknife flogen wir weitere vier Stunden. Als wir auf dem winzigen Flugplatz landeten, zeichneten gelbe Neonlichter unscharfe Kreise in den Schnee. Wir gingen über knirschenden Schnee zum Hangar. Schwaden von Schneeflocken wehten über uns, als wir die Tür öffneten und in die Halle traten. Dort warteten Will, Mum, Dad, Pers Frau Helen und einige Bewohner von Yellowknife. Ich erkannte fast niemanden, weil sie alle seltsam unförmige Kleidung trugen: knallrote Daunenjacken und Thermohosen. Bei unserem Anblick brachen sie in lauten Jubel aus.

»Ein kaltes Bier für euch!« schrie Will. »Was anderes gibt's hier nicht!«

Per und ich öffneten Dosen und besprühten alle mit der gelben Flüssigkeit.

»Ihr habt's geschafft!« sagte Mum.

»Nie wieder!« stimmte Dad ein.

»Was soll das heißen?« witzelte Per. »Das nächste Mal fahren wir rund um die Welt. Wenn diese Kraftstofftanks nicht abgefallen wären, würden wir jetzt schon über England schweben!«

»Hast du den Brief noch, den ich dir mitgegeben habe?« fragte mich Mum.

Er befand sich noch in meiner Hosentasche.

»Er wurde von japanischen Schulkindern geschrieben. Du mußt ihn den Kindern in dem Ort geben, der deinem Landeplatz am nächsten liegt.«

Ein Mitarbeiter des Bodenpersonals von Yellowknife hatte seinen sechsjährigen Sohn mitgebracht, damit er die Ballonfahrer sehen konnte, die aus Japan gekommen waren. Ich kniete mich neben ihn auf den Boden und gab ihm den Brief.

»Er stammt von Kindern, die in Miyakonojo in Japan leben«, erklärte ich ihm. »Da solltest du mal hinfahren. Aber vielleicht nicht unbedingt in einem Ballon!«

In Yellowknife ist es im Januar so bitterkalt, daß sogar Dieselkraftstoff gefriert. Damit das Auto nicht einfriert, muß man entweder den Motor laufenlassen, oder den Wagen an eine spezielle Stromquelle anschließen, die wie eine Parkuhr aussieht und den Motor wärmt. Wir aßen im größten Steakhaus der Stadt. Die Hälfte der Einwohner von Yellowknife schlossen sich uns an. Als wir aus dem Restaurant kamen, konnten wir vor Abgasen kaum atmen. Die meisten Läden befinden sich in dieser Stadt in unterirdischen Einkaufszentren, die leichter zu heizen sind, da man sich keine Gedanken um den kalten Wind zu machen braucht. Während des Essens traf ein Fax des neuen britischen Premierministers John Major ein, der uns zu unserer Fahrt gratulierte. Yellowknife war gewiß einer der entlegensten Orte, an die der Briefkopf der Downing Street 10 jemals geschickt wurde. Am nächsten Tag verabschiedeten wir uns von den Goldsuchern und Trappern, die kurzfristig so gut für uns gesorgt hatten. Sie hatten nicht oft Gäste, die in einem Ballon aus Japan anreisen, und sie luden uns ein wiederzukommen. Wir flogen erst nach Seattle und von dort ins warme Los Angeles. Dort erwischte ich eine Maschine nach London und hatte Gelegenheit, Zeitung zu lesen und mir ein Bild von der aktuellen Lage zu machen. Im Gefolge der Invasion waren die Aktienkurse gestiegen. Ein Blick auf die Feuergewalt der Alliierten Streitkräfte ließ zweifelhaft erscheinen, daß der Irak lange durchhalten würde. In Gesprächen mit dem Kabinenpersonal und den Piloten erfuhr ich, wie leer die Flüge waren. Einer der Piloten warnte mich, daß der Golfkrieg in Wahrheit eine Rezession verstecke, die sehr lange andauern würde.

»Wenn die Bombardements vorüber sind und Saddam Hussein tot ist«, meinte er, »wird die Welt plötzlich erkennen, daß das wahre Problem nicht die ›Mutter aller Kriege‹, sondern die ›Mutter aller Rezessionen‹ war.«

22
TURBULENZEN

Januar bis Februar 1991

Für Sidney Shaw, unseren Kundenberater bei der Lloyds Bank, war Freitag, der 25. Januar, der Höhepunkt einer schlechten Woche. Er saß auf der Kante meines Sofas, spielte nervös mit seinem Kugelschreiber und seinen Papieren, lehnte sogar eine Tasse Kaffee ab und änderte dann seine Meinung. Trevor und ich fingen an, uns Sorgen zu machen. Sidney zeigte keinerlei Interesse an der Pazifiküberquerung in der letzten Woche und wich meinem Blick aus. Sein Verhalten ähnelte verdächtig dem meiner früheren Banker bei Coutts.

»Ich war am Montag bei Air Europe und am Mittwoch bei Dan Air«, begann Sidney, »und ich vermute, Sie befinden sich in ähnlichen Schwierigkeiten. Ich befürchte, daß wir diesen beiden Gesellschaften die Kredite kündigen müssen, und ich sehe keinen Grund, warum wir Sie noch weiter unterstützen sollten. Unserer Meinung nach können Sie Virgin Atlantic unmöglich am Leben erhalten.«

Es war klar, worauf Sidney hinauswollte. Er hatte diese Besprechung in der wohl übelsten Woche eines Jahres anberaumt, das zum schlimmsten in der Geschichte der Luftfahrt werden sollte. Die Kreditlinie der Virgin-Gruppe bei der Lloyds Bank betrug offiziell 20 Millionen Pfund, aber wir hatten jetzt 50 Millionen Pfund erreicht. Nach einem Besuch der Lloyds Bank am Montag und der anschließenden Kündigung der Kredite hatte Air Europe, die von Harry Goodman gegründete größte unabhängige Kurzstreckenfluglinie in Europa, am Mittwoch Konkurs anmelden und 4 000 Beschäftigte entlassen müssen. Wie schon bei Laker, British Caledonian, Dan Air und natürlich auch Virgin Atlantic war es British Airways gelungen,

Air Europes Start- und Landerechte auf Gatwick zu beschränken. Wegen des anhaltenden Golfkriegs lag der Kerosinpreis immer noch über 1,20 Dollar pro Gallone, und die Passagiere blieben weiterhin aus. Die wenigen, die fliegen mußten, wählten gewiß keine nationale Fluggesellschaft. Für einen Außenstehenden mußte die Flugverkehrsbranche katastrophal aussehen. Dennoch standen die übrigen Unternehmen der Virgin-Gruppe ziemlich gut da. Virgin Communications sollte in diesem Jahr allein mit Sega einen Umsatz von über 150 Millionen Pfund erreichen. Simon und Ken hatten keine Probleme, Käufer für ihre Platten zu finden. Vielmehr führten die Virgin-Künstler Paula Abdul und Steve Winwood die amerikanischen Charts an, und Brian Ferry stürmte die britischen Hitparaden. Der Golfkrieg und die drohende Rezession wirkten sich nicht auf die Schallplattenverkäufe aus. Die Virgin Megastores erwirtschafteten keine hohe Gewinne, schrieben aber auch keine roten Zahlen. Virgin Atlantic war unser größter Passivposten, da wir die hohen Gemeinkosten nicht reduzieren konnten. Aber selbst hier waren die Aussichten ermutigend. Alle Virgin-Urlauber traten nach wie vor ihre Flüge an, und Ron Simms, der Geschäftsführer von Virgin Holidays, prognostizierte einen 20prozentigen Anstieg der Passagierzahlen, von 83 000 im Vorjahr auf circa 100 000 im Jahr 1991. Ron hatte Virgin Holiday zu einem der profitabelsten Segmente von Virgin Travel gemacht, und da ich noch niemals erlebt hatte, daß er eine Prognose aufstellte, die er nicht bequem um mehrere Tausender übertreffen konnte, betrachtete ich diese Zahl als Fixgröße. Ein Virgin-Urlauber brachte im Schnitt 730 Pfund, was bedeutete, daß wir allein mit diesen Kunden 73 Millionen Pfund Umsatz erzielen würden. Die Urlauber würden Sitze füllen, die andernfalls leer blieben. Aus dem Frachtbereich kamen ebenfalls gute Nachrichten: Die Frachttarife nach Japan waren sogar gestiegen. Alan Chambers, der mit Erfolg unseren Cargo-Bereich aufgezogen hatte, wies darauf hin, daß so viele Fluggesellschaften ihre Verbindungen nach Fernost eingestellt hätten, daß er inzwischen für die Transporte nach Japan einen Aufschlag verlangen könne.

»Was transportieren wir dorthin?« fragte ich ihn.

»Das errätst du nie!« erwiderte er. »Hauptsächlich schottischen

Die Virgin Atlantic Challenger I vor dem Untergang.

Der Untergang der Challenger I.

Vorbei am Leuchtturm von Bishop Rock – das Blaue Band gehört wieder Großbritannien.

Ankunft in St. Mary's auf den Scillyinseln mit der Virgin Atlantic Challenger II.

Den größten Ballon der Welt zu füllen dauert 48 Stunden.

Mehrere Tonnen zartes Gewebe werden aus einem Container entladen.

Vor dem Start zu unserer Atlantiküberquerung 1987.

Umgeben von Millionen von Quadratmetern High-Tech-Gewebe fühlt man sich winzig klein.

Kurz vor Pers Notabsprung hüpft unser Ballon über die Irische See.

Rettung durch die Royal Navy.   Noch einmal davongekommen!

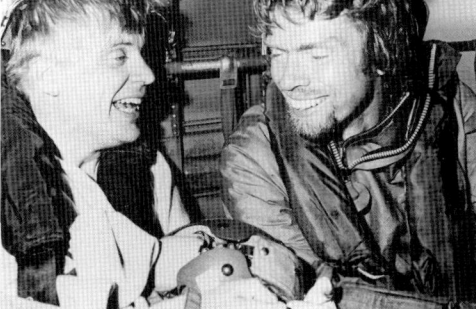

Ein Tag der Kontraste: Auf die Schönheit des Atlasgebirges folgt eine Nacht des Schreckens.

Landung bei Tagesanbruch in der algerischen Wüste.

Das Team, das unseren Börsengang vorbereiten sollte. Von links: Ken, Simon, Robert, ich, Don und Trevor.

Auf der Duende.

Holly und ich (links) mit unserem ersten Flugzeug, der Maiden Voyager im Frühjahr 1984.
Mit Randolph Fields (oben) auf der Pressekonferenz vor dem Jungfernflug nach New York.
Unsere Gäste (unten).

Im Flugsimulator mit den Kricketspielern Ian Botham und Viv Richards.

Wir starten!

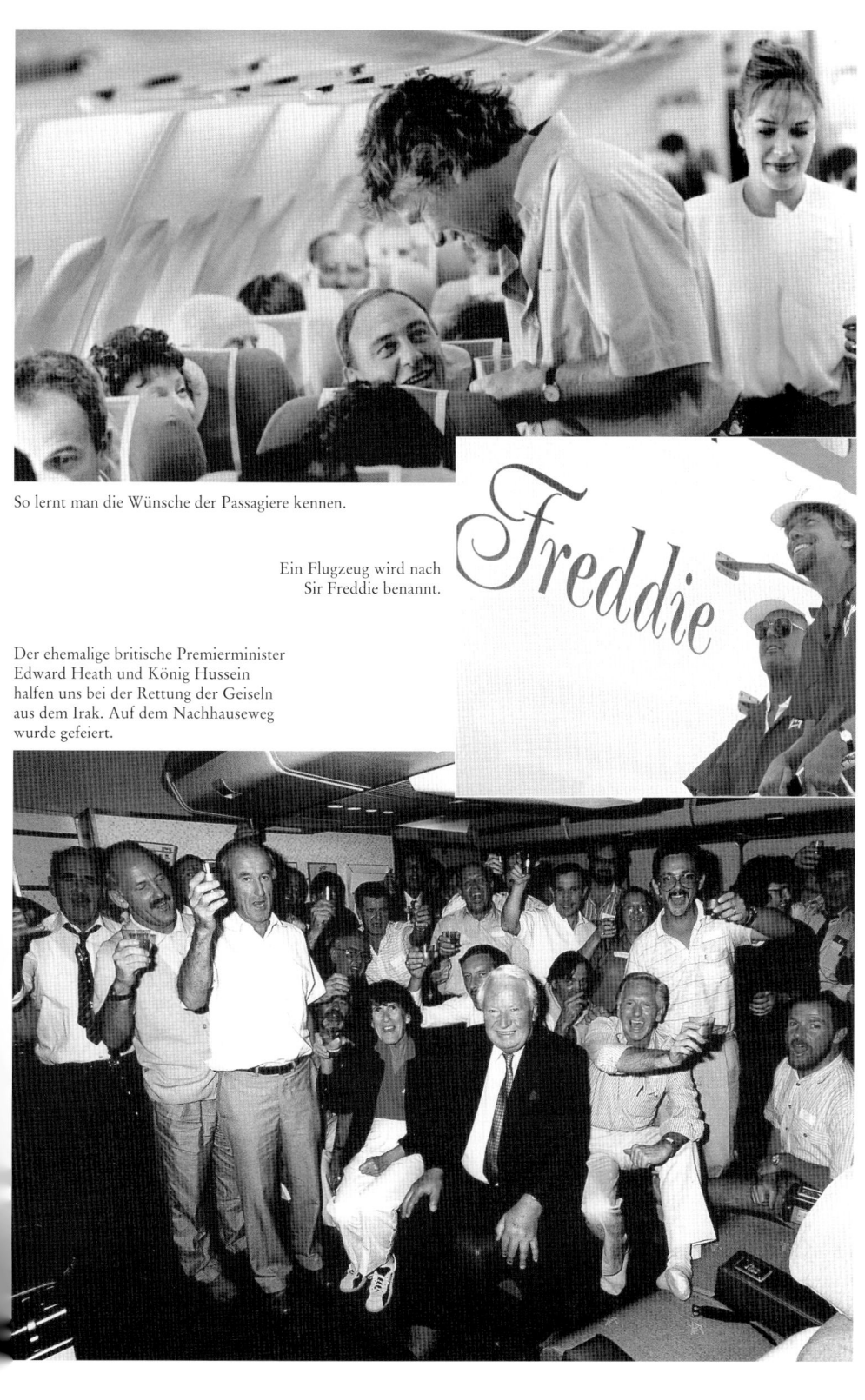

So lernt man die Wünsche der Passagiere kennen.

Ein Flugzeug wird nach Sir Freddie benannt.

Der ehemalige britische Premierminister Edward Heath und König Hussein halfen uns bei der Rettung der Geiseln aus dem Irak. Auf dem Nachhauseweg wurde gefeiert.

Schlagzeile in der *Sun* – Virgin nimmt British Airways in die Mangel.

Pressekonferenz im Flugzeug zur Anti-Virgin-Kampagne von BA.

Triumph vor dem Gerichtssaal.

Zufallstreffen mit BA-Chef Lord King wenige Tage nach Virgins Sieg.

Glückwünsche von Prinzessin Diana.

> KENSINGTON PALACE
> 12.1.93.
>
> Dear Richard,
> hurray!
> love from Diana ×

Mit Rowan Gormley und dem Virgin Direct Team.

Ich bin schon immer gern ins Kino gegangen.

Mit Chris Evans im Radiosender.

Prospekte von Virgin Holiday.

Branson gründet eine Bank.

Der Start von Virgin Vie.

Kate Moss, eines unserer erfolgreichsten Models.

Zum Start von Virgin Brides.

Peter Gabriel, Bob Geldof und Feargal Sharkey promoten Mates.

Einer unserer Züge.

Pamela Anderson half uns beim Angriff auf Coca-Cola.

In Hongkong.

Manchmal muß man sich zum Narren machen.

Diese nette südafrikanische Katze hat mir fast den Bart abgebissen.

Meine langjährige, treue Assistentin Penni (rechts).

Himmelsstürmer (nächste Seite). Arbeitsessen.

Eine dieser langweiligen Sitzungen. Hongkong 1994.

Räucherlachs und Whisky. Und auf dem Rückweg bringen wir Computerspiele mit. Sie sind ein durchschlagender Erfolg.«

Manchmal kommt es mir vor, als würde ich mein ganzes Leben damit verbringen, Banken zu überreden, ihre Kredite weiterlaufen zu lassen. Da wir bei Virgin unseren Cash-flow-Überschuß stets reinvestieren, spiegelt unsere Gewinn- und Verlustrechnung den wahren Wert der Geschäftsbereiche nicht angemessen wider. Diese Politik hat sich langfristig bewährt, doch bei einer Krise verschleiert sie das wahre Bild, so daß sich die Banken um unsere kurzfristigen Erträge und unsere Fähigkeit, die nächsten Zinszahlungen zu leisten, sorgten. Trevor erklärte Sidney Shaw, daß weder der Wert des Markennamens Virgin noch die Verträge mit unseren Künstlern in der Bilanz erhalten seien.

»Hören Sie«, sagte ich zu Sidney Shaw. »Um es kurz zu machen: Wir haben sehr gesunde Bereiche. Allein die Plattenfirma wird in diesem Jahr einen Gewinn von 30 Millionen Pfund machen, und das trotz massiver Investitionen in den USA. Für das kommende Jahr sind 75 Millionen Pfund prognostiziert. Virgin Communications und Virgin Retail schreiben schwarze Zahlen. Bis zum Jahresende werden die Fluggesellschaft, der Reiseveranstalter und das Luftfrachtunternehmen ebenfalls in der Gewinnzone sein. Das sind nur temporäre Schwierigkeiten. Wegen des Golfkriegs und des Winters fehlen uns bei unserem Cash-flow 10 bis 20 Millionen Pfund. Das ist nur ein geringer Prozentsatz des Gesamtwerts der Virgin-Gruppe, und bis zum Ende des Jahres werden wir diesen Fehlbetrag ausgeglichen haben.«

»Außerdem«, fuhr ich fort, »könnten wir Virgin Music ohne Probleme ganz oder teilweise verkaufen. Die jüngste Bewertung der Citybank beziffert den Wert dieses Unternehmens auf 900 Millionen Dollar. Werden Sie uns also wegen vorübergehender, kriegsbedingter Unsicherheiten die Kredite kündigen?«

»Nein, nein, nein.« Sidney machte einen Rückzieher. »Aber Sie müssen das auch aus unserer Warte sehen.«

Das konnte ich nur allzu gut: Virgin Atlantic wies beim Cash-flow ein geringes Defizit aus, wodurch wir trotz des hohen Werts der übrigen Gesellschaften der Lloyds Bank auf Gedeih und Verderb ausgeliefert waren. Im britischen Banksystem holen sich die Finanzinstitute ihre Gewinne über hohe Zinsen und nicht über Eigenkapitalbeteiligungen, wie dies häufig in Japan oder Deutschland der Fall ist. Daher haben sie einen größeren Anreiz, einem Unternehmen den Boden unter den Füßen wegzuziehen, anstatt ihm in schwierigen Zeiten beizustehen. In Zeiten der Verzweiflung – beispielsweise während eines Krieges – werden so kerngesunde, profitable Unternehmen in den Konkurs getrieben. Das Schlimme an einer Fluggesellschaft ist, daß sie schneller an den Rand des Abgrunds rutschen kann als andere Unternehmen: Es müssen nur die Telefone stillstehen und die Passagiere keine Flüge mehr buchen. Selbst ein großer Carrier kann binnen weniger Tage untergehen.

Als Sidney Shaw Holland Park verließ, schienen die meisten seiner Bedenken zerstreut zu sein. In einem Brief an mich räumte er ein, daß seine schlimmsten Befürchtungen sich als unbegründet erwiesen hätten; er entschuldigte sich sogar dafür, daß er »überreagiert« habe. Vorerst stand uns die Lloyds Bank wieder zur Seite. Das einzige Problem war, daß Lloyds jetzt den Verkauf von Virgin Music oder einer ihrer Tochtergesellschaften fest im Hinterkopf behielt. Trevor hatte verschiedene Prognosen für 1991 aufgestellt. Selbst die schlechteste davon wies für Virgin Atlantic einen Jahresgewinn von 7 Millionen Pfund aus. Daher waren wir selbst recht zuversichtlich. Unmittelbar nach meiner Rückkehr nach London mußte ich jedoch feststellen, daß abgesehen von den direkten Befürchtungen der Lloyds Bank Gerüchte in der City umgingen, daß Virgin das gleiche Schicksal wie Air Europe und Dan Air bevorstünde und ich selbst in die Fußstapfen von Freddie Laker treten würde.

Anstatt mir Zeit für die Suche nach dem richtigen Partner für eine Investition in Virgin Music nehmen zu können, mußte ich meine Aufmerksamkeit auf die Bekämpfung zahlreicher bizarrer Gerüchte über Virgin lenken. Ich pflegte enge Kontakte zu den Journalisten. Als ich daher etliche Anrufe erhielt, in denen ich in einem Atemzug gefragt wurde, ob es in unserem Nachtclub Heaven ein Drogenproblem gebe und wie es denn um die Finanzen von Virgin Atlantic bestellt sei, war ich einigermaßen verdutzt. Bis dahin hatten mich Journalisten in der Regel nach unseren neuen Serviceleistungen an Bord oder dem neuesten Hit gefragt oder auch wissen wollen, wie Janet Jackson wirklich war. Als nun »seriöse« Zeitungen Fragen zum Drogenkonsum im Heaven zu stellen begannen und sich im gleichen Atemzug Gedanken zu den Auswirkungen der Wechselkursschwankungen auf unsere Gewinn- und Verlustrechnung machten, kam mir das seltsam vor. Ich war verwirrt. Als fast jede Zeitung sich nach dem Heaven erkundigt hatte, konnte ich mich des Eindrucks nicht erwehren, daß da irgendeine Kampagne gegen uns lief. Irgend etwas war faul. Auch die Entwicklungen bei der Fluggesellschaft gaben Anlaß zur Sorge: Die Zahl der Passagiere, die Plätze buchten und dann nicht erschienen, war weit über das seit unserer Gründung verzeichnete Niveau gestiegen. Eines Tages kam Will mit besorgtem Gesicht in mein Büro.

»Gerade hat mich ein Freund bei Rothschilds angerufen«, verkündete er. »Anscheinend war Lord King dort gestern zum Lunch und hat über Virgin Atlantic hergezogen.«

Der Vorwurf finanzieller Schwäche kann rasch zu einer sich selbst erfüllenden Prophezeiung werden, zumal wenn er aus einer so angesehenen und zuverlässigen Quelle wie Lord King von Wartnaby stammt, von dem niemand annehmen würde, daß er sich von einem Winzling wie Virgin Atlantic bedroht fühlt. Lord King wiederholte seinen Vorwurf in verschiedenen Kreisen. Erstens vor der Presse, die natürlich prompt Artikel über einen weiteren erfolgreichen Unternehmer veröffentlichen würde, der sich, wie schon Alan Bond, Ralph Halpern, George Davis, Gerald Ronson, die Reichmans und viele andere vor ihm, finanziell übernommen hatte und in Schwierigkeiten geraten war. Problematischer war für uns jedoch die Tatsache, daß auch die Banker in der City, die wir bezüglich einer Aktienemission für Virgin Atlantic ansprechen wollten, auf Lord King hören würden. Wir hatten bereits bei der amerikanischen Bank Salomon Brothers vorgefühlt; sie bereitete jetzt einen Prospekt für eine Emission vor, die uns einen Erlös von etwa 20 Millionen Pfund bringen sollte. Gerüchte über unsere drohende Insolvenz würden uns bei diesen Verhandlungen den Boden unter den Füßen wegziehen. Die dritte Zielgruppe, die von Gerüchten Notiz nehmen würde, waren Flugzeughersteller und Leasingunternehmen: Trotz der Rezession planten wir eine Erweiterung unserer Flotte, doch würde niemand Geschäfte mit einer angeschlagenen Fluglinie abschließen. Die vierte und letzte Zielgruppe war in vielerlei Hinsicht in den ersten Monaten des Jahres 1991 die wichtigste für uns: die britische Flugsicherheitsbehörde CAA, die dafür sorgen muß, daß alle Fluggesellschaften rentabel arbeiten.

Gesunder Wettbewerb – fairer Kampf mit harten Bandagen – ist mir nicht fremd, aber Virgin Atlantic und British Airways waren sich spinnefeind. In den letzten beiden Jahren hatte uns BA in einen immer erbitterteren Streit über Wartungsarbeiten verwickelt, die der britische Riese bei einem unserer Flugzeuge vorgenommen hatte. Die Wartungsarbeiten wurden anfangs von British Caledonian durchgeführt. Bei der Übernahme von B-Cal versprach Britisch Airways dem Verkehrsministerium und der CAA, daß sie alle bestehenden Wartungsverträge erfüllen würde. Als wir dann aber im September 1988 unsere dritte und vierte 747 erwarben, nannte uns British Airways einen unverschämt hohen Preis für die Wartung: Statt 16 Pfund berechneten sie für ihre Techniker einen Stundensatz von 61 Pfund. Zunächst hielt ich das für einen simplen Tippfehler, aber zu unserem Entsetzen war dem nicht so. Da BA das einzige Unternehmen mit einen Hangarplatz war, in den eine 747 paßte, glaubte man, uns in die Enge treiben zu können: Selbst bei einer Verdreifachung der Kosten bliebe uns, so die Argumentation bei BA, keine andere Wahl, als weiterhin ihre Dienste in Anspruch zu nehmen. Obwohl es teuer und äußerst unbequem war, flogen wir daraufhin unsere Maschinen lieber nach Irland, um sie von Aer Lingus warten zu lassen. Der zweite Streitpunkt stammte aus dem Sommer 1988, als British Airways eine unserer 747 wartete. Die BA-Techniker hatten einen Riß in einer Verstrebung übersehen, die das Triebwerk mit dem Flügel verband. Im Endeffekt mußte eine neue Verstrebung bestellt und die Maschine außer Betrieb genommen werden. Um dem ganzen die Krone aufzusetzen, weigerte sich BA, uns als Ersatz eine ihrer übrigen 747 zu leihen. Daher charterte Roy Gardner für zwei Tage eine Ersatzmaschine. Dann verschärfte sich die Situation noch: Das Ersatzteil war nicht verfügbar; es kam zu einer weiteren Verzögerung; das Flugzeug verlor seinen Platz im Hangar. Dann waren plötzlich die Techniker nicht greifbar. Immer neue Hindernisse türmten sich auf. Als die BA-Techniker dann noch die Verstrebung verkehrt herum anschweißten, glaubten wir schon an einen Fluch. Alles in allem war unsere 747 im August – dem Monat, in dem die Nachfrage am größten war – 16 Tage lang außer Gefecht gesetzt.

Verzweifelt rief ich Sir Colin Marshall, den CEO von British Airways, an.

»Ihre Techniker haben so schlechte Arbeit geleistet, daß die Maschine hätte abstürzen können«, informierte ich ihn.

»Das ist eines der Risiken im Luftfahrtgeschäft«, parierte er mit eisiger Stimme. »Wären Sie bei der Popmusik geblieben, hätten Sie jetzt nicht dieses Problem. Nein, wir leihen Ihnen kein Flugzeug.«

Unter dem Strich bedeutete das, daß Virgin Atlantic im Sommer keine hohen Gewinne einfahren konnte, von denen es in den mageren Wintermonaten zehren konnte. Statt dessen erlebten wir einen alptraumartigen Sommer und vergraulten Passagiere. Da wir die Kosten für die Ersatzflugzeuge aus unseren liquiden Mitteln bezahlen mußten, verschlechterte sich unser Cash-flow. Bei den Verhandlungen um eine Entschädigung ließ sich BA bitten und betteln. Sie schuldeten uns mehrere Millionen Pfund und lösten durch ihre Hinhaltetaktik eine Liquiditätskrise bei der Fluggesellschaft aus. Virgin Music mußte zu Hilfe eilen. Kurz vor meiner Abreise zur Ballonfahrt nach Japan hatten wir eine Klage gegen BA eingereicht.

Neben diesen Auseinandersetzungen um Wartungsfragen war der Hauptstreitpunkt mit British Airways unser Antrag auf zwei weitere Flüge nach Japan, die mit der japanischen Regierung ausgehandelt wurden. Flugpläne und Zeitfenster für Start und Landung – sogenannte Slots – interessieren außerhalb der Branche vielleicht niemanden, aber sie sind unser Lebenselixier. Ohne Flugerlaubnis können wir nicht starten. Der erfolgreiche Kampf um die Slots und Verbindungen nach Tokio waren für Virgin wesentliche Voraussetzung für die weitere Expansion. Nach der Übernahme von British Caledonian waren deren vier Verbindungen nach Tokio auf Virgin übertragen worden. Das genügte jedoch noch nicht. Um die Strecke rentabel betreiben zu können, mußten wir tägliche Flüge ab Heathrow anbieten können. Sicher hatte das Priorität vor der Genehmigung eines zweiten BA-Flugs an den Werktagen. Dann bot die japanische Regierung zwei Frequenzen (vier Slots) an. BA hielt es für selbstverständlich, daß sie alle ihr zufallen würden. Nach Beratungen mit unseren Rechtsanwälten reichten wir einen Antrag ein, obwohl wir wußten, daß BA bereits in den Startlöchern saß. Unsere Zukunft hing davon ab. Im Erfolgsfalle würde Virgin nicht nur den Zuschlag für die Strecken bekommen, sondern auch die alles entscheidenden beiden Slots, die sich BA auf dem Tokioter Narita-Flughafen gesichert hatte. Als Informationen über unseren Antrag durchsickerten, begann British Airways zu toben. So etwas war noch nie vorgekommen: Kleine Fluggesellschaften sollten BA tunlichst auf Knien dafür danken, daß sie überhaupt einen Slot zugeteilt bekamen. Aber einen Slot zu beantragen, der »von Rechts wegen« BA zustand! Das konnte man nicht auf sich sitzen lassen. Lord King und sein Team zogen alle Register, um die Entscheidungsträger zu überzeugen, daß diese Slots allein British Airways zustanden und eine Übertragung auf Virgin Airways gesetzwidrig sei. Dieser Schuß ging nach hinten los:

»Das sind nicht ›Ihre‹ Slots«, sagte Malcolm Rifkind, der damalige Verkehrsminister, spitz zu British Airways. »Faktisch gehören sie der Regierung, und wir geben sie an Sie weiter. Sie sind nicht das Eigentum von BA.«

Als Britisch Airways erkannte, daß der Kampf verloren war, begannen seine Manager, massiver gegen Virgin Atlantic vorzugehen: Es wurde kolportiert, daß unsere Gesellschaft nicht die nötige finanzielle Stärke für die Übernahme dieser Slots besäße. Faktisch – so deuteten die BA-Vertreter an – erzähle man sich in Branchenkreisen, daß Virgin so gut wie insolvent sei. Dies war der Hintergrund von Lord Kings Kommentar während des Lunchs bei Rothschilds. BA schrieb zudem »vertrauliche« Briefe an das Verkehrsministerium, die unsere finanzielle Stabilität in Zweifel zog. Damit zielten sie auf die Achillesferse der CAA ab: Die Behörde konnte sich nicht leisten, die Strecken Virgin Atlantic zu geben, nur um dann zusehen zu müssen, wie wir plötzlich zahlungsunfähig würden. Wir hatten große Mühe, die CAA von unserer Rentabilität zu überzeugen. Den ganzen Januar hindurch, während die CAA beriet, ob sie diese beiden Flüge nach Tokio Virgin Atlantic geben solle oder nicht, hörte ich immer mehr Gerüchte über unser Unternehmen und meine Person. Alle deuteten an, daß wir uns in Schwierigkeiten befanden. In der letzten Januarwoche traf die CAA zwei historische Entscheidungen zu unseren Gunsten: Sie vergab die beiden zusätzlichen Flüge an Virgin Atlantic, wies British Airways an, uns die am Norita-Flughafen organisierten Slots zu überlassen und verkündete dann, daß sie dem Verkehrsministerium empfehlen werde, Virgin Atlantic von Heathrow aus starten zu lassen. Lord King war außer sich. Als einer der größten Spendengeber der Konservativen Partei fühlte er sich verraten und verkündete, daß er gegen diese Entscheidung Widerspruch einlegen werde. Am 29. Januar strahlte der Fernsehsender Thames Television den ersten Dokumentarbericht über die Fehde zwischen Virgin Atlantic und British Airways aus. Die Sendung beschrieb unseren Kampf um die Flüge nach Tokio und die Öffnung von Heathrow für unser Unternehmen und auch einige der anderen Probleme wie unseren langandauernden Wartungsstreit. Einen Tag später gab British Airways eine Pressemitteilung heraus, in der sie über unfeine Methoden unsererseits klagte. Unseren Angriff nannten sie eine »böswillige Attacke«. Nachdem ich eine weitere Schimpftirade von Lord King über mich gehört und erkannt hatte, daß dies Virgin Atlantic indirekt in den Ruin treiben könnte, wollte ich den Gerüchten ein Ende bereiten. Der Wettbewerb mit British Airways oder einem anderen Konkurrenten machte mir nichts aus, solange es dabei fair zuging. In diesem Fall hörte ich aber immer mehr schädliche Gerüchte.

Am 31. Januar schrieb ich meinen ersten Brief an Lord King. Ich hoffte, daß ein offenes Gespräch die Gerüchte verstummen lassen würde. Meiner Ansicht nach sind persönliche Beziehungen im Geschäftsleben von entscheidender Bedeutung, und jeder sollte für sein Handeln direkt zur Verantwortung gezogen werden. Wenn ich Lord King auf die von ihm ausgelöste Ereigniskette hinwies, so hoffte ich, würde er eine kurze Besprechung mit mir vereinbaren, in der wir dann das Kriegsbeil begraben könnten. Ich schrieb:

Mit meinem Schreiben möchte ich Sie darauf hinweisen, daß ich mit den persönlichen Beleidigungen in dem von British Airways in jüngster Zeit vorgebrachten Maße nicht einverstanden bin. Als Chairman einer kleinen unabhängigen Fluggesellschaft habe ich mich nicht anders verhalten, als Sie es an meiner Stelle tun würden. Ich habe der CAA unsere Argumente zu den Tokioter Slots vorgelegt. Sie haben zu unseren Gunsten entschieden. Diese Entscheidung wird jetzt in zweiter Instanz überprüft. Nach dem Zuschlag der CAA warten wir jetzt auf die endgültige Entscheidung des Ministers. Bei keiner dieser Angelegenheiten haben wir zu unlauteren Maßnahmen gegriffen. Wir haben den Rechtsweg über die CAA, das Verkehrsministerium, die EU und den Obersten Gerichtshof gewählt, wenn es angebracht war. Wir haben zu keiner Zeit beleidigende persönliche Bemerkungen über Sie oder Sir Colin Marshall gemacht. Die gleiche Vorgehensweise würde ich auch von Ihrem Unternehmen erwarten.

Mein Brief erwies sich als Wunschdenken. In der folgenden Woche rief bei Will ein Mann an, der sich als Frank Dobson, Privatdetektiv, vorstellte. Er sagte, er müsse Will unbedingt sofort sehen. Als Ort für dieses Treffen schlug er ein Pub im Untergeschoß der Waterloo Station vor. Will ging mit Gerrard Tyrrell, unserem Rechtsanwalt aus der Kanzlei Harbottle und Lewis, zum vereinbarten Treffpunkt. Frank Dobson eröffnete ihnen, daß eine Detektivagentur namens Kroll Associates mich und die gesamte Virgin-Gruppe unter die Lupe nehme. Frank Dobson fragte, ob er im Gegenzug für Virgin arbeiten und herausfinden sollte, was hinter dieser Sache stecke. Will dankte ihm für seine Informationen, lehnte sein Angebot aber ab, da wir niemals mit Privatdetektiven arbeiten. Lord Kings Antwort erhielt ich am 5. Februar. Er zitierte lediglich seine Äußerung im *Sunday Telegraph*: »Ich führe meine Fluggesellschaft; Richard Branson die seine. Ich wünsche ihm viel Glück.« Er fügte hinzu, daß die Angelegenheit damit für ihn erledigt sei. Die Kürze des Schreibens wurde lediglich von seiner Arroganz überboten. Es war klar, daß Lord King mich mit einer Verachtung behandelte, die auf alle anderen Mitarbeiter bei British Airways abfärben würde, bis sie meinten, sie könnten sich Virgin Atlantic gegenüber alles erlauben. Lord

Kings Schreiben bestand aus zwei knappen Sätzen. In Wahrheit wünschte er natürlich alles andere als »Glück«. Wenn es nach ihm ginge, wäre »Glück« das Letzte, das mir zuteil würde. Und sicherlich würde er auch weiterhin zu vielen Leuten eine ganze Menge zu »dieser Angelegenheit« sagen. Seltsam an Lord Kings Schreiben war auch, daß es nicht an mich persönlich gerichtet war, sondern er nur seine eigene Antwort auf die Frage eines Zeitungsreporters zitierte. Offenbar konnte er es nicht über sich bringen, mich als Person anzusprechen und so als Gegner ernst zu nehmen. Ich wußte, daß er mich »den grinsenden Pullover« nannte. British Airways versuchte, Virgin Atlantic vom Markt zu verdrängen – und Lord King tat offenbar so, als würde ich nicht existieren.

23
SCHMUTZIGE TRICKS

Februar bis April 1991

Nach der von Thames Television ausgestrahlten Sendung mehrten sich alarmierendere Beweise für eine Diffamierungskampagne gegen Virgin und mich. »Ein ehemaliger Mitarbeiter von British Airways hat mich angerufen«, berichtete Chris Moss, unser Marketingleiter bei Virgin Atlantic. »Peter Fleming hat die Sendung von Thames Television gesehen und sagt, er könnte alle möglichen Machenschaften bei British Airways bestätigen.«

»Schriftlich?« fragte ich. »Hat er handfeste Beweise?«

»Er sagt, BA betrachte Virgin als ihren größten Feind. Nach dem Flug nach Bagdad sei eine Sondereinheit gegründet worden mit dem Ziel, deine Aktivitäten zu untergraben.«

»Kannst du das schriftlich besorgen?«

»Ich werde es versuchen.«

Den ganzen Februar und März hindurch erörterten wir mit dem britischen Verkehrsminister Malcolm Rifkind die umstrittenen Verbindungen nach Tokio und unseren Zugang zum Londoner Flughafen Heathrow. Rifkind war ein bodenständiger Schotte, der sich unsere Argumente ganz objektiv anhörte. Ich hatte tatsächlich das Gefühl, daß wir uns auf der gleichen Wellenlänge befanden, als er plötzlich über die ungeheuren Verbesserungen beim Shuttle-Dienst zwischen Heathrow und Glasgow sprach:

»Jetzt bekomme ich richtiges Essen mit richtigem Besteck«, sagte er. »Früher gab's nur ein trockenes, weißes Sandwich.«

»British Midland belebt den Wettbewerb«, betonte ich. »Sie haben die entsprechenden Slots in Heathrow.«

Ich dachte, unser Mittagessen sei gut gelaufen, doch ganz am Ende machte er all meine Hoffnungen zunichte.

»Richard«, verkündete er. »Sie müssen zugeben, daß British Airways ausgezeichnete Arbeit leistet.«

»Ja, sie haben sich sehr verbessert«, räumte ich ein. »Aber ihnen wurde ja auch alles auf einem Silbertablett serviert: So haben sie die Concorde kostenlos erhalten, die Schulden waren bereits abgeschrieben, und sie hatten exklusive Nutzungsrechte für Heathrow.«

»Stimmt«, sagte Rifkind. »Aber das ist alles im nationalen Interesse.«

Ich schwieg. Das ganze Arbeitsessen schien völlig umsonst gewesen zu sein.

»Es geht hier nicht um nationale Interessen«, widersprach ich. »British Airways ist nur eine große Fluggesellschaft, die ihren Aktionären gehört. Zufällig hat sie auch ein Monopol, weil ihr das gewährt wurde, als sie noch im Staatsbesitz war. Aber BA ist nicht mehr wie Aeroflot. Denken Sie nur an Ihre trockenen Weißbrot-Sandwiches auf dem Shuttle nach Glasgow. Im Gegensatz zu anderen privatisierten Monopolbetrieben, deren marktbeherrschende Stellung von Aufsichtsbehörden verringert wurde, schaut niemand BA auf die Finger. Im Gegenteil: Seit der Privatisierung konnte die Gesellschaft ihre Vormachtstellung auf dem Markt sogar noch weiter ausbauen.«

Ich dachte, ich sei mit diesen Worten vielleicht doch etwas zu weit gegangen, denn Malcolm Rifkind nickte nur kurz und ging sofort zu seinem schwarzen Rover vor der Tür. Ich wußte, daß er noch nie mit Virgin geflogen war, weil alle Abgeordneten, Beamten und Angehörigen der Streitkräfte nach wie vor dazu angehalten wurden, British Airways zu wählen, weil diese Gesellschaft immer noch als »staatlich« galt. Als ich seinem Wagen nachsah, der sich einen Weg in Richtung Westminster bahnte, fragte ich mich, ob er tatsächlich davon überzeugt war, daß British Airways im nationalen Interesse handle oder ob er nur den Advocatus Diaboli spielen wollte.

»Gute Neuigkeiten, Richard«, verkündete Malcolm Rifkind am 15. März 1991. »Ich freue mich, Ihnen mitteilen zu können, daß die Regierung Virgin Atlantic erlauben wird, Flüge von Heathrow aus anzubieten. Und außerdem erhält Ihre Gesellschaft die beiden zusätzlichen Verbindungen nach Tokio.«

Es war der entscheidende Wendepunkt, auf den wir gewartet hatten.

»Phantastische Neuigkeiten«, schrie ich. »Penni, mach' ein paar Flaschen Champagner auf! Ruf' Will in mein Büro. Ruf' alle in mein Büro!«

Als sich alle zum Feiern in meinem Büro versammelten, wählte ich Hugh Welburns Nummer. Hugh hatte einen Artikel geschrieben, der unterstrich, wie wichtig es für eine Fluggesellschaft sei, Flüge ab Heathrow anzubieten. Seine Schlußfolgerung lautete, daß aufgrund der Kürze der Startbahn in Gatwick und dem Mangel an Anschlußflügen die gleiche Strecke von Heathrow aus 15 Prozent rentabler sei. Hughs Artikel und die Erkenntnis, daß Virgin dank der längeren Startbahn in Heathrow mehr Fracht transportieren und so höhere besteuerbare Umsätze erzielen konnte, hatten großen Eindruck auf Malcolm Rifkind gemacht.

»Wir haben gewonnen«, erklärte ich Hugh. »Gut gemacht! Wir haben's endlich geschafft, nach Heathrow zu kommen.«

Hugh war überrascht und erfreut. Er arbeitete schon lange als Berater für die Luftfahrtindustrie und hatte den Untergang von British Caledonian und einigen anderen kleineren Konkurrenten miterlebt, die mit ihren Flügen aus Gatwick nicht kostendeckend arbeiten konnten.

»Das ist euer Durchbruch«, sagte er. »Aber paßt bloß auf. Das wird British Airways ganz und gar nicht schmecken – die werden die Wände hochgehen.«

Während wir Champagner tranken, begannen die Telefone zu läuten. Die Presse hatte Wind von der Sache bekommen. Die Journalisten riefen auch bei Lord King an, und am nächsten Tag und in den Wochenendausgaben las ich interessiert seine Reaktion.

»Die Verkehrspolitik der Regierung?« fauchte Lord King im *Observer*, wo sein Schwiegersohn Melvin Marckus Chefredakteur des Wirtschaftsteils war. »Was für eine Verkehrspolitik?«

Ich wußte nicht, ob ich über dieses Interview lachen oder mich ärgern sollte. Mit wachsendem Erstaunen las ich weiter:

»Jedesmal, wenn wir eine profitable Strecke aufgebaut haben«, fuhr Lord King fort, »kommt irgendwer daher und sagt: ›Da will ich auch ein Stück abhaben‹, und die Regierung erfüllt diese Forderungen bereitwillig.«

Nach Lord Kings Schätzungen würden British Airways durch Malcolm Rifkinds Entscheidung, Virgin Atlantic die beiden zusätzlichen Verbindungen nach Tokio zu geben, Umsatzeinbußen von 250 Millionen Pfund jährlich entstehen: »Diese 250 Millionen, die unsere Aktionäre dadurch verlieren, wandern direkt in die Tasche von Richard Branson«, tobte er. Wenn dem nur so wäre! Vielleicht hatte Lord King in seiner Wut ja vergessen, daß zwischen Umsatz und Gewinn leider noch ein Posten namens »Kosten« steht. Am gleichen Tag kommentierte der *Sunday Telegraph*:

Diese Woche empörte sich Lord King über die Entscheidung, die Virgin endlich den Zutritt zum Flughafen Heathrow gewährt. Die Tatsache, daß der unabhängige Carrier sich so lange auf Gatwick beschränken mußte, war ein Segen für BA, und jetzt verstehe ich warum. Der Ansatz von BA im Service ist geprägt vom Denken einer staatlichen Fluglinie, während Virgin die gesamte Frechheit, Entschlossenheit und Originalität eines Newcomers mitbringt, der sich gegen den gigantischen Konzern auflehnt. Im Essen und Service entspricht die Upper Class von Virgin dem Niveau der First Class.

Im *Observer* argumentierte Lord King (zweifellos ohne sich dabei lächerlich vorzukommen), daß jeder Versuch der Regierung, eine starke zweite Fluggesellschaft heranzuzüchten, in einem Desaster geendet habe. Als Beispiele nannte er Laker Airlines, British Caledonian und Air Europe. An Scheinheiligkeit war das wohl kaum zu überbieten. BA hatte dazu beigetragen, daß Freddie Laker seine Fluggesellschaft schließen mußte – ein Untersuchungsausschuß sollte dieser Sache nachgehen, doch letztendlich wurde nach der Intervention der britischen und amerikanischen Regierungen keine Anklage erhoben. Alle drei Gesellschaften durften nur von Gatwick aus operieren. British Airways sprach sich öffentlich für die Vorteile eines gesunden

Wettbewerbs aus, solange die Konkurrenz schön brav in Gatwick blieb. Meine Eltern hatten mir als Lebensmotto mitgegeben: »Wer nicht wagt, der nicht gewinnt«. Wir hatten mit Zähnen und Klauen um Flüge ab Heathrow gekämpft und uns schließlich durchgesetzt. Virgin Atlantic war zwar im Vergleich zu British Airways immer noch ein Winzling, aber jetzt stellten wir eine ernsthafte Bedrohung ihrer langfristigen Zukunft dar – mehr als British Caledonian es jemals gewesen war. Der Niedergang von PanAm und TWA sollte ebenfalls eine Rolle in der Öffnung von Heathrow für unsere Maschinen spielen. Die beiden amerikanischen Giganten American Airlines und United Airlines kauften die Rechte an den bisher von PanAm und TWA betriebenen Strecken. Um diese Strecken wieder zu aktivieren, beantragten die beiden Fluggesellschaften die Übertragung der entsprechenden Slots in Heathrow. Nach den strengen Bestimmungen der Regelungen zur Verteilung des Verkehrsaufkommens durften die Slots aber nicht übertragen werden, sondern fielen wieder an das Heathrow Slot Committee zur Neuzuweisung. Wir argumentierten, daß in diesem Fall neben allen anderen interessierten Fluglinien auch Virgin Atlantic die Erlaubnis erhalten sollte, sich um diese Slots zu bewerben. Obwohl uns Malcolm Rifkind theoretisch das Tor nach Heathrow geöffnet hatte, stand uns noch ein langer Kampf um die Slots bevor, bis wir tatsächlich Flüge von dort aus anbieten konnten.

Die schriftliche Erklärung, um die Chris Moss auf meinen Wunsch hin den ehemaligen BA-Mitarbeiter Peter Fleming bitten sollte, traf am folgenden Montagmorgen bei uns ein. Mein Unbehagen wuchs. In dem vom 18. März datierten Schreiben von Peter Fleming hieß es:

Es besteht kein Zweifel, daß die britischen Vertriebsmanager von British Airways Virgin zum Volksfeind Nr. 1 erklärt haben. Die eigentliche Krise wurde durch die profilierte Rolle beschleunigt, die Richard Branson bei der Rettung der Geißeln aus dem Golf spielte. Während dieser Zeit erfuhr ich bei einem Treffen des britischen Vertriebsmanagements, daß ein Managementteam gebildet worden sei mit dem Ziel, Bransons »Image« zu unterminieren.

Die beim Europäischen Gerichtshof anhängige Rechtssache [Virgin hatte eine offizielle Beschwerde eingereicht] hat jedoch zu einer gründlichen »Verschleierungskampagne« der Aktivitäten geführt. In meinen letzten Monaten bei BA wurde ich bei drei verschiedenen Gelegenheiten angewiesen, »jeden Bezug auf Virgin in [meinen] Akten« zu vernichten. Mitarbeiter in sensitiven Bereichen wurden über »Kartellgesetze« und mögliche Reaktionen auf eine heikle Situation bezüglich Virgin informiert. De facto grenzt die aktuelle Situation an Verfolgungswahn!

Peter Fleming war ein hochrangiger Marketingmanager in der BA-Niederlassung in Victoria gewesen. Seine Erklärung war die erste wirkliche Andeutung, daß British Airways tatsächlich eine interne Sondereinheit zu meiner Diskreditierung eingerichtet und die Vernichtung von Dokumenten, die sich auf Virgin bezogen, angeordnet hatte. Waren diese Unterlagen derart belastend, daß sie in den Schredder wandern mußten? Ich beschloß, Peter Flemings Brief erst einmal in die Ablage zu geben, während wir warteten, wie sich der Anti-Virgin-Feldzug von BA weiterentwickeln würde, der später als »schmutzige Tricks« bezeichnet werden sollte.

In der Zwischenzeit hatten wir alle Hände voll zu tun. Wenn Virgin Atlantic Flüge ab Heathrow anbieten sollte, mußten wir dort Abfertigungsschalter, Gepäckabfertigung und Technikerstäbe einrichten und natürlich den Passagieren einen funktionierenden Flugplan anbieten. Voraussetzung dafür war die Zuweisung von Slots. Nur dann konnte Virgin Atlantic auf der Basis eines Flugplans Tickets verkaufen. Von dem hohen Verkehrsaufkommen im Sommer konnten wir nur profitieren, wenn dieser Prozeß spätestens bis April abgeschlossen war. Wir mußten um jeden einzelnen Punkt kämpfen. Zunächst teilte man uns mit, daß keine Abfertigungsschalter verfügbar seien. Als ich mich in Terminal 3 umsah, entdeckte ich eine ganze Reihe leerer Schalter.

»Wem gehören die?« fragte ich.
»British Airways«, lautete die Antwort.
British Airways weigerte sich kategorisch, diese Schalter an uns

unterzuvermieten, auch wenn sie selbst sie nicht benötigten. Da man uns also an zwei Fronten – Slots und Abfertigungsschalter – Steine in den Weg legte, wandte ich mich an die British Airports Authority (BAA), die im Rahmen der Privatisierungswelle in den achtziger Jahren in Privateigentum überging und alle Flughäfen auf der britischen Insel betrieb. Ihr oberster Chef war Sir John Egan, der früher einmal Jaguar vorstand. Als Unternehmer, der aus Jaguar eine blühende Gesellschaft gemacht hatte, könnte er – so dachte ich – mir etwas Mitgefühl entgegenbringen. Als ich ihm erklärte, welche Schwierigkeiten wir mit unserem Antrag für Slots und sogar solchen Details wie Abfertigungsschaltern hatten und daß ich rechtliche Schritte am Europäischen Gerichtshof ernsthaft in Erwägung ziehe, versprach er, mir zu helfen. In meinem Telefongespräch mit ihm machte ich deutlich, daß ich nur die Chance bekommen wollte, gegen British Airways in Wettbewerb zu treten, und mich nicht unterbuttern lassen wolle.

Schließlich fand die BAA Schalter für uns. Das Gepäck durften wir allerdings nicht selbst abfertigen. Als Alternativen standen uns hier British Airways und British Midland zur Verfügung. Wir wählten letztere. Das größte Problem blieb die Zuweisung der Slots. Auf einem überfüllten Flughafen haben bereits etablierte Gesellschaften einen Heimvorteil. 1993 änderte die Europäische Kommission die Bedingungen leicht ab und gab »neuen Marktteilnehmern« Vorrang, aber die alteingesessenen Gesellschaften halten immer noch einen Großteil der Trümpfe in der Hand.

Um unsere Flüge nach Los Angeles, Tokio und New York ab Heathrow anbieten zu können, bewarben wir uns um 64 Slots. Trotz all der Presseartikel, die Virgin in Heathrow willkommen hießen, und der großen Erwartungen der Passagiere bot uns der Slot-Koordinator des Flughafens (Peter Morrisroe, der damals von British Airways in dieses Amt beordert, aber von Rechts wegen zur Gleichbehandlung aller Fluggesellschaften verpflichtet war) statt dessen nur 24 Slots. Diese Slots waren nutzlos für uns: Sie lagen größtenteils zu absurden Tageszeiten; einige gaben uns Start-, aber keine Lande- oder Rückflugerlaubnis.

»Sie wissen genau, daß diese Slots unmöglich sind«, sagte ich zu

Peter Morrisroe. »Sie sind lächerlich. Kein Passagier würde um 2 Uhr nachts von Heathrow abfliegen, um New York um 4 Uhr morgens zu erreichen!«

»Sie hätten ja nicht nach Heathrow kommen brauchen«, gab er zurück. »Sie hätten in Gatwick bleiben können.«

Die ewige Wiederholung der Aussage, daß ich dem Zentrum der Luftverkehrsindustrie besser ferngeblieben war, begann mich zu ärgern. In den Verhandlungen mit dem Slot-Koordinator gab es den ganzen März hindurch und bis in den April hinein keine Bewegung. Ich sprach mit Colin Howes von unserer Kanzlei Harbottle und Lewis über die Rechtsgrundlagen der Slot-Zuweisung. Wir gelangten zu zwei Schlußfolgerungen. Erstens basierte das ganze System auf einem freiwilligen Kodex: Wenn sich nur eine Fluggesellschaft weigerte, dieses Kartellsystem zu akzeptieren, konnte das ganze System zusammenbrechen, so daß die Regierung gezwungen wäre einzuschreiten. Zweitens stellte dieses System einen Verstoß gegen EU-Wettbewerbsrecht dar, da es effektiven, neuen Konkurrenten den Zutritt zu einem so überlasteten Flughafen wie Heathrow verwehrte. Meiner Ansicht nach waren unsere Karten gut genug, um es mit den etablierten Wettbewerbern in Heathrow aufzunehmen und ihr Slot-Zuweisungssystem in Frage zu stellen. Unsere Präsenz in Heathrow war nichts wert, wenn wir nicht starten und landen konnten. Bevor wir aber einen unserer beiden Trümpfe ausspielten, argumentierten wir, daß der Slot-Koordinator sich nicht an die Vorgaben der Flughafenbetreibergesellschaft gehalten habe: Die ehemaligen PanAm- und TWA-Slots seien direkt an American bzw. United Airways weitergereicht worden, ohne zwischendurch wieder in den allgemeinen Topf zu wandern. Auf Regierungsebene hatte Malcolm Rifkind American und United zusammen mit Virgin Atlantic für Heathrow zugelassen. Er betonte, daß alle drei Fluglinien die Möglichkeit erhalten müßten, sich knappe Slots zu sichern, damit auf diese Weise die Chancen der britischen und amerikanischen Fluggesellschaften bis zu einem gewissen Grad ausgeglichen seien. Um dieses Ziel zu erreichen, hatte er Teile eines obskuren, aber unglaublich wettbewerbsfeindlichen Gesetzes abgeschafft, das als »Traffic Distribution Rules« bezeichnet wurde. In einer dieser »Regeln zur Verteilung des Verkehrsaufkommens« hieß es ganz unumwunden, daß nur diejenigen Fluggesellschaften, die zum Zeitpunkt der Erstellung dieser Regeln (in den siebziger Jahren) Linienflüge von Heathrow zu ausländischen Flughäfen angeboten hätten, neue Flüge dieser Art anbieten durften. Natürlich fand die Regierung keine Argumente zur Rechtfertigung einer Regelung, die neue Wettbewerber verbot, und schaffte sie daher ab. Daraus ergab sich die Chance für Virgin. Aber wir konnten wohl kaum erwarten, daß uns Monopolisten, die mehr als zehn Jahre lang vor neuen Wettbewerbern geschützt waren, mit offenen Armen empfingen. Mit Unterstützung der anderen Gesellschaften, die bereits Flüge von Heathrow aus anboten, machte der Koordinator diese Chance zunichte, indem er den beiden amerikanischen Gesellschaften die PanAm- und TWA-Slots und Virgin die unmöglichen Zeitfenster gab. Trotz der Genehmigung seitens der Regierung blieben wir von Heathrow ausgeschlossen. Ich war bereit, mich entweder an die Europäische Kommission zu wenden oder aber dem Konsens zu widersetzen, der die Grundlage des freiwilligen Systems bildete. Nachdem unsere Gespräche mit dem Slot-Koordinator in eine Sackgasse geraten waren und immer mehr Zeit verstrich, sah es so aus, als würden wir die sommerliche Urlaubssaison verpassen. Ich stand mit dem Rücken zur Wand und war bereit, mich zu wehren. Im allerletzten Augenblick, als es schon fast zu spät für die Veröffentlichung eines Sommerflugplans war, nahm Peter Morrisroe meine Einladung zum Mittagessen in Mill End an. Daß er seine Rechtsanwältin Diana Guy mitbringen wollte, wertete ich als ein positives Zeichen. Von Colin Howes wußte ich, daß sie sich auf Wettbewerbsrecht spezialisiert hatte: Offenbar hatte die Gegenseite einen unserer Trümpfe erkannt. Bei einem sonntäglichen Lunch sprachen wir über die Zukunft des Slot-Zuweisungssystems von Heathrow. Ich betonte nochmals, daß ich Peters Vorgehen für falsch hielt. Er hätte die TWA- und PanAm-Slot nicht direkt weitergeben dürfen, sondern in den allgemeinen Pool einstellen müssen, so daß sich alle Gesellschaften darum bewerben konnten. Wir debattierten heftig über diesen Punkt. Außerdem deutete ich an, daß wir die Europäische Kommission um eine Überprüfung des Systems bitten oder die unwillige britische Regierung zur Übernahme der Slot-Zuweisung in Heathrow zwingen könnten. Als es schließlich so aussah, als könnten wir niemals zueinander finden, bot ich einen Kompromiß an: Ich würde die Regierung aus dem Spiel lassen, wenn wir einen vernünftigen Flugplan ausarbeiten konnten. Peter Morrisroe erwiderte, er könne in einigen Tagen die Slots nochmals anpassen und dabei Möglichkeiten für uns schaffen. Ich hielt es für besser, mich auf einen Kompromiß einzulassen, anstatt auf staatliche Intervention zu pochen und ein Chaos heraufzubeschwören. Zudem wußte ich, daß unsere Gesellschaft schon lange nicht mehr existieren würde, wenn die Europäische Kommission endlich Zeit fand, sich mit unserer Beschwerde zu beschäftigen. Nach dieser Annäherung begruben Peter Morrisroe und ich an jenem Sonntag an unserem Küchentisch in Mill End das Kriegsbeil. Virgin Atlantic konnte endlich Flüge ab Heathrow anbieten.

Während dieser Verhandlungen mit dem Slot-Ausschuß von Heathrow erfuhr ich von Jordan Harris und Jeff Ayeroff, die unser amerikanisches Musiklabel leiteten, daß Janet Jackson gerne einen Vertrag mit Virgin Music unterzeichnen wolle. Für Virgin Music war dies ein ebenso großer Durchbruch wie der erfolgreiche Kampf um den Zugang nach Heathrow für Virgin Atlantic. Janet Jackson war eine der größten Sängerinnen der Welt, und ich erkannte, daß sie alles daran setzen würde, diese Spitzenposition zu behaupten. Sie wollte noch erfolgreicher werden als ihr Bruder Michael. Neben Talent ist einer der entscheidenden Erfolgsfaktoren in der Karriere eines Sängers seine geistige Stärke. Und davon hatte Janet reichlich. Sie hatte ihren Erfolg über eine Reihe von Alben aufgebaut. Für einen Künstler ist der langsame Weg zum Erfolg in vielerlei Hinsicht besser, weil er dann lernen kann, mit diesem Ruhm zu leben. Zudem gewinnt er auf diese Art eine breitere, treuere Fangemeinde. Als Janet mich auf Necker Island besuchte, sah ich die Zeichen ihrer Entschlossenheit. So hielt sie sich konsequent im Schatten auf, um ihren Teint nicht zu verderben. Der Sonne kann man auf den Jungfraueninseln praktisch nicht entgehen, aber Janet tat alles, was sie konnte. Sie hatte zwar genauso viel Spaß wie alle anderen auch, doch gelang es ihr, direkte Sonneneinstrahlung zu vermeiden – auch wenn es etwas deplaciert wirkte, wenn sie in eine Art Leichentuch gewickelt am Strand saß.

Obwohl Janet mir erklärt hatte, daß sie gerne von Virgin unter Vertrag genommen würde, mußten wir dennoch in einer Art Auktion mit dem höchsten Angebot gleichziehen, bevor ihre Vorliebe für uns den Ausschlag gab. Das würde sehr viel mehr kosten, als wir aus dem Ärmel schütteln konnten, aber ich wußte instinktiv, daß wir gewinnen mußten: Ein Vertrag mit Janet Jackson würde Virgins Position als attraktivste Plattenfirma der Welt bestätigen. Und ich dachte nicht im Traum daran, mir dabei von der Vorsicht unserer Banker einen Strich durch die Rechnung machen zu lassen.

Meine ganze geschäftliche Laufbahn hindurch habe ich stets versucht, die Kosten im Griff zu behalten und das Verlustrisiko möglichst zu minimieren. Die Virgin-Gruppe konnte nur überleben, weil wir immer sparsam mit unseren liquiden Mitteln umgingen. Ich wußte aber auch, daß man diese Regeln bisweilen brechen und sein Geld mit vollen Händen ausgeben muß. Die Chance, Janet Jackson unter Vertrag zu nehmen, war ein solcher Fall – wir durften sie uns keinesfalls entgehen lassen. Nachdem ich mit Simon und Ken darüber gesprochen hatte, beschloß ich, Janet das höchste Angebot zu unterbreiten, das jemals für einen Sänger gemacht wurde. Ferner wollte ich alle Regeln der Musikbranche brechen und ihr einen Vertrag für ein einziges Album anbieten. Dafür gab es praktisch keine Präzedenzfälle. Ich wollte die Konkurrenz beiseite fegen. Ich war überzeugt, daß Janet ihre Plattenfirma bestimmt nicht mehr wechseln wollte, wenn sie einmal mit Virgin gearbeitet hatte. Ein Vertrag mit Janet Jackson würde nicht nur die Position von Virgin Music als bestes Plattenlabel der Welt zementieren, sondern auch das richtige Signal an alle in der City und bei der CAA senden, die unter Umständen den von British Airways in die Welt gesetzten Gerüchten über Liquiditätsprobleme bei der Virgin-Gruppe Glauben schenken könnten. Der einzige Haken an der Sache war, daß wir tatsächlich mit Liquiditätsproblemen zu kämpfen hatten. Ich wußte, daß uns die Lloyds Bank nicht helfen würde, wenn ich für den Vertrag mit Janet um eine Aufstockung unseres Kontokorrentkredits bat. Daher suchten Trevor und ich nach Mitteln und Wegen, unsere Aktiva so zu jonglieren, daß wir weitere Kreditzusagen für die Anzahlung aushandeln konnten. Nach mehreren eilends vereinbarten

Treffen mit verschiedenen Banken sagte die Bank of Nova Scotia Trevor schließlich die Finanzierung des Vertrags mit Janet Jackson zu.

Wir boten Janet Jackson 15 Millionen Dollar, von denen 5 Millionen Dollar bei Vertragsunterzeichnung fällig wurden. Die Angebote stiegen jedoch bald, und wir mußten für ein einziges Album auf 20 Millionen Dollar und schließlich auf 25 Millionen Dollar gehen. Das war erheblich mehr, als jemals für ein Album ausgegeben worden war. Die Bank wiesen wir darauf hin, daß Janet die führende Sängerin der Welt sei und mehr Singles aus ihrem letzten Album in den Top 5 gelandet seien als bei allen anderen Künstlern, einschließlich ihres Bruders Michael. Die Bank of Nova Scotia versprach, ihre Zusage auf 25 Millionen zu erweitern.

Janet hielt Wort: Als sich die Angebote auf 25 Millionen Dollar einpendelten, wählte sie Virgin. Der Vertrag gehörte uns, und wir mußten die 11 Millionen Dollar beschaffen, die ihr bei der Unterzeichnung zustanden. In Hochstimmung überließ ich Trevor in London die letzten Verhandlungen mit der Bank of Nova Scotia und Ken in Los Angeles die Gespräche mit Janets Anwälten und fuhr mit meiner Familie und Peter Gabriel über Ostern zum Skifahren nach Zermatt. Peter war ursprünglich der Sänger von Genesis gewesen und inzwischen bei Virgin als Solokünstler unter Vertrag. Er ist zugleich einer meiner engsten Freunde. Wir kamen am Donnerstagabend in Zermatt an und gingen am Freitagmorgen auf die Piste. Als wir zu einem frühen Mittagessen ins Hotel zurückkehrten, beschlossen Holly und Sam, im Hotelpool schwimmen zu gehen. Peter und ich einigten uns auf eine Partie Tennis. Als ich an der Rezeption vorbeiging, rief mir der Hotelbesitzer Alex zu:

»Richard, da ist ein Anruf für Sie.«

In unseren Zimmern gab es kein Telefon; daher nahm ich das Gespräch in dem kleinen Kiosk im Foyer entgegen. Es war Trevor.

»Ich habe leider schlechte Neuigkeiten. Wir können das Geld für den Vertrag mit Janet Jackson nicht aufbringen. Du weißt ja, daß die Unterzeichnung heute stattfinden soll, aber Nova Scotia hat uns im Stich gelassen. Wir brauchen 11 Millionen Dollar bis zum Geschäftsschluß in Los Angeles. Ken meint, wir sollten ihr sagen, daß wir das Geld nicht auftreiben können, und die Finger von der ganzen Sache lassen.«

Vor meiner Abreise am Donnerstag hatte die Bank of Nova Scotia versprochen, die zur Vertragsunterzeichnung benötigten 11 Millionen Dollar bereitzustellen. Während ich Trevor zuhörte, schmolz der Schnee auf meinen Stiefeln und bildete eine kleine Pfütze auf dem gefliesten Boden unter mir. Ich fragte mich, mit welchen Aktivposten wir noch jonglieren konnten, um das Geld aufzutreiben. Ich wollte die Unterzeichnung keinesfalls auf die nächste Woche verschieben oder ganz aufgeben. Dann könnten uns unsere Konkurrenten Janet Jackson vor der Nase wegschnappen.

Peter Gabriel kam mit seinem Tennisschläger zurück. Ich wußte, daß wir ihm in der nächsten Woche Tantiemen in Höhe von fast 2 Millionen Pfund zahlen mußten.

»Warte einen Augenblick, Trevor!« Ich legte meine Hand auf den Hörer. »Peter, es tut mir leid, aber das hier wird ziemlich lange dauern.«

»Macht nichts«, rief er fröhlich. »Ich geh' zu den Kindern in den Pool.«

24
»FÜR MADONNA HÄTTE ICH DAS NICHT GETAN«

April bis Juli 1991

Ich wartete, bis Peter außer Hörweite war, bevor ich Trevor nach den fälligen Tantiemen fragte.
»Nächste Woche gehen circa 5 Millionen Pfund 'raus, einschließlich des Schecks für Peter Gabriel«, sagte er.
»Nun, damit könnten wir was drehen. Ich bin sicher, daß das Peter nichts ausmachen wird«, versuchte ich mich selbst zu überzeugen. »Ganz bestimmt nicht. Ich werd' ihn auf einen Drink einladen. Aber was können wir sonst tun?«
In London war es jetzt Vormittag, in der Schweiz kurz vor Mittag. Wir mußten bis Büroschluß in Los Angeles 11 Millionen Dollar zusammenkratzen. Es schien unmöglich zu sein. Unser einziger Vorteil war, daß in Los Angeles noch alle schliefen und uns 15 Stunden blieben, um diese Summe aufzutreiben. Wir gingen schnell die Liste unserer Optionen durch: Wir konnten Fujisankei um eine weitere Investition in Virgin Music oder Seibu-Saison um eine Finanzspritze für Virgin Atlantic bitten; wir konnten versuchen, möglichst viel Geld aus Virgin Communications herauszuklopfen.
»Wie geht's Robert mit dem Verkauf der Sega-Lizenz?« fragte ich.
»Der Vertrag wird erst in ein paar Wochen geschlossen«, sagte Trevor. Ich machte noch einige weitere Vorschläge: Verkauf von Necker Island oder meines Hauses in London, Vergabe von Unterlizenzen für einige unserer Künstler. Das Problem war nur, daß alles seine Zeit dauern würde, und weder Fujisankei noch Seibu-Saison auch nur 1 Million Dollar aus dem Ärmel schütteln konnten, von 11 Millionen Dollar ganz zu schweigen. Seibu-Saison hatte viel in Ho-

tels investiert und war infolge des Golfkriegs in die roten Zahlen gerutscht. Mir schien, daß wir das Geld niemals aus anderen Quellen beschaffen könnten, so daß wir uns nochmals an die Bank of Nova Scotia wenden mußten.

»Hast du mit den Bankern in London gesprochen?« frage ich.

»Ja«, antwortete Trevor.

»Tja, vielleicht sollten wir einfach direkt mit der Spitze sprechen«, schlug ich vor. »Vielleicht könntest du mit ihrem Chairman in Toronto reden. Der könnte vielleicht die Entscheidung der Londoner Niederlassung rückgängig machen.«

»Ich könnte mich mit ihrem Vice Chairman Bruce Birmingham treffen«, meinte Trevor. »Ich kenne ihn ziemlich gut. Laß mich nur die Flugzeiten herausfinden.« Trevor rief in seinem Büro Shirley etwas zu.

»Wann geht der Flug?«

»Es geht einer um 13 Uhr ab Heathrow.«

Während Trevor zu seinem Wettflug gegen die Zeit nach Toronto aufbrach, ging ich zu Peter, der mit Holly und Sam im Pool herumplanschte. Auf einmal war mir klar, daß ich es nicht übers Herz brachte, seinen Tantiemenscheck zurückzuhalten. Bruce Birmingham bei der Bank of Nova Scotia war unsere einzige Hoffnung. Ich rief Ken in Los Angeles an. Dort war es mitten in der Nacht, aber Ken hatte offensichtlich noch kein Auge zugetan.

»Trevor ist auf dem Weg nach Toronto«, teilte ich ihm mit. »Wir werden versuchen, Nova Scotia umzustimmen.«

»Wir haben bis heute abend Zeit für den Vertragsschluß«, antwortete Ken mit düsterer Stimme. Er hatte ungeheuer viel Arbeit in die Vertragsverhandlungen und die Vorbereitung der Unterzeichnung gesteckt.

»Wo ist die Niederlassung der Bank of Nova Scotia in Los Angeles?« fragte ich.

»Das werde ich herausfinden«, erwiderte Ken. »Wir werden einen Kurier vor der Tür abstellen.«

Der Flug nach Toronto dauerte acht Stunden. Den Großteil des Nachmittags verbrachte ich mit dem vergeblichen Versuch, in London Kapital aufzutreiben. Ich hatte kein Glück. Als es in Zermatt

Abend wurde, hatte Ken bereits begonnen, mit Janet Jacksons Anwälten in Beverly Hills den Vertrag ein letztes Mal durchzugehen. Peter, Joan, die Kinder und ich setzten uns zu einem späten Abendessen zusammen. Trevor landete um 15.00 Uhr Ortszeit in Toronto und traf kurz vor Geschäftsschluß bei der Bank of Nova Scotia ein. Um 3 Uhr morgens war es still in der Hotellobby in Zermatt. Die Kinder und Peter hatten mich schon lange aufgegeben, und selbst der Nachtportier war in seinem Büro hinter der Rezeption verschwunden. Ich saß wie auf glühenden Kohlen auf einem Plastiksofa neben dem Münzfernsprecher und stellte mir Trevor in Toronto im Gespräch mit Bruce Birmingham vor. Nach einer Weile läutete das Telefon: Trevor und Bruce riefen mich aus der Kantine der Bank of Nova Scotia an. Per Konferenzschaltung besprachen wir das Problem. Ohne mit der Wimper zu zucken, versprach ich, daß Virgin von Janet Jacksons nächstem Album ebenso viele Exemplare verkaufen würde wie ihr Bruder mit *Thriller*. Bruce Birmingham erkannte offenbar den Wert dieses Albums für Virgin, wollte sich jedoch nur ungern über die Entscheidung der Londoner Niederlassung hinwegsetzen. Für ihn wäre der einfachste Weg gewesen, uns übers Wochenende hinzuhalten. Dann hätte sich die Entscheidung erübrigt.

»Wir brauchen die Entscheidung jetzt«, sagte ich. »Ich sitze im Foyer dieses Hotels und es ist fast vier Uhr morgens. Zum Glück verhandelt Ken in LA; würde die Unterzeichnung in Hongkong stattfinden, hätten wir den Vertrag schon verloren. Wenn wir Janet Jackson verpflichten wollen, brauchen wir einen Bankscheck bis zum Geschäftsschluß in Los Angeles.«

»Es ist eine Frage des Vertrauens«, sagte Trevor. »Virgin hat seine Kreditzahlungen immer pünktlich geleistet. Diesmal wird es nicht anders sein.«

»Trev«, sagte Bruce, »kann ich Ihnen vertrauen? Sonst bin ich ein toter Mann.«

»Ja, Sie können mir vertrauen.«

Es entstand eine lange Pause.

»Tja, die in London werden wohl ganz schön wütend auf mich sein«, meinte Bruce schließlich. »Aber was soll's. Janet Jackson ist eine phantastische Lady. Holen wir uns den Vertrag. Aber für Madonna hätte ich das nicht getan!«

Es dauerte noch zwei weitere nervenaufreibende Stunden, bis der Bankscheck in der Niederlassung der Bank of Nova Scotia in Los Angeles freigegeben wurde. Um 17.00 Uhr Westküstenzeit, während Trevor und Bruce zur Feier des Tages in Toronto zum Abendessen gingen und ich zu schlafen versuchte, wurde in Beverly Hills den Anwälten von Janet Jackson ein Bankscheck über 11 Millionen Dollar überreicht. Janet Jackson selbst hatte nicht die leiseste Ahnung, welche Probleme seine Beschaffung hervorgerufen hatte. Sie und Ken Berry unterzeichneten den Vertrag.

»Verflixt!« sagte einer ihrer Rechtsanwälte mit dem Scheck in der Hand. »Den hätten wir eher verlangen müssen. Jetzt können wir ihn erst am Montag einreichen.«

Wir mußten immer noch den Restbetrag aus dem Vertrag aufbringen, wenn Janet ihr neues Album lieferte. Daher suchten wir weiterhin nach Aktiva zur Veräußerung. Nach dem Vertrag mit Janet Jackson, der bei der Lloyds Bank die Alarmglocken läuten ließ, weil sie mit ansehen mußten, wie wir uns einen weiteren Kredit aufluden, gelang es Trevor und Robert, die Lizenz für den Vertrieb von Sega-Computerspielen in Europa wieder an die japanische Muttergesellschaft Sega abzutreten. Wir brauchten liquide Mittel und mußten externen Beobachtern zeigen, daß es in der Virgin-Gruppe stille Reserven gab. Keiner der Banker hatte der Lizenz einen hohen Wert beigemessen, doch erhielten wir dafür 33 Millionen Pfund. Der Verkauf kam zudem genau zum richtigen Zeitpunkt: Ein Jahr später brach der Markt für Videospiele ein, und der Yen stieg in schwindelerregende Höhen. Zusammengenommen hätten diese beiden Faktoren den Wert unserer Lizenz auf nahe Null sinken lassen. Virgin hatte die Lizenz für den europäischen Vertrieb von Sega-Spielen 1988 durch den Kauf des bisherigen Lizenznehmers Mastertronic erworben. Damals hatten wir keine Vorstellung vom Potential des Computerspielmarkts. Ich wußte nur, daß Holly, Sam und ihre Freunde plötzlich viel Zeit damit verbrachten, auf dem Fernseher Computerspiele zu spielen. Bei MAM hatte Trevor einige Zeit mit Sega verbracht, da er ihre Videoautomaten leaste. Er war überzeugt, daß Sega mit seiner Software-Erfahrung zu einem Rivalen für Nintendo werden könne und ihr neues Portfolio kleiner Heimgeräte sich gut verkaufen lassen würde. Dieser Markt schien interessant zu sein. Mastertronic war erst fünf Jahre alt. Frank Hermann hatte es 1983 gegründet und Rechte an etlichen Computerspielen erworben. Damals vertrieb er diese Spiele, die auf Kassetten gespeichert und auf Abspielstationen gespielt wurden, über Zeitungshändler. Frank fiel auf, daß sich Nintendos neue Spieleserie in den USA gut verkaufen ließ. Er versuchte, die Lizenz für den Verkauf in Großbritannien zu erhalten. Diese hatte sich jedoch bereits der französische Spielzeughersteller Mattel gesichert. Der Marktanteil von Nintendo in den USA betrug 95 Prozent; also wandte sich Frank an den einzigen Konkurrenten Sega. Im Jahr 1986 übernahm er den Vertrieb von Sega-Produkten in Großbritannien. Im ersten Jahr verkaufte seine Firma 20 000 Sega-Spielstationen.

1987 schnellte Mastertronics Absatz von Sega-Produkten in die Höhe. Da Sega jedoch pro Playstation 55 Pfund verlangte, benötigte Frank zur Finanzierung einen Partner. Er konnte zwar die Konsolen für 99 Pfund verkaufen, doch brauchte er ein hohes Betriebskapital, um die Lücke zwischen den Aufwendungen für die Konsolenlieferungen durch Sega, die im voraus fällig waren, und der Verbuchung des Verkaufspreises von 99 Pfund zu schließen.

Im Juni 1987 rief mich Roger Seelig an und schlug ein Treffen mit seinem Freund Frank Hermann vor, der zufällig auf diesen vielversprechenden Geschäftszweig gestoßen sei. Trevor und Simon Burke handelten den Erwerb einer 45prozentigen Beteiligung an Mastertronic durch Virgin Communications aus. Frank und Robert kauften gemeinsam eine für fünf Jahre geltende Lizenz für den Vertrieb von Sega-Produkten in Spanien, Frankreich und Deutschland. Sie standen vor der Herausforderung, die Marke Sega in Europa neu aufzubauen. Dabei stellte Virgin Sega als »cooles« Computerspiel hin: Anfangs deuteten wir an, daß Super Mario und andere Spiele für den Nintendo-Gameboy ganz nett für den kleinen Bruder seien, aber cleverere Kids intelligentere Spiele wie »Sonic the Hedgehog« vorziehen würden. Als sich der Markt rasch ausdehnte, stellten wir aber fest, daß die Sonic-Käufer immer jünger wurden: Alle wollten es ihren großen Brüdern gleichtun. Unser Trick bestand darin, Sega über Nintendo zu positionieren und den Konkurrenten so immer weiter ins untere Marktsegment zu treiben. Unsere Rechnung ging auf: Sega zog in Europa an Nintendo vorbei und erreichte einen Marktanteil von 45 Prozent. Am japanischen Heimatmarkt hingegen hatte es nur einen verschwindend geringen Anteil.

Zwischen 1988 und 1991 stieg der Umsatz von Sega in Europa von 2 auf 150 Millionen Pfund, und wir befürchteten allmählich, daß die Seifenblase platzen könnte. Um unsere Marktposition zu halten, mußten wir jährlich 70 Millionen Pfund in das Marketing für Sega stecken – vor Umsatzkosten. Angesichts der sehr engen primären Zielgruppe (Jungs im Teeniealter) bestand stets die Gefahr, daß Sega durch plötzlich auftauchende, neue Modetrends verdrängt werden könnte. Der Druck der Altersgenossen sorgt dafür, daß bei einer neuen Mode niemand auch nur eine Sekunde lang hinter den anderen zurückbleiben möchte.

Zu Hause fiel mir auf, daß Sam und Holly ihre Computerspiele allmählich als langweilig empfanden und immer weniger Zeit mit ihren Playstations und Gameboys verbrachten. Sam begann, mehr Musik anzuhören; Holly fand andere Hobbys. So wie sie uns zur Investition in diesen Geschäftszweig angeregt hatten, gaben sie uns die ersten Warnsignale, daß der Markt seinen Zenit zu überschreiten begann. Wenn wir in diesem Geschäft blieben, müßten wir weiterhin hohe Summen für Werbung ausgeben. Es war Zeit, Sega abzustoßen. Der Verkauf der Sega-Lizenz überraschte sowohl die Märkte als auch unsere Banker: Wir hatten 33 Millionen Pfund für einen Geschäftszweig erhalten, dem sie keinen Wert beigemessen hatten. Das war das Zehnfache unseres ursprünglichen Kaufpreises. Vor Beginn der Gespräche über den Verkauf der Sega-Lizenz hatte Robert das kleine Team der Softwareentwickler in eine separate Gesellschaft namens Virgin Interactive ausgegliedert. 1990 zeichnete sich ein Übergang zur nächsten Generation in der Technik, nämlich Spiele auf Compact Disc ab. Daher beauftragte Robert etliche Programmierer mit der Entwicklung von CD-Spielen. Das in den USA stationierte winzige Team, das sich den Kopf nicht über Sega und »Sonic the Hedgehog« zerbrechen mußte, begann ein neues Spiel für die CD-

ROM-Technologie zu entwickeln. Sie nannten es »The 7th Guest« (Der siebte Gast), und mir fiel auf, daß es immer mehr begeisterte Anhänger fand. Man mußte unter anderem seinen Weg durch ein Spukhaus suchen, in dem man ganz unvermutet allen möglichen Angriffen ausgesetzt war.

»Ich habe keine Ahnung, was in diesem Spiel passiert, weil ich immer von dem Kickboxer im ersten Zimmer getötet werden«, sagte Robert zu mir. »Ich weiß nur, daß mir die Jungs erzählen, daß dieses Spiel ein Riesenerfolg wird. Sie sagen, es sei allen anderen Angeboten am Markt weit voraus.«

Als die Welt der virtuellen Realität und der CD-ROMs immer größer wurde und Kinder sich auf ihren Computerbildschirmen durch Spukhäuser kämpften, fand ich mich in einer ebenso unheimlichen Welt wieder, in der ich eine wachsende Anzahl von Schlägen abwehren mußte, die ohne Vorwarnung von allen Seiten auf mich einprasselten.

»Vielleicht war es nur ein schlechter Tag, aber ein Passagier von Virgin war vergangene Woche mit dem Service in der Upper Class überhaupt nicht zufrieden. Im Gästebuch stand: ›Kein Wunder, daß Ihr Chef in einem Ballon um die Welt reist.‹«

Der kurze Artikel mit der Überschrift »Verdikt zu Virgin« lag in dem Stapel der Zeitungsausschnitte, die ich eines Montagmorgens im Juni 1991 durchblätterte. Geschrieben hatte ihn Frank Kane, ein auf die Luftfahrt und insbesondere British Airways spezialisierter Journalist, und erschienen war er im *Sunday Telegraph*. Lord King gehörte zu den nicht geschäftsführenden Direktoren dieser Zeitung. Ich rief den Geschäftsführer von Virgin Atlantic Syd Pennington an:

»Haben Sie den Artikel im *Sunday Telegraph* gesehen? Könnten Sie mir bitte die Einträge aus dem Gästebuch der letzten beiden Wochen zuschicken?«

Mir kam das alles sehr seltsam vor. Wir hatten so wenige Beschwerden von Fluggästen, daß mich das Kabinenpersonal gewiß auf ein solches Problem aufmerksam gemacht hätte. Ich fand den entsprechenden Eintrag im Gästebuch. Frank Kane hatte ihn ganz richtig zitiert, aber die Pointe weggelassen: »Aber Spaß beiseite – der Flug war phantastisch.«

»Tut mir leid, wenn ich das falsch zitiert habe«, sagte er. »Ich hab' meinem Sitznachbarn über die Schulter geschaut, und das war alles, was ich sehen konnte.«

»Ist schon in Ordnung«, meinte ich.

»Im Gästebuch stand noch ein anderer Kommentar«, fuhr Kane fort. »Er lautet: ›Ich konnte keinen Platz auf dem BA-Flug bekommen, weil sie heute Tickets verschenkten. Ich bin sehr froh darüber. In Zukunft werde ich mit Virgin fliegen.‹«

Einige Tage später rief er mich zurück.

»Gehört Ihnen immer noch das Heaven?«

Ich war überrascht. Frank Kane war Wirtschaftsjournalist beim *Sunday Telegraph*. Das Heaven, Europas größte Schwulendisko, war immer eine beliebte Zielscheibe für eine »Schlammschlacht« in der Boulevardpresse, aber ich konnte mir nicht vorstellen, was für ein Interesse ein seriöser Journalist, der für den Wirtschaftsteil des *Sunday Telegraph* schrieb, daran haben könne.

»Ja, das Heaven gehört uns.«

»Ist das eine rechte Lasterhöhle?«

»Nein, nur eine schwule Diskothek.«

»Haben Sie nicht Probleme mit der Konzession? Ich hab' da so etwas läuten hören.«

»Nein, das ist nicht der Fall.«

»Ich habe mir gerade Ihren Jahresabschluß vom letzten Jahr angesehen und halte ihn für irreführend«, wechselte Kane abrupt das Thema. »Die Darstellung der Devisengeschäfte scheint nicht korrekt zu sein.«

Ich versuchte mein Bestes, ihm die Tücken der Buchführung zu erklären. Bevor er auflegte, sagte er: »Machen Sie sich keine Sorgen. Ich will Ihnen nichts anhängen.«

Es war befremdlich, daß ein Finanzjournalist überhaupt ein Interesse am Heaven bekundete. Seine Aussagen deckten sich auch mit den anderen Fragen, die mir zu dieser Diskothek und unserer Rechnungslegung gestellt worden waren. Ich verstand nicht, wie das alles zusammenhing: Offenbar hatte ich etwas übersehen, aber ich wußte nicht was. Es war alles sehr mysteriös. Der Gerechtigkeit halber mußte ich einräumen, daß Frank nur seine Arbeit tat, aber ich fragte mich doch, woher all diese Gerüchte stammten. In einem Brief an den Herausgeber des *Sunday Telegraph*, Trevor Grove, verlieh ich meiner Besorgnis Ausdruck, daß uns seine Zeitung tatsächlich etwas anhängen wolle. Trevor Grove rief zurück und erklärte, seine Publikation habe objektiv über die Auseinandersetzung zwischen British Airways und Virgin berichtet. Mit der Frage nach dem Heaven habe man nur herausfinden wollen, zu welcher Tochtergesellschaft dieser Nachtclub gehöre. Er räumte ein, daß das Zitat aus dem Virgin-Gästebuch irreführend gewesen sei. Dabei ließen wir es bewenden.

Ich kauerte im Lieferwagen und wartete auf das Signal. Am 7. Juli 1991 um 4.00 Uhr morgens parkten wir auf dem Kreisverkehr vor dem Flughafen Heathrow. Wir hatten einen Kran gemietet, der langsam eine rote Flagge mit dem Virgin-Logo auf die Heckflosse der dort geparkten Concorde herunterließ. Neben den British-Airways-Tafeln waren Schilder mit der Aufschrift »VIRGIN TERRITORY« aufgestellt worden. Die Flagge war bereit, und ich rannte über den Asphalt. Hinter mir kletterten die Presse- und Fernsehteams mit ihrer Ausrüstung aus einem neben uns geparkten Lieferwagen. Zur Feier des Tages trug ich einen bestickten Brokatgehrock, Augenklappe und Schwert. Auf einer meiner Schultern saß ein ausgestopfter Papagei. Als der Verkehr zunahm, hupten alle vorbeifahrenden Pkws und ihre Fahrer jubelten uns zu. Nach unserem leidenschaftlichen Kampf hatten wir endlich Zugang zu Heathrow erhalten. Wir wollten, daß die ganze Welt davon erfuhr. Bald erhielten wir Besuch von der Polizei.

»Wie ich sehe, haben alle hier großen Spaß«, sagte der Polizist, »aber British Airways bat mich, Sie zu verhaften.«

»Werden Sie diesem Wunsch Folge leisten?« fragte ich.

»Natürlich nicht«, lachte der Polizist. »Ich habe British Airways erklärt, daß das nur Wasser auf Ihre Mühlen wäre!«

Ich hatte mich als Pirat verkleidet, weil Lord King mich als solchen bezeichnet hatte. Seiner Meinung nach »raubte« ich ihm Flugrouten und Umsätze, die von Rechts wegen British Airways zustanden. Ich hatte beschlossen, ihn beim Wort zu nehmen und die Concorde zu »kapern«, indem ich das Virgin-Logo auf ihre Heckflosse plazierte. Einer der Gründe für meine Verkleidungen ist, daß ich den Pressephotographen Gelegenheit für ein gutes Bild geben will, das dann in den Zeitungen für den Markennamen Virgin werben kann. Das heutige Abenteuer war keine Ausnahme: Mein Konterfei erschien auf der Titelseite von Zeitungen auf der ganzen Welt. Ein angenehmes Nebenprodukt ist die Tatsache, daß man die Leute damit zum Lachen bringt.

Am 7. Juli nahm Virgin seine Flüge von und nach Heathrow auf. Wie Hugh Welburn prophezeit hatte, stiegen unsere Umsätze auf den drei angebotenen Strecken – New York (JFK), Tokio und Los Angeles – schlagartig um 15 Prozent. Am 14. Juli beklagte die internationale Publikation von British Airways, *BA News*, in einem Artikel mit der Überschrift »Virgin will noch mehr Slots stehlen« wieder einmal, wie unfair es sei, daß ein billigerer Konkurrent gegen BA antreten dürfe.

Zwei Tage später, am 16. Juli, verkündete Lord King bei der Jahreshauptversammlung der BA-Aktionäre, daß seine Gesellschaft ihre jährlichen Spenden an die Konservative Partei einstellen werde. Leider entging ihm wohl, daß er damit quasi eingestand, daß sich British Airways offenbar durch seine Spenden in der Vergangenheit verschiedene Vorrechte sichern wollte. Einige Kritiker wiesen darauf hin, daß sich die Fluggesellschaft mit diesen Spenden, die sich seit ihrer Privatisierung im Jahr 1987 auf insgesamt 180 000 Pfund beliefen, das Wohlwollen des Verkehrsministeriums erkauft hätte. Wenn eine nigerianische Fluglinie der Regierungspartei des Landes Geld und kostenlose Flugtickets als Gegenleistung für den Erhalt ihrer Monopolstellung gab, würde dies vom Westen verächtlich als Gipfel der Korruptheit bezeichnet werden. »In Afrika kann man einfach keine Geschäfte machen!« würden die Leute schimpfen. »Seht euch nur die Nigerianer an: Sie sind ja entsetzlich korrupt!« Daß die Aktionäre von British Airways nach der Ankündigung auf der Hauptversammlung vom 16. Juli heftig applaudierten, fand ich amüsant. Faktisch ging der Einfluß von British Airways über die Parteispenden für die Konservativen hinaus. Im Sommer hielt ich vor einer Gruppe

Parlamentsabgeordneter einen Vortrag über den mangelnden Wettbewerb im britischen Luftverkehr. Danach ging ich mit zwei Parlamentariern auf einen Drink und unterhielt mich mit ihnen über ihre Urlaubspläne. »Waren Sie schon im Reisebüro?« fragte einer von ihnen.

»Nein, ich ruf' einfach an und laß mir mein kostenloses Ticket schicken.«

»Was für ein Reisebüro ist das?« wollte ich wissen.

»Natürlich British Airways!« sagten die beiden wie aus einem Munde. Als Lord King die Spenden an die Konservativen einstellte, hoffte ich, daß sich British Airways damit ebenso gründlich unbeliebt machen würde, wie es sich zuvor die Gunst der Politiker erkauft hatte. Ferner hoffte ich, daß die Regierung nun den Wettbewerb stärker fördern würde. Am Tag nach der Hauptversammlung von British Airways gratulierten Sir Michael Bishop, der Chairman von British Midland, und ich in einer gemeinsamen Presseerklärung der britischen Regierung zur Befreiung des Flughafens Heathrow und versprachen, sie im Kampf gegen die Kritik von British Airways zu unterstützen. Trotz aller Publicity anläßlich des Beginns unseres Betriebs ab Heathrow war klar, daß weitere Expansionspläne von Virgin Atlantic vorläufig auf Eis gelegt werden mußten. Wie sich herausstellen sollte, konnten wir erst drei Jahre später, also 1994, eine neue Strecke anbieten: unseren Flug nach Hongkong. Grund dafür waren die heftigsten, konzentriertesten und gehässigsten Angriffe, die jemals von einer Fluggesellschaft gegen einen kleineren Konkurrenten gestartet worden waren.

25
»VERKLAGEN SIE DIESE HALUNKEN«

September bis Oktober 1991

Mein Großvater väterlicherseits war mit dem Antarktisforscher Scott verwandt. Als Kind hatten wir Bertie Scott besucht, einen ältlichen, entfernten Cousin, der in Hampshire lebte. Ich saß dann immer auf dem Sofa neben ihm, aß Roggenkekse und lauschte seinen Erzählungen über das schicksalhafte Rennen um den Südpol. Ich war fasziniert von Scotts Kampf gegen die Elemente und wild entschlossen, etwas Ähnliches zu versuchen, obwohl ich keine Ahnung hatte, was das sein könnte. Scott war der Held meiner Kindheit. Als Erwachsener lernte ich auch seinen Sohn, Sir Peter Scott, kennen und bewundern. Sir Peter Scott war ein außerordentlich begabter Mensch, ein wahres Allroundtalent. Ähnlich wie sein Vater bewies auch er, daß man nahezu alles erreichen kann, wenn man es nur wirklich will. Im Krieg kämpfte er in einer Kommandotruppe und wurde Experte für kleine Segelboote. Er kam in die britische Olympiamannschaft und gewann eine Bronzemedaille im Segeln. Dann lernte er segelfliegen und stellte prompt den Weltrekord für den längsten Flug auf. In späteren Jahren gründete er den World Wildlife Fund. In seinem Heimatort Slimbridge in der Nähe des Wattgebietes, das von der Mündung des Flusses Severn gebildet wird, richtete er außerdem das Feuchtbiotop »Wildfowl and Wetland Trust« ein. Er war einer der großen Amateure unserer Zeit. Ich lernte ihn in seinem Wohnzimmer in Slimbridge kennen, von wo aus man einen Blick auf den von ihm geschaffenen See hatte. Das schlammige Wasser reichte direkt bis ans Fenster heran. Dort stand Sir Peter und malte Stockenten, Krickenten und Berwick-Schwäne. Slimbridge ist ein riesiges Vogelschutzgebiet. Sir Peter inspirierte mich nicht nur durch die breite Palette der von ihm vertretenen wohltätigen Vereinigungen, sondern ermutigte mich auch, auf unseren Feldern in Mill End in Kidlington selbst einen See als Vogelreservat anzulegen. Das Land um unser Haus herum ist recht flach. Neben unserem Rasen schlängelt sich der Fluß Cherwell durch die Felder und verschwindet hinter der alten Mühle, die Peter und Keris Emmerson gehört. Wir leben Tür an Tür mit ihnen in zwei Häuschen, die durch einen Mauerdurchbruch in das größere Mill End umgebaut worden waren. In den achtziger Jahren ließ ich in einem unserer Felder einen See ausheben. Bald zog dort eine bunte Schar von Wildvögeln ein. Wie Sir Peter Scott hielt auch ich mir darüber hinaus eine Sammlung exotischer Vögel mit gestutzten Flügeln. Diese vermischten sich mit den Wildvögeln und lockten noch mehr Tiere an. Die aufsehenerregendsten meiner exotischen Vögel waren zwei gewaltige schwarze, rotschnabelige Schwäne aus Australien.

Mir fiel auf, daß in meinem Biotop weitaus weniger Vögel als in Slimbridge lebten. Daher bat ich Sir Peter, sich den See einmal anzusehen. Er riet mir, viele kleine Inseln aufschütten zu lassen, um den Vögeln unterschiedliche Möglichkeiten für den Nestbau zu bieten und vor allem Flugwege zu sichern, falls sie von Raubtieren oder anderen Vögeln, die es auf ihre Brutstätten abgesehen hatten, bedroht wurden. Von einigen Stellen aus ähnelt der See jetzt fast einem Sumpf. Auf den größeren Wasserflächen verhindern wir das Algenwachstum durch am Rand plazierte Ballen einer speziellen Hafersorte. Daneben gibt es Dutzende kleiner Inseln, Wasserarme und viel Schilfrohr. Es wimmelt dort nur so von Vögeln. Jedes Jahr bin ich ganz hingerissen vom Anblick der ersten Berwick-Schwäne, die nach ihrem langen Flug von Sibirien nach England auf meinem See landen. Immer, wenn wir uns in Kidlington aufhalten, mache ich einen Spaziergang um den See, bevor ich zu arbeiten beginne – und dann einen zweiten nach dem Mittagessen und einen dritten am Abend. Diese Spaziergänge sind für mich inspirierend und entspannend zugleich. Außerdem genieße ich die kurze Einsamkeit. In meiner Kindheit bestanden meine Eltern immer darauf, daß wir alle am Sonntag nach dem Mittagessen mit ihnen spazierengingen – bei jedem Wetter. Sie erlaubten uns keinesfalls, im Wohnzimmer zu faulenzen. Ich mache es gerade umgekehrt: Ich bestehe niemals darauf, daß mich jemand begleitet, und habe gar nichts dagegen, wenn meine Familie derweil vor dem Fernseher sitzt oder anderen Beschäftigungen nachgeht. (De facto bleibt mir auch gar keine andere Wahl!) Im September 1991 verbrachten wir das Wochenende in Mill End, als es tatsächlich so aussah, als stünde meine Welt kurz vor dem Untergang. Nach dem Hoch zu Beginn des Jahres, als wir den Vertrag mit Janet Jackson schlossen und Zugang zu Heathrow erhielten, ging jetzt alles schief. Angesichts der finanziellen Last aus dem Geschäft mit Janet Jackson hatte sogar Virgin Music mit Schwierigkeiten zu kämpfen. Und die Fluglinie erreichte fast die Grenzen ihrer Belastbarkeit, weil wir versuchten, ab Gatwick und Heathrow Flüge anzubieten. Darüber hinaus blühte die Gerüchteküche. Überall hörte man von finanziellen Problemen bei Virgin. Es war, als würde ich von einem Buschfeuer verschlungen: Obwohl ich tapfer die Flammen austrat, erkannte ich, daß immer mehr Menschen über meinen bevorstehenden Bankrott sprachen. Ich hatte schon so viele Telefonanrufe von Journalisten erhalten, die fragten, ob wir unsere Schecks platzen ließen, daß ich keinen klaren Gedanken mehr fassen konnte. Ich brauchte frische Luft und etwas Zeit für mich, also ging ich mehrere Male um den See, um mir einen Ausweg aus unserer Misere zu überlegen. Unsere Probleme drohten mich zu überwältigen. Obwohl wir Janet unter Vertrag genommen hatten, hegte ich zunehmend Zweifel an Simons Engagement für Virgin Music. Er ging nicht mehr auf Talentsuche in die Clubs, und daher hatte Virgin seit einigen Jahren keinen bedeutenden neuen Bands zum Durchbruch verholfen. Der Erfolg neuer Bands ist in vielerlei Hinsicht der Härtetest für die Dynamik einer Plattenfirma. Ich wußte, daß sich Simon sorgte, daß ein Problem bei Virgin Atlantic den Wert seiner Beteiligung an Virgin Music gefährden konnte. Gleichzeitig machte ich mir aber Sorgen, daß sein mangelnder Einsatz für Virgin Music den Wert meiner eigenen Beteiligung schmälern könnte. Er war nicht mehr mit dem Herzen bei der Sache und interessierte sich offenbar mehr für seine persönlichen Projekte.

Virgin Atlantic tat sich im Wettbewerb mit British Airways extrem schwer. Unsere Technikerteams pendelten jetzt drei- bis viermal täglich zwischen Heathrow und Gatwick hin und her, um jeden einzelnen Flug zu warten. Eine Verspätung eines Flugs an einem Flughafen hatte daher entsprechende Auswirkungen auf die Flüge am anderen. Will hatte gehört, daß Lord King überall stolz herumerzählte, daß BA die »Schlacht um die Festung Heathrow« gewonnen habe – Virgin stünde kurz vor dem Zusammenbruch. Hinzu kam noch, daß British Airways ungeniert in unserem Kundenstamm wilderte. Uns lagen zwei Berichte vor, daß BA bei Passagieren von Virgin Atlantic zu Hause angerufen und versucht hatte, sie zu einer Umbuchung auf BA zu überreden. Unsere Mitarbeiter hatten außerdem beobachtet, wie BA-Angestellte unsere Passagiere in den Terminals ansprachen und zu einem Wechsel zu British Airways zu bewegen suchten. Ich war zwischen Virgin Atlantic und Virgin Music hin- und hergerissen. Ich hatte wohl als einziger einen Fuß in beiden Gesellschaften. Das einzige andere Bindeglied war die Lloyds Bank, da Virgin Music für die an Virgin Atlantic gewährten Kredite bürgen mußte. Dies war der Hauptgrund für Simons Besorgnis, aber anders konnte die Fluggesellschaft nicht funktionieren.

Unsere Probleme bei Virgin Atlantic zwangen uns zu einer Entscheidung über die Zukunft von Virgin Music. Den ganzen Sommer über hatten Simon, Trevor, Ken, Robert und ich nach einer Lösung gesucht. Ich hatte den Gedanken an einen potentiellen Verkauf der Plattenfirma effektiv verdrängt. Als jedoch die Gerüchte über Virgin Atlantic immer schlimmer wurden, erkannte ich, daß Opfer unumgänglich wurden.

Bei der Gründung der Fluggesellschaft im Jahr 1984 hatte ich gegen Simons ausdrücklichen Wunsch gehandelt. Unsere Freundschaft hatte sich niemals ganz von dieser Zerreißprobe erholt. Er hielt mich für verrückt, weil ich bereit war, alles, was wir aufgebaut hatten, für ein neues Abenteuer aufs Spiel zu setzen, und ich dachte, daß er mir übelnahm, daß ich mich über ihn hinweggesetzt hatte. Jedesmal, wenn Virgin Atlantic attackiert wurde und neue Investitionen erforderlich waren, sträubte sich Simon jetzt mit Händen und Füßen gegen die Verschiebung finanzieller Mittel von Virgin Music zu Virgin Atlantic. In gewisser Weise hatte er mit Virgin Music alles erreicht, was er sich vorgenommen hatte, und wollte nun seinen Wohlstand genießen. Natürlich wollte er nicht zusehen, wie Virgin Atlantic sein Vermögen verspielte. Zu Recht befürchtete er, daß der Wert seiner Beteiligung durch einen Preiskrieg im Winter in den Keller sacken könnte. Wir baten John Thornton, einen Investment-Banker bei Goldman Sachs, die uns offenstehenden Möglichkeiten zur Realisierung von Vermögenswerten bei Virgin Music zu analysieren. Ich hätte lieber nur einen Teil des Unternehmens zur Mittelbeschaffung für Virgin Atlantic veräußert, aber in den Diskussionen wurde deutlich, daß Simon eigentlich nicht an einem Teilgeschäft interessiert war. Er wollte durch den Verkauf des gesamten Unternehmens einen klaren Schlußstrich ziehen. Ken erklärte mir, daß es ihm gleichgültig sei, was mit Virgin Music geschehe, da er bei diesem Unternehmen bleiben werde, ganz gleich, wie die Entscheidung ausfalle. In gewisser Hinsicht machte dies Überlegungen zum Verkauf von Virgin Music akzeptabler, da Ken sich dann weiterhin um das Wohl unserer Mitarbeiter und Künstler kümmern konnte. John Thornton erstellte eine Liste potentieller Käufer und eruierte über die Sommerferien diskret, welche Preise sie zu zahlen bereit wären. John war zugleich Berater von Sir Colin Southgate, dem Chairman von Thorn EMI, und es wurde bald deutlich, daß dieser Konzern sehr an der Akquisition von Virgin Music interessiert war. Ich steckte in einer schrecklichen Zwickmühle. Bei meinem Gang um den See an jenem Septemberwochenende konnte ich beim besten Willen keine Entscheidung über Virgin Music treffen. Wenn wir einem Verkauf zustimmten, hätte ich genügend liquide Mittel, um das Überleben von Virgin Atlantic über den Winter zu sichern und die konzertierte Attacke von British Airways, die sich zu meinem Schrecken jetzt abzuzeichnen begann, abzuwehren. Damit würden wir aber auch zugleich ein Unternehmen verkaufen, in dessen Aufbau wir einen Großteil unseres Lebens gesteckt hatten. Alle Mitarbeiter von Virgin Music waren enge Freunde; viele gehörten bereits über zehn Jahre zu unserem Team. Ich hätte die Entscheidung gerne bis zur allerletzten Minute hinausgezögert in der Hoffnung, einen anderen Ausweg zu finden. Aber unser Bankenkonsortium unter Führung der Lloyds Bank drängte uns unablässig zum Verkauf. Als die Rezession immer schlimmer wurde und mehr und mehr renommierte Unternehmen Konkurs anmelden mußten, war unser Kundenberater John Hobley, der inzwischen an Sidney Shaws Stelle getreten war, zunehmend darauf bedacht, unseren Kontokorrentkredit von 40 auf 20 Millionen Pfund zu reduzieren. Problematisch dabei war, daß die Lloyds Bank unsere Clearingbank war, so daß wir bei ihr anstatt einer festen Kreditlinie (wie bei anderen Instituten im Konsortium) einen täglich schwankenden Überziehungskredit hatten, der bei Gehaltszahlungen in die Höhe schnellte und sich bei Blockbuchungen wieder reduzierte. Obwohl wir unsere Zinsen immer pünktlich gezahlt hatten, machte sich Lloyds immer größere Sorgen. Am Samstagnachmittag spielte ich mit Peter Emmerson eine Partie Schach. Wir sahen Peter und Keris fast jedes Wochenende; sie waren zwei unserer engsten Freunde geworden. Peter ist Mitte 60 und damit fast eine Generation älter als ich, spielt aber immer noch mit sehr viel Kampfgeist Tennis und ist einer der scharfsinnigsten Menschen, die mir je begegnet sind. Seit seinem Rückzug aus dem Berufsleben – er war früher Dekan der Westminster Medical School – berät er das Chelsea und das Westminster Hospital. Ich konnte mich nicht recht auf das Schachspiel konzentrieren. Bevor wir fertig waren, kam ein Anruf von John Hobley. Ich vermute, daß er den Samstagnachmittag für seinen Anruf wählte, um mir die Dringlichkeit unserer Finanzkrise vor Augen zu führen. Wieder einmal wollte er ein paar Zahlen durchgehen.

»Es tut mir leid«, sagte er, »aber mir ist da in bezug auf die Sicherheit, die Sie für diesen höheren Kredit geleistet haben, etwas nicht ganz klar.«

Trevor und ich hatten Virgins Beteiligung an Virgin Retail als zusätzliche Sicherheit für den Kontokorrentkredit angeboten.

»Was ist Ihnen unklar?« fragte ich.

»Ich verstehe nicht, ob wir aus diesem Joint-venture ohne weiteres Werte realisieren können, wenn wir den Kredit kündigen müssen.«

Diese Worte ärgerten mich kolossal, und ich wünschte mir, daß er mir das eher mitgeteilt hätte, anstatt mir mit seinem Anruf am Samstagabend mein Wochenende zu verderben.

»Aha, jetzt verstehe ich. Sie werden den von uns gewährten Kredit einfach dazu verwenden, Ihre Schulden bei anderen Banken abzuzahlen«, fügte er hinzu. »Auf dieser Basis verleihen wir nicht gerne Geld.«

Empörung stieg in mir hoch. Trevor und ich hatten den ganzen Freitag damit verbracht, Lloyds zu erklären, daß die Virgin-Gruppe einen Vorsteuergewinn von 35 Millionen Pfund erwirtschaften würde und wir damit ohne weiteres unsere Schulden begleichen konnten. Ich hatte zudem darauf hingewiesen, daß Goldman Sachs Virgin Music mit über 500 Millionen Pfund bewertet hatte und wir so genügend Mittel auftreiben könnten, falls Lloyds unseren Kredit jemals benötigte. Ich warf einen Blick zu Peter, der gedankenversunken auf das Schachbrett starrte, und beschloß, zu einer aggressiveren Verhandlungstaktik überzuwechseln. Ich begann, die Geduld zu verlieren, und wollte die Situation endlich auf die eine oder andere Weise lösen, anstatt so weiterzumachen wie bisher und darauf zu warten, daß Lloyds die Daumenschrauben immer fester zudrehte.

»Ich kann Ihnen da leider nicht weiterhelfen«, sagte ich mit gespielter Sorglosigkeit. »Warum sprechen Sie nicht am Montag mit Trevor?«

Als ich mich wieder ans Schachbrett setzte, sah mich Peter fragend an.

»War das klug?« wollte er wissen.

»Ich will ihn auf die Probe stellen«, meinte ich. »Ich habe erkannt, daß ich mich nicht mehr länger von Banken herumschubsen lassen will. Coutts hat mich 1984 fast in den Konkurs getrieben, und ich weiß, daß das Unternehmen weitaus mehr wert ist, als er glaubt.«

»Trotzdem ist das nicht gerade der vernünftige Weg«, gab Peter zu bedenken.

»Aber wenn wir Virgin Music verkaufen würden, wären wir eines der liquidesten Unternehmen im ganzen Land.«

»Da hast du ja noch keine Gewißheit«, meinte Peter. »Was steht dem Verkauf überhaupt im Wege?«

»Ehrlich gesagt möchte ich es nicht verkaufen. Daher warte ich vermutlich darauf, daß mir jemand einen unschlagbaren Preis bietet. Thorn EMI ist sehr interessiert.«

»Aber warum wartest du darauf, daß dir Thorn so viel dafür

gibt?« fragte Peter. »Was ist der Unterschied zwischen 500 und 600 Millionen? Sicher wirst du jetzt sagen, daß 100 Millionen Pfund viel Geld sind, und das stimmt auch, aber das Geschäft ist noch alles andere als perfekt. Warum verkaufst du es nicht für 500 Millionen Pfund, was ja ein Vermögen ist, damit du dann endlich Ruhe hast? Dann wirst du nie wieder solche Probleme haben.«

Ich dachte eine Weile über seinen Vorschlag nach, während wir auf das Schachbrett starrten. Ich konnte kaum das Schachspiel durchblicken – ganz zu schweigen von meinen Schwierigkeiten mit den Banken.

»Das ist schwer zu erklären«, sagte ich schließlich. »Ich habe das Gefühl, daß ich die britischen Banken auf die Probe stellen möchte. Ich habe mich lange genug von ihnen knechten lassen und mußte immer klein beigeben. Zur Abwechslung möchte ich die Sache einmal aussitzen. In der Virgin-Gruppe existieren ungeheure Werte, die sie partout nicht anerkennen wollen. Offenbar muß ich Virgin Music verkaufen, um diesen Wert nachzuweisen. Das erscheint mir völlig widersinnig. Das ist so, als müsse man etwas töten, um zu beweisen, daß es lebendig war.«

»Aber du brauchst doch liquide Mittel für die Fluglinie, nicht wahr?« beharrte Peter.

»Ja, das stimmt«, gab ich zu. »Virgin Atlantic hat Schulden in Höhe von 45 Millionen Pfund, und unsere übrigen Kredite sind voll abgesichert. Thorn hat uns bereits allein für Virgin Music über 400 Millionen Pfund geboten. Ich verstehe nicht, warum sich die Bank Sorgen macht.«

Peter zuckte die Achseln und widersprach mir: »Wenn Lloyds sich wegen dir Sorgen macht, mußt auch du dir Sorgen wegen ihnen machen. Du mußt mit ihnen verhandeln.«

Nachdem ich endlich jemandem erklären konnte, warum ich mich den Banken so sehr widersetzte, fühlte ich mich besser. In unserer Schachpartie schlug mich Peter haushoch. Am nächsten Tag regnete es. Ich ging am frühen Morgen um den See herum. Als der Regen stärker wurde, schloß sich mir der Dorfmetzger Harry Butler an. Er führte seinen Hund aus.

»Mein Vater starb, als ich neun Jahre alt war«, erzählte mir Harry.

»Das hinterließ eine entsetzliche Leere in mir. Wenn Sie mit Ihrem Sohn spielen, sieht man ganz deutlich, wie sehr Sie beide sich lieben.«

Ich nickte. Eine Zeitlang marschierten wir schweigend nebeneinander her.

»Sie haben alles bewiesen, was es zu beweisen gab«, fuhr Harry fort. »Seien Sie nicht egoistisch. Sie sind es Ihrem Sohn schuldig, daß Sie sich nicht in Lebensgefahr bringen. Diese Idee mit der Weltumrundung im Ballon sollten Sie besser aufgeben.«

Sein Rat war für mich sehr ernüchternd. Nachdenklich ging ich ins Haus zurück. Ich erkannte, daß es eine Sache war, mein Unternehmen in Gefahr zu bringen, aber eine ganz andere, wenn darunter auch meine Familie leiden mußte. Wenn ich in geschäftlicher Hinsicht unter Druck bin, suche ich normalerweise Zuflucht bei meiner Familie. Aber Harrys Worte gaben mir das Gefühl, daß ich Joan, Holly und Sam für selbstverständlich nahm und selbstsüchtig handelte. Wieder läutete das Telefon. Es war John Hobley. Ich fragte mich, ob ich es mir mit meiner vorgeblichen Unbekümmertheit vom Vorabend mit ihm verscherzt hatte.

»Ich wollte mich nur melden«, sagte er. »Ich hatte ein sehr fruchtbares Gespräch mit Trevor und akzeptiere seinen Vorschlag. Wir werden der Sache mit den Einzelhandelsgeschäften nachgehen. Bis Montagmittag haben Sie eine Antwort von uns.«

Die Sonntagszeitungen waren voll mit Artikeln über Alan Bonds Verhaftung in Australien. Er wurde als »Unternehmer in Schwierigkeiten« beschrieben. Um einem Konkurs zu entgehen, mußte er innerhalb von 28 Tagen 200 Millionen Dollar an die Banken zurückzahlen. Die Zeitungen verglichen die Zeit, in der er für Australien den America's Cup gewonnen hatte, mit seinem finanziellen Zusammenbruch, und sprachen von den Schwierigkeiten, mit denen alle Unternehmer derzeit konfrontiert seien. Ich suchte nach einer Zeile, in der Richard Branson erwähnt und sein Sieg im Kampf um das Blaue Band und seine Ballonfahrten mit seiner derzeitigen Zwangslage verglichen wurde, fand aber zum Glück nichts. Noch nicht.

»Hast du das gelesen?« Will brachte mir am Montagmorgen die neueste Ausgabe des Wirtschaftsmagazins *Fortune*. Sie enthielt ein

Photo von mir auf einem Liegestuhl auf Necker Island. In der Hand hielt ich ein Buch mit dem Titel *Mavericks in Paradise* (Rebellen im Paradies). Die Bildunterschrift lautete: »Richard Branson, der Gründer der Virgin-Gruppe, genießt das Leben eines Milliardärs ... natürlich auf den Britischen Jungfraueninseln!«

Interessiert las ich, daß mein Vermögen 1,5 Milliarden Dollar wert war.

»Hoffentlich lesen die bei Lloyds das.«

»Vielleicht lesen sie es ja«, meinte Will. »Die Frage ist: Werden sie es glauben?«

»Es steht in der Zeitung«, sagte ich lachend. »Also muß es wahr sein!«

»Wird Richard Bransons Ballon platzen?« lautete die Schlagzeile am Mittwoch, den 2. Oktober. Der *Guardian* widmete eine ganze Seite seines Wirtschaftsteils der Diskussion meiner Schulden. »Hinter dem Mann, in dessen Händen sich alles in Gold verwandelt, steht das Bild eines hochverschuldeten und nicht sehr profitablen Mischkonzerns«, stand da zu lesen. Der Untertitel lautete: »Die Melodie ist noch nicht verklungen, deckt aber nicht mehr den Investitionsbedarf«. Dieser Artikel traf uns wie ein Blitz aus heiterem Himmel. Normalerweise setzen sich Journalisten, die unsere Gruppe porträtieren wollen, mit mir in Verbindung, um einige Dinge durchzusprechen – selbst wenn sie uns in einem negativen Licht darstellen wollen. Der Reporter vom *Guardian* hatte dies aber nicht getan.

Ich begann zu lesen:

Die letzten verfügbaren Abschlüsse der Virgin-Unternehmen zeigen ein alarmierendes Bild mit niedrigem Cash-flow, der den Investitionsbedarf der Gruppe keineswegs mehr deckt.

Bei der Lektüre des Artikels erkannte ich zu meinem Entsetzen, daß dies ein Auftakt zu einer Fülle ähnlicher Artikel sein könnte. Wenn wohlinformierte Finanzjournalisten den Eindruck gewonnen hatten, daß Virgin in solchen Schwierigkeiten steckte, würden sich die Banker auf der Stelle mit ihrem Geld in ihren Tresoren einschließen.

Das Fazit des Artikels lautet:

Virgin trägt daher große Risiken. Im Vergleich zu wichtigen Konkurrenten ist es nach wie vor ein Winzling. Seine Hauptgeschäftsfelder befinden sich in Branchen, die starken Schwankungen unterliegen. Die Nachwehen des Aktienrückkaufs in Verbindung mit der gewaltigen Expansion des Firmenimperiums läßt die Verschuldung hartnäckig auf einem hohen Niveau verharren. Bransons Ballon scheint einen gefährlichen Weg in die Stratosphäre eingeschlagen zu haben. Es ist eine spannende Reise, die mit ungeheurem Elan unternommen wird, doch sind Herrn Bransons Ballonfahrten bedauerlicherweise kein gutes Vorbild für andere Unternehmen.

Der Artikel traf unsere wundesten Punkte. Alle Zahlen wurden in einem denkbar schlechten Licht dargestellt. Die Öffentlichkeit bzw. die Leser des *Guardian* mußten den Eindruck gewinnen, daß ich mich im gleichen Boot wie Alan Bond befand: Richard Branson stand kurz vor dem Untergang. Das Telefon begann zu klingeln. Andere Journalisten baten mich um eine Stellungnahme, und ich ging die Erklärung durch, die ich zusammen mit Will aufgesetzt hatte. Wir betonten, daß die Zahlen sachlich ungenau waren, daß der Artikel die immateriellen Werte in den Verträgen von Virgin Music ignorierte und keine Bewertung der Flugzeuge von Virgin Atlantic enthielt. Ich sollte an jenem Tag um 17.00 Uhr nach Japan fliegen, also blieb mir nicht viel Zeit für eine Antwort an den *Guardian*. Ich begann, einen Brief an den Herausgeber der Zeitung aufzusetzen, in dem ich den Artikel mit einem Achselzucken abzutun versuchte:

Ihr Artikel »Wird Richard Bransons Ballon platzen?« enthält viele Ungenauigkeiten, die hätten vermieden werden können, wenn Ihr Journalist die Freundlichkeit besessen hätte, zuvor mit mir zu sprechen. Da ich in wenigen Minuten nach Japan aufbrechen muß (ironischerweise, um dort zum Ehrendoktor der Ökonomie gekürt zu werden!), werde ich Ihren Lesern eine lange

Auflistung dieser Punkte ersparen. Ein Beispiel möchte ich aber doch herausgreifen: Während der Zeit unserer Börsennotierung sanken unsere Gewinne nicht etwa, wie in Ihrem Artikel behauptet wurde, sondern verdoppelten sich!

Dann wies ich darauf hin, daß sich das Eigenkapital all meiner Gesellschaften nach Rückzahlung aller Schulden auf ungefähr 1 Milliarde Pfund belief. Will kam in mein Büro, um den Brief mit mir zu besprechen.

»Hier wird ein Brief nicht reichen«, meinte er. »Du bist in einem ganzseitigen Artikel angegriffen worden. Ich möchte sie zwingen, dir eine ganze Seite zu deiner Verteidigung zu geben.«

»Das werden sie niemals tun.«

»Vielleicht doch. Das wird Aufsehen erregen, und das ist gut für den *Guardian*. Es ist besser als ein auf Seite 27 versteckter Brief, den niemand liest.«

Gemeinsam schrieben wir einen ganzen Artikel, um den Text aus dem *Guardian* zu widerlegen. Bevor wir ihn aber fertigstellen konnten, mußte ich nach Tokio aufbrechen. Unmittelbar nach meiner Ankunft dort rief mich Will an.

»Okay, wir bekommen eine halbe Seite«, sagte er. »Das ist besser als nichts. Ich faxe dir den Entwurf. Die vom *Guardian* dachten, wir würden sie vielleicht verklagen, und waren daher wohl erleichtert, als wir nur das Recht auf eine Gegendarstellung verlangten.«

Ich rief Trevor an, um zu fragen, was Lloyds von diesem Artikel hielt.

»Seltsamerweise haben sie recht gelassen darauf reagiert«, ließ er mich wissen. Ein Anruf bei Lloyds zeigte mir warum.

»Ja, ich habe den Artikel gesehen«, meinte John Hobley, »aber damit stehe ich wohl allein auf weiter Flur. Auf jeden Fall kenne ich niemanden, der den *Guardian* sonderlich ernst nimmt. Es wäre etwas anderes, wenn dieser Bericht im *Daily Telegraph* oder der *Financial Times* erschienen wäre.«

»Wie haben Sie in bezug auf den Kredit entschieden?« Ich versuchte, möglichst gleichgültig zu klingen.

»Der Vorstand hat ihn genehmigt«, sagte Hobley. »Wir haben einen Mechanismus, der uns ein vorrangiges Rückgriffsrecht auf die Aktiva Ihrer Einzelhandelsaktivitäten gibt.«

Ich legte auf, streckte mich auf dem Hotelbett aus und schloß die Augen. Wäre dieser Artikel in einer anderen Zeitung erschienen, hätten die Geldgeber vollkommen anders reagiert. So erschreckend dies auch klingen mochte, aber ihre Einschätzung war für manche Banker alles, was zählte. Normalerweise konnten wir ihre Meinung über Virgin zu unserem Vorteil nutzen. Nun hatte sich zum ersten Mal das Blatt gewendet, und wir mußten um die Wiederherstellung ihres Vertrauens kämpfen. Wäre ein solcher Artikel in der *Financial Times* erschienen, hätte es leicht passieren können, daß die Banken ihre Kredite einforderten. Dann wäre die gesamte Virgin-Gruppe zusammengebrochen.

In Japan sollte mir die Ehrendoktorwürde verliehen werden. Die Universität hatte mich gebeten, statt einer offiziellen Rede den Studenten Rede und Antwort zu stehen. Ich saß also vor tausend Studenten, und der Professor forderte das Publikum auf, Fragen an mich zu richten. Fast drei Minuten lang herrschte Totenstille. Um das Eis zu brechen, bot ich dem ersten Fragesteller zwei Upper-Class-Tickets nach London an. Fünfzig Arme schossen in die Höhe. In den nächsten drei Stunden war ich sehr beschäftigt. Außerdem nutzte ich die Reise für die Suche nach einem möglichen Standort für einen Virgin Megastore in Kyoto. Mike Inman und ich nahmen den berühmten japanischen Hochgeschwindigkeitszug, den »Shinkansen«, von Tokio nach Kyoto. Wir kamen uns vor wie in einem Flugzeug: Man konnte Musik hören und sich bei einem Steward etwas bestellen. Es gab sogar Verkaufsautomaten.

»Warum gibt's in Großbritannien nicht solche Züge?« fragte ich mich. Ich machte mir einige Notizen zu den Zügen in meinem Heimatland und in Japan und wandte dann meine Aufmerksamkeit wieder dem Standort für den Megastore zu.

Nach meiner Rückkehr nach London läutete am Freitagabend der folgenden Woche bei Will das Telefon. Der Anrufer war Toby Helm, der Verkehrskorrespondent des *Sunday Telegraph*. Er fragte Will, ob Virgin daran interessiert sei, Zugverbindungen anzubieten, falls die Regierung British Rail privatisiere. Will gab die Frage an mich weiter.

»Und, wären wir interessiert?« fragte ich zurück.

»Es ist ein recht interessanter Gedanke«, sagte Will. »Ich liebe Züge. Und man könnte die Sache ganz anders aufziehen. Wir könnten kostenlos Essen und Zeitungen und alle Serviceleistungen anbieten, die es auch auf Virgin-Flugzeugen gibt. Wir könnten direkt mit British Airways auf den Strecken London-Manchester und London-Glasgow konkurrieren. Vielleicht könnten wir uns auf diese Weise zusätzliche Slots in Heathrow beschaffen.«

Je mehr wir darüber sprachen, desto interessanter schien die Idee. Eisenbahnen mußten eine der Antworten auf unsere Verkehrsprobleme sein. Jede neue Autobahn war sofort verstopft. Eine Autofahrt von London nach Manchester war ein Alptraum.

»Sag' ihm, wir wären durchaus interessiert«, meinte ich. »Es kann ja nicht schaden.«

Die Überschrift im *Sunday Telegraph* lautete: »Virgin will in den Zugverkehr einsteigen«. Der Artikel berichtete, daß Virgin ein Interesse an einem Joint-venture mit British Rail für die Zugverbindungen an der britischen Ostküste bekundet habe. Es wurde die Story der Woche – eine probate Ablenkung von unseren Cash-flow-Problemen und ein ausgezeichnetes Gegengewicht zu all der negativen Publicity der letzten Zeit. Sie zeigte, daß wir uns nicht über unsere Finanzlage den Kopf zerbrachen, sondern an weitere Expansion dachten. Der Druck, dem wir ausgesetzt waren, ließ etwas nach. Eine Zeitlang beschäftigten sich die Journalisten nicht mit Finanzen und drohenden Zusammenbrüchen, sondern mit unseren kühnen Zukunftsplänen.

Am Montag riefen alle möglichen Leute bei uns an, unter anderem auch Vertreter von Siemens und GEC. Ein Anrufer stellte sich als Jim Steer von Steer Davies Gleave vor, einem auf das Verkehrswesen spezialisierten Beratungsunternehmen. Will erkannte sofort, daß Jim wußte, wovon er sprach.

»Sie müssen das durchziehen«, erklärte er Will. »Ich würde vorschlagen, daß Sie sich mit Intercity zusammensetzen und einen gemeinsamen Dienst auf den 125ern anbieten.«

Wir ließen drei mögliche Handelsnamen eintragen – »Virgin Rail«, »Virgin Express« und »Virgin Flyer« – und baten Jim, eine Entwurfszeichnung eines Virgin-Zugs in Auftrag zu geben. Wir warnten ihn, daß wir kein Budget zur Verfügung hatten, aber er setzte sich unerschrocken mit einer Venture-Capital-Firma namens Electra in Verbindung, die seiner Einschätzung zufolge eventuell bereit sein könnte, Startkapital für die Erforschung dieser Idee zur Verfügung zu stellen. Will und ich trafen uns bei Electra mit einem Mann namens Rowan Gormley, der uns 20 000 Pfund für eine Machbarkeitsstudie versprach. Bewaffnet mit einem ansatzweisen Geschäftsplan und dem Modell eines Virgin-Zuges trafen sich Trevor, Will und ich sowie Jim und Rowan Gormley mit Chris Green, dem Leiter des Intercitys-Services von British Rail, Roger Freeman vom Verkehrsministerium und John Welsby, dem Chief Executive Officer von British Rail. Wir sprachen über die Möglichkeit, einige Zugverbindungen von Virgin betreiben zu lassen, aber British Rail fand keinen großen Gefallen an diesem Gedanken. John Welsby widersetzte sich jeder Art der Privatisierung und betrachtete unseren Vorschlag als unliebsamen Präzedenzfall. Beim Verlassen der Sitzung sagte er etwas zu einem seiner Begleiter. Sein Kommentar wurde von der Sprechanlage empfangen und war im ganzen Büro zu hören: »Ich werde bis zum letzten Atemzug dagegen kämpfen, daß dieser Saftsack sein Logo auf meine Züge pappt.«

In der Woche vom 21. Oktober sprang ich für Angela Rippon in ihrer Morgensendung bei Radio LBC ein. Ich war nicht die ideale Besetzung für diesen Job, da man um 5.00 Uhr morgens aufstehen und in der Dunkelheit zum LBC-Gebäude in der Nähe von Euston fahren mußte. Nach zwei Stunden im Studio, von 6.00 bis 8.00 Uhr, fuhr ich zum Frühstück nach Hause. Die Produzentin der Rundfunksendung lud Lord King ein, mit mir die Probleme zwischen British Airways und Virgin und die von BA gegen uns eingesetzten Taktiken zu diskutieren.

»Sagen Sie ihm, daß wir nicht bereit sind, unsere Standards so weit zu senken«, fauchte Lord King sie an. »Das können Sie von mir aus zitieren.«

Es war mein erster Kontakt mit Lord King seit unserem Briefwechsel im Januar und Februar, aber seine Antwort war noch genauso hämisch wie damals. Meine Einladung zu einer Debatte war nur halb im Scherz erfolgt. In der vorherigen Woche hatte mich der Leiter unseres Fuhrparks Joseph Campbell angerufen.

»Richard«, sagte er, »es tut mir leid, dich belästigen zu müssen, aber ich meine, du solltest wissen, daß seltsame Dinge geschehen. Die Tochter einer unserer Mitarbeiterinnen arbeitet bei einem Detektivbüro. Sie hat ihrer Mutter erzählt, daß ihr Arbeitgeber gerade damit begonnen hat, dich zu bespitzeln. Sie sollen dir letzte Woche ins Claridges gefolgt sein und am Nebentisch gesessen haben.«

Ich blätterte in meinem Terminkalender zurück: Ich hatte tatsächlich im Claridges zu Mittag gegessen. Ich dankte Joseph und überlegte, was ich tun könnte. Sollte ich die Polizei einschalten? Ich legte den Hörer auf die Gabel und starrte auf das Telefon. Mein Leben lang hatte das Telefon für mich eine lebenswichtige Rolle gespielt. Nun aber fragte ich mich, ob jemand meine Gespräche abhörte. Folgten diese Privatdetektive etwa meinen Kindern in die Schule? Durchwühlten sie vielleicht meine Mülltonne? Ich ging zum Fenster hinüber und warf einen prüfenden Blick auf die Straße. Vielleicht war der Wagen von der British Telecom ja gar nicht echt und in Wahrheit randvoll mit Abhöranlagen. Vielleicht hatte ich aber auch zu viele Agententhriller gelesen.

Dann verdrängte ich diese Gedanken. Ich konnte meine Lebensweise nicht ändern und hatte nichts zu verbergen. Wenn ich versuchte, die Schritte dieser Detektive und ihrer Auftraggeber (meiner Ansicht nach steckte British Airways dahinter) zu erraten, würde ich mich selbst in den Wahnsinn treiben. So konnte ich nicht leben. Wenn ich mir Gedanken darüber machte, daß mich auf Schritt und Tritt jemand beschattete, würde ich schon bald unter Verfolgungswahn leiden. Ich beschloß, mein Leben ganz normal weiterzuführen. Ich würde mich nicht einmal so weit auf ihr Niveau herablassen, daß ich mein Telefon nach Wanzen absuchen ließ. Nach einer Woche Frühaufstehen um 5.00 Uhr morgens war ich am Freitag ziemlich erschöpft. Am Nachmittag fand ich auf meinem Schreibtisch eine Mitteilung meiner Assistentin Penni: »Chris Hutchins von *Today* rief wegen einer Klatschgeschichte an. Du sollst ihn zurückrufen.«

Chris Hutchins war der Klatschkolumnist der Zeitschrift *Today*. Er hatte ein Alkoholproblem. Ich rief ihn zurück.

»Richard, zuerst einmal möchte ich Ihnen sagen, daß ich jetzt bei den Anonymen Alkoholikern bin«, begann Chris. »Ich bin clean, also können Sie das, was ich Ihnen sagen werde, ernst nehmen.«

Ich spitzte die Ohren und griff nach meinem Notizbuch.

»Ich habe mit Brian Basham gesprochen.«

»Wer ist das?«

»Ein PR-Mann. Er spielt bei Lord King die Rolle, die Tim Bell bei Lord Hanson spielt. Ich kenne Bashams Frau Eileen recht gut, weil sie früher hier für mich gearbeitet hat. Sie rief mich an, um mir mitzuteilen, daß Brian vielleicht eine gute Geschichte über Branson und Drogen auf Lager habe.«

»Toll«, sagte ich sarkastisch.

»Ich hab also Basham angerufen, und er teilte mir mit, er habe für BA eine detaillierte Analyse der Betriebsabläufe von Virgin und seiner Stärken und Schwächen erstellt. Er erwähnte auch eine nicht durch Indizien erhärtete Geschichte über das Heaven und schlug vor, ich solle die Drogensituation dort selbst überprüfen. Er sagte, er sei nicht sonderlich erpicht darauf, dich in den Ruin zu treiben. Das letzte, was British Airways wolle, sei, daß man ihnen die Schuld an deinem Untergang gibt.«

Das kam mir bekannt vor. Ich versuchte mich zu erinnern, wer sich noch nach dem Heaven erkundigt hatte. Plötzlich fiel es mir wieder ein: Frank Kane, der Finanzjournalist vom *Sunday Telegraph*.

»Er sagte mir, ich solle mir auch den Artikel über Ihre Liquiditätslage ansehen, der kürzlich im *Guardian* erschienen sei. Nun, Finanzen sind nicht mein Ding, und so interessiert war ich nicht an der Sache.«

»Tja, vielleicht sollten Sie den Spieß umdrehen und British Airways genauer unter die Lupe nehmen«, schlug ich vor.

»Das wäre eine Möglichkeit«, meinte Chris, »aber das ist eigentlich nicht mein Genre. Ich bin nur Klatschkolumnist. Auf jeden Fall aber treffe ich mich am Montag mit Brian Basham zum Lunch im Savoy.«

»Besuchen Sie mich am Wochenende?« fragte ich. »Ich würde das liebend gern mit Ihnen durchsprechen.«

»Aber sicher«, erwiderte Chris.

Ich rief Will über die Sprechanlage.

»Chris Hutchins hat mich angerufen.«

»Das war doch der, der 1989 diesen Wirbel verursacht hat, als er behauptete, du solltest zum Ritter geschlagen werden: ›Arise, Sir Richard‹. Erinnerst du dich?« sagte Will.

»Anscheinend hat er sein Alkoholproblem jetzt im Griff. Er rief mich an und erzählte mir eine Geschichte über BA und ihr Interesse an uns.« Ich las meine Notizen vor. »Kennst du einen Brian Bingham?«

»Nein«, antwortete Will verwundert.

»Nun, er spielt bei Lord King die Rolle, die Tim Bell bei Lord Hanson spielt.«

»Nie von ihm gehört«, sagte Will.

»Basham«, korrigierte ich mich. »Brian Basham, und er erzählt Geschichten über Drogenmißbrauch im Heaven.«

»Brian Basham! Um Gottes willen! Ich komme sofort runter!«

Will macht immer einen nervösen Eindruck, als würde er am liebsten aufspringen und zum Telefon laufen, aber als er in mein Büro stürmte, schien er geradezu von Panik erfaßt zu sein.

»Brian Basham ist sehr gefährlich«, sagte er. »Er ist einer der einflußreichsten PR-Leute in der Branche. Wenn er gegen uns arbeitet, stecken wir tief in der Tinte. Er hat engere Beziehungen zur Presse als irgend jemand sonst.«

»Er hat mit Chris Hutchins über das Heaven gesprochen.«

»Ja, aber wäre Chris Hutchins der erste Journalist, den du anrufst?«

Ich verstand, was Will damit meinte. Wenn Brian Basham diese Geschichte dem Klatschkolumnisten von *Today* erzählt hatte, wer wußte dann sonst noch alles davon?

Das Telefon klingelte. Will nahm ab.

»Harvey Elliott von der *Times*.«

»Ich habe gehört, daß Virgin viele Mitarbeiter entlassen muß«, begann Elliott. »Meinen Quellen zufolge haben Sie Ihren Beschäftigten einen Brief geschickt, in dem Sie die Gründe für diese Personalkürzungen erklären.«

»Ich schicke meinen Mitarbeitern jeden Monat einen Brief«, erwiderte ich. »Aber von einem Personalabbau stand da nichts.«

»Sie wissen, daß ich mir den Brief besorgen kann«, sagte Elliott.

»Mein Schreiben an die Mitarbeiter ist vertraulich«, gab ich zurück. »Und selbst wenn Sie es sich besorgen und lesen, werden Sie feststellen, daß es keine Entlassungen geben wird.«

Als nächstes meldete sich der *Sunday Telegraph*. Frank Kane rasselte eine lange Liste von Behauptungen herunter. Seine Methode zur Überprüfung einer Story schien darin zu bestehen, daß er die Statements vorlas, die er in seinen Artikel aufnehmen wollte, und dann seinem Gesprächspartner den Nachweis überließ, daß diese Anschuldigungen falsch waren. Nach einer so langen Liste klang jedes Dementi ärgerlich.

»Ich habe einen Brief, den Sie an Ihre Mitarbeiter geschickt haben«, sagte Kane. »Sie geben zu, daß es massive Entlassungen geben wird.«

»Wie sind Sie an dieses Schreiben gelangt?« fragte ich.

»Es wurde mir in einem braunen Umschlag zugeschickt.«

»Nun, Frank, wenn Sie es tatsächlich gelesen haben, und es ist ein vertrauliches Schreiben, dann werden Sie sehen, daß es keine Entlassungen gibt. Ich habe es vorliegen, und da steht: ›Der Golfkrieg, der dazu führte, daß die Japaner monatelang kein Flugzeug bestiegen, der daraus resultierende schwindelerregende Anstieg der Treibstoffpreise, die Rezession, die vermehrte Konkurrenz ... Die Verluste in der Branche waren astronomisch.‹«

»Das ist nicht der Part, den ich meine«, sagte Kane.

»Dann lese ich weiter: ›Unsere Auslastung war gut, aber unsere Rendite ist deutlich zurückgegangen. Die ersten Prognosen für die nächsten zwölf Monate gaben uns Anlaß zur Sorge, und daher haben wir einige Sofortmaßnahmen zum Ausgleich dieser Situation eingeleitet.‹«

»Da haben Sie's«, sagte Kane triumphierend. »Entlassungen.«

»Nein«, sagte ich. »Virgin wird keine Mitarbeiter entlassen. Wir nehmen an anderer Stelle Einsparungen vor.«

»Zum Beispiel?«

»Das kann ich Ihnen nicht sagen. Einsparungen innerhalb der Fluggesellschaft.«

»Nun, ich weiß aus einer Quelle innerhalb von Virgin, daß Sie

Gehalts- und Einstellungsstopps planen, Überstunden verbieten und Flüge zusammenlegen werden.«

»Nein«, erwiderte ich. »Nichts davon ist wahr.«

»Ich habe gehört, daß Sie einen Verlust von 50 Millionen Pfund machen werden, wenn Sie Ihre acht Jumbos den ganzen Winter hindurch fliegen lassen.«

»Hören Sie, Frank«, sagte ich schließlich. »Ich weiß nicht, warum ich mir überhaupt die Mühe mache, mit Ihnen zu sprechen. Sie sind ja nur eine Marionette von British Airways.«

»Wagen Sie es nicht, mich als Marionette von British Airways zu bezeichnen«, schnaubte er wütend.

»Dann sagen Sie mir, woher Sie all diese Informationen haben.«

»Sie wissen, daß ich meine Quellen nicht preisgeben kann.«

»Auf jeden Fall wird das, was ich sage, nichts daran ändern, was Sie schreiben. Also schreiben Sie Ihr Zeug, und lassen Sie mich in Ruhe«, sagte ich und legte auf.

Ich erkannte, daß hier eindeutig eine Kampagne gegen mich betrieben wurde. Es war ein seltsames und beängstigendes Gefühl.

In meinem Terminkalender stand als nächstes ein Live-Interview in der Fernsehtalkshow von Clive Anderson. Bevor wir aufbrachen, erhielten wir noch einen weiteren Anruf. Es war Sir Freddie Laker aus Miami.

»Hi, Richard!« Er schien sehr guter Laune zu sein. »Ich wollte nur ganz kurz anrufen, um Ihnen zu sagen, daß mich British Airways vor genau zehn Jahren in den Konkurs getrieben hat.«

»Feiern Sie etwa?« Ich konnte die Erschöpfung in meiner Stimme kaum verbergen.

»Bald, bald. Diese Halunken haben mein Refinanzierungspaket mit McDonnell Douglas am 25. Oktober gestoppt. Das war der Anfang vom Ende. Eine Woche später war ich pleite.«

»Das werde ich im Radio erwähnen«, sagte ich und machte mir eine Notiz. »Ich moderiere im Augenblick eine Frühstückssendung, und da könnten wir einen Beitrag über Sie bringen.«

»Ich habe von Ihren Problemen mit BA gehört«, sagte Freddie. »Ich wollte nur sagen, daß Sie ›Foul!‹ schreien müssen, bevor es zu spät ist. Warten Sie nicht zu lange.«

»Das werde ich nicht, Freddie.« Ich nahm meine ganze Energie zusammen. »Ich werde mein Bestes versuchen.«

»Ich hab's schon einmal gesagt, und wenn Sie's nicht bald tun, werde ich's nochmal wiederholen: *Verklagen Sie diese Halunken!*«

Mit diesem Schlachtruf in den Ohren brachen Will und ich ins Fernsehstudio auf. Während ich auf mein Interview wartete, konnte ich an nichts anderes als die Ereignisse der letzten Stunden denken. Ich ging auf die Bühne, konnte mich aber kaum auf die Worte von Clive Anderson konzentrieren. Er schwätzte dummes Zeug über Virgin Atlantic, als sei es fair, uns zum Gespött der Leute zu machen und in Stücke zu reißen. Es ist so einfach, etwas kaputt zu machen, dachte ich, und um so vieles schwieriger, etwas aufzubauen.

»Nun, wie ist es denn mit diesen Ballonfahrten?« sagte Clive Anderson. »Schrecken Sie denn wegen ein bißchen Publicity vor gar nichts zurück?«

Während ich noch versuchte, ihm zu antworten, sprang er zu einem anderen Thema: »Was ist mit Ihrem Müllprojekt – ist da jemals was draus geworden?«

Wieder bemühte ich mich um eine Antwort, merkte jedoch, daß er gar nicht interessiert war. Ich starrte ihn mit wachsender Entrüstung und Wut an. Ich sah seinen Kopf, der sehr sorgfältig gepudert war, damit seine beginnende Glatze nicht durch die verbleibenden Haare schimmerte. Nein, dachte ich, ich arbeite nicht an einem Müllprojekt. Ich versuche, etwas Beständiges aufzubauen. Ihr könnt über mich herziehen, wie ihr wollt, aber ich habe 20 Jahre lang ohne Unterlaß gearbeitet, um eines der größten Privatunternehmen des Landes und Virgin als Marke aufzubauen, und jetzt versucht British Airways, mich aus dem Markt zu verdrängen und meine Leute auf die Straße zu setzen. Wenn ich nicht bald etwas Spektakuläres tue, wird es mir wie Sir Freddie Laker ergehen. Und jetzt sitze ich neben diesem Witzbold von Talkshow-Gastgeber, der meint, er könne mich durch den Kakao ziehen, weil ich versuche, eine gute Fluggesellschaft zu leiten.

Den Rest von Clive Andersons Tirade hörte ich kaum. Mit zusammengebissenen Zähnen lächelte ich ihn an, stand auf, nahm mein Wasserglas und goß es ihm über den Kopf. Dann verließ ich das Studio, zwängte mich auf dem Gang durch eine Gruppe von Toningenieuren und suchte einen Weg auf die Straße, um frische Luft zu schnappen.

»Nun ja«, sagte Clive Anderson und trocknete sein Haar und sein Jackett mit einem Tuch ab. »Dazu habe ich nur eines zu sagen: Fliegen Sie mit British Airways.«

26
BARBAREN AM FLUGSTEIG

Oktober bis November 1991

»Gestern habe ich mit Harry Goodman zu Abend gegessen«, ließ mich Chris Hutchins wissen.
»Wie geht es ihm?«
»Gut. Aber er hat mir erzählt, daß Air Europe nie wieder in die Lüfte steigen wird.«

Harry Goodman war Gründer von Air Europe, der Gesellschaft, die in ihrer Blütezeit bei Flügen von Gatwick zum Kontinent einen Marktanteil von nahezu 20 Prozent hielt. Der Golfkrieg hatte einige seiner Passagiere abgeschreckt, aber ich verstand nach wie vor nicht, wieso derart viele abgesprungen waren, daß er aufgeben mußte. Er hatte Anfang des Jahres Konkurs angemeldet – in der gleichen Woche, in der Sidney Shaw, unser damaliger Betreuer bei Lloyds, uns um ein Haar unsere Kredite gekündigt hätte. Kurz vorher hatten viele Gerüchte über Schwierigkeiten bei Air Europe die Runde gemacht: Sie müßten ihren Treibstoff in bar zahlen; ihre Maschinen seien nicht sicher. Chris Hutchins besuchte mich am Abend des 27. Oktober 1991, einem Sonntag, in Holland Park, und ich spürte, daß er sich in einem Dilemma befand. Am nächsten Tag sollte er Brian Basham zum Lunch im Savoy treffen. Ich wollte, daß er zu diesem Gespräch ein verstecktes Mikrofon mitnahm und alles, was Brian Basham von sich gab, aufzeichnete. Das wäre wichtiges Beweismaterial. Ferner verlangte ich von Chris eine Abschrift des Telefongesprächs, das er am Donnerstag mit Brian Basham geführt hatte. Ihm widerstrebte beides.

»Schauen Sie sich doch an, was BA macht«, sagte ich zu ihm. »Das könnte unser Geschäft zerstören. Als Air Europe dichtmachen mußte, verloren Tausende ihren Job. Ich brauche jemanden, der mir hilft. Ansonsten wird auch Virgin Atlantic Konkurs anmelden müssen, und es werden noch viel mehr Menschen arbeitslos. Ich brauche Beweise, damit ich ihnen das Handwerk legen kann. Warum haben Sie mich überhaupt angerufen und mir von Brian Basham erzählt, wenn Sie mir jetzt nicht helfen wollen?«

»Ich habe angerufen, weil ich das Vorgehen von BA für falsch halte«, antwortete Chris.

»Damit hatten Sie recht. Und wenn ich BA aufhalten soll, brauche ich Beweise. Wir brauchen entweder eine Abschrift des Telefongesprächs oder eine Aufzeichnung Ihres Gesprächs.«

»Aber ich bin mir nicht sicher, ob ich das durchziehen kann. Ich glaube nicht, daß ich ihn heimlich aufnehmen kann.«

Wir saßen schweigend da. Ich hielt mich bewußt zurück und sah Chris nur aufmerksam an, während er mit seinem Gewissen rang.

»In Ordnung«, willigte er schließlich ein. »Ich werde keine Upgrades von BA mehr bekommen, aber das ist mir auch egal. Ich tue damit anderen Menschen etwas Gutes.«

»Was ist mit dem Kassettenrecorder?« fragte ich.

»Ob Sie's glauben oder nicht, *News of the World* ist die einzige Zeitung, die so etwas auf die Reihe bringt«, meinte Chris. »Aber da ist heute keiner, und morgen ist es zu spät.«

»Okay, wir kümmern uns darum.«

Ich ging durch eine Liste von Fragen, die ich Chris stellen wollte. In der Nacht rief mich Chris nochmals an. Ich dachte, er wolle sich doch noch vor der ganzen Sache drücken, aber er sagte: »Basham hat mich gerade angerufen. Er schlug vor, daß ich nicht zum Lunch ins Savoy, sondern auf einen Kaffee in sein Haus in Primrose Hill kommen soll.«

»Um wieviel Uhr?« fragte ich.

»Um elf.«

»Sie bekommen den Kassettenrecorder gleich morgen früh.«

Will kaufte am Montagmorgen in der Tottenham Court Road einen winzigen Kassettenrecorder und brachte ihn zu Chris Hutchins. Er zeigte ihm, wie das Gerät funktionierte, und sagte, Chris solle das

Mikrofon mit Klebeband an der Innenseite seines Hemds befestigen. Ich hatte am Vorabend den Herausgeber von *Today*, Martin Dunn, in unsere Pläne eingeweiht. Martin erklärte sich damit einverstanden, daß Chris mit einem versteckten Recorder zu diesem Interview ging. Die Situation begann sich zuzuspitzen.

Während sich Chris mit Basham traf, hatte ich einen Termin mit Tiny Rowland, dem Chairman des *Observer* und der Firma Lonrho, der auch umfangreiche Beteiligungen in Afrika besaß. Wäre ich nicht so sehr mit dem Gedanken beschäftigt gewesen, daß die Zukunft meines Unternehmens auf den Schultern eines reformierten Alkoholikers ruhte, hätte ich Tiny Rowland besser zugehört: Es sollte meine einzige Zusammenkunft mit ihm werden. Ich mußte aber immer daran denken, ob Chris wohl den Kassettenrecorder richtig bediente, ob das Mikrofon funktionierte und was Brian Basham wohl sagen würde. Der kleine Kaffeeklatsch in Primrose Hill entschied über die Zukunft von Virgin Atlantic. Wir würden niemals wieder eine so gute Chance erhalten, British Airways auf frischer Tat zu ertappen. Während ich mir Sorgen wegen der Aufzeichnung machte und die Erfolgswahrscheinlichkeit dieses Vorhabens einzuschätzen versuchte, mußte ich mit Tiny Rowland Konversation betreiben. Er hatte einige Vorschläge für eine Zusammenarbeit und bot mir an, Virgin Atlantic den Weg für eine Verbindung nach Südafrika zu ebnen.

»Wie wär's mit einem Treffen mit Pik Botha am Sonntag?« schlug er vor. »Ich bin sicher, daß wir miteinander ins Geschäft kommen können.«

Eine seiner Bemerkungen amüsierte mich: »Sie sind ein junger Mann, und British Airways ist furchtbar spießig. Warum machen wir nicht gemeinsam ein Übernahmeangebot? BA-Aktien sind derzeit sehr billig.«

Damit hatte er absolut recht. Das wäre eine Möglichkeit, den schmutzigen Tricks ein Ende zu bereiten. Auf dem Weg zum Aufzug legte er den Arm um meine Schultern. »Wenn Sie irgendwelche Schwierigkeiten mit dem *Observer* haben,« sagte er, »lassen Sie mich's einfach wissen. Ich werde das Problem für Sie regeln.«

Ich wußte nicht, was ich sagen sollte. Ich fand es sehr traurig, daß eine so große und unabhängige Zeitung wie der *Observer* so leicht zu beeinflussen war. Erst rief ich Will und dann Penni an, aber Chris Hutchins hatte sich noch nicht gemeldet.

»Wenn er anruft, dann stell' ihn bitte sofort zu mir durch«, sagte ich. Endlich wurde ich aus meiner Qual erlöst, als Chris Penni anrief. Sie richtete mir seine Botschaft aus: »Ich kann nicht viel sagen, weil ich im Büro bin und um mich herum viele Menschen sind. Ich werde morgen früh bei Richard vorbeikommen.«

Als er mein Büro betrat, sah ich, daß Chris sehr peinlich berührt war. Er wollte mir weder die Kassette noch die Analyse über Virgin geben, die er von Basham erhalten hatte. Ich gab mich ganz lässig und kochte uns eine Tasse Tee. Als ich Chris den Tee reichte und ihm ermutigend zulächelte, wußte ich, daß ich es auf keinen Fall zulassen würde, daß er mein Büro verließ, bevor er mir die Kassette und den Bericht ausgehändigt hatte.

»Also, wie war's?«

»Nun, ich habe einiges mitgebracht, aber ich glaub' nicht, daß ich Ihnen das geben kann.«

»Was haben Sie mir denn mitgebracht?« fragte ich in meinem freundlichsten Ton.

»Einen Ausdruck meines ersten Gesprächs mit Basham, die Kassette und Bashams Bericht.«

»Dann sehen wir uns als erstes mal das Gespräch an.«

Chris öffnete seine Aktentasche. Ich konnte einen flüchtigen Blick auf den Kassettenrecorder und Kabelsalat erhaschen. Chris reichte mir ein Blatt Papier. Die Überschrift lautete: »Chris Hutchins Telefongespräch mit Brian Basham. Beginn: 13.40 Uhr, Donnerstag, 24. Oktober«. Der Text war am Donnerstag, den 24. Oktober, um 14.00 Uhr geschrieben worden und lautete:

Basham: Und Sie haben mit meiner besseren Hälfte über die Heaven-Story gesprochen. [Eileen Basham hatte Chris zunächst die Story angeboten.] Also, Tatsache ist, daß man dort offenbar alle Drogen bekommt, die man will. Mich persönlich interessiert es nicht, was da im Heaven abläuft; mich interessiert, wie Branson seine Firma führt. Mein Kunde British Airways ist daran selbstverständlich ganz besonders interessiert. Er hat die zwei Slots nach Japan bekommen – ich geh' davon aus, daß dieses Gespräch ganz unter uns bleibt – und ich nehme seine Liquidität genau unter die Lupe. Er schöpft seine Mittel immer fast bis zum Letzten aus und beschafft sich dann neue Kredite. Zum Beispiel hat er Läden an WH Smith verkauft. Jetzt holt er sich japanische Investoren. Das ist ein recht gefährlicher Ansatz, aber er kann funktionieren, solange man einen guten Ruf hat. Er wäre ernsthaft in Gefahr, wenn eine Story aufdecken würde, was im Heaven so los ist: Das würde seinem Ruf mit Sicherheit schaden.

Hutchins: Warum gehen Sie der Sache dann nicht selbst nach?

Basham: Ich habe nicht die Absicht zu ... Ich bin nicht erpicht drauf, Branson in den Konkurs zu treiben. Wenn man's aus der Sicht meines Kunden betrachtet, ist das Letzte, was er will, daß man ihn für Richards Bransons Untergang verantwortlich macht.

Da war ein riesiger Müllhaufen vor dem Büro von British Aerospace am Strand, der ans Heaven grenzt, und als Admiral Sir Ray Lygo ihn wegräumen lassen wollte, rief sein Büroleiter bei der Bezirksverwaltung Westminster an, und sie sagten, daß ihre Leute das nicht anfassen würden wegen der vielen Nadeln. Jetzt ist der Haufen weg. Eileen weiß, daß ich sehr an Herrn Branson interessiert bin. Im Guardian erschien ein langer Artikel über Branson mit einer Analyse seiner Finanzen und seinem ewigen Auf und Ab. Er besorgt sich in regelmäßigen Abständen neue Kredite, und bei den ganzen Flugpreissenkungen muß ihm derzeit das Wasser bis zum Hals stehen. Es wäre mir recht, wenn Sie mich über Ihre Recherchen auf dem laufenden halten könnten.

»Es kommt noch schlimmer«, sagte Chris. »In unserem Gespräch sprach er davon, daß eines Ihrer Flugzeuge abstürzen könnte. Er bezeichnete Virgin mehrere Male als ›unseriöses Unternehmen‹. Ich weiß nicht, ob die Aufnahme was geworden ist oder nicht, aber hier ist sein Bericht.«

»Hören wir sie uns auf jeden Fall mal an«, schlug ich vor.

Ohne ihn anzusehen (damit ich nicht meine wachsende Angst verriet, daß er mir die Kassette wieder wegreißen würde, bzw. meine

Spannung in bezug auf das, was wir hören würden), legte ich die Kassette in meinen Recorder. Dann zog ich Bashams Bericht zu mir heran. Ich hatte beides. Das ist der Wendepunkt, dachte ich bei mir. Wenn ich je einen Sieg über British Airways erringe, dann war das der entscheidende Augenblick. Auf der Kassette war nichts als eine unerträgliche Mischung aus Pfeifen und Zischen zu hören. Ich hörte ein lautes Kratzen, als habe Chris seine Taschen durchwühlt, auf das Mikrofon geschlagen und einen Störsender aufgenommen. Dann hörte man plötzlich ganz klar Bashams Stimme: »Unseriöses Unternehmen«. Dann war ein anderer Kommentar zu hören, dessen Ironie Basham gewiß nicht erkannte: »Ich muß dieses Haus auf Wanzen untersuchen lassen ...« Es zischte und raschelte wieder einige Minuten lang unangenehm, und dann hörte ich Chris fragen, wo sich die Toilette befände, und als Antwort eine Wegbeschreibung zu einem Raum in der Nähe der Haustür. Am deutlichsten war die Aufnahme in der Toilette: Chris öffnete seinen Reißverschluß und entleerte seine Blase ausgiebig und laut. Dann war die Aufnahme zu Ende. British Airways war mit diesem Band wohl kaum beizukommen.

»Hören Sie«, sagte ich zu Chris. »Ich werde das Band unseren Toningenieuren im Studio geben. Vielleicht können die einen Teil der Hintergrundgeräusche unterdrücken, mit Dolby oder so.«

Chris willigte ein, offenbar erleichtert, daß ich ihm einen Vorwand geliefert hatte, mir das Band zu überlassen. Ich wandte mich Bashams Bericht zu. Darüber stand PERSÖNLICH UND VERTRAULICH und »Oktober 1991«, sonst nichts. Basham hatte im ersten Teil des Berichts einige wesentliche Erkenntnisse aufgelistet:

Einige weit verbreitete Fehlannahmen über Virgin:
»Virgin ist klein«: Die vier nicht börsennotierten Unternehmensgruppen haben in der Summe einen Marktwert von schätzungsweise 860 Millionen Pfund.
»Virgins Management taugt nicht viel«: Der Führungsstil bei Virgin mag informell sei, aber die Führungsriege kennzeichnet Einfallsreichtum und die Fähigkeit, rasch auf Veränderungen im Umfeld zu reagieren. Kerngeschäfte werden von professionellen Managern mit entsprechender Branchenerfahrung geleitet.

»Virgin ist finanziell schwach«: Die Unternehmen der Virgin-Gruppe benötigen ein hohes Liquiditätsniveau zur Finanzierung von Investitionen und organischem Wachstum. Diese Mittel werden aber durch Instrumente wie Joint-ventures beschafft. Die Finanzierung könnte ein zukünftiger Schwachpunkt sein.

Neben der Aufzählung unserer Stärken enthielt der Bericht auch einen Abschnitt über unsere Schwächen. Basham listete die Transaktionen auf, die wir seit dem Rückkauf unserer Aktien durchgeführt hatten. Den krönenden Abschluß bildete unser Joint-venture mit WH Smith zur Eröffnung des Megastores sowie der Verkauf der Sega-Lizenz. Als ich umblätterte, fand ich zu meiner Überraschung folgende Zeilen:

Persönliches Profil: Branson pflegt ein Image der Unabhängigkeit und stellt sich geradezu als Establishment-Gegner dar. Er ist sehr beliebt bei jungen Menschen und auch bei den Japanern (wo sein Ansehen schon fast an »Heldenverehrung« grenzt).

Ich sprang zu einem weiteren Absatz, in dem Basham schrieb:

Beim Scheitern von Projekten beweist Branson ein an den Entfesselungskünstler Houdini erinnerndes Geschick, sich aus schwierigen Situationen zu retten.

Dann folgte eine weitere Offenbarung:

Branson kennzeichnet eine zwanghafte Neigung, sich nach früheren Mißerfolgen nochmals den gleichen Geschäftsfeldern zuzuwenden – vor allem möchte er im Kommunikationsbereich aktiv sein.

Auf der nächsten Seite stand:

Schwächen: Bransons Strategie ist sehr experimentierfreudig. In der Vergangenheit war er stets in der Lage, Mißerfolgen weit im

Vorfeld aus dem Weg zu gehen. Zukünftig wird er damit nicht unbedingt immer erfolgreich sein.

Branson konnte das organische Wachstum des Unternehmens bislang über Joint-ventures und Finanztransaktionen mit den Japanern finanzieren. Kooperationen mit japanischen Investoren werden vermutlich irgendwann zu Einschränkungen in bezug auf die Ausrichtung dieser Gesellschaften führen und werden begrenzt von Bransons Bereitschaft, seine eigene Machtposition zu schwächen. Weiteres Wachstum der Geschäftsbereiche könnte zu einem nicht mehr zu deckenden Liquiditätsbedarf führen. Ein Vertrauensschwund in Japan würde überlebensnotwendige Finanzquellen versiegen lassen und in eine Katastrophe münden. Branson sonnt sich im Rampenlicht der Öffentlichkeit. Er beginnt sich offenbar sehr bald zu langweilen, wenn ein Geschäft zur Routine wird. Er überwindet gerne Hindernisse. Allerdings reagiert er empfindlich auf Kritik. Ihm gehört der Nachtclub Heaven, der für sein so wichtiges positives Image ein hohes Risiko darzustellen scheint.

Der Text enthielt noch einen weiteren Verweis auf das Heaven, in dem ich den Keim zu Bashams Kommentaren in seinem ersten Gespräch mit Chris Hutchins erkannte:

Dem Verlauten nach weigerte sich die Bezirksverwaltung Westminster, Müllsäcke des Clubs zu entsorgen, weil sie infizierte spitze Gegenstände enthielten.

Ich warf den Bericht auf den Tisch und sah Chris an.
»Was machen wir jetzt?« fragte Chris.
»Darüber muß ich erst nachdenken«, sagte ich. »Wird *Today* die Machenschaften von BA offenlegen?«
»Da muß ich mit unserem Herausgeber Martin Dunn reden.«
Chris schien von dieser Idee nicht sonderlich begeistert zu sein. Ich fragte mich, ob er es wohl bereute, Brian Basham in Schwierigkeiten gebracht zu haben, indem er mir das Material übergab. Wir vereinbarten, später miteinander zu telefonieren, sobald er Gelegen-

heit zu einer Unterredung mit Martin Dunn gehabt hatte und ich wußte, ob auf der Kassette noch etwas zu retten war. Ich nahm an, daß Chris vor seinem Chef ziemlich dumm dastehen würde, wenn er gestand, daß er mir das Band überlassen hatte. Andererseits könnte *Today* durchaus an einer Story über einen solchen Skandal interessiert sein. Eine Stunde später saßen Will und ich im Aufnahmestudio. Zwei Toningenieure spielten an allen möglichen Hebeln herum, bis plötzlich Bashams Stimme laut und deutlich aus einem der Lautsprecher ertönte. Wir hörten uns seine raffinierte und offenbar gut einstudierte Präsentation an. Der Gerechtigkeit halber sei angemerkt, daß sich Basham auf das Firmenprofil von Virgin konzentrierte. Später behauptete er mit einer gewissen Rechtfertigung, daß seine Rolle in der ganzen Angelegenheit von British Airways verzerrt dargestellt worden sei. Führungskräfte dieses Unternehmens schoben nur allzu gerne anderen die Schuld für ihre Aktivitäten in die Schuhe. Basham sagte:

»Branson arbeitet nach folgendem Muster: Er hat viele Projekte gleichzeitig, von denen einige viel Kapital verschlingen. Grundlage seines ganzen Imperiums ist Tubular Bells. *Sie kennen sich ja im Musikgeschäft besser aus als ich, also werden Sie das wissen. So bekam er Geld in die Kassen und nahm dann auf der Stelle Kredite auf. Im Geschäftsleben geht's nicht um Gewinne, sondern vielmehr um den Cash-flow, um die Verfügbarkeit von liquiden Mitteln. Es geht darum, ob man liquide genug ist, die Gemeinkosten zu bezahlen, und ob man am Jahresende noch genügend Bargeld übrig hat. Der Gewinn spielt keine Rolle.*

Branson schöpft seinen Cash-flow immer fast bis zur Neige aus, und kurz bevor ihm das Geld ausgeht, handelt er neue Kredite aus. Er verkauft vielleicht einige Plattenläden in Japan oder hier an WH Smith. In der Wochenendausgabe des Sunday Telegraph *hat Frank Kane geschrieben, daß Branson 20 Millionen Pfund zu beschaffen versucht. Es gibt zwei Dinge, die Branson wirklich zum Verhängnis werden könnten. Eines davon ist seine Abenteuerlust bzw. sein Mut, wenn man es so nennen will, im Ballonfahren. Das ist ein äußerst gefährlicher Zeitvertreib. Da oben auf 10000 oder ich weiß nicht wieviel Meter Höhe am Rand der Atmosphäre in einem Ballon zu hängen, ist gefährlich – und daran ändern auch alle Sicherheitsvorkehrungen nichts. Vieles kann schiefgehen. Und wenn er in Schwierigkeiten gerät, würde wohl auch sein Unternehmen zusammenbrechen, denn es sind sein Charme und seine Kunst, die die nötige Liquidität beschaffen.*

Und dann gibt es noch die ›moralische Gefahr‹, wie ich es nenne, in deren Zentrum das Heaven steht. Und wenn er das Heaven hat, dann gibt's bestimmt auch noch anderes.«

»Was stimmt mit dem Heaven nicht?« Chris kam erst jetzt zum ersten Mal zu Wort.

»Nichts«, antwortete Basham rasch. »Überhaupt nichts. Es ist ein schwuler Nachtclub. Es wäre doch höchst bizarr, wenn Lord King Besitzer des Heaven wäre, nicht wahr? Wenn Branson ein ernstzunehmender Geschäftsmann werden will, dann ist es seltsam und gefährlich für ihn, das Heaven zu besitzen. Gefährlich nicht nur für ihn selbst, sondern auch für das Unternehmen. Können Sie sich folgenden hypothetischen Fall vorstellen: Salomons stellt einen Börsenprospekt zusammen, und mitten in der Zeichnungsfrist findet plötzlich eine Razzia im Heaven statt? Es wird Anzeige gegen den Eigentümer erstattet. Sehen Sie? Durchaus vorstellbar.«

Die Art und Weise, wie Basham das Wort »vor-stell-bar« in die Länge zog, implizierte, daß er sich dieses Szenario sehr gut ausmalen konnte.

»Besonders wenn viele Drogen im Spiel sind«, fuhr Basham fort. »Und genau da wird er meiner Meinung nach einen falschen Schritt machen. Ich meine, er hat einige Probleme und spielt ein höchst riskantes Spiel.«

Dann unterbrach Basham das Gespräch, um sein Büro anzurufen. In der Kopie des Berichts, die er Hutchins übergeben wollte, fehlte eine Seite über das Heaven.

»Guten Tag, entschuldigen Sie bitte die Störung«, sagte Basham. »Ich bin gerade in einer Sitzung. Vielen Dank für die Zusammenstellung der Unterlagen. Sie sind sehr hilfreich. Es fehlt aber etwas ziemlich Wichtiges, nämlich der ursprüngliche Bericht darüber, was unser Freund in bezug auf das Heaven gemacht hat. Ich brauche das, denn da steht die Sache mit dem Krieg zwischen den Türstehern drin. Könnten Sie mir das nach Hause faxen? Vielen Dank.«

Als ihn Chris Hutchins nach der Entscheidung der Regierung befragte, Virgin die Rechte für die Verbindungen nach Tokio zu übertragen, wurde Brian Bashams Stimme warm und einschmeichelnd:

»Ich versuche, das Geschäft meiner Kunden aus ihrer Warte zu betrachten. Also halte ich die Tatsache, daß Branson Strecken von British Airways bekommen hat, aus zwei Gründen für skandalös. Erstens führt er meiner Einschätzung zufolge ein unseriöses Unternehmen, richtig unseriös. Teile davon sind ganz in Ordnung, aber ich halte es für unseriös. Ich würde mein Geld dort nicht investieren wollen. Und King weiß sehr gut, daß jemand, der sein Unternehmen wie Branson führt, ein hohes Konkursrisiko trägt. Er ist ein zweiter Freddie Laker.

Meiner Ansicht nach ist die Tatsache, daß die Regierung all diese Strecken, die sehr wertvoll sind, einem Unternehmer gibt, eine sehr ungünstige Entwicklung, ein Skandal. Diese Verbindungen einer Gesellschaft wegzunehmen, die privatisiert wurde und so viele Aktionäre hat, all den Kleinanlegern dieses Vermögen wegzunehmen und es einem privat geführten Unternehmen in den Rachen zu werfen, das ist meiner Ansicht nach ein doppelter Skandal.«

Dann wechselte Brian Basham geschickt die Gangart und sprach über die Führung von Virgin und das merkwürdige Verhalten von Mike Batt, der von British Airways zu Virgin gewechselt hatte und nach zwei Tagen wieder zu BA zurückkehrte:

»*Mike Batt wurde von Virgin als Nachfolger für Richard Branson angeworben.*«

»Das wird Roy und Trevor gefallen!« rief ich.

»*Auf alle Fälle*«, fuhr Basham fort, »*arbeitete er dort nur eine Woche und kündigte dann wieder. Ich ging mit ihm zum Essen und fragte ihn, was passiert sei. Er sagte: ›Also, in Wahrheit wird dieses Unternehmen schauderhaft geführt.‹ Er sagte, daß eines Tages ganz sicher eine ihrer Maschinen abstürzen werde – denn Flugzeuge stürzen ja die ganze Zeit über ab, wissen Sie. Irgendwann muß das einfach passieren. Wenn dann eine Untersuchung stattfindet, wird jemand an den Pranger gestellt werden, weil die Abläufe und die Unternehmensführung dort scheußlich sind.*«

»Dieser Halunke gehört verklagt!« paraphrasierte ich Sir Freddie Laker. »Das ist ja ungeheuerlich.«

Schließlich wies Basham noch darauf hin, daß wir seit damals gute Leute angeworben hätten, um die Situation zu verbessern.

Auf dem Band hörte man, wie sich Hutchins anschickte zu gehen. Das Rauschen wurde lauter, als Hutchins aufstand und seine Kleidung glattstrich.

»*Ich habe da noch ein paar Sorgen*«, sagte Basham zu ihm. »*Erstens will ich mit dieser ganzen Sache nichts zu tun haben. Zweitens darf da keine Verbindung zu BA aufgezeigt werden. Ich meine, alle Vorteile meiner Auflistung der Stärken und Schwächen von Virgin würden vollkommen zunichte gemacht, wenn der Eindruck entstünde, als würde BA in irgendeiner Weise eine Kampagne gegen Virgin betreiben – was ja nicht der Fall ist. In Ordnung? ...*«

»*Sie werden doch nicht etwa Schwierigkeiten mit Lord King bekommen, wenn wir Branson in den Schmutz ziehen?*« fragte Chris.

»*Nein*«, erwiderte Basham. »*Wenn Sie Branson niedermachen, stört mich das nicht, solange weder BA noch ich darin verwickelt sind.*«

»*Aber British Airways wird nichts dagegen haben, oder?*«
»*Nein, ganz und gar nicht. Wissen Sie, denen würde es auch nichts ausmachen, wenn Sie United Airlines über die Planke laufen ließen – das würde sie nicht stören.*«
Dann hörte man noch mehr Rauschen und Zischen, bis Basham sagte: »*Ich muß dieses Haus wirklich mal auf Wanzen untersuchen lassen.*«

Kurze Zeit später fragte Chris nach dem Weg zur Toilette. Er öffnete seinen Reißverschluß und ließ ausgiebig Wasser, was wir in exzellenter Quadrophonqualität zu hören bekamen, bis das Band sich ausschaltete. Will und ich starrten einander an.
»Spielt diese letzten Sätze nochmals ab«, sagte ich.

»*Nein*«, *erwiderte Basham.* »*Wenn Sie Branson niedermachen, stört mich das nicht, solange weder BA noch ich darin verwickelt sind.*«

»Es tut mir leid, aber sowohl Sie als auch BA werden sehr stark in diese Sache verwickelt werden«, sagte ich und überlegte, was ich mit dem Band anfangen sollte. Ich hatte das Gefühl, als sei ich soeben Zeuge eines Verbrechens geworden. Noch seltsamer mutete mich der Gedanke an, daß ich das Opfer war. Ich bat die Toningenieure, eine Kopie anzufertigen, die wir sofort per Fahrradkurier zu Gerrard Tyrrell, unserem Anwalt in der Kanzlei Harbottle und Lewis, bringen ließen. Dann steckte ich die Originalkassette und zwei weitere Kopien in meine Tasche und ging wieder nach Holland Park.

In jener Woche überschlugen sich die Ereignisse. Chris Hutchins rief an, um mir mitzuteilen, daß sein Herausgeber Martin Dunn über seinen Kopf hinweg den Enthüllungsjournalisten Bob Graham auf die Sache angesetzt hatte und sie eine Exklusivtitelstory herausbringen wollten. Ich rechnete jeden Tag mit dem Erscheinen des Artikels, aber dann begann *Today* zu zaudern und wies darauf hin, daß man erst die Darstellung von British Airways hören wolle. Ich konnte es nicht fassen, daß sie diese Geschichte nicht möglichst schnell aufs Titelblatt bringen wollten. Derweil läutete mein Telefon pausenlos. Der erste Anrufer am Dienstag war Syd Pennington von Virgin Atlantic, der mir einen Eintrag aus dem Gästebuch unserer Upper Class zitierte:

»Hier steht: ›Offenbar macht ihr BA schwer zu schaffen! Sie haben mich angerufen, um zu fragen, warum ich heute mit Virgin Atlantic und nicht mit BA fliege. Gute Arbeit! Viel Glück!‹«

»Wer hat das geschrieben?«

»Marcia Borne von Procter & Gamble, New York.«

»Hast du eine Nummer, unter der wir sie erreichen können?«

»Ich dachte mir schon, daß du das wissen willst«, sagte Syd und las mir langsam die Nummer vor. Ich konnte es kaum bis Mittag abwarten, damit ich Marcia Borne endlich in New York anrufen konnte, ohne sie aufzuwecken. Sie erklärte mir, daß sie bei ihren vierteljährlichen Flügen nach Großbritannien normalerweise mit BA fliege, aber diesmal auf dem Rückflug Virgin ausprobieren wollte. BA hatte sie angerufen, um zu fragen, warum sie für den Rückflug Virgin gewählt habe.

»Der Mann von BA sagte: ›Wenn Sie Ihre Meinung ändern, sagen Sie uns Bescheid. Wir können Ihr Ticket umschreiben.‹ Damals fiel mir das nicht so auf, aber hinterher begann ich mich zu fragen, wieso meine Reisepläne so bekannt waren. Je mehr ich darüber nachdachte, desto seltsamer kam mir das Ganze vor. Ich wußte nicht, daß es da oben am Himmel einen Großrechner gibt, der allen verkündet, wo ich sein würde. Ich habe mich ziemlich aufgeregt.«

Ich dankte ihr für Ihre Hilfe und die Wahl von Virgin.

»Übrigens«, sagte Marcia, »der Flug war phantastisch. Ich kann mir schon vorstellen, warum die BA sich solche Sorgen macht. Ich bin bekehrt.«

British Airways hatte offensichtlich Zugriff auf Daten, die eigentlich vertraulich hätten sein müssen. Dies bestätigte ein Brief, den ich am nächsten Tag erhielt. Aus heiterem Himmel schickte der ehemalige BA-Mitarbeiter Peter Fleming eine zweite, detailliertere Liste der Maßnahmen, die British Airways eingeleitet hatte. Sein Brief stammte vom 29. Oktober 1991 und deckte einen breiteren Katalog ab als sein erstes Schreiben. Zunächst wiederholte er, daß eine Task Force aus Führungskräften zur Diskreditierung von »Bransons

Image« gebildet worden sei. »*Meiner Ansicht nach*«, schrieb er dann, »*mußte dahinter eine Strategie stehen, die von hochrangigen Managern bei BA ausging. Ich war entsetzt, daß das Unternehmen diese Sache so offen darlegte und so rückhaltlos formulieren konnte.*« Er fuhr fort:

> *Kurze Zeit später, als Virgin sich mit einigen Beschwerden an den Europäischen Gerichtshof wandte, kam es im ganzen Unternehmen zu einem Gegenschlag. Damals wurde ich angewiesen, alle Dokumente zu zerstören, die sich auf Virgin bezogen – und zwar nicht einmal, sondern vier oder fünf Mal von verschiedenen Leuten, von Managern bis hin zu ihren Sekretärinnen. Wieder war ich schockiert, daß der oberste Führungskreis von BA sich anscheinend so große Sorgen um seine Aktivitäten machen mußte, daß jegliche Bezugnahme auf eine Fluggesellschaft auf diese Weise vernichtet werden sollte. Ich selbst habe keine Unterlagen vernichtet, da meine Akten meiner Ansicht nach kein belastendes Material enthielten, aber ich weiß, daß andere Mitarbeiter in meiner Abteilung infolge dieser Anweisung Unterlagen vernichteten.*

Peter Fleming hatte diesen beiden Aspekte der BA-Kampagne bereits beschrieben, aber ich war dennoch erstaunt, als ich sie schwarz auf weiß vor mir sah. Interessanter waren jedoch seine weiteren Ausführungen: »*Die nachstehende Auflistung enthält Maßnahmen, mit denen BA meines Wissens versuchte, Virgin aus dem Markt zu drängen. Sie stellen zwar nicht unbedingt wettbewerbswidriges Verhalten dar, aber das müssen Sie entscheiden.*«

Auf der Liste standen Punkte wie die Bewerbung um Slots für Japan und Australien, die British Airways gar nicht benötigte, nur um zu verhindern, daß Virgin sie zugewiesen bekam. Die Einrichtung eines speziellen Vertriebsstabs in Gatwick und das Angebot niedriger Flugpreise ab Gatwick, um die Renditen für alle dort operierenden Fluggesellschaften zu drücken (während in Heathrow zugleich ein Hochpreismonopol aufrechterhalten wurde), die Weigerung, Passagiere abzufertigen, die mit Virgin von Japan nach London Gatwick geflogen waren und dann einen BA-Anschlußflug hatten, so daß sie die ganze Strecke mit BA zurücklegen mußten, und Zugriff auf unsere Buchungsdaten im Computerreservierungssystem.

»Meiner Meinung nach«, schrieb Fleming, »zeugt das Verhalten von BA nicht von Integrität, und das geht ganz von der Spitze, also von Lord King aus, und zieht sich bedauerlicherweise durch die gesamte Organisation.«

Dank der von Peter Fleming gelieferten Beweise wußte ich jetzt einiges über die Machenschaften von BA hinter den Kulissen. Chris Hutchins Band von seinem Gespräch mit Brian Basham zeigte mir, welche Politik sie der Presse gegenüber verfolgten. Obwohl ich die Zielscheibe dieses Zweifrontenangriffs war, wußte ich nun wenigstens, welche Taktiken British Airways einsetzte. Das Ganze war zwar eine üble Intrige, aber nun konnte ich mir zumindest eine Vergeltungsstrategie überlegen.

Während sich die Journalisten von *Today* immer noch den Kopf darüber zerbrachen, was sie mit der Kassette anfangen sollten, erhielten wir einen Anruf von der *Sunday Times*. Da ich jetzt wußte, daß Basham die Presse zu Nachforschungen angeregt hatte, war ich stets auf der Hut. Und da jeder gute Journalist anruft, um Andeutungen zu überprüfen, wartete ich darauf, daß mir Bashams Worte direkt zitiert wurden.

Nick Rufford arbeitete für das Insight-Team der *Sunday Times*. Er plante eine Analyse des Virgin-Imperiums und hatte sich am vergangenen Freitag mit Brian Basham im Savoy getroffen, um die Meinung der BA über Virgin zu hören. Basham erzählte ihm einige der Dinge, die er auch zu Chris Hutchins gesagt hatte, aber da Rufford ein Finanzjournalist war, erwähnte er auch das Gerücht, daß Virgin aufgrund seiner schlechten Bonität den Treibstoff bar bezahlen müsse. Nach diesem Mittagessen rief Rufford Basham an, um einige Details zu überprüfen, die dieser erwähnt hatte. Ohne Bashams Wissen nahm er diesen Anruf vorsichtshalber auf. Basham gab Rufford eine lange Liste anderer Fluggesellschaften, die Konkurs anmelden mußten.

»Eine bunte Gesellschaft«, meinte Basham. »Channel Airways, World Wide Aviation, British Eagle, Scottish European, Air Safari,

Southern Airways, Laker Airways, Air Europe, British Caledonian, Highland Express, Donaldson, Scimitar, Senator, Victor, Westwood Aviation, Scillonian, Air Charter, Air Link, Lloyd International, Paramount und Novair. Das sind alle, die mir so auf Anhieb einfallen. Die Frage nach den Barzahlungen für Treibstofflieferungen können wir nicht verifizieren ... aber eine Reihe von Leuten, mit denen ich sprach, haben so etwas läuten hören, und sie meinen, es handle sich um Shell. Wir glauben, Branson muß Vorauskasse für seinen Treibstoff leisten.« Basham riet Rufford, sich selbst bei Shell zu erkundigen. Nick Rufford bat Will telefonisch um eine Stellungnahme.

»Ich werde schreiben, daß Virgin Atlantic den Treibstoff bar bezahlen muß«, sagte er. »Haben Sie dazu etwas zu sagen?«

»Oh ja, sehr wohl«, meinte Will wütend. »Das ist blanker Unsinn. Ich hoffe, daß Sie das nicht drucken werden, denn wenn so etwas über eine kleine Fluggesellschaft in der Zeitung steht, kann das tödliche Folgen haben – binnen weniger Tage wären wir am Ende. Und wir müßten Sie verklagen.«

Daraufhin las ihm Rufford die Liste der Fluggesellschaften vor, die Basham ihm genannt hatte.

»Das hört sich ja wie ein abgekartetes Spiel an«, sagte Will. »Ich verbinde Sie mit Richard.«

Will kam in mein Büro und erläuterte mir die Sachlage. Ich sprach mit Rufford und erklärte ihm, daß das alles Blödsinn sei und ich nicht bar für meinen Treibstoff bezahlen müsse. Nicht nur war diese Behauptung an den Haaren herbeigezogen, sondern genau die Art von Gerücht, die Virgin am meisten Schaden zufügen und dazu führen könnte, daß Shell wirklich Barzahlungen für den Treibstoff verlangen würde. Unser Weg in den Konkurs würde sich dadurch verselbständigen. Auf Treibstoff entfallen über 20 Prozent unserer Kosten, und ohne den Cash-flow aus den Vorauszahlungen der Passagiere für ihre Tickets, die erst einen Monat später in die Treibstoffzahlungen fließen mußten, wären wir gezwungen, einen weiteren Kredit aufzunehmen. Das würde keine Bank gutheißen.

»Warum drehen Sie den Spieß nicht einfach um?« schlug ich vor. »Warum schreiben Sie nicht über die schmutzigen Tricks von British Airways? Das ist die eigentliche Story.«

»Das könnte ich versuchen«, meinte Rufford. »Haben Sie mehr Beweise?«

»Ich weiß gar nicht, wo ich anfangen soll«, antwortete ich und dachte an das Band, das *Today* unter Verschluß hielt.

Nach dem Gespräch mit Rufford hatte ich den Eindruck, daß er unseren Standpunkt unter Umständen teilen könnte. Er sagte mir, ein BA-Manager habe ihm erzählt, daß er eine Akte über mich auf Colin Marshalls Schreibtisch habe liegen sehen.

»Sie werden wohl feststellen, daß es sich um einen von Brian Basham verfaßten Bericht handelt«, sagte ich. »Es überrascht mich nicht, das Colin Marshall eine Kopie hat. Ich hoffe nur, er mußte dafür nicht zu viel bezahlen.«

Nick Rufford versprach, die Sache bei Shell nachzuprüfen und dann Basham anzurufen. Einige Stunden später rief er mich wieder an:

»Ich habe bei Shell nachgefragt, und sie sagten, Virgin habe ganz normale Zahlungsziele. Daher rief ich Basham an und erklärte ihm, daß ich die Geschichte ganz anders anpacken würde. Wir würden jetzt eine Story über die Diffamierungskampagne bringen, die British Airways Virgin gegenüber angezettelt hat, und ihn namentlich erwähnen.«

»War er erfreut?«

»Er sprach von seinem Autotelefon aus. Ich glaube, er fuhr wohl durch einen Tunnel«, meinte Rufford diplomatisch.

In diesem Augenblick hatte ich das Gefühl, das sich das Blatt zu meinen Gunsten wenden könnte. In den letzten Monaten standen Will und ich mit unserer Meinung, daß British Airways nichts Gutes im Schilde führte, allein auf weiter Flur. Andere Mitarbeiter bei Virgin Atlantic hatten mir zu verstehen gegeben, daß ich mich lieber bedeckt halten solle, da ihnen ihre Arbeit für die Fluglinie zunehmend durch die Tatsache erschwert wurde, daß wir uns praktisch im Kriegszustand mit unserem Konkurrenten befanden. Ich hatte das Gefühl, daß man mir jetzt endlich Glauben schenken würde.

Ich sprach gerade am Telefon mit dem *Daily Express*, dessen Journalist sagte, er habe gehört, *Today* wolle eine Exklusiv-Story über die Drogenprobleme im Heaven bringen. Was ich dazu zu sagen hätte. Da schob mir Penni einen Zettel unter die Nase: »John Thornton auf Warteleitung. Will dich sprechen.«

Ich erklärte dem Journalisten vom *Daily Express*, daß es im Heaven kein Drogenproblem gebe und er sich doch selbst eines Abends davon überzeugen solle, und drückte dann den Knopf, um Johns Anruf entgegenzunehmen.

»Lange nicht von Ihnen gehört«, sagte John. »Aber viel über Sie gelesen.«

»Ja, das wird immer mehr«, pflichtete ich ihm bei. »Leider sind viele dieser Geschichten schlicht und einfach unwahr.«

»Journalisten und Bankern«, scherzte John, »sollte man nie trauen.«

»Was gibt es Neues von Thorn?«

Ich hatte die Lloyds Bank und Thorn schon fast verdrängt, wußte aber, daß Lloyds bald wieder bei uns anklopfen würde. Die Bank hatte unsere Kreditlinie zu Beginn des Monats ausgeweitet (an dem Tag, an dem der Artikel im *Guardian* erschien), aber wir konnten seither keinen positiven Cash-flow nachweisen. Wir standen immer noch unter dem Druck, Virgin Music zu verkaufen.

»Thorn sagt, rein gefühlsmäßig würde man den Deal liebend gerne mit Ihnen machen«, sagte John.

»Was um Himmels willen soll das bedeuten?« fragte ich.

»Die Wirtschaftsprüfer gehen noch Zahlen durch, mit denen ich Sie nicht langweilen will, aber es beginnt so auszusehen, als ob die Zahlen bis zum Jahresende Ihren Preis rechtfertigen.«

»Rufen Sie mich an, wenn ich irgendwie helfen kann«, sagte ich und überlegte mir, wie wir liquide Mittel auftreiben konnten, um den Verkauf zu verhindern. Wir hatten nicht mehr viele Optionen. Vor kurzem hatten wir die amerikanische Investmentbank Salomon Brothers beauftragt, durch eine Plazierung Eigenkapital für Virgin Atlantic zu beschaffen. Ihre Telefonleitungen brachen nicht gerade unter der Last der Anrufe interessierter Investoren zusammen. Kurz vor dem Wochenende erhielt ich einen weiteren Anruf von der *Sunday Times* – diesmal von Andrew Davidson aus der Wirtschaftsredaktion. »Stimmt es«, so fragte er mich, »daß Virgin aufgrund von Zahlungsschwierigkeiten seinen Treibstoff bar bezahlen muß?« Da ich mich schon die ganze Woche mit dieser Geschichte herumgeschlagen hatte, fiel es mir schwer, sie als erstaunlichen Knüller zu sehen, den Andrew Davidson aufgetan zu haben glaubte. Ich verwies ihn auch nicht an seinen Kollegen Nick Rufford, da ich dachte, daß das Insight-Team gerne die eigenen Kollegen überraschen wollte. Andrews Wirtschaftsredakteur sollte nicht von der für den Sonntag geplanten Story Wind bekommen, da er dann vielleicht alles in seiner Macht Stehende tun würde, um ihr Erscheinen zu verhindern.

»Branson greift BAs ›Tricks‹ an« lautete die Schlagzeile der *Sunday Times* vom 3. November 1991. Das war nicht genau das, was ich mir vorgestellt hatte, aber es stimmte wenigstens. Ich hatte gehofft, daß die *Sunday Times* stärker Partei ergreifen und die skandalösen Taktiken von British Airways anprangern würde, anstatt lediglich meine Vorwürfe zu wiederholen, aber immerhin war es ein Anfang. Zum ersten Mal wurde Brian Basham öffentlich mit British Airways in Verbindung gebracht. Das Insight-Team berichtete, daß Basham seinen vertraulichen Bericht an mehrere Journalisten verteilt habe. Ich würde eine Liste von über 100 Anklagepunkten beim Europäischen Gerichtshof einreichen, falls British Airways diese Kampagne nicht einstelle, wurde ich zitiert. Die Sache mit den Barzahlungen des Treibstoffs, die seine Untersuchungen ins Rollen gebracht hatte, erwähnte Nick Rufford nicht. Allerdings verwies mich eine Fußnote unter dem Insight-Artikel auf einen Beitrag von Andrew Davidson im Wirtschaftsteil mit der Überschrift »Branson's Pickle«, einem Wortspiel mit einer berühmten englischen Sauergemüsemarke, das mir zugleich eine verzwickte Lage bescheinigte. Er stellte Virgin in einem weitaus weniger positiven Licht dar. Inspiriert von der *Sunday Times* nahm auch *Today* endlich seinen Mut zusammen und faxte mir eine Kopie einer Titelstory, die sie am nächsten Tag veröffentlichen wollten.

»Wir werden Brian Basham bitten, seine Zitate zu prüfen«, erklärte mir Bob Graham. Eine Stunde später rief er zurück. »Jetzt ist die Kacke am Dampfen«, sagte er unverblümt. »Basham ist stocksauer. Burnside von BA telefoniert gerade mit Martin Dunn. Es sieht übel aus.«

Zum Schluß beugte sich *Today* dem Druck von British Airways und verzichtete auf den Artikel.

Ich erwartete, daß mich nach dem Artikel des Insight-Teams viele Journalisten anrufen würden, aber das Telefon blieb seltsam stumm. Daß niemand dieser Sache nachgehen wollte, überraschte mich. Nach der Kapitulation von *Today* fragte ich mich, wie ich mich weiterhin gegen British Airways wehren könnte. Bislang waren sie noch relativ ungeschoren davongekommen. Andrew Davidsons Artikel hatte den Beitrag von Insight neutralisiert, und unter dem Strich hatte mir die Berichterstattung in der *Sunday Times* wohl eher geschadet als geholfen. In den meisten Folgeartikeln wurde Lord King mit verschiedenen Behauptungen zitiert: Ich wolle einen Krieg gegen BA anzetteln oder mich nur wieder ins Rampenlicht drängen. BA sei zu sehr damit beschäftigt, sich gegen die großen Fluggesellschaften zu wehren, um sich über einen Zwerg wie Virgin Gedanken zu machen. Ich würde »Rufmord« begehen. »Ricky muß lernen, die Dinge so zu nehmen, wie sie kommen«, sagte Jeannie Davis, eine Freundin meiner Eltern, zu meiner Mutter, als sie sich zufällig trafen. Jeannie sprach damit vielleicht die generell vorherrschende Meinung aus. Für einen Außenstehenden sah es so aus, als würde ich mich nur über harten Konkurrenzkampf beklagen. Es konnte durchaus der Eindruck entstehen, daß ich besser keine Flugzeuge mehr an den Start schicken sollte, wenn ich so ein bißchen Wettbewerb nicht vertrug. Aber Jean Davis hätte es eigentlich besser wissen müssen. Schließlich war sie mit Michael Davis verheiratet, einem der nicht geschäftsführenden Direktoren von British Airways.

27
»SIE NENNEN MICH EINEN LÜGNER«

November 1991 bis März 1992

Penni steckte ihren Kopf durch die Tür: »Prinz Rupert will dich sprechen.«
Mit einem Satz war ich am Telefon. Ich hatte nicht gewußt, daß die Rolling Stones verfügbar waren, aber ein unvermuteter Anruf ihres Managers konnte nur eines bedeuten. Prinz Rupert bestätigte meine Vermutung und sagte, er habe mir als erstem Bescheid geben wollen, damit Virgin Music ein Angebot für die Stones schnüren könne. Nach dem Gespräch notierte ich mir einige Zahlen. Vor allem mußten wir eine Summe bieten, die so hoch war, daß Prinz Rupert exklusiv mit uns verhandelte. Zusammen mit Ken sah ich mir die Absatzzahlen an. Das Archiv der Rolling Stones war größtenteils verfügbar, und Ken und ich hielten einen Vertrag über drei Alben für angebracht. Auch die Musikbranche war von der Rezession nicht verschont geblieben, so daß die Zahlen niedriger waren als in früheren Jahren. Nachdem sich Ken die Umsatzprognosen und mögliche Verkäufe der bisher erschienenen Platten angesehen hatte, schlug er instinktiv eine Anzahlung im Bereich von 6 Millionen Pfund vor. Das war zwar weniger, als wir für Janet Jackson ausgegeben hatten, doch war unser Bankenkonsortium alles andere als gewillt, dieses Geld bereitzustellen. Ich verdrängte vorübergehend die Probleme mit British Airways und den bevorstehenden Verkauf von Virgin Music und konzentrierte mich darauf, die Rolling Stones für uns zu gewinnen. Viele in der Musikbranche schrieben die Stones ab. Einige Artikel hatten die Frage gestellt, wie lange eine Gruppe von »Opas« noch Rockmusik spielen könne. Wieder einmal glaubten alle, daß

die Stones am Ende ihrer Karriere angekommen seien. Aber als Simon, Ken und ich uns Studioaufnahmen einiger Songs aus ihrem nächsten Album *Voodoo Lounge* anhörten, waren wir uns einig, daß sie besser denn je klangen. Wenn wir die Stones für Virgin verpflichteten, könnten wir ihr Comeback organisieren und sie damit wieder in eine neue Dimension katapultieren. Das Beste an den negativen Pressestimmen war, daß sie einige andere Plattenfirmen abgeschreckt hatten. Wenn wir rasch handelten und das richtige Angebot zusammenstellten, könnten wir uns die Stones ohne große Konkurrenz sichern. Da wir mit dem Rücken zur Wand standen, mußten wir äußerst vorsichtig agieren. Wir durften keinesfalls verlauten lassen, daß wir die Stones unter Vertrag nehmen wollten, nur um dann an der Mittelbeschaffung zu scheitern. Trevor sprach etliche unserer Kreditgeber an; schließlich gelang es ihm, Citibank für den Vertragsschluß mit den Stones zu einem Darlehen von 6 Millionen Pfund zu überreden. Es war im nächsten April zur Rückzahlung fällig. Wir lebten so sehr von der Hand in den Mund, daß uns der nächste April nicht kümmerte: Wir waren sicher, daß sich bis dahin etwas ergeben würde und wir den Kredit neu verhandeln könnten. Wichtig war nur, die Stones jetzt unter Vertrag zu nehmen. Wir trafen uns zur Unterzeichnungsfeier in einem Séparée des Restaurants Mossiman's am 20. November – Hollys Geburtstag.

Als Holly sich von Joan und mir verabschiedete, sah sie mich einen Augenblick lang ernst an und fragte: »Daddy, wer sind die Rolling Stones? Eine Popgruppe?«

Einen Augenblick lang fragte ich mich, ob ich vielleicht einen schrecklichen Fehler begangen hatte. Als Joan und ich zum Restaurant fuhren, erinnerte ich mich, daß es fast 25 Jahre her war, daß ich Mick Jagger zum ersten Mal in seinem Haus am Cheyne Walk interviewt hatte. Damals war ich ein unsicherer Schuljunge und er ein Halbgott gewesen. Einige Jahre später hatte ich ein ehrgeiziges Vertragsangebot für die Rolling Stones unterbreitet und war dann durch ganz Europa geeilt, um 4 Millionen Dollar zusammenzukratzen. Nun schloß sich der Kreis: Prinz Rupert hielt Virgin für das beste Plattenlabel für die Stones. Während des Essens war ich wie benommen. Ich saß neben Mick Jagger, Keith Richards, Bill Wyman, Charlie Watts und Jerry Hall und den übrigen Ehefrauen und Freundinnen und versuchte, den Abend zu genießen, konnte aber nur an den bevorstehenden Verkauf von Virgin Music denken. Ich hoffte, doch noch einen Ausweg zu finden. Andernfalls würde ich bei Virgin Music nicht mehr die Kontrolle haben – oder alles verlieren und die Veröffentlichung der nächsten Single der Rolling Stones nicht mehr genießen können.

Nachdem mein erstes Angebot 1975 überboten wurde, traf ich die Stones nochmals bei einer einwöchigen Plattenaufnahme im Manor Studio. Ich verbrachte ein Wochenende dort, als die Musiker sich nach einer Session, die die ganze Nacht gedauert hatte, im Wohnzimmer ausruhten. Keith Richard lag mit seiner jamaikanischen Freundin im Bett. Auf einmal knirschte der Kies in der Einfahrt, und dann hämmerte jemand wie wild an die Tür. Die Stones lagen alle noch im Halbschlaf herum oder tranken Kaffee, also öffnete ich. Vor mir stand ein großer Jamaikaner in violetter Jacke.

»Wo ist sie?« verlangte er zu wissen und nannte den Namen der Dame, die mit Keith im Bett lag. Ich hatte angenommen, daß es sich bei diesem Mädchen um Keiths Freundin handelte. Offensichtlich hatte ich mich geirrt. Als ich zögerte, zog er eine Pistole heraus und zielte damit auf mein Gesicht.

»Wo ist sie? Spuck's aus.«

Während ich sprachlos auf die Pistole starrte, sah ich im Augenwinkel zwei nackte Gestalten aus einer Seitentür schleichen: Keith und das Mädchen. Sie warfen einen raschen Blick auf den Jamaikaner und rannten hinter seinem Rücken über den Rasen. Ich bewunderte ihr Tempo. Keiths Haare schwangen auf seinem weißen Rücken auf und ab, während er rannte und mit einem großen Satz über den Holzzaun sprang. Das Mädchen hielt mit ihm Schritt und rannte – vielleicht buchstäblich – um ihr Leben. Beide landeten in einem Feld und rasten auf den Fluß zu. Der Jamaikaner bemerkte, daß mich etwas abgelenkt hatte, und drehte sich blitzschnell um. Er sah zwei nackte Hinterteile – eines weiß, eines schwarz – und rannte mit einem Wutschrei zu seinem Auto. Er ließ den Motor aufheulen, raste die Einfahrt hinunter und versuchte, ihnen den Weg abzuschneiden. Sie verschwanden aus meinem Blickfeld. Wenn ich an diese Episode zurückdachte, fragte ich mich, wie ihnen damals wohl die Flucht gelungen war.

»Keith?« Ich lehnte mich im Mossiman's über den Tisch. »Wie ist dir und deiner jamaikanischen Freundin damals die Flucht aus dem Manor Studio gelungen? Erinnerst du dich an den großen Kerl mit der Pistole?«

»Ja«, meinte Keith, »das war ihr Mann. Sie sah das Auto die Einfahrt heraufkommen und sagte zu mir, wir müßten schleunigst verschwinden. Er trage immer eine Pistole bei sich. Sie sagte, wir müßten machen, daß wir wegkommen. Wir hatten keine Zeit, uns anzuziehen. Wir liefen viele Kilometer am Fluß entlang, versteckten uns dann schließlich am Ufer und warteten darauf, daß jemand vorbeikam. Dann kam ein Stechkahn voller Studenten in diesen merkwürdigen Blazern und weißen, wallenden Gewändern. Wir kletterten aus den Büschen heraus und winkten ihnen zu. Sie liehen uns genügend Kleider, und wir fuhren stilvoll den Fluß hinunter nach Oxford.«

Nach dem Essen grinsten Mick Jagger und ich einander an.

»Schaut euch das an«, sagte Bill Wyman. »Wenn ich ein Apfel wäre, würd' ich nicht gerne von den Beißerchen dieser Herren verspeist werden!«

Auf dem Heimweg versuchte Joan mich zu überreden, Virgin Music nicht zu verkaufen. Sie war überzeugt, daß die Stones mit ihrer nächsten Tour alle Rekorde brechen würden, und meinte, daß wir mit ihnen und dem Plattenlabel mehr Geld verdienen könnten als mit der Fluggesellschaft. Ich fühlte mich immer stärker hin- und hergerissen. Mit den Rolling Stones, Janet Jackson, Phil Collins, Bryan Ferry und all den anderen war Virgin Music auf dem besten Weg dazu, die aufregendste Plattenfirma der Welt zu werden. Wenn das nächste Album der Stones ein Erfolg war, würde uns das auch mitreißen. Mit dem Archiv konnten wir unsere Einnahmen noch verdoppeln. Trotz des Drängens der Bank wollte ich immer noch nicht verkaufen. Ich nahm mir vor, so lange wie nur möglich durchzuhalten.

»Richard, du wirst nicht glauben, was ich über BA gehört habe«, sagte Ronnie Thomas zu mir.

»Vielleicht doch«, meinte ich. »Im Augenblick würde ich fast alles glauben.«

Ronnie Thomas ist Eigentümer eines Limousinenservices in New York. Vor 20 Jahren hatte er als Taxifahrer in Manhattan begonnen. Im Laufe der Zeit sparte er genug Geld, um sein klappriges gelbes Taxi gegen eine schicke Limousine eintauschen zu können, mit der er einen Chauffeurservice speziell für Fahrten zu den beiden New Yorker Flughäfen anbot. Als ich ihn 1986 kennenlernte, hatte er bereits einen erfolgreichen Fuhrpark mit mehr als 200 Limousinen. Als er las, daß Virgin Atlantic für alle Upper-Class-Passagiere einen Limousinendienst anbieten wollte, bewarb er sich auf der Stelle um das gesamte Paket. Wir gaben ihm prompt den Zuschlag. In den vielen Jahren unserer Zusammenarbeit hatte Ronnie uns niemals enttäuscht. In den letzten Tagen war ihm und seinen Fahrern aufgefallen, daß ihre Fahrgäste nach dem Aussteigen von Mitarbeitern von British Airways angesprochen wurden, die »Anreize« für eine Umbuchung von Virgin zu BA boten. Ronnie hatte sich heftig mit den BA-Mitarbeitern gestritten. Später erhielt er einen Anruf, daß ihm ab sofort verboten sei, BAs eigenen Terminal auf dem JFK-Flughafen anzufahren.

»Ist dir so etwas schon mal passiert?« fragte ich Ronnie.

»Nein, Mann«, sagte er. »Ich dachte, die amerikanischen Fluggesellschaften würden mit ziemlich harten Bandagen spielen, aber das schlägt ja dem Faß den Boden aus.«

Ich wußte nicht, ob eine solche Vorgehensweise rechtlich zulässig war. Mit Sicherheit war es der bisher eklatanteste Versuch, uns unsere Passagiere abspenstig zu machen.

Nachdem die *Sunday Times* einige der Taktiken von British Airways enthüllt hatte, schoß der *Guardian* mit einer Schlagzeile auf dem Titelblatt nach: »BA wegen Virgin-Kampagne unter Beschuß«. Bei dem zugehörigen Artikel handelte es sich um eine ganzseitige Analyse der von British Airways eingesetzten Taktiken unter der Überschrift: »Virgins Klage bei der EU weckt weitere Zweifel an BAs Praktiken«.

Trotz der Artikel ließ British Airways nicht von seinen schmutzigen Tricks ab. Ganz gleich, wie viele zutreffende Presseartikel veröffentlicht wurden, British Airways war stets gegen jede Kritik immun. Der Öffentlichkeit gegenüber taten die BA-Sprecher meine Vorwürfe als hysterische Überreaktion eines Mannes ab, der keinen Wettbewerb vertrug. An Arroganz war die Führungsspitze von BA nicht zu überbieten. Als klar wurde, daß British Airways uns mit allen Mitteln verdrängen wollte, wußte ich, daß ich mich nur um so heftiger wehren mußte. In wachsender Verzweiflung begann ich, Ansatzpunkte für eine Klage gegen British Airways zu untersuchen.

»In Amerika würde ein Kartellverfahren eingeleitet«, zog Gerrard Bilanz, nachdem wir BAs Praktiken durchgesprochen hatten. »Aber hier gibt es keine entsprechenden Gesetze.«

In Großbritannien herrscht ein erstaunlicher Mangel an Gesetzen zur Regulierung des Wettbewerbs in der Luftfahrt. Die Praktiken von BA fielen nicht in den Zuständigkeitsbereich der britischen Monopolies Commission und des Office of Fair Trading, da diese Kartellbehörden nur im Falle einer Fusion tätig werden dürfen. Die britische Flugaufsichtsbehörde CAA dagegen war nur für Sicherheitsfragen im Bereich Flugzeugwartung und die Überwachung der Ticketpreise zuständig. Obwohl es sich bei BA um ein privatisiertes Staatsmonopol wie British Telecom handelte, gab es keine staatliche Aufsichtsbehörde nach dem Muster der Oftel. Wir hatten zwar eine Beschwerde beim Europäischen Gerichtshof eingereicht, doch hatte dieses Organ faktisch nicht die Macht, Änderungen in den Geschäftspraktiken eines Unternehmens zu erzwingen – obwohl ein Verdikt gegen BA auf der Basis von Artikel 85 der Römischen Verträge, in dem die Grundsätze eines fairen Wettbewerbs niedergelegt sind, gerechtfertigt erschien. Unsere Klage vor dem Europäischen Gerichtshof war eigentlich nur aus Publicity-Gründen interessant.

Ich wollte British Airways nicht vor Gericht zerren. Das wäre ein teures und riskantes Spiel. Die BA-Führungsspitze würde eine Armee erstklassiger Anwälte anheuern, um die Geschworenen und auch uns mit dem ganzen Gewicht der Zahlenwerke, die eine große Fluggesellschaft aufbieten kann, zu erschlagen. Ich wollte nur, daß sie ihre schmutzigen Tricks einstellten. Schließlich fielen mir die nicht geschäftsführenden Direktoren ein. Da meine Schreiben an Lord King nichts gefruchtet hatten, hoffte ich, daß diese Board-Mitglieder die Sache aus einer objektiveren Warte betrachten würden. Wenn ich sie bat, die Vorgänge in ihrem Unternehmen zu untersuchen, müßten sie diese Bitte theoretisch ernst nehmen. Rechtlich gesehen tragen nicht geschäftsführende Direktoren die gleiche Verantwortung wie Board-Mitglieder mit Führungsverantwortung. Ähnlich wie ein deutscher Aufsichtsrat vertreten sie bei Auseinandersetzungen zwischen Geschäftsführung und Aktionären in der Regel die Interessen der Anteilseigner. Da British Airways nun sowohl von der Presse als auch von Virgin Atlantic eines Verhaltens bezichtigt wurde, das einen solchen Konflikt heraufbeschwören konnte, stand den Aktionären eine Erklärung der Vorgehensweise der obersten Firmenlenker zu.

Die nicht geschäftsführenden Direktoren von British Airways waren Sir Michael Angus (Mitglied des Board von Thorn EMI und ehemaliger Chairman von Unilever), Lord White (der zusammen mit Lord Hanson den Hanson Trust leitete), der Parlamentsabgeordnete Charles Price, Sir Francis Kennedy und Michael Davis. Ihre Namen glichen einem Who's Who der Wirtschaft. Ich brauchte über eine Woche, um dieses Schreiben zu verfassen, das alle Informationen enthielt, die wir über die Machenschaften von British Airways besaßen. Am 11. Dezember 1991 gab ich endlich ein elfseitiges Dokument mit meiner Unterschrift in die Post, das die Sachlage skizzierte und folgendermaßen endete:

Ich kann kaum glauben, daß eine große Aktiengesellschaft wie BA hinter dem in diesem Schreiben aufgezeigten Verhalten steht, das hauptsächlich der Diskreditierung eines Wettbewerbers und der Schädigung seines Unternehmens dient. Ich schreibe Ihnen, weil ich bezweifle, daß Sie diese Vorgehensweise in einem Unternehmen, zu dessen Direktoren Sie zählen, gutheißen. Zugleich hoffe ich, daß die Direktoren von BA sich unmißverständlich und rückhaltlos von solchen Aktivitäten distanzieren, da sie sich darin einig sind, daß diese nicht mit einer ordnungsgemäßen Geschäftsführung vereinbar sind. Ich möchte Sie bitten, die in diesem Schreiben genannten Punkte zu untersuchen, detaillierte Stellungnahmen zu verfassen und mir zu versichern, daß die im Rahmen Ihrer Untersuchungen aufgedeckten oder ähnliche Praktiken für immer eingestellt werden. Ich dachte eigentlich, daß die Erfahrungen im Zusammenhang mit den Maßnahmen, die gegen die von Laker Airways ausgehenden wettbewerblichen Bedrohungen eingeleitet wurden, British Airways abschrecken würden, ähnliche Schritte gegen andere Wettbewerber zu unternehmen. Sie werden sich sicherlich erinnern, welche Folge die gegen Laker Airways unternommenen Aktionen für BA hatten. Die Privatisierungspläne von BA wurden gestört; den Direktoren in den Vereinigten Staaten drohte ein Strafverfahren; die Zeit der Führungskräfte wurde in hohem Maß unproduktiv gebunden; BA hatte mit beträchtlicher Negativwerbung zu kämpfen; Millionen mußten für Anwaltshonorare aufgewandt werden; BA leistete den größten Einzelbeitrag zu dem umfangreichen Vergleichsfonds.

Ich legte einen achtseitigen Anhang bei, der alle mir bekannten Einzelheiten auflistete, und unterteilte die schmutzigen Tricks in sechs Kategorien: Pressekampagne, Störung der Betriebsabläufe, technische Fragen, Vertrieb und Marketing, schmutzige Tricks und Beauftragung von Privatdetektiven. Hinter diese letzte Kategorie setzte ich ein Fragezeichen, da ich das immer noch nicht glauben konnte, und schrieb: »*In letzter Zeit häuften sich merkwürdige Vorfälle, die eher zu einer Episode aus* Dick Tracy *als zur Luftfahrtindustrie zu passen scheinen.*« Ich listete die mir zugetragenen bruchstückhaften Informationen auf und fragte: »*Haben Sie eine Erklärung für einen dieser Vorfälle? Ich kann nicht glauben, daß eine große Aktiengesellschaft wie BA derartige Maßnahmen ergreift.*«

Ich wußte nicht, welche Reaktion ich auf mein Schreiben zu erwarten hatte. Eigentlich wollte ich British Airways nicht verklagen. Ich hatte genug zu tun, auch ohne achtzehn Stunden am Tag gegen BA kämpfen zu müssen. Mir war klar, daß ich bei einer solchen Auseinandersetzung alle anderen Bereiche der Virgin-Gruppe vernachlässigen mußte. Ich fragte mich, ob die nicht geschäftsführenden Direktoren davon ausgehen würden, daß ich es nicht mit Freddie Lakers Klage aufnehmen könne. Er hatte über eine Million Dokumente zur Erhärtung seiner Vorwürfe vorgelegt. Sir Freddie hatte British Airways erst nach seinem Konkurs verklagt und konnte seine ganze Energie dem Prozeß widmen. Zu dieser Zeit hatten die BA-Manager jedoch bereits ihr Ziel erreicht. Der Prozeß verzögerte zwar die Privatisierung und führte zur Zahlung einer Entschädigung in Höhe von 10 Millionen Pfund, doch war das nichts im Vergleich zu den Gewinnen, die BA nach dem Niedergang von Laker Airways über die Preiserhöhungen auf den Transatlantikrouten erwirtschaftete. Ich versuchte, British Airways aufzuhalten und gleichzeitig eine Fluggesellschaft zu leiten, aber mein Gegner würde vielleicht erst von uns ablassen, wenn auch wir am Boden lagen. Ganz gleich, wie ihre Reaktion ausfallen mochte, ich war überzeugt, daß die nicht geschäftsführenden Direktoren die detaillierte Liste der schmutzigen Tricks ihres Unternehmens im Anhang zu meinem Schreiben nicht ignorieren konnten. Da sie auch bei den Anteilseignern in der Pflicht standen, veröffentlichten wir Abschriften des Briefs in der Presse, um sicherzustellen, daß auch die Aktionäre ihn lesen konnten. Zu meiner Verwunderung erhielt ich bereits am nächsten Tag eine Antwort von Sir Colin Marshall und Sir Michael Angus. Sir Michael wies jede Verantwortung weit von sich. Es sei, so schrieb er, »für nicht geschäftsführende Direktoren einer an der Börse notierten Gesellschaft völlig unangemessen, einem Dritten in der von Ihnen geforderten Art und Weise Bericht zu erstatten«. Sein Fazit lautete: »Die richtige Vorgehensweise bestünde darin, sich mit solchen Behauptungen an den gesamten Board of Directors zu wenden.«

Sir Colin Marshalls Antwort war ebenso herablassend. In seinem Schreiben leugnete er rundheraus, daß British Airways an einer bewußten Kampagne zur Schädigung von Virgin beteiligt sei oder versuche, »mit anderen als den üblichen Marketing- und Werbemaßnahmen Wettbewerb zu treiben«. Er insinuierte, daß wir unsere »Behauptungen« allein wegen der daraus resultierenden Publicity vorgebracht hätten, und riet mir, meine »zweifellos vorhandenen Energien konstruktiveren Zwecken« zuzuführen. Bei einer derart prompten Antwort konnten diese beiden Direktoren unmöglich die von mir angesprochenen Punkte untersucht haben. Ich schrieb am 16. Dezember 1991 an Sir Colin Marshall und legte ihm dringend nahe, seine abweisende Haltung gegenüber meinen Anschuldigungen zu überdenken. Ich warf ihm nicht vor, die treibende Kraft hinter den schmutzigen Tricks zu sein oder sie auch nur stillschweigend zu dulden, sondern bat ihn lediglich, der Sache nachzugehen. Ich wollte ihm jede Chance geben, der Kampagne ein Ende zu bereiten. Ich schrieb:

Ich hatte immer gehofft, daß Sie persönlich nicht Kenntnis von den schlimmsten Praktiken bei British Airways hatten. Nachdem ich aber Ihre Antwort auf mein Schreiben gelesen habe, bin ich mir nicht mehr so sicher, denn Ihr Brief setzt die Hetzkampagne fort, gegen die wir bei Virgin ankämpfen müssen. Meine Vorwürfe sind gewiß nicht »ungerechtfertigt«. Faktisch wurden viele davon nicht von uns erhoben, sondern sind uns erst aus Berichten in der Sunday Times *und im* Guardian *zur Kenntnis gelangt. Meines Wissens haben Sie von keiner der beiden Zeitungen eine Gegendarstellung verlangt. Ferner wurden wir auch von Virgin-Passagieren auf die Sachverhalte aufmerksam gemacht, die entsetzt darüber waren, daß BA Zugriff auf ihre Privatnummer hatte und ihnen Anreize bot, ihre Virgin-Tickets zu stornieren und auf BA-Flüge umzubuchen... Wie können Sie diese Vorwürfe ohne Überprüfung als unbegründet abtun? Ich fordere Sie hiermit persönlich auf, die angesprochenen Angelegenheiten ernst zu nehmen und auf mein Schreiben Punkt für Punkt zu antworten. Dann können wir wieder in fairem Wettbewerb gegeneinander antreten.*

Sir Colin Marshall schrieb mir jedoch postwendend, als habe er sich kaum die Mühe gemacht, meinen Brief zu lesen: »*Ich sehe, daß ein weiterer Briefwechsel zu nichts führen würde.*«

Danach sah es eine Zeitlang so aus, als würden die Manager von British Airways mit ihrer Darstellung der Ereignisse an Boden gewinnen. Sir Colin Marshall wurde überall mit der Aussage zitiert, daß meine Vorwürfe »jeglicher Grundlage entbehrten«. Obwohl er nie so weit ging zu behaupten, daß Marcia Borne oder Ronnie Thomas Ausgeburten meiner Phantasie seien, konnte man Außenstehenden nicht verdenken, daß sie annahmen, daß an BAs hartnäckigem Leugnen etwas Wahres dran sein mußte.

Meine Vorwürfe gegen British Airways hatten einen Punkt erreicht, an dem es kein Zurück mehr gab. Wenn sich BA nicht entschuldigte und die schmutzigen Tricks einstellte, mußten auf meinen offenen Brief an die nicht geschäftsführenden Direktoren in irgendeiner Form rechtliche Schritte folgen. Das Problem war, eine adäquate Rechtsgrundlage für eine Klage zu finden. Der Streit zwischen unseren beiden Gesellschaften forderte ein sofortiges Opfer, das ich hätte vorhersehen müssen: Virgin Atlantic konnte nirgendwo Kapital auftreiben. Salomons, unsere amerikanische Investmentbank, versuchte, durch den Verkauf von Aktien in einer Privatplazierung 20 Millionen Pfund für uns zu beschaffen. Aber so wie während des Rechtsstreits mit Freddie Laker niemand in British Airways investieren wollte, traute sich kein Investor an Virgin Atlantic heran, solange es aussah, als würden wir BA verklagen. Zugleich fuhren wir weitere Verluste ein. Während wir verzweifelt versucht hatten, die Machenschaften von BA ans Licht zu bringen, hatte unser Bankenkonsortium unseren Cash-flow nicht aus den Augen gelassen. Und mitten im Winter sahen unsere Zahlen noch sehr viel schlechter aus. Ich erkannte, daß ich damit British Airways direkt in die Hände spielte. Eines ihrer Ziele bestand darin, die weitere Expansion von Virgin Atlantic zu verhindern, die mir nur über eine Refinanzierung der Fluggesellschaft gelingen konnte. Je lauter ich mich über die schmutzigen Tricks beklagte, desto weniger waren andere Fluglinien, Wagniskapitalgeber oder andere Investoren bereit, Virgin Atlantic Geld zu überlassen. Externe Beobachter nahmen vermutlich an, daß die über uns verbreiteten Gerüchte wohl doch ein Körnchen Wahrheit enthielten. Wir zogen auf jeden Fall den Kürzeren: Niemand wollte in eine kleine Fluggesellschaft investieren, die von einem Giganten wie British Airways an die Wand gedrückt werden konnte. Ebensowenig hatten Investoren aber Interesse an einem Unternehmen, das sich in einem langwierigen und kostspieligen Rechtsstreit mit einem der größten Carrier der Welt anlegen könnte. Ohne den Kapitalzustrom aus der Finanzwelt blieben die Barmittel von Virgin Atlantic knapp. Weihnachten 1991 kämpften wir uns durch die schwierigen Wintermonate und schrieben rote Zahlen. Unsere sechs Hauptkreditgeber erinnerten Trevor immer wieder daran, daß unsere Darlehen im kommenden April fällig würden. Als unsere Clearingbank fand die Lloyds Bank die starken Schwankungen in der Nutzung unseres Kontokorrentkredits bei Ein- und Auszahlungen immer besorgniserregender. Vielleicht verließ sich British Airways darauf, daß sie einen Prozeß gegebenenfalls so lange hinauszögern konnte, bis wir Konkurs anmelden mußten. Selbst nach meinem Brief vom 11. Dezember besaß British Airways die Unverschämtheit, über meine Anschuldigungen zu lachen.

Zum ersten Mal in meinem Leben wußte ich keinen Ausweg. Ich wurde nachdenklich und still. Mit Will verhielt es sich umgekehrt: Vor lauter Frustration, daß er British Airways keinen ordentlichen Schlag verpassen konnte, schimpfte, tobte und wetterte er den ganzen Tag. Am 21. Dezember erhielten wir ein Schreiben von der Lloyds Bank, das uns noch mehr unter Druck setzte. Man erinnerte uns daran, daß wir unsere Kreditfazilität von 55 Millionen Pfund überschritten hatten, und machte uns klar, daß die Bank dies nur deswegen zugelassen hatte, weil das Geld für Gehaltszahlungen benötigt wurde und die IATA bestätigt habe, daß auf unserem Konto am nächsten Tag 7,5 Millionen Pfund eingehen würden. Man warnte uns, daß Lloyds »*eine weitere Anfrage zur Überschreitung des Limits von 55 Millionen Pfund nicht gutheißen*« werde. Zum Schluß des Briefes wünschte man uns ein frohes Weihnachtsfest und »*weniger Anspannungen im Neuen Jahr*«. Bei einer Verzögerung des Eingangs der 7,5 Millionen Pfund um eine Woche hätte Lloyds durchaus unsere Gehaltsschecks platzen lassen können. Wenn Virgin Atlantic in Konkurs ging, konnte ich nicht einmal sicher sein, daß Virgin Music ungeschoren davonkam. Ich bezweifelte auch, daß der Zusammenbruch der Fluggesellschaft einen guten Eindruck auf Janet Jackson oder Phil Collins machen würde.

Als wir Möglichkeiten besprachen, wie wir das Kapital zur Reduzierung unserer Bankverbindlichkeiten beschaffen könnten, wurde immer deutlicher, daß wir eine radikale Lösung finden mußten, anstatt immer nur mit den Banken um eine geringfügige Ausweitung unseres Kreditrahmens zu streiten. Virgin Music war unser einziger wirklich profitabler Geschäftsbereich und unsere alleinige Chance zur Rettung der Fluggesellschaft. Angesichts der negativen Publicity, die dank der Intrigen von BA über uns lag, konnten wir Virgin Atlantic nicht als arbeitendes Unternehmen verkaufen – wohl aber Virgin Music. Dies würde das Überleben zweier starker Unternehmen sichern. Dagegen bliebe nach einer Liquidation von Virgin Atlantic nur ein starkes und ein bankrottes Unternehmen übrig, wir müßten 2 500 Menschen entlassen, und der Ruf von Virgin als Unternehmen und als Marke wäre für immer zerstört. John Thornton verhandelte noch mit etlichen Interessenten an Virgin Music. Als ich seine Fortschritte beobachtete, beschlich mich ein ungutes Gefühl – ich konnte weder Begeisterung aufbringen, noch die Sache verhindern. John erklärte mir, daß Thorn EMI jetzt eine sofortige Zahlung von 425 Millionen Pfund und Ertragsbeteiligungen ab dem zweiten Jahr bot. Das lag immer noch unter dem Preis von 520 Millionen Dollar (bzw. dem 2,6fachen seines damaligen Umsatzes), den David Geffen beim Verkauf seines Plattenlabels an MCA im März 1990 erzielt hatte. Bei einer analogen Berechnung wäre Virgin Music mit einem Umsatz von 330 Millionen Pfund über 850 Millionen Pfund wert.

Im Januar 1992 setzte uns Lloyds immer mehr unter Druck. John Hobley schlug jetzt eine sehr viel härtere Gangart an. Wir müßten endlich unseren Kontokorrentkredit reduzieren, forderte er. Da wir vor einem Jahr die Möglichkeit des Verkaufs von Virgin Music angesprochen hatten, wollte er nichts anderes mehr hören: Warum wurden keine rascheren Fortschritte erzielt? Könnte Lloyds nicht direkt mit Goldman Sachs sprechen? Aus Lloyds Sicht war Virgin Music bis zum Verkauf nur eine Sammlung von Plattenverträgen – alles immaterielle Vermögenswerte. Die Bank konnte die Verzögerung nicht verstehen. War mit Virgin Music etwas nicht in Ordnung? Hatten sich die Interessenten zurückgezogen? War das Unternehmen tatsächlich 1 Milliarde Dollar wert, wie wir so leichtfertig behauptet hatten? Lloyds Geduld war allmählich zu Ende; man wollte die gewährten Darlehen wieder in Form von liquiden Mitteln in den eigenen Tresoren verstauen. Unser Problem war, daß ein Großteil unserer Kredite im April zurückbezahlt werden mußte, und Trevor und ich bezweifelten, daß wir die Bank zur einer Umschuldung mit Fristverlängerung überreden konnten. Die Schreiben der Bank erinnerten mich an einige der Briefe, die ich von Coutts erhalten hatte, als dessen Führungskräfte die Nerven verloren und die Kredite eines Kunden einforderten, der einst mit schulterlangem Haar und barfuß in ihr Büro marschiert war, um eine Hypothek für ein Gutshaus in Oxfordshire aufzunehmen. Meine Haare waren jetzt kürzer, und Virgin war größer, aber für die Bank blieben wir zweifelhafte Gesellen. Obwohl wir unseren Zahlungsverpflichtungen stets nachgekommen waren, hatten sie andere Kunden in den Konkurs schlittern sehen und waren besorgt. Das Anfang Januar 1992 herrschende Investitionsklima faßt dieser Börsenbericht zusammen:

Im Zentrum der Aufmerksamkeit steht der Schuldenberg von Lonrho und die Haltung seiner Hauptgläubiger Lloyds, Standard Chartered, Barclays und Nat West. Paul Spicer von Lonrho beharrt darauf, daß die Beziehung seines Unternehmens zu den Banken »in Ordnung« sei und die Gruppe »nicht von ihnen unter Druck gesetzt« werde. Aber nach dem Schuldendebakel bei Polly Peck, Brent Walker und Maxwell gibt es heute kaum einen Banker in London, der kein Problem mit hohen Kreditlinien an unternehmerische Firmen hat, die von einem dynamischen Individuum geführt werden. Ob zu Recht oder Unrecht – Rowland muß unter dem »Industriemagnat-Faktor« leiden. Verschlimmert wird seine Lage durch die Rezession, die den Wert von Lonrhos Aktiva in den Keller sacken läßt – genau zu einer Zeit, in dem das Unternehmen zur Kapitalbeschaffung Geschäftsbereiche abstoßen muß. Der alte Maestro hat sich schon öfter aus schwierigen Situationen retten können, und niemand behauptet, daß ihm das nicht wieder gelingen kann. Allerdings steht er diesmal mehr unter Druck denn je.

Die einzelnen Elemente dieser Geschichte weisen eine geradezu unheimliche Ähnlichkeit mit unserer eigenen Situation auf.

Da Lloyds es als riskantes Spiel betrachtete, sein Geld in die Hände einer unternehmerisch geprägten Gesellschaft zu legen, unternahm John Hobley einen weiteren Vorstoß, um den Kreditrahmen zu verringern. In einem Brief vom 3. Januar wies er darauf hin, daß wir unseren Kontokorrentkredit noch weiter ausgeschöpft hätten und Lloyds sich »außerstande« sehe, »diesen Mittelabfluß zu finanzieren«. Was Lloyds von uns erwartete, war klar. Wir sollten den Verkauf von Virgin Music vor Ablauf des Monats unter Dach und Fach bringen. John erinnerte uns daran, daß der gesamte Kontokorrentkredit bis zum Monatsende zurückzuzahlen sei und wir in der Zwischenzeit unsere Kreditlinie nicht mehr ausweiten dürften. Er brachte seine Überraschung zum Ausdruck, daß wir uns in der Hoffnung auf ein besseres Angebot noch weiter an Virgin Music geklammert hatten, anstatt den von Thorn EMI gebotenen Preis zu akzeptieren. Wir steckten in einer ebenso mißlichen Lage wie bei der Krise mit Coutts im Jahr 1984. Damals hatten wir jedoch trotz allem Zeit gehabt und konnten andere Banken zur Bildung eines Konsortiums ansprechen. Der Januar des Jahres 1992 war aber für Banken und Fluggesellschaften ein ebenso schlechter Monat wie der Januar 1991, als Air Europe und Dan Air aufgeben mußten. Alle Banken waren ins Trudeln geraten, und es fiel schwer, Ruhe zu bewahren. Wir schuldeten Lloyds 55 Millionen Pfund. Im Februar und März würde die Fluglinie liquide Mittel in Höhe von weiteren 30 Millionen Pfund benötigen. Die Wintermonate sind die teuersten, da alle größeren Wartungsarbeiten bezahlt werden müssen, die Zahl der Passagiere aber gleichzeitig zurückgeht. Das waren unsere ungesicherten Verbindlichkeiten. Was die Einnahmen anbelangte, so wußten wir, daß Virgin Music im laufenden Jahr einen Umsatz von 330 Millionen Pfund und ein Betriebsergebnis von 38 Millionen Pfund erzielt hatte. Für das kommende Geschäftsjahr erwarteten wir Umsätze in Höhe von 400 Millionen Pfund bei einem operativen Ergebnis von 75 Millionen Pfund. Aber Lloyds wollte einfach nicht mehr warten. Ich begriff, daß uns keine Wahl mehr blieb.

Thames Television plante für Ende Februar eine zweite Sendung über den Kampf zwischen British Airways und Virgin Atlantic, diesmal im Rahmen seines renommierten Reportagemagazins *This Week*. Will und ich hatten den Produzenten Martyn Gregory Anfang Januar beim Interview zu seinem Dokumentarfilm kennengelernt. Wir hatten ihm soviel wie möglich über British Airways erzählt und ihn dann seinen eigenen unabhängigen Recherchen überlassen. Martyn sprach mit Peter Fleming und anderen, uns unbekannten Ex-Mitarbeitern von British Airways und konnte viele meiner Aussagen über die schmutzigen Tricks verifizieren. BA verweigerte jede Mitarbeit an der Sendung, und der Rechtsvorstand Mervyn Walker warf Martyn Gregory in einem Schreiben vor, er habe sich »von Richard Branson als Propagandainstrument mißbrauchen« lassen – ein Satz, der jeden unabhängigen Fernsehproduzenten zwangsläufig zur Raserei brachte. Ich stand der Sendung mit gemischten Gefühlen gegenüber. Mir war klar, daß die Offenlegung aller schmutzigen Tricks in der Öffentlichkeit zwei verschiedene Reaktionen hervorrufen könnte. Einerseits könnten sie unsere Verwundbarkeit sehen und Virgin Atlantic als wahrscheinlichen Verlierer abstempeln, so wie die Worte, »ein Flugzeug könnte abstürzen«, Zweifel hinsichtlich der Sicherheit unserer Flüge wecken könnten, auch wenn diese Aussage von dem von British Airways gedungenen Brian Basham stammte. Andererseits könnte sich die Öffentlichkeit aber auch uns als David in unserem Kampf gegen Goliath unterstützen. Das hoffte ich zumindest. Gerrard wies zudem darauf hin, daß eine Fernsehsendung von so vielen Menschen gesehen würde, daß einige davon hinterher bei Virgin Atlantic anrufen und uns ähnliche Geschichten erzählen könnten, die ihnen zuvor entfallen waren. So könnten wir dann vielleicht mehr Beweise gegen British Airways zusammentragen. Am Donnerstag, dem 27. Februar, setzte ich 30 Vertriebsmitarbeiter in die Telefonzentrale unseres Verkaufsbüros in Crawley, um für etwaige Anrufe gerüstet zu sein. Der Film mit dem Titel »Violating Virgin?« begann mit einer Aufnahme aus der Vogelperspektive: Man sah eingemottete Flugzeuge in der Mojave-Wüste, die eine Art Leichenschauhaus für Flugzeuge darstellt. Außer Dienst genommene Maschinen werden dort in der trockenen Luft abgestellt, damit sie nicht rosten, nachdem zuvor das Öl abgelassen, einige Teile abmontiert und ihre Triebwerke und Ventile mit Aluminiumfolie versiegelt wurden. Über diesem unheimlichen Anblick war eine Off-Stimme zu hören:

»Virgin Atlantic schreit ›Vergewaltigung!‹, und Richard Branson behauptet, British Airways wolle ihn vom Markt verdrängen.«
»Es gibt fairen und unlauteren Wettbewerb«, sagte ich zum Interviewer. »Und ich finde es unglaublich, daß British Airways auf solch schmutzige Tricks zurückgreift.«

Peter Fleming wurde mit völlig unkenntlich gemachtem Gesicht und verzerrter Stimme interviewt und beschrieb die Sondereinheit, die British Airways zu meiner Diskreditierung eingerichtet hatte, sowie die massenweise Dokumentenvernichtung. Ein anderer, ähnlich getarnter amerikanischer Zeuge beschrieb vergleichbare Vorgänge in den USA. In New York berichtete Ronnie Thomas davon, wie BA-Vertreter sich auf Virgin-Passagiere stürzten, sobald sie aus seinen Limousinen stiegen, und ein Vertreter eines Reisebüros aus Los Angeles erzählte, daß seine Kunden auf BA umbuchten, da sie gehört hätten, daß Virgin kurz vor dem Bankrott stehe. Dann war Brian Basham zu hören, der Chris Hutchins gegenüber Virgin als »unseriöses Unternehmen – ganz unseriös« bezeichnete. Der Klarheit halber wurden seine Worte noch in Untertiteln gezeigt. Sir Freddie Laker wiederholte seinen Rat, die Halunken zu verklagen. Thames Television interviewte mich neben einer der Tristars in der Mojave-Wüste. Über 20 PanAm-Maschinen, die in einer fast anderthalb Kilometer langen Reihe abgestellt waren, überragten mich. Ich stand unter einer von sieben ausgemusterten BA-Maschinen. Es mutete seltsam an, da meine ganze Flotte insgesamt nur acht Flugzeuge umfaßte.

»Ich weiß, daß viele dieser Geschichten von Brian Basham, der bei British Airways angestellt ist, in die Welt gesetzt wurden. Er berichtet David Burnside, dem PR-Leiter bei British Airways, der seinerseits Lord King unterstellt ist«, sagte ich. »Ich habe noch nie jemanden verklagt. Wir haben wahrscheinlich gute Beweise für den Vorwurf geschäftsschädigenden Verhaltens, aber Sie wissen, daß so etwas sehr viel Zeit in Anspruch nimmt. Ich denke, unsere Hoffnung besteht darin, die Sache öffentlich zu machen. Vielleicht erkennen dann ja manche bei BA, daß ein solches Verhalten kontraproduktiv ist und sofort eingestellt werden sollte.«

Mitarbeiter von BA wurden vom Fernsehteam abgefangen. Dick Eberhard, einer der Vice Presidents, wurde in New York zur Rede gestellt, David Burnside vor seinem Londoner Haus. Beide verweigerten jeden Kommentar. Die letzten Aufnahmen zeigten wieder den Flugzeugfriedhof in der gleißenden Sonne Kaliforniens, wohin BA die Virgin-Flotte liebend gerne verbannen würde.

»Vielleicht ist es an der Zeit für Richard Branson, der Gegenseite die Pistole auf die Brust zu setzen«, zog die Off-Stimme Bilanz. »Sonst könnte die Flotte von Virgin Atlantic am gleichen Ort landen wie die von Freddie Laker: im Wüstensand.«

Über 7 Millionen Menschen sahen »Violating Virgin?«. An jenem Abend gingen bei uns mehr als 400 Anrufe ein. Die meisten wollten uns nur alles Gute wünschen und erklärten, daß sie nie wieder mit BA fliegen würden. Viele hatten aber auch Geschichten gehört, wie Virgin-Passagiere in der Abfertigungshalle von BA-Mitarbeitern angesprochen wurden. Und dann zogen wir das große Los. Am 6. Februar war Yvonne Parsons von einer Frau, die sich als Mitarbeiterin der Reservierungsabteilung von Virgin ausgab, zu Hause angerufen worden. Ihr Virgin-Flug sei überbucht. Ob es ihr etwas ausmachen würde, zu BA zu wechseln? Ihr Ticket sei ja noch nicht ausgestellt. Damit war das Maß bei ihr voll. Yvonne Parsons war in den letzten acht Monaten viermal in die USA und zurück geflogen, und jedes Mal hatte es angeblich einen Buchungsfehler bei Virgin gegeben. Im vergangenen Oktober war Parsons in ihrem New Yorker Büro von einer »Virgin-Repräsentantin« namens »Mary Ann« angerufen worden, die ihr mitteilte, daß ihr Virgin-Flug überbucht sei und sie zum Ausgleich für die dadurch entstandenen Unannehmlichkeiten am nächsten Tag mit der Concorde fliegen könne – ohne Aufpreis. Parsons weigerte sich. Sie flog regelmäßig von New York nach London und zurück und bevorzugte Virgin – sobald sie einmal in der Maschine saß. Als wertvolle Kundin war sie recht überrascht, von Virgin so stiefmütterlich behandelt zu werden. Sie verlangte, für ihren Flug auf die Warteliste gesetzt zu werden und bat Mary Ann, sie am nächsten Tag anzurufen und ihr mitzuteilen, ob ein Platz für sie frei geworden sei oder nicht.

Wie »Bonnie«, die sie im August informiert hatte, daß ihr Flug verspätet sei, und »Larry«, der im September behauptete, alle Nichtraucherplätze seien belegt, rief auch Mary Ann Yvonne Parsons nicht zurück. Also telefonierte sie selbst mit dem Virgin-Reservierungsbüro und verlangte Mary Ann.

»Hier gibt es keine Mary Ann«, war die Auskunft.

»Wer hat mich dann gestern angerufen und gesagt, auf dem Flug am 16. Oktober gebe es keinen Platz für mich?« wollte Parsons wissen.

»Am 16. Oktober? Nein, für diesen Flug ist Ihre Reservierung bestätigt. Ein Nichtraucher-Platz.«

Yvonne Parsons stand vor einem Rätsel. Zugleich ärgerte sie sich auch über Virgin und wechselte in den restlichen Monaten des Jahres zu American Airlines und United. Als sie im Februar Virgin noch eine letzte Chance geben wollte, traute sie ihren Ohren nicht, als sie wieder einen Anruf einer Virgin-Mitarbeiterin erhielt, die sie auf British Airways umbuchen wollte.

Dann sah sie »Violating Virgin?«. Am nächsten Tag rief sie bei Virgin an und wurde mit unseren Rechtanwälten verbunden. Sie erzählte ihre Geschichte Gerrard.

»Als ich diese Sendung sah«, erklärte sie, »fiel es mir plötzlich wie Schuppen von den Augen. Ich war Opfer eines ausgeklügelten, infamen Täuschungsmanövers von British Airways. Man bot mir stets BA-Flüge an, niemals eine andere Airline. Vielleicht waren das Mitarbeiter von British Airways, die sich als Virgin-Repräsentanten ausgaben.«

»Wir haben hier eine sensationelle Erklärung«, informierte mich Gerrard, nachdem er Parsons Geschichte aufgenommen hatte. »Das allein würde schon für eine Klage ausreichen.«

Um die Sachlage eindeutig zu machen, schrieb ich am 28. Februar 1992, dem Tag nach der Ausstrahlung von »Violating Virgin?«, an Sir Colin Marshall, und forderte ihn auf, mein Schreiben an die nicht geschäftsführenden Direktoren vom 11. Dezember nochmals zu überdenken:

Aus Ihrer überaus schnellen Antwort schließe ich, daß Sie nicht genügend Zeit zur Untersuchung der Angelegenheit hatten. Es

> *gab verschiedene unabhängige Berichte in den Medien zu diesem Thema, die alle Virgins Vorwürfe bestätigten, zuletzt die gestrige ITV-Dokumentarsendung* This Week. *In dieser Sendung wurden von einem unabhängigen Team noch mehr Beweise für die Richtigkeit unserer Behauptungen aufgedeckt. Der Inhalt der Sendung spricht für sich und bestätigt sogar, daß das Problem weitaus gravierender und verbreiteter ist, als es ursprünglich den Anschein hatte. Das Mindeste, was Ihre Aktionäre jetzt erwarten können, ist eine vollständige, angemessene Erklärung der genauen Vorgänge bei British Airways und der Aktivitäten von Brian Basham und seinen Vorgesetzten bei British Airways.*

Ich fragte ihn direkt, ob er jetzt eingreifen werde:

> *Ich verlange nun von Ihnen als stellvertretender Chairman und Chief Executive von British Airways, neben einer Entschuldigung für diese Vorkommnisse, eine eindeutige Versicherung, daß Sie dafür sorgen werden, daß diese Aktivitäten unverzüglich aufhören.*

Nun gut, dachte ich bei mir, es ist noch nicht zu spät. Aber er sollte besser mit einer guten Entschuldigung aufwarten können.
 Am Freitagabend rief mich Will in Kidlington an.
 »Richard«, sagte er. »Ich steh' in einer Telefonzelle. Ich bin gerade in Gatwick gelandet und hab' ein Exemplar von *BA News* in der Hand. Die Schlagzeile auf dem Titel lautet »Bransons Vorwürfe wegen ›schmutziger Tricks‹ unbegründet«. Sie bezeichnen dich als Lügner.«
 Als die Reportagesendung gezeigt wurde, war Will gerade in Skiurlaub. Die Termine der Ausstrahlung und seiner Reise waren mehrfach geändert worden, um eine Überschneidung zu verhindern, doch war das leider nicht geglückt. Da so viele Anrufe bei uns eingingen, bat ich Will, seinen Urlaub abzubrechen, um sich des aufziehenden PR-Sturms anzunehmen. Er machte sich sofort auf den Weg.
 In dem Artikel in *BA News* stand:

Gestern Abend widmete das Reportagemagazin This Week *von Thames TV seine Sendung Richard Bransons Vorwürfen, daß British Airways Virgin gegenüber »schmutzige Tricks« anwende. British Airways wurde zur Mitwirkung an dieser Sendung eingeladen, lehnte aber nach reiflichen Überlegungen aus Gründen ab, die in einem Schreiben des Rechtsvorstands Mervyn Walker dem Produzenten von Thames, Martyn Gregory, ausführlich mitgeteilt wurden.*

Im weiteren Verlauf des Artikels wurde auch der Brief von Mervyn Walker abgedruckt, der Thames Television vorwarf, sich als mein Propagandainstrument mißbrauchen zu lassen. Weiter hieß es darin, daß sich BA »nicht provozieren ließe, Herrn Bransons sinnloses Spiel zu spielen, und daher jede Mitwirkung ablehnen müsse.«

»Was für ein Unsinn!« sagten wir wie aus einem Munde. »Sie nennen mich einen Lügner. Das ist Verleumdung«, fügte ich hinzu.

Das war der Tropfen, der das Faß zum Überlaufen brachte. Will faxte mir den Artikel von Holland Park aus zu. Wir riefen Gerrard an, der meine These über die Verleumdung sofort bestätigte. Eine Verleumdungsklage gegen BA wäre leichter durchzusetzen und konnte den Geschworenen auch eher verständlich gemacht werden als hochkomplexe Argumente, wie BA seine Monopolstellung in Heathrow mißbraucht hatte. Außerdem würde dadurch die ganze Angelegenheit ans Licht kommen. Am Montagmorgen erfuhr ich, daß Lord King persönlich allen Zuschauern schriftlich geantwortet hatte, die ihn nach den schmutzigen Tricks befragt hatten. In diesen Briefen versicherte er, daß keine meiner Behauptungen der Wahrheit entspreche. Das kam einer weiteren öffentlichen Verleumdung gleich. Ich beschloß, auch Lord King persönlich zu verklagen. Am gleichen Vormittag erhielt ich auch ein Schreiben von Sir Colin Marshall. Er nannte meine Vorwürfe »ungerechtfertigt«, schrieb, er habe seiner bisherigen Korrespondenz mit mir nichts hinzuzufügen, und ließ mich wissen, daß die Behauptung, gegen uns würden »schmutzige Tricks« angewendet, jeder Grundlage entbehre. Ich starrte fassungslos auf den Brief. Hatte Sir Colin Marshall die Sendung auf Thames TV etwa nicht gesehen? Vielleicht steckte er ja in einem Verkehrsstau oder befand sich an Bord eines verspäteten Fluges. Oder hatte er etwa keine Ahnung, was sich in seinem Unternehmen abspielte? Das hätte mich schon sehr gewundert: Sir Colin Marshall stand schließlich in dem Ruf, ein arbeitswütiger Perfektionist zu sein, der jedes Detail kannte, das sich in Unternehmen, für die er gearbeitet hatte, abspielte.

In der nächsten Woche konnte ich dem Verkauf von Virgin Music nicht mehr ausweichen.

28
DER SIEG

März 1992 bis Januar 1993

Das Angebot lautete 560 Millionen Pfund bzw. 1 Milliarde Dollar, aber ich wollte das Geld nicht.

»Sie müssen Ihre Entscheidung bis 14.00 Uhr mitteilen«, sagte John Thornton zu mir. Ich legte auf und sah Simon und Ken an. Die letzten zwanzig Jahre hatten wir alle am Aufbau dieses Unternehmens gearbeitet. Sein Verkauf fiel ungeheuer schwer.

In vielerlei Hinsicht gipfelten meine Pläne für Virgin Music in dem Vertragsschluß mit den Rolling Stones. Wir hatten 20 Jahre um sie gekämpft, und jetzt war es uns endlich gelungen, die großartigste Rock-Band der Welt für unser Label zu gewinnen. Das neue Label, daß 1973 allein von Mike Oldfield abhing, war erwachsen geworden: Jetzt waren wir die Plattenfirma der Wahl für viele der größten Bands der Welt. Die Künstler hatten den Start der Solo-Karriere von Phil Collins und unsere Arbeit für UB40 und die Simple Minds beobachtet. Sie hatten gesehen, wie wir uns für Culture Club und Peter Gabriel eingesetzt hatten. Jetzt wollten sie bei uns unter Vertrag genommen werden. Aber gerade, als wir den Gipfel unseres Ruhms erklommen hatten, mußten wir verkaufen.

»Ken?« fragte ich.

»Es ist deine Entscheidung.«

»Simon?«

»Nimm das Geld. Du hast keine andere Wahl.«

Immer, wenn jemand zu mir sagt, ich hätte keine andere Wahl, versuche ich, das Gegenteil zu beweisen. In den letzten Tagen hatte sich Thorn EMIs Offerte von einem reinen Aktientausch, der mich mit 14 Prozent zum größten Aktionär von Thorn EMI gemacht hätte und einem niedrigeren Barangebot in ein höheres Barangebot verwandelt. Obwohl Thorn jetzt eine neue Taktik einschlug und mehr Bargeld als Aktien bot, sagte mir der Aktientausch mehr zu, weil ich dann an Thorn EMI beteiligt war und von dieser Basis aus in der Zukunft ein Übernahmeangebot für das Unternehmen lancieren konnte. Das Problem war, daß alle es für zu riskant hielten, diese Beteiligung zur Absicherung von Neukrediten von Virgin Atlantic zu verwenden. Aktien von Thorn EMI galten nicht als hieb- und stichfeste Sicherheit. Obwohl ich bereits einen Brief an die Mitarbeiter verfaßt hatte, in dem ich erklärte, daß ich über Thorn-EMI-Aktien noch am Unternehmen beteiligt sein würde, mußte ich widerwillig meine Meinung ändern und das Barangebot akzeptieren. Bevor ich meine endgültige Einwilligung gab, rief ich Peter Gabriel an, um ihm die Sache schonend beizubringen. Ich wollte seinen Rat und wußte auch, daß der Verkauf Folgen für seine Karriere haben würde.

»Tu's nicht, Richard«, sagte er. »Eines Nachts wirst du schweißgebadet aufwachen und dir wünschen, daß du das niemals gemacht hättest. Du wirst die Firma nie zurückgewinnen können.«

Ich wußte, daß er recht hatte. Joan hatte genau das Gleiche gesagt. Aber British Airways setzte uns einfach zu sehr unter Druck. Inzwischen war ich mir derart sicher, daß Lloyds unsere Kredite kündigen würde, daß ich keine Alternative sah. Mir war auch bewußt, daß Simon für den Verkauf war und lieber Bargeld als Aktien haben wollte, da letztere nur seine Beteiligung an der Gruppe fortsetzen würde. Wenn ein Aktientausch mit Thorn EMI die Qual von Virgin Atlantic verlängern würde, wäre die ganze Sache völlig umsonst. Mein Hauptziel bestand darin, Virgin Atlantic vor dem Untergang zu retten, und grausamerweise war der große Erfolg von Virgin Music der einzige Grund für den Verkauf. Durch die Veräußerung von Virgin Music konnte ich den Namen Virgin retten. Anstatt einer ums Überleben kämpfenden Fluggesellschaft und einer Plattenfirma würde es dann eine robuste Airline und eine stabile Plattenfirma geben, wenngleich letztere dann Thorn EMI gehörte. Simon würde zwar ausscheiden, aber ich könnte als President weiterhin dem Unternehmen vorstehen. Vor allem aber würde Ken auch bei Thorn die Geschicke von Virgin Music leiten und den Ruf des Unternehmens erhalten. Ein Anruf bei Trevor bestätigte mir die Haltung der Bank.

»Bargeld ist die einzige Option«, erklärte er. »Damit können wir alle Schulden zurückzahlen und einen völligen Neubeginn wagen. Dann hast du völlig freie Hand. Und wenn du mit dem Gedanken spielst, Aktien zu akzeptieren, dann denk' dran, was während der Baisse passiert ist.«

Das entschied die Sache. Wenn ich die Thorn-Aktien nahm und sie einen drastischen Kursverlust erlitten, müßte ich der Intervention der Banken machtlos zusehen. Sir Freddie Laker hatte mir berichtet, daß eine solche Entwicklung mit atemberaubender Geschwindigkeit stattfinden könne. Ähnlich wie Virgin hatte auch seine Fluggesellschaft lange gegen British Airways gekämpft, und gerade, als er ihre Unterstützung brauchte, kündigten seine Banken ihm die Kredite. Er wurde zu einem Treffen gebeten und ging in der Erwartung hin, daß man ihm auf der Basis des für das Folgejahr prognostizierten Booms eine kleine Erhöhung seines Kontokorrentkredits gewähren würde. Bei seiner Ankunft wurde er in einen Nebenraum geführt, wo man ihn 30 Minuten warten ließ. Schließlich schnappte er sich den Bankdirektor, der ihn in ein anderes Büro begleitete. Ein Blick auf die Gesichter der Anwesenden zeigte ihm, daß etwas Schreckliches passiert sein mußte.

»Wir haben Konkursverwalter für Laker Airways bestellt«, verkündete man ihm. Das war das Ende. Sir Freddie konnte nichts dagegen tun, daß die Konkursverwalter alle Mitarbeiter entließen, die Schlösser an den Firmengebäuden auswechselten, das gesamte Firmeneigentum konfiszierten, gestrandete Passagiere auf den Flughäfen sitzen ließen und alle Flugzeuge zurückgaben. Die Schalter von Laker in der Abfertigungshalle von Gatwick verschwanden über Nacht; es wurden keine Buchungen mehr entgegengenommen. Die Telefone wurden ausgesteckt. Ein Lebenswerk wurde in nur sechs Stunden zerstört. Sir Freddies Erfahrungen waren der ausschlaggebende Faktor für meine Entscheidung, die Banken nicht zu sehr zu drängen. Wenn sie einmal das Heft in der Hand hatten, würde es Virgin Atlantic bald nicht mehr geben. Die Erinnerung an ein Angebot von 1 Milliarde Dollar wäre dann ein schwacher Trost. Trotz meiner Starrköpfigkeit erkannte ich, daß es Momente gibt, in denen man nachgeben muß. »Lebe für die Gegenwart«, hörte ich die alte Maxime meiner Eltern im Hinterkopf, »und die Zukunft wird für sich selbst sorgen.« Meinem Wunsch der weiteren Beteiligung an Virgin Music durch Übernahme von Thorn-EMI-Aktien stand die Notwendigkeit finanzieller Sicherheit entgegen. John Thornton, der für die Annahme des Aktienpakets war, kannte nicht die ganze Geschichte – ebensowenig wie Peter Gabriel, der mir ganz von dem Verkauf abriet. Daher machte ich Virgin Music zu meiner Vergangenheit und rief John Thornton bei Goldman Sachs an.

»Ich nehme das Barangebot an«, hörte ich mich sagen. »Die Abwicklung überlasse ich Ihnen«.

»Gut«, meinte John. »Die Anwälte stecken in der letzten Verhandlungsrunde. Ich melde mich, wenn Sie vorbeikommen müssen.«

Obwohl ich die Fluggesellschaft gerettet hatte, war mir, als hätte ich etwas in mir zerstört. Traurig erkannte ich, daß sich die Wege von Simon, Ken und mir trennen würden. Für Ken freute ich mich in gewisser Weise: Er blieb auch innerhalb von EMI bei Virgin und würde bald Platten von Janet Jackson und den Rolling Stones herausbringen. Simons Pläne kannte ich nicht, aber ich vermutete, daß er ein ruhigeres Leben genießen würde. Mir selbst war klar, daß ich mich gleich nach dem Verkauf von Virgin Music dem Kampf mit British Airways stellen mußte. Ich wußte schon gar nicht mehr, wie viele Runden wir hinter uns hatten, und begann, mich benommen und schwach zu fühlen.

Mit der Vertragsunterzeichnung mußten wir noch warten, da Fujisankei mit seiner 25prozentigen Beteiligung ein Vorkaufsrecht besaß und somit jedes für Virgin Music unterbreitete Angebot durch Zahlung des gleichen Betrags ausstechen konnte. Zudem mußten wir überlegen, ob wir Thorn EMIs Angebot von 510 Millionen Pfund in bar bei Übernahme eines festen Fremdkapitalanteils in Höhe von 50 Millionen Pfund oder 500 Millionen Pfund in bar bei Übernahme der Gesamtverschuldung in vier Wochen wählen sollten. Obwohl wir Virgin Music ganz normal geführt hatten, meinte Ken, daß der Verschuldungsgrad bei Vertragsunterzeichnung geringer ausfallen werde.

»Wir erzielen im Moment ganz gute Umsätze«, sagte er. »Laßt uns das ganze Geld jetzt nehmen.«

Also votierten wir für 510 Millionen Pfund plus 50 Millionen Pfund Schulden. Falls Ken (wie immer!) recht behielt, würden wir dadurch 10 Millionen Pfund mehr bekommen. Zunächst aber mußten wir bis 3.00 Uhr morgens warten, bis Fujisankei endlich unserer Entscheidung für Thorn EMIs Bargeld zustimmte. Im Morgengrauen unterschrieben wir die Verträge. Am nächsten Tag gab Thorn EMI den Kauf von Virgin Music für exakt eine Milliarde Dollar bzw. 560 Millionen Pfund bekannt. Simon, Ken und ich beriefen eine Betriebsversammlung in unseren Büros in der Harrow Road ein.

»Es ist, als würde dein Vater oder deine Mutter sterben«, sagte Simon auf dem Weg zu mir. »Du meinst, du bist darauf vorbereitet, aber wenn es dann tatsächlich passiert, merkst du, daß du nicht damit umgehen kannst.«

Mir kam es eher wie der Tod eines meiner Kinder vor. Simon, Ken und ich hatten Virgin aufgebaut, es durch schwierige Zeiten hochgepäppelt und mit jeder neuen Musikgeneration erneuert, so daß es immer noch das aufregendste Label der Branche war. Ältere Plattenfirmen wie Apple standen für die Beatles und Abbey Road. Virgin dagegen war von Mike Oldfield und Gong zu den Sex Pistols und dann weiter zu Boy George, Bryan Ferry, Janet Jackson und schließlich den Rolling Stones gesprungen. In jeder Ära – Hippie, Punk, New Wave – hatte Simon den richtigen Riecher bewiesen und hatte Ken das Unternehmen zusammengehalten. Nun stand Ken auf und erklärte den Anwesenden, daß sie ab sofort zu Thorn EMI gehören würden, er aber weiterhin als Geschäftsführer Virgins Unabhängigkeit sichern würde. Simon wollte auch etwas sagen, brach aber statt dessen in Tränen aus. Alle Augen waren auf mich gerichtet. Ich stand auf, selbst den Tränen nahe. Es half nichts. Ich befand mich in einer unmöglichen Situation. Ich konnte ihnen den wahren Grund für den Verkauf des Unternehmens nicht mitteilen. Würden sie von der Einstellung der Banken zu Virgin Atlantic erfahren, hätten die Fluggesellschaft und die übrigen Virgin-Unternehmen unter einem Vertrauensmangel zu leiden. Alle Fluglinien bauen auf Vertrauen auf, und das Eingeständnis einer Schwäche würde Passagiere abschrecken. Daher stand ich da, haßte mich dafür, daß ich den Anschein erweckte, es nur auf den schnellen Gewinn abgesehen zu haben, bot allen einen Job bei Virgin Atlantic an, wenn es ihnen in der EMI-Gruppe nicht gefiel, und versicherte ihnen, daß sich Ken ihrer annehmen würde. Als Jon Webster ein Dankeschön an mich, Simon und Ken für »die besten Jahre unseres Lebens« vorschlug, konnte ich es nicht mehr ertragen. Ich verließ den Raum und rannte mit tränenüberströmtem Gesicht Ladbroke Grove entlang. Ich lief an die anderthalb Kilometer, ohne die verwunderten Blicke der Passanten zu bemerken. Im Vorbeirennen sah ich die Ankündigung des *Evening Standard,* die wohl die Tränen der meisten Menschen zum Versiegen gebracht hätte: »Branson verkauft für 560 Millionen Pfund in bar«. Ich lief weiter. Die Tränen rannen mir immer noch übers Gesicht, aber irgendwie fand ich den Weg nach Hause. Joan war nicht daheim, also ging ich in die Küche und setzte den Wasserkessel auf. Es war ein kalter Märzmorgen, doch waren an den Kirschbäumen im Garten und im Holland Park schon die ersten Blüten zu sehen. Während ich zum Fenster hinausstarrte, löste sich ein Fuchs aus dem Schatten der Hecke und schlich zur Hintertür, wo Joan einige Fleischreste für ihn hinausgestellt hatte. Mit einem Hühnergerippe im Maul drehte er sich wieder um und verschwand im Dickicht. Das letzte Foto von Lord King, das ich gesehen hatte, zeigte ihn auf dem Rücken eines Pferdes in voller Montur auf dem Weg zur Fuchsjagd.

»Völlig deprimiert«, schrieb ich in mein Notizbuch zu meiner Entscheidung, Bargeld statt Aktien zu akzeptieren. »Habe zum ersten Mal im Leben den konservativen Weg gewählt. All meine Berater (außer John Thornton) sprachen sich dafür aus.«

Neben den zusätzlichen 10 Millionen für die Wahl der festen Schuldenübernahme konnte Ken auch noch einen umrechnungsbedingten Währungsgewinn in Höhe von 9 Millionen Pfund für uns verbuchen. Thorn EMI zahlte uns 510 Millionen Pfund in bar, von denen wir 127,5 Millionen Pfund an unseren japanischen Partner Fujisankei auszahlen mußten. Die Japaner verlangten aber, daß wir diesen Betrag in Yen umtauschten. Nach Erhalt des Geldes hatten wir bis zur Vertragserfüllung am 1. Juni einen Monat Zeit für den Umtausch. Simon und Trevor sprachen sich für einen sofortigen Umtausch aus, damit wir alle wußten, wo wir standen, doch Ken und ich sahen die Sache etwas lockerer und beschlossen, das Risiko der Wechselkursentwicklung auf uns zu nehmen. Wir behielten unsere Pfund, und zufälligerweise stieg die britische Währung gegenüber dem Yen. Durch den Umtausch in allerletzter Minute verdienten wir weitere 9 Millionen Pfund. Das Glück war uns hold.

Damit war die Krise überwunden. Aus dem ursprünglichen Kaufpreis von 510 Millionen Pfund in bar erhielt Fujisankei 127,5 und wir über 390 Millionen Pfund. Simon und Ken nahmen ihre jeweiligen Gewinnanteile und gingen ihrer Wege. Ich zahlte mit meinem Verkaufserlös die Bankkredite zurück und investierte den Rest in Virgin Atlantik. Die Gerüchte, daß unsere Gesellschaft bar für ihren Treibstoff bezahlen mußte, waren nun ein für alle Mal widerlegt. Wir hatten einen höheren freien Cash-flow als British Airways. Die Banken klopften auf der Stelle mit neuer Ungeduld bei mir an – nicht um ihr Geld einzufordern (wir hatten unsere Kredite ja vollständig zurückbezahlt), sondern um mir Anlagen in hochverzinslichen Depots, Offshore-Konten etc. anzubieten, mich zum Essen einzuladen, andere Transaktionen mit mir zu tätigen und – ohne die Ironie der ganzen Sache zu erkennen – mir unbegrenzte Kreditmittel für zukünftige Vorhaben anzubieten! Es dauerte eine Weile, bis ich verstand, welche Folgen dieser Verkauf hatte. Zum ersten Mal im Leben hatte ich genug Geld, um mir meine kühnsten Träume zu erfüllen. Vorerst hatte ich nicht die Zeit, darüber nachzudenken, denn in der gleichen Woche nahm die Geschichte mit British Airways eine Wendung, die meine ganze Aufmerksamkeit in Anspruch nahm. In gewisser Weise war ich froh, daß mir keine Zeit blieb, über den Verkauf von Virgin Music nachzugrübeln. Ich lebe nicht gerne in der Vergangenheit. Vor allem wollte ich nicht daran denken, wie viele Freunde ich durch diese Sache verloren hatte. Aber die Bürde, die auf mir gelastet hatte, war abgefallen. In meinem Inneren wußte ich, daß die Virgin-Gruppe sich jetzt in jede gewünschte Richtung entwickeln konnte. Virgin Music mochte uns zwar nicht mehr gehören, und Ken, Simon und ich hatten uns getrennt, aber die besten Zeiten lagen erst noch vor uns.

Freitag, 13. März 1992

»Richard, ich habe soeben ein ganz merkwürdiges Band erhalten«, erklärte Chris Moss, der Marketing-Leiter von Virgin Atlantic. »Es kam gestern ohne Begleitschreiben in einem braunen Umschlag. Ich dachte, daß mir da irgendein Spinner eine Demo-Kassette schickt, und daher habe ich es erst jetzt angehört.«
»Was ist es?«
»Man hört zwei Männer sprechen, und ich glaube, einer davon ist Colin Marshall.«
»Was sagen sie?«
»Sie sprechen über ›Violating Virgin?‹ und erwähnen Chris Hutchins und das Basham-Band. Einer von ihnen nennt das einen eindeutigen Fall von Rufmord und erklärt, er stehe kurz davor, rechtliche Schritte gegen den Sender einzuleiten.«

Ich bat Chris, mir das Band zu schicken. Es war bereits spät am Freitagabend, und wir wollten aufs Land fahren. Am nächsten Tag waren wir zu einem Brunch bei Tony Smith, dem Manager von Genesis, eingeladen. Ich fragte mich, wer uns dieses Band wohl zugeschickt haben könnte. Anscheinend hatte jemand die Telefone von British Airways angezapft. Erst dachte ich, daß uns jemand helfen wolle, aber auf der Fahrt nach Kidlington wurde mir klar, daß dies wie die Zusendung gestohlener Waren war: Es konnte sich hier durchaus auch um eine Falle handeln. Ich beschloß, das Band direkt an British Airways zu Händen von Sir Colin Marshall – persönlich – zu schicken.

Samstag, 14. März 1992

Am Samstagvormittag wollten wir gerade zu Tonys Einladung aufbrechen, als das Telefon klingelte.
»Beeilt euch«, sagte Joan zu Holly und Sam. »Wir steigen schon mal ins Auto. Richard, Frank Kane will dich sprechen. Faß dich bitte kurz.«

»Ich habe gehört, daß Sie Privatdetektive engagiert haben, um British Airways zu bespitzeln«, begann Frank Kane. »Ich habe auch Beweise, daß Sie Telefone anzapfen. Meine Quelle, bei der es sich um einen Virgin-Insider handelt, erzählte mir auch, daß Tiny Rowland Sie anstachelt und auch Freddie Laker daran beteiligt ist.«

»Das ist ja lächerlich, Frank«, sagte ich. »Was für ein Unsinn!«

»Man berichtet mir, daß Sie das amerikanische Detektivbüro IGI einsetzen und Goldman Sachs ebenfalls eine Rolle spielt.«

»Frank, ich habe noch nie eine einstweilige Verfügung gegen eine Zeitung beantragt, aber wenn Sie diesen Mist veröffentlichen wollen, muß ich Sie verklagen.«

Ich verliere selten Journalisten gegenüber die Beherrschung, aber bei Frank Kane war ich völlig hilflos. Ich wußte, daß er kurz davor stand, irgendeine verrückte Story zu schreiben, die unserem Ruf schaden würde. Wenn er schrieb, daß wir eine Detektei beschäftigten, würde jeder annehmen, daß Virgin genauso schlimm wie British Airways sei. Ich wollte ihm schon von dem seltsamen Band berichten, das Virgin anonym erhalten hatte, doch irgend etwas hielt mich zurück. Wenn ich Frank Kane gegenüber zugab, daß dieses Band sich in meinem Besitz befand, würde er eine unwahre Geschichte schreiben, die ich unmöglich widerlegen konnte. Er konnte Sir Colin Marshall als Opfer eines Lauschangriffs hinstellen, und niemand würde glauben, daß ich das Band nicht von einem von Virgin gedungenen Abhörspezialisten erhalten hatte. Wer würde mir so etwas schicken? Ein empörter Sir Colin Marshall konnte sich darüber beklagen, wie beängstigend er es fände, daß Richard Branson dieses Band zugespielt worden sei. Er würde die Polizei bitten, mich zu verhören, und alle Indizien würden gegen mich sprechen.

»Ich muß jetzt Schluß machen«, sagte ich, da mir Joan vom Auto aus winkte. »Ich rufe Sie später zurück.«

Wir fuhren zu Tony Smith, doch konnte ich mich kaum auf den Verkehr konzentrieren. Ich stellte mir das Band vor, das wie eine Zeitbombe in seinem Umschlag in Holland Park auf mich wartete. Sein Absender hatte auch den *Sunday Telegraph* informiert. Das war widerlich, gemein und ungemein schlau. Ich war nur froh, daß ich den Umschlag nicht selbst geöffnet hatte.

Tony lebte in einem bezaubernden georgianischen Haus mit einer großen Rasenfläche davor, die zu einem See hin abfiel. Mike Rutherford und Phil und Jill Collins waren mit ihren Kindern gekommen. Gleich nach unserer Ankunft liefen die Kinder zum Wasser, um dort zu spielen. Alle wollten mir zum Verkauf von Virgin Music gratulieren. Tony, Phil und Mike waren zugleich sehr mitfühlend. Sie wußten besser als jeder andere, wie sehr ich hin- und hergerissen war. Ihre Sorge meinetwegen rührte mich.

»Entschuldigt mich bitte«, sagte ich nach einer Weile. »Ich muß ein paar Telefonanrufe erledigen. Ein mieser Journalist wirft Virgin vor, BA von einem Detektivbüro bespitzeln zu lassen.«

Tony lieh mir ein Handy, und ich setzte mich ins Auto. Als erstes ließ ich mich beim *Sunday Telegraph* mit dem Herausgeber Trevor Grove verbinden.

»Das ist lauter Unsinn«, erklärte ich. »So etwas können Sie unmöglich veröffentlichen.«

Ich wußte, daß Frank Kane in seinem Büro saß, weil Grove einen Augenblick zögerte, bevor er antwortete.

»Frank sagt mir, daß er für diese Story untadelige Quellen hat«, informierte mich Grove.

»Nun, wie ich Frank Kane gegenüber bereits sagte, wenn Sie das veröffentlichen, werde ich Sie wegen Verleumdung verklagen müssen.«

»Ich werde Frank bitten, seine Quellen nochmal zu prüfen«, sagte Grove.

Ich rief John Thornton an, da Frank Kane ihn erwähnt hatte.

»Ich bin froh, daß Sie anrufen«, sagte John. »Gerade hat sich bei mir eine Journalistin vom *Sunday Telegraph* namens Maggie Pagano gemeldet. Sie wollte wissen, ob es stimmt, daß Sie einen Privatdetektiv auf BA angesetzt haben.«

»Was haben Sie gesagt?«

»Daß so etwas gar nicht Ihr Stil ist. Ich sagte, ich hätte in den letzten drei Monaten täglich wegen des Verkaufs von Virgin Music mit Ihnen gesprochen und ich würde auch Terry Lenzer, den Chef von IGI, sehr gut kennen, und es sei unwahrscheinlich, daß weder er noch Sie das mir gegenüber nicht erwähnt hätten. Sie sagte, BA habe sie auf Ihre Machenschaften hingewiesen. Ich antwortete, daß die dann Beweise dafür vorlegen müßten.«

Durch die Windschutzscheibe sah ich Tony und Phil Collins zu einer Partie Tennis aufbrechen. Sie wollten offenbar ein Doppel mit Mike und mir spielen, erkannten aber, daß es besser war, mich jetzt nicht zu stören. Mein Ruf und meine Beweise gegen British Airways sollten zunichte gemacht werden. Für mich wurde das zum entscheidenden Augenblick der ganzen Kampagne von British Airways gegen uns.

Ich rief Gerrard Tyrrell an und fragte, ob wir eine einstweilige Verfügung gegen den *Sunday Telegraph* beantragen sollten.

»Haben Sie ein Band?« fragte er.

»Es befindet sich entweder in Holland Park, oder wir haben es bereits an Sir Colin Marshall zurückgeschickt. Ich selbst habe es nicht gehört.«

»Nun, das könnten sie vor Gericht prüfen«, sagte Gerrard. »Meiner Meinung nach ist es am besten, mit einer Klage zu drohen und dann abzuwarten, wie sie die Geschichte verpacken werden. Heute Nachmittag werden wir da klarer sehen. Wir bewegen uns hier auf ganz dünnem Eis. Das ist eine sehr gefährliche Geschichte.«

Die ganze Einladung war für mich verdorben. Zum ersten Mal seit Beginn der Kampagne hatte British Airways mich auf dem falschen Fuß erwischt. Ich hätte darauf bestehen sollen, daß Chris Moss die Kassette sofort an British Airways zurückschickte, ohne überhaupt ein Transkript zu erstellen. Aufgrund meiner Neugier war ich in eine Falle gegangen. Das Band befand sich in meinem Besitz und implizierte somit meine Schuld. Ich hätte es besser wissen müssen. Der Absender des Bandes war sich darüber im klaren gewesen, daß es eine ganz natürliche menschliche Reaktion war, es anhören zu wollen. Als sich der Nachmittag hinzog und ich immer nervöser wurde, gab es plötzlich erste Anzeichen dafür, daß der *Sunday Telegraph* nachgeben würde. Ich wußte nicht, wie sicher man dort war, daß ich das Band hatte (sie sagten mir nie, welche Beweise sie dafür hatten, daß ich die BA-Telefone von einem Privatdetektiv hatte anzapfen lassen), aber die Story geriet irgendwie ins Schwanken. Hätte ich ihnen gesagt, daß sich das Band in meinem Besitz befand (wie es mir auf der Zunge gelegen hatte), hätten sie mich an den Pranger gestellt, obwohl die »andere Seite« die ganze Sache eingefädelt hatte. Während ich Trevor Grove mehrfach nach seinen Beweisen fragte und Gerrard Tyrrell dem *Sunday Telegraph* in einem Fax nach dem anderen klarmachte, daß wir sie verklagen würden, wenn der Artikel ohne vernünftige Beweise veröffentlicht wurde, spürte ich, wie Trevor Grove langsam mürbe wurde. Wir konnten nur hoffen, daß sein Gerechtigkeitssinn und ein Ehrgefühl ihn an der Veröffentlichung des Artikels hinderte. Als wir schließlich nach Hause aufbrachen, umarmte ich Tony Smith. Die Party schien zwar allen Spaß gemacht zu haben, doch ich war so unterhaltsam wie Banquos Geist gewesen. Sie hatten mit mir feiern und auch über ihre nächsten Alben und ihre Produktionen bei Virgin unter Thorn EMI sprechen wollen, aber ich hatte den ganzen Nachmittag am Telefon gehangen.

Sonntag, 15. März 1992

»Zu alt für Rock 'n' Roll, zu jung zum Fliegen« lautete der Aufmacher des Wirtschaftsleitartikels im *Sunday Telegraph*. Mit Herzklopfen überflog ich den ganzen Artikel. Detektive und Lauschangriffe wurden nicht erwähnt. Ich las den ganzen Text nochmals und wurde geradezu übermütig. Der *Sunday Telegraph* schrieb:

Meint Branson es aber ernst? Wenn er bereit ist, seine Klage bei einer Entschuldigung und dem Hinauswurf von Basham beizulegen, muß er »zu jung zum Fliegen« sein. Ein Vergleich zu diesen Bedingungen würde implizieren, daß BA sich tatsächlich falsch verhalten hat, was dann einem Angriff der Kartellbehörden Tür und Tor öffnen würde. Wenn Branson tatsächlich der Ansicht ist, daß BA sich wettbewerbsfeindlich verhalten hat, dürfte er sich nicht mit einer Entschuldigung zufrieden geben. Das wäre so, als würde er zulassen, daß ich seine Schwiegermutter ausraube, und mir dann anbietet, von einer Anzeige abzusehen, wenn ich schön brav um Verzeihung bitte.

Mir fielen noch ein paar hübsche Zeilen in diesem Artikel ins Auge:

Kane sprach mit Brian Basham, dem PR-Berater von British Airways, dessen Kündigung Branson im Rahmen der Einigung mit BA fordert. Basham lieferte Kane Informationen, betonte aber nicht nur die Schwächen, sondern auch die Stärken von Virgin. Es gebe keinerlei Anzeichen für schmutzige Tricks, nur die im Geschäftsleben üblichen Beeinflussungsversuche. So etwas geschieht alle Tage, besonders bei Angeboten.

Montag, der 16. März 1992

Am Montagmorgen schrieb ich sofort einen Brief an Colin Marshall und legte die Kassette bei:

Am vergangenen Donnerstag erhielt Virgin Atlantic noch während der Verhandlungen von einem anonymen Absender eine Kassette. Sie enthält die Aufnahme eines persönlichen Gesprächs zwischen Ihnen und Robert Ayling über Virgin Atlantic und andere Angelegenheiten.

Ich berichtete von dem Anruf des *Sunday Telegraph* und dessen Absicht, einen Artikel über den Einsatz von Privatdetektiven durch Virgin zu schreiben.

Ich weiß nicht, wer bei British Airways weiterhin Gerüchte über uns in die Welt setzt, aber bitte sorgen Sie dafür, daß dies ein für alle Mal aufhört. Jemand spielt hier offenbar ein sehr gefährliches Spiel.

Am Nachmittag rief mich Joan Thirkettle von ITN an. »Ich hab' versucht, Lord King ins Fernsehen zu bekommen, damit er mit Ihnen über die schmutzigen Tricks diskutiert«, erklärte sie.
»Hat er ja gesagt?« fragte ich.

»Nein, er sagte, er würde nicht mit Verlierern debattieren.«
Jetzt hatte ich endgültig die Nase voll.

Dienstag, 17. März 1992

Ich schrieb an Lord King und erklärte ihm, daß seine Behauptung in den Briefen an die Zuschauer, die »Violating Virgin?« gesehen hatten, nicht der Wahrheit entspräche. Ich wies darauf hin, daß sie sowohl für Virgin Atlantic als auch für mich persönlich rufschädigend und höchst beleidigend sei. Ich setzte ihm außerdem eine Frist:

Mit diesem Schreiben fordere ich Sie auf, dafür zu sorgen, daß Sie und British Airways bis Geschäftsschluß am Mittwoch, den 18. März, die Aussage, daß ich der Publicity halber Unwahrheiten verbreiten würde, offiziell zurücknehmen und sich bei Virgin Atlantic Airways und mir persönlich für diese Behauptung entschuldigen.

Mittwoch, 18. März 1992

Ich rechnete eigentlich gar nicht mit einer Antwort am Mittwoch. Ich wußte, daß sich Lord King niemals entschuldigen würde. Selbst wenn er die Verleumdungsklage verlor, rechnete ich nicht mit einer Entschuldigung. Angst und Verzweiflung wuchsen. Ich mußte meinen Ruf in die Hände des Gesetzes legen. Wir würden zwar gewinnen, davon war ich überzeugt, aber Gerichte sind selten berechenbar und vermitteln immer ein mulmiges Gefühl. Wenn ich verlor, würde Virgin Atlantic so viel Glaubwürdigkeit einbüßen, daß es seine Pforten schließen mußte. Ganz gleich, zu welchen Schlußfolgerungen »Violating Virgin?« gelangt war, ganz gleich, welche Beweise Ronnie Thomas, Peter Fleming oder Yvonne Parsons vortragen würden – wenn ich verlor, war mein Ruf zerstört, und alle würden sich gegen

Virgin Atlantic wenden. BA konnte uns zum Gespött machen, und die Presse würde kein gutes Haar an uns lassen. Damit wäre nicht nur die Fluggesellschaft am Ende, sondern auch meine weiteren Zukunftschancen verbaut. Obwohl ich absolut überzeugt war, daß wir gewinnen würden, war das Risiko so hoch, daß mir geradezu schwindelte. Um 18.00 Uhr hatte ich noch immer nichts von British Airways gehört. Ein letztes Mal überprüfte ich das Fax. Ich tastete sogar mit der Hand den Schreibtisch entlang für den Fall, daß ein Fax eingetroffen und unter die Tischplatte geweht worden war. Nichts.

»Penni«, fragte ich, »kannst du mir bitte Freddie Lakers Nummer in Miami geben?«

Ich wählte.

»Freddie«, sagte ich. »Hier ist Richard. Ich werde jetzt Ihren Rat befolgen: Ich werde die Halunken verklagen!«

»Bravo!« rief Freddie.

Als wir vor Gericht gingen, mußte ich mich immer wieder daran erinnern, daß es sich hier um eine Verleumdungsklage und nicht um eine Auseinandersetzung über Geschäftspraktiken handelte. Der Prozeß diente meiner Ehrenrettung.

Die Beweissammlung erfolgte in drei Stufen: Wir hatten alle unsere eigenen, uns bereits bekannten Beweise, erhielten gemäß den Vorschriften der Offenlegung von Informationen eine gewaltige Dokumentensammlung von British Airways – und wir bekamen viele zusätzliche Hinweise von enttäuschten BA-Mitarbeitern. Letztere erwiesen sich als besonders stichhaltig. Aus heiterem Himmel erhielt Gerrard einen Anruf eines ehemaligen BA-Mitarbeiters namens Sadig Khalifa, der seit 1974 in der Luftfahrtindustrie arbeitete, nachdem ihn British Caledonian in Tripolis angeworben hatte. Nach der Übernahme von B-Cal durch British Airways im Jahr 1988 kam Khalifa bei BA zur Abteilung Special Services, die für die Lösung spezieller Probleme von Passagieren zuständig war. Ab 1989 arbeitete er an den Abfertigungsschaltern in Gatwick und kam zum Helpline-Team, das offiziell dafür zuständig war, BA-Fluggäste bei ihrer Ankunft in Empfang zu nehmen, ihnen auf dem Weg zu Anschlußflügen behilflich zu sein und sich um ältere Passagiere zu kümmern. Weniger publik gemacht wurde der Auftrag, Fluggäste anderer Gesellschaften zum Umbuchen zu überreden. Es gab ein ähnliches Team in Heathrow, das scherzhaft als »Jäger« bezeichnet wurde. Im April 1990 wurde das Helpline-Team von der Abteilung »Sales and Reservations« übernommen. Der neue Vorgesetzte, Jeff Day, baute sich vor Khalifa und seinem Team auf und verkündete: »Wenn wir alten Damen zum Flugsteig helfen, bringt das kein Geld. Sie müssen mehr Passagiere anderer Fluggesellschaften für uns gewinnen.« Khalifa berichtete Gerrard von einer zweiten Sitzung im August, die Jeff Day als »vertraulich« deklariert hatte: Außer dem Helpline-Team durfte niemand daran teilnehmen oder etwas darüber erfahren.

Bei dieser Sitzung erklärte Jeff Day Khalifa und seinen Kollegen, daß das Helpline-Team eine neue Aufgabe zugewiesen bekommen habe: Es solle möglichst viele Informationen über Virgin Atlantic zusammentragen. Dazu gehörten Fluginformationen: die Anzahl der auf Flügen gebuchten Passagiere, die tatsächliche Zahl der Fluggäste an Bord, das Verhältnis zwischen Upper Class und Economy, die Abflugzeiten. Am Ende jeder Schicht mußten die »Helpliner« ein Formular zu jedem Flug ausfüllen und einer Frau Sutton persönlich geben, die es dann an Day weiterreichte. Wie sollten sie diese Informationen beschaffen? Jeff Day erklärte dem Team, daß sie durch Eingabe der Virgin-Flugnummern direkten Zugriff auf das Buchungssystem von British Airways erhielten, das in der Branche BABS genannt wurde. Virgin hatte man versichert, daß niemand diese Daten abrufen könne. Die Schlösser des Helpline-Büros würden ausgewechselt; die Teammitglieder mußten ihre Aktivitäten geheimhalten. Eine Kollegin von Khalifa weigerte sich, an diesem Komplott mitzuwirken, da sie es für unethisch hielt. Die übrigen Teammitglieder deckten sie den Vorgesetzten gegenüber. Gerrard nahm Khalifas Aussage auf, und wir schickten sie zu British Airways. Es sollte einer der Stützpfeiler unserer Klage werden. Unmittelbar nach dem Eingang von Khalifas eidesstattlicher Erklärung bei den Rechtsanwälten von British Airways erhielt ich einen Anruf von Michael Davis, einem nicht geschäftsführenden Direktor von BA und langjährigem Freund meiner Eltern. Er wollte sich mit mir zum Frühstück treffen.

Bei diesem Treffen begann Michael, etwas von »Peinlichkeiten« zu murmeln. Das war das erste Anzeichen einer Entschuldigung. Lord King und Sir Colin Marshall waren allem Anschein nach noch immer nicht bereit, sich auf mein Niveau herabzulassen und zuzugeben, daß an meinen Anschuldigungen etwas Wahres dran sei, aber Michael Davis – ein Freund der Familie – war auserkoren worden, mit viel Fingerspitzengefühl den Gedanken zu formulieren, daß BA vielleicht einige Fehler gemacht habe.

»Ich denke, wir drei sollten uns ein bißchen unterhalten«, sagte Michael. »Ein wenig plaudern. Nur wir drei – du, ich und Sir Colin.«

»Sir Colin?«

»Ja, er wird die nächsten zehn Jahre noch für BA arbeiten. Weißt du, der König ist tot, lang lebe der Marschall. Ich meine, es wäre vernünftig, wenn wir uns zusammensetzten, wir drei, und schauen, ob aus der Sache etwas Vernünftiges resultieren kann.«

Michael Davis suchte krampfhaft nach den richtigen Worten. Zwischen den Zeilen gab er mir zu verstehen, daß Lord Kings Tage bei British Airways gezählt waren.

»Weißt du, einige Leute bei British Airways erkennen, daß hier in gewisser Weise Peinlichkeiten passiert sind«, gestand er. »Das wird akzeptiert, aber wenn wir in Zukunft eine vernünftige Beziehung haben sollen, wäre es gut, wenn du, ich und Sir Colin uns zusammensetzen würden.«

Als ich mir seinen verdrehten Satzbau und den Versuch, mir einen Handel anzubieten, anhörte, wurde mir klar, daß da jemand über das Geld und den Lebensunterhalt anderer Menschen sprach. Michael Davis, Sir Colin Marshall, Robert Ayling und Lord King würden ihre Gehälter einstreichen können, ganz gleich, was sie bei British Airways angezettelt hatten. Die Aktionäre mußten Brian Basham, die Detektive und im Falle einer Klage auch die Anwälte finanzieren. Vielleicht war es eine gute Investition: Wenn es ihnen gelang, Virgin Atlantic vom Markt zu verdrängen, hätten sich diese Kosten gelohnt. Aber Virgin Atlantic war in erster Linie mein eigenes Unternehmen. Es war nicht an der Börse notiert, und wenn uns BA einen Upper-Class-Passagier nach New York abspenstig machte, verlor

Virgin dadurch 3 000 Pfund, die wir nicht reinvestieren konnten. Im Gegensatz zu BA hatte ich keine gewaltigen Konzernreserven in der Hinterhand, aus denen ich Gehälter finanzieren konnte. Trotz seines ganzen Geredes über »Peinlichkeiten« verkannte Michael Davis den Kern der Sache: BA hatte nichts unversucht gelassen, um mich aus dem Geschäft zu drängen und unsere Mitarbeiter arbeitslos zu machen. Sie hatten mich zum Verkauf von Virgin Music gezwungen, was sich wiederum auf eine Personengruppe auswirkte, die nichts mit der Fluglinie zu tun hatte. Das machte mich wütend. Ich würde mich nicht wie ein Gentleman bei einem kleinen Frühstück darauf einigen, daß das nur »Peinlichkeiten« gewesen waren. Während der gesamten Kampagne gegen Virgin Atlantic wurde ich als »naiv« hingestellt: naiv, weil ich glaubte, daß sich British Airways so verhalten könne, naiv, weil ich annahm, daß es sich je anders verhalten würde, naiv, weil ich glaubte, ich könne British Airways vor Gericht bringen, naiv, weil ich überhaupt den Gedanken in Erwägung zog, ich könne einen solchen Rechtsstreit gewinnen. Das Word »naiv« hallte wie ein Echo in meinem Kopf und hatte bisweilen sogar meine Entschlossenheit ins Wanken gebracht. Sir Michael Angus sagte zu Sir Colin Southgate, ich sei naiv, weil ich es mit British Airways aufnehmen wolle, »als sei er der Held eines Jugendromans«. Jeannie Davis sagte zu meinen Eltern: »Ricky muß lernen, die Dinge so zu nehmen, wie sie kommen«. Selbst Persönlichkeiten wie Sir John Egan von der BAA warnte mich, »Leute mit so viel Geld in der Hinterhand anzugreifen«. Vielleicht war ich naiv, weil ich die mir zustehende Gerechtigkeit erkämpfen wollte. Vielleicht war es Idealismus oder einfach nur Starrsinn. Aber ich wußte, daß British Airways' Aktivitäten gesetzwidrig waren und wollte eine Entschädigung sehen. Ich wollte all diese Menschen, die mich als »naiv« beschimpft hatten, zwingen, ihre Meinung zu revidieren. Nach dem Frühstück berichtete ich Gerrard Tyrrell, welches Mitgefühl und welche Überredungskunst Michael Davis an den Tag gelegt hatte.

»Unsinn«, tobte er. »Anfangs hatte BA die Chance, die Sache gütlich beizulegen. Damals wollten sie nicht. Jetzt sind sie nur deswegen gesprächsbereit, weil ihre Anwälte in einen schwarzen Abgrund der Schuld blicken.«

So wütend hatte ich Gerrard noch nie erlebt.

»Sie werden nie wieder eine so gute Chance haben, sie zu überführen«, fuhr er fort. »Kapitulieren Sie jetzt bloß nicht!«

»Das war nur ein Test«, sagte ich. »Selbstverständlich werde ich nicht kapitulieren.«

In der nächsten Woche trafen wir uns mit George Carman, dem furchterregenden Staatsanwalt, der unseren Prozeß vorbereitete. Mit seinem weißen Haar und untadeligen Manieren wirkte George außerhalb des Gerichtssaals wie der Lieblingsonkel aller Kinder. Vor Gericht legte er jedoch die Subtilität, Beharrlichkeit und Mordlust einer Gottesanbeterin an den Tag. Die Leute machten einen weiten Bogen um ihn.

»Was halten Sie vom ersten Satz meines Plädoyers?« fragte uns George. »Die beliebteste Fluggesellschaft der Welt hat ein Steckenpferd ganz besonderer Art, nämlich Akten vernichten, die höchstwahrscheinlich mißverstanden würden.«

Ich teilte Michael Davis telefonisch mit, daß ich nicht bereit sei, meine Anschuldigungen unter den Teppich zu kehren, der Prozeß für Januar angesetzt war und die Direktoren von British Airways von George Carman ins Kreuzverhör genommen würden. Ich mußte gar nicht andeuten, wie sehr George das genießen würde. Ernüchtert legte Michael Davis den Hörer auf.

Inzwischen war ich wirklich zuversichtlich, daß wir BA schlagen konnten. Wir hatten nicht nur sehr viel über ihre schmutzigen Tricks, sondern auch Einzelheiten zu einer seltsamen geheimen Operation erfahren. In meinem Büro meldete sich ein Mann und bot Informationen über eine Geheimoperation von British Airways und verschiedenen Privatdetektiven an. Er sagte, er habe eine Diskette mit einer Aufstellung der Aktivitäten dieser Detektive. Vor Übergabe dieser Diskette wollte er mich aber unbedingt persönlich treffen.

Als ich mit meiner Assistentin Julia Madonna ins Auto stieg, fühlte ich mich recht seltsam. Teilweise lag das daran, daß ich im Schritt ein Mikrofon versteckt hatte, um mein Gespräch mit dem Informanten aufnehmen zu können. Ich wußte, welch wichtige Rolle die Aufnahme von Chris Hutchins Treffen mit Brian Basham spielte, und wollte nichts dem Zufall überlassen. Als ich Virgin Atlantic gründete, hatte ich nicht die geringste Ahnung, daß ich als Geschäftsführer einer Fluggesellschaft eines Tages zu Methoden à la James Bond greifen müßte! Während unser Informant sprach, kritzelte ich in mein Notizbuch:

Versuchten herauszufinden, was wir taten, ohne diesen Eindruck zu erwecken. Nicht Lord Kings Niveau ... Sorgten dafür, daß es nicht nach Nachforschungen, sondern nach Verteidigungsmanövern aussah.

Vor allem aber gab der Informant mir die Diskette. Der Ausdruck des Inhalts war eine Offenbarung für mich. Die Privatdetektive hatten genauestens über ihre Aktivitäten und ihre Ansprechpartner bei British Airways Buch geführt. Aus den Aufzeichnungen ging hervor, daß das Projekt den Decknamen »Covent Garden« trug. Der erste Eintrag vom 30. November 1991 begann so: »Erste Ansicht des Berichts zu Projekt Barbara im Büro von S1 in Enserch House [der Zentrale von British Airways in der Londoner Innenstadt].« Wie sich herausstellte, war »S1« der Deckname für David Burnside, und »Projekt Barbara« war der Bericht über Virgin, den Basham Chris Hutchins gegeben hatte. Die meisten Topmanager von British Airways wurden erwähnt, doch hatte man ihnen Buchstabenkürzel zugewiesen, damit ihre wahren Namen niemals im Text erschienen. Es war relativ leicht herauszufinden, wer wer war: Lord King wurde mit »LK« oder »C1« abgekürzt, Colin Marshall war »C2« und Basham »S2«. Andere – »R1« und »R2« – waren uns nicht bekannt. Wie sich herausstellte, handelte es sich hier um die Privatdetektive Nick Del Rosso und Tom Crowley, die das Team unter dem Vorwand führten, bei BA einen Spion finden zu müssen, der Virgin Informationen zuspielte. Die Operation »Covent Garden« wurde anscheinend von Ian Johnson Associates geleitet, die sich »internationale Sicherheitsmanagementberater« nannten. Aus den Aufzeichnungen ging hervor, daß Johnson und Del Rosso den für Sicherheitsfragen zuständigen BA-Direktor David Hyde und den Rechtsvorstand Mervyn Walter über den Fortschritt ihrer Operation auf dem laufenden gehalten hatten. Auch Besprechungen mit Robert Ayling und Colin Marshall waren vermerkt. Weiter enthielten die Unterlagen erstaunliche Details über die Art und Weise, wie das Detektivteam einige Topmanager von BA davon überzeugte, daß wir eine Geheimoperation gegen ihr Unternehmen gestartet hatten. Sie bezifferten die Kosten für dieses nicht existierende Projekt mit 400 000 Pfund. Später fanden wir heraus, das BA 15 000 Pfund pro Woche für »Covent Garden« ausgab. Wie absurd das ganze Vorhaben war, zeigten die Berichte über die Beschattungsaktionen der Detektive, die mit Geheimkameras und Abhöranlagen vor dem Tickled Trout Hotel in Lancashire Position bezogen. Sie sollten heimlich ein Treffen zwischen Burnside und einem »Agenten« aufnehmen, der nach der Überzeugung des »Covent-Garden«-Teams für Virgin arbeitete. Weiter war vermerkt, daß ihre Pläne durchkreuzt wurden, als Burnside vergaß, sein Abhörgerät einzuschalten! Ich hätte BA die ganze Mühe ersparen können: Ich habe noch nie Privatdetektive beschäftigt und werde dies auch niemals tun. Mit solchen Methoden arbeiten weder Virgin noch ich.

Nach der Lektüre dieses Protokolls der Operation »Covent Garden« hatte ich das Gefühl, als sei ich aus einem parallelen Universum zurückgekehrt – eine Ausgeburt der Phantasie der gedungenen Verschwörungstheoretiker und Topmanager von British Airways, die viele tausend Pfund gekostet hatte. Ich begann, mich richtig auf den Verleumdungsprozeß zu freuen, der als »Mutter aller Verleumdungsfälle« angekündigt wurde.

7. Dezember 1992

»BA gibt klein bei«, erklärte mir George Carman. »Sie haben heute knapp eine halbe Million Pfund bzw. exakt 485 000 Pfund an das Gericht bezahlt. Sie haben zugegeben, daß sie faktisch in allen Anklagepunkten schuldig sind.«

Später fanden wir heraus, daß die Rechtsanwälte von BA ihren Mandanten kurz vor Prozeßbeginn mitgeteilt hatten, daß nicht die leiseste Aussicht auf einen für sie günstigen Ausgang bestand. Wenn sie der Demütigung entgehen wollten, von George Carman im Zeugenstand ins Kreuzverhör genommen zu werden und in der Presse alles über ihre Aktivitäten nachlesen zu können, hätten sie nur eine Wahl: eine Zahlung an das Gericht und Verhandlungen über einen außergerichtlichen Vergleich. Anfangs war ich mir nicht sicher, ob ich das Geld annehmen sollte. Ich war unschuldig, und wir konnten alle Mitglieder des BA-Boards in den Zeugenstand holen und zerlegen. Nach einiger Zeit wurde mir jedoch klar, daß dieser Schritt zwar verführerisch war, aber als rachsüchtig ausgelegt werden konnte und große Risiken in sich barg.

»Vergessen Sie nicht, warum Sie diesen Prozeß angestrengt haben«, riet mir George Carman. »Sie wollten, daß die schmutzigen Tricks ein Ende haben und Ihr guter Ruf wiederhergestellt wird. BA hat zugegeben, daß Sie vollkommen im Recht sind. Ihre Ehre ist gerettet. Wenn Sie den Prozeß weiterführen, können zwei Dinge schiefgehen. Die Geschworenen könnten Ihnen Schadensersatz zusprechen, aber Ihnen als schwerreicher Mann nicht 500 000 Pfund, sondern nur 250 000 geben. Das würde als Mißerfolg für Sie und Triumph für British Airways gesehen. Wenn die Geschworenen Ihnen weniger zusprechen, als BA an das Gericht gezahlt hat, müssen Sie die Kosten beider Parteien tragen. So würden Sie zwar den Prozeß gewinnen, aber viel Geld verlieren. Und die Öffentlichkeit würde sich fragen, warum Virgin Atlantic Gerichtskosten in Höhe von 3 Millionen Pfund tragen muß.«

Sein letzter Satz gab den Ausschlag. Obwohl die Entscheidung für einen außergerichtlichen Vergleich in gewisser Weise eine Enttäuschung war, weil uns das Vergnügen, George Carman beim Kreuzverhör der BA-Spitze zusehen zu dürfen, abging, errangen wir durch die Annahme des Angebots von British Airways einen eindeutigen, risikolosen Sieg und konnten uns sofort wieder unserer eigentlichen Arbeit zuwenden.

»Was müssen wir jetzt also tun?« fragte ich.

»Wir haben 21 Tage Zeit, um das Geld bei Gericht abzuholen, wenn wir das Angebot annehmen.«

»Und das machen wir?«

»Gütiger Himmel, nein«, sagte George entsetzt. »Ich werde das

Angebot nicht akzeptieren. Ich werde mindestens 600 000 Pfund herausschlagen. Wenn sie uns 485 000 Pfund geben, können sie auch auf 600 000 gehen. Mit jedem Schritt von 100 000 Pfund werden die Schlagzeilen um 2 Zentimeter größer.«

George verhandelte eine Woche lang über die Zahlung. Am 11. Dezember 1992 einigten wir uns auf die Bedingungen der höchsten unbestrittenen Verleumdungsentschädigung, die in der Rechtsgeschichte Großbritanniens jemals geleistet wurde: 500 000 Pfund an mich persönlich als Entschädigung für die Verleumdung meiner Person, und 110 000 Pfund an Virgin Atlantic für die Diskreditierung des Unternehmens.

11. Januar 1993

Ich saß mit Gerrard Tyrrell und meinem Vater, der zu meiner großen Freude diesen Triumph mit mir auskostete, im Amtszimmer von George Carman. Wir waren zu Fuß zum High Court am Strand gegangen und hatten uns einen Weg durch die Menge der vor dem Portal versammelten Journalisten gebahnt. Der Gang vor dem Sitzungssaal 11, wo die Anhörung stattfinden sollte, war schwarz vor Menschen.

Im Gerichtssaal war kein Laut zu hören. British Airways glänzte durch Abwesenheit: Die drei wichtigsten Protagonisten – Lord King, Sir Colin Marshall und Robert Ayling – waren nicht erschienen. David Burnside fehlte ebenfalls. Brian Basham war ins Ausland gereist, aber seine Anwälte versuchten in letzter Minute, seinen Namen aus der Entschuldigungserklärung zu streichen. Der Richter hörte sich ihren Antrag an und fragte dann die Verteidiger von British Airways nach ihrer Meinung. Sie waren sich mit Virgin einig, daß Brian Bashams Name auf der Entschuldigung erscheinen solle. Der Richter entschied, daß der vorbereitete Entwurf unverändert übernommen werden solle.

George Carman stand auf und las die vereinbarte Erklärung vor. Als er zum Ende kam, herrschte tiefes Schweigen im Saal:

»*British Airways und Lord King räumen jetzt vorbehaltlos ein, daß die Behauptungen, mit denen sie die lauteren Absichten und die Integrität von Richard Branson und Virgin Atlantic in Zweifel zogen, in keiner Weise der Wahrheit entsprechen. Des weiteren teilen sie die Ansicht, daß Richard Branson und Virgin Atlantic berechtigten Grund für schwere Vorbehalte in bezug auf die Tätigkeit einiger Mitarbeiter von British Airways und Herrn Bashams und ihrer möglichen Auswirkungen auf die geschäftlichen Interessen und den Ruf von Virgin Atlantic und Richard Branson hatten. Angesichts dieser Sachlage haben sich British Airways und Lord King, vertreten durch ihre Rechtsanwälte, hier eingefunden, um sich zu entschuldigen und an die Kläger als Wiedergutmachung für den durch ihre falschen Behauptungen entstandenen Schaden und die Unannehmlichkeiten eine hohe Zahlung zu leisten. Sie ziehen ferner ihre Gegenklage gegen Virgin Atlantic und Richard Branson zurück. Des weiteren sind British Airways und Lord King überein gekommen, die Gerichts- und Anwaltskosten von Richard Branson und Virgin Atlantic bezüglich der vorliegenden Klage und Gegenklage zu übernehmen. Sie verpflichten sich auch, die verleumderischen Behauptungen, die Gegenstand dieser Klage sind, nicht zu wiederholen.*«

George Carman schwieg einen Augenblick. Im Gerichtssaal hielten alle den Atem an.

»*British Airways und Lord King werden an Richard Branson Schadensersatzahlungen in Höhe von 500 000 Pfund und an Virgin Atlantic Schadensersatzzahlungen in Höhe von 110 000 Pfund leisten.*«

George erhob seine Stimme, damit er über den plötzlichen Lärm im Gerichtssaal noch zu hören war:

»*Angesichts der bedingungslosen Entschuldigung und der Zahlung einer sehr hohen Entschädigungsleistung betrachten Richard Branson und Virgin Atlantic ihren Ruf durch diesen Vergleich als öffentlich wiederhergestellt.*«

Ich sah, daß meinem Vater Tränen über die Wangen liefen, als er die Bedingungen des Vergleichs hörte. Er zog ein großes seidenes Einstecktuch aus der Brusttasche und tupfte sich damit die Tränen ab. Ich ballte meine Hände unter dem Tisch zu Fäusten, damit ich nicht vor Freude in die Luft sprang. In der bedingungslosen Entschuldigung von British Airways gab es nur eine einzige Dissonanz: Die Führungskräfte von British Airways sprachen sich dann selbst von jeder Schuld frei.

»Die Untersuchungen, die British Airways im Rahmen dieser rechtlichen Auseinandersetzung durchführte, brachte einige Vorkommnisse ans Licht, die British Airways als bedauerlich erachtet und Richard Branson und Virgin hinreichenden Anlaß zur Besorgnis gaben. Ich möchte allerdings betonen«, fuhr der Anwalt von BA fort, »daß die Direktoren von British Airways nicht an einer konzertierten Kampagne gegen Richard Branson und Virgin Atlantic beteiligt waren.«

Einige der Anwesenden schnaubten verächtlich. British Airways hatte sich geweigert, diesen Satz aus der Entschuldigung zu streichen.

»Sollen sie ihn doch stehenlassen«, meinte George Carman schließlich. »Die Leute werden genau wissen, was das in Wahrheit bedeutet. Das Wort ›konzertiert‹ werden wir nicht zum letzten Mal gehört haben.«

Mit Erlaubnis des Richters stand dann Bashams Anwalt auf, um darauf hinzuweisen, daß die vorgetragene Erklärung nach Meinung seines Mandanten kein zutreffendes Bild seiner Handlungen im Namen von BA zeichne. Vor der Saaltür, wo Journalisten und Fotografen auf mich zustürmten, riß ich triumphierend beide Fäuste in die Höhe.

»Diese Entschädigungsleistung nehme ich nicht nur für Virgin entgegen«, sagte ich, »sondern auch für andere Fluglinien: für Laker, für Dan Air, Air Europe und B-Cal. Sie gingen unter, und wir überlebten British Airways, aber nur um Haaresbreite.«

Daheim in Holland Park waren schon alle in Feierstimmung. Ich wollte die 500 000 Pfund, die mir persönlich zugesprochen worden waren, mit allen Mitarbeitern von Virgin Atlantic teilen, da sie in Form von Gehaltskürzungen und niedrigeren Prämien unter dem Druck gelitten hatten, den British Airways auf uns ausgeübt hatte. In der Ecke lief der Fernsehapparat; der Erfolg von Virgin war auf allen Sendern die Hauptnachricht des Tages. ITN interviewte sogar Sadig Khalifa und Yvonne Parsons. Wir unterbrachen unsere Party kurz, um ihnen zuzujubeln.

Stunden später übermannte mich mitten in einem Gespräch eine Welle der Erschöpfung. Mir wurde klar, daß wir gewonnen hatten. Aller Streß fiel von mir ab, und mit einem breiten, glücklichen Lächeln im Gesicht kippte ich seitwärts um und versank in einen tiefen Schlaf.

In Hochstimmung brach ich mit Joan, Holly und Sam zum Hotel La Residencia auf Mallorca auf. Die Presse hatte mich die ganze Woche über fotografiert, und ich hatte das Gefühl, daß wir auf einer Welle des Triumphs schwammen, die Virgin in den nächsten Jahren völlig verändern würde. Wir konnten es mit der ganzen Welt aufnehmen. Eines Morgens lag ich am Swimmingpool des Hotels, las die Zeitungsausschnitte über Virgin, die mir zugefaxt worden waren, und kämpfte dagegen an, mir die Sache zu Kopfe steigen zu lassen. Plötzlich näherte sich ein junges Paar. Die beiden hüstelten nervös, um auf sich aufmerksam zu machen.

»Entschuldigen Sie bitte!« Sie hielten mir eine Kamera hin. »Wären Sie so freundlich? Wir hätten gerne ein Foto.«

Ich lächelte sie an.

»Aber gerne!« Mit strahlendem Lächeln stand ich auf und strich mir die Haare aus der Stirn. »Wo wollen Sie es machen?«

»Hier ist genau der richtige Ort«, antworteten sie. Ich stellte mich mit dem Rücken zum Pool, streckte meine Brust heraus und zupfte an meinen Haaren.

»Hier vielleicht?« fragte ich.

Zu meiner Überraschung blickten sie mich nur verwirrt an. Sie begannen, miteinander zu flüstern, und hielten mir dann wieder die Kamera hin.

»Verzeihung«, sagte der Mann, »aber wir hatten gehofft, Sie könnten vielleicht ein Foto von uns machen. Ich heiße Edward und das ist meine Frau Araminta. Wie heißen Sie?«

Epilog
VIRGIN TERRITORY

1993 stellte einen Wendepunkt für Virgin dar. Ab diesem Jahr hatten wir zum ersten Mal genug Geld und mit »Virgin« einen starken Markennamen, der für eine breite Palette geschäftlicher Aktivitäten genutzt werden konnte. Wir brachen zu unbekannten Ufern, in neues Territorium auf, aber zumindest konnten wir es uns leisten, unserem Instinkt zu folgen, anstatt ständig andere zur Finanzierung unserer Vorhaben überreden zu müssen. Nach dem überraschenden horizontalen Sprung von Virgin Records zu Virgin Atlantic standen uns alle Wege offen. Der Tag, an dem wir einen alten Plattenvertrag auf dem Hausboot abgeschrieben und Mike Oldfield zur Unterschrift vorgelegt hatten, lag weit zurück. Die Zeiten hatten sich geändert. Jetzt lagen auf unserem Bankkonto 500 Millionen Pfund. Ich hätte mich natürlich aus dem Geschäftsleben zurückziehen und meine Energien auf Wasserfarbenmalerei oder Golfspiel mit meiner Mutter konzentrieren können. Das entsprach aber nicht meinem Naturell. Oft werde ich gefragt: »Warum machen Sie jetzt nicht etwas, was Spaß macht?« Diese Frage beruht auf einem grundsätzlichen Mißverständnis. Mir macht meine Arbeit Spaß. Der Faktor Spaß steht im Zentrum meiner unternehmerischen Aktivitäten und spielte von Anfang an bei all meinen Vorhaben eine Rolle. Der Begriff »Spaß« beschreibt das Geheimnis von Virgins Erfolg wohl am besten. Ich bin mir bewußt, daß die Auffassung, daß unternehmerische Tätigkeit Spaß machen und kreativ sein kann, gegen alle Konventionen verstößt. Das lernt man mit Sicherheit nicht an wirtschaftswissenschaftlichen Fakultäten, wo das Geschäftsleben als Plackerei und endlose Kette von »diskontierten Cash-flows« und »Kapitalwerten« hingestellt wird. Obwohl ich oft gebeten werde, meine »Geschäftsphilosophie« zu umreißen, bleibe ich im allgemeinen die Antwort schuldig, weil ich nicht glaube, daß sie als erlernbares Patentrezept taugt. Es gibt Elemente und Vorgehensweisen, die einen Erfolg garantieren. Wenn bestimmte Parameter eingehalten werden, kann man damit das Überleben eines Unternehmens sichern. Es ist jedoch unmöglich, unseren Geschäftserfolg eindeutig zu definieren und dann wie ein Parfüm in eine Flasche abzufüllen. So einfach ist die Sache nicht: Um Erfolg zu haben, muß man vor Ort präsent und immer auf dem Sprung sein, ein gutes Team um sich versammeln und zu allem Überfluß noch unverschämt viel Glück haben. Dann bringt man vielleicht etwas zuwege. Folgt man aber der Formel eines anderen, ist das beileibe keine Erfolgsgarantie. Sie brauchen sich nur anzusehen, wo Virgin heute steht, um zu erkennen, daß im Geschäftsleben alles stetig im Fluß ist. Ich für meinen Teil werde dafür sorgen, daß das Unternehmen niemals stillsteht. Es war immer ein sich wandelndes, schwer definierbares Gebilde, und die letzten Jahre haben das besonders deutlich gemacht. Als ich vor einigen Jahren begann, dieses Buch zu schreiben, war Virgin in vielen Geschäftszweigen, die heute einen so großen Teil meiner Zeit in Anspruch nehmen, noch gar nicht tätig. Erst wenn man ein Buch wie dieses schreibt, wird einem klar, wie weit man noch gehen möchte. Anstatt also zu versuchen, mit dem Buch wieder und wieder mit dem explosiven Wachstum der Virgin-Gruppe in den fünf Jahren seit 1993 Schritt zu halten, wollte ich zeigen, welche Projekte ich aus unternehmerischer Sicht bisher abgeschlossen habe. So sehe ich dieses Buch: ein umfassender Bericht über den ständigen Kampf der ersten (gut) vierzig Jahre meines Lebens, aber auch über ein Leben und ein Werk, die sich stetig weiterentwickeln. Seit 1993 ist viel passiert, was sich in meiner Ansicht zum Privat- und Geschäftsleben widerspiegelt. Im einzelnen werde ich darauf aber erst im nächsten Buch eingehen. Seit 1993 hat Virgin vielleicht rascher expandiert als jedes andere Unternehmen in Europa und dadurch radikale Entwicklungsschübe erlebt. Ich wollte hier keine endlose, hochkomplexe Analyse der Geschäftsstrategie präsentieren, sondern einen Eindruck von Virgin vermitteln und einige der Elemente beschreiben, die in den ausgehenden Jahren des 20. Jahrhunderts genauso wichtig für das Unternehmen sind, wie sie es in den letzten 25 Jahren waren. Dieses Buch sollte niemals so trocken wie eine Bilanz werden, sondern Ihnen zeigen, was für mich und die Menschen um mich herum bisher wichtig war.

Nach dem Verkauf von Virgin Music und unserem Sieg über British Airways im Januar 1993 erkannte ich, daß ich zum ersten Mal in meiner Unternehmerkarriere die Mauer erklommen und zumindest einen Blick ins gelobte Land werfen konnte. Das war nicht immer möglich. Wer ohne finanzielle Reserven in den Ring steigt, wandert auf einem schmalen Grat zwischen Erfolg und Mißerfolg. Überleben hat höchste Priorität. Ganz gleich, welche Erfolge Virgin einheimste, es bestand immer die Gefahr, daß unser Cash-flow zur Neige ging. Virgin erzielte Gewinne, doch habe ich stets in neue Projekte investiert, damit das Unternehmen weiter wuchs. Nur selten hatten wir den Luxus eines Liquiditätspolsters. Im Laufe der Jahre haben wir drei Rezessionen durchgestanden, Verluste erlitten, einige Geschäftsbereiche aufgegeben, einmal Mitarbeiter entlassen müssen. Nach 1993 sollte uns aber keine Bank mehr vorschreiben können, wie wir unser Unternehmen zu führen hatten. Wir hatten finanzielle Freiheit. Ich gehörte einer seltenen Spezies an: Den meisten Unternehmern gelingt es nicht, so lange zu überleben, bis dieser Punkt erreicht ist.

Auf dem Weg zur Freiheit mußten wir alle möglichen Hindernisse überwinden, die uns ohne Vorwarnung in den Weg gelegt wurden. Als wir einen Plattenversand führten und somit von der Post abhängig waren, traf uns wie ein Blitz aus heiterem Himmel ein Poststreik. Hätten wir nicht völlig neue Wege eingeschlagen, wären wir in Konkurs gegangen. Wir hatten keine andere Wahl. Der Streik war erst wenige Tage alt, als wir unseren ersten Virgin-Laden eröffneten. Er lag zwar über einem Schuhgeschäft, und man mußte eine dunkle, enge Treppe hinaufsteigen, um in einen nur mit Regalen, einem schäbigen Sofa und einer Kasse eingerichteten Raum zu gelangen, aber auf seine Weise lehrte uns dieser Laden alles, was wir heute über den Einzelhandel wissen. Ich sehe eine direkte Verbindung zwischen diesem winzigen Geschäft und den Virgin Megastores in Paris und New York. Es ist nur eine Frage der Größe – aber vorher muß man daran glauben, daß man so etwas schaffen kann.

Als unser Plattenlabel noch in den Kinderschuhen steckte, ging es bei jedem Vertragsabschluß ebenfalls um Leben oder Tod. Wir konnten vielleicht 10cc nicht für uns gewinnen, waren aber jedesmal bereit, das Unternehmen aufs Spiel zu setzen, wenn wir wieder einen Versuch mit der nächsten Band starteten. Wir bauten praktisch aus dem Nichts eine Fluggesellschaft auf, und als bei unserem Probeflug das Triebwerk explodierte, hätte dieses Projekt sterben können, bevor es richtig zur Welt kam. Wir hatten Glück: Jedesmal, wenn etwas schiefging, waren wir den Banken einen winzigen Schritt voraus. So schwierig die Lage auch sein mag, man darf nie die Vision aus den Augen verlieren. Inmitten der Rezession 1992 wurde dies besonders deutlich. Damals versuchte ich, die finanziellen Mittel für die Installation von Einzelbildschirmen für alle Sitze unserer Flugzeuge aufzutreiben – ich war immer der Meinung, daß Virgin die beste Unterhaltung an Bord bieten sollte. Für dieses Projekt benötigten wir 10 Millionen Dollar. Niemandem bei Virgin gelang es, dieses Geld aufzutreiben, und wir waren schon bereit, die ganze Sache aufzugeben, als ich noch einen letzten Versuch startete. Nervös griff ich zum Telefonhörer, rief bei Boeing an und verlangte den CEO Phil Conduit. Ich fragte ihn, ob er uns Bildschirme für jeden Sitz in der Economy Class als Dreingabe liefern könne, wenn wir zehn neue Boeing 747-400 kaufen würden. Phil war erstaunt, daß irgend jemand in einer Rezession Interesse an neuen Flugzeugen bekundete, und stimmte bereitwillig zu. Dann rief ich Jean Pierson bei Airbus an und stellte ihm die gleiche Frage. Er befand sich in einer ähnlichen finanziellen Notlage und willigte ebenfalls ein. Nachdem wir noch etwas herumtelefoniert hatten, stellten wir fest, daß es leichter war, einen Kredit über 4 Milliarden Dollar für den Kauf von 18 neuen Flugzeugen zu bekommen als 10 Millionen Dollar für neue Bildschirme an den Rücklehnen der Sitze. Folglich hatte Virgin Atlantic plötzlich eine nagelneue Flotte – die jüngste und modernste in der ganzen Branche, zum günstigsten Preis, den wir bis dahin oder seither aushandeln konnten.

Ich werde häufig gefragt, wo die Grenzen von Virgin liegen und ob wir den Markennamen nicht über die Maßen beansprucht haben. In schöner Regelmäßigkeit wird mir unter die Nase gerieben, daß kein anderes Unternehmen der Welt seinen Namen für eine derart bunte Palette von Produkten und Firmen hergebe. Die Menschen, die diese Argumente vorbringen, haben völlig recht – und ich bin stolz darauf. Dennoch denke ich über diese Frage nach, und die Antwort ist vielleicht etwas schwierig nachzuvollziehen. Mein Leben lang habe ich Chancen und Abenteuer genossen. Einige der besten Ideen fallen sozusagen vom Himmel, und man muß immer offen für ihr Potential sein. So wie mir ein amerikanischer Rechtsanwalt 1984 plötzlich vorschlug, eine Fluggesellschaft zu gründen, oder mich ein fanatischer, schwedischer Ballonfahrer 1987 fragte, ob ich mit ihm den Atlantik überqueren wollte. Die Vorschläge stürmen geradezu auf mich ein, und ich habe keine Ahnung, was wir als nächstes in Angriff nehmen werden. Eines weiß ich jedoch: Wenn ich aufmerksam genug zuhöre, passen all diese Ideen irgendwie zu dem, was Virgin inzwischen geworden ist. Ich bin von Natur aus neugierig, und das zeigt sich auch in meinen geschäftlichen Aktivitäten. Diese Neugier hat mich auf viele unerwartete Wege und zu vielen außergewöhnlichen Menschen geführt. Virgin besteht aus vielen solcher Menschen. Ihnen ist unser Erfolg zu verdanken.

Virgin hatte immer ein Eigenleben, und ich habe versucht, damit Schritt zu halten. Als ich den *Student* an IPC Magazines verkaufen wollte, schreckte der Verlag davor zurück, weil ich von anderen Geschäftschancen erzählte, die ich erforschen wollte: ein *Student*-Reisebüro, das billigere Reisen als die damaligen Fluggesellschaften anbieten würde, eine *Student*-Bank, weil mittellose Studenten ausgenommen wurden wie Weihnachtsgänse. Ich wollte sogar Züge von British Rail mieten, weil die Fahrkarten so unverschämt teuer waren und die Züge der britischen Staatsbahn immer Verspätung hatten. Schon damals versuchte ich, wenn auch mit begrenzten Ressourcen, die Grenzen des Möglichen auszuloten und einige dieser Branchen auf den Kopf zu stellen. Damals war das alles noch graue Theorie und jenseits meiner Möglichkeiten, aber einige interessante Ideen ergaben sich doch. Ich mag zwar als Unternehmer bezeichnet werden, weil ich mit dem Ziel der Gewinnerzielung Firmen gründe und leite, aber bei Zukunftsplänen und der Suche nach neuen Produkten und Geschäftsmöglichkeiten bin ich Idealist. Beim *Student* funktionierten meine grandiosen Pläne nicht. Anfang 1993 war ich jedoch wieder einmal bereit, die Grenzen neu zu ziehen. Diesmal war alles ganz anders: Ich hatte nicht nur ein paar Pfund in einer Keksdose, die letztendlich für indische Currys ausgegeben wurden, sondern eine Schatzkiste mit mehreren hundert Millionen Pfund. Wenn man vom Erfolg berauscht ist, scheint alles möglich. Wir hatten die Finanzmittel und vor allem auch den Namen »Virgin«, der bereits dafür bekannt war, daß er sich immer wieder erneuern konnte. Es gab nichts, was uns daran hinderte, in eine ganz andere Richtung zu gehen. Vor uns lag viel »Virgin Territory«. Ich konnte meinem Instinkt freien Lauf lassen. Vor allem aber muß jeder Geschäftsvorschlag sich so anhören, als würde er Spaß machen. Wenn ein Markt von nur zwei gigantischen Unternehmen bedient wird, gibt es da meiner Ansicht nach Platz für etwas gesunden Wettbewerb. Mir macht es auch Spaß, den Status quo ein wenig durcheinanderzuwirbeln. Es macht mir Spaß, Großkonzernen einen Dämpfer zu verpassen, zumal wenn sie teure, qualitativ minderwertige Produkte anbieten. 1993 enthielt mein Notizbuch bereits Kritzeleien über die Möglichkeit, es mit einer Palette von Virgin-Softdrinks, angeführt von Virgin Cola, mit dem mächtigen Coca-Cola-Konzern aufzunehmen – immerhin einem der zehn größten Unternehmen der Welt. Die Cott Corporation ist spezialisiert auf die Abfüllung von Cola-Hausmarken. Damals suchte sie nach einer Marke mit globaler Anziehungskraft.

»Sie haben den Faktor X, den Faktor Y – Sie haben einfach alles«, sagte Gerry Pencer, der oberste Chef der Cott Corporation zu mir. »Die Leute mögen Virgin; sie vertrauen diesem Namen; sie werden ein Produkt kaufen, weil es von Virgin stammt. Was halten Sie davon? Wir haben das Rezept, Sie den Namen. Was halten Sie von Virgin Cola?«

Die Stärken von Coca-Cola und Pepsi liegen deutlich auf der Hand. Coca-Cola ist der bekannteste Markenname und zugleich auch das profitabelste Unternehmen der Welt. Es steht nur einem einzigen Konkurrenten gegenüber: Coke hat in den USA einen

Marktanteil von 40 Prozent, Pepsi um die 30 Prozent. Außerhalb der Vereinigten Staaten beherrscht Coke den Markt unangefochten. Beide Firmen geben jedes Jahr Milliarden Dollar für Werbung aus; einige ihrer besten Werbespots gehen sogar in unser kollektives Bewußtsein ein. Wenn ich die Branche aber genau betrachtete, konnte ich einige Risse in ihrer Rüstung erkennen. Eine ganz simple Analyse führt einem vor Augen, daß Coke nichts anderes als eine Brause mit gigantischem Marketingbudget ist, und diese Einfachheit macht den Markt verwundbar. Es bestehen schwerwiegende Zweifel darüber, was »The Real Thing« eigentlich genau ist. Coca-Cola hat sein ursprüngliches Getränk aus dem Verkehr gezogen und New Coke lanciert, ein Rezept, daß nach Aussagen des Unternehmens besser schmeckte. Die Reaktion der amerikanischen Konsumenten zwang Coca-Cola, ihr ursprüngliches Rezept als »Classic Coke« wiederzubeleben. Aber der Keim des Zweifels war schon gesät. Wenn Coca-Cola zugab, daß Classic Coke nicht so gut war wie New Coke, dann könnte es natürlich auch ein anderes Cola-Rezept geben, das noch besser schmeckt. Meiner Ansicht nach war der Bann gebrochen. Auf der anderen Seite dieses Duopols schien Pepsi der schwächere Partner zu sein. Bezeichnenderweise reagierte Pepsi auch als erster auf die Markteinführung von Virgin Cola: Es änderte die vorherrschende Farbe seiner Dose von rot auf blau. Offenbar hatten wir einen Nerv getroffen. Dennoch gab es bei Virgin einige Widerstände gegen das ganze Projekt. Die Virgin-Mitarbeiter wollten unseren Markennamen verständlicherweise schützen. Es waren nur die ersten von vielen Einwänden gegen seine neuartigen Verwendungen. Immer wenn ich mich für etwas entschieden habe und man mir dann davon abraten will, wächst meine Entschlossenheit, es doch zu versuchen. In diesem Fall erkannten wir alle, daß wir uns die Supermarktregale zentimeterweise erkämpfen mußten. Sobald wir aber sahen, daß das finanzielle Risiko im Falle eines Scheiterns gering war, gaben wir der Sache grünes Licht. Wir wußten, daß unser Produkt genauso gut wie Coke oder Pepsi war. Erste Blindtests in der örtlichen Schule, auf die viele weitere im ganzen Land folgen sollten, ergaben, daß den Verbrauchern Virgin Cola besser schmeckte als die anderen. Daher stürzten wir uns in das Abenteuer Virgin Cola.

Nach wenigen Monaten erzielten wir landesweit Umsätze in Höhe von 50 Millionen Pfund. Wir brachten das Getränk in Frankreich, Belgien und Südafrika auf den Markt. Jetzt treten wir gegen Coca-Cola auf seinem Heimatmarkt an. Wir haben sogar einen Virgin-Cola-Automaten direkt unter der Coca-Cola-Leuchtreklame am New Yorker Times Square aufgestellt. Ich kann keine Prognosen darüber abgeben, ob Virgin Cola ein globaler Marktführer bei Softdrinks wird oder nicht. Wie bei all unseren Geschäftsbereichen bin ich für alles offen. Eines weiß ich aber genau: Virgin Cola ist bezeichnend für die Philosophie der Virgin-Gruppe, und hinter dem ganzen Spaß und Verkaufsrummel steht ein solider Geschäftsplan. Die Entscheidung für die Einführung von Virgin Cola beruhte auf drei Hauptelementen: Suche nach den richtigen Mitarbeitern und Partnern, nutze die positive Wirkung des Markennamens Virgin und begrenze die Verlustrisiken.

Der Geschäftsplan für dieses Produkt ist klar: Wir werden nie viel Geld mit dem Verkauf von Virgin Cola verlieren. Es ist so billig in der Produktion, daß im Gegensatz zu den meisten anderen Erzeugnissen die Herstellungskosten vernachlässigenswert sind. Daher können wir unsere Werbe- und Distributionskosten direkt über den Umsatz wieder hereinholen. Ein Blick auf die Bilanzen von Coca-Cola genügt, um die hohe Rentabilität dieser Firma zu erkennen. Bei einer solchen Gewinnspanne muß es viel Platz auf dem Markt für einen Anbieter geben, der neben Coke und Pepsi eine anständige Cola verkaufen will. Sobald ich überzeugt war, daß wir die Verlustrisiken unter Kontrolle hatten (das ist stets meine größte Sorge), mußte eine zweite wichtige Frage beantwortet werden: Würde Virgin Cola wirklich den Wert des Markennamens Virgin steigern? Trotz der Einwände meiner Kollegen war ich überzeugt, daß ein Cola-Getränk alle Eigenschaften aufweist, die man häufig mit Virgin verbindet: überschäumende Energie, Spaß und Freiheit. Damit nicht genug: Unsere Cola ist besser und billiger als die Konkurrenzprodukte. Und wir profitieren davon, daß wir als kleiner Newcomer gegen zwei Giganten antreten. »Okay«, sagen viele, wenn sie diese Erklärung hören, »wir verstehen, daß Cola Spaß macht. Ein prickelndes Getränk, das einen Gewinn abwirft und zum Image von Virgin paßt. Aber das gilt doch gewiß nicht für Lebensversicherungen? Warum in aller Welt verkaufen Sie Lebensversicherungen, Hypotheken und Anlagen?«

Ich muß zugeben, daß vor dem Start von Virgin Direct auch bei uns intern heftige Diskussionen über Lebensversicherungen stattfanden.

»Lebensversicherungen?« schnaubten alle verächtlich, als sie davon hörten. »Die Leute *verabscheuen* Lebensversicherungen. Alle Versicherungsvertreter wirken skrupellos, platzen bei einem in die Wohnung und verdienen heimliche Provisionen. Eine schreckliche Branche. Ganz sicher nichts für Virgin.«

»Genau«, sagte ich. »Lebensversicherungen haben Potential.«

Es ist kein Geheimnis, daß ich liebend gerne den Advocatus Diaboli spiele. Ich sah alle Nachteile der Finanzdienstleistungsbranche. Unsere ursprünglichen Mitarbeiter in der Albion Street oder die Kunden, die es sich auf Sitzsäcken in unseren Plattenläden gemütlich machten, hätte die Vorstellung einer Virgin-Lebensversicherung bzw. einer Virgin-Bank schockiert. Immer, wenn ich sehe, wie Menschen über den Tisch gezogen werden, möchte ich ein besseres Angebotspaket für sie schnüren. Natürlich stehen dahinter nicht rein altruistische Motive – das Ganze muß auch einen Gewinn abwerfen. Nur bin ich bereit, einen größeren Anteil dieses Gewinns mit den Kunden zu teilen. Dadurch stehen beide Seiten besser da. Der Rebell in mir amüsiert sich auch im stillen darüber, daß der Mann, der der Welt die Sex Pistols brachte, sich nun um die Altersversorgung kümmert. Ein anderer Teil freut sich, daß wir mit unserer eigenen Bank jenen Finanzinstituten, die uns um ein Haar in den Konkurs getrieben hätten, eins auswischen können.

Auf die Finanzdienstleistungsbranche machte mich als erster Rowan Gormley aufmerksam, ein Risikokapitalgeber, den ich gebeten hatte, neue Geschäftschancen für Virgin auszuloten. Eine seiner ersten Maßnahmen war die Überprüfung unseres Pensionsplans, der seiner Meinung nach alles andere als optimal war. Nachdem er sechs verschiedene Pensionsberater um Vorschläge zur Umstrukturierung unserer betrieblichen Altersversorgung gebeten hatte, erhielt er zu seiner Verwunderung sechs verschiedene Antworten.

»Das verstehe ich nicht«, sagte er zu mir. »Ich hab drei Diplome in Finanzwesen, doch was die sagen, macht überhaupt keinen Sinn.«

Instinktiv spürte ich, daß in der von Geheimniskrämerei und Nepp geprägten Welt der Finanzdienstleistungen Platz für Virgin war, wenn wir den Kunden eine Alternative ohne Fachjargon und versteckte Haken bieten würden. Wie bei unseren anderen Vorhaben benötigten wir auch hier einen Partner, der sich nicht nur in der Branche auskannte, sondern auch mit Finanzmitteln den Markennamen Virgin stützen konnte. Trotz einiger Schwierigkeiten in der Vergangenheit halte ich nach wie vor gleichberechtigte Partnerschaften für die beste Finanzierungslösung. Wenn etwas schiefläuft – was ja früher oder später immer irgendwann der Fall sein wird – haben beide Partner einen gleich starken Anreiz, die Sache wieder in Ordnung zu bringen. Allerdings ist dies nicht immer realisierbar. Schlimmstenfalls muß Virgin den Partner ganz auszahlen – wie bei Randolph Fields. Im günstigsten Fall bleibt es beim Joint-venture im Verhältnis 50 zu 50, und beide Seiten sind zufrieden – wie bei Marui, unserem Partner in den japanischen Megastores. Zwischen diesen beiden Extremen liegen viele Varianten, und wir haben die meisten davon ausprobiert. Letzten Endes weiß man im Umgang mit anderen Menschen nie, worauf man sich einläßt. Obwohl sich beide Partner mit dem gleichen Enthusiasmus auf ein Projekt zu stürzen scheinen, kann sich die Situation ändern. Es gehört zu den unternehmerischen Herausforderungen zu wissen, wann man einen Vertrag neu aushandeln muß – und wie. Unser Finanzdienstleistungsunternehmen Virgin Direct war zunächst ein gleichberechtigtes Joint-venture mit der Norwich Union. In aller Unbescheidenheit kann ich behaupten, daß die Finanzdienstleistungsindustrie nach dem Markteintritt von Virgin nie mehr so war wie früher. Wir schafften alle Provisionen ab, boten Produkte mit gutem Preis-Leistungsverhältnis und wurden praktisch von Anlegern überrannt, die uns gar nicht schnell genug ihr Geld übergeben konnten. Anstatt ein funkelndes Hochhaus in der Londoner City zu mieten, richteten wir ein neues Büro in Norwich ein. Wir beschäftigten nie Fondsmanager (eine der höchstbezahlten Berufsgruppen der Welt), denn wir waren hinter ihr bestgehütetes Geheimnis gekommen: Sie konnten niemals auf Dauer den Aktienindex übertrumpfen. Nach dem ungestümen Start schien die weitere Entwicklung vielversprechend, aber trotz unserer Erfolge erkannten wir, daß wir uns schneller und weiter entwickelten, als unserem Partner Norwich Union lieb war. Es sah so aus, als würden wir dreimal so groß wie ursprünglich prognostiziert. Nach kurzer Zeit kamen wir überein, daß Norwich Union ihre Beteiligung an einen Partner verkaufen solle, der unsere Ambitionen mitzutragen bereit war: Australian Mutual Provident (AMP). Zusammen mit AMP und dem phantastischen Team von Virgin Direct haben wir jetzt eine breite Schneise in den Dschungel der Finanzdienstleistungen geschlagen. Nach einem fulminanten Start im Jahr 1995 ist Virgin Direct in atemberaubender Geschwindigkeit zum beliebtesten Anbieter von Produkten für die private Altersvorsorge in Großbritannien geworden. 250 000 Kunden haben uns über 1,5 Milliarden Pfund anvertraut. Der Erfolg von Rowan Gormley und seiner Vision für Virgin Direct veranschaulicht eine der großen Stärken der Virgin-Gruppe: Unser Erfolg beruht auf der Förderung von Freigeistern. Als ich Rowan ursprünglich bat, für Virgin zu arbeiten, war mir eine Eigenschaft an ihm aufgefallen: Er wußte, wie man Ziele erreicht. Als er seinen Schreibtisch auf einem Treppenabsatz in Holland Park 11 einrichtete, wußte niemand von uns, daß er binnen weniger Monate ein Finanzdienstleistungsunternehmen gründen würde. Als er sich dann zu diesem – im nachhinein wenig überraschenden – Sprung entschloß, einigten wir uns auf eine Unternehmensstruktur, die ihm und seinem Team eine Beteiligung am Unternehmen sicherte, und überließen dann alles Weitere ihm. Wie alle Führungskräfte in den Virgin-Gesellschaften hat auch Rowan einen großen Erfolgsanreiz, da er weiß, welchen Wohlstand seine Bemühungen ihm und seinem Team bringen können. Virgin Direct scheint auf den ersten Blick vielleicht nicht zur »Rock-'n'-Roll«-Firma Virgin zu passen: Wir bewegten uns hier seitwärts, ähnlich wie bei unserem Sprung von Schallplatten zu Flugzeugen. Meine Vision für Virgin folgt nicht den Bahnen des konventionellen Denkens, deren Produkte Unternehmen mit einer riesigen Konzernzentrale und einer Führungspyramide mit zentralem Vorstand sind. Damit will ich nicht behaupten, daß ich eine solche Struktur für falsch halte – weit gefehlt. Sie führt zu achtungsgebietenden Kolossen, deren Bandbreite von Coca-Cola über GEC bis hin zu British Airways reicht. Nur kann ich persönlich damit nichts anfangen. Ich bin zu informell, zu ruhelos und zu neugierig darauf, immer wieder etwas Neues auszuprobieren.

Je diffuser das Unternehmen wird, desto häufiger werde ich nach meiner Vision für Virgin gefragt. Ich versuche, dieser Frage auszuweichen oder sie sehr ausführlich zu beantworten in dem sicheren Wissen, daß ich dem nächsten Fragesteller eine andere Antwort geben werde. Meine Vision für Virgin war niemals starr und ändert sich ständig, wie das Unternehmen selbst. Mein Leben lang habe ich Listen aufgesetzt: Listen von Menschen, die ich anrufen mußte, Listen von Ideen, Listen von Unternehmen, die ich gründen wollte, Listen von Menschen, die Berge versetzen können. Jeden Tag gehe ich diese Listen durch, und die ständige Folge von Anrufen treibt mich voran. Anfang der siebziger Jahre ging es darum, unsere Banken, Lieferanten und Gläubiger gegeneinander auszuspielen, um zahlungsfähig zu bleiben. Heute lebe ich noch genauso, nur geht es jetzt um größere Transaktionen und nicht um Banken. Auch hier hat sich nur die Größenordnung geändert.

Jeder, der mit mir gearbeitet hat, weiß, daß mein wichtigster Besitz ein handelsübliches Notizbuch ist, wie man es in jedem Schreibwarengeschäft bekommt. Dieses Büchlein schleppe ich immer mit mir herum, damit ich alle Kommentare von Virgin-Mitarbeitern und anderen Menschen, die ich treffe, aufschreiben kann. Darin notiere ich mir alle Telefongespräche und alle Besprechungen. Ich setze darin Briefe auf und verfasse Listen von Anrufen, die ich erledigen muß. Über die Jahre habe ich so viele Notizbücher vollgeschrieben, daß sie einen ganzen Bücherschrank füllen. Indem ich mich zwinge, alles aufzuschreiben, stelle ich sicher, daß ich den Leuten aufmerksam zuhöre. Wenn ich heute durch alte Notizbücher blätterte, sehe ich einige Chancen, die ich nicht nutzte: Man fragte mich, ob ich in ein Brettspiel namens Trivial Pursuit und in einen aufziehbaren Radioapparat investieren wolle. Als ich jedoch das Angebot ablehnte, Syndikatsmitglied bei der Lloyds-Versicherung zu werden, muß es mein Schutzengel gut mit mir gemeint haben. In Flugzeugen, Zügen oder

Plattenläden gehe ich immer herum und bitte die Mitreisenden oder Kunden um ihre Ideen, wie wir den Service verbessern können. Diesen Input schreibe ich mir auf, und zu Hause gehe ich das Geschriebene nochmal durch. Wenn eine gute Idee darunter ist, rufe ich die entsprechenden Leute an und setze sie um. Meine Mitarbeiter gingen fast die Wände hoch, als sie hörten, daß ich am Flughafen einen Mann getroffen hatte, der mir vorschlug, wir sollten an Bord Massagen bieten. Ich bat sie nämlich sofort, diesen Service zu organisieren. Jetzt nennen sie es scherzhaft »Richards Einmann-Kundenbefragung«. Immer wieder gehen aber die zusätzlichen Serviceleistungen, die Virgin bietet, auf Ideen unserer Kunden zurück. Mir ist gleichgültig, woher Ideen stammen, solange sie etwas Positives bewirken.

Ich bestehe auch darauf, die Mitarbeiter kontinuierlich nach ihren Vorschlägen zu befragen, und spiele zwischendurch auch mal ihre Rolle. Als ich mich abmühte, einen Handwagen den Gang eines Jumbos entlangzuschieben, stieß ich überall damit an. Ich sprach darüber mit der Crew. Die Stewards und Stewardessen schlugen vor, mehr restaurantähnlichen Service zu bieten und die Verwendung der Handwagen auf ein Minimum zu beschränken.

Die beste Zusammenfassung meiner Vision für Virgin stammt wohl von Peter Gabriel, der einmal zu mir sagte: »Das ist ja ungeheuerlich! Virgin ist allmählich überall. Wenn man morgens aufwacht, hört man Virgin Radio, zieht seine Virgin-Jeans an, geht in den Virgin Megastore, trinkt Virgin Cola, fliegt mit Virgin Atlantic nach Amerika. Bald wird's Virgin-Geburten, Virgin-Hochzeiten und Virgin-Beerdigungen geben. Du solltest deine Firma vielleicht in ›Alpha-und-Omega GmbH‹ umbenennen. Virgin wird uns von Anfang bis Ende begleiten.«

Wie immer kam Peter, der nicht nur ein begnadeter Musiker, sondern auch ein cleverer Geschäftsmann ist, der Wahrheit sehr nahe. Er wußte nicht, daß damals 200 Mitarbeiter in Eastbourne an einer Virgin-Kosmetikserie arbeiteten, ein zweites Team eine Virgin-Kleiderkollektion entwarf, und wir kurz davor standen, uns für zwei British-Rail-Verbindungen zu bewerben, die uns zum größten Zugbetreiber Großbritanniens machen sollten. Beerdigungen werden wir wohl kaum jemals organisieren, aber »Virgin Births« hat einen gewissen Charme. Wenn der Geschäftsplan gut ist, die Risiken eines Verlusts begrenzt und die richtigen Mitarbeiter und ein gutes Produkt gefunden werden können, sind wir für diesen Vorschlag offen. In gewisser Hinsicht läuft alles auf Konventionen hinaus. Wie Sie wahrscheinlich bemerkt haben, halte ich nichts von sogenannten »tradierten Weisheiten«. Herkömmlicherweise wird erwartet, daß man sich in der Unternehmensführung auf seine einmal gewählte Aufgabe konzentriert und niemals von einem relativ engen Pfad abweicht. Das halte ich nicht nur für einengend, sondern auch für gefährlich. Wenn man nur Plattenläden führt und sich nicht auf Veränderungen einläßt, wird man bei Einführung eines neuen Mediums wie dem Internet Umsätze an Anbieter verlieren, die es zu nutzen verstehen. Es ist weitaus besser, Umsätze an seinen eigenen, neu eingerichteten Internet-Vertrieb abzugeben als an die Electronic-Commerce-Organisation einer anderen Firma. Dies erklärt teilweise, warum unser Konzern aus so vielen unterschiedlichen Gesellschaften besteht. Sie schützen sich nicht nur gegenseitig, sondern haben auch symbiotische Beziehungen. Wenn Virgin Atlantic einen Flug nach Südafrika anbietet, können wir auch Virgin Radio und Virgin Cola auf dem dortigen Markt einführen. Auf die gleiche Weise können wir unsere Erfahrungen in der Luftverkehrsindustrie auf den Schienenverkehr übertragen und den Fahrscheinkauf einfacher und billiger gestalten. Wir können unsere Erfahrungen mit der Unterhaltung von Fluggästen an Bord auf Züge übertragen. Wir können die Besucher unserer Kinos Virgin Cola probieren lassen. Wir können unser gewaltiges Archiv aus den Virgin Megastores nutzen, um die Besuche in den Virgin Cinemas angenehmer zu gestalten. Früher mußte man im Regen vor dem Kino Schlange stehen, um einem Mann hinter einer dicken Glasscheibe eine Kinokarte abzukaufen, den Film mit einer Tüte Popcorn in der Hand anzuschauen und dann über eine Feuertreppe in einen schmutzigen Hinterhof hinabzusteigen. Heute ist das anders – und das liegt daran, daß wir dank der Erfahrungen, die Virgin im Einzelhandel, in der Unterhaltungsindustrie, bei Lebensmitteln, Musik und im Verkehrswesen gesammelt hat, den Kinobesuch zu ei-

nem leicht organisierbaren und angenehmen Erlebnis machen können.
Obwohl Virgin über 20 000 Mitarbeiter beschäftigt, ist es kein riesiger Konzern, sondern eine große Marke, die sich aus vielen kleinen Unternehmen zusammensetzt. Unsere Prioritäten sind denen unserer großen Konkurrenten diametral entgegengesetzt. Die Konventionen der Wirtschaft gebieten, daß ein Unternehmen sich zuerst um seine Anteilseigner und dann um die Kunden kümmert. Die Mitarbeiter rangieren ganz unten auf der Prioritätenliste. Bei Virgin machen wir es umgekehrt. Für uns sind die Mitarbeiter am wichtigsten. Das gebietet meiner Ansicht nach schon der gesunde Menschenverstand: Wenn man eine zufriedene, hochmotivierte Belegschaft hat, wird man aller Wahrscheinlichkeit nach auch die Kunden zufriedenstellen können. Und die so erwirtschafteten Gewinne werden irgendwann auch die Anteilseigner glücklich machen. Einer weiteren traditionellen Maxime zufolge zählt vor allem die Größe: »Big is beautiful«. Immer, wenn unsere Firmen aber zu groß werden, unterteilen wir sie in kleinere Einheiten. Ich trommle die Stellvertreter des Geschäftsführers, des Vertriebs- und des Marketingleiters zusammen und verkünde: »Herzlichen Glückwunsch. Sie sind jetzt Geschäftsführer, Vertriebsleiter und Marketingleiter – eines neuen Unternehmens.« Jedesmal, wenn wir so vorgingen, hatten die Beteiligten nicht viel mehr Arbeit, aber unweigerlich größere Leistungsanreize, die zu mehr Begeisterung führten. Unter dem Strich haben wir davon ungemein profitiert. Als wir Virgin Music verkauften, bestand der Komplex aus sage und schreibe 50 Tochterfirmen, und keine hatte mehr als 60 Mitarbeiter. Erinnerungen an vergangene Zeiten bringen jedoch wenig. Eine Anmerkung sei in diesem Zusammenhang aber doch erlaubt: Ken Berry hat das Unternehmen inzwischen konsolidiert und Virgin Music zum profitabelsten Kronjuwel der EMI-Gruppe gemacht. Wir haben jetzt die Möglichkeit, bei V2 Records die gleichen Verfahren und das gleiche Know-how zu nutzen. Unsere ersten Künstler werden vielleicht nicht ganz so erfolgreich sein wie Mike Oldfield, aber immerhin erhielten die Stereophonics dieses Jahr den Brit Award als »Beste Newcomer«, und ihre Zukunft sieht rosig aus. Typisch für Virgin ist es, viele verschiedene Projekte

zu entwickeln und organisch zu wachsen. Bei den meisten unserer Unternehmen haben wir nicht etwa fertige Firmen akquiriert, sondern bei Null angefangen. Wir wollen, daß jede Virgin-Tochter eine effiziente, handhabbare Größe hat. Daher sitzt Virgin in vielen verschiedenen Büros in der Nähe von Notting Hill Gate in London, in Crawley in West Sussex und in Norwich. Dank unserer klaren Fokussierung können wir auch einen phantastischen Teamgeist aufrechterhalten. Bei der Gründung neuer Unternehmen kommt mir unter anderem zugute, daß ich keine besonders komplizierte Sichtweise meiner Geschäftstätigkeit habe. Wenn ich darüber nachdenke, welche Serviceleistungen Virgin Atlantic bieten soll, überlege ich mir, ob meine Familie und ich dafür Geld hinlegen würden. Oft genügt das schon als Entscheidungskriterium. Natürlich wird das Leben komplizierter, wenn man sich von einem organischen Wachstum wegbewegt. In den letzten Jahren hat Virgin als Ergänzung zu unseren Neugründungen weitere Firmen gekauft. Der Erwerb von MGM Cinemas war unsere erste große Akquisition. Wir kauften auch zwei bedeutende Franchiseunternehmen von British Rail. Die Kinokette konnten wir zwar relativ schnell auf unsere Vorstellungen abstimmen, doch die Züge entpuppen sich als langfristige Aufgabe. In gewisser Weise wurden wir zum Opfer unseres eigenen Erfolgs, denn die Zugfahrgäste erwarteten, daß nach der Übernahme durch Virgin wundersame Veränderungen stattfinden würden. Leider standen uns logistische Probleme im Wege: Unsere beiden Zugunternehmen haben 3 500 Beschäftigte; wir mußten einen ganz neuen Waggonbestand aufbauen und mit Railtrack, dem Eigentümer des Schienennetzes, über die Modernisierung der Gleise und Signalanlagen verhandeln.

Trotz dieser Anfangsschwierigkeiten sind wir zuversichtlich, daß Virgin Rail letztendlich ein Erfolg wird und preiswerte, schnelle und effiziente Zugverbindungen anbieten kann. Jedesmal, wenn ich auf dem Weg aus London heraus zur M25 oder nach Birmingham im Verkehr stecke, bin ich wieder um so optimistischer hinsichtlich der langfristigen Aussichten der Eisenbahnverbindungen. Ich bin nach wie vor überzeugt, daß die Züge bis zum Jahr 2002 zu einem der Paradepferde der Marke Virgin werden. Mit einer Spitzengeschwindigkeit von 225 Stundenkilometern werden unsere neuen Züge die Reisezeiten im ganzen Land verringern. Dank ihres Komforts und ihrer Sicherheit werden sie die besten Züge Europas, wenn nicht sogar weltweit sein.

Wenn man einmal ein gutes Produkt hat, muß man mit Argusaugen auf seinen guten Ruf achten. Es genügt nicht, seine Artikel einfach auf den Markt zu werfen. Daher bekomme ich jeden Tag ein Bündel Zeitungsausschnitte: alle Artikel, in denen Virgin erwähnt wird. Diese – und Briefe von Mitarbeitern – sind das erste, was ich am Morgen lese. Als ich die Fluggesellschaft gründete, erkannte ich, daß ich das Profil von Virgin Atlantic durch Einsatz meiner eigenen Person schärfen und so den Markenwert steigern mußte. Die meisten Unternehmen wollen keine engen Kontakte zur Presse und verstecken ihre winzigen Pressebüros dort, wo sie keiner sehen kann. Wenn eine falsche Story in mehr als einer Ausgabe einer Zeitung erscheint, verdichtet sie sich zu einer Tatsache. Bei jeder Erwähnung Ihres Produkts wird dann diese Geschichte wiederholt. Mein Ruf war bislang nur zweimal gefährdet: Einmal durch die Kampagne von British Airways und dann durch Guy Snowden und seine Firma GTECH, der treibenden Kraft hinter dem Konsortium Camelot, das den Zuschlag als Betreiber der britischen Lotterie bekam. Für beide Firmen war ich ein Störfaktor, durch den ihnen Umsätze in Millionenhöhe entgingen. Die Geschichte mit GTECH spielte eine besonders wichtige Rolle für meinen Ruf. Ich traf Guy Snowden zu einer Zeit, als die britische Regierung sich endlich für den Betrieb einer »National Lottery« entschieden hatte. Verschiedene kommerzielle Konsortien begannen sich zu bilden, aber ich war eindeutig der Meinung, daß die Lotterie von einem Unternehmen geleitet werden sollte, das seine gesamten Gewinne wohltätigen Zwecken zuführte. Das würde möglich sein, weil es sich hier um ein völlig risikoloses Monopol handelte. Ich hatte John Jackson gebeten, unser gemeinnütziges Angebot zusammenzustellen. Als John Chief Executive des Body Shops war, arbeitete ich mit ihm in der Healthcare Foundation zusammen. Gemeinsam brachten wir »Mates«-Kondome heraus. GTECH war der führende Anbieter von Lotterieanlagen, und wir dachten, wir sollten mit dieser Firma diskutieren, ob sie uns ihre Anlagen liefern wollte, falls ihr eigenes Konsortium nicht den

Zuschlag bekam. John Jackson und ich trafen Guy Snowden am 24. September 1993 zum Mittagessen. Die Verhandlungen, die wir damals führten, sind in die Rechtsgeschichte eingegangen. Nachdem wir in eine Sackgasse gerieten, weil Guy Snowden uns kein Angebot für Lottogeräte unterbreiten und ich nicht seinem Konsortium beitreten wollte, entstand eine Pause. Dann wies Snowden darauf hin, daß unser Angebot das GTECH-Konsortium viele Millionen Pfund kosten würde, da sie dann den von den Betreibern zu verlangenden Prozentsatz von den in den staatlichen Richtlinien erwähnten 15 mindestens auf 13 Prozent senken mußten. Unter der Annahme, daß der Jahresumsatz bei Lottoscheinen sich auf 4 Milliarden Pfund belief (was sich als zutreffend erwies), war jede Verringerung des Betreiberanteils um 1 Prozent 40 Millionen Pfund jährlich wert. Es stand sehr viel Geld auf dem Spiel. Wir saßen im Wintergarten des Hauses in Holland Park 11, als ich bemerkte, daß Snowden zu schwitzen begann. Er rutschte auf seinem Sitz hin und her und sah mich an.

»Ich weiß nicht, wie ich das formulieren soll, Richard.«

Ich blickte zu ihm hinüber und fragte mich, worauf er wohl hinauswollte.

»Es gibt immer einen Preis. Lassen Sie mich zur Sache kommen. Wie können wir Ihnen helfen, Richard?«

Ich wußte nicht, was ich sagen sollte. Snowden machte seine Absichten deutlicher.

»Ich meine, wie können wir Ihnen persönlich helfen?«

Mir wurde schwindelig. Er wollte mich bestechen.

»Was um Himmels willen reden Sie da?« fragte ich erstaunt und verärgert. Ich wollte ihm die Chance geben, die Sache auf sich beruhen zu lassen. Aber Snowden fuhr fort:

»Jeder braucht irgend etwas.«

»Vielen Dank«, erwiderte ich. »Ich bin recht erfolgreich. Ich brauche nur ein Frühstück, ein Mittagessen und ein Abendessen pro Tag. Helfen hätten Sie mir nur können, indem Sie mir Ihre Dienste für unser Angebot zur Verfügung gestellt hätten.«

Damit stand ich auf und verließ den Wintergarten. Ich wollte mit diesem Mann nichts mehr zu tun haben. Während John und ich versuchten, ein Angebotspaket für die nationale Lotterie zu schnüren, das viele Millionen Pfund wohltätigen Zwecken zuführen sollte, versuchte dieser Mann, mich zu bestechen, damit ich ihm den Vortritt ließ, so daß nicht nur weniger Geld in die Kassen der Wohlfahrtsvereine fließen würde, sondern er und seine Firma sich zudem bereichern konnten. Ich stürmte die Treppe hinunter auf die Toilette. Dort kritzelte ich einen Teil der von ihm gebrauchten Formulierungen auf ein Stück Klopapier. Nie zuvor hatte jemand versucht, mich zu bestechen. Dann ging ich wieder nach oben, und John und ich komplimentierten Snowden hinaus.

»Ich hab' mich nicht getäuscht, oder?« fragte ich John. »Das war ein Bestechungsversuch, nicht wahr?«

»Eindeutig«, bestätigte John.

Später sagte John aus, daß er fast vom Stuhl gefallen sei, als Guy Snowden diesen Vorstoß wagte. Um es kurz zu machen: In dem daraus resultierenden Gerichtsverfahren entschieden die Geschworenen zu meinen Gunsten und gegen Guy Snowden und GTECH, und mein guter Ruf war wiederhergestellt. In seinem Plädoyer wies George Carman das Gericht darauf hin, daß der Ruf der Ehrlichkeit das Wichtigste überhaupt sei – wichtiger als jeder geschäftliche Erfolg. Er formulierte es so: »Guy Snowden wählte den falschen Mann, sagte die falschen Dinge am falschen Ort und zur falschen Zeit.«

Die gerichtlichen Auseinandersetzungen mit British Airways dauern noch an. Ende 1993 strengte Virgin in den USA eine Kartellklage gegen BA an. Die dort vorgebrachten Beweise hatten sich aus dem Verleumdungsverfahren ergeben. Unter anderem geht es um British Airways' Verkaufs- und Marketingprogramme für Reisebüros und Firmenkunden. Virgin wirft British Airways vor, in diesen Programmen die Monopolstellung in Großbritannien auszunutzen, um Reisebüros und Firmenkunden künstlich an sich zu binden. British Airways leugnet dies. Der Fall ist noch nicht abgeschlossen. Virgin legte auch offiziell Einspruch bei der Europäischen Kommission ein. Im Januar 1997 bestätigte die EU-Kommission in einer Einspruchserklärung, daß die Aktivitäten von British Airways gegen das europäische Wettbewerbsrecht verstoßen. In seiner Antwort widerspricht British Airways dem Vorwurf, gesetzwidrig vorgegangen zu sein. Der Rechtsstreit ist noch bei der Europäischen Kommission anhängig.

Obwohl ich aus verschiedenen Gründen im Laufe meiner beruflichen Karriere viele Erfolge einheimsen konnte, ist das allerwichtigste in meinem Leben meine Familie. Sie ist mein Leitstern, und wir versuchen, nie Barrieren gegeneinander aufzubauen. So wie ich stets das Gefühl hatte, ich könne mit meinen Eltern über alles reden, pflegen auch Joan und ich eine sehr offene Beziehung zu Holly und Sam. Paradoxerweise gibt mir gerade meine starke Bindung zu meiner Familie den Mut zu meinen Ballonfahrten und die Kraft für meine geschäftlichen Kämpfe.

Ich bin viel auf Reisen und schätze daher die Augenblicke mit meiner Familie um so mehr. In vielerlei Hinsicht sind wir uns auf Necker Island am nächsten. Aus dem Juwel, das die Gefühle symbolisierte, die Joan und ich einander entgegenbringen, ist inzwischen ein Ort geworden, an dem unsere ganze Familie Ruhe und Frieden finden kann. Soweit möglich, verbringen wir dort Ostern, den Sommer und die Weihnachtstage. Dort finden sich meine Eltern, meine Schwestern und ihre Familien, unsere engsten Freunde sowie eine ganze Reihe von Mitarbeitern aus den verschiedenen Virgin-Unternehmen ein. Die Insel ähnelt dann einem Schmelztiegel, wo wir alle Bilanz ziehen und nur per Fax erreichbar sind. Den Kindern habe ich dort Tennis, Schwimmen, Schnorcheln und Segeln beigebracht. Auf Necker Island sind wir ganz füreinander da. Wir entspannen uns und denken über unser Leben nach, denn wir wissen, daß in London die Arbeit wieder auf uns wartet.

Am liebsten mag ich dort die frühen Abendstunden. Dann ist es Mitternacht in London und so gut wie unmöglich, in Europa jemanden zu erreichen. Telefon und Fax schweigen, und die Sonne geht rasch unter. Innerhalb einer Stunde verwandelt sich das gleißende, nahezu weiße Sonnenlicht in Dämmerung; der Horizont leuchtet in einem dunklen Orange. Wenn ich auf der Veranda sitze, kann ich den letzten kleinen Pelikanschwärmen zusehen, die nach Fischen tauchen und dann schnarrend zu ihrem Schlafplatz fliegen. Innerhalb von Minuten nimmt der Himmel eine samtige, nachtblaue Farbe an. Die ersten Sterne erscheinen am Firmament. Das Meer vor mir wird schwarz wie Tinte, und auf der Insel wird es still.

Meist essen wir abends auf der Terrasse. Alle sind von der Sonne verbrannt und glücklich. Es ist wunderbar, zusammen zu sein, und ich frage mich, was die Zukunft all diesen Kindern wohl bringen wird. Dann sehe ich Holly und Sam an und weiß, daß ich ihr Leben nicht verplanen möchte. Ich will einfach nur, daß sie glücklich sind. Im Moment möchte Holly Ärztin werden, und Sam will auf Bäume klettern und Katzen retten. Ich weiß, daß andere Unternehmer wie Rupert Murdoch und Robert Maxwell ihre Kinder schon vor dem Frühstück dazu gezwungen haben, Jahresberichte und Bilanzen zu lesen. Mir liegt so etwas fern. In Augenblicken wie diesem vergesse ich gerne mein Notizbuch mit seinen ewig dringlichen Listen und freue mich, daß ich unter Menschen bin, die ich liebe.

Während wir dort sitzen, ist mir aber dennoch bewußt, daß die *Maiden Voyager*, unser erster Jumbo, als Flug Nr. VS009 jetzt von Heathrow aus in Richtung JFK startet. Sie fliegt seit 1984 von London nach New York und ist das Rückgrat unsere Fluglinie, der Grundpfeiler unseres Erfolgs. Die *Scarlet Lady* brummt durch die Nacht zu unserem neuesten Ziel Johannesburg, und die *Lady in Red*, unser erster, von Prinzessin Diana getaufter Airbus befindet sich auf dem Weg nach Hongkong. In den Büros von Virgin Atlantic in Crawley ist niemand außer der Reinigungscrew, und in Heathrow und Gatwick trinken die Mitarbeiter der Nachtschicht ihre zweite oder dritte Tasse Kaffee. Das Publikum hat die Virgin Cinemas schon lange verlassen, aber vor unserem Nightclub Heaven steht immer noch eine lange Schlange, und ich frage mich, wer dort heute wohl auftritt und was ihnen die Zukunft wohl bringen wird. Die Megastores in Japan und Paris sind geschlossen, aber im New Yorker Megastore nutzen viele Kunden den späten Nachmittag dazu, die CD-Regale durchzustöbern. Danach holen sie sich aus dem Getränkeautomaten nebenan eine Virgin Cola.

Anfangs war jedes dieser Projekte für das Unternehmen ein Schritt ins Ungewisse, den ich persönlich mitempfand. Es war wie der Verlust meiner eigenen Unschuld, wie ein weiterer Schritt auf dem Weg zum Erwachsensein – mit dem Unterschied, daß man in einer Welt, die man selbst erschaffen hat, immer wieder neue und andere Wege suchen kann. So hatte ich mir Virgin immer vorgestellt. Ganz gleich, ob dieses Ziel durch Geschick oder Glück erreicht wird – so und nicht anders möchte ich leben.

BILDNACHWEISE

Teil 1: Bildseiten 1-16

1 *Alle* Privatsammlung
2 *Oben* Rex Features, *unten* Privatsammlung
3 *Oben* Rex Features, *Mitte* Privatsammlung, *unten* Rex Features
4 *Alle* Privatsammlung
5 *Oben* Roger Dean, *unten* Privatsammlung
6 *Alle* Privatsammlung
7 *Oben* Thierry Boccon-Gibod, *unten* Virgin Retail Press
8 *Oben* Roger Dean, *Mitte* Privatsammlung, *unten* Privatsammlung
9 *Oben* Privatsammlung, *unten* Rex Features
10 *Oben* Rex Features, *unten Evening Standard*
11 *Oben* Ian Cook, *unten* Ken Ross
12 *Oben* Thierry Boccon-Gibod, *unten* Privatsammlung
13 Privatsammlung
14 *Oben* Privatsammlung, *unten* Thierry Boccon-Gibod
15 *Alle* Thierry Boccon-Gibod
16 *Alle* Thierry Boccon-Gibod

Teil 2: Bildseiten 17-32

17 *Oben* Anthony Marshall (*Daily Telegraph*), *Mitte links* Privatsammlung, *Mitte rechts* Colin Taylor, *unten links* Privatsammlung, *unten rechts* OT Williams
18 *Oben* Thierry Boccon-Gibod, *Mitte rechts* Thierry Boccon-Gibod, *unten links* Virgin Atlantic Press, *unten rechts* Thierry Boccon-Gibod
19 *Oben* Alan Lewis, *unten links* HMS *Gannet*, Royal Navy, Copyright: briti-

sche Krone, *unten rechts* HMS *Gannet*, Royal Navy, Copyright: britische Krone
20 *Oben* Thierry Boccon-Gibod, *unten* Richard Branson
21 *Oben* Virgin Group, *unten* Privatsammlung
22 Bethany Eden Jacobson
23 *Oben* Alan Davidson, *unten* Arthur L. Field
24 *Alle* Alan Davidson
25 *Oben* Thierry Boccon-Gibod, *Mitte* Mark Greenberg, *unten Mirror* Syndication/Bill Towntree
26 *Oben Sun*, *unten* Thierry Boccon-Gibod
27 *Oben* Rex Features/*Today*, *unten links* Privatsammlung, *unten rechts* Rex Features/Richard Young
28 *Oben links* Frank Spooner Pictures/Thierry Boccon-Gibod, *oben rechts* Virgin Direct, *oben Mitte rechts* Rex Features, *Mitte links* Virgin Vie, *unten Mitte rechts* Virgin Atlantic Press Office, *unten links* Privatsammlung, *unten rechts* Virgin Direct
29 *Oben links* Rex Features/Julian Makey, *oben rechts* Rex Features, *Mitte* GEC Alsthom/FIAT Ferroviaria, *unten links* Virgin Cola, *unten rechts* Rex Features/Richard Young
30 *Oben links* Frank Spooner Pictures/ Thierry Boccon-Gibod, *oben rechts* Thierry Boccon-Gibod, *unten* Thierry Boccon-Gibod
31 *Oben links* Privatsammlung, *oben rechts* Thierry Boccon-Gibod, *unten* Thierry Boccon-Gibod
32 Thierry Boccon-Gibod

REGISTER

Die Abkürzung RB steht für Richard Branson. (*Bild*) neben einem Eintrag steht für Erscheinen in den Bildteilen.

A&M Records 152 f.
Abbott, Trevor (*Bild*) 217 f., 235, 241, 257, 259 f., 340 ff., 343 ff.
Abdul, Paula 320
Absolute Beginners 199
Aer Lingus 313
Air Europe 319 f., 333, 376 f.
Airbus 449
Alachouzos, Herr 85 f.
Alberta 91, 95, 96, 122, 135
Albion Street 71 ff.
Aldrige, Alan 60
Algerien 17 ff.
Ali, Tariq (*Bild*) 64 f, 67
Allen, WH 197
Amman (Jordanien) 286, 289, 290 ff.
»Anarchy In The UK« 150
Anderson, Clive 374 f.
Angus, Sir Michael 403, 405, 436
Apple Foundation for the Arts 59
Arista Records 177
Atlantic Records 129, 142
Atlantiküberquerung im Ballon (*Bild*) 244 ff.
Atlantiküberquerung per Boot (*Bild*) 221 ff.

Australian Mutual Provident (AMP) 456
Ayeroff, Jeff 339
Ayers, Kevin 112, 135, 140 f., 162
Ayling, Robert 435, 438, 441
Azoulay, André 17

BA News 352, 416 f.
»Baa Baa Black Sheep« 36
Bader, Sir Douglas 35 f., 41
Baker, Kenneth 236
Ballonfahrten 11 ff., 244 ff., 274 ff., 286, 299 ff. 303 ff.
»Band On The Run« 116
Banken 68, 178 f., 207, 212 f., 215 ff., 241 f., 257, 259, 282 f., 319, 321 f., 340 ff., 344 ff., 358 ff., 365, 394, 397, 408 ff.
Barrow, Tom 246 f., 251, 275 f., 286
Basham, Brian 370 f., 376 ff., 391 ff., 395 f., 413, 438, 442 f.
Batchelor, Robin 246
Batt, Mike 385 f.
BBC 155, 193, 297
Bedford, Dave 112, 147
Bermuda-Abkommen 257

Berry, Ken (*Bild*) 145 f., 165, 174, 175, 178, 202, 216, 234, 235, 281, 341, 344 ff.
Biafra (Bürgerkrieg) 66, 67
Birk, Lady 77
Bishop, Sir Michael 353
Blackwell, Chris 127, 164
Blake, Peter 57, 68
Blaues Band, 220 ff.
Blyth, Chay 222, 224 ff., 226 ff.
Boeing 202, 207, 210, 449
Bond, Alan 362
Boomtown Rats 149
Borne, Marcia 389, 406
Börsencrash 258 ff.
Botham, Ian (*Bild*) 214
Boy George 191 ff., 195, 210, 270
siehe auch Culture Club
Branson (geb. Huntley-Flindt), Eve (RBs Mutter) (*Bild*)
– bei Ballonfahrten 249, 279, 317
– Jugend 30 f.
– Rolle in RBs Kindheit 25 ff., 28, 32, 33 ff., 40, 41, 46
– Unterstützung von RB 49, 50, 53, 56 f., 64, 72, 74, 100 f.
Branson, Sir George (RBs Großvater) 28, 38, 354
Branson, Holly (RBs Tochter) (*Bild*) 11 f., 14, 15, 189, 207, 214, 276, 278, 279, 281, 282, 285, 341, 346, 348, 398, 465, 466
Branson, Jim (RBs Urgroßonkel) 29
Branson, Joan *siehe* Templeman, Joan
Branson, Joyce (RBs Tante) 26 f., 88 f., 102
Branson, Kristen *siehe* Tomassi, Kristen
Branson, Lindi (RBs Schwester) (*Bild*) 27, 32, 35, 40, 64, 72, 281, 466

Branson, Richard (*Bild*)
– Herausforderungen in der Kindheit 25 ff.
– Cliff View House 41 ff.
– Kindheit in Shamley Green 25, 32 ff., 36 ff., 45 ff.
– Scaitcliffe Preparatory School 38 ff.
– Stove 43 ff., 46 ff., 51 ff., 54 ff., 65
– Karriere *siehe Student*, Student Advisory Centre, Einträge für Virgin Unternehmen
– Persönlichkeit und Philosophie
– ablehnende Haltung zu Konventionen 459, 460
– Bedeutung der Familie 465 f.
– Begeisterung für die Eisenbahn 367 f.
– Geschäftsphilosopie 63, 446 ff.
– Herausforderungen als Bedürfnis 22, 203 f., 219 f.
– Intuition 39, 152, 159
– Kritik und Entlassungen 78 f.
– Legasthenie 39 f., 65, 201, 253
– Listenschreiben als Manie 179 f., 457
– Mathematikprobleme 44 f., 46 f.
– Mitarbeiter und Kunden als Informationsquelle 458
– Nervosität beim Reden vor Publikum 64 f.
– Notizbuchfanatiker 179 f., 457 f.
– Partygänger 117 f., 184
– Privat- und Berufsleben im Konflikt 136, 186
– Ruf als wertvolles Gut 100, 462 ff.
– Schadensbegrenzung 191
– Spaß als Hauptgeschäftskriterium 203, 446

- Telefonsucht 135 f.
- vierzigster Geburtstag und Lebensbilanz 283 f., 297
- Vision für Virgin 23, 457 ff.
- Privatleben *siehe* Tomassi, Kristen; Templeman, Joan; Necker Island; Branson, Holly; Branson, Sam
- Rekorde *siehe* Atlantiküberquerung per Boot, Atlantiküberquerung im Ballon, Pazifiküberquerungen im Ballon, Weltumrundungsversuch im Ballon

Branson, Sam (RBs Sohn) (*Bild*) 11 f., 14, 15, 223, 225 f., 281, 282, 285, 341, 346, 348, 465, 466
Branson (verheiratete Devereux), Vanessa (RBs Schwester) (*Bild*) 25, 32, 72, 196 f., 217, 281, 466
Branson (geb.), Wendy (RBs Tante) 26 f.
Branson, Ted (RBs Vater) (*Bild*) 64, 72, 281, 441 ff.
- bei Ballonfahrten 279 f, 317
- Jugend 28 ff., 32, 38
- Rolle in RBs Kindheit 25 f., 32 f., 34, 40, 42, 45 f., 52 f.
British Airports Authority (BAA) 336
British Airways (BA) 204, 256 f., 283, 287, 324 ff., 330 ff., 351 f., 356 f., 389 ff., 393, 395 f., 401 ff., 411 ff., 416 f., 433 ff., 464
British Caledonian 206, 212, 256, 332, 333, 433
British Midland 330, 336, 353
British Overseas Airways Corporation (BOAC) 31
British Rail 368, 461
British South American Airways (BSAA) 31
Brooks, Elkie 120

Brothers In Arms 149
Burke, Simon 266 ff.
Burnside, David 395, 413 f., 436 f.
Burton, Richard 198
Butler, Harry 361 f.

Campbell, Joseph 368 f.
Cannes Music Festival 176
Carman, George 437, 439 f. 464
CBS 128, 179
Chambers, Alan 320
Charisma 127
China Crisis 189, 196
Christian Aid 287 f.
Chrysalis 127, 175, 218
City Limits 191
Civil Aviation Authoritiy (CAA) 206 f., 211 ff., 324, 325 f., 328, 402
Clash, The 150
Clerc, Julien 177
Cliff View House 41 f.
Coca-Cola 451 ff.
Cochran, Sir Charles 30
Cohn-Bendit, Danny 64 f.
Collins, Phil 135, 182 f., 189, 191, 196, 238 f., 241, 262, 268, 270, 400, 419, 428
Colour By Numbers 193
Connaught Square 56 ff.
Constantine, Philippe 176
Cott Corporation 451
Country Life 87
Cozumel (Mexiko) 137 ff.
Crowley, Tom 438
Cruickshank, Don (*Bild*) 271 f., 234, 235, 261
Crying Game, The 185
Culture Club 191 ff., 203, 419 *siehe auch* Boy George
Daily Express 393
Daily Mirror 66
Daily Telegraph 70

Damned, The 150
Dan Air 319
Dare 134, 189
Davidson, Andrew 394 f.
Davis, Jeannie 396, 436
Davis, Michael 396, 403, 434 f., 435
Day, Jeff 434
Del Rosso, Nick 438
Denbigh Terrace 135, 161, 179
Denny, Sandy 114
Devereux, Robert (*Bild*) 196 ff., 217, 235, 270, 281, 346 ff.
Diana, Prinzessin von Wales (*Bild*) 466
Dire Straits 148 f.
Dixon, Tom 143
»Do You Really Want To Hurt Me?« 192 f.
Dobson, Frank 328 f.
Dodo (Antiquitätenladen) 159 ff.
»Don't You Want Me, Baby?« 189
Downie, Pete 224, 227
Draper, Simon (*Bild*) 103 ff., 110 f., 119, 174, 281 siehe auch Virgin Music
- Beziehung zu Nik Powell 181 ff.
- erstes Treffen mit RB 103
- und Börseneinführung 234 f.
- und Verkauf von Virgin Music 419 f., 423, 424
- und Virgin Atlantic 202 f., 357 f.
- und Virgin Retail 264
- Verlust des Interesses an Virgin 284, 356
Drayson, Robert 48, 55
Driberg, Tom 76
Duende (*Bild*) 135, 140, 162, 178, 197, 204 f., 207, 218, 240, 258
Duffell, Ian 263, 272, 274
Dunn, Martin 378, 383, 388, 395

Earl of Lonsdale (Pub) 267

Eberhart, Dick 414
Eddy (Fahrer bei Virgin) 96
Edmonds, Noel 193
Egan, Sir John 336, 436
Eine lockere Beziehung 198
Electra 368
Electric Dreams 198, 213
Electronic Data Systems (EDS) 209
Elliott, Harvey 371 f.
Elliott, Tony 190
Ellis, Mundy 91 f., 119
Ellis, Richard 162 ff.
EMI Music 144, 150 ff., 242 ff. *siehe auch* Thorn EMI
Emmerson, Peter und Keris 241, 281, 359 ff.
»Enola Gay« 189
Ertegun, Ahmet 129 f., 132, 142
Esso 222, 227 ff.
Eurythmics, The 198 f.
Evans, Tim 12
Evening Standard 226, 424
Event 190 f.
Exorzist, Der 132

Face Value 191
Fairport Convention 114
Faith, Adam 115
Faithfull, Marianne 58
Faust 120, 124
Faust Tapes, The 120
Ferry, Bryan 241, 400
Fields, Randolph (*Bild*) 200 f., 204 ff. 213 f.
Financial Times 212
Firmenparties 118, 184
Fleming, Peter 330, 334, 389 ff., 412, 413
Flying Lizards, The 179
Flying Teapot 120, 121
Forbes, Bryan 67, 68
Fortune 362

Fowley, Brendan 91
Freeman, Roger 368
Frolows, Arthur 148
Frost, David 53
Fujisankei 271, 343, 422, 423

Gabriel, Peter (*Bild*) 135, 341 ff., 419, 420, 458
Gardner, Roy 205, 206 f., 213, 324
Garland, Nicholas 69
Geffen, David 409
Geheime Winkel 198
Geldof, Bob (*Bild*) 237
»Generals And Majors« 189
Genesis 127, 135, 182, 341, 426 *siehe auch* Collins, Phil; Gabriel, Peter
»Gentlemen Take Polaroids« 189
Gesetz über Geschlechtskrankheiten (1917) 75 ff.
Gesetz über unzüchtige Werbung (1889) 75 ff., 156
Gillan, Ian 180, 189
Gillett, Charlie 148
»God Save The Queen« 153 ff., 167
Godley, Kevin 142
Gold, Rob und Caroline 92
Goldman Sachs 358, 360, 409, 422, 427 *siehe auch* Thornton, John
Golfkrieg 311, 318, 320, 376
Gong 120, 121, 124, 144, 149 f.
Goodman, Harry 376
Gormley, Rowan (*Bild*) 368, 454 f., 456
Gouldman, Graham 142
Graham, Bob 388, 395
Graves, Robert 67
Great Rock And Roll Swindle, The 167, 174
Green, Chris 368
Green, Derek 153
Gregory, Martyn 412, 422
Grosvenor Square (Demonstration) 66 f.

Grove, Trevor 351, 428, 430
Grundy, Bill 151
GTECH 462 ff.
Guardian 67, 363 ff., 380, 401
Guy, Diana 338

Hales-Trophy 220 f.
Harris, Jordan 339
Harris, Sir Phil 240, 259, 261
Hatfield and the North 124, 146
Heath, Sir Edward (*Bild*) 69, 291 f., 296 f.
Heathcare Foundation 462
Heathrow Airport 90, 325, 330 ff.
Heaven (Diskothek) 183, 218, 322 f., 350 f., 370 f., 380, 383 ff., 393, 466
Heaven 17 (Band) 195
Helm, Toby 366
HELP! 86 *siehe auch* Student Advisory Centre
Hergest Ridge (Album) 141
Hergest Ridge (Haus) 131 f.
Hermann, Frank 346 f.
Hessey, Frank 289, 295, 296
Hill, Leslie 150, 152
Hillage, Steve 121, 124
HMV-Läden 263 f.
Hoare (geb. Huntley-Flindt), Clare (RBs Tante) 35 f.
Hockney, David 56, 69
Holland Park 271, 322, 376, 388, 424, 443, 456, 463
Holland-Gems, Jonathan 44, 47 f., 51, 54, 61, 62, 70 f.
Howes, Colin 206, 337, 338
Human League, The 134, 168, 173, 181, 189, 191, 195, 198, 203, 233, 270
Humperdinck, Engelbert 217
Huntley-Flindt, Dorothy (RBs Großmutter) 30, 118, 281
Huntley-Flindt, Rupert (RBs Großvater) 30

Hurt, John 198
Hussein, König von Jordanien 286, 289 ff.
Hutchins, Chris 369 f., 376 ff., 413
Hyde, David 438

IGI (Detektivbüro) 427, 428
»I'm Afraid Of Me« 192
Inman, Mike 264, 272 f., 366
IPC Magazines 81 f., 450
Irak 282, 286, 288 ff. *siehe auch* Golfkrieg
Ishigaki (Japan) 301
Island Records 127 ff., 164, 175
IT (Zeitschrift) 67, 76

Jackson, Janet 299 ff., 339 ff., 400
Jackson, John 462 ff.
Jagger, Mick (*Bild*) 58 f., 134, 166, 191, 396
Jamaika 164 ff.
Japan (Band) 179, 189, 196
Japan 257, 269 ff., 275, 277 ff., 301, 303, 325 f., 365 f.
John Menzies 83
Johnson, Ian 438
Jones, Steve 151
Jones, Tom 217
Jungfraueninseln *siehe* Virgin Islands

Kane, Frank 350 f., 372 f., 426 ff.
»Karma Chameleon« 193
Kass, Ron 60
Kendrick, Mike 17, 275, 307, 311
Kennedy, Sir Francis 403
Kerner, Jacques 175 ff.
Key, Trevor 211
Khalifa, Sadig 433 f., 444
King of Wartnaby, Lord 287, 296, 323, 326 ff., 332 f., 357, 396, 417, 424, 432 f.
Kingfisher 268

Kingsley, Professor James 156 ff.
Kirchenräte 74 ff.
Kissing To Be Clever 192, 193
Kroll Associates 328 f.
Kuwait 282, 285, 286, 290 f., 292 *siehe auch* Golfkrieg

Ladbroke Grove 207, 217, 424
Laing, RD 61 f.
Laker, Sir Freddie (*Bild*) 204 f., 332 f., 373 f., 404 f., 413, 421, 433
Laren, Raymond 110
Last Exit 168
Lawes, Steve 229 ff.
LBC 368 f.
Le Carré, John 69
Leahy, Ronnie 159 ff., 165, 169
Legalize It 165
Lennon, John 58, 59 ff.
Lenzer, Terry 428
Levison, Charles 60
Limavardy (Irland) 249
Lindstrand, Per 13 ff., 244 ff., 255 f., 274 ff., 301 f., 303 ff.
Ling, Tony 293
Lisberg, Harvey 142
Listener, The 123
Loewenstein, Prinz Rupert 143 f., 397
Louis, Arthur 112

Madonna, Julia 437
Magazine 168, 173
Maiden Voyager (*Bild*) 211, 212, 213, 214, 249, 285, 466
Major, John 317
Mallorca 444
Management Agency and Music (MAM) 217
Management Company Entertainment Group (MCEG) 200
Manor Live 120

Manor Studio (Shipton-on-Cherwell) (*Bild*) 87 ff., 114 f., 146
Manyon, Julian 66
Marchbank, Pearce 190
Marckus, Melvin 332
Marley, Bob 127, 164
Marokko 11 ff.
Marshall, Sir Colin 325, 393, 405 f., 415, 417 f., 426 f., 435, 438 f., 441
Martha (RBs Haushälterin) 161
Marui 273 f., 455
Mates-Kondome 462
Mattel 347
Maudling, Reginald 77
Maxwell, Gavin 44, 68
McCarthy, Rory 12 f.
McCartney, Paul und Linda 116
McLaren, Malcom 152, 153 f., 165, 166, 167, 174
Mellor, Tony 63, 69, 97 f., 104
Melody Maker 86
Members, The 168
Mill End 190, 241, 338, 355
Miyakonojo (Japan) 275, 277 ff., 301, 303
Mona Lisa 185
Moore, Dudley 58, 69
Morrisroe, Peter 336 ff.
Mortimer, John 76 f., 156 ff.
Moss, Chris 226, 330, 334, 426
Motors, The 168, 179
Mountleigh 244, 259
Muldownie, Dominic 198

Narita-Flughafen (Tokio) 325 f.
National Lottery 462 ff.
Necker Island (*Bild*) 169 ff., 176, 219, 281, 283, 339, 363, 465 ff.
Nettelbeck, Uwe 121
1984 198 f., 206
Never Mind The Bollocks, Here's The Sex Pistols 155 f., 167

New Gold Dream 189
New Musical Express (NME) 86, 120, 121, 183
New York Megastore (*Bild*) 466
Newell, Tom 89
Newman, Tom (*Bild*) 87, 89, 92, 114, 119, 131
News at Ten 287
Nigeria 164 ff., 181
Nimbus 267
Nintendo 346 ff.
Niwa, Fumio 301, 302
Noor, Königin von Jordanien 285 ff.
Norwich Union 455 f.
Now That's What I Call Music 160

Oakey, Phil 198
Observer 70, 333 f., 378
O'Connell, Sandy 103
Oldfield, Mike (*Bild*) siehe auch *Tubular Bells*
– Ballonfahrt mit RB 300
– Heirat 172 f.
– Investition in Virgin 241
– Karrierebeginn 111 f.
– Konzert in London 124 f.
– Neuverhandlung des Virgin-Vertrags 145
– Umzug nach Hergest Ridge 131 f.
– Vertrag mit Virgin 112, 114
Oldfield, Sally 102, 112
Ommadawn 132, 144
Ono, Yoko 59 ff.
Orchestral Manoeuvres in the Dark (OMD) 173, 179, 189
Original Soundtrack 141 f.
Our Price Records 252, 263
Oxford Gardens 240
Oz (Zeitschrift) 67, 76
Pagano, Maggie 428
Palace Pictures 185
PanAm 283, 334, 338 ff., 413

Paris Match 67
Pariser Megastore 254, 265, 466
Parsons, Yvonne 414 f., 444
Pazifiküberquerung im Ballon (*Bild*) 274 ff., 300 f. 303 ff.
Peel, John 122 ff.
Pencer, Gerry 451
Penetration 168
Pennington, Syd 349, 389
People Express 201
Pepsi 451 ff.
Perry, Simon 198 f.
Phaedra 144
Phonogram 141 f.
Picture Post 29
Pike, Dag 232
Pike, Penni (*Bild*) 123, 150, 189, 223, 244, 285, 311, 332, 369, 379, 394, 397, 433
Pink Floyd 143
PolyGram 149, 175 ff.
Pop In 110
Powell, Nik (*Bild*)
– Arbeit beim *Student* 71, 77 ff.
– Ausscheiden bei Virgin 181 ff., 195
– bei Virgin 82 f., 97 f., 101, 107, 109, 146 f., 173, 181 f.
– Heirat mit Meryll Tomassi 118 f.
– Kinderfreundschaft mit RB 33 f., 36 ff., 45, 51
– Trauzeuge bei RBs Hochzeit 117 f.
– Wahl an der Sussex University 79
Powell, Tim 231
Price, Charles 403
Primrose, Nigel 292
Private Eye 44
Professionals, The 189
Pterodaktylus-Flugmaschine 162 ff.
Public Image Limited (PiL) 166
Pugh, John 293

Puttnam, David 217

Radford, Mike 198
Rastig, Eckie 228, 229 ff.
Redgrave, Vanessa (*Bild*) 56, 66, 69
Reggae-Musik 127, 164 ff.
Reid, Jamie 155
Rice, Bob 246, 278 f., 304, 307, 311
Richards, Keith 134, 398 ff.
Richards, Viv (*Bild*) 214
Ridgeway, Steve 223, 226
Rifkind, Malcolm 326, 330 f., 334, 337
Rippon, Angela 368
Ritchie, Alex 13 ff., 304
Rolling Stones, The (*Bild*) 115, 124, 134, 145 f., 166, 397 ff., 419
Roof Garden, The 183, 185, 218
Rotten (Lydon), Johnny 151, 165 ff.
Rowland, Tiny 378, 410, 427
Rudi (RBs erste feste Freundin) 54 f.
Rufford, Nick 391 ff.
Rutherford, Mike 428

Saddam Hussein 286, 288, 290, 291 *siehe auch* Golfkrieg
Sainsbury, David 287
Sallyangie 112
Samariter, 76
Sartre, Jean-Paul 56
Sawtell, Herr 117 f.
Scaffold, The 117
Scaitcliffe Preparatory School 38 ff.
Scala Cinema 185
Scarfe, Gerald 53, 57 f.
Scott, Bertie 354
Scott, Reverend Cuthbert 75
Scott, Sir Peter 354 ff.
Seelig, Roger 240
Sega 270, 346 ff.
Seibu-Saison 270, 343
Seventh Guest, The (Computerspiel) 349

Sex Pistols, The 150 ff., 165 ff., 195
Shamley Green, Surrey 25, 32 ff., 44 ff.
Shell 392 f.
Shreeve, Rob 197
Simms, Ron 320
Simple Minds 189, 191, 195, 270, 419
Sioux, Siouxsie 192
Skids, The 168, 173, 179, 189
Smash Hits 192
Smith, Tony 426, 427 f., 430
Smith, WH 83, 263, 268
Snowden, Guy 462 ff.
Sounds 141
South Wharf Road (Lagerhaus von Virgin Music) 90, 97 ff.
Southgate, Sir Colin (*Bild*) 242 f., 358, 436
Special Air Service (SAS) 29
St. John's Church 75, 90
St. Mary's Hospital 98
Stanshall, Viv 124
Steer, Jim 367 f.
Stenham, Cob 240, 259, 261
Stereophonics, The 460
Stewart, Eric 142
Sting (Gordon Sumner) 169, 237
Stirling, David 29
Stoic, The 48
Stopes, Marie 30
Stowe (Privatschule) 43 ff., 46 ff., 51 ff., 54 ff., 65
Stranglers, The 150
Student (*Bild*)
– am Connaught Square 56 ff.
– Ambitionen für andere *Student*-Geschäftszweige 81 f., 450
– Anzeigenverkauf 49 f, 52, 53, 64, 68
– Artikelbeiträge und Interviews 56 ff. 61 f., 68, 69
– Berichterstattung aus Vietnam und Biafra 66, 67

– Erstausgabe 55, 57
– Flexidisk auf dem Titelblatt 60 f.
– in der Albion Street 71 f.
– in St. John's Church 75
– ursprüngliche Ziele 48 ff.
– Veräußerungsversuche 81 f., 105, 450
– Vertrieb 62, 63, 78, 80
Student Advisory Centre 72 ff., 86, 97, 466
Stylianou, Chris (*Bild*) 101 f., 109, 164 f.
»Sultans of Swing« 148
Sun 236
Sunday Telegraph 70, 328, 333, 349 ff., 366, 394 f., 362, 427 ff.
Sunday Times 391, 401
Sydney Magastore 264, 268

Tait, David 23 f., 205, 207, 208 ff. 213, 292
Tangerine Dream 85, 111, 144, 173
Tanyards Farm (*Bild*) 45, 101
Taylor, Derek 59 ff.
Taylor, Mick 124
Telephone 177
Templeman (später Branson), Joan (*Bild*) 165, 169 ff., 178 f., 207, 214, 281, 300
– erste Begegnung mit RB 159 ff.
– Geburt der Kinder 187 ff., 225
– Heirat mit RB 281
– und Ballonfahrten 11 f., 14, 15, 280
Templeman, Rose 186, 187, 223, 281
10cc 120, 141 f.
Thames Television 327, 411 ff.
Thatcher, Margaret 237, 283, 290
Thirkettle, Joan 431 f.
This Week 411 ff.
Thomas, Ronnie 400 f., 406, 413
Thorn EMI 234, 242 f., 257 f., 259, 260, 261, 358, 394, 409, 419 ff.

Thornton, John 358 f., 394, 409, 419, 422, 428 f.
Ticketron 209
Time Out 191 f.
Times, The 371 f.
Today 369, 378, 393, 395
Tokio Megastore 272, 466
Toleman, Ted 221, 224 f., 227
Tomassi (später Branson), Kristen (*Bild*) 94 ff., 105, 117 f., 136 ff., 162
Tomassi, Meryll 118 f.
Top Nosh Food 217, 218
Top of the Pops 155, 192, 193
Tosh, Peter 164
Town House (Aufnahmestudio von Virgin Music) 182, 268
Traffic Distribution Rules 337 f.
Transatlantic Records 112
»Trouble« 189
Tubular Bells 112 f., 114, 120, 119 ff., 131, 132, 141, 195
TWA 334, 338 ff.
Tyrrell, Gerrard 328, 388, 402, 412, 415, 417, 429 f., 433, 436 f., 441

UB40 419
Ueyama, Shu 272
UK 2000 Projekt 236 f.
University College (London) 64 f.
U-Roy 164, 165

V2 Records 13, 460
Vanity Fair 297
Vanson Property 217
Varah, Chad 76
Varnom, John 106
Venue, The (Nachtclub) 174, 188
Veranstaltungsmagazine 191 f.
Vernon Yard 135, 149 f., 174, 175, 179, 192
Vicious, Sid 153, 166

Vietnamkrieg 66 f.
»Violating Virgin?« (Fernsehsendung) 411 ff., 426
Virgin (Markennamen) 446, 451
- Logo 211
- Namensfindung 80
- Promotion 235 f.
- Ruf 462 ff.
Virgin Airways 172
Virgin Atlantic Airways
- Ausschluß aus dem Virgin-Börsengang 235
- Bagdad-Flug zur Geiselrettung 292 ff.
- Beteiligung von Seibu-Saison 270
- Deckenlieferungen nach Jordanien 287
- Flüge nach Tokio 296 f., 325 f.
- Folgen der Invasion in Kuwait 282 f.
- Heathrow-Slots 326, 330 ff., 351
- Jungfernflug 214
- RB prüft Vorschlag 200 ff.
- Ticketsysteme 207, 209
- und British Airways *siehe* British Airways
- und CAA 211 ff.
- Verhandlungen mit Boeing 202, 207, 210, 449
- Werbung 208 f., 235 f.
Virgin Atlantic Challenger (*Bild*) 221 ff.
Virgin Atlantic Challenger II (*Bild*) 226 ff., 237
Virgin Books 174, 196 f.
Virgin Cargo 235, 320 f.
Virgin Cinemas 459, 461, 466
Virgin Clothes 13
Virgin Cola 451 ff., 459, 466
Virgin Communications 270, 320, 321, 346 ff.
Virgin Direct 454 ff.
Virgin Frankreich 175 ff.

Virgin Group plc 233 ff., 241, 259 ff., 270
Virgin Holidays 218, 235, 320
Virgin Interactive 348
Virgin Islands 169 ff., 362 ff. *siehe auch* Necker Island
Virgin Mail Order 80, 81 ff., 90, 93 f., 107
- und britische Zollbehörden 93 ff.
Virgin Mastertronic 346 ff.
Virgin Music Publishing 168, 174, 196
Virgin Music *siehe auch* einzelne Künstler
- als führendes unabhängiges Plattenlabel 195
- Basis der Verhandlungen mit Bands 132 ff.
- Beteiligung von Fujisankei 271 ff., 422, 423
- Erholung (1981) 189 f.
- erste Veröffentlichungen 120 ff.
- Folgen der Rezession von 1980 180 f.
- Gründung des Plattenlabels 112
- im Ausland 144, 164, 174 ff.
- in USA 129 f., 132
- Thorn EMI zeigt Interesse 358, 394
- Verkauf an Thorn EMI 409, 419 ff.
Virgin Publishing 197 f.
Virgin Pubs 217
Virgin Radio 459
Virgin Rags 217
Virgin Rail 367 f., 461
Virgin Retail 83 ff., 86 f., 97, 103, 105 ff., 155 ff., 262, 263 f., 268, 272 ff., 448 f. *siehe auch* einzelne Megastores; Marui; Smith WH
Virgin Vie 13
Virgin Vision 198 ff.
Voodoo Lounge 398

Waldegrave, William 287, 296
Walker, Mervyn 412, 417, 438
Watts, Charlie 134, 399 f.
Webster, Jon 424
Welburn, Hugh 332, 352
Welsby, John 368
Weltumrundungsversuch im Ballon (*Bild*) 11 ff.
»White Boy« 192
White, Lord 403
Whitehorn, Will 285, 295, 304, 316, 323, 328, 384, 392, 401, 412
Who, The 143
Whole World, The 112
Wigwam 159
Wilson, Carol 174
Winwood, Steve 320
Witty, Chris 226
Wyman, Bill 134, 398, 400

XTC 168, 173, 179, 189

Yellowknife (Canada) 312, 316 ff.
Young, Gavin 44

Zappa, Frank 115
Zeit der Wölfe, Die 185
Zelnick, Patrick 175 ff., 263, 264 f., 268
Zermatt (Schweiz) 341 ff.
Zollbehörden (Großbritannien) 93 ff.